★ '다음이나 네이버'에 **영보이 핵심 국어 / 영보이 한자**'를 검색하세요. '블로그'에 더 자세한 내용이 있습니다. <u>영보이 시리즈는 결코 후회 없는 교재입니다.</u>

할 수 있습니다!

★ <u>영보이 교재는 '합격의 지름길'입니다. 자신 있습니다.</u>

★ 중요한 글자에 '파란색'과 '빨간색' 등을 색칠하여 기억에 탁월한 효과가 있습니다.

★ 영보이만의 <u>기가 막히는 공부법</u>으로 한 번을 공부해도 <u>오래 기억</u>할 수 있습니다.

☺ 영보이 약력(略歷)
 ◆ 약력(略歷): 간략하게 적은 이력. 발음: [양녁]
 ◆ 활용: 약력만[양녕만]

◆ 경기도 파주시 필기합격(수석)
◆ 경기도 교육청 최종합격(차석)
◆ 인천광역시 최종합격(3등)
◆ 서울특별시 최종합격
◆ 경기도 의정부시 필기합격(4등)
◆ 경기도 고양시 최종합격(3등)
◆ 국방부 군무원 최종합격(수석)
◆ 서울특별시 필기합격
◆ 경기도 광명시 최종합격(수석)
　　-순서는 랜덤입니다-

★ 영보이 저서 ★
◆ 영보이 공무원 국어 핵심 기출문제집
◆ 영보이 공무원 한자(漢字)와 그의 친구들

★ 면접시험을 보든 안 보든 혹은 필기시험을 보든 안 보든 시험 접수는 하고 있습니다. 하지만 최종 합격을 한 시험은 다른 학생을 위하여 최대한 빨리 임용포기를 하고 있으며 또한 다른 학생의 추가합격에 피해가 가지 않도록 최대한 노력합니다. 여러분의 합격을 누구보다도 응원합니다. *^^*

★ 영보이 국어 핵심 기출문제집 맛보기 < <u>기발한 공부법으로 아무도 따라올 수 없습니다.</u> >

★ 영보이 교재는 쉽고 재미가 있으며 오래 기억할 수 있습니다.

(문제 250) 맞춤법에 맞는 것은? (2016 지방직 A책형 문2) - <u>영보이 기출문제집 맛보기</u>

① 희생을 치뤄야 대가를 얻을 수 있다.
② 내로라하는 선수들이 뒤쳐진 이유가 있겠지.
③ 방과 후 삼촌 댁에 들른 후 저녁에 갈 거여요.
④ 가스 밸브를 안 잠궈 화를 입으리라고는 전혀 생각지 못했다.

(문제 250) 정답 및 해설 (2016 지방직 A책형 문2)

① 희생을 치**뤄**야 대가를 얻을 수 있다. (X) → 치러야
 ◆ 치르다 / 치러 / 치르니
  ◆ 치르다 - 치러 : 규칙 활용 중 '一'탈락
 ☺<u>**영보이 암기tip**) 네가 희생을 **치러**야 매일매일 피아노를 **치러** 학원에 가지 않는다.</u>
  < **치러**야 - 피아노를 **치러** >
  ◆ 치**루**다 (X) → 치르다 (O) / **댓**가 (X) → 대가(代價) (O)
  ● 헷갈리는 단어: 이**루**다 / 이루어(이**뤄**) / 이루니
② 내로라하는 선수들이 뒤**쳐**진 이유가 있겠지. (X) → 뒤**처**진
 ◆ 뒤**처**지다: 어떤 수준이나 대열에 들지 못하고 뒤로 처지거나 남게 되다.
 ● 뒤**쳐**지다: 물건이 뒤집혀서 젖혀지다.
 ☺<u>**영보이 암기tip**) 마라톤 선수인 우리 **처**제가 오늘 경기에서 많이 뒤**처**진 이유는 배가</u>
<u>고파서란다. < 처제 - 뒤처진 ></u>
 ◆ 내**노**라하다 (X) → 내로라하다 (O)
③ 방과 후 삼촌 댁에 들**른** 후 저녁에 갈 거여요. (O)
 ◆ '들르다'와 '들리다'를 잘 구별해서 써야 한다.
 ● 들르다 - 지나는 길에 잠깐 들어가 머무르다.
 ■ 들리다 - 듣다(listen to)의 사동사
 ☺<u>**영보이 암기tip**) 카페에서 파르페를 먹고 오락실에 들르다. < 파르페 - 들르다 ></u>
④ 가스 밸브를 안 잠**궈** 화를 입으리라고는 전혀 생각지 못했다. (X) → 잠가
 ◆ 잠**구**다 (X) → 잠그다 / 잠**궈** (X) → 잠가
 ☺<u>**영보이 암기tip**) 레이디 가가는 집에 오면 수도꼭지를 잠가 두었다.</u>
  < 레이디 가가 - 잠가 >

(문제 250) 정답: ③

(문제 270) 밑줄 친 단어가 파생어가 아닌 것은? (2008 국가직7 섬책형 문3)

① 사람들은 <u>검붉은</u> 노을을 바라보며 탄성을 질렀다.
② 그건 아이에게 젖을 <u>먹이는</u> 모습이야.
③ 김 선수는 힘이 빠졌는지 계속 <u>헛손질</u>을 했다.
④ 우선 그 도형의 <u>넓이</u>부터 계산해 보게.

(문제 270) 정답 및 해설 (2008 국가직7 섬책형 문3)

① 사람들은 <u>검붉은</u> 노을을 바라보며 탄성을 질렀다. (X) › 비통사적 합성어
　◆ 검다 + 붉다 → 검고 붉다 ⊐ 검붉다 : 연결어미가 생략되어 비통사적 합성어이다.
② 그건 아이에게 젖을 <u>먹이는</u> 모습이야.
　● '먹이다'의 '이'는 사동의 접미사이므로 파생어이다.
　☺영보이 암기tip) 말을 안 듣는 사람에게 파를 먹이다. < 파를 - 먹이다 >
③ 김 선수는 힘이 빠졌는지 계속 <u>헛손질</u>을 했다.
　● '헛손질'의 '헛'은 접두사이므로 파생어이다.
　☺영보이 암기tip) 파를 들고 헛손질하다. < 헛손질 - 파 >
④ 우선 그 도형의 <u>넓이</u>부터 계산해 보게.
　● '넓이'는 '넓다'가 명사형 접미사와 결합하여 파생어이다.
　☺영보이 암기tip) 너희 집 파밭의 넓이는 얼마나 되니? < 파밭 - 넓이 >

(문제 270) 정답: ①

(문제 468) 다음 작품 중 서울이 배경이 아닌 것은? (2013서울9 A책형 문13)

① 박태원: 소설가 구보 씨의 일일
② 윤흥길: 아홉 켤레의 구두로 남은 사내
③ 이상: 날개
④ 이범선: 오발탄
⑤ 박완서: 자전거 도둑

(문제 468) 정답 및 해설 (2013서울9 A책형 문13)

① 박태원: 소설가 구보 씨의 일일 - 1930년대 일제 식민지 시대의 경성(서울)
☺영보이 암기tip) 소설가 **구보**는 **서울**을 좋아해. < **구보**의 **서울** >
② 윤흥길: 아홉 켤레의 구두로 남은 사내 - **경기도 성남**
◆ 1970년대 산업화 과정에서의 인간소외, 도시 빈민계층의 아픔.
☺영보이 암기tip) **성남**시장에서 **구두 아홉 켤레**를 샀다.<**성남**시장에서 **구두 아홉 켤레**>
③ 이상: 날개 - 1930년대 일제 식민지 시대의 경성(서울)
☺영보이 암기tip) **서울**에서 **날개**를 달고 훨훨 날고 싶다. < **서울**의 **날개** >
④ 이범선: 오발탄 - 1950년대 해방촌(**서울**시 용산구)
☺영보이 암기tip) **서울**에는 **오발탄**이 많다. < **오발탄**의 **서울** >
⑤ 박완서: 자전거 도둑 - 서울 청계천
☺영보이 암기tip) **서울** 청계천에 **자전거 도둑**들이 많았지. < **서울**의 **자전거 도둑** >

(문제 468) 정답: ②

(문제 571) 다음 중 「표준어 규정」에 맞게 발음한 문장은? (2016서울7 A책형 문17)

① 불법[불법]으로 고가[고까]의 보석을 훔친 도둑들이 고가[고가]도로로 도망치고 있다.
② 부정한 사건이 묻히지[무치지] 않도록 낱낱이[난나치] 밝혀 부패가 끝이[끄치] 나도록 해야 한다.
③ 꽃 위[꼬 뒤]에 있는[인는] 나비를 잡기 위해 나비 날개의 끝을[끄츨] 잡으려고 했다.
④ 부자[부:자]간에 공동 운영하는 가게에 모자[모자]가 들러 서로 모자[모:자]를 선물했다.

(문제 571) 정답 및 해설 (2016서울7 A책형 문17)

① 불법[불법]으로 고가[고까]의 보석을 훔친 도둑들이 고가[고가]도로로 도망치고 있다.
(O)   칙   투   방
            리

◆ 고가(高價)[고까]: 비싼 가격. 또는 값이 비싼 것. ≒ 귀가(貴價)
   ◆ 고가[고까]의 물품 / 고가[고까]이니까 깨지지 않도록 조심해서 다루세요.
● 고가(古家)[고:가] - 지은 지 오래된 집
   ● 이 마을에는 지은 지 100년이 넘는 고가(古家)[고:가]가 몇 채 있다.
■ 고가(高架)[고가] - 높이 건너질러 가설하는 것.
   ■ 고가[고가] 사다리

                              망
② 부정한 사건이 묻히지[무치지] 않도록 낱낱이[난나치] 밝혀 부패가 끝이[끄치] 나도록
해야 한다. (X) → 낱낱이[난:나치]   질
            앞   방방질
③ 꽃 위[꼬 뒤]에 있는[인는] 나비를 잡기 위해 나비 날개의 끝을[끄츨] 잡으려고 했다.
   마   정개   ↓   창
                                          (X) → 끝을[끄틀]

④ 부자[부:자]간에 공동 운영하는 가게에 모자[모자]가 들러 서로 모자[모:자]를 선물했
다. (X) → 부자[부자]간 / 모자[부자]를 사다 / 모자[모:자]간
◆ 부자(富者): 재물이 많아 살림이 넉넉한 사람. [부:자]
● 부자(父子): 아버지와 아들을 아울러 이르는 말. [부자]
   ☺영보이 암기tip) 둘 다 외우면 많이 헷갈리므로 긴소리를 먼저 외우는 것이 좋다.
   ☺ 빌 게이츠, 워런 버핏, 만수르 등 부:자들이 길게 늘어서 있다.
◆ 모자(母子): 어머니와 아들을 아울러 이르는 말. [모:자]
   ☺ 모:자간에 끈끈한 정이 길고 두텁다.
● 모자(帽子):머리에 쓰는 물건의 하나. 예의를 차리거나 추위, 더위, 먼지 따위를 막기
위한 것이다. [모자]

(문제 571) 정답: ①

(문제 147) 띄어쓰기가 옳은 것은? **(2011지방직9 A책형 문9)** *- 영보이 기출문제집 맛보기*

① 우리∨민족의∨염원은∨통일뿐이다.
② 무엇이∨틀렸는∨지∨답을∨맞추어보자.
③ 우리는∨생사∨고락을∨함께∨한∨친구이다.
④ 이번∨시험에서∨우리∨중∨안∨되어도∨세∨명은∨합격할∨것같다.

(문제 147) 정답 및 해설 (2011지방직9 A책형 문9)

① 우리∨민족의∨염원은∨통일뿐이다. (O)
 ◆ '뿐'은 명사 다음에 올 때에는 <u>조사로 앞말과 붙여</u> 쓴다.
  ◆ 염원은 **통일뿐이다**. / 간절한 바람은 **합격뿐이다**.
 ● '뿐'이 용언 다음에 올 때에는 의존 명사로 앞말과 띄어 쓴다.
  ● 그 아이는 똑똑할**V**뿐이다. / 나는 하루에 두 끼만 먹을**V**뿐이다.
② 무엇이∨틀렸는**V**지∨답을∨맞추어보자. (X) → 틀렸**는지**
 ◆ 시간의 경과를 의미하는 것이 아니므로 이 문장의 '지'는 붙여 쓴다.
 ● **시간의 경과**를 의미할 때에는 '**지**'를 **띄어 쓴다**.
  ● 저녁을 먹은**V**지 두 시간이 지났다. 우리는 사귄**V**지 5년이 지났다.
③ 우리는∨생사**V**고락을∨함께**V**한∨친구이다. (V) → **생사고락을 함께한**
 ◆ '생사고락'과 '함께하다'는 <u>한 단어이므로 붙여</u> 쓴다.
④ 이번∨시험에서∨우리∨중∨안**V**되어도∨세∨명은∨합격할∨**것같다**. (X)
  → **안되어도** ~ 합격할**V**것**V**같다.
 ◆ <u>'안'</u>은 부정의 의미일 때에는 <u>띄어</u> 쓰지만 그렇지 않은 경우에는 붙여 씀.
  ◆ 우리 중 **안되어도**
 ● '것'은 의존 명사로 <u>띄어</u> 써야 한다.
  ● 합격할**V**것**V**같다.

☺**영보이 암기tip)** 띄어쓰기는 원고지로 공부하면 학습효과가 좋다.

통	일	뿐	이	다	.		합	격	뿐	이	다	.		먹	을	V	뿐	이	다
똑	똑	할	V	뿐	이	다	.		무	엇	이		틀	렸	는	지			
저	녁	을		먹	은	V	지		두		시	간							
사	귄	V	지		5	년	이			생	사	고	락	을		함	께	한	
우	리	V	중		안	되	어	도			합	격	할	V	것	V	같	다	.

(문제 147) 정답: ①

(문제 149) 통사적 합성어인 것은? **(2011지방직9 A책형 문11)** *- 영보이 기출문제집 맛보기*

① 큰집   ② 덮밥   ③ 늦더위   ④ 검붉다

(문제149) 정답 및 해설 **(2011지방직9 A책형 문11)**

◆ 통사적 합성어는 우리말의 어순이나 배열법으로 만들어진 합성어를 말한다.
① 큰집 - 큰(관형사) + 집(명사) - 우리말의 어순이므로 **통사적 합성**어이다. (O)
② 덮밥 - 덮(은) + 밥 - **관형사형 어미**, '은'이 **생략**되어 있어 **비통**사적 합성어이다.
③ 늦더위 - **늦**(접두사) + 더위(명사) - **파**생어
④ 검붉다 - 검(고) + 붉다 - **연결 어미** '고'가 **생략**되어 있어 **비통**사적 합성어이다.

☺**영보이 암기tip)** 통사적 합성어인지 비통사적 합성어인지 구별하는 것은 매우 헷갈린다. 또한 시험장에서 이러한 문제는 시간을 많이 잡아먹는 골칫거리다. 따라서 **영보이 암기tip**으로 기억하자. (다음 내용을 랩을 하듯 리듬을 타며 반복해서 말해보자.)
◆ ☺**큰집**이 너무 많은데 **통합**하면 어때? < 큰집 - 통합 >
◆ ☺오징어**덮밥**을 못 먹어서 매우 **비통**한 심정이다. < 덮밥 - 비통 >
◆ ☺**늦더위** 때문에 **파** 가격이 매우 비싸다. < 늦더위 - 파 >
◆ ☺**검붉은** 포도를 동생이 다 먹어 **비통**한 마음이 든다. < 검붉다 - 비통 >

(문제 149) 정답: ①

(문제 157) 외래어 표기법으로 옳지 않은 것은? (2012지방직9 제1회 A책형 문3)
- 영보이 기출문제집 맛보기

① 파이팅
② 슈퍼마켓
③ 꼬냑
④ 팸플릿

(문제 157) 정답 및 해설 (2012지방직9 제1회 A책형 문3)

① 파이팅 (O)
◆ 'f'는 'ㅍ'로 적어야 한다. 따라서 'fighting'은 '파이팅'이 알맞다.
★ 헷갈리는 낱말 - 무기 없이 유연한 동작으로 손과 발을 이용하여 공격하는 중국식 권법인 'gongfu'는 '쿵후'라 적는다.
☺영보이 암기tip) 아들아! 방과 후에 반드시 쿵후 학원에 가거라.
< 방과 후 - 쿵후 학원 >
② 슈퍼마켓 (O)
◆ 영어로 읽을 때는 [수]이지만 우리말로 적을 때는 '슈'라 적어야 한다.
☺영보이 암기tip) 슈퍼마켓에 슈크림 빵 좀 사다 줄래? < 슈퍼마켓 - 슈크림 >
③ 꼬냑 (X) → 코냑
☺영보이 암기tip) 코냑을 얼마나 마셨는지 코가 많이 빨갛다.
④ 팸플릿 (O)
☺영보이 암기tip) 한 회사가 팸플릿과 함께 스팸을 사은품으로 나누어 주고 있다.
< 스팸 - 팸플릿 >
(문제 157) 정답: ③

★영보이 교재는 <u>합격</u>하는 데 매우 도움이 됩니다.

★<u>한 번을 공부해도 오래 기억</u>할 수 있습니다.

★<u>영보이 '국어 핵심 기출문제집'과 '영보이 공무원 한자 기출문제집과 그의 친구들'로 공부해 보세요.</u>

★ <u>결코 후회 없는 선택</u>일 것입니다. ★

★ 영보이 저서 ★

◆ 영보이 공무원 국어 핵심 기출문제집
◆ 영보이 공무원 한자(漢字)와 그의 친구들

목 차

이번 영보이 핵심 기출은 말 그대로 기출 중에서 시험에 자주 나오는 핵심 사항만 담았습니다. 글의 주제 찾기, 글의 순서 배열, 시, 문학 등은 수록되지 않았습니다. 하지만 서울시 시험을 위해 지식국어는 모두 담았습니다. 지식국어도 암기법을 수록하여 공부하기 쉽도록 하였습니다. 서점에서 책을 한 번 보시면 정말 만족하실 겁니다.

국가직 9급 문제와 정답·해설

< 2017년 추가된 표준어 완벽 반영 >

(문제 1) 다음의 국어 로마자 표기 사례를 통해 알 수 있는 표기 원칙으로 옳지 않은 것은?
(2007국가9 시책형 문1)

> 광희문 Gwanghuimun 독립문 Dongnimmun
> 거북선 Geobukseon 대관령 Daegwallyeong

① 전자법(轉字法)이 아니라 전음법(轉音法)을 원칙으로 한다.
② 'ㅢ'가 'ㅣ' 소리로 나면 소리대로 적는다.
③ 'ㄱ'은 자음 앞에서 'k'로 표기한다.
④ 'ㄹㄹ'로 소리 나면 'll'로 적는다.

(문제 1) 정답 및 해설 (2007국가9 시책형 문1)

① 전자법(轉字法)이 아니라 전음법(轉音法)을 원칙으로 한다.
② 'ㅢ'가 'ㅣ' 소리로 나면 소리대로 적는다. (X) → 'ㅢ'는 'ㅣ'소리로 나더라도 'ui'로 적는다.
③ 'ㄱ'은 자음 앞에서 'k'로 표기한다.
④ 'ㄹㄹ'로 소리 나면 'll'로 적는다.

① 전자법(轉字法)이 아니라 **전음법(轉音法)을 원칙**으로 한다.
  1)전자법(轉字法): 다른 나라의 말을 철자대로 자기 나라 글자로 맞추어 적는 방법.
  2)**전음법**(轉音法): 소리가 나는 대로 적는 방법.
   a)예1. 독립문 - [**동님**문]: Do**ngnim**mun
   b)예2. 대관령 - [대:**괄**령]: Daegwa**ll**yeong
② 'ㅢ'가 'ㅣ' 소리로 나면 소리대로 적는다. (X) → 'ㅢ'는 'ㅣ'소리로 나더라도 'ui'로 적는다.
   1)예: 광**희**문 - [광**히**문]: Gwang**hui**mun
③ 'ㄱ'은 자음 앞에서 'k'로 표기한다.
   1)예: 거북**선** - Geobu**k**seon ('선'의 자음 'ㅅ' 앞)
④ 'ㄹㄹ'로 소리 나면 'll'로 적는다.
   1)예: 대관령 - [대:**괄**령]: Daegwa**ll**yeong

(문제 1)정답: ②

(문제 2) 밑줄 친 부분의 띄어쓰기가 맞지 않는 것은? (2007국가9 시책형 문2)

① 내일은 날씨가 <u>추울 지</u> 모르겠다.
② 꽃잎이 <u>한잎 두잎</u> 떨어진다.
③ 저분은 <u>코치 겸</u> 선수이다.
④ 그 일은 <u>할 만하다.</u>

(문제 2) 정답 및 해설 (2007국가9 시책형 문2)

① 내일은 날씨가 <u>추울 지</u> 모르겠다. (X) → **추울지**
② 꽃잎이 <u>한잎 두잎</u> 떨어진다.
③ 저분은 <u>코치 겸</u> 선수이다.
④ 그 일은 <u>할 만하다.</u>

① 내일은 날씨가 <u>추울 지</u> 모르겠다. (X) → 추울지
 1)시간의 경과를 나타내는 경우에 띄어 쓴다.
   a)예: 국어를 **공부한 지** 두 시간이 되었다. / 연애를 **시작한 지** 100일이 넘었다.
  ★따라서 막연한 의문이나 추측을 나타내는 경우의 '-지'는 붙여 쓴다.
② 꽃잎이 <u>한잎 두잎</u> 떨어진다.(O)
  1)**한 잎 두 잎**(O) / **한잎 두잎**(O)
③ 저분은 <u>코치 겸</u> 선수이다.(O) - 두 말을 이어 주거나 열거할 적에 쓰이는 말들은 띄어 쓴다.
④ 그 일은 **할 만**하다.(O) - 원칙 / **할만**하다(O) - 허용

☺**영보이 암기tip) 띄어쓰기는 원고지로 공부하면 효과가 매우 좋다.**

추	울	지			한		잎		두		잎			한	잎		두	잎		
코	치	V	겸	V	선	수					할	V	만	하	다					
공	부	한	V	지		두		시	간											
연	애	한	V	지		석		달												

(문제 2)정답: ①

(문제 3) 다음 글의 밑줄 친 표현 중에서 한글 맞춤법에 맞는 것끼리 모아 놓은 것은? (2007 국가9 시책형 문3)

> 제아무리 대원군이 살아 돌아온다 하더라도 더 이상 타 문명의 유입을 막을 길은 없다. 어떤 문명들은 서로 만났을 때 충돌을 (가)(㉠면지 ㉡면치) 못할 것이고, 어떤 것들은 비교적 평화롭게 공존하게 될 것이다.　　　　　　　　　　　　　　- 최재천, '황소개구리와 우리말'
>
> 중국에는 새로운 방식과 교묘한 제도가 나날이 증가하고 다달이 불어나서 수백 년 이전의 옛날 중국이 아니다. 그런데도 우리는 막연하게 서로 묻지도 않고 오직 옛날의 방식만을 (나)(㉠편케 ㉡편게) 여기고 있으니 어찌 그리 게으르단 말인가.　　　　　　　　　　　　　- 정약용, '기예론'
>
> 더러는 하루에 두 개씩 주는 뭉치밥을 남기기도 했으나, 그는 한꺼번에 하룻 것을 뚝딱 해도 (다)(㉠시원잖았다 ㉡시원찮았다).　　　　　　　　　　　　- 하근찬, '수난 이대'
>
> 네 所願이 무엇이냐 하고 하느님이 내게 물으시면, 나는 (라)(㉠서슴지 ㉡서슴치) 않고 "내 소원은 大韓獨立이오." 하고 대답할 것이다.　　　　　　　　　　　- 김구, '나의 소원'

```
    (가)  (나)  (다)  (라)
① ㉠ - ㉠ - ㉡ - ㉠
② ㉠ - ㉡ - ㉠ - ㉡
③ ㉡ - ㉡ - ㉠ - ㉡
④ ㉡ - ㉠ - ㉡ - ㉠
```

(문제 3) 정답 및 해설 (2007국가9 시책형 문3)
(가) (㉠면지 ㉡면치)
　　☺영보이 암기tip) 밥도 안 주**면 치**사해.
(나) (㉠편케 ㉡편게)
　　☺영보이 암기tip) 편**케** / **케**첩
(다) (㉠시원잖았다 ㉡시원찮았다)
　　☺영보이 암기tip) 시**원찮**았다
(라) (㉠서슴지 ㉡서슴치)
　　☺영보이 암기tip) 서슴**지** / 두더**지**

　　　　　　　　　　　　　　(문제 3)정답: ④ ㉡ - ㉠ - ㉡ - ㉠

(문제 4) 밑줄 친 표현의 발음이 표준 발음법에 어긋난 것은? (2007국가9 시책형 문5)

① 늿큼[닝큼] 일어나지 못하겠느냐
② 불법을[불버블] 조장한다는 의견도 있었습니다.
③ 열 살 때까지 글을 읽지도[익찌도] 못했다고 해요.
④ 이 대학은 최근[췌:근] 외국인 학생이 부쩍 늘어났어요.

(문제4) 정답 및 해설 (2007국가9 시책형 문5)

① 닝큼[닝큼] 일어나지 못하겠느냐 (X) → [닝큼]
② 불법을[불버블] 조장한다는 의견도 있었습니다.
③ 열 살 때까지 글을 읽지도[익찌도] 못했다고 해요.
④ 이 대학은 최근[췌:근] 외국인 학생이 부쩍 늘어났어요.

① 닝큼[닝큼] 일어나지 못하겠느냐 (X) → [닝큼]
  1)자음을 첫소리로 가지고 있는 음절의 'ㅢ'는 [ㅣ]로 발음한다.
  ★따라서 **쓸 때**는 **닁**큼, **발음**은 [**닝**큼]
② 불법을[불버블] 조장한다는 의견도 있었습니다.(O)
  1)연음해서 발음함. 'ㅂ'이 '을'과 결합하여 [불**버**블]
③ 열 살 때까지 글을 읽지도[익찌도] 못했다고 해요.(O)
  1)겹받침 'ㄺ'은 어말 혹은 자음 앞에서 [ㄱ]으로 발음함.
  ★따라서 [**익찌도**]가 알맞음.
④ 이 대학은 최근[췌:근] 외국인 학생이 부쩍 늘어났어요.(O)
  1)'ㅚ,ㅟ'는 단모음. but 이중 모음으로 발음하는 것을 허용함.
  ★따라서 두 가지 발음 모두 맞음. [최:근 / 췌:근](O)   (문제 4)정답: ①

(문제 5) 국어 순화 사례를 잘못 제시한 것은? (2007국가9 시책형 문7)

① 오늘 아침 잇따른 접촉 사고로 차가 많이 밀렸다. → 잇딴
② 그는 화가 난 상대를 센스 있게 다루는 능력이 있다. → 눈치
③ 한강 고수부지(高水敷地)에 체육공원을 만들었다. → 둔치
④ 그는 우리 회사의 지분(持分)을 38%나 가시고 있다. → 몫

(문제 5) 정답 및 해설 (2007국가9 시책형 문7)
① 오늘 아침 잇따른 접촉 사고로 차가 많이 밀렸다. → 잇딴(X) ⇒ 잇**단**, 잇**따른**
② 그는 화가 난 상대를 센스 있게 다루는 능력이 있다. → 눈치
③ 한강 고수부지(高水敷地)에 체육공원을 만들었다. → 둔치
④ 그는 우리 회사의 지분(持分)을 38%나 가지고 있다. → 몫

① 오늘 아침 잇따른 접촉 사고로 차가 많이 밀렸다.→ 잇딴(X) ⇒ 잇**단**, 잇**따른**
  1)맞는 말: 잇달다 / 잇따르다 / 잇단 / 잇따른
  2)틀린 말: 잇**딴** (X)
② 그는 화가 난 상대를 센스 있게 다루는 능력이 있다. → 눈치 (O)
③ 한강 고수부지(高水敷地)에 체육공원을 만들었다. → 둔치 (O)
④ 그는 우리 회사의 지분(持分)을 38%나 가지고 있다. → 몫 (O)   (문제 5) 정답: ①

(문제 6) 문장의 의미에 어울리지 않는 관용 표현은? **(2007국가9 시책형 문8)**

① 지금쯤 그는 <u>등이 달아서</u> 앉아 있을 것이다.
② 부모님의 <u>낯을 깎을</u> 만한 행동은 하지 마라.
③ 그들은 <u>코를 떼고</u> 필요한 사항만을 논의하였다.
④ 그들은 술 몇 잔으로 그의 <u>속을 뽑으려</u> 하였다.

(문제 6) 정답 및 해설 (2007국가9 시책형 문8)

① 지금쯤 그는 <u>등이 달아서</u> 앉아 있을 것이다.
② 부모님의 <u>낯을 깎을</u> 만한 행동은 하지 마라.
③ 그들은 <u>코를 떼고</u> 필요한 사항만을 논의하였다. **(X)**
④ 그들은 술 몇 잔으로 그의 <u>속을 뽑으려</u> 하였다.

① 지금쯤 그는 <u>등이 달아서</u> 앉아 있을 것이다. (O)
  1)등(이) 달다: 마음대로 되지 아니하여 몹시 안타까워하다.
② 부모님의 <u>낯을 깎을</u> 만한 행동은 하지 마라.
  1)낯이 깎이다: 체면이 손상되다.
③ 그들은 <u>코를 떼고</u> 필요한 사항만을 논의하였다. **(X)**
  1)코를 떼다: 무안을 당하거나 핀잔을 맞다.
④ 그들은 술 몇 잔으로 그의 <u>속을 뽑으려</u> 하였다.
  1)속(을) 뽑다: 일부러 남의 마음을 떠보고 그 속내를 드러나게 하다.

(문제 6) 정답: ③

(문제 7) 문장의 의미로 보아 밑줄 친 표현이 정확하게 쓰인 것은? **(2007국가9 시책형 문12)**

① 올해 경제 성장률이 드디어 6%를 <u>능가하였다.</u>
② 새로운 도시개발법이 <u>과반수</u> 찬성표를 얻어 통과되었다.
③ 석가탑이 다보탑과 <u>틀린</u> 점을 든다면, 바로 건축 양식이다.
④ 심의위원회의 <u>자문(諮問)을 받아</u> 새로운 정책을 결정하였다.

(문제7) 정답 및 해설 (2007국가9 시책형 문12)
① 올해 경제 성장률이 드디어 6%를 <u>능가하였다.</u> (X) → 넘었다.
  1)능가(凌駕): 능력이나 수준 따위가 비교 대상을 훨씬 넘어섬.
② 새로운 도시개발법이 <u>과반수</u> 찬성표를 얻어 통과되었다.(O)
  1)과반수(過半數) 이상 (X): 의미의 중복 - '過(지날 과)'와 이상(以上)
  2)과반수(O)

---

③ 석가탑이 다보탑과 <u>틀린</u> 점을 든다면, 바로 건축 양식이다. (X) → **다른**

  1)틀리다: 셈이나 사실 따위가 그르게 되거나 어긋나다.

  2)**다르다**: 비교가 되는 두 대상이 서로 같지 아니하다.

④ 심의위원회의 <u>자문(諮問)</u>을 받아 새로운 정책을 결정하였다. (X)

  → 심의위원회**에** 자문**하여**

  1)자문(諮問): 어떤 일을 좀 더 효율적이고 바르게 처리하려고 그 방면의 전문가나, 전문가들로 이루어진 기구에 **의견을 물음**.

  ★'자문'은 '~에게 자문하다. ~에 자문하다.'로 쓰인다.

(문제 7)정답: ②

(문제 8) 밑줄 친 표현이 다음의 높임법에 해당하지 않은 것은? (2007국가9 시책형 문17)

> 주체 높임법은 서술어가 나타내는 행위의 주체를 높이는 표현법으로, 높임 선어말 어미 '-(으)시-', 조사, 동사, 명사 등에 의해 실현된다.

① 할머니께서 <u>진지</u>를 드신다.

② 나는 어머니께 과일을 <u>드렸다</u>.

③ 할아버지께서 병원에 <u>다녀오셨다</u>.

④ <u>선생님께서</u> 부모님께 가정 통신문을 발송하셨다.

(문제 8) 정답 및 해설 (2007국가9 시책형 문17)

① 할머니께서 <u>진지</u>를 드신다.

② 나는 어머니께 과일을 <u>드렸다</u>. (X)

③ 할아버지께서 병원에 <u>다녀오셨다</u>.

④ <u>선생님께서</u> 부모님께 가정 통신문을 발송하셨다.

① 할머니께서 <u>진지</u>를 드신다. - 주체 높임법

② 나는 어머니께 과일을 **드렸다**. (X) - **객체 높임법**

  1)**객체 높임법**: 높임법의 하나. 한 문장의 주어의 행위가 미치는 대상을 높여 표현한다. 중세 국어에서는 동사나 형용사에 선어말 어미 '-숳 -, -숩 -, -죻 -, -줍 -, -숳 -, -숩 -'을 붙여 표현하였으나 현대 국어에서는 **'보다', '주다', '말하다'**에 대하여 **'뵙다', '드리다', '여쭈다'**를 써서 표현한다.

③ 할아버지께서 병원에 <u>다녀오셨다</u>. - 주체 높임법

④ <u>선생님께서</u> 부모님께 가정 통신문을 발송하셨다. - 주체 높임법

(문제 8)정답: ②

(문제 9) 어법에 맞게 사용된 문장은? **(2007국가9 시책형 문18)**

① 그것은 우리의 간절한 바램이었다.
② 며칠을 쉬었더니 오늘이 몇 일인지 모르겠다.
③ 농산물 수입은 온 국민에게 큰 영향을 끼친다.
④ 정부는 장기 근속 공무원에 수당을 지급할 예정이다.

(문제 10) 다음 중 호칭어와 지칭어에 대한 설명으로 옳지 않은 것은? **(2008국가9 안책형 문1)**

① 남편의 여동생을 '고모'라고 부른다.
② 오빠의 아내는 '언니'라고 부르고, 지칭어는 '올케'이다.
③ 누나의 입장에서 남동생의 아내는 지칭어가 '올케'이다.
④ 남편의 형을 이르는 말은 '아주버니'이다.

(문제 11) 다음은 잘못된 외래어 표기를 고친 예들이다. 옳지 않은 것은? (2008국가9 안책형 문2)

① 랑데뷰 → 랑데부
② 수퍼마켓 → 슈퍼마켓
③ 꽁뜨 → 콩트
④ 악세서리 → 악세사리

(문제 11) 정답 및 해설 (2008국가9 안책형 문2)

① 랑데뷰 → 랑데부 (O)
② 수퍼마켓 → 슈퍼마켓 (O)
③ 꽁뜨 → 콩트 (O)
④ 악세서리 → 악세사리 (X) ⇒ 액세서리(accessory)

① 랑데뷰 → 랑데부 (O)
　☺영보이 암기tip) 부디 랑데부 홈런을 부탁한다.
② 수퍼마켓 → 슈퍼마켓 (O)
　☺영보이 암기tip) 슈퍼마켓에 가도 가격이 너무 비싸다. 울고 싶다. ㅠ.ㅠ
③ 꽁뜨 → 콩트 (O)
　☺영보이 암기tip) 한 콩트에서 아들이 어머니께 콩나물 트집을 잡고 있다.
④ 악세서리 → 악세사리 (X) ⇒ 액세서리(accessory)
　☺영보이 암기tip) 고액의 뇌물을 좋아하는 조선시대 서리들이 팔에 액세서리를 하고 있
다.
　　　　　　　　　　　　　　　　　　　　　　　　　　　　(문제11) 정답: ④

(문제12) 밑줄 친 어휘들 가운데 옳지 않게 쓰인 것으로만 묶인 것은? (2008국가9 안책형 문3)

열 살밖에 되지 않은 어린 아이가 혼자 낯선 이의 집에서 숙식을 ㉠붙인다는 것은 분명 힘에 부치는 일로 보였다. 외로움을 달래주기 위해 말을 붙여 보아도 도통 대답 없이 편지를 부치기 위해 우표를 붙이고 있을 뿐이었다. ㉡붙여먹을 땅 한 평 없는데다가 폭력까지 휘둘렀던 삼촌일지라도, 그 아이는 유일하게 그 삼촌에게 정을 붙이고 있었다. 내가 가정교사를 ㉢붙여 공부에 흥미를 붙이도록 도와주어야 할 것 같다.

① ㉠, ㉡
② ㉠, ㉢
③ ㉡, ㉢
④ ㉠, ㉡, ㉢

(문제 12) 정답 및 해설 (2008국가9 안책형 문3)

㉠ 숙식을 붙인다는 (X) → 숙식을 부친다는
  ☺영보이 암기tip) 숙부 댁에 숙식을 부치다.
㉡ 붙여 먹을 땅 (X) → 부쳐 먹을 땅
  ☺영보이 암기tip) 부자들은 부쳐 먹을 **땅**이 많다.
㉢ 가정교사를 붙여 (O)
  ☺영보이 암기tip) 어머니는 나에게 **가정교사를 붙여** 국어에 대한 **흥미를 붙여**주셨다.

(문제 12) 정답: ① ㉠, ㉡

(문제13) 밑줄 친 단어의 쓰임이 <u>옳지 않은</u> 것은? (2008국가9 안책형 문4)
① 그 배는 많은 승객을 <u>싣고</u> 가는 중이다.
② 젊은이들은 우리들과 생각이 <u>달라요</u>.
③ 그 집은 <u>전세금</u>이 얼마나 됩니까?
④ 산에 오르는데 칡덩굴이 발에 <u>거친다</u>.

(문제 13) 정답 및 해설 (2008국가9 안책형 문4)

① 그 배는 많은 승객을 <u>싣고</u> 가는 중이다. (X) → **태우고**
  1)승객은 짐이 아니므로 '태우고'라 쓰고, 짐을 '싣고'라 쓴다.
② 젊은이들은 우리들과 생각이 **달라요**. (O) 'different'의 의미로 잘 쓰였다.
③ 그 집은 <u>전세금</u>이 얼마나 됩니까? (O). 전세금(O), 전**셋돈**(O)
④ 산에 오르는데 칡덩굴이 발에 <u>거친다</u>. (O). **거치다**(O), **거치적거리다**(O)

(문제 13) 정답: ①

(문제 14) 밑줄 친 겹받침의 발음이 <u>옳지 않은</u> 것은? (2008국가9 안책형 문5)
① 가을 하늘은 참으로 <u>맑다</u>. [막따]
② 감이 익지 않아 대단히 <u>떫다</u>. [떨:따]
③ 우리는 그 책을 <u>읽고</u>, 큰 감명을 받았다. [일꼬]
④ 그는 흥에 겨워 시를 <u>읊고</u>, 장구를 쳤다. [을꼬]

(문제 14) 정답 및 해설 (2008국가9 안책형 문5) '표준 발음법' 제4장
① 가을 하늘은 참으로 <u>맑다</u>. [막따]
  1)겹받침 'ㄺ'은 어말 또는 자음 앞에서 [ㄱ]으로 발음한다. (제11항)
  <u>☺영보이 암기tip)</u> 맑은[말근] 유리 **막**대가 오늘도 매우 **맑**다.[막따]

② 감이 익지 않아 대단히 떫다. [떨:따](긴 소리)
  1)겹받침 'ㄼ'은 어말 또는 자음 앞에서 각각 [ㄹ]로 발음한다. (제10항)
  ☺영보이 암기tip) 나무에서 **떨**어진 감이 은근히 떫다[떨:따].
                또한 그 맛이 **오래간다.(긴 소리)**
③ 우리는 그 책을 읽고, 큰 감명을 받았다. [일꼬]
  1)겹받침 'ㄺ'은 어말 또는 자음 앞에서 [ㄱ]으로 발음한다. (제11항)
  ☺영보이 암기tip) 내 친구 **일권**이는 그 책을 읽고[일꼬] 또 읽었다[일걷따].
④ 그는 흥에 겨워 시를 읊고, 장구를 쳤다. [을꼬] (X) → [읍꼬]
  1)('표준 발음법' 제4장 제11항) 겹받침 'ㄺ, ㄻ, ㄿ'은 어말 또는 자음 앞에서 각각 [ㄱ, ㅁ, ㅂ]으로 발음한다.
  ☺영보이 암기tip) **읍** 사무소에 온 사람들은 흥에 겨워 시를 읊고[읍꼬] ~
  (cf. 읍은 인구 2만 이상이 되어야 하나, 2만 미만인 경우도 있다.)

(문제 14) 정답: ④

(문제 15) 맞춤법과 표현이 옳은 것은? (**2008국가9 안책형 문6**)
① 시간에 얽매어 사는 현대인이 많다.
② 그는 다른 차 앞으로 끼여드는 나쁜 습관이 있다.
③ 가는 길에 문구점에 꼭 들려라.
④ 그 옷에는 안감을 흰색으로 받쳐야 색이 제대로 살아난다.

(문제 15) 정답 및 해설 (**2008국가9 안책형 문6**)

① 시간에 얽매어 사는 현대인이 많다. (X) → '얽매**이어**' 또는 '얽매**여**'
  ☺영보이 암기tip) **여**러 사람들은 시간에 얽매**여** 산나. (숙악현상)
② 그는 다른 차 앞으로 끼여드는 나쁜 습관이 있다. (X) → 끼**어**드는
  ☺영보이 암기tip) **어**떤 **어**머니는 뭐든지 끼**어**드는 습관이 있다.
③ 가는 길에 문구점에 꼭 들려라. (X) → 들**러**라(원형: 들르다)
  ☺영보이 암기tip) 영보이의 **러**브 하우스에 꼭 들**러**라. ('ㅡ'탈락현상)
④ 그 옷에는 안감을 흰색으로 **받쳐야** 색이 제대로 살아난다. (O)

(문제 15) 정답: ④

(문제16) 다음 각 문장 중 [ ]의 두 말을 서로 바꾸어 쓰기에 부적절한 것은? (**2008국가9 안책형 문7**)
① 자연 현상의 연구는 [모름지기/마땅히] 실험에 의하여야 한다.
② 팀의 승리를 위해서 우리는 잠시도 긴장을 [풀어서는/낮춰서는] 안 된다.
③ 이제 지역 감정을 [부추기는/조장(助長)하는] 정치인은 유권자가 심판해야 한다.
④ 이번에는 지난 물난리 때의 [잘못을 되풀이해서는/전철(前轍)을 밟아서는] 안 된다.

① 자연 현상의 연구는 [모름지기/마땅히] 실험에 의하여야 한다. (O)
  1)'모름지기'와 '마땅히'는 유의어이므로 둘 다 알맞음.
② 팀의 승리를 위해서 우리는 잠시도 긴장을 [풀어서는/낮춰서는] 안 된다.(X)
  1)긴장을 풀어서는 (O)
  2)긴장을 낮춰서는 (X) → 긴장을 **늦춰서는**
③ 이제 지역감정을 [부추기는/조장(助長)하는] 정치인은 유권자가 심판해야 한다. (O)
    조장(助長)은 '바람직하지 않은 일을 부추김'을 의미하는 말로 지문에 '부추기는'으로
바꿔 쓸 수 있다.
④ 이번에는 지난 물난리 때의 [잘못을 되풀이해서는/전철(前轍)을 밟아서는] 안 된다.
    (O)   ◆ 전철(前轍)은 '앞서 지나간 수레바퀴 자국이라는 뜻으로, 이전 사람의 그릇된
일이나 행동의 자취를 이르는 말'이다. 따라서 바꾸어 쓸 수 있다.

(문제 16) 정답: ②

(문제 17) 어법에 맞는 것은? (2008국가9 안책형 문12)
① 말과 글은 우리 후손에 물려 줄 귀중한 문화 유산이다.
② 오늘날 로봇이 산업체의 생산 현장에서 널리 활용되고 있다는 것은 사실이다.
③ 민영화로 인해 요금 인상 등 서민 부담이 늘어나는 결과를 빚어서는 안 된다.
④ 무엇보다도 중요한 것은 한번 오염된 환경이 다시 깨끗해지려면 많은 비용과 노력, 그리고
시간이 든다.

① 말과 글은 우리 후손에 물려 줄 귀중한 문화 유산이다. (X) → 후손에**게**
  1)무정명사는 -에: 대한민국은 일본에 그 사건에 대한 해명을 요청했다.
  2)유정명사는 -에게: 일본 정부는 우리 국민에게 감사의 글을 남겼다.
② 오늘날 로봇이 산업체의 생산 현장에서 널리 활용되고 있다는 것은 사실이다. (O)
    어색한 부분이 없게끔 알맞게 잘 쓰였다.
③ 민영화로 인해 요금 인상 등 서민 부담이 늘어나는 결과를 빚어서는 안 된다. (X)
    → 민영화로 **인한** 요금 인상, 서비스의 질 저하 등 서민 부담이 ~ .
④ 무엇보다도 **중요한 것은** 한번 오염된 환경이 다시 깨끗해지려면 많은 비용과 노력, 그
리고 시간이 든다. (X) → 많은 비용과 노력이 **들고** 시간 또한 많이 **걸린다는 점이다.**

(문제 17) 정답: ②

(문제18) 다음 표현 중 옳은 것은? (2008국가9 안책형 문13)
① 물결이 바위에 부딪쳐 부서진다.
② 그는 지금 놀러갈 만한 시간적 여지가 없다.
③ 뒷수습을 하지 않은 채 뒷꽁무니를 빼면 어떡합니까?
④ 오늘이 몇 월 몇 일이지?

(문제19) 로마자 표기규정에 맞지 않는 것은? (2008국가9 안책형 문15)
① 대관령 - Daegwallyeong
② 속리산 - Songnisan
③ 합 덕 - Haptteok
④ 오죽헌 - Ojukheon

(문제 20) 밑줄 친 단어의 '사이시옷'의 쓰임이 옳지 않은 것은? (2008국가9 안책형 문16)

① 그들은 서로 <u>인사말</u>을 주고 받았다.
② 아이들은 <u>등굣길</u>이 마냥 즐거웠다.
③ <u>빨랫</u>줄에 옷을 널었다.
④ <u>마굿간</u>에는 말 두 마리가 있다.

(문제 20) 정답 및 해설 (2008국가9 안책형 문16)

① 그들은 서로 <u>인사말</u>을 주고 받았다. (O)
  ☺**영보이 암기tip)** <u>숫자를 넣어서 외우면</u> 기억이 오래간다. - 인4말
② 아이들은 <u>등굣길</u>이 마냥 즐거웠다. (O)
③ <u>빨랫</u>줄에 옷을 널었다. (O)
④ <u>마굿간</u>에는 말 두 마리가 있다. (X) → 마**구**간
  ☺**영보이 암기tip)** 숫자를 넣어서 외우면 기억이 오래간다. - 마**9**간

(문제 20) 정답: ④

(문제21) 올바르고 자연스러운 글을 쓰려고 한다. 오류가 없는 것은? (2008국가9 안책형 문18)

영어만 잘 하면 성공한다는 믿음에 온 나라가 야단법석이다. ㉠<u>한 술 더 떠 일본을 따라</u>
<u>영어를 공용어로 하자는 주장이 만만찮게 들리고 있다.</u> ㉡<u>그러나 영어는 배워서 나쁠 것</u>
<u>없고 국제 경쟁력을 키우는 차원에서 반드시 배워야 한다.</u> ㉢<u>하지만 영어보다 더 중요한</u>
<u>것은 우리말이다.</u> ㉣<u>우리말을 제대로 세우지 않고 영어를 들여오는 일은 우리 개구리들을</u>
<u>돌보지 않은 채 황소개구리를 들여온 우를 또다시 범하게 된다.</u>

- 최재천, '황소개구리와 우리말' -

① ㉠   ② ㉡   ③ ㉢   ④ ㉣

(문제21) 정답 및 해설 (2008국가9 안책형 문18)

㉠<u>한 술 더 떠 일본을 따라 영어를 공용어로 하자는 주장이 **만만찮게** 들리고 있다.</u> (X)
  → **한술**(붙여 쓴다), **심심찮게**
㉡<u>그러나</u> 영어는 배워서 나쁠 것 없고 국제 경쟁력을 <u>키우는</u> 차원에서 반드시 배워야 한
다. (X) → **'그러나' 삭제**한다. 문맥은 역접이 아니라 순접이다.
㉢하지만 영어보다 더 중요한 것은 우리말이다. (O)
㉣우리말을 제대로 세우지 않고 영어를 **들여오는** 일은 우리 개구리들을 돌보지 않은 채
황소개구리를 들여온 우를 또다시 **범하게 된다.** (X) → 주어와 서술어의 호응이 어색하다.
따라서 서술어를 '**범하는 것이다**'로 고친다.

(문제21) 정답: ③ - ㉢

(문제 22) 어법에 맞게 고친 것으로 적절하지 않은 것은? (2008국가9 안책형 문20)

① 점유자는 소유의 의사로 선의, 평온 및 공연하게 점유한 것으로 추정한다.
　→ 점유자는 소유의 의사를 가지고 선의로, 평온하게 그리고 공공연하게 물건을 점유한 것으로 추정한다.
② 식목, 채염 또는 석조, 석회조, 연와조 및 이와 유사한 건축을 목적으로 한 토지의 임대차 기간은 10년
　→ 식목, 채염 또는 건축(돌, 석회, 벽돌 등으로 된 구조의 건축)을 목적으로 한 토지의 임대차 기간은 10년
③ 사고 원인 파악 및 재발 방지 대책을 조속히 마련하라.
　→ 사고 원인 파악과 재발 방지 대책의 조속한 마련을 하라.
④ 정의감의 발로나 부당한 폭행에 대항하는 과정에서 발생한 폭력 사범
　→ 정의감에서 발생한 폭력 사범이나 부당한 폭행에 대항하는 과정에서 발생한 폭력 사범

(문제 22) 정답 및 해설 (2008국가9 안책형 문20)

① 점유자는 소유의 의사로 선의, 평온 및 공연하게 점유한 것으로 추정한다.
　→ 점유자는 소유의 의사를 **가지고** 선의로, 평온**하게 그리고** 공공연하게 **물건을** 점유한 것으로 추정한다. (O)
② 식목, 채염 또는 석조, 석회조, 연와조 및 이와 유사한 건축을 목적으로 한 토지의 임대차 기간은 10년
　→ 식목, 채염 또는 **건축(돌, 석회, 벽돌 등으로 된 구조의 건축)**을 목적으로 한 토지의 임대차 기간은 10년 (O)
③ 사고 원인 파악 **및** 재발 방지 대책을 조속히 마련하라.
　→ 사고 원인 파악과 재발 방지 대책의 조속한 마련을 하라. (X)
★ '및'을 함께 써서 의미가 모호하다. 따라서 각각 서술어를 써주면 해결된다.
⇒ 사고 원인**을** 파악**하고** 재발 방지 대책**을** 조속히 마련하라.
④ 정의감의 발로나 부당한 폭행에 대항하는 과정에서 발생한 폭력 사범
　→ 정의감**에서 발생한 폭력 사범**이나 부당한 폭행에 대항하는 과정에서 발생한 폭력 사범 (O)
　　　　　　　　　　　　　　　　　　　　　　　(문제 22) 정답: ③

(문제23) 문장 성분 간의 호응이 적절하지 않은 것은? (2009국가9 성책형 문3)
① 지난해 방송통신위원회에서 적발한 과장 광고의 사례는 300건이 훨씬 넘는다.
② 유리 건물은 은폐 공간을 최소화하여 각종 사고 예방과 업무의 생산성도 높이고 있다.
③ 어제의 세상과 오늘의 세상이 다르듯이 어제의 말과 오늘의 말도 다르다.
④ 한국인에게 있어서 대장암은 위암이나 폐암 등과 같이 발병률이 높은 암이다.

(문제 24) 밑줄 친 부분과 같은 발음 현상이 생기지 않는 것은? (2009국가9 성책형 문6)

날씨가 추워지면 <u>솜이불</u>이 생각난다.

① 송별연   ② 꽃잎   ③ 한여름   ④ 막일

(문제 25) 표준어로만 이루어진 문장은? (2009국가9 성책형 문7)
① 그는 옛 여자 친구의 결혼 소식에 저으기 놀란 눈치였다.
② 10년 만에 나타난 그는 영판 딴 사람이 되어 모든 이를 감동시켰다.
③ 여자들은 약간 까탈스러운 것이 매력적이라고 생각하는 것 같았다.
④ 서해 바닷가의 아름다운 놀은 아직도 잊혀지지 않는다.

(문제 26) 다음 문장 중에서 밑줄 친 관용 표현이 문맥에 어울리지 않는 것은? (2009국가9 성책형 문9)

① <u>입추의 여지가 없을</u> 정도로 공연장에는 관람객이 많았다.
② <u>쇠털같이 많은</u> 날에 왜 그리 서두릅니까?
③ 그는 경기에 임하자 <u>물 건너온 범</u>처럼 맹활약을 하였다.
④ 이번 시험을 잘 보았으니 합격은 <u>떼어 놓은 당상</u>이다.

(문제 26) 정답 및 해설 (2009국가9 성책형 문9)

① <u>입추의 여지가 없을</u> 정도로 공연장에는 관람객이 많았다. (O)
  1)입추의 여지가 없다. - 송곳 끝도 세울 수 없을 정도라는 뜻으로, 발 들여놓을 데가 없을 정도로 많은 사람들이 꽉 들어찬 경우를 비유적으로 이르는 말.
② <u>쇠털같이 많은</u> 날에 왜 그리 서두릅니까? (O)
  1)쇠털같이 하고많은[허구한] 날: 헤아릴 수 없이 많은 나날을 비유적으로 이르는 말.
③ 그는 경기에 임하자 <u>물 건너온 범</u>처럼 맹활약을 하였다. (X)
  1)물 건너온 범 (X) → **날개 돋친 범**
  2)**날개 돋친 범**: 몹시 날쌔고 용맹스러운 기상을 비유적으로 이르는 말.
  3)물 건너온 범: 한풀 꺾인 사람을 비유적으로 이르는 말.
④ 이번 시험을 잘 보았으니 합격은 <u>떼어 놓은 당상</u>이다. (O)
  1)떼어 놓은 당상: 떼어 놓은 당상이 변하거나 다른 데로 갈 리 없다는 데서, 일이 확실하여 조금도 틀림이 없음을 이르는 말.

(문제26) 정답: ③

(문제 27) 한국어의 특성으로 맞지 않는 것은? (2009국가9 성책형 문10)
① 한국어는 첨가어이므로 접사나 어미가 발달되어 있다.
② 한국어에서는 주어가 잇달아 나타나는 문장 구성이 가능하다.
③ 한국어에서 관형어는 항상 체언 앞에 온다.
④ 한국어의 관형사는 형용사처럼 활용한다.

(문제 27) 정답 및 해설 (2009국가9 성책형 문10)

① 한국어는 **첨가어**이므로 **접사나 어미가 발달**되어 있다. (O)
② 한국어에서는 **주어가 잇달아** 나타나는 문장 구성이 가능하다. (O)
③ 한국어에서 **관형어는 항상 체언 앞에** 온다. (O)
④ 한국어의 관형사는 형용사처럼 활용한다. (X)
  1)관형어는 항상 변하지 않는다. 따라서 활용할 수 없다.

(문제27) 정답: ④

(문제 28) 밑줄 친 단어와 같은 품사인 것은? **(2009국가9 성책형 문11)**

이번에는 <u>가급적</u> 빠른 시일 안에 일을 끝내도록 해라.

① 서해의 <u>장엄한</u> 낙조의 감동은 동해 일출의 감동에 못지않다.
② 요즘의 청소년들은 <u>헌</u> 옷을 거의 입지 않는다.
③ 시간이 급하니 <u>어서</u> 다녀오너라.
④ <u>춤</u>을 추는 것은 정신 건강에 매우 좋다.

(문제 28) 정답 및 해설 (2009국가9 성책형 문11)

★ **가급적**: **부사**
① 장엄한: 형용사
② 헌: 관형사
③ **어서**: **부사** (O)
④ 춤: 명사

(문제 28) 정답: ③

(문제 29) 밑줄 친 부분을 고쳐 쓴 것으로 옳지 않은 것은? **(2009국가9 성책형 문12)**

① 이 건물에서는 흡연을 삼가하시오. → 삼가시오
② 학교 담에는 덩굴이 뒤엉켜 있다. → 덩쿨
③ 눈이 부시게 푸르른 하늘 → 푸른
④ 한국인은 김치를 담궈 먹는다. → 담가

(문제 29) 정답 및 해설 (2009국가9 성책형 문12)

① 이 건물에서는 흡연을 <u>삼가하시오</u>. → **삼가시오** (O)
② 학교 담에는 <u>덩굴이</u> 뒤엉켜 있다. → 덩쿨 (**X**) ⇉ 덩굴(O), 넝쿨(O)
 ☺**영보이 암기tip)** 덩굴(ㄷㄱ), 넝쿨(ㄴㅋ)
③ 눈이 부시게 <u>푸르른</u> 하늘 → **푸른** (O)
④ 한국인은 김치를 <u>담궈</u> 먹는다. → 담**가** (O)
 ☺**영보이 암기tip)** 지금 김치를 담**가**야 하니 너는 이제 집에 **가**

(문제29) 정답: ②

(문제 30) 어문 규정에 모두 맞게 표기된 문장은? (2009국가9 성책형 문13)

① 휴계실 안이 너무 시끄러웠다.
② 오늘은 웬지 기분이 좋습니다.
③ 밤을 세워 시험공부를 했습니다.
④ 아까는 어찌나 배가 고프던지 아무 생각도 안 나더라.

(문제 30) 정답 및 해설 (2009국가9 성책형 문13)

① 휴**계**실 안이 너무 시끄러웠다. (X) → 휴게실
  ☺**영보이 암기tip)** 휴게실의 **게**시판에 간장 **게**장을 판다는 쪽지가 붙어 있다.
② 오늘은 **웬**지 기분이 좋습니다. (X) → **왜인지, 왠**지
③ 밤을 **세**워 시험공부를 했습니다. (X) → **새**워
  ☺**영보이 암기tip)** **새** 옷을 입고 밤을 **새**워 공부했다.
④ 아까는 어찌나 배가 고프**던**지 아무 생각도 안 나더라. (O)
  1) -던지: 과거의 상태를 나타낼 때 쓰임 - 어찌나 배가 고프던지
  2) -든지: 선택을 할 때 쓰임 - 사과든지 배든지 다 좋다.

(문제 30) 정답: ④

(문제 31) 다음 중 로마자 표기법이 옳지 않은 것은? (2009국가9 성책형 문14)
① 삼죽면: Samjuk-myeon
② 촉석루: Chokseongnu
③ 홍길동: Hong Gil-Dong
④ 광희문: Gwanghuimun

(문제 31) 정답 및 해설 (2009국가9 성책형 문14)

① 삼죽면: Samjuk-myeon (O)
② 촉석루: Chokseo**ngn**u (O)
  1)[촉썽누]로 발음되지만 된소리는 반영하지 않는다. [촉성누]로 표기함.
③ 홍길동: Hong Gil-**D**ong (X) → Hong Gildong (O), Hong Gil-dong (O)
④ 광희문: Gwangh**ui**mun (O)
  1)[광히문]으로 발음되지만 'ㅢ'는 'ui'로 표기함.

(문제 31) 정답: ③

(문제32) 현대 국어의 자음에 대한 다음과 같은 분류에서 파열음, 파찰음, 마찰음, 유음, 비음의 다섯 가지로 나누는 기준은? **(2009국가9 성책형 문16)**

> 현대 국어의 자음(子音)은 파열음(破裂音) /ㅂ, ㅃ, ㅍ, ㄷ, ㄸ, ㅌ, ㄱ, ㄲ, ㅋ/, 파찰음(破擦音) /ㅈ, ㅉ, ㅊ/, 마찰음(摩擦音) /ㅅ, ㅆ, ㅎ/, 유음(流音) /ㄹ/, 비음(鼻音) /ㅁ, ㄴ, ㅇ/ 등의 열아홉이다.

① 소리 내는 위치
② 소리 내는 방법
③ 혀의 위치
④ 입술의 모양

(문제32) 정답 및 해설 (2009국가9 성책형 문16)

① 소리 내는 자리: 양순음(입술소리: ㅂ, ㅃ, ㅍ, ㅁ), 치조음(혀끝소리: ㄷ, ㄸ, ㅌ, ㅅ, ㅆ, ㄴ, ㄹ), 경구개음(ㅈ, ㅉ, ㅊ), 연구개음(ㄱ, ㄲ, ㅋ, ㅇ), 후음(목청소리: ㅎ)
② 소리 내는 방법 (O): 파열음, 파찰음, 마찰음, 유음, 비음
③ 혀의 위치: 혀가 앞에 있는지 뒤에 있는지에 따라 전설모음(ㅣ, ㅔ, ㅐ, ㅟ, ㅚ) 후설모음(ㅡ, ㅓ, ㅏ, ㅜ, ㅗ)
④ 입술의 모양: 평순모음(ㅣ, ㅔ, ㅐ, ㅡ, ㅓ, ㅏ), 원순모음(ㅟ, ㅚ, ㅜ, ㅗ)

(문제32) 정답: ②

(문제 33) 띄어쓰기를 포함하여 맞춤법이 모두 옳은 것은? **(2010국가9 고책형 문1)**

① 그는∨가만히∨있다가∨모임에∨온∨지∨두∨시간∨만에∨돌아가∨버렸다.
② 옆집∨김씨∨말로는∨개펄이∨좋다는데∨우리도∨언제∨한∨번∨같이∨갑시다.
③ 그가∨이렇게∨늦어지는∨걸∨보니∨무슨∨큰∨일이∨난∨게∨틀림∨없다.
④ 하늘이∨뚫린∨것인지∨몇∨날∨몇∨일을∨기다려도∨비는∨그치지∨않았다.

(문제 33) 정답 및 해설 (2010국가9 고책형 문1)

① 그는∨가만히∨있다가∨모임에∨온∨**지**∨두∨시간∨**만에**∨돌아가∨버렸다. (O)
② 옆집∨**김씨**∨말로는∨개펄이∨좋다는데∨우리도∨언제∨한∨번∨같이∨갑시다. (X)
　　→ 김∨씨(호칭은 띄어 씀 / '한번'(1회의 의미가 아니므로 붙여 씀)
③ 그가∨이렇게∨늦어지는∨걸∨보니∨무슨∨**큰∨일**이∨난∨게∨**틀림∨없다.** (X)
　　→ '큰일'(붙여 씀), '틀림없다'(붙여 씀)
④ 하늘이∨뚫린∨것인지∨몇∨날∨**몇∨일**을∨기다려도∨비는∨그치지∨않았다. (X)
　　→ 며칠

(문제33) 정답: ①

☺영보이 암기tip) <u>띄어쓰기는 원고지로 공부하면 효과가 좋다.</u>

그	는		가	만	히		있	다	가		모	임	에		온	V	지		
두		시	간	V	만	에		돌	아	가	V	버	렸	다	.				
옆	집		김	V	씨		말	로	는		개	펄	이		좋	다	는	데	
우	리	도		언	제		한	번		같	이		갑	시	다	.			
그	가		이	렇	게		늦	어	지	는	V	걸		보	니		큰	일	이
난	V	게		틀	림	없	다	.											
하	늘	이		뚫	린		것	인	지		몇		날		며	칠	을		
기	다	려	도		비	는		그	치	지		않	았	다	.				

(문제34) 밑줄 친 부분의 활용이 옳지 않은 것은? **(2010국가9 고책형 문3)**
① 다시 생각해 보니 내 생각과 달리 네 말이 <u>맞는다</u>.
② 유달리 <u>가문</u> 그해 봄에는 황사도 많이 왔다고 한다.
③ 나는 <u>저린</u> 어깨 때문에 가방을 제대로 들 수가 없다.
④ 그 모임의 분위기에 <u>걸맞는</u> 옷 좀 골라 주세요.

(문제34) 정답 및 해설 (2010국가9 고책형 문3)
① 다시 생각해 보니 내 생각과 달리 네 말이 <u>맞는다</u>. (O)
　1)'맞다'는 동사이므로 '맞는다'로 활용이 가능하다.
② 유달리 <u>가문</u> 그해 봄에는 황사도 많이 왔디고 한디. (O)
　1)가물다(O) → 가문(O): 'ㄹ'탈락현상
　☺영보이 암기tip) <u>문</u>을 활짝 열어보니 가문 상태가 더욱 확실히 보였다.
③ 나는 <u>저린</u> 어깨 때문에 가방을 제대로 들 수가 없다. (O)
④ 그 모임의 분위기에 <u>걸맞는</u> 옷 좀 골라 주세요. (X) → 걸맞은
　1)'걸맞다'는 형용사이다. 따라서 '걸맞는'으로 쓸 수 없고 '걸맞은'으로 써야 한다.

(문제34) 정답: ④

(문제35) 밑줄 친 단어와 같은 뜻으로 바꾸어 쓸 수 있는 말은? **(2010국가9 고책형 문7)**

> 돛이 오르자 썰물에 <u>갈바람</u>을 맞으며 배는 조용히 미끄러져 나갔다.

① 샛바람　② 하늬바람　③ 마파람　④ 된바람

(문제 35) 정답 및 해설 (2010국가9 고책형 문7)

★ 갈바람: '가을바람'의 준말. 뱃사람들의 말로, '**서풍**'을 이르는 말. ≒가수알바람.
① 샛바람: 뱃사람들의 은어로, '동풍'을 이르는 말. ≒명서풍.
② 하늬바람: **서쪽**에서 부는 바람. (O)
③ 마파람: 뱃사람들의 은어로, '남풍(南風)'을 이르는 말. ≒경풍03(景風)·마풍01(麻風)·앞바람
④ 된바람: 매섭게 부는 바람. ≒높바람. 뱃사람들의 말로, '북풍(北風)'을 이르는 말. ≒된바람.

(문제 35) 정답: ②

(문제 36) 다음은 '직장인의 자세'라는 신문 기사 표제어의 일부분이다. (가)~(라) 중 어법에 맞게 고쳐야 할 것은? **(2010국가9 고책형 문11)**

> (가) 항상 노력하라.
> (나) 성실하게 임하라.
> (다) 밝게 웃으며 인사하라.
> (라) 열심히 실력을 쌓아라.

① (가)　　② (나)　　③ (다)　　④ (라)

(문제 36) 정답 및 해설 (2010국가9 고책형 문11)

(가) 항상 노력하라. (O)
(나) 성실하게 임하라. (O)
(다) 밝게 웃으며 인사하라. (O)
(**라**) 열심히 실력을 쌓아라. (X) → 쌓으라

(문제 36) 정답: ④ (라)

(문제37) 그 단어의 표기와 발음이 어문 규정상 옳지 않은 것은? **(2010국가9 고책형 문13)**

① 웃옷 - [우돋]　② 윗잇몸 - [위딛몸]　③ 윗변(- 邊) - [윋뼌]　④ 웃돈 - [욷똔]

(문제37) 정답 및 해설 (2010국가9 고책형 문13)

① 웃옷 - [우돋] (O)
② 윗잇몸 - [**위딛**몸] (X) → [**윈닌몸**]
　☺**영보이 암기tip)** 많이 여**윈 닌**자 거북이의 **몸**
③ 윗변(- 邊) - [윋**뼌**] (O)
④ 웃돈 - [욷**똔**] (O)

(문제37) 정답: ②

(문제 38) 밑줄 친 단어 중 우리말의 어문 규정에 따라 맞게 쓴 것은? **(2010국가9 고책형 문15)**

① 윗층에 가 보니 전망이 정말 좋다.
② 뒷편에 정말 오래된 감나무가 서 있다.
③ 그 일에 익숙지 못하면 그만 두자.
④ 생각컨대, 그 대답은 옳지 않을 듯하다.

(문제38) 정답 및 해설 (2010국가9 고책형 문15)

① 윗층에 가 보니 전망이 정말 좋다. (X) → 위층 (위 + 된소리, 거센소리)
② 뒷편에 정말 오래된 감나무가 서 있다.(X) → 뒤편 (뒤 + 된소리, 거센소리)
③ 그 일에 익숙지 못하면 그만 두자. (O)
　☺영보이 암기tip) 아기 두더지는 땅속이 익숙지 않았다.
④ 생각컨대, 그 대답은 옳지 않을 듯하다. (X) → 생각건대
　☺영보이 암기tip) 생각건대, 지하철 노선도에서 '건대입구' 옆에 '어린이대공원'이 있었던 것 같다.

(문제38) 정답: ③

(문제39) 외래어 표기법과 로마자 표기법이 맞는 것으로만 묶인 것은? **(2010국가9 고책형 문16)**

① gas - 가스, 전주(지명) - Jeonjoo
② center - 센터, 서산(지명) - Seosan
③ frypan - 후라이팬, 원주(지명) - Wonju
④ jumper - 점퍼, 청계천(지명) - Chonggyechon

(문제39) 정답 및 해설 (2010국가9 고책형 문16)

① gas - 가스, 전주(지명) - Jeonjoo (X) → Jeonju
② center - 센터, 서산(지명) - Seosan (O)
③ frypan - 후라이팬, 원주(지명) - Wonju　(X) → 프라이팬
④ jumper - 점퍼, 청계천(지명) - Chonggyechon (X) → Cheonggyecheon

(문제39) 정답: ②

(문제40) 훈민정음에 대한 설명으로 옳지 않은 것은? **(2010국가9 고책형 문17)**
① 초성자는 훈민정음 해례본의 설명에 따르면 발음기관의 모양을 본떠 만들었다.
② 중성자는 훈민정음 해례본의 설명에 따르면 천지인(天地人) 삼재(三才)를 기본으로 만들었다.
③ 현대 한글맞춤법에 제시된 한글 자모의 순서는 '훈몽자회(訓蒙字會)'의 자모 순서와 같다.
④ 훈민정음이 처음 만들어졌을 때는 'ㄱ'을 '기역'이라 부르지 않았던 것으로 보인다.

(문제 40) 정답 및 해설 (2010국가9 고책형 문17)

① 초성자는 훈민정음 해례본의 설명에 따르면 발음기관의 모양을 본떠 만들었다.
② 중성자는 훈민정음 해례본의 설명에 따르면 천지인(天地人) 삼재(三才)를 기본으로 만들었다.
③ 현대 한글맞춤법에 제시된 한글 자모의 순서는 '훈몽자회(訓蒙字會)'의 자모 순서와 같다. (X) → 현재와 비슷하지만 같지는 않다.
④ 훈민정음이 처음 만들어졌을 때는 'ㄱ'을 '기역'이라 부르지 않았던 것으로 보인다.

(문제 40) 정답: ③

(문제 41) 다음 중 우리말 표현으로 가장 옳은 것은? (2010국가9 고책형 문18)
① 서울시 의회가 열릴 때마다 이 문제는 빠지지 않고 거론되어 왔다.
② 이곳에 주차하는 사람은 과태료를 부과하니 주의하기 바랍니다.
③ 행정 당국은 위험 지역을 신속하게 재점검하고 긴급 대책을 펴야 한다.
④ 각 지역에 설치된 은행은 혈관이고 중앙은행은 마치 심장 구실을 한다.

(문제41) 정답 및 해설 (2010국가9 고책형 문18)
① 서울시 의회가 열릴 때마다 이 문제는 빠지지 않고 거론되어 왔다. (O)
② 이곳에 주차하는 사람은 과태료를 부과하니 주의하기 바랍니다. (X)
  → 과태료가 부과 되오니
③ 행정 당국은 위험 지역을 신속하게 재점검하고 긴급 대책을 펴야 한다. (X)
  → 긴급 대책을 세워야 한다.
④ 각 지역에 설치된 은행은 혈관이고 중앙은행은 마치 심장 구실을 한다. (X)
  → ~혈관이라 한다면 중앙은행은 마치 심장과 같은 구실을 한다.

(문제41) 정답: ①

(문제 42) 밑줄 친 부분에 들어갈 단어로 가장 적절하지 않은 것은? (2010국가9 고책형 문19)

피천 백 냥에 남의 깊은 속내까지 염탐할 작정이오? 변설이 번드레하기에 세상 물정에는 웬만큼 미립이 _____ 줄 알았더니마는……

① 트인   ② 튼   ③ 환한   ④ 굵은

(문제 43) 정답 및 해설 (2010국가9 고책형 문19)
① 미립이 트이다 (O): 경험에 의하여 묘한 이치를 깨닫게 되다.
② 미립이 트다 (O): 경험에 의하여 묘한 이치를 깨닫다.
③ 미립이 환하다 (O)
④ 미립이 굵다 (X)
★ '미립이 트이다, 미립이 트다, 미립이 환하다' 등은 적절한 표현이나 '미립이 굵다'는 표현은 쓰이지 않는다.

(문제42) 정답: ④

(문제 43) 밑줄 친 말 중 표준어인 것은? (2011국가9 인책형 문1)

① <u>담쟁이덩쿨</u>은 가을에 아름답다.
② <u>벌러지</u>를 함부로 죽이면 안 돼.
③ 쇠고기는 <u>푸줏관</u>에서 팔고 있다.
④ 아이가 <u>고까옷</u>을 입고 뽐내고 있다.

(문제44) 다음 중 띄어쓰기가 옳은 것은? (2011국가9 인책형 문2)

① 쓰레기를∨길에∨버리면∨안된다.
② 이∨일을∨하는∨데에∨사흘이∨걸렸다.
③ 부모∨자식간에는∨정이∨있어야∨한다.
④ 그가∨집을∨떠난지∨일∨년이∨지났다.

(문제 46) 밑줄 친 부분의 뜻풀이로 가장 적절한 것은? (2011국가9 인책형 문3)

> 그는 <u>바늘 뼈에 두부 살</u>이다.

① 매우 연약(軟弱)한 사람
② 매우 유연(悠然)한 사람
③ 매우 심약(心弱)한 사람
④ 매우 우유부단(優柔不斷)한 사람

(문제 46) 정답 및 해설 (2011국가9 인책형 문3)

★ 바늘 뼈에 두부 살: 바늘처럼 가는 뼈에 두부같이 힘없는 살이란 뜻으로, 몸이 아주 연약(軟弱)한 사람을 비유적으로 이르는 말. ①매우 연약(軟弱)한 사람

*다른 보기 알아보기

② 유연(悠然): 침착하고 여유가 있음.

  *동음이의 한자어

   1)柔軟(유연): 부드럽고 연함.

③ 심약(心弱): 마음이 여리고 약함.

④ 우유부단(優柔不斷): 어물어물 망설이기만 하고 결단성이 없음.

   1)영어사전: indecisive(결단성이 없는, 우유부단한), hesitant(머뭇거리는, 주저하는), irresolute(결단력이 없는, 우유부단한, 망설이는), waver(흔들리다, 동요하다), vacillating(망설이는, 우유부단한)　　　　　　　　　　　　　　(문제 46) 정답: ①

(문제47) 밑줄 친 ㉠~㉣의 현대어 풀이로 옳지 않은 것은? (2011국가9 인책형 문4)

> 말 업슨 靑山(청산)이오 態(태) 업슨 流水(유수) ㅣ로다.
> 갑 업슨 靑風(청풍)이오 님ᄌ업슨 明月(명월)이라.
> 이 中(중)에 病(병) 업슨 이 몸이 ㉠分別(분별) 업시 늘그리라.
> 　　　　　　　　　　　　　　　　　　　　　　　　　　　- 성혼 -
>
> 재너머 성권롱(勸農) 집의 술 ㉡닉닷 말 어제 듯고
> 누은 쇼 발로 박차 언치 노하 지즐타고
> 아희야, 녜 권롱(勸農) 겨시냐 뎡(鄭) 좌슈(座首) 왓다 하여라.
> 　　　　　　　　　　　　　　　　　　　　　　　　　　　- 정철 -
>
> ᄆᆞ음이 ㉢어린 後(후) ㅣ니 ᄒᆞᄂᆞᆫ 일이 다 어리다.
> 萬重雲山(만중 운산)에 어늬 님 오리마ᄂᆞᆫ
> 지ᄂᆞᆫ 닙 부ᄂᆞᆫ ᄇᆞ람에 幸(행)혀 긘가 ᄒᆞ노라.
> 　　　　　　　　　　　　　　　　　　　　　　　　　　　- 서경덕 -
>
> 동기로 세 몸 되어 한 몸같이 지내다가
> 두 아운 어디 가서 돌아올 줄 모르는고
> 날마다 석양 문외에 한숨 ㉣겨워 하노라.
> 　　　　　　　　　　　　　　　　　　　　　　　　　　　- 박인로 -

① ㉠: 걱정　　　② ㉡: 있다는　　　③ ㉢: 어리석은　　　④ ㉣: 못 이기어

(문제47) 정답 및 해설 (2011국가9 인책형 문4)

㉠ 分別(분별): 이 중에 병 없는 이 몸이 **걱정** 없이 늙으리라.
㉡ **닉닷**: 재 너머 성권롱 집에 술이 **익었다는** 말을 어제 듣고
㉢ 어린: 마음이 **어리석으니** 하는 일이 다 어리석다.
㉣ 겨워: 날마다 석양 문외에 한숨을 못 이기노라.

(문제47) 정답: ② ㉡

(문제 48) 밑줄 친 ㉠의 '으로'와 쓰임이 가장 가까운 것은? (2011국가9 인책형 문12)

건축 행위라는 것은 자연환경을 인간의 ㉠생활환경으로 고쳐 가는 행위라고 할 수도 있다. 물질문명의 발달은 계속 더 적극적인 건축 행위를 필요로 하는 것도 사실이다. 더 많은 공간을 차지하는, 더 크고 화려한 건축물을 요구해
오는 사람들에게 건축은 아무 거리낌 없이 건축 행위를 해왔다. 그러나 이제는 그러한 팽창 위주의 건축 행위가 무제한 계속될 수 없다는 사실에 부딪히게 되었다.

— 김수근, '건축과 동양 정신' 중에서 —

① 콩으로 메주를 쑤다.
② 지각으로 벌을 받다.
③ 나는 광화문으로 발길을 돌렸다.
④ 자식을 훌륭한 사람으로 키우다.

(문제 48) 정답 및 해설 (2011국가9 인책형 문12)

★ ㉠자연환경을(A) 생활환경으로(B): A에서 B로 - 부사격 조사 '-으로'는 **변화**를 향한 방향을 나타낸다.
① 콩으로 메주를 쑤다. - 콩을 가지고 메주를 쑤다. (원료, 재료)
② 지각으로 벌을 받다. - 지각 때문에 벌을 받다. (원인, 이유)
③ 나는 광화문으로 발길을 돌렸다. - 광화문 쪽으로 발길을~ (움직임의 방향)
④ 자식을(A) 훌륭한 사람으로(B) 키우다. - **변화**를 향한 방향

(문제 48) 정답: ④

(문제49) 밑줄 친 문장 성분 중 목적어가 아닌 것은? (2011국가9 인책형 문15)

① 이런 모습 상상해 보셨나요.
② 이 책은 아직까지 내가 읽은 적이 없다.
③ 정부는 이번 조치에서 세제 혜택만 강조하였다.
④ 시장과 군수는 관계 서류를 일반에게 공람시켜야 한다.

(문제50) 다음 글을 공문서 작성 관련 규정에 맞게 수정하고자 할 때 옳지 않은 것은? (2011 국가9 인책형 문16)

수신자 ○○구청장
제목 자전거 행진 행사 개최
2011년 봄을 맞이하여 아래와 같이 자전거 행진
행사를 개최하고자 하오니, 주민들이 참석할 수 있도록
적극적으로 홍보해 주시기 바랍니다.
                - 아래 -
1. 행사 목적
 (가) 주민의 건강 증진
 (나) 에너지 절약 Campaign
2. 행사 일시 및 장소
 (가) 일시: 2011. 4. 9.
 (나) 장소: 세종로(충무공 이순신 장군 동상 앞)
3. 행사 주요 내용
 (가) 격려사
 (나) 자전거 타기 선언문 낭독
붙임 행사 세부 계획서 1부. 끝.

① 'Campaign'을 '홍보'로 표기한다.
② '(가)', '(나)'를 둘째 항목 기호인 '가.', '나.'로 표기한다.
③ '일시'에 '13:30 ~ 15:30'과 같은 표기 방식으로 시간을 추가한다.
④ 한글 맞춤법 및 사무관리규정에 따라 '2011. 4. 9.'을 '2011. 4. 9'로 고친다.

① 'Campaign'을 '홍보'로 표기한다. (O) - 공문서의 원칙: 한글
② '(가)', '(나)'를 둘째 항목 기호인 '가.', '나.'로 표기한다. (O)
★공문서 기호 순서
 1. → 가. → 1) → 가) → (1) → (가) → ① → ㉮
③ '일시'에 '13:30 ~ 15:30'과 같은 표기 방식으로 시간을 추가한다. (O)
 1)행사를 하루 종일 하는 게 아니므로 정확한 시간을 적는다. 또한 24시각제
④ 한글 맞춤법 및 사무관리규정에 따라 '2011. 4. 9.'을 '2011. 4. 9'로 고친다. (X)
 → 위에 쓰인 것은 알맞게 쓰였다. 따라서 '2011. 4. 9.'가 맞다.

(문제50) 정답: ④

(문제 51) 휴대 전화의 문자 입력 방식 중, 훈민정음 창제에 나타난 '가획(加劃)의 원리'에 해당하는 것은? (2011국가9 인책형 문17)

① 'ㄱ'을 두 번 누르면 'ㄲ'이 되고, 'ㄷ'을 두 번 누르면 'ㄸ'이 된다.
② 'ㄱ' 다음에 '*'를 누르면 'ㅋ'이 되고, 'ㄴ' 다음에 '*'를 누르면 'ㄷ'이 된다.
③ 'ㅣ' 다음에 'ㆍ'를 누르면 'ㅏ'가 되고, 'ㆍ' 다음에 'ㅡ'를 누르면 'ㅗ'가 된다.
④ 'ㅏ' 다음에 'ㅣ'를 누르면 'ㅐ'가 되고, 'ㅗ' 다음에 'ㅏ'를 누르면 'ㅘ'가 된다.

① 'ㄱ'을 두 번 누르면 'ㄲ'이 되고, 'ㄷ'을 두 번 누르면 'ㄸ'이 된다. (X)
 → 병서법(竝書法)에 대한 설명이다. : 훈민정음에서, 초성자 두 글자 또는 세 글자를 가로로 나란히 붙여 쓰는 일. (각자 병서 'ㄲ, ㄸ' 따위와 합용 병서 'ㄺ, ㅄ' 따위가 있다.)
② 'ㄱ' 다음에 '*'를 누르면 'ㅋ'이 되고, 'ㄴ' 다음에 '*'를 누르면 'ㄷ'이 된다. (O)
③ 'ㅣ' 다음에 'ㆍ'를 누르면 'ㅏ'가 되고, 'ㆍ' 다음에 'ㅡ'를 누르면 'ㅗ'가 된다. (X) → 초성·중성·종성에서 중성에 대한 설명이다. 또한 중성 중에서도 초출자에 대한 설명이다. (초출자·재출자 중 '초출자')
④ 'ㅏ' 다음에 'ㅣ'를 누르면 'ㅐ'가 되고, 'ㅗ' 다음에 'ㅏ'를 누르면 'ㅘ'가 된다. (X) → 단모음에서 이중모음으로 진행하는 과정을 설명한 것이다.

(문제51) 정답: ②

초성(初聲)의 제자 원리				
	기본자	가획자	이체자	제자 원리
아음(牙音)	ㄱ	ㅋ	ㆁ	어금닛소리
설음(舌音)	ㄴ	ㄷ, ㅌ	ㄹ	혓소리
순음(脣音)	ㅁ	ㅂ, ㅍ		입술소리
치음(齒音)	ㅅ	ㅈ, ㅊ	ㅿ	잇소리
후음(喉音)	ㅇ	ㆆ, ㅎ		목청소리

중성(初聲)의 제자 원리			
기본자	초출자	재출자	제자 원리
`ㆍ`	ㅗ, ㅏ	ㅛ, ㅑ	하늘의 모양
ㅡ	ㅜ, ㅓ	ㅠ, ㅕ	땅의 모양
ㅣ			서있는 사람의 모습

(문제 52) 다음을 '표준 발음법'에 따라 발음하지 않은 것은? **(2011국가9 인책형 문18)**

민주주의의 의의

① [민주주의에 으:이]
② [민주주의의 의:의]
③ [민주주이에 의:의]
④ [민주주이에 의:이]

(문제52) 정답 및 해설 (2011국가9 인책형 문18)

민주주의의 의의

① [민주주의에 으:이] (X) → [의:의], [의:이] - '의'는 첫 음절에 올 경우 반드시 [의]로 발음한다. (예: 의사[의사](doctor), 의자[의자](chair)

② [민주주의 의:의] (O) - '의'는 원음대로 [의]로 발음할 수 있다.

③ [민주주이에 의:의] (O) - '민주주의'에서 '의'는 첫 음절이 아니므로 [민주주의], [민주주이]로 발음할 수 있다. / 또한 '민주주의의'에서 두 번째 '의'는 조사이고 조사는 [의], [에]로 발음할 수 있다. 따라서 [민주주의의], [민주주의에]로 발음할 수 있다.

④ [민주주이에 의:이] (O) - 위의 해설을 종합적으로 적용해보면
  1) [민주주의], [민주주이] 둘 다 가능.
  2) [민주주의의], [민주주의에] 둘 다 가능.
  3) [의:의], [의:이] 둘 다 가능.

(문제52) 정답: ①

(문제53) 제시된 호칭어나 지칭어에 대한 설명으로 옳지 않은 것은? **(2011국가9 인책형 문20)**

① 가친(家親), 엄친(嚴親): 남에게 자기 아버지를 가리키는 말이다.
② 자친(慈親), 가자(家慈): 남에게 자기 어머니를 가리키는 말이다.
③ 선친(先親), 선고(先考): 남의 돌아가신 아버지를 일컫는 말이다.
④ 춘부장(椿府丈), 춘장(椿丈), 춘당(椿堂): 남의 살아 계신 아버지를 일컫는 말이다.

(문제53) 정답 및 해설 (2011국가9 인책형 문20)

① 가친(家親), 엄친(嚴親): 남에게 자기 아버지를 가리키는 말이다. (O)
  1)가친(家親), 엄친(嚴親): 남에게 <u>살아 계신</u> 자기 아버지 가리킴.
② 자친(慈親), 가자(家慈): 남에게 자기 어머니를 가리키는 말이다. (O)
  1)자친(慈親), 가자(家慈): 남에게 <u>살아 계신</u> 자기 어머니를 가리킴.
③ **선친(先親), 선고(先考):** 남의 **돌아가신** 아버지를 일컫는 말이다.(X) → 자기
  1)**선친(先親), 선고(先考),** 선부군(先父君) 등은 남에게 **돌아가신** 자기의 아버지를 일컫는 말이다.
  2)남의 **돌아가신** 아버지를 일컫는 말: **선고장(先考丈), 선대인(先大人), 선장(先丈)**
④ 춘부장(椿府丈), 춘장(椿丈), 춘당(椿堂): **남의 살아 계신 아버지를** 일컫는 말이다. (O)
(문제53) 정답: ③

(문제54) 우리말 표현으로 가장 옳은 것은? **(2012국가9 인책형 문1)**

① 다문화 가정에 대한 인식의 변화와 관심이 높아지고 있다.
② 우리가 기름을 아껴 쓴다면 자원의 낭비도 막고 깨끗한 환경도 유지할 수 있다.
③ 시민 각자가 환경 정보에 대해 접근할 수 있고 참여할 수 있는 기회를 갖도록 해야 한다.
④ 학교에서는 학생들이 건강가 쾌적한 교실 환경을 조성하기 위하여 공기 청정기를 설치하기로 하였다.

(문제54) 정답 및 해설 (2012국가9 인책형 문1)
① 다문화 가정에 대한 인식의 변화와 관심이 높아지고 있다. (X)
  ★ 서술어를 공유하여 의미가 어색하다. 따라서 서술어를 각각 쓴다.
  → ~ 인식이 변화되고 관심이 높아지고 있다.
② 우리가 기름을 아껴 쓴다면 자원의 낭비도 막고 깨끗한 환경도 유지할 수 있다. (O)
'~ 한다면 ~ 할 수 있다.'의 조건문으로 다른 문제없이 알맞다.
③ 시민 각자가 환경 정보에 대해 접근할 수 있고 참여할 수 있는 기회를 갖도록 해야 한다. (X) - 병렬 구조가 어색하게 쓰였다.(환경정보에 참여한다는 말이 어색하다.) 또한 불필요한 '~ 대해'도 삭제한다. 따라서 다음과 같이 고친다. → ~ **환경 정보에** 접근할 수 있고 환경 보호에 참여할 수 있는 ~ .

(문제 55) 밑줄 친 단어의 의미와 가장 가까운 것은? **(2012국가9 인책형 문2)**

> 경찰의 손이 미치지 않는 곳으로 도망갔다.

① 그는 장사꾼의 손에 놀아날 정도로 세상 물정에 어둡다.
② 제삿날 손을 치르고 나면 온몸이 쑤신다는 사람들이 많다.
③ 마감 일이 이제 코앞으로 다가와서 더 이상 손을 늦출 수가 없다.
④ 대기업들이 온갖 사업에 손을 뻗치자 중소기업들은 설 곳을 잃게 되었다.

(문제 56) 다음 글에 나타난 서술 방식으로 옳은 것은? (2012국가9 인책형 문4)

> 프레임(frame)이란 우리가 세상을 바라보는 방식을 형성하는 정신적 구조물이다. 프레임은 우리가 추구하는 목적, 우리가 짜는 계획, 우리가 행동하는 방식, 그리고 우리 행동의 좋고 나쁜 결과를 결정한다. 정치에서 프레임은 사회 정책과 그 정책을 수행하고자 수립하는 제도를 형성한다. 프레임을 바꾸는 것은 이 모두를 바꾸는 것이다. 그러므로 프레임을 재구성하는 것이 바로 사회적 변화이다.
> 　프레임을 재구성한다는 것은 대중이 세상을 보는 방식을 바꾸는 것이다. 그것은 상식으로 통용되는 것을 바꾸는 것이다. 프레임은 언어로 작동되기 때문에, 새로운 프레임을 위해서는 새로운 언어가 요구된다. 다르게 생각하려면 우선
> 다르게 말해야 한다.
> 　구제(relief)라는 단어의 프레임을 생각해 보자. 구제가 있는 곳에는 고통이 있고, 고통받는 자가 있고, 그 고통을 없애 주는 구제자가, 다시 말해 영웅이 있게 마련이다. 그리고 어떤 사람들이 그 영웅을 방해하려고 한다면, 그 사람들은 구제를 방해하는 악당이 된다.

① 인용　　　　② 분류　　　　③ 예시　　　　④ 서사

(문제56) 정답 및 해설 (2012국가9 인책형 문4)

★'프레임(frame)이란 우리가 세상을 바라보는 방식을 형성하는 정신적 구조물이다.' - 정의

★'정치에서 프레임은', '구제(relief)라는 단어의 프레임을 생각해 보자.'- 예시

(문제56) 정답: ③

(문제 57) 밑줄 친 것 중 보조사인 것은? (2012국가9 인책형 문6)

① 이 물건은 시장<u>에서</u> 사 왔다.
② 개는 늑대<u>와</u> 비슷하게 생겼다.
③ 그것은 교사<u>로서</u> 할 일이 아니다.
④ 나<u>는</u> 거칠 것 없는 바다의 사나이다.

(문제57) 정답 및 해설 (2012국가9 인책형 문6)

★조사(助詞): 체언이나 부사, 어미 따위에 붙어 그 말과 다른 말과의 문법적 관계를 표시하거나 그 말의 뜻을 도와주는 품사. < 크게 **격 조사, 접속 조사,** 보조사로 나눈다. >

★보조사(補助詞): 체언, 부사, 활용 어미 따위에 붙어서 어떤 특별한 의미를 더해 주는 조사. < '은', '는', '도', '만', '까지', '마저', '조차', '부터' 따위가 있다. >

① 이 물건은 시장<u>에서</u> 사 왔다. - 격조사 중 '장소 부사**격**조사'
② 개는 늑대<u>와</u> 비슷하게 생겼다. - 격조사 중 '비교 부사**격**조사'
③ 그것은 교사<u>로서</u> 할 일이 아니다. - 격조사 중 '자격 부사**격**조사'
④ 나<u>는</u> 거칠 것 없는 바다의 사나이다. (O) - 보조사

(문제57) 정답: ④

(문제 58) 의존 형태소이면서 실질 형태소인 것만으로 묶인 것은? **(2012국가9 인책형 문7)**

> 영희는 책을 집에 놓고 학교에 갔다.

① 놓-, 가-
② -고, -ㅆ-
③ 영희, 책, 집
④ -는, -을, -에

(문제 58) 정답 및 해설 (2012국가9 인책형 문7)

> 영희는 책을 집에 놓고 학교에 갔다.

★**의존 형태소**: 다른 말에 의존하여 쓰이는 형태소. 어간, 어미, 접사, 조사 따위가 있다.
: -는, -을, -에, **놓-**, -에, **가-**, **ㅆ-**, **-다**

★**실질 형태소**: 구체적인 대상이나 동작, 상태를 표시하는 형태소. '철수가 책을 읽었다.'에서 '철수', '책', '읽' 따위이다. : **영희, 책, 집, 놓-, 학교, 가-**

★자립 형태소: 다른 말에 의존하지 아니하고 혼자 설 수 있는 형태소. '철수가 책을 읽었다.'에서 '철수', '책' 따위이다. : 영희, 책, 집, 학교

★형식 형태소: 실질 형태소에 붙어 주로 말과 말 사이의 관계를 표시하는 형태소. 조사, 어미 따위가 있다. : -는, -을, -에, -고, -에, -ㅆ-, -다

① 놓-, 가- : **의존** 형태소이면서 **실질** 형태소 **(O)**
② -고, -ㅆ- : 의존 형태소이면서 형식 형태소
③ 영희, 책, 집 : 자립 형태소이면서 실질 형태소
④ -는, -을, -에 : 의존 형태소이면서 형식 형태소

(문제 58) 정답: ①

(문제 59) 언어 예절에 맞는 것은? **(2012국가9 인책형 문8)**

① (같은 반 친구에게) 철수야, 선생님이 너 교무실로 오시래.
② (선생님과의 대화에서) 선생님, 저는 김해 김씨입니다.
③ (점원이 손님에게) 전부 합쳐서 6만 9천원 되시겠습니다.
④ (할아버지와 손자의 대화에서) 할아버지, 제가 말씀을 올리겠습니다.

(문제 59) 정답 및 해설 (2012국가9 인책형 문8)

① (같은 반 친구에게) 철수야, 선생님이 너 교무실로 오시래. (X)
  → **오라고 하셔**(O) - 철수는 **오는** 것이고 선생님은 **말씀하신** 것이다.
② (선생님과의 대화에서) 선생님, 저는 김해 김씨입니다. (X) → 김**가**입니다
  1)나를 어른께 소개할 때는 호칭 '-씨'를 사용하지 않는다.
  2)상대방을 높일 때는 호칭 '-씨'를 사용한다. - 당신의 성씨는 무엇입니까?
③ (점원이 손님에게) 전부 합쳐서 6만 9천원 되**시**겠습니다. (X) → 되겠습니다
④ (할아버지와 손자의 대화에서) 할아버지, 제가 말씀을 올리겠습니다. (O)
  1)**'말씀'은 높임말도 되고 낮춤말도 된다.**
  2)**높임말**: 할아버지, 흥분하지 마시고 천천히 **말씀**해 보세요.
  3)**낮춤말**: 이 상황에 대해 제 의견을 **말씀**드리겠습니다.

(문제 59) 정답: ④

(문제 60) 밑줄 친 단어 중 어문 규정에 맞지 않는 것은? (2012국가9 인책형 문9)

① 불 좀 쬐어야겠구나.
② 선배님, 다음에 봬요.
③ 점점 목을 죄여 오는 느낌이야.
④ 될 대로 되라는 식의 사고는 좋지 않아.

(문제 60) 정답 및 해설 (2012국가9 인책형 문9)

① 불 좀 쬐어야겠구나. (O) - **쬐어**야겠구나(O), **쪼이어**야겠구나(O)
② 선배님, 다음에 봬요. (O) - **뵈어**요(O), **봬**요(O) / **뵈**요(X)
③ 점점 목을 죄**여** 오는 느낌이야. (X) → 죄**어**, 조여, 조이어
  ☺**영보이 암기tip)** 죄수의 어깨가 점점 **죄어** 오는 ~ .
④ 될 대로 되라는 식의 사고는 좋지 않아. (O) - **되**라는(O) / **돼**라는(X)

(문제 60) 정답: ③

(문제 61) 다음에 제시된 단어를 사전 등재 순서에 맞게 배열한 것은? (2012국가9 인책형 문10)

| ㄱ. 갸름하다 | ㄴ. 개울 | ㄷ. 게 | ㄹ. 까다 | ㅁ. 겨울 |

① ㄱ - ㄴ - ㄷ - ㄹ - ㅁ
② ㄱ - ㄴ - ㄹ - ㄷ - ㅁ
③ ㄴ - ㄱ - ㄷ - ㅁ - ㄹ
④ ㄴ - ㄱ - ㅁ - ㄷ - ㄹ

(문제 61) 정답 및 해설 (2012국가9 인책형 문10)

◆ 순서: 자음의 순서 ⋯ 모음의 순서 ⋯ 겹자음의 순서

③ 개울 ⋯ 갸름하다 ⋯ 게 ⋯ 겨울 ⋯ 까다

◆ **자음의 순서**: 자 음: ㄱ, ㄲ, ㄴ, ㄷ, ㄸ, ㄹ, ㅁ, ㅂ, ㅃ, ㅅ, ㅆ, ㅇ, ㅈ, ㅉ, ㅊ, ㅋ, ㅌ, ㅍ, ㅎ

< ㄱ(기**역**), ㄴ(니은), ㄷ(디귿), ㄹ(리을), ㅁ(미음), ㅂ(비읍), ㅅ(시옷), ㅇ(이응), ㅈ(지읒), ㅊ(치읓), ㅋ(키**읔**), ㅌ(티읕), ㅍ(피읖), ㅎ(히읗) >

● **모음의 순서**: ㅏ, ㅐ, ㅑ, ㅒ, ㅓ, ㅔ, ㅕ, ㅖ, ㅗ, ㅘ, ㅙ, ㅚ, ㅛ, ㅜ, ㅝ, ㅞ, ㅟ, ㅠ, ㅡ, ㅢ, ㅣ

(문제 61) 정답: ③

(문제 62) 밑줄 친 단어와 문맥적으로 가장 가까운 것은? (2012국가9 인책형 문12)

정부는 사회간접자본 지출을 통한 경기 부양 효과를 지나치게 낙관적으로 <u>보고</u> 있다.

① 관찰하고
② 예언하고
③ 간주하고
④ 전망하고

(문제 62) 정답 및 해설 (2012국가9 인책형 문12)

◆ '낙관적으로 <u>보고</u> 있다.' – 낙관적으로 **전망(展望)하고** 있다.
① 관찰(觀察)하다: 사물이나 현상을 주의하여 자세히 살펴보다.
② 예언(豫言)하다: 앞으로 다가올 일을 미리 알거나 짐작하여 말하다.
③ 간주(看做)하다: 상태, 모양, 성질 따위가 그와 같다고 여기다.
④ 전망(展望)하다: 넓고 먼 곳을 멀리 바라봄. 또는 멀리 내다보이는 경치. 앞날을 헤아려 내다봄. 또는 내다보이는 장래의 상황.
★ **'경기 부양 효과를 지나치게 낙관적으로'**의 문맥으로 보아 **앞날을 헤아려 내다본다는 의미와** 같다. 따라서 정답은 '**전망하고**'이다.

(문제 62) 정답: ④

(문제 63) 밑줄 친 단어와 문맥상 의미가 가장 가까운 것은? **(2012국가9 인책형 문15)**

석가나 예수는 만천하의 대중을 품에 안고, 그들에게 밝은 길을 찾아 주며, 그들을 행복하고 평화스러운 곳으로 인도하겠다는 커다란 이상을 품었다. 그러기에 길지 아니한 삶을 살았음에도, 그들의 '<u>그림자</u>'는 천고에 사라지지 않는 것이다.

① 형상(形象)　　　② 상념(想念)　　　③ 업적(業績)　　　④ 후예(後裔)

(문제63) 정답 및 해설 (2012국가9 인책형 문15)

① 형상(形象): 사물의 생긴 모양이나 상태
② 상념(想念): 마음속에 품고 있는 여러 가지 생각. 발음: [상ː념](긴 소리)
③ 업적(業績) (O): 어떤 사업이나 연구 따위에서 세운 공적
④ 후예(後裔): 자신의 세대에서 여러 세대가 지난 뒤의 자녀를 통틀어 이르는 말. [후ː예](긴 소리)
★ 윗글에서 '석가나 예수는 ~ 커다란 이상을 품었다.', '그들의 '<u>그림자</u>'는 천고에 **사라지지 않는 것이다.**'로 보아 '그림자'는 석가나 예수의 공적이나 업적이라 할 수 있다. 이러한 문제를 풀 때는 선택지를 하나씩 대입해서 푼다.

(문제63) 정답: ③

(문제 64) 밑줄 친 단어 중 표준어인 것은? **(2012국가9 인책형 문18)**

① 살다 보면 별 <u>희안한</u> 일이 다 생기지요.
② 고향에서 온 편지를 뜯어본 그의 심정은 <u>착찹하기</u> 이를 데 없었다.
③ 이렇게 심하게 아픈 줄 알았더라면 <u>진즉</u> 병원에 가 볼 것을 그랬다.
④ 그가 그처럼 <u>흉칙스러운</u> 생각을 가지고 있었다는 게 믿어지지 않았다.

(문제 64) 정답 및 해설 (2012국가9 인책형 문18)
① 살다 보면 별 <u>희안한</u> 일이 다 생기지요. (X) → 희한한
　☺**영보이 암기tip)** 한정판 상품에 열광하는 사람들이 참 희한(稀罕)하다.
　　　　　(한정판 - 희한한)
② 고향에서 온 편지를 뜯어본 그의 심정은 <u>착찹하기</u> 이를 데 없었다. (X)
　→ 착잡하기
　☺**영보이 암기tip)** 요즈음 머릿속이 매우 복잡하여 마음이 착잡(錯雜)하다.
　　　　　(복잡 - 착잡)
③ 이렇게 심하게 아픈 줄 알았더라면 <u>진즉</u> 병원에 가 볼 것을 그랬다. (O)
　◆ 진즉: 좀 더 일찍이. 주로 기대나 생각대로 잘되지 않은 지나간 사실에 대하여 뉘우침이나 원망의 뜻을 나타내는 문장에 쓴다.
　◆ 진즉(O), 진작(O), 진즉에(O), 진작에(O)
　◆ [진ː즉 / 진ː작 / 진ː즈게 / 진ː자게](긴소리)

④ 그가 그처럼 흉측스러운 생각을 가지고 있었다는 게 믿어지지 않았다. (**X**)　　→ 흉측
스러운: '흉측'은 '흉악망측'의 줄임말.
　☺<u>영보이 암기tip)</u> 비행기 내측에 앉은 남자가 흉측(凶測)한 모습을 하고 있다.
　　　　　　　<u>(내측 - 흉측)</u>

(문제64) 정답: ③

(문제65) 밑줄 친 부분의 띄어쓰기가 바르지 않은 것은? **(2012국가9 인책형 문1)**

① 부모님을 한 달에 두 번꼴로 찾아뵈려고 노력한다.
② 서류를 정리할 때 이름을 가나다순으로 정리하면 편리하다.
③ 이미 그 일에 대해서는 온 국민이 다 알고 있다.
④ 어느 말을 믿어야 옳은 지 모르겠다.

(문제65) 정답 및 해설 (2013국가9 인책형 문1)

① 부모님을 한 달에 두 **번꼴로 찾아뵈려고** 노력한다. (O)
② 서류를 정리할 때 이름을 **가나다순으로** 정리하면 편리하다. (O)
③ 이미 그 일에 대해서는 온 국민이 다 알고 있다. (O)
④ 어느 말을 믿어야 **옳은 지** 모르겠다. (**X**) → 옳은지(붙여 씀)

◆ 시간의 경과가 아니므로 옳은지는 붙여 쓴다.
◆ **시간의 경과**: 저녁을 먹은V지 두 시간이 지났다.
☺<u>영보이 암기tip) 띄어쓰기는 원고지로 공부하면 효과가 좋다.</u>

		두	번	꼴	로			찾	아	뵈	려	고	
		가	나	다	순	으	로		옳	은	지		
		저	녁	을		먹	은	V	지				

(문제65) 정답: ④

(문제 66) 다음에서 알 수 있는 언어 기호의 특성으로 적절한 것은? **(2013국가9 인책형 문3)**

○ 언어는 문장, 단어, 형태소, 음운으로 쪼개어 나눌 수 있다. 특히 한정된 음운을 결합
하여서 수많은 형태소, 단어를 만들고 무한한 문장을 만들 수 있다.
○ 언어는 외부 세계를 반영할 때 있는 그대로 반영하지 않고 연속적으로 이루어져 있는
세계를 불연속적인 것으로 끊어서 표현한다. 실제로 무지개 색깔 사이의 경계를 찾아볼
수 없는데도 우리는 무지개 색깔이 일곱 가지라고 말한다.

① 추상성　　　② 자의성　　　③ 분절성　　　④ 역사성

(문제 66) 정답 및 해설 (2013국가9 인책형 문3)

① 추상성: 언어에서, 어떠한 개념이 서로 다른 개별적이고 구체적인 대상으로부터 공통되는 속성을 추출하는 과정을 통해 형성되는 특성. '나무'라는 개념이 소나무, 잣나무 따위의 수많은 종류의 나무로부터 공통되는 속성을 추출하여 형성되는 것 따위이다.
② 자의성: 언어에서, 소리와 의미의 관계가 필연적이지 않은 특성.
③ **분절성**(O): 언어에서, 연속적으로 이루어져 있는 세계를 **불연속적으로 끊어서 표현**하는 특성. 경계가 분명하지 않은 **무지개의 색깔**을 일곱 개의 색깔로 끊어서 표현하는 것 따위이다.
④ 역사성: 언어에서, 시간이 흐름에 따라 단어의 소리와 의미가 변하거나 문법 요소가 변화하는 특성.
◆ 윗글에서 '~ 쪼개어 나눌 수 있다. ~ 불연속적인 것으로 끊어서 표현한다. ~ 무지개 색깔 ~ .'로 보아 **분절성**이 정답이다.

(문제 66) 정답: ③

(문제 67) 밑줄 친 말을 잘못 고친 것은? (2013국가9 인책형 문4)
① 그는 굉장한 사업 수단으로 재산을 빠른 속도로 <u>늘렸다</u>. → 늘였다.
② 좀 전에 제시한 것으로 의견 표명을 <u>가름</u>하겠습니다. → 갈음
③ 이 사건은 의협과 용기<u>로서</u> 대처해야 한다. → 로써
④ 나에 대한 너의 판단은 <u>달랐어</u>. → 틀렸어.

(문제 67) 정답 및 해설 (2013국가9 인책형 문4)

① 그는 굉장한 사업 수단으로 재산을 빠른 속도로 <u>늘렸다</u>. → 늘**였**다. (X)
　⇒ 기존의 '늘렸다'가 맞다. (O), 재산은 길이를 늘이는 게 아니다.
　◆ 늘이다: 본디보다 더 길게 하다.
　● 늘리다: 물체의 넓이, 부피 따위를 본디보다 커지게 하다.
② 좀 전에 제시한 것으로 의견 표명을 <u>가름</u>하겠습니다. → **갈음** (O)
　◆가름: 쪼개거나 나누어 따로따로 되게 하는 일. 승부나 등수 따위를 정하는 일.
　● **갈음**: 다른 것으로 바꾸어 대신함.
　☺**영보이 암기tip)** 색종이가 검은 색이 없으니 **갈색**으로 **갈음**하자.
③ 이 사건은 의협과 용기<u>로서</u> 대처해야 한다. → **로써** (O)
　◆로서: 지위나 신분 또는 자격을 나타내는 격 조사.
　● **로써**: 어떤 물건의 재료나 원료를 나타내는 격 조사. **어떤 일의 수단**이나 도구를 나타내는 격 조사. 시간을 셈할 때 셈에 넣는 한계를 나타내거나 어떤 일의 기준이 되는 시간임을 나타내는 격 조사.
④ 나에 대한 너의 **판단**은 <u>달랐어</u>. → **틀렸어.** (O)
　◆ 다르다: 비교가 되는 두 대상이 서로 같지 아니하다.
　● **틀리다**: 셈이나 **사실 따위가 그르게 되거나 어긋나다.** 바라거나 하려는 일이 순조롭게 되지 못하다. 마음이나 행동 따위가 올바르지 못하고 비뚤어지다.

(문제 67) 정답: ①

(문제 68) 유의어의 종류가 다음과 같은 것은? **(2013국가9 인책형 문8)**

> 옥수수 - 강냉이

① 친구 - 벗   ② 보조개 - 볼우물   ③ 매니저 - 관리인   ④ 소금 - 염화나트륨

(문제68) 정답 및 해설 (2013국가9 인책형 문8)

◆ 옥수수 - 강냉이: 옥수수와 강냉이는 **유의어**이자 **고유어**이다.

① 친구 - 벗: 친구(親舊)는 한자어 / 벗은 **고유어**
② 보조개 - 볼우물 (O): 두 낱말을 **유의어**이자 둘 다 **고유어**이다.
③ 매니저 - 관리인: 매니저(manager)는 외래어 / 관리인(管理人)은 한자어
④ 소금 - 염화나트륨: 소금은 **고유어** / 염화나트륨은 화학명
● **고유어** 정리: 고유어 앞에 '**우리**'를 붙여 암기하면 기억이 오래간다.
  ◆ 우리 - 옥수수
  ◆ 우리 - 강냉이
  ◆ 우리 - 벗
  ◆ 우리 - 보조개
  ◆ 우리 - 볼우물
  ◆ 우리 - 소금

(문제68) 정답: ②

(문제69) 가장 자연스러운 표현은? **(2013국가9 인책형 문9)**

① 교장 선생님의 말씀이 계시겠습니다.
② 모두 흥에 겨워 춤과 노래를 부르고 있다.
③ 축배를 터뜨리며 함께 우승의 기쁨을 나누었다.
④ 독서는 삶의 방편인 동시에 평생의 반려자이기도 하다.

(문제 69) 정답 및 해설 (2013국가9 인책형 문9)
① 교장 선생님의 말씀이 계시겠습니다. (X) → **있**으시겠습니다.
  ◆ 교장 선생님의 말씀은 간접높임을 해야 하는데 '있다'의 간접높임은 '있으시다'이다.
따라서 ' ~ 말씀이 **있**으시겠습니다.'로 고친다.
② 모두 흥에 겨워 춤과 노래를 부르고 있다. (X) → 춤을 **추고** 노래를 부르고
  ◆ 목적어와 서술어가 맞지 않는 잘못된 병렬구조이다.
③ **축배**를 터뜨리며 함께 우승의 기쁨을 나누었다. (X) → **축포**를
  ● 축배(祝杯): 축하하는 뜻으로 마시는 술. 또는 그런 술잔.
  ● 축포(祝砲): 축하하는 뜻을 나타내기 위하여 쏘는 공포(空砲).
  ★ 축배는 '축배를 들다'로 쓰이고 '축배를 터뜨리다'로 쓰이지 않는다.
④ 독서는 삶의 방편인 동시에 평생의 반려자이기도 하다. (O)
  ◆ 주어와 서술어의 호응도 알맞고 병렬구조(명사를 꾸며주는 명사)도 흠잡을 데 없이
잘 쓰였다.

(문제69) 정답: ④

(문제 70) 밑줄 친 부분이 표준 발음법에 맞는 것은? (2013국가9 인책형 문10)

① 이 책을 좀 읽게[익께].
② 이 밭을[바츨] 다 갈아야 돼.
③ 협의[혀비]할 사항이 아직도 남아 있습니까?
④ 하늘은 맑지만[말찌만] 내 마음은 안 그래요.

(문제 70) 정답 및 해설 (2013국가9 인책형 문10)

① 이 책을 좀 읽게[**익**께]. (X) → [일께]
  ◆ 겹받침 'ㄺ, ㄻ, ㄿ'은 어말 또는 자음 앞에서 각각 [ㄱ, ㅁ, ㅂ]으로 발음한다. 그러나 'ㄺ'다음에 'ㄱ'으로 시작되는 어미가 오면 [ㄱ]이 아니라 [ㄹ]로 발음한다. (ㄺ + ㄱ → [ㄹ])
② 이 밭을[바**츨**] 다 갈아야 돼. (X) → [바틀]
  ◆ 연음현상으로 자음 'ㅌ'은 모음 '을'에 들어간다.
③ 협의[혀비]할 사항이 아직도 남아 있습니까? (O)
  ◆ '의'는 첫소리만 [의]로 발음하지 첫소리가 아니면 [의]나 [이]로 발음한다.
  ◆ 따라서 협의는 [혀븨], [혀비]로 발음한다.
④ 하늘은 맑**지만**[**말**찌만] 내 마음은 안 그래요. (X) → [막찌만]
  ◆ 겹받침 'ㄺ, ㄻ, ㄿ'은 어말 또는 자음 앞에서 각각 [ㄱ, ㅁ, ㅂ]으로 발음한다. 그러나 'ㄺ'다음에 'ㄱ'으로 시작되는 어미가 오면 [ㄱ]이 아니라 [ㄹ]로 발음한다. 따라서 '맑'다음에 'ㄱ'이 아니라 'ㅈ'(지만)이 왔으므로 '맑지만'은 [막찌만]으로 발음한다.

(문제 70) 정답: ③

(문제 71) 다음은 어느 부처 공문의 일부이다. 밑줄 친 부분을 잘못 고친 것은? (2013국가9 인책형 문12)

제목: 위탁 교육 운영 계약 체결 의뢰
 우리부 직원들의 정보화 및 사무자동화 능력 향상을 통해 업무 효율화에 기여하고저 '2009년 하반기 부내 정보화 교육'을 추진할 계획인 바, 이 교육의 위탁 운영을 위한 계약 체결을 아래 밝힌바와 같이 의뢰하오니 조치하여 주시기 바랍니다.

① 우리부→우리 부
② 기여하고져→기여하고저
③ 계획인 바→계획인바
④ 밝힌바와→밝힌 바와

(문제 71) 정답 및 해설 (2013국가9 인책형 문12)

① 우리부→우리 부 (O)
② 기여하고져→기여하고저 (X) ⇒ 기여하고자
　　☺영보이 암기tip) "너희 아버지 고자라지?" - 김유정의 '동백꽃' 중에서 -
　　　　　　　　　　　　(고자 - 기여하고자)
③ 계획인 바→계획인바 (O)
④ 밝힌바와→밝힌 바와 (O)
★ 띄어쓰기는 원고지로 공부하면 학습효과가 좋다.

| 우 | 리 | V | 부 | | | 추 | 진 | 할 | | 계 | 획 | 인 | 바 |
| 밝 | 힌 | V | 바 | 와 | V | 같 | 이 | | | | | | |

(문제 71) 정답: ②

(문제 72) 다음 밑줄 친 부분에 해당하는 것은? (2013국가9 인책형 문13)

　합성어는 형성 방식에 있어서 앞의 어근과 뒤의 어근이 의미상 결합 방식이 어떠하냐에 따라 나눌 수 있다. 예를 들어 '앞뒤'는 두 어근의 결합 방식이 대등하므로 대등 합성어, '돌다리'는 앞 어근이 뒤 어근에 의미상 종속되어 있으므로 <u>종속 합성어</u>, '춘추'는 두 어근과는 완전히 다른 제삼의 의미가 도출되므로 융합 합성어라 할 수 있다.

① 손발　　　　② 논밭　　　　③ 책가방　　　　④ 연세

(문제72) 정답 및 해설 (2013국가9 인책형 문13)

◆ 종속 합성어: 앞 어근이 뒤 어근에 의미상 종속되어 있는 합성어
① 손발: 대등 합성어
② 논밭: 대등 합성어
③ **책가방**: **책**이나 학용품 따위를 넣어서 들거나 메고 다니는 **가방** - 종속 합성어
④ 연세: 융합 합성어('나이'의 의미)

(문제 72) 정답: ③

(문제73) 밑줄 친 단어가 맞춤법에 맞는 것은? (2013국가9 인책형 문16)

① 어머니는 나의 간절한 <u>바람</u>을 들어주지 않았다.
② 나라 <u>안밖</u>에서 피난민을 위한 성금을 모금하였다.
③ 철수와 나는 한시도 떨어질 수 없는 <u>막연한</u> 친구였다.
④ 매점 앞 <u>계시판</u>에는 학생들이 원하는 과자 이름이 가득 적혀 있다.

(문제 73) 정답 및 해설 (2013국가9 인책형 문16)

① 어머니는 나의 간절한 바람을 들어주지 않았다. (O)
 ◆ 바램(X) / 바람(O)
 ☺영보이 암기tip) 람보는 람바다 춤을 잘 추고 싶은 바람이 있다.
② 나라 안밖에서 피난민을 위한 성금을 모금하였다. (X) → 안팎
 ☺영보이 암기tip) 나라 안팎(ㅍ)으로 파(ㅍ)란색 옷이 유행이다.
③ 철수와 나는 한시도 떨어질 수 없는 막연한 친구였다. (X) → 막역한
 ◆ 막역(莫逆)하다: 허물이 없이 아주 친하다. (예: 막역한 사이)
 ● 막연(漠然)하다: 갈피를 잡을 수 없게 아득하다. 뚜렷하지 못하고 어렴풋하다. (예: 막연한 생각)
④ 매점 앞 계시판에는 학생들이 원하는 과자 이름이 가득 적혀 있다. (X)
 → 게시판(揭示板)
 ☺영보이 암기tip) 매점 앞 게시판에 영덕게 그림이 붙어있다.

(문제 73) 정답: ①

(문제 74) 다음 중 표준어가 아닌 것은? (2014국가9 S책형 문1)

① 윗목　　② 윗돈　　③ 위층　　④ 웃옷

(문제 74) 정답 및 해설 (2014국가9 S책형 문1)

① 윗목(O): 윗목(O) / 아랫목(O)
② 윗돈 (X) → 웃돈 - '위 / 아래'의 대립이 없으므로 웃돈이 맞다.
 ☺영보이 암기tip) 웃어른께 웃돈을 얹어 용돈을 두둑이 드렸다.
③ 위층 (O): 된소리와 거센소리 앞에는 사이시옷을 쓰지 않는다.
 ◆ 위층(O) / 아래층(O), 위턱(O) / 아래턱(O)
④ 웃옷(O): 맨 겉에 입는 옷. ('위 / 아래'의 대립이 없는 겉옷을 말함)
 ☺영보이 암기tip) 웃어른의 웃옷 주머니에 웃돈을 넣어 드렸다.

(문제 74) 정답: ②

(문제 75) 밑줄 친 말의 쓰임이 바르지 않은 것은? (2014국가9 S책형 문2)

① 그와 나는 전부터 알음이 있는 사이이다.
② 된장찌개가 입맛을 돋운다.
③ 약속 날짜를 너무 바투 잡았다.
④ 그는 설레이는 가슴을 가라앉히지 못하였다.

(문제75) 정답 및 해설 (2014국가9 S책형 문2)

① 그와 나는 전부터 **알음**이 있는 사이이다. (O)
  ◆ **알음**: 사람끼리 서로 아는 일.
  ● 아름: 두 팔을 둥글게 모아서 만든 둘레.
② 된장찌개가 입맛을 <u>돋운다</u>. (O)
  ◆ 돋**우**다: 위로 끌어 올려 도드라지거나 높아지게 하다. 밑을 괴거나 쌓아 올려 도드라지거나 높아지게 하다. 정도를 더 높이다.
  ● 돋**구**다: **안경의 도수** 따위를 더 높게 하다. (**안경 - 구**)
  ☺**영보이 암기tip**) 안경의 도수를 더 높게 하는 것 이외에는 모두 '돋우다'를 쓴다.
③ 약속 날짜를 너무 <u>바투</u> 잡았다. (O)
  ◆ 바투: 두 대상이나 물체의 사이가 썩 가깝게. 시간이나 길이가 아주 짧게.
④ 그는 <u>설레이는</u> 가슴을 가라앉히지 못하였다. (X) → 설**레는**

(문제75) 정답: ④

(문제 76) 밑줄 친 부분의 띄어쓰기가 바르지 않은 것은? (2014국가9 S책형 문3)

① <u>집에서만이라도</u> 제발 편히 쉬어라.
② 요즘 <u>세대간</u> 갈등이 심화되었다.
③ 이번 출장은 현지 시장 조사를 <u>위해서입니다</u>.
④ 열심히 공부를 <u>했는데도</u> 성적이 떨어졌다.

(문제 76) 정답 및 해설 (2014국가9 S책형 문3)
① <u>집에서만이라도</u> 제발 편히 쉬어라. (O)
  ◆ 조사는 여러 개가 연달아 와도 모두 붙여 쓴다.
  ◆ 에서(부사격조사)-만(보조사)-이라도(보조사)
② 요즘 <u>세대간</u> 갈등이 심화되었다. (X) → 세대V간
  ◆ '-간'의 여러 의미 중 '관계'의 뜻을 나타낼 때에는 앞말과 띄어 쓴다.
③ 이번 출장은 현지 시장 조사를 <u>위해서입니다</u>. (O)
  ◆ 서술격 조사 '-이다'는 앞말과 붙여 쓴다.
④ 열심히 공부를 <u>했는데도</u> 성적이 떨어졌다. (O)
  ◆ '했는데도'에서 '도'는 보조사이므로 앞말과 붙여 쓴다.

★ 띄어쓰기를 공부할 때는 원리를 당연히 알아야 하지만 시험장에서는 그 원리를 파악하는데 시간이 부족한 경우가 많다. 따라서 본능적으로 암기하는 것이 시험점수를 높이는 데에 도움이 많이 된다. 원고지로 공부하면 효과가 좋다.

| 집 | 에 | 서 | 만 | 이 | 라 | 도 | | 세 | 대 | V | 간 | | 갈 | 등 |
| 위 | 해 | 서 | 입 | 니 | 다 | | | 공 | 부 | 를 | | 했 | 는 | 데 | 도 |

(문제 76) 정답: ②

(문제77) 국어의 로마자 표기가 옳지 않은 것은? (2014국가9 S책형 문4)

① 왕십리 - Wangsimri   ② 울릉 - Ulleung
③ 백마 - Baengma   ④ 학여울 - Hangnyeoul

(문제 78) 다음 대화에서 A가 범한 어법 사용의 오류와 가장 유사한 것은? (2014국가9 S책형 문5)

A: 여보세요.
B: 여보세요. 김 선생님 계신가요?
A: 지금 안 계시는데요.
B: 어디 멀리 가셨나요?
A: 예, 지금 수업 중이십니다.
B: 수업은 언제 끝나나요?
A: 글쎄요, 수업 끝나고 학생들과 면담이 계시다고 하셨어요.
B: 아유, 그럼 통화하기가 어렵겠군요.

① 내일 서울역전 앞에서 만나자.
② 손님, 주문하신 햄버거 나오셨습니다.
③ 국장님, 과장님이 외부에 나갔습니다.
④ 선생님은 학교에 볼일이 있으셔서 일찍 학교에 가셨습니다.

③ 국장님, 과장님이 외부에 **나갔**습니다. → 과장님이 외부에 **나가셨**습니다.

◆ 직장에서는 압존법이 적용되지 않는다.

④ 선생님은 학교에 볼일이 있**으셔**서 일찍 학교에 가**셨**습니다.

→ 볼일이 있**어**서 일찍 학교에 가**셨**습니다.

◆ 여러 개의 용언이 계속될 때에는 제일 마지막에 -시-를 붙인다.

(문제 78) 정답: ②

(문제 79) 다음 국어사전의 정보를 참고할 때, 접두사 '군 - '의 의미가 다른 것은? (2014국가9 S책형 문7)

군 - 접사 ((일부 명사 앞에 붙어)) ①'쓸데없는'의 뜻을 더하는 접두사. ②'가외로 더한', '덧붙은'의 뜻을 더하는 접두사.

① 그녀는 신혼살림에 군식구가 끼는 것을 원치 않았다.
② 이번에 지면 깨끗이 군말하지 않기로 합시다.
③ 건강을 유지하려면 운동을 해서 군살을 빼야 한다.
④ 그는 꺼림칙한지 군기침을 두어 번 해 댔다.

(문제 79) 정답 및 해설 (2014국가9 S책형 문7)

① 그녀는 신혼살림에 **군**식구가 끼는 것을 원치 않았다. - ②**'가외로 더한', '덧붙은'**

◆ 군식구: 원래 식구 외에 덧붙어서 얻어먹고 있는 식구. ≒잡식구.

② 이번에 지면 깨끗이 **군**말하지 않기로 합시다. - ①**'쓸데없는'**

◆ 군말: 하지 않아도 좋을 쓸데없는 군더더기 말. ≒췌변·췌설(贅說)

③ 건강을 유지하려면 운동을 해서 **군**살을 빼야 한다. - ①**'쓸데없는'**

◆ 군살: 영양 과잉이나 운동 부족 따위 때문에 찐 군더더기 살. ≒군덕살

④ 그는 꺼림칙한지 **군**기침을 두어 번 해 댔다. - ①**'쓸데없는'**

◆ 군기침: 인기척을 내거나 목청을 가다듬거나 하기 위하여 일부러 기침함.

(문제 79) 정답: ①

(문제 80) 밑줄 친 말의 품사를 잘못 밝힌 것은? **(2014국가9 S책형 문8)**

① 그는 하루에 책 <u>다섯</u> 권을 읽었다. [수사]
② 나도 좋은 시를 많이 읽고 <u>싶다</u>. [형용사]
③ 학교에서 재미있는 노래를 배웠어<u>요</u>. [조사]
④ 정치, 경제 <u>및</u> 문화[부사]

(문제 81) 다음 글의 설명 방식과 가장 가까운 것은? **(2014국가9 S책형 문9)**

 여름 방학을 맞이하는 학생들이 잊지 말아야 할 유의사항이 있다. 상한 음식이나 비위생적인 음식 먹지 않기, 물놀이를 할 때 먼저 준비 운동을 하고 깊은 곳에 들어가지 않기, 외출할 때에는 부모님께 행선지와 동행인 말씀드리기, 외출한 후에는 손발을 씻고 몸을 청결하게 하기 등이다.

① 이등변 삼각형이란 두 변의 길이가 같은 삼각형이다.
② 그 친구는 평소에는 순한 양인데 한번 고집을 피우면 황소 같아.
③ 나는 산.강.바다.호수.들판 등 우리 국토의 모든 것을 사랑한다.
④ 잣나무는 소나무처럼 상록수이며 추운 지방에서 자라는 침엽수이다.

③ 나는 산·강·바다·호수·들판 등 우리 국토의 모든 것을 사랑한다.- **예시**
④ 잣나무는 소나무처럼 상록수이며 추운 지방에서 자라는 침엽수이다. - 비교
 ◆ 잣나무와 소나무의 비슷한 점을 서술한 '비교'방식을 사용함.

(문제81) 정답: ③

(문제82) 밑줄 친 용언의 종류가 다른 것은? **(2014국가9 S책형 문14)**

① 어머니가 바구니를 들고 <u>가셨다</u>.
② 그녀는 화가 나 밖으로 나가 <u>버렸다</u>.
③ 자고 <u>나서</u> 어디로 갈 거야?
④ 나도 그거 한번 먹어 <u>보자</u>.

(문제 82) 정답 및 해설 (2014국가9 S책형 문14)

① 어머니가 바구니를 들고 <u>가셨다</u>. - **본용언**
 ◆ 들고 - 본용언 - 물건 등을 들다. (원형: 들다)
 ◆ 가셨다 - 본용언 - 앞을 향해 움직이다. (원형: 가다)
② 그녀는 화가 나 밖으로 나가 **버렸다**. - **보조 용언**
 ◆ 나가 - 본용언 - 안에서 밖으로 나가다. (원형: 나가다)
 ◆ **버렸다** - 앞말이 나타내는 행동이 이미 끝났음을 나타내는 보조 용언(보조 동사).
(원형: 버리다)
③ 자고 **나서** 어디로 갈 거야? - **보조 용언**
 ◆ 자고 - 잠을 자다 - 본용언 (원형: 자다)
 ◆ **나서** - 앞말이 뜻하는 행동을 끝내어 이루었음을 나타내는 말. (원형: 나다)
④ 나도 그거 한번 먹어 **보자**. - **보조 용언**
 ◆ 먹어 - 음식을 먹다 - 본용언 (원형: 먹다)
 ◆ **보자** - 어떤 행동을 시험 삼아 함을 나타내는 말. - 보조 용언(원형: 보다)

(문제 82) 정답: ①

(문제 83) 밑줄 친 어휘의 뜻풀이로 바르지 않은 것은? **(2014국가9 S책형 문17)**

① 그는 속이 매우 <u>슬겁다</u>. - 슬겁다: 마음씨가 너그럽고 미덥다.
② 그는 <u>해거름</u>에 가겠다고 말했다. - 해거름: 해가 서쪽으로 넘어갈 때.
③ 그는 <u>길섶</u>에 핀 코스모스를 보았다. - 길섶: 시골 마을의 좁은 골목길.
④ 그는 책장을 <u>데면데면</u> 넘긴다. - 데면데면: 성질이 꼼꼼하지 않아 행동이 신중하거나 조심
스럽지 않은 모양.

(문제 83) 정답 및 해설 (2014국가9 S책형 문17)

① 그는 속이 매우 <u>슬겁다</u>. - 슬겁다: 마음씨가 너그럽고 미덥다.
② 그는 <u>해거름</u>에 가겠다고 말했다. - 해거름: 해가 서쪽으로 넘어갈 때.
③ 그는 <u>길섶</u>에 핀 코스모스를 보았다. - 길섶: 시골 마을의 좁은 골목길. (X)
  ◆ 길섶: 길의 가장자리.
  ● 고샅: 시골 마을의 좁은 골목길. 또는 골목 사이.
  ■ 고샅: 초가지붕을 일 때 쓰는 새끼.
④ 그는 책장을 <u>데면데면</u> 넘긴다. - 데면데면: 성질이 꼼꼼하지 않아 행동이 신중하거나 조심스럽지 않은 모양.

(문제 83) 정답: ③

(문제 84) 어법에 맞게 쓰인 것은? (2015국가9 사책형 문1)

① 내일 야유회 간데요?
② 그이가 말을 아주 잘하대.
③ 연예인을 보니 그렇게 좋던?
④ 제가 직접 봤는데 너무 크대요.

(문제 84) 정답 및 해설 (2015국가9 사책형 문1)

① 내일 야유회 간데요? (X) → 간대요? (=간다고 해요?)
  ◆「어미」'-대'는 직접 경험한 사실이 아니라 <u>남이 말한 내용을 간접적으로 전달할 때</u> 쓰인다.
  ☺<u>영보이 암기tip)</u> 야유회 간대요? 저는 대환영이에요.
② 그이가 말을 아주 잘하대. (X) → 잘하데. (=잘하더라)
  ◆「어미」'-데'는 화자가 <u>직접 경험한 사실을 나중에 보고하듯이 말할 때</u> 쓰이는 말로 '-더라'와 같은 의미를 전달할 때 쓰인다.
  영보이 암기tip) 열띤 취재를 하는 기자가 데모현장에서 말을 아주 잘하데.
③ 연예인을 보니 그렇게 좋던? (O)
  ◆ '-던': <u>과거에 직접 경험</u>하여 새로이 알게 된 사실에 대한 물음을 나타내는 종결 어미. '-더냐'보다 더 친근하게 쓰는 말이다.
  ☺<u>영보이 암기tip) 농구 황제 '마이클 조던'을 보니 그렇게 좋던?</u>
  ● '-든': 어느 것이 선택되어도 차이가 없는 둘 이상의 일을 나열함을 나타내는 보조사 - 배든 사과든 나는 상관없다. (보조사)
  ■ '-든': 나열된 동작이나 상태, 대상들 중에서 어느 것이든 선택될 수 있음을 나타내는 연결 어미. '-든지 -든지' 구성으로 쓰일 때는 흔히 뒤에 '하다'가 온다. - 배를 선택하든지 사과를 선택하든지 네 마음대로 해라. (연결어미)

(문제 85) 띄어쓰기가 바른 것은? (2015국가9 사책형 문2)

① 그 사고는 여러 가지 규칙을 도외시 하였기 때문이야.
② 사실상 여자 대 남자의 대리전으로 밖에는 보이지 않아.
③ 반드시 거기에 가겠다면 내키는 대로 행동해서는 안 돼.
④ 금연을 한 만큼 네 건강이 어느 정도까지 회복될 지 궁금해.

(문제 86) 밑줄 친 조사의 쓰임이 옳지 않은 것은? (2015국가9 사책형 문3)

① 건축 면적은 설계도에서 정한 기준에 따라 산정한다.
② 제안서 및 과업 지시서는 참가 신청자에게 한하여 교부한다.
③ 관계 조서 사본을 관리 사무소에 비치하고 일반인에게 보인다.
④ 제5조 제1항의 규정에도 불구하고 다음 각 목의 평가는 1년 유예를 둔다.

(문제 86) 정답 및 해설 (2015국가9 사책형 문3)

① 건축 면적은 설계도에서 정한 기준에 따라 산정한다. (O)
  ◆ '에서': 앞말이 근거의 뜻을 갖는 부사어임을 나타내는 부사격 조사.
② 제안서 및 과업 지시서는 참가 신청자에게 한하여 교부한다.(X) → 신청자에
  ◆ '한하여'는 '~ 에 한하여'로 쓰인다. 따라서 '게'를 삭제한다.
  ● '에게'를 굳이 쓰려면 '한하여'를 삭제한다.
  ★ 제안서 및 과업 지시서는 참가 신청자에게 교부한다. (O)
③ 관계 조서 사본을 관리 사무소에 비치하고 일반인에게 보인다. (O)
  ◆ '에': 앞말이 처소의 부사어임을 나타내는 부사격 조사.
  ◆ 비치(備置): 마련하여 갖추어 둠. 발음: [비:치](긴 소리)
④ 제5조 제1항의 규정에도 불구하고 다음 각 목의 평가는 1년 유예를 둔다.(O)
  ◆ '불구하고'는 보통 '~에도 불구하고'로 쓰인다.

(문제 86) 정답: ②

(문제 87) 다음 글과 같은 방식으로 논리를 전개한 것은? (2015국가9 사책형 문3)

> 진리가 사상의 체계에 있어 제일의 덕이듯이 정의는 사회적 제도에 있어 제일의 덕이다. 하나의 이론은 그것이 아무리 멋지고 간명한 것이라 하더라도 만약 참되지 않다면 거부되거나 수정되어야 한다. 이와 마찬가지로 법과 제도는 그것이 아무리 효율적으로 잘 정비되어 있다고 하더라도 만약 정의롭지 않다면 개혁되거나 폐기되어야 한다.

① 의지의 자유가 없는 사람에게는 책임을 물을 수 없다. 그런데 인간에게는 책임을 물을 수 있다. 그러므로 인간의 의지는 자유롭다고 보아야 한다.
② 여자는 생각하는 것이 남자와 다른 데가 있다. 남자는 미래를 생각하지만 여자는 현재의 상태를 더 소중하게 여긴다. 남자가 모험, 사업, 성 문제를 중심으로 생각한다면 여자는 가정, 사랑, 안정성에 비중을 두어 생각한다.
③ 우리 강아지는 배를 문질러 주면 등을 바닥에 대고 누워버려. 그리고 정말 기분 좋은 듯한 표정을 짓지. 그런데 내 친구 강아지도 그렇더라고. 아마 모든 강아지가 그런 속성을 가지고 있는 것 같아.
④ 인생은 여행과 같다. 간혹 험난한 길을 만나기도 하고, 예상치 않은 일을 당하기도 한다. 우연히 누군가를 만나고 그들과 관계를 맺기도 한다. 여행을 끝내고 집으로 돌아왔을 때 편안함을 느끼는 것처럼 생을 끝내고 죽음을 맞이할 때 우리는 더없이 편안해질 것이다.

◆ 윗글에서 '진리가 사상의 체계에 있어 제일의 **덕이듯이 정의는** 사회적 제도에 있어 제일의 **덕이다.**', '**이와 마찬가지로**'로 보아 **유추**의 방식을 사용하고 있다.
● **유추**(類推): **두 개**의 사물이 여러 면에서 **비슷하다는 것**을 근거로 다른 속성도 유사할 것이라고 추론하는 일. 서로 비슷한 점을 비교하여 하나의 사물에서 다른 사물로 추리한다. 발음: [유:추] (긴 소리)

① 의지의 자유가 없는 사람에게는 책임을 물을 수 없다. 그런데 인간에게는 책임을 물을 수 있다. 그러므로 인간의 의지는 자유롭다고 보아야 한다.
  ◆ **삼단논법**의 방식을 사용하였다.
  ◆ 삼단논법: 대전제와 소전제의 두 전제와 하나의 결론으로 이루어진 연역적 추리법.
  ● 대전제: 의지의 자유가 없는 사람에게는 책임을 물을 수 없다.
  ● 소전제: 그런데 인간에게는 책임을 물을 수 있다.
  ● 결론: 그러므로 인간의 의지는 자유롭다고 보아야 한다.
② 여자는 생각하는 것이 남자와 다른 데가 있다. 남자는 미래를 생각하지만 여자는 현재의 상태를 더 소중하게 여긴다. 남자가 모험, 사업, 성 문제를 중심으로 생각한다면 여자는 가정, 사랑, 안정성에 비중을 두어 생각한다.
  ◆ 여자와 남자의 '생각의 차이점'을 설명한 **대조**의 방식을 사용하였다.
③ 우리 강아지는 배를 문질러 주면 등을 바닥에 대고 누워버려. 그리고 정말 기분 좋은 듯한 표정을 짓지. 그런데 내 친구 강아지도 그렇더라고. 아마 모든 강아지가 그런 속성을 가지고 있는 것 같아.
  ◆ **성급한 일반화의 오류**를 범하고 있다.
  ● 성급한 일반화의 오류: 불충분한 한두 가지의 근거로 결론을 일반화할 때 생기는 오류이다.
  ● 우리 강아지와 내 친구 강아지 두 가지의 근거로 모든 강아지를 일반화하고 있다.
④ 인생은 여행과 같다. 간혹 험난한 길을 만나기도 하고, 예상치 않은 일을 당하기도 한다. 우연히 누군가를 만나고 그들과 관계를 맺기도 한다. 여행을 끝내고 집으로 돌아왔을 때 편안함을 느끼는 것처럼 생을 끝내고 죽음을 맞이할 때 우리는 더없이 편안해질 것이다. (O)
  ◆ **유추**의 방식을 사용하고 있다.
  ◆ '인생은 여행과 **같다.**', '~ **것처럼**'에서 알 수 있듯이 유추의 방식이다.

(문제87) 정답: ④

(문제 88) 밑줄 친 부분이 맞춤법에 맞지 않는 것은? (2015국가9 사책형 문11)

① 하나에 백 원씩 처주마.
② 여름이 되니 몸이 축축 처지네.
③ 아궁이에서 쓰레기를 처대고 있지.
④ 오는 길에 처박힌 자전거를 보았어.

① 하나에 백 원씩 <u>처주마</u>. (X) → **처**주마
 ◆ **처**주다: 셈을 맞추어 주다. 발음은 [처주다]이지만 쓸 때는 '**처**주다'이다.
 ☺**영보이 암기tip)** 여주배를 하나에 백 원씩 <u>**처**주다.</u>
< 여주배 ~ **처**주다 : **여** ~ **처** : ㅕ ~ ㅕ >
② 여름이 되니 몸이 축축 <u>처지네</u>. (O)
 ◆ 처지다: 위에서 아래로 축 늘어지다. 발음: [처:지다](긴 소리)
 ☺**영보이 암기tip)** 우리 **처**제는 여름이 되면 몸이 축축 **처**진다고 한다.
< 처제(妻弟): 아내의 여동생 >
③ 아궁이에서 쓰레기를 <u>처대고</u> 있지. (O)
 ◆ 처대다: 함부로 불에 대어서 살라 버리다.
 ☺**영보이 암기tip)** 우리 **처**제는 아궁이에서 쓰레기를 <u>**처**대고 있다.</u>
④ 오는 길에 <u>처박힌</u> 자전거를 보았어. (O)
 ◆ 처박히다: '처박히다'는 '처박다'의 피동사이다.
 ◆ 처박다: 매우 세게 박다. 함부로 막 박다. 마구 쑤셔 넣거나 푹 밀어 넣다.
 ☺**영보이 암기tip)** 우리 **처**제는 **처**박힌 자전거를 보고 있다.
☺**영보이 복합암기tip)** 우리 **처**제는 여름에 몸이 **처**지면 아궁이에 <u>쓰레기를 **처**대러</u> 나가서
<u>**처**박힌 자전거</u>도 보고 돌아온다.
(문제88) 정답: ①

(문제 89) 밑줄 친 부분 중 보조 용언이 결합되지 않은 것은? **(2015국가9 사책형 문12)**
① 창문 너머로 날이 <u>밝아 온다</u>.
② 동생이 내 과자를 <u>먹어 버렸다</u>.
③ 우체국에 들러 선배의 편지를 <u>부쳐 주었다</u>.
④ 그는 환갑이 지났지만 40대처럼 <u>젊어 보인다</u>.

 ● 본용언: 문장의 주체를 주되게 서술하면서 보조 용언의 도움을 받는 용언. '나는 사과
를 먹어 버렸다.', '그는 잠을 자고 싶다.'에서 '먹다', '자다' 따위이다.
 ◆ 보조 용언: 본용언과 연결되어 그것의 뜻을 보충하는 역할을 하는 용언. 보조 동사,
보조 형용사가 있다. '가지고 싶다'의 '싶다', '먹어 보다'의 '보다' 따위이다.
① 창문 너머로 날이 <u>밝아 **온다**</u>.
 ● 밝아: 본용언
 ● 온다: **보조 용언**
② 동생이 내 과자를 <u>먹어 **버렸다**</u>.
 ◆ 먹어: 본용언
 ● 버렸다: **보조 용언**

③ 우체국에 들러 선배의 편지를 <u>부쳐 주었다</u>.

- ◆ 부쳐: 본용언
- ● 주었다: 보조 용언
④ 그는 환갑이 지났지만 40대처럼 <u>젊어 보인다</u>.
- ◆ 젊어: 본용언
- ● 보인다: 본용언

(문제 89) 정답: ④

(문제 90) 밑줄 친 부분의 의미 관계가 나머지 셋과 다른 것은? (2015국가9 사책형 문13)

① 세 시간이 <u>흐르도록</u> <u>분분</u>했던 의견들이 마침내 하나로 <u>합치</u>하였다.
② 아무리 논리적 <u>사고</u>라 하더라도 거기에는 <u>비판</u>이 따르게 마련이다.
③ 사회적 지위가 높은 사람이 보여주는 <u>겸손</u>은 가끔 <u>오만</u>으로 비칠 수도 있다.
④ <u>결미</u>에 제시된 결론이 <u>모두</u>에서 진술한 내용과 관련을 맺는다면 좀 더 긴밀한 구성이 될 것이다.

(문제90) 정답 및 해설 (2015국가9 사책형 문13)

① 세 시간이 <u>흐르도록</u> <u>분분</u>했던 의견들이 마침내 하나로 <u>합치</u>하였다.
- ● 분분(紛紛): 소문, 의견 따위가 많아 갈피를 잡을 수 없음.
- ● 합치(合致): 의견이나 주장 따위가 서로 맞아 일치함.
- ● 분분과 합치는 반의 관계
② 아무리 논리적 <u>사고</u>라 하더라도 거기에는 <u>비판</u>이 따르게 마련이다.
- ◆ 사고(思考): 생각하고 궁리함.
- ■ 비판(批判): 사물의 옳고 그름을 판단하여 밝히거나 잘못된 점을 지적함. 발음: [비:판](긴 소리).
- ● 사고와 비판은 유의 관계도 아니고 반의 관계는 더더욱 아니다.
③ 사회적 지위가 높은 사람이 보여주는 <u>겸손</u>은 가끔 <u>오만</u>으로 비칠 수도 있다.
- ● 겸손(謙遜): 남을 존중하고 자기를 내세우지 않는 태도가 있음.
- ● 오만(傲慢):) 태도나 행동이 건방지거나 거만함. 발음: [오:만].
- ● 겸손과 오만은 반의 관계.
④ <u>결미</u>에 제시된 결론이 <u>모두</u>에서 진술한 내용과 관련을 맺는다면 좀 더 긴밀한 구성이 될 것이다.
- ● 결미(結尾): 글이나 문서 따위의 끝부분.
- ● 모두(冒頭): 말이나 글의 첫머리. 발음: [모:두](긴 소리)
- ● 결미와 모두는 반의 관계

(문제90) 정답: ②

(문제 91) (   ) 안에 들어갈 말로 적절한 것은? **(2015국가9 사책형 문16)**

'개살구', '잠', '새파랗다' 등은 어휘 형태소인 '살구', '자 - ', '파랗 - '에 '개 - ', ' - ㅁ', '새 - '와 같은 접사가 덧붙어서 파생된 단어들이다. 이처럼 직접 구성 요소 중 접사가 확인되는 단어들을 '파생어'라고 한다. 반면, (   ) 등은 각각 실질적 의미를 지닌 두 요소가 결합하여 한 단어가 된 경우인데, 이를 '파생어'와 구분하여 '합성어'라고 한다.

① 고추장, 놀이터, 손짓, 장군감
② 면도칼, 서릿발, 쉰둥이, 장난기
③ 깍두기, 선생님, 작은형, 핫바지
④ 김치찌개, 돌다리, 시나브로, 암탉

(문제 91) 정답 및 해설 (2015국가9 사책형 문16)

◆ 괄호 안에는 합성어의 예가 들어가야 한다.
① 고추장, 놀이터, 손짓, 장군감 (O) - 모두 **합성어**이다.
② 면도칼, 서릿발, 쉰둥이, 장난기 - 합성어(면도칼), **파생어**(서릿**발**, 쉰**둥이**, 장난**기**)
③ 깍두기, 선생님, 작은형, 핫바지 - 합성어(작은형), **파생어**(깍두**기**, 선생**님**, **핫**바지)
④ 김치찌개, 돌다리, 시나브로, 암탉 - 합성어(김치찌개, 돌다리) **파생어**(**암**탉), 단일어(시나브로)

★합성어와 파생어를 구별하는 문제는 그 원리를 당연히 알아야 히겠지만 시험장에서는 생각을 하면서 문제를 풀면 시간이 많이 부족하므로 본능적으로 답을 골라야 한다.
☺**영보이 암기tip) 낱말의 앞뒤에 '합 / 파'를 붙여서 랩처럼 암기한다.**

합성어	파생어
고추장 - 합	파 - 서릿발
놀이터 - 합	쉰둥이 - 파
손짓 - 합	장난기 - 파
장군감 - 합	깍두기 - 파
면도칼 - 합	선생님 - 파
작은형 - 합	핫바지 - 파
김치찌개 - 합	파 - 암탉
돌다리 - 합	

(문제 91) 정답: ①

(문제 92) 외래어 표기가 옳지 않은 것은? (2016국가9 ②책형 문1)

① flash - 플래시
② shrimp - 쉬림프
③ presentation - 프레젠테이션
④ Newton - 뉴턴

(문제 92) 정답 및 해설 (2016국가9 ②책형 문1)

① flash - 플래시 (O)
  ☺영보이 암기tip) 밤에 시장을 갈 때는 어두우므로 플래시를 가져가라.
             < 시장 - 플래시 >
② shrimp - 쉬림프 (X) → 슈림프
  ☺영보이 암기tip) 내 비싼 슈즈에 슈림프, 슈크림이 떨어졌다.
           < 슈즈 - 슈림프 -슈크림 >
③ presentation - 프레젠테이션 (O)
  ☺영보이 암기tip) 긴장이 되어 레몬을 한 입 먹고 프레젠테이션을 준비했다.
           < 레몬 - 프레젠테이션 >
④ Newton - 뉴턴 (O)
  ☺영보이 암기tip) 과학자 뉴턴이 교차로에서 유턴을 하고 있다. < 뉴턴 - 유턴 >
                                    (문제 92) 정답: ②

(문제93) 밑줄 친 보조사의 의미를 설명한 것으로 옳지 않은 것은? (2016국가9 ②책형 문2)

① 그렇게 천천히 가다가는 지각하겠다.
   - 는: 어떤 대상이 다른 것과 대조됨을 나타냄
② 웃지만 말고 다른 말을 좀 해 보아라.
   - 만: 다른 것으로부터 제한하여 어느 것을 한정함을 나타냄
③ 단추는 단추대로 모아 두어야 한다.
   - 대로: 따로따로 구별됨을 나타냄
④ 비가 오는데 바람조차 부는구나.
   - 조차: 이미 어떤 것이 포함되고 그 위에 더함을 나타냄

(문제 93) 정답 및 해설 (2016국가9 ②책형 문2)

① 그렇게 천천히 가다가는 지각하겠다. (X)
- ◆ '천천히 가다가는'에서 '는'은 강조의 뜻을 나타내는 보조사이다.
- ● 어떤 대상이 다른 것과 **대조**됨을 나타냄 - 공무원 시험에서 국어**는** 매우 중요하나 세계사**는** 별로 중요하지 않다.

② 웃지만 말고 다른 말을 좀 해 보아라. (O)
- - 만: 다른 것으로부터 제한하여 어느 것을 한정함을 나타냄
- ◆ '웃지만 말고'를 보면 '말고'에서 알 수 있듯이 '-만'은 다른 것으로부터 제한하여 어느 것을 한정함을 나타낸다.

③ 단추는 단추대로 모아 두어야 한다.
- - 대로: 따로따로 구별됨을 나타냄 (O)
- ◆ 단추라는 명사 뒤에 '대로'가 왔다. 이 ''대로'는 보조사이므로 붙여 쓴다.

④ 비가 오는데 바람조차 부는구나. (O)
- - 조차: 이미 어떤 것이 포함되고 그 위에 더함을 나타냄

(문제 93) 정답: ①

(문제 94) 띄어쓰기가 옳은 것은? (2016국가9 ②책형 문11)

① 그는 우리 시대의 스승이라기 보다는 자상한 어버이이다.
② 그는 황소 같이 일을 했다.
③ 하루 종일 밥은 커녕 물 한 모금도 마시지 못했다.
④ 내 모자는 그것하고 다르다.

(문제 94) 정답 및 해설 (2016국가9 ②책형 문11)

① 그는 우리 시대의 **스승이라기 보다는** 자상한 어버이이다. (X)
- → 스승이라기보다는

② 그는 **황소 같이** 일을 했다. (X) → 황소같이
- ◆ '같이'는 」'앞말이 보이는 전형적인 어떤 특징처럼'의 뜻을 나타내는 격 조사로 앞말과 붙여 쓴다.

③ 하루 종일 **밥은 커녕** 물 한 모금도 마시지 못했다. (X) → 밥은커녕
- ◆ '커녕'은 어떤 사실을 부정하는 것은 물론 그보다 덜하거나 못한 것까지 부정하는 뜻을 나타내는 보조사로 앞말과 붙여 쓴다.

④ 내 모자는 그것하고 다르다. (O)
- ◆ '하고'는 다른 것과 비교하거나 기준으로 삼는 대상임을 나타내는 격 조사로 앞말과 붙여 쓴다.

스	승	이	라	기	보	다	는		황	소	같	이
밥	은	커	녕		물	V	한	V	모	금		
내		모	자	는		그	것	하	고		다	르	다	.

(문제94) 정답: ④

(문제 95) 밑줄 친 어휘의 뜻풀이가 옳지 않은 것은? (2016국가9 ②책형 문12)

① 해미 때문에 한 치 앞도 보이지 않았다.
  - 해미: 바다 위에 낀 짙은 안개
② 이제는 안갚음할 때가 되었다.
  - 안갚음: 남에게 해를 받은 만큼 저도 그에게 해를 다시 줌
③ 그 울타리는 오랫동안 살피지 않아 영 볼썽이 아니었다.
  - 볼썽: 남에게 보이는 체면이나 태도
④ 상고대가 있는 풍경을 만났다.
  - 상고대: 나무나 풀에 내려 눈처럼 된 서리

(문제 95) 정답 및 해설 (2016국가9 ②책형 문12)

① 해미 때문에 한 치 앞도 보이지 않았다.
  - 해미: 바다 위에 낀 짙은 안개 (O)
② 이제는 안갚음할 때가 되었다.
  - 안갚음: 남에게 해를 받은 만큼 저도 그에게 해를 다시 줌 (X) → 앙갚음
  ◆ 앙갚음: 남에게 해를 받은 만큼 저도 그에게 해를 다시 줌.
  ● 안갚음: 까마귀 새끼가 자라서 늙은 어미에게 먹이를 물어다 주는 일. 자식이 커서 부모를 봉양하는 일. 늑반포(反哺)
③ 그 울타리는 오랫동안 살피지 않아 영 볼썽이 아니었다.
  - 볼썽: 남에게 보이는 체면이나 태도 (O)
④ 상고대가 있는 풍경을 만났다.
  - 상고대: 나무나 풀에 내려 눈처럼 된 서리 (O)

(문제 95) 정답: ②

(문제 96) 밑줄 친 어휘 중 표준어가 아닌 것은? **(2016국가9 ②책형 문13)**

① 그는 얼금얼금한 얼굴에 <u>콧망울</u>을 벌름거리면서 웃음을 터뜨렸다.
② 그 사람 <u>눈초리</u>가 아래로 축 처진 것이 순하게 생겼어.
③ 무슨 일인지 <u>귓밥</u>이 훅 달아오르면서 목덜미가 저린다.
④ 등산을 하고 났더니 <u>장딴지</u>가 땅긴다.

(문제 96) 정답 및 해설 (2016국가9 ②책형 문13)

① 그는 얼금얼금한 얼굴에 <u>콧**망**울</u>을 벌름거리면서 웃음을 터뜨렸다. (X)
 → 콧**방**울 (O): 코끝 양쪽으로 둥글게 방울처럼 내민 부분.
 ☺**영보이 암기tip)** 저 영감님은 **콧**수염이 매우 길어 **방울**을 달고 다닌다.
 cf) **코**방아(O), 눈망울(O)
② 그 사람 <u>눈초리</u>가 아래로 축 처진 것이 순하게 생겼어. (O) = 눈꼬리 (O)
 ◆ '눈초리'와 '눈꼬리' 모두 표준어이다.
 ☺**영보이 암기 tip)** 눈초리 - 눈꼬리 (**초리 - 꼬리**)
③ 무슨 일인지 <u>귓밥</u>이 훅 달아오르면서 목덜미가 저린다. (O) = 귓불 (O)
 ◆ '귓밥'과 '귓불' 모두 표준어이다.
 ☺**영보이 암기 tip)** 귓불 - 귓밥 (귓**불·밥**)
④ 등산을 하고 났더니 <u>장딴지</u>가 땅긴다. (O)
 ☺**영보이 암기tip)** 운동시간에 **딴** 짓을 하니 장**딴**지가 **딴딴**하게 **땅**긴다.
< 장**딴**지 - **딴** 짓 >

(문제 96) 정답: ①

(문제 97) 안긴문장이 주성분으로 쓰이지 않은 것은? **(2016국가9 ②책형 문16)**

① 그 학교는 교정이 넓다.
② 농부들은 비가 오기를 학수고대했다.
③ 아이들이 놀다 간 자리는 항상 어지럽다.
④ 대화가 어디로 튈지 아무도 몰랐다.

◆ 문장의 주성분: 주어, **목적어**, 보어, **서술어**

① 그 학교는 교정이 넓다. - **서술어**

● '교정이 넓다': 서술절을 안은문장. 전체 문장의 **서술어** 역할을 한다.

② 농부들은 비가 오기를 학수고대했다. - **목적어**

● '비가 오기를': 명사절을 안은문장. 전체 문장의 **목적어** 역할을 한다.

③ 아이들이 놀다 간 자리는 항상 어지럽다. (X) - **관형어**

■ '아이들이 놀다 간'이라는 관계 관형절이 명사 '자리'를 꾸며주고 있다.
전체 문장에서 관형어의 역할은 하는데 **관형어는 문장의 주성분이 아님.**

④ 대화가 어디로 튈지 아무도 몰랐다. - **목적어**

● '대화가 어디로 튈지'는 부사절로 보이지만 전체문장에서는 '몰랐다'의 **목적어**로 쓰였다.

(문제 97) 정답: ③

지방직 9급 & 사회복지직 9급 문제와 정답·해설
< 2017년 추가된 표준어 완벽 반영 >

(문제 98) 외래어 표기가 모두 옳지 않은 것으로만 묶인 것은? **(2008지방직9 제1회 A책형)**

① 커피숖 - 가운 - 필름 - 앙케이트
② 디지탈 - 슈퍼마켓 - 휘슬 - 꽁트
③ 까스 - 케익 - 플룻 - 모짜르트
④ 브라우스 - 사이다 - 디스켙 - 컨닝

(문제 99) 밑줄 친 부분이 한글 맞춤법과 표준어 규정에 맞는 것은? **(2008지방직9 제1회 A책형 문2)**

① 먼저 토의 안건을 회의에 부칩시다.
② 쟤가 무엇이길래 이래라 저래라 하나
③ 윗층의 아이들이 너무 떠든다.
④ 여기 자장면 곱배기 주세요.

(문제99) 정답 및 해설 (2008지방직9 제1회 A책형 문2)

① 먼저 토의 안건을 회의에 **부**칩시다. (O)
　☺**영보이 암기tip)** 행정안전**부**에서 토의 안건을 <u>회의</u>에 부치다.
② 재가 무엇이**길래** 이래라 저래라 하나 (O) = 무엇이**기에** (O)
　☺**영보이 암기tip)** 무엇이길래 - 무엇이기에 (**길래 - 기에**)
③ **윗**층의 아이들이 너무 떠든다. (X) → 위층
　◆ 거센소리나 된소리 앞은 사이시옷을 쓰지 않는다.
　☺**영보이 암기tip) 위**층에 사는 사람이 층간소음 문제로 나를 **위**아래로 훑어보고 있다.
< **위**층 - **위**아래 >
④ 여기 자장면 곱**배**기 주세요. (X) → 곱**빼**기
　☺**영보이 암기tip)** 하나·둘·셋 '하나**빼**기' 게임해서 이기면 곱**빼**기 사줄게.
< 곱**빼**기 - 하나**빼**기 >

(문제99) 정답: ①, ②

(문제 100) 밑줄 친 낱말의 사전적 의미로 옳은 것은? (2008지방직9 제1회 A책형 문6)

"그렇지 않다니까요. 저를 그렇게도 못 믿겠다는 겁니까?"
"흐흥…… 자고로 <u>오지랖</u> 넓은 사람치고, 자기 앞가림 제대로 하는 경우를 내 아직 보지
못했네. 자네도 마찬가지야."

① 여자들의 치맛자락　　　　② 윗도리에 입는 겉옷의 앞자락
③ 갓의 테두리　　　　　　　④ 발바닥의 오목한 부분

(문제 100) 정답 및 해설 (2008지방직9 제1회 A책형 문6)

◆ 오지랖: 웃옷이나 윗도리에 입는 겉옷의 앞자락.
① 여자들의 치맛자락
②. 윗도리에 입는 겉옷의 앞자락 - 오지랖(**ㅍ**) (O)
③ 갓의 테두리 - 갓양태(갓모자의 밑 둘레 밖으로 둥글넓적하게 된 부분)
④ 발바닥의 오목한 부분 - 족심(足心)

(문제 100) 정답: ②

(문제 101) 다음 글이 제시한 유형에 해당하는 오류가 아닌 것은? (2008지방직9 제1회 A책형 문 14)

> "바람을 피다."는 잘못된 말이다. 왜냐하면 '피다'는 자동사이므로 목적어와 함께 올 수 없기 때문이다. 따라서 타동사 '피우다'를 사용하여 "바람을 피우다."와 같이 써야 한다. 이처럼 자동사와 타동사의 구분을 하지 못해 오류를 저지르는 경우가 많으니 글을 쓸 때는 이를 유의할 필요가 있다.

① 밤을 새지 말고 일찍 자라.
② 담배를 필 사람은 밖으로 나가세요.
③ 아침에 서두르다가 면도날에 턱이 벴다.
④ 소풍 전날이 되면 항상 마음이 설레였다.

(문제101) 정답 및 해설 (2008지방직9 제1회 A책형 문14)

① 밤을 <u>새지</u> 말고 일찍 자라.(X) → 새우지 (O)
② 담배를 필 사람은 밖으로 나가세요. (X) → 피울 (O)
③ 아침에 서두르다가 면도날에 턱이 <u>벴다</u>. (X) → **베였다** (O)
④ 소풍 전날이 되면 항상 마음이 설레**였**다. (X) → 설레었다(O), 설렜다(O)
　◆ '설레다'는 자동사로 위 문장은 '설레었다 / 설렜다'로 써야 한자. 또한 이 경우는 자동사와 타동사를 구분하는 문제가 아니라 '설레였다'는 사동접사 사용의 오류이다.

(문제101) 정답: ④

(문제102) 표준어로만 이루어진 문장은? (2008지방직9 제1회 A책형 문15)

① 시험을 치르고 나니 허탈감이 엄습했다.
② 이 딸기 통털어서 얼맙니까
③ 사소한 일로 티각태각하다가 결국 헤어졌다.
④ 자라 보고 놀랜 가슴 솥뚜껑 보고 놀랜다.

(문제102) 정답 및 해설 (2008지방직9 제1회 A책형 문15)
① 시험을 치르고 나니 허탈감이 엄습했다. (O)
　◆ 치**루**다 (X) → 치르다 (O)
　☺<u>영보이 암기tip)</u> 미르가 호된 신고식을 치르다. (미르 - 치르다)
　　　　　< 미르: '용(龍)'의 옛말 >
② 이 딸기 통**털**어서 얼맙니까? (X) → 통틀어서
　☺<u>영보이 암기tip)</u> 통아저씨 춤은 아주 재미있으니 텔레비전에서 그 분이 나오면 **틀어서** 나한테 알려 줄래? < 통아저씨 - **틀어서** >

(문제 103) 밑줄 친 부분의 띄어쓰기가 옳지 않은 것은? **(2008지방직9 제1회 A책형 문16)**

우리는 올바른 행동을 하지 않는 사람이 오히려 더 큰 소리를 치면서 막무가내로 행동하는 경우를 종종 보게 된다. 법을 어긴 자가 법을 집행하는 사람에게 "나를 처벌하려면 ㉠법 대로 해라."라는 식으로 도리어 큰소리치기도 한다. 나이가 얼마 되지도 않으면서 삼촌뻘 되는 상대에게 "나도 나이를 ㉡먹을 만큼 먹었어."라며 삿대질을 하기도 한다. 무릇 사람이란 본 대로 들은 대로 행하는 것이 도리에 어긋나지 않는 행동을 하는 것이다. 그럼에도 불구하고 ㉢하나뿐인 자기 존엄을 스스로 내팽개치는 사람이 있으니 개탄스럽지 ㉣않을 수 없다.

① ㉠　　　　② ㉡　　　　③ ㉢　　　　④ ㉣

(문제 103) 정답 및 해설 **(2008지방직9 제1회 A책형 문16)**

① ㉠ **법** 대로 (X) → 법대로(O) - '-대로' 앞에 **명사**('**법**')가 오면 '-대로'는 조사로 쓰여 앞말과 **붙여** 쓴다. 그러나 용언이 오면 의존 명사이므로 띄어 쓴다.

  ◆ **법대로 / 마음대로 / 멋대로**

  ● 밥을 다 먹는V대로 집에 와라. / 수업이 끝나는V대로 학원에 가라.

② ㉡ 먹을 만큼 (O) : '-만큼' 앞에 명사가 오면 '-만큼'은 조사로 쓰여 앞말과 붙여 쓴다. 그러나 **용언**('먹을')이 오면 의존 명사이므로 **띄어** 쓴다.

  ◆ **나만큼** 잘생긴 사람 있니? **원숭이만큼** 바나나를 좋아하는 동물 있니?

  ● 배고픈V만큼 알아서 먹어라. 저를 좋아하는V만큼 용돈을 주세요.

③ ㉢ 하나뿐인 (O) : ((체언('**하나**')이나 부사어 뒤에 붙어)) '그것만이고 더는 없음' 또는 '오직 그렇게 하거나 그러하다는 것'을 나타내는 **보조사**는 **붙여** 쓴다. 그러나 (어미 '-을' 뒤에 쓰여) 다만 어떠하거나 어찌할 따름이라는 뜻을 나타내는 말로 쓰이면 **의존 명사**로 앞말과 **띄어** 쓴다.

  ◆ 오직 **하나뿐인** 너를 영원히 지켜줄게. 집에 있는 거라곤 **쌀뿐이다.**

  ● 나는 사과를 먹었을V뿐이지 밥을 먹지는 않았다.

  ● 칼만 안 들었다V뿐이지 강도나 다름없다.

④ ㉣ 않을 수 (O) : (주로 '있다', '없다' 따위와 함께 쓰여) 어떤 일을 할 만한 능력이나 어떤 일이 일어날 가능성을 뜻하는 의존 명사로 띄어 쓴다.

  ● 놀라지 않을V수 없다. 그녀를 보면 사랑을 하지 않을V수 없다.

(문제 103) 정답: ①

법	대	로		마	음	대	로		멋	대	로				
밥	을		다	먹	는		대	로		끝	나	는		대	로
먹	을	V	만	큼		나	만	큼			원	숭	이	만	큼
배	고	픈		만	큼		좋	아	하	는		만	큼		
하	나	뿐	인		쌀	뿐	이	다							
사	과	를		먹	었	을		뿐	이	지					
칼	만		안		들	었	다		뿐	이	지				
놀	라	지		않	을	V	수		없	다	.				
사	랑	을		하	지		않	을		수		없	다	.	

(문제 104) 밑줄 친 부분이 어법에 맞는 것은? (2008지방직9 제1회 A책형 문17)

① 요즘 머리가 벗겨져서 고민이야.
② 신발이 꽉 끼어서 잘 벗어지지 않는다.
③ 인형의 머리를 빗어 주었다.
④ 이제 그만 분을 삭이고 내 말을 들어라.

(문제 104) 정답 및 해설 (2008지방직9 제1회 A책형 문17)

① 요즘 머리가 벗**겨**져서 고민이야. (X) → 벗**어**져서
　☺영보이 암기tip) 어머니의 머리가 벗**어**져서 마음이 아프다.
< 어머니 - 머리 - 벗어져서 >
② 신발이 꽉 끼어서 잘 벗**어**지지 않는다. (X) → 벗**겨**지지
　☺영보이 암기tip) 신발에 **겨**가 붙어 잘 벗**겨**지지 않는다.
< 신발 - 겨 - 벗겨지지 >
③ 인형의 머리를 빗**어** 주었다. (O) = 빗**겨** (O) < 빗어 - 빗겨 >
④ 이제 그만 분을 삭이고 내 말을 들어라. (O)
　◆ 삭**이**다: '삭이다'는 '삭다'의 사동사로 '**긴장이나 화**가 풀려 마음이 가라앉다.'는 의미이다. 이 경우 '삭히다'다 아니라 '삭이다'가 올바르다.
　☺영보이 암기tip) 숫자를 넣어서 암기하면 오래 기억할 수 있다.
　　☺영보2는 분을 삭2고 머릿속으로 2·2·2·2를 그리며 누워있다.
　● 삭**히**다: '삭히다'는 '삭다'의 사동사로 '김치나 젓갈 따위의 음식물이 발효되어 맛이 들다.'는 의미이다. 이 경우 '삭이다'가 아니라 '삭히다'이다.
　☺영보이 암기tip) 소녀들은 홍어를 삭**히**고 **히**죽**히**죽 웃고 있다.
　　◆ 발음: 히죽히죽[히주키죽]

(문제 104) 정답: ③, ④

(문제 105) 우리말의 높임법(혹은 존대법) 체계에 비추어 볼 때 옳은 것은? **(2008지방직9 제1회 A책형 문18)**

① 할아버지께서는 이빨이 참 좋으십니다.
② 교수님은 두 살 된 따님이 계신다.
③ 선생님, 제 말씀 좀 들어 주십시오.
④ 이 책은 우리 선생님이 준 책이야.

(문제 105) 정답 및 해설 (2008지방직9 제1회 A책형 문18)

① 할아버지께서는 **이빨**이 참 좋으십니다. (X) → 이가, 치아가
 ◆ **이빨**은 '이'를 낮잡아 이르는 말로 보통 **짐승**에게 쓰는 말이다.
 ☺**영보이 개그**: 할아버지가 싫다거나 얄미운 사람에게 '이빨'이라고 말하면 좋을 듯하다. 짐승과 동급으로 취급하기 때문이다. 농담이었습니다. 우리 수험생 여러분 힘든 시기 한 번 웃으시라고 적어 봤습니다. 여러분 파이팅 *^^*
② 교수님은 두 살 된 따님이 계신다. (X) → 있으시다
 ◆ '있다'의 간접 높임은 계시다가 아니라 '있으시다'이다.
③ 선생님, 제 **말씀** 좀 들어 주십시오. (O) : **낮춤말**
 ◆ 말씀은 높임말도 되고 낮춤말도 가능하다.
 ● 선생님, 떨지 마시고 차분히 **말씀**해 주세요. : **높임말**
④ 이 책은 우리 선생님이 **준** 책이야. (X) → **주신**

(문제 105) 정답: ③

(문제106) 밑줄 친 단어의 표기가 옳지 않은 것은? **(2008지방직9 제1회 A책형 문19)**
① 검은 안경을 쓴 형사의 <u>본때</u>는 든든히 믿고 있는 어떤 힘을 가리키고 있는 게 분명했다.
② <u>얄팍한</u> 양철 난로가 금세 빨갛게 달아오르면서 방 안이 훈훈해졌다.
③ 나는 이 집에 <u>눈곱</u>만큼의 미련도 없다.
④ 요즘 청소년들도 <u>떡볶기</u>를 즐겨 먹는 것은 마찬가지다.

(문제 106) 정답 및 해설 (2008지방직9 제1회 A책형 문19)

① 검은 안경을 쓴 형사의 <u>본때</u>는 든든히 믿고 있는 어떤 힘을 가리키고 있는 게 분명했다. (O)
 ◆ 본때: 본보기가 되거나 내세울 만한 것. 맵시나 모양새.
 ◆ '본떼'가 아니라 '본때'이다.
 ☺**영보이 암기tip)** 약수탕 **때**밀이 아저씨의 본때는 힘을 기르기 위해 매일 턱걸이를 하는 게 분명했다. < **때**밀이 - 본**때** >

② 얄팍한 양철 난로가 <u>금세</u> 빨갛게 달아오르면서 방 안이 훈훈해졌다. (O)

☺**영보이 암기tip)** 세상은 금세 변한다. < 세상 - 금세 >

cf. 얄**팍**하다 (X) → 얄**팍**하다 (O)

③ 나는 이 집에 눈곱만큼의 미련도 없다. (O)

☺**영보이 암기tip)** 자장면(=**짜**장면) **곱빼**기에 눈곱만큼의 욕심도 없다.

< 곱빼기 - 눈곱 >

④ 요즘 청소년들도 <u>떡볶기</u>를 즐겨 먹는 것은 마찬가지다. (X) → 떡볶<u>이</u> (O)

◆ 이 문장에서 떡볶이는 명사로 쓰여 '먹다'의 목적어이다. 명사 '떡볶이'는 '떡볶기'가 아니라 '떡볶이'이다.

☺**영보이 암기tip)** 숫자를 넣어서 암기하면 오래 기억에 남는다. 또한 '떡볶이'에서 '볶'자의 받침이 쌍기역('ㄲ')인 걸 기억하자.

☺ 떡볶2를 2개 먹었다.

(문제 106) 정답: ④

(문제 107) 밑줄 친 표현의 발음이 옳지 않은 것은? **(2008지방직9 제1회 A책형 문20)**

① 하늘이 <u>맑게[말께]</u> 개었다.
② <u>끝을[끄츨]</u> 맞추어서 접어야 종이가 반듯하지.
③ <u>주의[주이]</u> 사항을 꼭 읽어 보시기 바랍니다.
④ 아이가 내 발을 꼭 <u>밟고[밥:꼬]</u> 있다.

(문제107) 정답 및 해설 (2008지방직9 제1회 A책형 문20)

① 하늘이 <u>맑게[말께]</u> 개었다. (O)

◆ 겹받침 'ㄺ'다음에 'ㄱ'이 오면 'ㄺ'은 'ㄹ'로 소리로 발음된다.

☺ **영보이 암기tip)** 내 얼룩**말** '똘똘이'가 맑게[말께] 갠 하늘을 보고 있다.

② <u>끝을[끄츨]</u> 맞추어서 접어야 종이가 반듯하지. (X) → [끄틀]

◆ 연음현상으로 'ㅌ'은 '을'로 들어가 [끄틀]로 발음된다.

③ <u>주의[주이]</u> 사항을 꼭 읽어 보시기 바랍니다. (O)

◆ '의'는 첫소리로 오면 반드시 [의]로 발음되지만 첫소리가 아니면 [의], [이]로 발음된다. 따라서 주의는 [주의], [주이] 둘 다 올바르다.

● 조사 '의'는 [의], [에]로 발음된다. 예를 들면 '우리의 가족'에서 '우리의'는 [우리의], [우리에]로 발음된다.

④ 아이가 내 발을 꼭 <u>밟고[밥:꼬]</u> 있다. (O)

◆ 겹받침 'ㄼ'은 일반적으로 [ㄹ]로 발음되지만 '밟다'에서 'ㄼ'은 [ㅂ]으로 소리나 [밥:따]로 발음된다. 또한 [밥:따]에서 긴 소리도 기억하자.

(문제107) 정답: ②

(문제 108) 맞춤법에 따른 표기가 모두 옳은 것은? (2008지방직9 제2회 B책형 문7)

① 초점(焦點), 성공률(成功率), 알음알음
② 횟수(回數), 실패율(失敗率), 통졸임
③ 개수(個數), 합격율(合格率), 장조림
④ 전셋방(傳貰房), 할인율(割引率), 주근깨

(문제 108) 정답 및 해설 (2008지방직9 제2회 B책형 문7)

① 초점(焦點), 성공률(成功率), 알음알음 (O)

☺**영보이 암기tip)** 초점 - 양초 / 내 친구 김동률의 고리 던지기 성공률

◆ 사이시옷을 쓰는 한자어: 곳간, 셋방, 숫자, 찻간, 툇간, **횟**수

② **횟**수(回數)(O), 실패율(失敗率)(O), 통**졸**임 (X) → 통조림

☺**영보이 암기tip)** 내 친구 조정림은 통조림을 얻기 위해 림보를 연습한다.

③ 개수(個數), 합격**율**(合格率), 장조림 (X) → 합격**률**

☺**영보이 암기tip)**

　☺ **개** 한 마리와 **개** 두 마리를 더하면 총 **개**수는?

　☺ 내 친구, 동**률**아! 고리던지기는 다른 학생들의 성공률이 높으면 합격률이 낮아지
므로 10개 모두 성공해야 한다. < 동률이 - 성공률 - 합격률 >

④ 전**셋**방(傳貰房), 할인율(割引率), 주근깨 (X) → 전세방

◆ 전세방(O), 전**셋**집(O)

☺**영보이 암기tip)**

　☺ **세**상에! 전세방이 3억이라고? 요즘 살기 진짜 힘들다...

　☺ 우리 **셋**째 아들은 오늘 전**셋**집 구하러 나갔다.

(문제108) 정답: ①

(문제 109) 표준발음법에 따라 읽은 것으로 옳은 것은? (2008지방직9 제2회 B책형 문14)

① 김밥 [김:빱]　　② 해님 [핸님]　　③ 없애나 [업:쌔나]　　④ 밟이다 [빌:피다]

(문제 109) 정답 및 해설 (2008지방직9 제2회 B책형 문14)

① 김밥 [김:빱] (O) = [김:밥] (O) - [김:밥], [김:빱] 모두 올바르다.

◆ 김밥의 첫소리가 길게 발음되는 것도 기억하자/

☺**영보이 암기tip)** 김:밥은 **길게** 말아서 우걱우걱 씹어 먹는 게 더 맛있다.

② 해님 [**핸**님] (X) → [해님]

☺**영보이 암기tip)** 나는 송**해** 선생님을 줄여서 **해님[해님]**이라고 한다.

③ 없애다 [업:쌔다] (O)

◆ '없애다'는 앞소리가. 긴소리로 나고 겹받침 'ㅄ'에서 'ㅅ'은 다음에 오는 '모음'에 연
음되고 된소리로 바뀐다. 따라서 [업:쌔다]로 발음된다.

④ 밟히다 [발:피다] (X) → [발피다]

◆ '밟다'는 [밥:따]로 첫소리가 길게 발음되지만 **피동사**, '밟히다'로 변화하면 [발피다]로
짧게 발음된다.

(문제 109) 정답: ①, ③

(문제 110) 다음 중 로마자 표기법이 옳은 것은? **(2008지방직9 제2회 B책형 문15)**

① 경복궁: Gyeongbok-gung
② 샛별: saeppyeol
③ 독학: dokhak
④ 을지로: Eulji-ro

(문제 111) 밑줄 친 부분의 '놈'과 같은 의미 변화과정을 겪은 단어는? **(2008지방직9 제2회 B책형 문18)**

> 나.랏: 말 쓰.미 中듕 國.귁.에 달.아 文문 字.쫑.와.로 서 르 스 못.디 아.니 홀.씨.이런 전.ᄎ.로 어.린 百.빅 姓.셩.이 니 르.고.저. 홇.배 이.셔.도 ᄆᆞᄎᆞᆷ: 내 제.ᄠᅳ.들 시.러 펴.디: 몯 홇 **노.미**하.니.라 .내.이.를 爲.윙.ᄒᆞ.야: 어 엿.비 너.겨.새.로.스.믈 여.듧 字.쫑.를 밍.ᄀᆞ 노.니: 사 룸: 마.다: ᄒᆡ.ᅇᅧ: 수.ᄫᅵ 니.겨.날.로.쑤.메 便 뻔 安 한.킈 ᄒᆞ.고.져 홇 ᄯᆞ.르.미 니.라

① 영감(令監)　　　② 짐승　　　③ 인정(人情)　　　④ 다리[脚]

③ **인정**(人情): '인정'은 옛날에는 '뇌물'을 의미했으나 현재에는 '남을 동정하는 따뜻한 마음'으로 의미가 변화하였다. 따라서 의미가 **이동**된 경우라 할 수 있다.

④ **다리**[脚]: '다리'는 옛날에는 '짐승이나 사람의 다리'를 의미했으나 현재에는 짐승이나 사람의 다리는 물론 '책상다리, 개천의 다리, 계곡의 다리' 등까지 그 의가 **확대**되었다.

> ☺**영보이 암기tip)**
>
> ☺ 놈의 모습이 축소되었다. < **놈의 축소** >
> ☺ 짐승이 못 먹어 축소되었다. < **짐승의 축소** >
> ☺ 영감이 사진이 확대되었다. < **영감의 확대** >
> ☺ 인정이 이동되었다. < **인정의 이동** >
> ☺ 시내에 다리가 확대되었다. < **다리의 확대** >
>
> (문제 111)정답: ②

(문제 112) ㉠~㉢에 들어갈 단어들로 바르게 묶은 것은? (2008지방직9 제2회 B책형 문19)

> 밥이 어떻게 중한 것이라고 밥상을 치셨소? 밥이라 하는 것이 나라에 오르면 수라요, 양반이 잡수시면 진지요, 하인이 먹으면 (㉠)(이)요, 제배(儕輩)가 먹으면 (㉡) (이)요, 제사에는 (㉢)(이)니, 얼마나 중한가요

	㉠	㉡	㉢
①	밥	입시	젯메
②	젯메	입시	밥
③	젯메	밥	입시
④	입시	밥	젯메

> (문제 112) 정답 및 해설 (2008지방직9 제2회 B책형 문19)
>
> ◆ 입시: 하인이나 종이 먹는 밥을 낮잡아 이르는 말.
> ◆ 제배(儕輩): 나이나 신분이 서로 같거나 비슷한 사람.
> ◆ 젯메: 제사 때 올리는 밥. 발음: [젠:메](긴소리)
> ☺이와 같은 의미를 근거로 낱말을 괄호 안에 넣어 보면 다음과 같다.
> → 하인이 먹으면 **입시**오, 제배(儕輩)가 먹으면 **밥**이요, 제사에는 **젯메**이니
>
> (문제 112) 정답: ④

(문제113) 어법에 맞게 사용된 문장은? (2008지방직9 제2회 B책형 문20)

① 그 사람은 매사에 쉽게 처리하는 경향이 있다.
② 철수는 영희에 관심을 끌려고 노력하고 있다.
③ 자격증은 취업은 물론 기존의 직장에서도 유리하다.
④ 그 사건은 냉전의 종식과 평화 시대의 도래를 의미한다.

(문제 114) 다음 한글 맞춤법 총칙 제1항의 원칙에 따라 <보기>의 예를 옳게 구분한 것은?
(2009지방직9 A책형 문1)

한글 맞춤법은 표준어를 소리대로 적되, 어법에 맞도록 함을 원칙으로 한다.
<보 기>

　　　ㄱ. 지붕　　　ㄴ. 의논　　　ㄷ. 타향살이
　　　ㄹ. 오세요　　　ㅁ. 합격률　　　ㅂ. 붙이다

	'소리대로 적은 원칙'에 따른 예	'어법에 맞도록 한 원칙'에 따른 예
①	ㄱ, ㄴ, ㄹ	ㄷ, ㅁ, ㅂ
②	ㄱ, ㄴ, ㅁ	ㄷ, ㄹ, ㅂ
③	ㄴ, ㄹ, ㅂ	ㄱ, ㄷ, ㅁ
④	ㄷ, ㅁ, ㅂ	ㄱ, ㄴ, ㄹ

(문제 114) 정답 및 해설 (2009지방직9 A책형 문1)
◆ '소리대로 적은 원칙'에 따른 예
 ● ㄱ.[지붕]: 집 + 웅
 ● ㄴ.[의논]: 의(議) + 논(論)
 ● ㄹ.[오세요]: 오세요
◆ '어법에 맞도록 한 원칙'에 따른 예
 ● ㄷ.타향살이 [타향사리]
 ● ㅁ.합격률 [합껹뉼]
 ● ㅂ.붙이다 [부치다]

(문제 114) 정답: ①

(문제 115) 어문 규정에 어긋난 것으로만 묶인 것은? (2009지방직9 A책형 문2)

① 기여하고저, 뻐드렁니, 돌('첫 생일'), Nakdonggang('낙동강')
② 퍼붇다, 쳐부수다, 수퇘지, Daegwallyeong('대관령')
③ 안성마춤, 삵괭이, 더우기, 지그잭('zigzag')
④ 고샅, 일찍이, 굼주리다, 빠리('Paris')

(문제 115) 정답 및 해설 (2009지방직9 A책형 문2)
① 기여하고저, 뻐드렁니, 돌('첫 생일'), Nakdonggang('낙동강')
 ◆ 기여하고저 (X) → 기여하고자
 ☺영보이 암기tip) 너희 아버지 고자라지? < 고자 - 기여하고자 >
② 퍼붇다, 쳐부수다, 수퇘지, Daegwallyeong('대관령')
 ◆ 퍼붇다 → 퍼붓다
 ☺영보이 암기tip) 붓 공장 사장님이 심한 말을 퍼붓다. < 붓 공장 - 퍼붓다 >
③ 안성마춤, 삵괭이, 더우기, 지그잭('zigzag') (X)
 ◆ 안성마춤 → 안성맞춤
 ☺영보이 암기tip) 맞선자리는 롯데리아가 안성맞춤이지. < 맞선 - 안성맞춤>
 ◆ 삵괭이 → 살쾡이
 ☺영보이 암기tip) 살이 토실토실한 살쾡이 먹어 봤니? < 살쾡이 - 살 >
 ◆ 더우기 → 더욱이 (숫자로 바꾸어서 공부하면 기억이 오래 간다.)
 ☺영보이 암기tip) 우리 아들 욱이는 설거지를 하기에는 나이가 너무 어리고, 더욱2 몸도 너무 약하다. < 더욱2 >
 ◆ 지그잭('zigzag') → 지그재그 / ☺영보이 암기tip) '지·그·재·그'는 4음절이다.
④ 고샅, 일찍이, 굼주리다, 빠리('Paris')
 ◆ 굼주리다 → 굶주리다
 ☺영보이 암기tip) 너 굴에 굶주렸니? 아주 많이 먹는구나. < 굴(ㄹ) - 굶(ㄻ) >
 ◆ 빠리('Paris') → 파리
 ☺영보이 암기tip) 파리에 갈 때는 파리채를 가져가라. < 파리- 파리채 >

(문제115) 정답: ③

(문제 116) ㉠~㉣ 중 문맥상 표현이 적절하지 않은 것은? **(2009지방직9 A책형 문2)**

> 우리의 상은 제상을 제외하고는 판 둘레에 최소 ㉠숟가락총 폭만큼의 ㉡운두가 둘려 있다. 그것은 첫째 그릇이 미끄러져 떨어지지 않게 함이요, 둘째는 거기에 걸쳐 놓은 수저를 신경 안 쓰고 집어 올려 쓸 수 있게 하려 하는 배려에서이다. 둘레가 ㉢도두룩하게 ㉣내둘리지 않고 막 끊긴 식탁은 그릇이 미끄러져 떨어지기가 일쑤고, 수저 꿈을 따로 놓아야 수저를 편하게 집을 수 있다.

① ㉠　　　② ㉡　　　③ ㉢　　　④ ㉣

(문제116) 정답 및 해설 (2009지방직9 A책형 문2)

① ㉠ 숟가락총: 숟가락의 자루.
② ㉡ 운두: 그릇이나 신 따위의 둘레나 높이.
③ ㉢ 도두룩하게: 무엇이 돋아난 것처럼 가운데 부분이 볼록하게
④ ㉣ 내둘리지: '내두르다'의 피동사로 이리저리 휘휘 흔들다. 사람을 자기 마음대로 움직이다. → **둘리다**
◆ 문맥으로 볼 때 '내둘리지'가 아니라 '둘리지'가 어울린다.

(문제 116) 정답: ④

(문제 117) 밑줄 친 부분의 연결이 가장 자연스러운 것은? **(2009지방직9 A책형 문4)**

① 인구가 급격히 줄고 있음에도 불구하고 <u>정작</u> 인구 늘리기에 앞장서야 하는 시청 직원들은 관외에 거주하는 경우가 많아 시의회로부터 질타를 많이 받고 있다.
② 구조조정을 할 때 회사가 가장 중요하게 여기는 덕목은 실무 능력뿐만 아니라 주인 의식, 곧 회사 일과 개인적인 일을 조화롭게 해 나갈 수 있는 능력이다.
③ 연구진은 쥐를 대상으로 한 연구에서, 비만인 쥐는 ER(형질내세망)의 스트레스가 증가한 상태라는 것을 발견하였다. <u>다시 말해서</u>, 이런 사태는 비만이 발생한 상황에서 ER이 위축되어 제대로 그 기능을 발휘하지 못하기 때문이다.
④ 한 증권사의 담당자는 내년 초 주가지표에 대해 2,000포인트 돌파를 외치기도 하고, 다른 증권사의 담당자는 연내 초강세장의 도래를 주장하기도 한다. <u>그래서</u> 그동안 보수적인 입장을 취해 오던 증권사도 아직은 관망을 해야 할 때라는 입장을 보였다.

(문제 117) 정답 및 해설 (2009지방직9 A책형 문4)

① 인구가 급격히 줄고 있음에도 불구하고 <u>정작</u> 인구 늘리기에 앞장서야 하는 시청 직원들은 관외에 거주하는 경우가 많아 시의회로부터 질타를 많이 받고 있다. (O) – 이 문장에서 '정작'은 '어떤 일이 닥쳤을 때 기대하거나 의도했던 것과는 달리'를 의미하는 부사이다. 문맥을 보았을 때 적절하다.

② 구조조정을 할 때 회사가 가장 중요하게 여기는 덕목은 실무 능력뿐만 아니라 주인 의식, **곧** 회사 일과 개인적인 일을 조화롭게 해 나갈 수 있는 능력이다. (X) → **그리고**
  ◆ '곧'은 '바꾸어 말하면'을 의미하는데 앞에 내용을 다시 이야기 해주는 것이다. 따라서 보기 ①은 <u>열거하는 내용</u>이므로 '**그리고**'가 적당하다.
③ 연구진은 쥐를 대상으로 한 연구에서, 비만인 쥐는 ER(형질내세망)의 스트레스가 증가한 상태라는 것을 발견하였다. <u>**다시 말해서**</u>, 이런 사태는 비만이 발생한 상황에서 ER이 위축되어 제대로 그 기능을 발휘하지 못하기 **때문이다.** (X) → **왜냐하면** - '**때문이다**'로 보아 '다시 말해서'가 아니라 '**왜냐하면**'이 적절하다.
④ 한 증권사의 담당자는 내년 초 주가지표에 대해 2,000포인트 돌파를 외치기도 하고, 다른 증권사의 담당자는 연내 초강세장의 도래를 주장하기도 한다. <u>**그래서**</u> 그동안 보수적인 입장을 취해 오던 증권사도 아직은 관망을 해야 할 때라는 입장을 보였다. (X) → **그러나** - 앞 문장과 대조적인 문장이 뒤에 나오므로 '**그러나**'가 적절하다.

(문제117) 정답: ①

(문제 118) 다음은 문장 성분상 결함이 있는 문장들이다. 그 성격이 나머지 셋과 다른 하나는? **(2009지방직9 A책형 문12)**

① 외국에 나가면 말은 저절로 배운다는 이유만으로 훌쩍 떠났다가는 낭패를 당하기 쉽다.
② 나자프의 질서 회복을 위해 특수부대 병력을 파견했으며, 밤 11시 이후 통금령을 내렸다.
③ 결국 의존할 수 있는 것은 그야말로 원활한 시스템 운영일 것이다.
④ 회사는 방송 판매를 통해 얻은 수익금 일부를 활용할 방침이다.

(문제 118) 정답 및 해설 (2009지방직9 A책형 문12)

① 외국에 나가면 말은 저절로 배운다는 이유만으로 훌쩍 떠났다가는 낭패를 당하기 쉽다. - (**혼자서**) 훌쩍 떠났다가는 - '**주어**'가 빠져있다.
② 나자프의 질서 회복을 위해 특수부대 병력을 파견했으며, 밤 11시 이후 통금령을 내렸다. - (**당국은**) 나자프의 질서 회복을 위해 - '**주어**'가 빠져있다.
③ 결국 의존할 수 있는 것은 그야말로 원활한 시스템 운영일 것이다.
  - 결국 (**은행이**) 의존할 수 있는 것은 ~ . - '**주어**'가 빠져있다.
④ 회사는 방송 판매를 통해 얻은 수익금 일부를 활용할 방침이다.
  - 수익금의 일부를 (**다문화 가정 돕기에**) 활용할 ~ . '**부사어**'가 빠져있다.

(문제118) 정답: ④

(문제 119) 밑줄 친 색채어의 뜻이 원래의 뜻과 가장 멀어진 것은? **(2009지방직9 A책형 문13)**

① 경거망동하는 것을 보니 싹수가 노랗다.
② 어느 누가 들어도 그것은 새빨간 거짓말이다.
③ 말 한 마디에도 가슴에 시퍼런 멍이 들 수 있다.
④ 밤을 하얗게 새우고서야 겨우 마감 시간을 지킬 수 있었다.

(문제119) 정답 및 해설 (2009지방직9 A책형 문13)

① 경거망동하는 것을 보니 싹수가 노랗다.
 ◆ 싹수가 노랗다: 잘될 가능성이나 희망이 애초부터 보이지 아니하다.
 ● 싹이 노랗게 변한다는 것은 원래의 뜻에서 많이 벗어나지 않는다.
② 어느 누가 들어도 그것은 새빨간 거짓말이다.
 ◆ 새빨간 거짓말: 뻔히 드러날 만큼 터무니없는 거짓말.
 ● 거짓말이 빨갛다는 것은 **원래의 뜻에서 매우 멀다**.
③ 말 한 마디에도 가슴에 시퍼런 멍이 들 수 있다.
 ◆ 멍이 들면 퍼렇게 된다. 원래의 뜻에서 매우 가깝다.
④ 밤을 하얗게 새우고서야 겨우 마감 시간을 지킬 수 있었다.
 ◆ 밤이 지나면 밝은 새벽이 오듯이 밤을 새면 하얗게 밝아진다. 따라서 원래의 뜻에서 가깝다.

(문제 119) 정답: ②

(문제120) 다음 <안내문>에서 외래어 표기가 옳지 않은 것은? **(2010지방직9 A책형 문2)**

우리 시는 광복 65주년을 맞아 다음과 같은 문화 행사를 계획하고 있습니다. 시민 여러분의 많은 관심과 참여 바랍니다.
1. 행사 기간: 2010. 8. 9 ~ 2010. 8. 15
2. 행사 내용
 가 . 아시아 문화 경제 <u>심포지움</u>
 나 . 시민 문화 <u>센터</u> 개관 기념 '해방 전후 사진전'
 다 . 뮤지컬 '안중근, <u>하얼빈</u>에서 울린 축포' 상연
 라 . 미니 <u>플래카드</u>에 통일 메시지 적어 달기

○○시 시장 ○○○

① 심포지움　　② 센터　　③ 하얼빈　　④ 플래카드

(문제 120) 정답 및 해설 (2010지방직9 A책형 문2)

① 심포지움 (X) → 심포지엄
  ☺영보이 암기tip) 엄지공주가 심포지엄에 참석할 예정이다. < 엄지공주 - 심포지엄 >
② 센터 (O) / 센타(X)
  ☺영보이 암기tip) 가수들이 무대 센터에 서려고 코피가 터지게 싸우다.
                < 센터 - 코피 터지게 >
③ 하얼빈 (O) / 하얼삔 (X)
  ☺영보이 암기tip) 하얼빈에서 빈 수레가 요란하다. < 하얼빈 - 빈 수레 >
④ 플래카드 (O) / 플랜카드 (X) / 플랭카드 (X)
  ☺영보이 암기tip) 빨래를 하다가 플래카드를 만들었다. < 빨래 - 플래카드 >

(문제 120) 정답: ①

(문제 121) 다음의 두 예문에 사용된 설명의 방법으로 옳은 것은? (2010지방직9 A책형 문4)

ㄱ. 문학은 운문 문학과 산문 문학으로 크게 나누어진다. 운문 문학은 시가 대표적인 형태이다. 산문 문학에는 소설, 수필, 희곡 등이 있다.
ㄴ. 우리가 쓰는 글에는 여러 가지 종류가 있다. 설명문, 논설문, 보고서, 비평 등은 논리적인 글에 속하며 시, 소설, 희곡, 수필 등은 예술적인 글에 속한다. 그리고 주문서, 독촉장, 소개장, 광고문 등은 모두 실용적인 글이라고 할 수 있다.

	ㄱ	ㄴ			ㄱ	ㄴ
①	구분	분류		②	정의	분류
③	분류	구분		④	정의	지시

(문제 121) 정답 및 해설 (2010지방직9 A책형 문4)

◆ 구분(區分): 상위 개념(큰 개념)의 항목을 하위 개념(직은 개념)의 힝목으로 나누는 것을 말한다.
◆ ㄱ - 문학(큰 개념) > 운문 문학, 산문문학 (작은 개념)
    - 운문 문학(큰 개념) > 시
☺영보이 암기tip) 대(大) → 소(小) = 구분(區分) < 대 → 소 = 9 >
    - 산문 문학(큰 개념) > 소설, 수필, 희곡(작은 개념)
● 분류(分類): 하위 개념(작은 개념)의 항목을 상위 개념(큰 개념)의 항목으로 묶는 것을 말한다.
● ㄴ - 설명문, 논설문, 보고서, 비평(작은 개념) < 논리적인 글(큰 개념)
    - 시, 소설, 희곡, 수필(작은 개념) < 예술적인 글(큰 개념)
    - 주문서, 독촉장, 소개장, 광고문(작은 개념) < 실용적인 글(큰 개념)
☺영보이 암기tip) 소(小) → 대(大) = 분류(分類)
★ 영보이 종합 암기tip) 구분과 분류는 매우 헷갈리므로 하나만 확실히 기억한다.
< 대(大) → 소(小) = 구분(區分) >   (문제 121) 정답: ①구분(ㄱ) 분류(ㄴ)

(문제 122) 괄호 안에 들어갈 속담으로 가장 적절한 것은? (2010지방직9 A책형 문5)

> "계정회가 세간에 이름이 나서 회원들이 많이 불편해하는 기색일세. 이러다가는 회 자체
> 가 깨어지는 게 아닌지 모르겠네." "깨어지기야 하겠는가. (   ) 나는 이번 일을 오히
> 려 잘된 일루 생각허네.
>
> — 홍성원, '먼동' 중에서 —

① 쫓아가서 벼락 맞는다고　　　　② 곤장 메고 매품 팔러 간다고
③ 식초에 꿀 탄 맛이라고　　　　④ 마디가 있어야 새순이 난다고

(문제122) 정답 및 해설 (2010지방직9 A책형 문5)

◆ **앞부분**: 회 자체가 깨어지는 게 아닌지 모르겠네. - **부정적**인 내용
● **뒷부분**: 이번 일을 오히려 잘된 일루 생각허네. - **긍정적**인 내용
④ 마디가 있어야 새순이 난다고
　　◆ **앞부분**: 마디가 있어야 - **부정적**인 내용
　　● **뒷부분**: 새순이 난다고 - **긍정적**인 내용
　→ 따라서 정답은 '마디가 있어야 새순이 난다고'가 적절하다.
① 쫓아가서 벼락 맞는다고: 괜히 나서서 스스로 화를 자초함.
② 곤장 메고 매품 팔러 간다고: 공연한 일을 하여 스스로 화를 자초함.
④ 마디가 있어야 새순이 난다고: 어려운 일이 있은 후에 좋은 일이 생김.

(문제 122) 정답: ④

(문제123) 다음 중 잘못 표기된 것으로만 묶인 것은? (2010지방직9 A책형 문6)

ㄱ. 백분률　　ㄴ. 떡볶이　　ㄷ. 내가 갈께　　ㅁ. 촛점　　ㄹ. 요컨대

① ㄱ, ㄴ, ㄷ　　② ㄴ, ㄷ, ㄹ　　③ ㄷ, ㄹ, ㅁ　　④ ㄱ, ㄷ, ㅁ

(문제123) 정답 및 해설 (2010지방직9 A책형 문6)

ㄱ. 백분률 (X) → 백분율[백뿐늉]
　☺**영보이 암기tip)** 우리 아기가 먹는 **분유**의 양은 백분율이 얼마니?
　　　　　　　< **분유** - 백분율 >
ㄴ. 떡볶이 (O) - 떡볶2 : 숫자를 넣어서 암기한다.
ㄷ. 내가 갈**께** (X) → 내가 갈**게**
　　◆ 발음은 [갈께]로 소리가 나지만 쓸 때는 갈게로 표기한다.
　☺**영보이 암기tip)** 화났어? '께'가 뭐니! '께'라 하지 말고 '갈게'
　　　　　　　부드럽게 말해줘.
ㅁ. **촛점** (X) → 초점[초쩜]

☺**영보이 암기tip)** 앞이 잘 안 보이니?

그러면 저 **초장** 그릇에 **초점**을 맞춰봐. < **초장 - 초점** >

ㄹ. 요컨대 (O) - 요컨데 (X)

☺**영보이 암기tip)** 대리운전 - 요컨대

(문제 123) 정답: ④ ㄱ, ㄷ, ㅁ

(문제124) 밑줄 친 부분이 어법에 맞게 표기된 것은? (2010지방직9 A책형 문7)

① 박 사장은 자기 돈이 어떻게 쓰여지는 지도 몰랐다.
② 그녀는 조금만 추어올리면 기고만장해진다.
③ 나룻터는 이미 사람들로 가득 차 있었다.
④ 우리들은 서슴치 않고 차에 올랐다.

(문제 124) 정답 및 해설 (2010지방직9 A책형 문7)

① 박 사장은 자기 돈이 어떻게 쓰여지는 지도 몰랐다. (X) → 쓰이는지도
  ◆ '쓰여지는 지도'는 이중피동으로 잘못되었고 또한 띄어쓰기도 잘못되었다.
② 그녀는 조금만 추어올리면 기고만장해진다. (O)
  ◆ 추어올리다: 1.위로 끌어 올리다. < **바지**를 추어올리다 / 그는 땀에 젖어 이마에 찰싹 눌어붙은 **머리카락**을 손가락으로 추어올렸다. / 그는 **완장**을 어깨 쪽으로 바싹 추어올린 다음 가슴을 활짝 펴고는 심호흡을 했다.-윤흥길, 완장-
          2.실제보다 높여 **칭찬**하다. ≒추어주다. < **그녀**는 조금만 추어올리면 기고만장해진다. / 그를 옆에서 자꾸 추어올리니 그도 공연히 우쭐대는 마음이 들었다. >
  ☺**영보이 암기tip)** 시험장에서 생각을 오래하면 시간이 많이 부족하므로 예를 기억해 두는 것이 효과적이다.
    ☺ 비지 - 추이 / 미리기락 - 추이 / 완장 - 추이 / 그녀 칭찬 - 추어 /
     그 칭찬 - 추어
  ● 추켜올리다: 위로 솟구어 올리다. < 그녀는 자꾸 흘러내리는 **치맛자락**을 추켜올리며 걸었다. >
    ☺**영보이 암기tip)** 치맛자락 - 추켜
③ 나룻터는 이미 사람들로 가득 차 있었다. (X) → 나루터
  ◆ 된소리나 거센소리('터')앞에는 사이시옷을 쓰지 않는다.
    ☺**영보이 암기tip)** 독일의 종교 개혁자이자 신학 교수인 루터가 나루터에 앉아 있다.
          < **루터 교수 - 나루터** >
④ 우리들은 서슴치 않고 차에 올랐다. (X) → 서슴지
  ☺**영보이 암기tip)** 두더지가 서슴지 않고 뱀 소굴로 들어갔다.
          < **두더지 - 서슴지** >

(문제124) 정답: ②

(문제125) 로마자 표기가 옳지 않은 것을 포함하고 있는 것은? **(2010지방직9 A책형 문7)**

① Jeju(제주), Busan(부산), Daegu(대구)
② Daejeon(대전), Gimpo(김포), Yeouido(여의도)
③ haedoji(해돋이), joko(좋고), allyak(알약)
④ Nakddonggang(낙동강), Geumgang(금강), Yeongsangang(영산강)

(문제125) 정답 및 해설 (2010지방직9 A책형 문7)

① Jeju(제주), Busan(부산), Daegu(대구)
② Daejeon(대전), Gimpo(김포), Yeouido(여의도)
③ haedoji(해돋이), joko(좋고), allyak(알약)
④ Nakddonggang(낙동강), Geumgang(금강), Yeongsangang(영산강)
  → Nakdonggang(낙동강)
◆ 로마자는 된소리 현상을 반영하지 않는다. 따라서 '낙동강'은 발음이 [낙똥강]일지라도 'd'하나만 들어간다.
★ 다른 보기에서 **굵은** 색을 칠한 것은 중요한 포인트니 잘 기억하자.

(문제125) 정답: ④

(문제126) 밑줄 친 부분을 바르게 고쳐 쓴 것으로 가장 적절한 것은? **(2010지방직9 A책형 문7)**

> 결국 <u>해결책은 새로운 일자리를 만들어 내는 데 달려있다.</u> 정부와 기업들이 머리를 싸매고 효율적인 방안을 마련해야 한다.

① 해결책은 새로운 일자리를 만들어 내는 것이다.
② 해결책은 새로운 일자리를 만들어 내는지 여부이다.
③ 해결책은 새로운 일자리를 만들어 내느냐이다.
④ 해결책은 새로운 일자리를 만들어 내느냐에 달려 있다.

(문제 126) 정답 및 해설 (2010지방직9 A책형 문7)

◆ 주어와 서술어의 호응이 맞아야 한다. ' ~ 은 … 이다 '가 적절하다.
  → 해결책**은** 새로운 일자리를 만들어 내는 것**이다**.
● 보기 ③, ④에서 쓰인 '느냐'는 어떻게(how)와 어울려야 매끄럽다.
  ● 해결책은 새로운 일자리를 어떻게 만들어 내느냐이다.

(문제 126) 정답: ①

(문제 127) 괄호 안에 들어갈 말로 가장 적절한 것은? (2010 지방직9 A책형 문14)

　절간의 주방만큼 넓은 최 참판 댁 부엌은 한산해졌다. 간조의 바닷가처럼 집 안은 휑뎅그렁했다. 어젯밤만 해도 행랑과 부엌 쪽은 밤늦게까지 붐비었다. 상전의 성미도 성미려니와, 가족이 적은 적적한 집안이어서 많은 하인들의 행동거지는 조용하게 길들여져 있었으나, 워낙 어수선하여 객식구들이 떠난 뒤에도 밤늦게까지 일은 끝나질 않았다.
　겨우 고방 문들이 닫혀지고, 쇠통이 채워지고, 열쇠 꾸러미가 안방으로 들어가고, 이리하여 하루 일이 끝난 것이다. 부엌일은 다소 더디었다. 몸살이 난 찬모는 먼저 방에 들어가고 연이가 혼자서 달그락거리며 뒷설거지를 하더니 한참 후 달그락거리던 소리는 멎고 부엌의 불이 꺼졌다. 다음은 계집종들 방의 불이 꺼졌다. 마지막에 윤씨가 거처하는 안방, 봉순네 방에서 거의 동시에 불이 꺼졌다. 집 안은 쥐죽은 듯 (　　　). 시월 중순의 달은 한쪽이 조금 이지러져서 뎅그렇게 떠 있었다. 그늘이 짙은 집채 모퉁이마다 무섬증 나는 냉기가 돈다. 행랑 구석진 방에서 죽을 날을 기다리는 늙은 종 바우의 앓는 소리가 간간히 들려온다. 그러면 역시 늙어서 꼬부라진 간난 할멈이 남편 곁에서 슬퍼하는 넋두리가 들리곤 했다.

- 박경리, '토지' 중에서 -

① 괴괴해졌다　　　② 괴이해졌다　　　③ 숙연해졌다　　　④ 처연해졌다

(문제 128) 괄호 안에 들어갈 말로 가장 적절한 것은? **(2010지방직9 A책형 문17)**

 다분히 진화 생물학적 관점에서, 질병은 인간의 몸 안에서 일어나는 정교하고도 합리적인 자기 조절 과정이다. 질병은 정상적인 기능을 할 수 없는 상태임과 동시에, 진화의 역사 속에서 획득한 자기 치료 과정이 (   )이기도 하다.
 가령, 기침을 하고, 열이 나고, 통증을 느끼고, 염증이 생기는 것 따위는 자기 조절과 방어 시스템이 작동하는 과정인 것이다.

① 문제를 일으킨 상태
② 비일상적인 특이 상태
③ 정상적으로 가동하고 있는 상태
④ 인구의 개체 변이를 도모하는 상태

(문제128) 정답 및 해설 (2010지방직9 A책형 문17)

◆ 앞부분에 부정적 내용이 온 것으로 보아 뒷부분은 긍정적 내용이 와야 한다.
● **앞부분 - 긍정적** - 질병은 정상적인 기능을 할 수 없는 상태임과 ~ .
■ **뒷부분 - 부정적** - ③ 정상적으로 가동하고 있는 상태이기도 하다.

(문제 128) 정답: ③

(문제 129) 토론과 토의에 대한 설명으로 적절하지 않은 것은? **(2010지방직9 A책형 문20)**

① 토론은 정해진 규칙과 절차에 의해 전개된다.
② 토의는 정과 반의 대립을 전제로 하는 변증법적 담화이다.
③ 토론에서는 자신의 주장을 논리적으로 표현하는 것이 중요하다.
④ 토의는 주어진 문제에 대한 의논을 통해 해답을 찾아내는 과정이다.

(문제 129) 정답 및 해설 (2010지방직9 A책형 문20)

◆ 토론(討論): 어떤 문제에 대하여 여러 사람이 각각 의견을 말하며 논의함.
　　　　　발음: [토:론](긴소리)
● 토의(討議): 어떤 문제에 대하여 검토하고 협의함. 발음: [토:의/토:이](긴소리)
① 토론은 정해진 규칙과 절차에 의해 전개된다. (O)
② **토의**는 정과 반의 대립을 전제로 하는 변증법적 담화이다. **(X)**
　◆ 토의는 두 명 이상이 모여 어떤 문제에 대해 최선의 해결책을 생각하고 찾는 것이다.
③ 토론에서는 자신의 주장을 논리적으로 표현하는 것이 중요하다. (O)
④ 토의는 주어진 문제에 대한 의논을 통해 해답을 찾아내는 과정이다. (O)

(문제 129) 정답: ②

(문제 130) 밑줄 친 부분이 한글 맞춤법에 맞지 않는 것은? **(2011사회복지직 A책형 문1)**

① 건물의 <u>아랫층</u>에는 사람이 살고 있는 것 같았다.
② 일이 하도 많아 밤샘 작업이 <u>예삿일</u>로 되어 버렸다.
③ 그는 비싼 <u>자릿세</u>를 꼬박꼬박 거둬들인다.
④ 그는 <u>혓바늘</u>이 서고 입맛이 깔깔하였다.

(문제 130) 정답 및 해설 **(2011사회복지직 A책형 문1)**

① 건물의 <u>아랫</u>층에는 사람이 살고 있는 것 같았다. (X) → 아래층
  ◆ 일반적으로 된소리나 거센소리('층') 앞에는 사이시옷을 쓴지 않는다.
  ☺**영보이 암기tip)** 아이를 아래층까지 바래다줄게. < 아래층 - 바래다 >
② 일이 하도 많아 밤샘 작업이 <u>예삿</u>일로 되어 버렸다. (O)
  ◆ 순우리말(일)과 한자어(예사(例事))로 된 합성어로 앞말이 모음('예사')으로 끝나고 뒷말의 첫소리 모음 앞에서 'ㄴㄴ'소리로 나면 사이시옷을 넣어 적는다. [예:산닐][ㄴㄴ]
  ☺ **영보이 암기tip)** 매일 밤샘 작업이 예삿일이 되었는데 화가 난다고 **삿**대질까지 하니? < 예삿일 - 삿대질 >
③ 그는 비싼 <u>자릿세</u>를 꼬박꼬박 거둬들인다. (O)
  ◆ 순우리말(자리)과 한자어(세(貰))로 된 합성어로 앞말이 모음('자리')으로 끝나고 뒷말의 첫소리가 된소리[-리쎄/-릳쎄]로 나는 경우는 사이시옷을 넣어 적는다.
  ☺**영보이 암기tip)** 한국과 미국의 합동 군사 훈련인 '팀 스피릿'을 구경하는데 어느 노인이 **자릿**세를 내라고 마구 소리쳤다. < 팀 스피릿 - 자릿세 >
④ 그는 <u>혓바늘</u>이 서고 입맛이 깔깔하였다. (O)
  ◆ 순우리말(혀 + 바늘)로 된 합성어로 앞말이 모음('혀')으로 끝나고 뒷말의 첫소리가 된소리[혀빠-/혈빠-] 로 나는 경우는 사이시옷을 넣어 적는다.
  ☺**영보이 암기tip)** 엿을 많이 먹어 **혓**바늘이 섰다. < 엿(ㅅ) - 혓(ㅅ) >

(문제 130) 정답: ①

(문제131) 밑줄 친 부분이 어법에 맞지 않는 것은? **(2011사회복지직 A책형 문2)**

① 임명 동의안을 표결에 <u>부칠</u> 예정이다.
② 도저히 믿을 수 없어서 감시원을 <u>부칠</u> 수밖에 없다.
③ 그 식당은 몸 <u>부칠</u> 곳 없는 사람들을 모아서 대접한다.
④ 불문에 <u>부칠</u> 양이면, 아예 입 밖에 내지 않는 것이 상책이다.

◆ '부치다, 붙이다'는 매우 헷갈리므로 예를 외우는 것이 효과적이다.
① 임명 동의안을 표결에 부칠 예정이다.

 ◆ 안건을 회의에 부치다 / 임명 동의안을 표결에 부치다/인권 침해 책임자를 재판에 부쳐 처벌하였다. / 정부는 중요 정책을 국민 투표에 부쳤다.
 ☺영보이 암기tip) 안건 - 부 / 표결 - 부 / 재판 - 부 / 투표 - 부

② 도저히 믿을 수 없어서 감시원을 부칠 수밖에 없다. (X) → 붙일

 ◆ 감사원을 사람에게 붙이는 것이므로 '붙이다'가 알맞다.
 ◆ 이 문장에서 '붙이다'는 '붙다'의 사동사이다. 다른 예도 알아두자.
 ◆ 중환자에게 간호사를 붙이다 / 아이에게 가정교사를 붙여 주다 / 우리는 방문단의 신변 보호를 위해 경호원을 붙이기로 결정했다.
 ☺영보이 암기tip) 간호사 - 붙 / 가정교사 - 붙 / 경호원 - 붙

③ 그 식당은 몸 부칠 곳 없는 사람들을 모아서 대접한다.

 ◆ 이 문장에서 '부치다'는 '먹고 자는 일을 제집이 아닌 다른 곳에서 하다.'는 의미이다. 다른 예도 알아두자.
 ◆ 삼촌 집에 숙식을 부치다 / 당분간만 밥은 주인집에다 부쳐 먹기로 교섭했다. / 같이 오자던 사람의 집에 가서 몸을 부치고 있었네.
 ☺영보이 암기tip) 숙식 - 부 / 주인집 - 부 / 몸 - 부

④ 불문에 부칠 양이면, 아예 입 밖에 내지 않는 것이 상책이다.

 ◆ 이 문장에서 '부치다'는 '어떤 일을 거론하거나 문제 삼지 아니하는 상태에 있게 하다.'는 의미이다. 다른 예도 알아두자.
 ◆ 회의 내용을 극비에 부치다 / 여행 계획을 비밀에 부치다 / 세상에 떠도는 얘기 같은 것 불문에 부치겠다 그러던가요?
 ☺영보이 암기tip) 극비 - 부 / 비밀 - 부 / 불문 - 부

(문제131) 정답: ②

(문제132) 표준어로만 묶인 것은? (2011사회복지직 A책형 문3)

① 떨어뜨리다, 으례, 우레
② 낮우다, 덩굴, 연달아
③ 거시기, 깡충깡충, 귀고리
④ 여지껏, 의심쩍다, 잇달아

① 떨어뜨리다, 으례, 우레 (X) → 으레

 ◆ 떨어뜨리다.(O) / 떨어트리다.(O) / 으레 (O) / 우레 (O)
 ☺ 영보이 암기tip) 뜨리 - 트리 / 으레 / 우레 / 레몬

② **낫우**다, 덩굴, 연달아 (X) → **고치다**
  ◆ **고치다**(O) / **덩굴**(O) - **넝쿨**(O) / **연**달아(O) - **잇**달아(O) - **잇**단(O)
③ 거시기, 깡충깡충, 귀고리 (O)
  ☺**영보이 암기tip)** 거시기 - **기러기** / 깡충깡충 - **충렬왕** / 귀걸이 (O) - 귀고리 (O)
④ 여**지**껏, 의심쩍다, 잇달아 (X) → 여**태**껏, **이제**껏, **입때**껏
  ◆ **여태**(O) / **입때**(O) / **여태**껏(O), **이제**껯(O), **입때**껯(O)
  ◆ 의심**쩍**다
  ☺ **영보이 암기tip)** 의심**쩍**은 남자가 다리를 **쩍** 벌리고 있다.
           < 의심**쩍**은 - **쩍** 벌리고 >

(문제 132) 정답: ③

(문제 133) 표준 발음법에 모두 맞지 않는 것은? **(2011사회복지직 A채형 문4)**

① 휘발유[휘발뉴], 서울역[서울녁]
② 몰상식[몰쌍식], 갈증[갈쯩]
③ 남존여비[남존녀비], 색연필[생년필]
④ 옷맵시[온맵씨], 몿몿이[몽목씨]

(문제 133) 정답 및 해설 **(2011사회복지직 A채형 문4)**

① 휘발유[휘발뉴], 서울역[서울녁] (X) → [휘발류], [서울력]
  ☺**영보이 암기tip)** [휘**발류**](ㄹㄹ) / [서울력](ㄹㄹ) - 유음화 현상
    ◆ 유음: 혀끝을 잇몸에 가볍게 대었다가 떼거나, 잇몸에 댄 채 공기를 그 양옆으로
흘려 보내면서 내는 소리. 국어의 자음 'ㄹ' 따위이다. 늑흐름소리
② 몰상식[몰**쌍**식], 갈증[갈**쯩**] - 된소리 현상
③ 남존여비[남존**녀**비], 색연필[**생년필**] - 'ㄴ'첨가
  ☺**영보이 암기tip)** [남존**녀**비](ㄴㄴ), [**생년필**](ㅇㄴ)
④ 옷맵시[**온맵씨**], 몿몿이[**몽목씨**] - 비음화, 된소리현상
  ☺**영보이 암기tip)** [**온맵씨**](ㄴ- ㅆ), [**몽목씨**](ㅇㄱㅆ)

(문제 133) 정답: ①

(문제 134) 어법상 잘못된 표현이 포함되어 있는 것은? **(2011사회복지직 A책형 문7)**

> [상황: 어느 학교 교무실에서 교장이 교사들을 대상으로 새로운 학교 운영 방침을 소개하고 있다.]
> (앞의 부분은 생략함.)
> 요컨대, 이제는 다른 학교와 구별되는 특성화된 교육을 추진할 때라는 겁니다. ㉠그것은 바로 독서 교육이라고 저는 분명하게 말하고 싶습니다. ㉡다행히 저희 학교에는 넓은 도서관이 있습니다. ㉢도서관의 효율적 활용 방안, 구체적인 독서 프로그램, 실천 가능한 독서 지도 방법은 다 준비되어 있습니다. ㉣이제 남은 것은 이를 위한 우리의 의지와 열정입니다.

① ㉠   ② ㉡   ③ ㉢   ④ ㉣

(문제134) 정답 및 해설 (2011사회복지직 A책형 문7)

② ㉡다행히 **저희** 학교에는 넓은 도서관이 있습니다. (X) → **우리** (O)
◆ 교장이 자기 학교 교사들에게 말하는 상황이므로 '저희'가 아니라 '**우리**'라 고쳐야 알맞다. 왜냐하면 '저희'라 한다면 교사들을 제외하는 상황이 되기 때문이다. 따라서 **저희** (X) → **우리** (O)

(문제134) 정답: ② ㉡

(문제135) 밑줄 친 부분의 띄어쓰기가 옳지 않은 것은? **(2011사회복지직 A책형 문9)**

> 미국의 언어생태학자 드와잇 볼링거는 물과 공기 그리고 빛과 소리처럼 흐르는 것은 **하나같이** 오염 물질을 지니고 있으며 그것은 언어도 예외가 아니라고 밝힌다. 실제로 환경 위기나 생태계 위기 시대에 언어 오염은 환경오염에 **못지 않게** 아주 심각하다. 환경오염이 자연을 죽음으로 몰고 가듯이 언어 오염도 인간의 정신을 황폐하게 만든다.
> 그동안 말하고 글을 쓰는 방법에서 그야말로 엄청난 변화가 일어났다. 얼마 전까지만 하더라도 사람들은 말을 하거나 글을 쓸 때에는 어느 정도 격식과 형식을 갖추었다. 그러나 구어든 문어든 지금 사람들이 사용하는 말이나 글은 불과 **수십 년 전** 사람들이 사용하던 그것과는 달라서 마치 전보문이나 쇼핑 목록을 적어 놓은 쪽지와 같다. 전통적인 의사소통에서는 '무엇'을 말하느냐와 마찬가지로 중요한 것이 '어떻게' 말하느냐 하는 것이었다. 그러나 지금은 '어떻게' 말하느냐는 뒷전으로 밀려나고 오직 '무엇'을 말하느냐가 앞쪽에 나선다. 그러다 보니 말이나 글이 엑스레이로 찍은 사진처럼 살은 없고 **뼈만** 앙상하게 드러나 있다.
> 전자 기술의 눈부신 발달에 힘입어 영상 매체가 활자 매체를 밀어내고 그 자리에 이미지의 왕국을 세우면서 언어 오염은 날이 갈수록 더욱 심해져만 간다. 문명이 발달하면서 어쩔 수 없이 환경오염이 생겨나듯이 언어 오염도 문명의 발달에 따른 자연스러운 언어 현상이므로 그렇게 우려할 필요가 없다고 주장하는 학자도 없지 않다. 그러나 컴퓨터를 통한 통신어에 따른 언어 오염은 이제위험 수준을 훨씬 넘어 아주 심각한 지경에 이르렀다. 환경오염을 그대로 방치해 두면 환경 재앙을 맞게 될 것이 불을 보듯 **뻔한** 것처럼

언어 오염도 인간의 영혼과 정신을 멍들게 **할 뿐만 아니라** 궁극적으로는 아예 의사소통 자체를 불가능하게 만들지도 모른다. '언어 재앙'이 이제 눈앞의현실로 바짝 다가왔다.

① 하나같이　　　② 못지 않게　　　③ 수십 년 전　　　④ 할 뿐만 아니라

(문제135) 정답 및 해설 (2011사회복지직 A책형 문9)

① 하나같이 (O) - 체언 뒤에 '같이'는 조사이므로 앞말과 붙여 쓴다.
　　◆ 체언: 명사, 대명사, 수사
② 못지V않게 (X) → **못지않게**
　　◆ '못지않다'는 '못지아니하다'의 준말로 붙여 쓴다.
③ 수십 년 전 (O) - '전'은 일부 명사나 '-기' 다음에 쓰여 '이전'의 뜻을 나타내는 명사로 앞말과 띄어 쓴다.
　　◆ 또한 '수'는 숫자를 나타내는 말 앞에 붙어 '몇', '여러', '약간'의 뜻을 더하는 접두사로 뒷말과 붙여 쓴다. < 수백만/수천/수만 >
　　◆ '년'은 주로 한자어 수 뒤에 쓰여 해를 세는 단위이자 의존 명사이다.
　　　　따라서 의존 명사는 앞말과 띄어 쓴다.
④ 할 뿐만 아니라 (O) - 관형어 뒤에 '뿐'이 오면 앞말과 띄어 쓴다.

☺**영보이 암기tip) 띄어쓰기는 원고지로 공부하면 기억이 오래간다.**

하	나	같	이		못	지	않	게		못	지	아	니	하	다		
수	십	V	년	V	전			수	백	만			수	천		수	만
할	V	뿐	만	V	아	니	라										

(문제135) 정답: ②

(문제 136) 문맥상 부적절한 어휘가 사용된 것은? **(2011사회복지직 A책형 문10)**

① 그 회사는 어음을 결제하지 못해 부도 처리가 됐다.
② 동치미는 이따가 입가심할 때나 먹고 곰국을 먼저 떠먹어야지.
③ 열대 지역과 한대 지역의 생활양식과 사고방식은 틀린 점이 많다.
④ 물질적 피해는 돈으로 배상할 수 있다지만 정신적 피해는 무엇으로 배상할 것인가?

(문제 136) 정답 및 해설 (2011사회복지직 A책형 문10)
① 그 회사는 어음을 **결제**하지 못해 부도 처리가 됐다. (O)
　　◆ 결제(決濟): 증권 또는 대금을 주고받아 매매 당사자 사이의 거래 관계를 끝맺는 일.
< **카드 결제 / 현금 결제** >
　　● 결재(決裁): 결정할 권한이 있는 상관이 부하가 제출한 안건을 검토하여 허가하거나 승인함. '재가04(裁可)'로 순화. < **자재과 부장 - 결재** >

② 동치미는 **이따가** 입가심할 때나 먹고 곰국을 먼저 떠먹어야지. (O)

- ◆ **이따가** - **이따가** 만나자
- ● **있다가** - 집에 **있다가** 저녁 먹으러 와라.

③ 열대 지역과 한대 지역의 생활양식과 사고방식은 **틀린** 점이 많다. (X)

→ **다른**

- ◆ '다르다'는 different / '틀리다'는 wrong

④ 물질적 피해는 돈으로 **배**상할 수 있다지만 정신적 피해는 무엇으로 **배**상할 것인가? (O)

- ◆ **배상(賠償)**: 남의 권리를 침해한 사람이 그 손해를 물어 주는 일.
- ● **보상(補償)**: 남에게 끼친 손해를 갚음.

(문제 136) 정답: ③

(문제 137) '먹다'의 의미를 (가)~(라)와 같이 정의할 때, 각각의 정의에 따른 예로 부적절한 것은? **(2011사회복지직 A책형 문13)**

(가) 벌레, 균 따위가 파 들어가거나 퍼지다.
(나) 바르는 물질이 배어들거나 고루 퍼지다.
(다) 돈이나 물자 따위가 들거나 쓰이다.
(라) 날이 있는 도구가 소재를 깎거나 자르거나 갈거나 하는 작용을 하다.

① (가) : 옷에 좀이 먹어 못 입게 되었다.
② (나) : 풀이 잘 먹어야 다림질하기가 좋다.
③ (다) : 얼굴에 화장이 잘 먹지 않고 들뜬다.
④ (라) : 딱딱한 고기에는 칼이 잘 먹지 않는다.

(문제 137) 정답 및 해설 **(2011사회복지직 A책형 문13)**

① (가) : 옷에 좀이 먹어 못 입게 되었다. - (가) 벌레, 균 따위가 파 들어가거나 퍼지다. (O)

② (나) : 풀이 잘 <u>먹어</u>야 다림질하기가 좋다. (나) 바르는 물질이 배어들거나 고루 퍼지다. (O)

③ **(다)** : 얼굴에 화장이 잘 <u>먹지</u> 않고 들뜬다. (X)

→ **(나) <u>바르는 물질이 배어들거나 고루 퍼지다.</u>**

④ (라) : 딱딱한 고기에는 칼이 잘 <u>먹지</u> 않는다. (라) 날이 있는 도구가 소재를 깎거나 자르거나 갈거나 하는 작용을 하다. (O)

(문제 137) 정답: ③

(문제 138) 사용에 문제가 없는 것은? **(2011사회복지직 A책형 문18)**

① 왠 차가 이렇게 많아
② 참 오랫만에 눈이 내린다.
③ 택시 값 얼마 주고 내렸어
④ 나는 오늘 30분 일찍 출근했어.

(문제 138) 정답 및 해설 (2011사회복지직 A책형 문18)

① **왠** 차가 이렇게 많아. (X) → 웬
　◆ 웬 - 웬 영문인지 모르다. / 웬 까닭인지 몰라 어리둥절하다. / 웬 걱정이 그리 많아? / 이게 웬 날벼락이람. / 이제 곧 봄인데, 웬 눈이 이렇게 내리니?
　◆ 골목에서 웬 사내와 마주치다. / 웬 놈이야, 떠드는 놈이? / 개가 짖는 바람에 그는 웬 낯선 사람이 오는가 해서 나왔다.
　● 왠 - 오늘은 왠지 공부가 하고 싶다. < 왠지(O)　왜인지(O) >
② 참 오랫만에 눈이 내린다. (X) → 오랜만에
　☺영보이 암기tip) 오랜 친구를 오랜만에 보았다.
③ **택시 값** 얼마 주고 내렸어. (X) → 삯
　◆ 삯 - 어떤 물건이나 **시설**을 이용하고 주는 돈. 늑임료(賃料).
　　◆쟁기와 소를 빌린 삯을 지불하다. / 두 사람이 서울에 갔다 오자면 **화륜차** 왕복 삯만 해도 사 원이나 되는데, 그 많은 돈을 쓸데없이 내버려?
　● 값 - 일부 명사 뒤에 붙어 '가격', '대금', '비용'의 뜻을 나타내는 말.
　　●기름값/물값/물건값/부식값/신문값/우윳값/음식값.
④ 나는 오늘 30분 **일찍** 출근했어. (O)
　◆ 부사어 '일찍'과 '먼저'를 헷갈리는 경우가 적지 않다.
　　◆ '먼저'는 어떤 것과의 비교가 필요하다.< 나는 **너보다** 30분 **먼저** ~ . >

(문제 138) 정답: ④

(문제 139) 훈민정음 중 발음 기관의 모양을 본떠서 만들어진 글자로만 묶인 것은? (2011사회복지직 A책형 문19)

① ㄱ, ㄴ, ㄷ, ㄹ, ㅁ
② ㄱ, ㄴ, ㄹ, ㅅ, ㆆ
③ ㄱ, ㄴ, ㅁ, ㅅ, ㅇ
④ ㄱ, ㄹ, ㅅ, ㅇ, ㅋ

(문제 139) 정답 및 해설 (2011사회복지직 A책형 문19)

③ ㄱ, ㄴ, ㅁ, ㅅ, ㅇ

☺영보이 암기tip) 강, 남, 미, 사, 일 < 강남미사일 >

초성(初聲)의 제자 원리			
	기본자	가획자	이체자	제자 원리
아음(牙音)	ㄱ	ㅋ	ㆁ	어금닛소리
설음(舌音)	ㄴ	ㄷ, ㅌ	ㄹ	혓소리
순음(脣音)	ㅁ	ㅂ, ㅍ		입술소리
치음(齒音)	ㅅ	ㅈ, ㅊ	ㅿ	잇소리
후음(喉音)	ㅇ	ㆆ, ㅎ		목청소리

중성(初聲)의 제자 원리			
기본자	초출자	재출자	제자 원리
ㆍ	ㅗ, ㅏ	ㅛ, ㅑ	하늘의 모양
ㅡ	ㅜ, ㅓ	ㅠ, ㅕ	땅의 모양
ㅣ			서있는 사람의 모습

(문제 139) 정답: ③

(문제 140) 밑줄 친 어휘가 문맥에 맞지 않게 사용된 것은? (2011사회복지직 A책형 문20)

① 수수께끼에 대한 답을 정확하게 <u>맞추면</u> 상품을 드립니다.
② 그 일은 <u>겉잡아서</u> 한 이틀쯤 걸릴 것 같다.
③ 김 선생님하고는 전부터 <u>알음</u>이 있는 사이다.
④ 조용한 숲 속에 달빛만이 <u>교교히</u> 내리비치고 있었다.

(문제 140) 정답 및 해설 (2011사회복지직 A책형 문20)

① 수수께끼에 대한 답을 정확하게 <u>맞**추**면</u> 상품을 드립니다. (X) → 맞**히**면
  ◆ 문제의 **답**을 알아맞힐 때는 '맞**히**다'를 쓴다.
  ☺영보이 암기tip) 옆 반이 아직 수업중이니 수수께끼의 답을 맞히면 크게 웃지 말고 작게 '**히히히**' 웃어라.
② 그 일은 <u>겉잡아서</u> 한 이틀쯤 걸릴 것 같다.
  ◆ 겉잡다 - 겉으로 보고 대강 짐작하여 헤아리다.
  ☺영보이 암기tip) 겉잡아서 이틀 걸릴 것 같다. < 겉잡이서(ㅌ)- 이틀(ㅌ) >

③ 김 선생님하고는 전부터 <u>알음</u>이 있는 사이다.

　◆ 알음: 사람끼리 서로 아는 일.

　● 아름: 둘레의 길이를 나타내는 단위.

④ 조용한 숲 속에 달빛만이 <u>교교히</u> 내리비치고 있었다.

　◆ 교교히 - 달이 썩 맑고 밝게

　☺영보이 암기tip) 힘을 많이 써 몸이 피곤하지만 교교히 내리비치는 달을 보니 힘이
난다. < 힘(ㅎ) - 교교히(ㅎ) >

(문제 140) 정답: ①

(문제 141) 아래의 뜻풀이를 참고하여 <예문>의 괄호 안에 넣을 가장 알맞은 단어는? (2011
지방직9 A책형 문1)

<뜻풀이> 생각할 수 있는 범위 안에서 가장 완전하다고 여겨지는 상태.

<예 문> 자넨 이미 (　　)으로만 달아 있는 청년이 아니야. 현실에 몸담고 있는 성년이란
말일세.

- 이문열, '영웅 시대' 중에서 -

① 공상　　　　② 망상　　　　③ 상상　　　　④ 이상

(문제 141) 정답 및 해설 (2011지방직9 A책형 문1)

① 공상(空想): 현실적이지 못하거나 실현될 가망이 없는 것을 막연히 그리어 봄. 또는
그런 생각.

② 망상(妄想): ┌이치에 맞지 아니한 망령된 생각을 함. 또는 그 생각. ≒망념(妄念).

③ 상상(想像): 실제로 경험하지 않은 현상이나 사물에 대하여 마음속으로 그려 봄.

④ 이상(理想) (O): 생각할 수 있는 범위 안에서 가장 완전하다고 여겨지는 상태. ◆ <뜻
풀이>로 정답을 알 수 있지만 '현실에 몸담고 있는 성년이란 말일세.'에서 현실을 보면
대조적인 의미의 낱말인 '이상(理想)'이 정답이다.

(문제 141) 정답: ④

(문제 142) 문장 부호를 옳게 사용한 것은? (2011지방직9 A책형 문2)

① 예로부터 "민심은 천심이다"라고 하였다.
② 너는 언제 왔니, 어디서 왔니, 무엇하러
③ 문장 부호 - 마침표.쉼표.따옴표.묶음표 등
④ 나는, 솔직히 말하면, 그 말이 별로 탐탁하지 않소.

(문제 142) 정답 및 해설 (2011지방직9 A책형 문2)

① 예로부터 "민심은 천심이다"라고 하였다. (O)
 ◆ 예로부터 "민심은 천심이다."라고 하였다. (O) (원칙은 '.' 마침표를 씀)
 ● 예로부터 "민심은 천심이다"라고 하였다. (O) (마침표 없는 것도 허용함)
② 너는 언제 왔니, 어디서 왔니, 무엇하러? (X)
  → 너는 언제 왔니? 어디서 왔니? 무엇하러?
③ 문장 부호 - 마침표·쉼표·따옴표·묶음표 등 (X)
  → 문장 부호: 마침표, 쉼표, 따옴표, 묶음표 등
④ 나는, 솔직히 말하면, 그 말이 별로 탐탁하지 않소. (O)
  = 나는 ― 솔직히 말하면 ― 그 말이 별로 탐탁하지 않소. (O) (줄표도 가능)
                                        (문제 142) 정답: ①, ④

(문제 143) 다음 낱말을 국어사전의 올림말(표제어) 순서에 따라 차례대로 배열하면? (2011지방직9 A책형 문3)

ㄱ. 웬일	ㄴ. 왜곡	ㄷ. 와전	ㄹ. 외가

① ㄷ → ㄱ → ㄴ → ㄹ
② ㄷ → ㄴ → ㄱ → ㄹ
③ ㄷ → ㄴ → ㄹ → ㄱ
④ ㄷ → ㄹ → ㄴ → ㄱ

(문제143) 정답 및 해설 (2011지방직9 A책형 문3)
③ ㄷ(와전) → ㄴ(왜곡) → ㄹ(외가) → ㄱ(웬일) (O)
 ◆ 한글 자모의 순서
◆ 순서: 자음의 순서 ⇢ 모음의 순서 ⇢ 겹자음의 순서
◆ 자음의 순서: ㄱ, ㄲ, ㄴ, ㄷ, ㄸ, ㄹ, ㅁ, ㅂ, ㅃ, ㅅ, ㅆ, ㅇ, ㅈ, ㅉ, ㅊ, ㅋ, ㅌ, ㅍ, ㅎ

< ㄱ(기역), ㄴ(니은), ㄷ(디귿), ㄹ(리을), ㅁ(미음), ㅂ(비읍), ㅅ(시옷),
 ㅇ(이응), ㅈ(지읒), ㅊ(치읓), ㅋ(키읔), ㅌ(티읕), ㅍ(피읖), ㅎ(히읗) >

● 모음의 순서: ㅏ, ㅐ, ㅑ, ㅒ, ㅓ, ㅔ, ㅕ, ㅖ, ㅗ, ㅘ, ㅙ, ㅚ, ㅛ, ㅜ, ㅝ, ㅞ, ㅟ, ㅠ, ㅡ, ㅢ, ㅣ
                                        (문제143) 정답: ③

(문제 144) 어휘의 의미 관계가 ㉠ : ㉡과 다른 것은? **(2011지방직9 A책형 문4)**

> 아침에 볕에 시달려서 마당이 부스럭거리면 그 소리에 잠을 깨입니다. 하루라는 '짐'이 마당에 가득한 가운데 새빨간 잠자리가 병균처럼 활동합니다. 끄지 않고 잔 석유 등잔에 불이 그저 켜진 채 소실된 밤의 흔적이 낡은 조끼 단추처럼 남아 있습니다. ㉠작야(昨夜)를 방문할 수 있는 '요비링'입니다. ㉡지난밤의 체온을 방 안에 내어던진 채 마당에 나서면 마당 한 모퉁이에는 화단이 있습니다.   -
>
> 이상, '산촌 여정' 중에서 -

① 항용 : 늘
② 미소 : 웃음
③ 간혹 : 이따금
④ 백부 : 큰아버지

(문제144) 정답 및 해설 (2011지방직9 A책형 문4)

㉠ 작야(昨夜): 어젯밤 - 昨(어제 작) 夜(밤 야)
㉡ 지난밤
◆ 작야(昨夜)와 지난밤은 **유의**관계이다.
① 항용 : 늘 = **유의**관계
② 미소 : 웃음 → **하위어 : 상위어**
   ◆ 미소는 웃음 안에 포함되는 하위어이다.
   ● 웃음은 상위어로 미소, 폭소, 실소, 고소, 대소, 냉소 등을 포함한다.
③ 간혹 : 이따금 = **유의**관계
④ 백부 : 큰아버지 = **유의**관계

(문제 144) 정답: ②

(문제 145) 제시된 말의 표준 발음이 옳지 않은 것은? (2011지방직9 A책형 문5)

① 이원론[이:원논]
② 동원령[동:원녕]
③ 임진란[임:진난]
④ 상견례[상:견녜]

(문제 145) 정답 및 해설 (2011지방직9 A책형 문5)

★ 표준발음법 제5장 제20항
◆ 'ㄴ'은 'ㄹ'의 앞이나 뒤에서 [ㄹ]로 발음한다.
(1) 난로[날:로] / 신라[실라] /천리[철리] / 광한루[광:할루] /대관령[대:괄령]
(2) 칼날[칼랄] / 물난리[물랄리] / 줄넘기[줄럼끼] / 할는지[할른지]
◆ [붙임]첫소리 'ㄴ'이 'ㅀ', 'ㄾ' 뒤에 연결되는 경우에도 이에 준한다.
　닳는[달른] / 뚫는[뚤른] / 핥네[할레]
● 다만, 다음과 같은 단어들은 'ㄹ'을 [ㄴ]으로 발음한다.
의견란[의:견난] / 임진란[임:진난] / 생산량[생산냥] / 결단력[결딴녁]
공권력[공꿘녁] / 동원령[동:원녕] / 상견례[상견녜] / 횡단로[횡단노]
이원론[이:원논] / 입원료[이붠뇨] / 구근류[구근뉴]

① 이원론 [이 : 원논] (O) - **긴소리 / [ㄴ]**
　☺**영보이 암기tip)** 논두렁에서 철학을 공부하는데 <u>이원론</u> 부분이 **너무 길고** 지루하다.
[이 : 원논]
② 동원령 [동 : 원녕] (O) - **긴소리 / [ㄴ]**
　☺**영보이 암기tip)** 아이~ 짜증나. 무슨 <u>동원령</u>을 한 번 정도만 해도 되는데　하루 종일
길게 하고 있냐? 동원령 이제 안녕하면 안 되냐? [동 : 원녕]
③ 임진란 [임 : 진난] (O) - **긴소리 / [ㄴ]**
　☺**영보이 암기tip)** <u>임진난</u>이 단기간에 끝**난** 게 아니야. 꽤 **길게** 지속되었지.
　　　　　　[임 : 진난]
④ 상견례 [상 : 견녜] (X) → [상견녜] : 첫소리가 **짧은 소리**임. / / [ㄴ]
　☺**영보이 암기tip)** 서로 피곤하니 상견례는 **짧게** 할래? **네.**[ㄴ]

(문제145) 정답: ④

(문제145) 밑줄 친 단어의 의미와 가장 유사한 것은? (2011지방직9 A책형 문6)

<u>다시</u> 봄이 오니 온 산과 들에 파릇파릇 새 생명이 넘쳐난다.

① 다시 건강이 좋아져야지.
② 다른 방법으로 <u>다시</u> 한 번 해 봐.
③ <u>다시</u> 보아도 틀린 곳을 못 찾겠어.
④ 웬만큼 쉬었으면 <u>다시</u> 일을 시작합시다.

(문제 145) 정답 및 해설 (2011지방직9 A책형 문6)

  다시 봄이 오니 온 산과 들에 파릇파릇 새 생명이 넘쳐난다.
  ● 이 문장에서 '다시'는 '**이전 상태로 또**'를 의미한다.
① 다시 건강이 좋아져야지.(O)- **이전 상태로 또**
  ◆ 이전 상태로 건강이 좋아져야지.
② 다른 방법으로 다시 한 번 해 봐. - 방법이나 방향을 고쳐서 새로이
  ◆ 다른 방법으로 고쳐서 새로이 한 번 해봐.
③ 다시 보아도 틀린 곳을 못 찾겠어. - 하던 것을 되풀이해서
  ◆ 되풀이해서 보아도 틀린 곳을 못 찾겠어.
④ 웬만큼 쉬었으면 다시 일을 시작합시다. - 하다가 그친 것을 계속하여
  ◆ 웬만큼 쉬었으면 계속해서 일을 시작합시다.

(문제 145) 정답: ①

(문제 146) 밑줄 친 부분의 의미를 유지하면서 이해하기 쉽게 가장 잘 다듬은 것은? **(2011지방직9 A책형 문8)**

㉠ 반만 년 역사의 권위를 장하야 차를 선언함이며,
㉡ 이천만 민중의 성충을 합하야 차를 포명함이며,
㉢ 민족의 항구여일한 자유 발전을 위하야 차를 주장함이며,
㉣ 인류적 양심의 발로에 기인한 세계 개조의 대기운에 순응병진하기 위하야 차를 제기함이니, (중략) 천하 하물이던지 차를 저지 억제치 못할지니라.

-'기미 독립 선언서' 중에서 -

① ㉠ : 5천 년 역사의 권위를 훌륭하게 생각하여 이를 선언함이며
② ㉡ : 2천만 민중의 충성을 합하여 이를 널리 펴서 두루 밝힘이며
③ ㉢ : 변함없는 민족의 자유 발전을 위하여 이를 늘 주장함이며
④ ㉣ : 인류적 양심의 억눌림이 원인이 된 세계 개조의 큰 기운에 부합하기 위하여 이를 제기함이니

(문제 146) 정답 및 해설 (2011지방직9 A책형 문8)

㉠ 반만 년 역사의 권위를 장하야 차를 선언함이며,
  ① ㉠ : 5천 년 역사의 권위를 **훌륭하게 생각하여** 이를 선언함이며 (X)
    → 5천 년 역사의 권위를 **의지하여** 이를 선언함이며
㉡ 이천만 민중의 성충을 합하야 차를 포명함이며,
  ② ㉡ : 2천만 민중의 충성을 합하여 이를 널리 펴서 두루 밝힘이며 (O)

© 민족의 항구여일한 자유 발전을 위하야 차를 주장함이며,
   ③ © : 변함없는 민족의 자유 발전을 위하여 이를 **늘** 주장함이며 (X)
      → 변함없는 민족의 자유 발전을 위하여 이를 주장함이며

② 인류적 양심의 발로에 기인한 세계 개조의 대기운에 순응병진하기 위하야 차를 제기함이니, (중략) 천하 하물이던지 차를 저지 억제치 못할지니라.
   ④ ② : 인류적 **양심의 억눌림**이 원인이 된 세계 개조의 큰 기운에 부합하기 위하여 이를 제기함이니 (X)
      → **인류가 가진 양심의 발로에** 원인이 된 세계 개조의 큰 기운에 순응하고 함께 나아가기 위하여 이를 제기함이니

(문제 146) 정답: ② ©

(문제 147) 띄어쓰기가 옳은 것은? (2011지방직9 A책형 문9)

① 우리∨민족의∨염원은∨통일뿐이다.
② 무엇이∨틀렸는∨지∨답을∨맞추어보자.
③ 우리는∨생사∨고락을∨함께∨한∨친구이다.
④ 이번∨시험에서∨우리∨중∨안∨되어도∨세∨명은∨합격할∨것같다.

(문제 147) 정답 및 해설 (2011지방직9 A책형 문9)

① 우리∨민족의∨염원은∨통일뿐이다. (O)
   ◆ '뿐'은 명사 다음에 올 때에는 조사로 앞말과 붙여 쓴다.
      ◆ 염원은 **통일뿐이다**. / 간절한 바람은 **합격뿐이다**.
   ● '뿐'이 용언 다음에 올 때에는 의존 명사로 앞말과 띄어 쓴다.
      ● 그 아이는 똑똑할∨뿐이다. / 나는 하루에 두 끼만 먹을∨뿐이다.
② 무엇이∨틀렸는∨지∨답을∨맞추어보자. (X) → 틀렸**는지**
   ◆ 시간의 경과를 의미하는 것이 아니므로 이 문장의 '지'는 붙여 쓴다.
   ● **시간의 경과를 의미할 때에는 '지'를 띄어 쓴다.**
      ● 저녁을 먹은∨지 두 시간이 지났다. 우리는 사귄∨지 5년이 지났다.
③ 우리는∨생사∨고락을∨함께∨한∨친구이다. (V) → **생사고락**을 **함께한**
   ◆ '생사고락'과 '함께하다'는 한 단어이므로 붙여 쓴다.
④ 이번∨시험에서∨우리∨중∨안∨되어도∨세∨명은∨합격할∨것같다. (X)
   → **안되어도** ~ 합격할∨것∨같다.
   ◆ '안'은 부정의 의미일 때에는 띄어 쓰지만 그렇지 않은 경우에는 붙여 씀.
      ◆ 우리 중 **안되어도**
   ● '것'은 의존 명사로 띄어 써야 한다.
      ● 합격할∨것∨같다.

	통	일	뿐	이	다	.		합	격	뿐	이	다	.		먹	을	V	뿐	이	다
	똑	똑	할	V	뿐	이	다	.		무	엇	이			틀	렸	는	지		
	저	녁	을		먹	은	V	지		두		시	간							
	사	귄	V	지		5	년	이				생	사	고	락	을		함	께	한
	우	리	V	중		안	되	어	도			합	격	할	V	것	V	같	다	.

(문제 147) 정답: ①

(문제148) 밑줄 친 말 중 표준어인 것은? (2011지방직9 A책형 문10)

① 온몸에 <u>부시럼</u>이 나다.
② <u>낄낄대며 농지거리</u>들을 주고받다.
③ 우리는 <u>뗄레야</u> 뗄 수 없는 사이야.
④ 그런 <u>켸켸묵은</u> 이야기는 꺼내지 마.

① 온몸에 <u>부시럼</u>이 나다. (X) → 부스럼
　☺영보이 암기tip) 공중전화 부스에 부스럼이 난 사람이 있다. < 부스 - 부스럼 >
② 낄낄대며 <u>농지거리</u>들을 주고받다. (O)
　◆ 농짓거리가 아니라 '농지거리'가 올바르다.
　　농지거리: 점잖지 아니하게 함부로 하는 장난이나 농담을 낮잡아 이르는 말.
　☺영보이 암기tip) 농지를 경작하는 돌쇠는 옆에서 농지거리를 하는 남자들이 싫었다.
< 농지 - 농지거리 >
③ 우리는 <u>뗄레야</u> 뗄 수 없는 사이야. (X) → 떼려야
　☺영보이 암기tip) 생떼를 쓰는 아이이지만 그 아이는 나와 떼려야 뗄 수 없는 사이야.
< 생떼 - 떼려야 >
④ 그런 <u>켸켸묵은</u> 이야기는 꺼내지 마. (X) → 케케묵은
　☺영보이 암기tip) 케케묵은 이야기를 하면 케첩을 뿌릴 거야. < 케케묵은 - 케첩 >

(문제 148) 정답: ②

(문제 149) 통사적 합성어인 것은? (2011지방직9 A책형 문11)

① 큰집   ② 덮밥   ③ 늦더위   ④ 검붉다

(문제149) 정답 및 해설 (2011지방직9 A책형 문11)

◆ 통사적 합성어는 우리말의 어순이나 배열법으로 만들어진 합성어를 말한다.
① 큰집 - 큰(관형사) + 집(명사) - 우리말의 어순이므로 **통사적 합성어**이다. (O)
② 덮밥 - 덮(은) + 밥 - **관형사형 어미**, '은'이 **생략**되어 있어 **비통**사적 합성어이다.
③ 늦더위 - 늦(접두사) + 더위(명사) - **파**생어
④ 검붉다 - 검(고) + 붉다 - **연결 어미** '고'가 **생략**되어 있어 **비통**사적 합성어이다.

☺**영보이 암기tip)** 통사적 합성어인지 비통사적 합성어인지 구별하는 것은 매우 헷갈린다. 또한 시험장에서 이러한 문제는 시간을 많이 잡아먹는 골칫거리다. 따라서 **영보이 암기tip**으로 기억하자. (다음 내용을 랩을 하듯 리듬을 타며 반복해서 말해보자.)
◆ ☺**큰집**이 너무 많은데 **통합**하면 어때? < 큰집 - 통합 >
◆ ☺오징어**덮밥**을 못 먹어서 매우 **비통**한 심정이다.   < 덮밥 - 비통 >
◆ ☺**늦더위** 때문에 **파** 가격이 매우 비싸다.   < 늦더위 - 파 >
◆ ☺**검붉은** 포도를 동생이 다 먹어 **비통**한 마음이 든다. < 검붉다 - 비통 >

(문제 149) 정답: ①

(문제 150) 겹문장인 것은? (2011지방직9 A책형 문12)

① 없어.
② 누가 그런 일을 한다고 그래
③ 그런 사람이 어찌 그런 일을 해
④ 나는 나만의 삶을 나만의 방식으로 산다.

(문제 150) 정답 및 해설 (2011지방직9 A책형 문12)

◆ **겹문장**: 한 문장의 성분 속에 두 개 이상의 절이 종속적인 관계로 겹쳐진 문장. 한 개의 홑문장이 다른 문장 속에 한 성분으로 들어가 있는 '**안은문장**'과 홑문장이 서로 이어져 있는 '**이어진문장**'이 있다.
① 없어. - 서술어가 하나이므로 홑문장
② 누가 그런 일을 한다고 그래 (O) - ~ 한다고 - **인용절**을 안은 **겹문장**
③ 그런 사람이 어찌 그런 일을 **해** - 서술어(**해**)가 하나이므로 홑문장
 ◆ 그런 - 관형사, 어찌 - 부사
④ 나는 나만의 삶을 나만의 방식으로 **산다**. - 서술어(**산다**)가 하나이므로 홑문장
 ◆ 나만의 - 관형어, 삶을(목적어), 나만의 - 관형어, 방식으로 - 부사어

(문제 150) 정답: ②

(문제 151) 밑줄 친 말 중 ㉠에 해당하는 것은? **(2011지방직9 A책형 문14)**

'있다, 없다'는 동사 성격과 형용사 성격을 모두 공유하고 있는데, 이를 중요시하여 따로 존재사를 설정하는 경우가 있다. 예컨대, 동사에는 관형사형 어미 '-는'이 붙을 수 있고, 형용사에는 '-는'이 붙지 못하는 특성이 있는데, '있다,
없다'는 '있는, 없는'에서 보는 것처럼 둘 다 가능하다는 것이다. 그렇다고 이 둘이 의미상으로 ㉠동작의 움직임이나 과정을 나타내는 동사인가 하면, 그렇지도 않으니, 동사, 형용사 품사 배정에 어려움이 있다는 것이다. 따라서 동사, 형용사 두 가지 특성을 보이는 새로운 품사로 존재사라는 것을 설정하는 것이다.

그러나 이 두 단어 때문에 새로운 품사를 설정하는 것은 바람직하지 않다고 본다. 예컨대, '있다'는 '있는다, 있어라'라는 표현이 가능한 점이 있으나 '없다'는 '*없는다, *없어라'가 불가능하니, 각각 동사와 형용사로 인정하는 게 나으리라 본다.

- 이관규, '국어 교육을 위한 국어 문법론' 중에서 -

① 요즘 별일 없으시죠?
② 그는 귀신이 없다고 믿었다.
③ 그 일은 현재 진행 중에 있다.
④ 그는 내일 집에 있는다고 했다.

(문제 151) 정답 및 해설 (2011지방직9 A책형 문14)

① 요즘 별일 없으시죠? - '없다'는 언제나 **형용사**
② 그는 귀신이 없다고 믿었다. - '없다'는 언제나 **형용사**
③ 그 일은 현재 진행 중에 있다. - 동사는 현재시제 '는'이라는 조사를 사용할 수 있는데 보기 ③은 '~ 진행 중에 있다.'만 가능하지 '~ 진행 중에 있는다.'가 불가능하다. 따라서 이 문장의 '있다'는 **형용사**이다.
④ 그는 내일 집에 있는다고 했다. (O)

◆ 동사는 현재시제 '는'이라는 조사를 사용할 수 있는데 보기 ④는 '는'의 사용이 올바르다. 따라서 '~ 집에 있는다고 했다.'에서 '있는다'는 동작의 움직임이나 과정을 나타내는 동사로 알맞게 쓰였다. 참고로 '있다'는 동사와 형용사 둘 다 가능하다.

● 형용사 '**있다**' - 영보이 한자라는 교재가 **있다**. (**형용사**)

(문제 151) 정답: ④

(문제 152) 국어의 역사적인 변화에 대한 설명으로 옳은 것은? **(2011지방직9 A책형 문15)**

① 15세기 국어의 모음 'ㅐ, ㅔ, ㅚ, ㅟ' 등은 현대 국어로 오면서 소릿값(음가)이 바뀌었다.
② 15세기 국어의 주격 조사에는 '가'와 '이'가 있었지만, 점차 '이'가 더 많이 쓰이게 되었다.
③ '어리다'라는 단어의 뜻은 '나이가 적다'에서 현대 국어로 오면서 '현명하지 못하다'로 바뀌었다.
④ 15세기 국어는 방점으로 소리의 장단을 표시하였으나, 그 장단은 점차 소리의 높낮이로 바뀌었다.

(문제 152) 정답 및 해설 (2011지방직9 A책형 문15)

① 15세기 국어의 모음 'ㅐ, ㅔ, ㅚ, ㅟ' 등은 현대 국어로 오면서 소릿값(음가)이 바뀌었다. (O)
 ◆ **15세기** 국어의 모음 'ㅐ, ㅔ, ㅚ, ㅟ' - **이중모음**
 ● **현대** 국어의 모음 'ㅐ, ㅔ, ㅚ, ㅟ' - **단모음**
② 15세기 국어의 주격 조사에는 '가'와 '이'가 있었지만, 점차 '이'가 더 많이 쓰이게 되었다. (X) → **15세기** 국어의 주격 조사에는 보통 '**이**'가 많이 사용되었지만 **현대** 국어의 주격 주사에는 '**가**'가 많이 사용된다.
③ '어리다'라는 단어의 뜻은 '나이가 적다'에서 현대 국어로 오면서 '현명하지 못하다'로 바뀌었다. (X) → 어리다'라는 단어의 뜻은 **과거**에는 '**현명하지 못하다**'로 쓰였지만 **현대** 국어로 오면서 '**현명하지 못하다**'로 바뀌었다.
④ 15세기 국어는 방점으로 소리의 장단을 표시하였으나, 그 장단은 점차 소리의 높낮이로 바뀌었다. (X) → **15세기** 국어는 방점으로 **소리의 높낮이**를 표시하였으나, 그 방점은 **점차 긴소리**로 바뀌었다.

(문제 152) 정답: ①

(문제 153) 논지 전개상 괄호 안에 들어갈 말로 가장 적절한 것은? **(2011지방직9 A책형 문17)**

 마젤란과 필리핀 막탄 섬의 족장 라풀라푸 사이에 있었던 1521년의 전투에서 이의 중요성을 확인해 보자.
 당시 마젤란은 스페인의 지원을 받는 막강한 함대를 이끌고 있었다. 그의 배는 막탄 섬의 족장 라풀라푸가 전혀 보지 못했던 대포와 총으로 무장되어 있었다. 반면, 무적 스페인 함대를 맞이한 라풀라푸의 화력은 상대적으로 너무나 빈약했다. 그의 부족이 갖고 있는 무기란 고작 칼, 창, 활이 전부였다. 그런데 결과는 마젤란의 죽음으로 끝났다. 그 까닭은 어디에 있었을까?
 마젤란의 생각은 칼, 창, 활로 무장된 적이란 오합지졸의 군대와 같은 것이기에 총과 대포로 이들을 간단히 제압할 수 있다는 것이었다. 그러나 막상 싸움이 시작되었을 때 마젤란 함대의 총포는 무용지물이었다. 당시 마젤란 함대에무장된 총포의 유효 사거리가 오십 미터가 채 되지 않은 관계로 라풀라푸 족장이 그의 부족을 마젤란 함대로부터 철저히 오십 미터 이상의 거리가 유지되도록 하였기 때문이다.

마젤란이 갖고 있는 지식은 항해술이 대부분이었다. 이 항해술은 전쟁 수행과 관련해서 부분적인 도움을 줄 뿐이다. 분명 항해술에도 논리적이고 분석적인 면이 있지만 그렇다고 낯선 상황을 해결할 총체적인 백방의 지식이 이에 들어 있는 것은 아니다. 그런데도 마젤란은 항해술을 모든 문제 해결의 열쇠로 생각하였기에 끝내 죽음을 맞이하였다. 마젤란의 죽음은 왜 다양한 지식의 (   )에 근거한 문제해결 능력을 키워야 하는지를 일깨워 준다.

① 분석   ② 경험   ③ 연역   ④ 통합

(문제 153) 정답 및 해설 (2011지방직9 A책형 문17)

◆ 이 글에서 색칠된 낱말을 보면 어렵지 않게 답을 고를 수 있다.
◆ '이 항해술은 전쟁 수행과 관련해서 **부분적**인 도움을 줄 뿐이다. 분명 항해술에도 논리적이고 **분석적**인 면이 있지만 그렇다고 낯선 상황을 해결할 **총체적**인 백방의 지식이 이에 들어 있는 것은 아니다. 그런데도 마젤란은 항해술을 **모든** 문제 해결의 열쇠로 생각하였기에 끝내 죽음을 맞이하였다.'
◆ 따라서 괄호 안에 들어갈 낱말은 **통합**이라 할 수 있다.

(문제 153) 정답: ④

(문제 154) 문맥상 괄호 안에 들어갈 말로 가장 <u>부적절한</u> 것은? **(2011지방직9 A책형 문18)**

우리는 곧잘 '우리'를 앞세우지만, 우리의 '우리'는 그 범위가 너무 좁다. 그것들은 다만 '나'의 확장에 지나지 않는다. 오히려 내가 확장된 '우리'는 그 이기심과 배타성이 더욱 강화되고 독해진다. '나'와 '나와 관계있는 이들'은 하나로 묶고, 그렇지 않은 이들은 철저히 (   )하는 개념이 되어 버리기 때문이다. 우리의 '우리'는 더 넓어지고, 한없이 넓어져야 한다. 우리가 공유하고 있는 우편함이 어디 한두 개인가. 울타리의 안과 밖을 가르는 것이 인간의 어쩔 수 없는 성품이라면, 그 울타리를 한없이 키워 버리는 것은 어떨까? 지구와 우주 역시 우리가 공유하고 있는 우편함이다.

① 배빈(排擯)   ② 배설(排泄)   ③ 배제(排除)   ④ 배척(排斥)

(문제 154) 정답 및 해설 (2011지방직9 A책형 문18)

① 배빈(排擯): 따돌리거나 거부하여 밀어 내침
② **배설**(排泄): 안에서 밖으로 새어 나가게 함.
③ 배제(排除): 받아들이지 아니하고 물리쳐 제외함
④ 배척(排斥): 따돌리거나 거부하여 밀어 내침
◆ **배빈(排擯), 배제(排除), 배척(排斥)은 유의어이다. 따라서 보기②의 배설(排泄)은 적절하지 않다.**

(문제 154) 정답: ②

(문제 155) 국어의 로마자 표기법으로 옳은 것은? (2012지방직9 제1회 A책형 문1)

① 묵호 Muko
② 극락전 Geuknakjeon
③ 경포대 Gyeongphodae
④ 평창 Pyeongchang

(문제 155) 정답 및 해설 (2012지방직9 A책형 문1)

① 묵호 Muko (X) → Mukho
 ◆ 명사는 축약현상이 일어나더라도 'ㅎ'을 밝혀 적어야 한다. 따라서 'h'를 추가한다.
 ● 발음은 [무코]이지만 '호'의 'ㅎ'를 밝혀 적어야 한다.
 ■ 묵호(墨湖)[무코]: 강원도 명주군에 있던 읍. 1980년 4월에 북평읍과 통합하여 동해시가 되었다.
② 극락전 Geuknakjeon (X) → Geungnakjeon
 ◆ 로마자 표기법은 자음동화 현상은 반영하고 된소리현상은 반영하지 않는다.
 ● 발음은 [긍낙쩐]이므로 [긍]의 'ㅇ'을 반영하고 된소리 [쩐]의 'ㅉ'은 반영하지 않는다.
③ 경포대 Gyeongphodae (X) → Gyeongpodae
 ◆ 'ㅍ'(피읖)은 'ph'가 아니라 'p'로 적는다.
④ 평창 Pyeongchang (O)
 ◆ ㅕ - yeo, ㅊ - ch

(문제 155) 정답: ④

(문제 156) 밑줄 친 표현 중 올바르게 사용된 것은? (2012지방직9 제1회 A책형 문2)

① 민주 사회는 자유와 평등을 지양(止揚)한다.
② 한 사람 때문에 모두가 도매급(都賣級)으로 욕을 먹었다.
③ 그 회사는 사건의 진상을 호도(糊塗)하려고 한다.
④ 우리 할아버지는 향년(享年) 80세이신데도 정정하시다.

(문제 156) 정답 및 해설 (2012지방직9 제1회 A책형 문2)

① 민주 사회는 자유와 평등을 지양(止揚)한다. (X) → 志向(지향)
  1)止揚(지양): 止(발 지) 揚(오를 양).
   a)의미: 보다 높은 단계로 발 돋음 하기 위해 어떠한 것을 하지 않는다는 의미임.
  ☺영보이 암기tip) 아무리 양털 점퍼가 싫더라도 어머니가 주신 옷이니 화를 내는 것은
지양(止揚)해야 한다. < 양털 - 지양 >
  2)지향(志向): 志(뜻 지) 向(향할 향)
   a)의미: 특정한 목표를 위해 그쪽으로 뜻이 향해 감을 의미.
  ◆ '특정한 목표를 위해 그쪽으로 뜻이 향해 감'을 의미하는 지향(志向)에서 '지'자는
心(마음 심)이 들어간다.
  ☺영보이 암기tip) 우리는 자유와 평등을 지향(志向)할 때는 마음(心: 마음 심)을 담아서
하자.
  *동음이의 한자어
  1)指向(지향): 指(손가락 지) 向(향할 향).
   a)의미: 지정한 방향으로 나아간다는 의미.
   b)예: 철수는 고향 가는 길을 잃고 지향(指向) 없이 헤매다.
  ◆ 지정한 방향으로 나아간다는 의미의 지향(指向)에서 '지'자는 日(해 일)이 들어간다.
  ☺영보이 암기tip) 다음 주 일요일(日: 해 일)에는 사막을 지향(指向) 없이 헤매고 싶다.
② 한 사람 때문에 모두가 도매급(都賣級)으로 욕을 먹었다. (X) → 도매금(都賣金)
  1)도매금(都賣金): 都(도읍 도) 賣(팔 매) 金(쇠 금).
  a)의미: 도매로 파는 가격을 의미함. = 도매가격
  b)반대의 의미로 소매가(小賣價)가 있는데 이때 주의할 점은 少(적을 소)가 아니라 '小
(작을 소)'이다.
  ☺영보이 암기tip) 요즈음 순금의 도매금(都賣金)이 얼마인지 아니?
③ 그 회사는 사건의 진상을 호도(糊塗)하려고 한다. (O)
  1)호도(糊塗): 糊(풀칠할 호) 塗(칠할 도).
  a)의미: 풀칠을 하여 바른다는 의미로 근본적(根本的)인 해결을 하지 않고 임시변통(臨
時變通)으로 얼렁뚱땅 넘긴다는 의미.
  ★문장의 내용과 낱말 호도(糊塗)가 잘 어울려 쓰였다.
④ 우리 할아버지는 향년(享年) 80세 이신데도 정정하시다. (X) → 今年(금년)에
  1)향년(享年): 享(누릴 향) 年(해 년).
  a)의미: 한평생을 살아 누린 나이라는 의미로, 죽은 사람의 나이를 이름.
  b)영어사전: pass away(죽다)
  ★향년(享年)과 지문에서 '정정하시다'는 말과는 모순(矛盾)되므로 알맞지 않다. 굳이 바
꾸어 보자면 '금년(今年)에, 금세(今歲)에, 당세(當歲)에' 정도가 좋을 듯하다.

(문제 156) 정답: ③

(문제 157) 외래어 표기법으로 옳지 않은 것은? (2012지방직9 제1회 A책형 문3)

① 파이팅
② 슈퍼마켓
③ 꼬냑
④ 팸플릿

(문제 157) 정답 및 해설 (2012지방직9 제1회 A책형 문3)

① 파이팅 (O)
◆ 'f'는 'ㅍ'로 적어야 한다. 따라서 'fighting'은 '파이팅'이 알맞다.
★ 헷갈리는 낱말 - 무기 없이 유연한 동작으로 손과 발을 이용하여 공격하는 중국식 권법인 'gongfu'는 '쿵후'라 적는다.
☺영보이 암기tip) 아들아! 방과 후에 반드시 쿵후 학원에 가거라.
< 방과 후 - 쿵후 학원 >
② 슈퍼마켓 (O)
◆ 영어로 읽을 때는 [수]이지만 우리말로 적을 때는 '슈'라 적어야 한다.
☺영보이 암기tip) 슈퍼마켓에 슈크림 빵 좀 사다 줄래? < 슈퍼마켓 - 슈크림 >
③ 꼬냑 (X) → 코냑
☺영보이 암기tip) 코냑을 얼마나 마셨는지 코가 많이 빨갛다.
④ 팸플릿 (O)
☺영보이 암기tip) 한 회사가 팸플릿과 함께 스팸을 사은품으로 나누어 주고 있다.
< 스팸 - 팸플릿 >

(문제 157) 정답: ③

(문제 158) 밑줄 친 단어를 어법에 맞게 사용한 것은? (2012지방직9 제1회 A책형 문4)

① 아버지는 추위를 무릎쓰고 밖에 나가셨다.
② 외출하기 전에 어머니께서 내 방에 잠깐 들르셨다.
③ 그가 미소를 띤 얼굴로 서 있는 모습이 보였다.
④ 내 능력 이상으로 크게 사업을 벌렸다가 실패하고 말았다.

(문제158) 정답 및 해설 (2012지방직9 제1회 A책형 문4)

① 아버지는 추위를 무릎쓰고 밖에 나가셨다. (X) → 무릅쓰고
◆ '무릅쓰다'에서 '릅'은 'ㅂ'받침을 써야 한다.
● 헷갈리는 낱말 - 무릎, 무르팍

② 외출하기 전에 어머니께서 내 방에 잠깐 <u>들르셨다.</u> (O)

◆ '들르다'와 '들리다'를 잘 구별해서 써야 한다.

● 들르다 - 지나는 길에 잠깐 들어가 머무르다.

■ 들리다 - 듣다(listen to)의 사동사

③ 그가 미소를 **띈** 얼굴로 서 있는 모습이 보였다. (X) → **띤**

◆ **띠**다

　◆ 추천서를 **띠**고 회사를 찾아가라.

　◆ 중대한 임무를 **띠**다

　◆ 붉은빛을 **띤** 장미

　◆ 농무국장은 파견관의 고무를 받아 얼굴에 홍조를 **띠**면서 역설했다.

　◆ 노기를 **띤** 얼굴 / 얼굴에 미소를 **띠**다

　◆ 대화는 열기를 **띠**기 시작했다.

　◆ 그의 얼굴은 살기를 **띠**기까지 했다.

　◆ 보수적 성격을 **띠**다 / 일에 전문성을 **띠**다.

● **띄**다

　● 원고에 가끔 오자가 눈에 **띈**다.

　● 빨간 지붕이 눈에 **띄**는 집

　● 요즘 들어 형의 행동이 눈에 **띄**게 달라졌다.

　● 두 줄을 **띄**고 써라.

　● 다음 문장을 맞춤법에 맞게 **띄**어 쓰시오.

　● 우리는 일정한 간격으로 벽돌을 **띄**어서 세웠다.

④ 내 능력 이상으로 크게 사업을 <u>**벌렸다가**</u> 실패하고 말았다. (X) → 벌였다가

◆ 벌이다

　◆ 잔치를 벌**이**다 / 사업을 벌**이**다

　◆ 장기판을 벌**이**다 / 투전판을 벌**이**다.

　◆ 책상 위에 책을 어지럽게 벌**이** 두고 공부를 한다.

　◆ 읍내에 음식점을 벌**이**다

　◆ 친구와 논쟁을 벌**이**다

　◆ 벌**여** 놓은 굿판 - 이미 시작한 일이라 중간에 그만둘 수 없는 처지의 일을 이르는 말.

● 벌**리**다

　● 줄 간격을 벌**리**다 / 가랑이를 벌**리**다 / 입을 벌**리**고 하품을 하다

　● 생선의 배를 갈라 벌**리**다 / 밤송이를 벌**리**고 알밤을 꺼냈다.

　● 자루를 벌**리**다 / 양팔을 옆으로 벌**리**다

　● 아이는 두 손을 벌**려** 과자를 조심스레 받았다.

　● 돈이 벌**리**다.

(문제158) 정답: ②

(문제 159) 밑줄 친 표현 중 잘못 사용된 것은? (2012지방직9 제1회 A책형 문6)

① 고향 젓갈로 <u>담가서</u> 그런지, 이번 김치맛은 그야말로 고향의 맛이야!
② 한참 동안 감기를 앓았다더니, 네 눈이 정말 <u>상큼해졌구나</u>.
③ 이사를 하게 되자, 매일 만나지 않고는 못 배기던 우리 사이가 조금씩 <u>상기게</u> 되었다.
④ 날씨가 추워져서 수도꼭지를 <u>잠궈</u> 두었다.

(문제160) 밑줄 친 표현을 바꿔 쓴 것으로 적절하지 않은 것은? (2012지방직9 제1회 A책형 문7)

① 선거법 <u>저촉</u>(抵觸)(→해당) 여부를 검토하다.
② 국력 배양에 <u>가일층</u>(加一層)(→한층 더) 매진하다.
③ 그들은 <u>대절</u>(貸切)(→전세) 버스 편으로 상경했다.
④ 검찰에서는 악덕 상인들의 <u>매점</u>(買占)을(→사재기를) 단속하기로 했다.

(문제 160) 정답 및 해설 (2012지방직9 제1회 A책형 문7)

① 선거법 저촉(抵觸) (→ **해당**) 여부를 검토하다. (X) → **위반**
  ◆ 저촉(抵觸) - 서로 부딪치거나 모순됨. 법률이나 규칙 따위에 위반되거나 거슬림.
② 국력 배양에 가일층(加一層) (→ **한층 더**) 매진하다. (O)
  ◆ 가일층(加一層) → 한층 더 (O)
③ 그들은 대절(貸切) (→ **전세**) 버스 편으로 상경했다. (O)
  ◆ 대절(貸切) → 전세(專貰) (O)
④ 검찰에서는 악덕 상인들의 매점(買占)을 (→ **사재기를**) 단속하기로 했다. (O)
  매점(買占) → 사재기 (O)

(문제 160) 정답: ①

(문제 161) 밑줄 친 어휘 중 잘못 사용된 것은? (2012지방직9 제1회 A책형 문9)

① 체로 술을 받친다.
② 요즘 영수는 수영에 흥미를 붙이고 있다.
③ 이것으로 축사를 갈음합니다.
④ 고무줄을 더 늘이면 끊어질 것이다.

(문제 161) 정답 및 해설 (2012지방직9 제1회 A책형 문9)

① 체로 술을 **받**친다. (X) → **밭**친다
  ◆ **밭**치다 - '밭다'를 강조하여 이르는 말. - 젓국을 **밭**쳐 놓았다. / 술을 **밭**쳤다.
          - 구멍이 뚫린 물건 위에 국수나 야채 따위를 올려 물기를 빼다.
            ◆ 씻어 놓은 상추를 채반에 **밭**쳤다.
            ◆ 잘 삶은 국수를 찬물에 헹군 후 체에 **밭**쳐 놓았다.
  ● **받**치다 - 먹은 것이 잘 소화되지 않고 위로 치밀다. - 아침에 먹은 것이 자꾸 **받**쳐서
                                        아무래도 점심은 굶어야겠다.
        - 단단한 곳에 닿아 몸의 일부분이 아프게 느껴지다. - 맨바닥에서 잠을
                                        자려니 등이 **받**쳐서 잠이 오지 않는다.
        - 화 따위의 심리적 작용이 강하게 일어나다.
            ● 그녀는 감정이 **받**쳐서 끝내는 울음을 터뜨렸다.
            ● 놈은 머리끝까지 약이 **받**쳐 또 총대로 꽝 땅을 찍었다.
            ● 악에 받치다 / 그는 설움에 **받**쳐 울음을 터뜨렸다.
  ☺영보이 암기tip) 밭에서 체로 술을 밭친다. < 밭에서 - 밭친다 >
② 요즘 영수는 수영에 흥미를 **붙이고** 있다. (O) < 흥미 - 붙 >
③ 이것으로 축사를 **갈음**합니다. (O) < 갈음하다: 다른 것으로 바꾸어 대신하다. >
④ 고무줄을 더 **늘이면** 끊어질 것이다. (O) < 고무줄은 늘이(2)는 것 >

(문제 161) 정답: ①

(문제 162) 밑줄 친 문장 가운데 어법에 맞는 것은? (2012지방직9 제1회 A책형 문11)

> ㉠우리나라는 전통적으로 농경을 지어 왔다. 그래서 소는 경작을 위한 중요한 필수품이지 식용 동물로 생각할 수가 없었다. 그래서 육질 섭취 수단으로 동네에 돌아다니는 개가 선택된 것이다. 그러나 프랑스 등 유럽 여러 나라에서는 우리처럼 농경 생활을 했었음에 틀림없지만 그것보다는 그들이 정착하기 전에는 오랜 기간 수렵을 했었기 때문에 개가 우리의 소처럼 중요한 수단이 되었고 당연히 수렵한 결과인 소 등의 동물로 육질을 섭취했던 것이다. ㉡일반적으로 서유럽의 사람들은 개고기를 먹는 문화에 대해 혐오감을 나타낸다. 그들은 쇠고기와 돼지고기를 즐겨 먹는다. 그러나 인도의 힌두교도들이 보면, ㉢힌두교도들 역시 쇠고기를 먹는 서유럽 사람들을 혐오감을 느낄 것이다. ㉣이슬람, 유대교도들 또한 서유럽의 돼지고기를 먹는 식생활에 거부감이 느낄 것이다.

① ㉠   ② ㉡   ③ ㉢   ④ ㉣

(문제 162) 정답 및 해설 (2012지방직9 제1회 A책형 문11)

① ㉠ 우리나라는 전통적으로 농경을 지어 왔다. (X) → 농사
 ◆ 농경(農耕) - 논밭을 갈아 농사를 지음. < 農(농사 농) 耕(밭갈 경) >
 ● 농경(農耕)은 농사를 지음이란 의미를 포함하고 있으므로 의미가 중복되어 어법에 맞지 않다. 따라서 '농사를 지어 왔다.'로 수정한다.
② ㉡ 일반적으로 서유럽의 사람들은 개고기를 먹는 문화에 대해 혐오감을 나타낸다. (O)
 ◆ 어색한 표현이 없이 올바르게 쓰였다.
③ ㉢ 힌두교도들 역시 쇠고기를 먹는 서유럽 사람들을 혐오감을 느낄 것이다. (X)
  → 사람들에게
 ◆ '혐오감을'이라는 목적어가 있으므로 부사어가 필요하다. 따라서 '사람들을'을 '사람들에게'로 수정하면 좋을 듯하다.
④ ㉣ 이슬람, 유대교도들 또한 서유럽의 돼지고기를 먹는 식생활에 거부감이 느낄 것이다. (X) → 식생활을
 ◆ '느끼다'는 '~ 을/를 느끼다'로 쓰여 목적어가 필요하다. 따라서 '식생활에'를 '식생활을'로 수정한다.

(문제 162) 정답: ②

(문제163) 다음 글이 들어가야 할 부분으로 가장 적절한 것은? (2012지방직9 제1회 A책형 문12)

> 우린 때때로 말 한마디 없이 서로의 눈빛만으로 상대방의 깊은 속내를 읽어내기도 하고 자신의 깊은 마음을 전달하기도 한다. 이것은 어떻게 가능한 것인가? 또 사람들은 어떻게 상대방의 얼굴 표정이나 눈빛, 자세, 제스처 등을 해석하고 반응하는가? 이 글에서는 바로 이러한 비언어적 의사소통의 여러 가지 측면에 대한 탐구를 목적으로 한다.

① 글의 서론 부분   ② 글의 결론 부분   ③ 글의 본론 부분   ④ 예를 드는 부분

이 글의 마지막 부분에 '**이 글에서는 바로 이러한 비언어적 의사소통의 여러 가지 측면에 대한 탐구를 목적으로 한다.**'를 보면 이 글은 도입부분임을 알 수 있다. 따라서 이 글이 들어갈 위치는 '**글의 서론 부분**'이라 할 수 있다.

(문제 163) 정답: ①

(문제 164) 밑줄 친 용언의 활용형을 잘못 고친 것은? (2012지방직9 제1회 A책형 문14)

① 아름다운 서울에서 살으렵니다. → 살렵니다.
② 우리 부부는 둘 다 돈을 벌으므로 여유가 있습니다. → 벌므로
③ 그는 땀에 전 작업복을 갈아 입었다. → 절은
④ 모두 힘을 모아 차를 밀읍시다. → 밉시다.

---

① 아름다운 서울에서 살으렵니다. (X) → 살렵니다. (O)
◆ 'ㄹ'탈락 동사·형용사(이하 용언)는 매개모음 '으'를 넣지 않는다. 따라서 '살렵니다'가 옳다.

　　◆ 짧으네요 (X) → 짧네요 / 발음: [짤레요]
　　☺영보이 암기tip) 지네 다리가 짧네요. < 지네 - 짧네요 >
　　☺영보이 암기tip) - 발음: [짤레요] - 행주를 짤 때는 힘이 센 레옹을 불러주세요.
　　◆ 거칠은 벌판 (X) → 거친
　　☺영보이 암기tip) 거친 벌판에서 친구를 만났다. < 거친 - 친구 >
　　◆ 낯설은 (X) → 낯선
　　☺영보이 암기tip) 낯선 여성과 맞선을 보았다. < 낯선 - 맞선 >
　　◆ 녹슬은 (X) → 녹슨
　　☺영보이 암기tip) 심술은 녹슨 펜치로 못을 빼고 있었다. < 심슨 - 녹슨 >

② 우리 부부는 둘 다 돈을 벌으므로 여유가 있습니다. (X) → **벌므로** (O)
◆ 'ㄹ'탈락 용언(동사·형용사)은 매개모음 '으'를 넣지 않으므로 '**벌므로**'가 옳다.

③ 그는 땀에 전 작업복을 갈아입었다. → **절은** (X) ⇒ **전**
◆ 'ㄹ'탈락 용언(동사·형용사)은 매개모음 '으'를 넣지 않으므로 '절은'이 아니라 '**전**'이 옳다.
☺영보이 암기tip) 영보이는 땀에 전 작업복을 입고 감자전을 먹었다.
< 땀에 전 - 감자전 >

④ 모두 힘을 모아 차를 밀읍시다. → **밉시다.** (O)
◆ 'ㄹ'탈락 용언(동사·형용사)은 매개모음 '으'를 넣지 않으므로 '**밉시다**'가 옳다.
☺영보이 암기tip) 그 녀석이 몹시 밉지만 힘을 합해 함께 닫힌 문을 밉시다.
< 밉지만 - 밉시다 >

(문제 164) 정답: ③

(문제 165) 다음 글의 내용과 관련된 속담으로 가장 적절한 것은? (2012지방직9 제1회 A책형 문16)

> 우리 토박이말이 있는데도 그것을 쓰지 않고 외국에서 들여온 말을 쓰는 버릇이 생겼다. '가람'이 옛날부터 있는데도 중국에서 '강(江)'이 들어오더니 '가람'을 물리쳤고 '뫼'가 있는데도 굳이 '산(山)'이 그 자리에 올라앉고 말았다.　　(중략)
> 　원래 '외래어'란, 우리말로는 적당하게 표현할 말이 없을 때에 마지못해 외국말에서 빌려다 쓰다가 보니 이제 완전히 우리말과 똑같이 되어 버린 것을 말한다. '학교, 선생, 비행기, 가족계획' 등등의 무수한 한자어가 그것이며, '버스, 빌딩, 커피, 뉴스' 등등 서양에서 들여온 외국어가 그것이다.　　　　　　　　　　　　- 허웅, '한글과 민족문화' 중에서 -

① 발 없는 말이 천 리 간다.
② 굴러 온 돌이 박힌 돌 뺀다.
③ 낮말은 새가 듣고 밤말은 쥐가 듣는다.
④ 말은 해야 맛이고 고기는 씹어야 맛이다.

(문제 165) 정답 및 해설 (2012지방직9 제1회 A책형 문16)

① 발 없는 말이 천 리 간다. - 말은 비록 발이 없지만 천 리 밖까지도 순식간에 퍼진다는 뜻으로, 말을 삼가야 함을 비유적으로 이르는 말.
② **굴러 온 돌이 박힌 돌 뺀다.**(O) - 외부에서 들어온 지 얼마 안 되는 사람이 오래전부터 있던 사람을 내쫓거나 해치려 함을 비유적으로 이르는 말. ≒굴러온 돌한테 발등 다친다.
③ 낮말은 새가 듣고 밤말은 쥐가 듣는다. - 아무도 안 듣는 데서라도 말조심해야 한다는 말.
④ 말은 해야 맛이고 고기는 씹어야 맛이다. - 마땅히 할 말은 해야 한다는 말.

< '가람'이 옛날부터 있는데도 중국에서 '강(江)'이 들어오더니 '가람'을 **물리쳤고** '뫼'가 있는데도 굳이 '산(山)'이 그 자리에 **올라앉고 말았다.** >에서 <u>**외래어가 우리 토박이말을 물리쳤다**</u>는 내용이므로 보기 ② '굴러 온 돌이 박힌 돌 **뺀다.**'가 정답임을 알 수 있다.

(문제 165) 정답: ②

(문제 166) 다음 중 어법에 맞는 문장은? (2012지방직9 제1회 A책형 문17)

① 두 집이 친하게 지낸 것은 최근의 일로써 그전에는 사이가 아주 나빴다.
② 홍 교수는 고려가요 '청산별곡'을 대칭구조로 파악해서는 안된다라고 강력히 주장하였다.
③ 위에서 제시된 여러 근거를 종합해 보면 김 교수의 몽고에 대한 연구가 원 세조 등장 이후만을 대상으로 했다는 점에서 상당히 인위적이다.
④ 그는 바깥 풍경이 잘 보이게 열심히 창문을 닦았다.

(문제 167) 괄호 안에 들어갈 말로 가장 적절한 것은? **(2012지방직9 제1회 A책형 문18)**

> 모든 학문은 나름대로 고유한 대상영역이 있습니다. 법률을 다루는 학문이 법학이며, 경제현상을 대상으로 삼는 것이 경제학입니다. 물론 그 영역을 보다 더 세분화하고 전문화시켜 나갈 수 있습니다. 간단히 말하면, 학문이란 일정 대상에 관한 보편적인 기술(記述)을 부여하는 것이라고 해도 좋을 것입니다. 우리는 보편적인 기술을 부여함으로써 그 대상을 조작.통제할 수 있습니다. 물론 그러한 실천성만이 학문의 동기는 아니지만, 그것을 통해 학문은 사회로 향해 열려 있는 것입니다.
>
> 여기에서 핵심 낱말은 (   )입니다. 결국 학문이 어떤 대상의 기술을 목표로 한다고 해도, 그것은 기술하는 사람의 주관에 좌우되지 않고, 원리적으로는 "누구에게도 그렇다."라는 식으로 이루어져야 합니다. "나는 이렇게 생각한다."라는 것만으로는 불충분하며, 왜 그렇게 말할 수 있는가를 논리적으로 누구나가 알 수 있는 방법으로 설명하고 논증할 수 있어야 합니다.
>
> 그것을 전문용어로 '반증가능성(falsifiability)'이라고 합니다. 즉 어떤 지(知)에 대한 설명도 같은 지(知)의 공동체에 속한 다른 연구자가 같은 절차를 밟아 그 기술과 주장을 재검토할 수 있고, 경우에 따라서는 반론하고 반박 하고 갱신할 수 있도록 문이 열려 있어야 합니다.

① 전문성　　② 자의성　　③ 정체성　　④ 보편성

(문제 167) 정답 및 해설 (2012지방직9 제1회 A책형 문18)

① 전문성(專門性) - 전문적인 성질. 또는 특성.
② 자의성(恣意性) - 언어에서, 소리와 의미의 관계가 필연적이지 않은 특성.
③ 정체성(正體性)- 변하지 아니하는 존재의 본질을 깨닫는 성질.
④ 보편성(普遍性) - 모든 것에 두루 미치거나 통하는 성질. (O)
◆ 이 글에서 '**보편적**인 기술(記述)을 부여하는 것 ~ **보편적**인 기술을 부여함으로써 ~ 누구에게도 그렇다'로 보아 **보편성**이 정답이다.

(문제 167) 정답: ④

(문제168) 밑줄 친 단어가 바르게 쓰인 것은? (2012지방직9 제2회 B책형 문1)

① 나는 너하고 틀려.
② 저는 위원장님 말씀에 의의(意義) 있습니다.
③ 이번 발표 내용 중 특기(特記)할 사항은 별로 없다.
④ 그 나무의 둘레가 도무지 갈음이 되지 않는다.

(문제 168) 정답 및 해설 (2012지방직9 제2회 B책형 문1)

① 나는 너하고 **틀려**. (X) → **달라**
  ◆ 틀리다 -「동사」셈이나 사실 따위가 그르게 되거나 어긋나다.
  ● **다르다** -「형용사」비교가 되는 두 대상이 서로 같지 아니하다. < 활용: **달라** >
② 저는 위원장님 말씀에 **의의**(意義) 있습니다. (X) → **이의**(異議)
  ◆ 의의(意義) - 발음: [의:의 / 의:이]
    ■ 말이나 글의 속뜻
    ▲어떤 사실이나 행위 따위가 갖는 중요성이나 가치
  ● **이의**(異議) - 발음: [이:의 / 이:이] - 다른 의견이나 논의
③ 이번 발표 내용 중 **특기**(特記)할 사항은 별로 없다. (O)
  ◆ **특기**(特記) - 특별히 다루어 기록함. 또는 그런 기록. < 활용: 특기할 사항 >
  ● 특이(特異) - 보통 것이나 보통 상태에 비하여 두드러지게 다름.
④ 그 나무의 둘레가 도무지 **갈음**이 되지 않는다. (X) → **가늠**
 ◆ **갈음** - 다른 것으로 바꾸어 대신함. < 여러분과 여러분 가정에 행운이 가득하기를 기원하는 것으로 치사를 **갈음**합니다. >
 ● **가늠** - 목표나 기준에 맞고 안 맞음을 헤아려 봄. < 매사가 다 그렇듯이 떡 반죽도 **가늠**을 알맞게 해야 송편을 빚기가 좋다. >
    - 사물을 어림잡아 헤아림. < 그 건물의 높이가 **가늠**이 안 된다. / 막연한 **가늠**으로 사업을 하다가는 실패하기 쉽다. >
 ■ **가름** - 쪼개거나 나누어 따로따로 되게 하는 일. < 차림새만 봐서는 여자인지 남자인지 **가름**이 되지 않는다. >
    - 승부나 등수 따위를 정하는 일. < 이기고 지는 것은 대개 외발 싸움에서 **가름**이 났다. >

(문제 168) 정답: ③

(문제 169) 밑줄 친 조사의 쓰임이 다른 것은? (2012지방직9 제2회 B책형 문2)

① 늘 푸른 소나무는 낙엽수<u>가</u> 아니다.
② 할아버지<u>께서</u> 작은형을 부르신다.
③ 어린 철수<u>가</u> 혼자 집을 보고 있다.
④ 이번에 충청남도<u>에서</u> 우승을 차지하였다.

(문제 169) 정답 및 해설 (2012지방직9 제2회 B책형 문2)

① 늘 푸른 소나무는 낙엽수<u>가</u> 아니다.
 ◆ 이 문장에서 '가'는 **보격 조사**이다. 일반적으로 ' ~ **아니다** '와 함께 쓰인 '가'는 보격 조사를 나타낸다.
② 할아버지<u>께서</u> 작은형을 부르신다. - 이 문장에서 '께서'는 **주격 조사**이다.
③ 어린 철수<u>가</u> 혼자 집을 보고 있다. - 이 문장에서 '가'는 **주격 조사**이다.
④ 이번에 충청남도<u>에서</u> 우승을 차지하였다. - 이 문장에서 '에서'는 **주격조사**이다.
 ◆ 이 문장에서 '에서'를 '**가**'로 바꾸어 쓰면 좀 더 쉽게 파악할 수 있다.
 ◆ 이번에 충청남도<u>가</u> 우승을 차지하였다.
★ 시험장에서 시간이 없어 어쩔 수 없이 찍어야 하는 상황이 오면 이러한 문제는 서술어에 '**아니다**'를 보고 답을 고르면 정답일 확률이 높으므로 참고하기 바란다.

(문제 169) 정답: ①

(문제 170) 다음 글이 설명하고자 하는 것은? (2012지방직9 제2회 B책형 문3)

 구비문학에서는 기록문학과 같은 의미의 단일한 작품 내지 원본이라는 개념이 성립하기 어렵다. 윤선도의 '어부사시사'와 채만식의 '태평천하'는 엄밀하게 검증된 텍스트를 놓고 이것이 바로 그 작품이라 할 수 있지만, '오누이 장사 힘내기' 전설이라든가 '진주 낭군' 같은 민요는 서로 조금씩 다른 종류의 구연물이 다 그 나름의 개별적 작품이면서 동일 작품의 변이형으로 인정되기도 하는 것이다. 이야기꾼은 그의 개인적 취향이나 형편에 따라 설화의 어떤 내용을 좀 더 실감 나게 손질하여 구연할 수 있으며, 때로는 그 일부를 생략 혹은 변경할 수 있다. 모내기할 때 부르는 '모노래'는 전승적 가사를 많이 이용하지만, 선창자의 재간과 그때그때의 분위기에 따라 새로운 노래 토막을 끼워 넣거나 일부를 즉흥적으로 개작 또는 창작하는 일도 흔하다.

① 구비문학의 현장성
② 구비문학의 유동성
③ 구비문학의 전승성
④ 구비문학의 구연성

이 글에서 '선창자의 재간과 **그때그때의 분위기에 따라** 새로운 노래 토막을 끼워 넣거나 일부를 **즉흥적으로 개작 또는 창작**하는 일도 흔하다.'로 보아 **유동성**(流動性)이 정답이라는 것을 알 수 있다.

(문제 170) 정답: ②

(문제 171) 밑줄 친 명사형 표기가 잘못된 것은? (2012지방직9 제2회 B책형 문4)

① 추운 날씨로 계곡에 얼음이 얾.
② 불우 이웃에게 온정을 베풂.
③ 빠른 걸음으로 걺.
④ 고기를 맛있게 구움.

① 추운 날씨로 계곡에 얼음이 **얾**. (O) 얼다 - 어니 / 어오 / **얾**
   ◆ 규칙 활용 중 'ㄹ'탈락
② 불우 이웃에게 온정을 베**풂**.(X) → 베풀다 - 베**푸니** / 베풀어 / 베푸니 / 베푸오 / 베**풂**
   ◆ 규칙 활용 중 'ㄹ'탈락
③ 빠른 걸음으로 **걺**. (O) 걷다 - 걸어 / 거니 / 거오 / **걺**
   ◆ 불규칙 활용 중 'ㄷ'불규칙
④ 고기를 맛있게 **구움**. (O) 굽다 - 구워 / 구우니 / 굽는 / **구움**
   ◆ 불규칙 활용 중 'ㅂ'불규칙.

(문제 171) 정답: ②

(문제 172)괄호 안에 들어갈 말로 가장 적절한 것은? (2012지방직9 제2회 B책형 문5)

현대 자본주의 사회에서 대중은 예술미보다 상품미에 더 민감하다. 상품미란 이윤을 얻기 위해 대량으로 생산하는 상품이 가지는 아름다움을 의미한다. (   )(라)고, 요즘 생산자는 상품을 많이 팔기 위해 디자인과 색상에 신경을 쓰고, 소비자는 같은 제품이라도 겉모습이 화려하거나 아름다운 것을 구입하려고 한다. 결국 우리가 주위에서 보는 거의 모든 상품은 상품미를 추구하고 있다. 그래서인지 모든 것을 다 상품으로 취급하는 자본주의 사회에서는 돈벌이를 위해서라면 모든 사물, 심지어는 인간까지도 상품미를 추구하는 대상으로 삼는다.

① 같은 값이면 다홍치마
② 술 익자 체 장수 지나간다.
③ 원님 덕에 나팔 분다
④ 구슬이 서 말이라도 꿰어야 보배

(문제 172) 정답 및 해설 (2012지방직9 제2회 B책형 문5)

① 같은 값이면 다홍치마 (O) - 값이 같거나 같은 노력을 한다면 품질이 좋은 것을 택함.
② 술 익자 체 장수 지나간다. - 술이 익어 체로 걸러야 할 때에 마침 체 장수가 지나간다는 뜻으로, 일이 공교롭게 잘 맞아 감을 비유적으로 이르는 말.
③ 원님 덕에 나팔 분다. - 원님과 동행한 덕분에 나팔 불고 요란히 맞아 주는 호화로운 대접을 받는다는 뜻으로, 남의 덕으로 당치도 아니한 행세를 하게 되거나 그런 대접을 받고 우쭐대는 모양을 비유적으로 이르는 말. = 사또 덕분에 나팔 분다.
④ 구슬이 서 말이라도 꿰어야 보배 - 아무리 훌륭하고 좋은 것이라도 다듬고 정리하여 쓸모 있게 만들어 놓아야 값어치가 있음을 비유적으로 이르는 말.
◆ 이 글에서 ' 대중은 예술미보다 **상품미**에 더 민감하다. ~ **디자인과 색상에 신경**을 쓰고, 소비자는 같은 제품이라도 **겉모습이 화려하거나 아름다운 것**을 구입하려고 한다.'로 보아 보기① '**같은 값이면 다홍치마**'가 정답이다.

(문제172) 정답: ①

(문제 173) 띄어쓰기가 바르게 된 것은? (2012지방직9 제2회 B책형 문7)

① 그가 고향을 떠난지도 벌써 10년이 되었다.
② 이 건물을 짓는 데 몇 년이나 걸렸습니까?
③ 옆집에서 잔치를 하는 지 아주 시끄럽네요.
④ 빠른 시일내에 원상태로 복구하겠습니다.

(문제 173) 정답 및 해설 (2012지방직9 제2회 B책형 문7)

① 그가 고향을 **떠난지도** 벌써 10년이 되었다. (X) → 떠난V지도
 ◆ '지'가 **시간의 경과**를 뜻할 때는 앞말과 **띄어** 쓴다.
② 이 건물을 짓는 데 몇 년이나 걸렸습니까? (O)
 ★'**데**'의 경우 '**곳, 장소, 일, 것, 경우**' 등의 뜻으로 쓰인 경우는 의존 명사이므로 앞 말과 **띄어** 쓴다.
  ◆ '**곳**'이나 '**장소**'의 뜻을 나타내는 말.
   ◆ 의지할V데 없는 사람 / 예전에 가 본V데가 어디쯤인지 모르겠다.
   ◆ 지금 가는V데가 어디인데? / 그가 사는V데는 여기서 멀다.
  ● '**일**'이나 '**것**'의 뜻을 나타내는 말.
   ● 그 책을 다 읽는V데 삼 일이 걸렸다.
   ● 사람을 돕는V데에 애 어른이 어디 있겠습니까?
  ■ '**경우**'의 뜻을 나타내는 말.
   ■ 머리 아픈 데V먹는 약 / 이 그릇은 귀한 거라 손님을 대접하는V데나 쓴다.

③ 옆집에서 잔치를 하는V지 아주 시끄럽네요. (X) → **하는지**

　◆ '지'가 시간의 경과를 뜻하는 것이 아니므로 앞말과 붙여 쓴다.

④ 빠른 시일내에 원상태로 복구하겠습니다. (X) → 시일V내에

　◆ 일부 시간적, 공간적 범위를 나타내는 명사와 함께 쓰여 '**일정한 범위의 안**'을 의미할 때는 의존 명사이므로 앞말과 **띄어** 쓴다.

　　◆ 범위V내 / 건물V내 / 일주일V내 / 정해진 기간V내에 보고서를 제출해야 한다.

　　◆ 수일V내로 결과를 통보해 드리겠습니다. / 공장을 공업 단지V내로 옮겼다.

　　◆ 바다에서 수영할 때에는 반드시 안전선V내에서 해야 한다.

☺영보이 암기tip) 띄어쓰기는 원고지로 공부하면 효과가 좋다.

	고	향	을		떠	난	V	지	도			건	물	을		짓	는	V	데		
	의	지	할		데	V	없	는			예	전	에		가		본	V	데	가	
	지	금		가	는	V	데	가			그	가		사	는	V	데	는			
	다		읽	는	V	데		삼		일			사	람	을		돕	는	V	데	에
	머	리		아	픈	V	데		먹	는			대	접	하	는	V	데	나		
	옆	집	에	서		잔	치	를			하	는	지		시	끄	럽	다	.		
	빠	른		시	일	V	내	에			범	위	V	내			건	물	V	내	
	일	주	일	V	내			정	해	진		시	간	V	내	에					
	수	일	V	내	로			단	지	V	내	로		옮	겼	다	.				
	안	전	선	V	내	에	서			몇	V	년									

(문제 173) 정답: ②

(문제 174) 국어의 단어가 둘 이상의 품사로 쓰일 때 '품사의 통용'이라고 한다. '품사의 통용'의 예로 잘못 제시된 것은? **(2012지방직9 제2회 B책형 문10)**

① 집에서뿐만 아니라 회사에서도 칭찬을 들었다. (조사) / 칼만 안 들었다 뿐이지 순 날강도다. (의존 명사)
② 올해는 꽃이 늦게 핀다. (형용사) / 그는 약속 시간에 항상 늦는다. (동사)
③ 친구와 같이 영화관에 갔다. (부사) / 아버지는 항상 소같이 일만 하신다. (조사)
④ 선생님도 많이 늙으셨네요. (형용사) / 사람은 나이가 들면 늙는다. (동사)

(문제174) 정답 및 해설 (2012지방직9 제2회 B책형 문10)

① 집에서**뿐**만 아니라 회사에서도 칭찬을 들었다. **(조사)** / 칼만 안 들었다 **뿐**이지 순 날강도다. **(의존 명사)**
　◆ '집에서뿐만'은 조사로 쓰였고 '들었다 뿐이지'는 의존 명사로 알맞게 쓰였다.
　◆ 또한 조사는 앞말과 붙여 쓰고 의존 명사는 앞말과 띄어 쓴다.
② 올해는 꽃이 **늦게** 핀다. **(형용사)** / 그는 약속 시간에 항상 **늦는다**. **(동사)**
　◆ '꽃이 늦게 핀다.'에서 '핀다'는 동사이고 '늦게'는 형용사로 알맞게 쓰였다.
　● '그는 ~ 항상 늦는다.'에서 늦는다는 동사로 알맞게 쓰였다.
③ 친구와 **같이** 영화관에 갔다. **(부사)** / 아버지는 항상 소**같이** 일만 하신다. **(조사)**
　◆ '친구와 같이'에서 '같이'는 부사이고 '소같이'에서 '같이'는 조사로 알맞게 쓰였다.
④ 선생님도 많이 **늙으셨네요**. (형용사) / 사람은 나이가 들면 **늙는다**. (동사)
　◆ '**늙으셨네요**'는 **동사**이고 '늙는다' 또한 동사이다.

(문제 174) 정답: ④

(문제 175) 밑줄 친 부분이 2011년 8월 새로 추가된 표준어에 포함되지 않는 것은? **(2012지방직9 제2회 B책형 문13)**

① 사랑이 뭐기에/<u>뭐길래</u> 그렇게 힘들어하나.
② 그 사람은 좋아하려야/<u>좋아할래야</u> 좋아할 수가 없다.
③ 우리 형제들은 오순도순/<u>오손도손</u> 잘 지냅니다.
④ 저 친구는 만날/<u>맨날</u> 지각이야.

(문제 175) 정답 및 해설 (2012지방직9 제2회 B책형 문13)

① 사랑이 뭐기에/<u>뭐길래</u> 그렇게 힘들어하나. (O)
　◆ -기에 (O) / -길래 (O)
② 그 사람은 좋아**하려야**/좋아**할래야** 좋아할 수가 없다. **(X)**
　◆ '-**하려야**'만 올바르다.
③ 우리 형제들은 오순도순/오손도손 잘 지냅니다. (O)
　◆ 오순도순 (O) / 오손도손 (O)　< 순 - 손 >
④ 저 친구는 만날/맨날 지각이야. (O)
　◆ 만날 (O) / 맨날 (O) < 만 - 맨 >

(문제175) 정답: ②

(문제 176) 밑줄 친 부분을 문맥에 맞게 바꾼 말로 적절하지 않은 것은? (2012지방직9 제2회 B 책형 문15)

① 위안부 할머니들의 삶은 끔찍한 일로 <u>회자되고</u> 있다. → 여겨지고
② 정부의 시급한 지원 정책이 현 재해 상황을 <u>전개하는</u> 유일한 방책이다. → 타개하는
③ 평민들 사이에서는 불교가 <u>흥행하였다</u>. → 성행하였다
④ 명절에 어김없이 부는 고스톱 열풍은 척박한 우리 놀이 문화를 보여 주는 <u>방증이다</u>.
　　→ 반증이다

(문제 175) 정답 및 해설 (2012지방직9 제2회 B책형 문15)

① 위안부 할머니들의 삶은 끔찍한 일로 <u>회자되고</u> 있다. → 여겨지고 (O)
　◆ 회자(膾炙)되다 - 칭찬을 받으며 사람의 입에 자주 오르내리게 되다. 회와 구운 고기라는 뜻에서 나온 말이다.
　● '회자되다'는 긍정적인 의미이므로 글의 문맥과 반대이다. 따라서 '**여겨지고**'고 바꾼 것은 옳다.
② 정부의 시급한 지원 정책이 현 재해 상황을 <u>전개하는</u> 유일한 방책이다. → 타개하는(O)
　◆ 전개(展開)하다 - 시작하여 벌이다. 내용을 진전시켜 펴 나가다.
　● 타개(打開)하다 - 매우 어렵거나 막힌 일을 잘 처리하여 해결의 길을 열다.
　★ <u>글의 흐름으로 보아 어려운 상황을 해결하는 내용이므로 '타개하다'가 옳다.</u>
③ 평민들 사이에서는 불교가 <u>흥행하였다</u> → 성행하였다 (O)
　◆ 흥행(興行)하다 - 영리를 목적으로 연극, 영화, 서커스 따위를 요금을 받고 대중에게 보여 주다. 공연 상영 따위가 상업적으로 큰 수익을 거두다.
　● 성행(盛行)하다 - 매우 성하게 유행하다.
　★ **불교는 연극이나 영화 등의 상업적으로 관계가 없으므로 성행(盛行)이 올바르다.**
④ 명절에 어김없이 부는 고스톱 열풍은 척박한 우리 놀이 문화를 보여 주는 <u>방증이다</u>.
　　→ **반증**이다 (X) ⇒ **방증**이다 (O)
　◆ 방증(傍證) - 사실을 직접 증명할 수 있는 증거가 되지는 않지만, 주변의 상황을 밝힘으로써 간접적으로 증명에 도움을 줌. 또는 그 증거.
　● 반증(反證) - 어떤 사실이나 주장이 옳지 아니함을 그에 반대되는 근거를 들어 증명함. 또는 그런 증거.
　★ 글의 문맥으로 보아 '간접적인 증거'가 적절하므로 '방증(傍證)'이 옳다.

(문제 175) 정답: ④

(문제177) 어법상 가장 자연스러운 것은? (2012지방직9 제2회 B책형 문17)

① 전항의 규정에 위반한 행위는 취소할 수 있다.
② 이사의 대표권에 대한 제한은 이를 정관에 기재하지 아니하면 그 효력이 없다.
③ 미성년자는 법정대리인으로부터 허락을 얻은 영업에 한하여 성년자와 동일한 행위능력을 갖는다.
④ 직무대행자는 가처분명령에 다른 정함이 있는 경우 외에는 법인의 통상 사무에 속하지 아니한 행위를 하지 못한다.

(문제 177) 정답 및 해설 (2012지방직9 제2회 B책형 문17)

① 전항의 규정에 위반한 행위는 취소할 수 있다. (X)
◆ '~을/를 위반하다', '~에 위반되다'로 쓰는 것이 올바르다.
 → 전항의 규정을 위반한 행위는 취소할 수 있다. (O)
 → 전항의 규정에 위반된 행위는 취소할 수 있다. (O)
② 이사의 대표권에 대한 제한은 이를 정관에 기재하지 아니하면 그 효력이 없다. (X)
 → '이사의 대표권에 대한 제한'으로 충분하므로 '이를'을 삭제한다. 또한 '이사의 대표권에 대한 제한'은 의미가 모호하므로 '이사의 대표권 제한은'으로 고치면 의미가 더욱 정확하다.
③ 미성년자는 법정대리인으로부터 허락을 얻은 영업에 한하여 성년자와 동일한 행위능력을 갖는다. (O)
 ◆ '미성년자는 ~ 행위능력을 갖는다.'를 보면 주어와 목적어, 서술어의 호응이 적절하다. 따라서 정답은 ③
④ 직무대행자는 가처분명령에 다른 정함이 있는 경우 외에는 법인의 통상 사무에 속하지 아니한 행위를 하지 못한다. (X)
 ◆ 조사 '에'의 사용도 어색하고 명사형 어미를 써서 문맥이 매끄럽지 못하며 '아니한' 또한 적절하지 않다.
 → 직무대행자는 가처분명령을 다르게 정한 경우 외에는 법인의 통상 사무에 속하지 않는 행위를 하지 못한다.

(문제177) 정답: ③

(문제 178) 표준 언어 예절상 옳지 않은 것은? (2012지방직9 제2회 B책형 문20)

교수: 김 군, ㉠춘부장께서는 좀 어떠신가?
학생: 네, 큰 수술을 받으셔서 걱정을 많이 했는데, 그래도 경과가 좋아서 다행입니다. ㉡지난번에는 교수님께서 몸소 병원까지 와 주시고……, 정말 감사합니다.
교수: ㉢대학 선배 아니신가. 찾아뵙는 게 당연한 일이지.
학생: 다음 주에 저희 집에 오시는 거 기억하고 계시죠. ㉣아버님께서 저한테 꼭 교수님을 직접 모시고 오라고 하셨습니다.
교수: 괜히 부담 되게 그럴 것 없네. 내가 혼자 가겠네.

① ㉠   ② ㉡   ③ ㉢   ④ ㉣

(문제 178) 정답 및 해서 (2012지방직9 제2회 B책형 문20)

④ ㉤아버**님**께서 저한테 꼭 교수님을 직접 모시고 오라고 하셨습니다. (X) → 아버지
◆ **살아계신 자기 아버지**를 남에게 일컬을 때에는 아버님이 아니라 **아버지**이다. 아버님은 돌아가셨을 경우에 쓰는 말이다.

(문제 178) 정답: ④

(문제 179) 표준 발음으로 바르지 않은 것은? (2013지방직9 A책형 문1)

① 난치병[난치뼝]
② 면허증[면:허쯩]
③ 사기죄[사기쬐]
④ 유리잔[유리짠]

(문제179) 정답 및 해설 (2013지방직9 A책형 문1)
① 난**치**병[난치**뼝**] (O)
② 면**허**증[면:허**쯩**] (O)
③ 사**기**죄[사기**쬐**] (O)
④ 유리**잔**[유리**짠**] (X) → [유리잔]
◆ 유리잔은 사잇소리현상이 일어나지 않는다. <u>유리잔은 표기나 발음이나 변화가 없다</u>.

(문제 179) 정답: ④

(문제 180) 문장의 의미가 모호하게 해석되지 않는 것은? (2013지방직9 A책형 문2)
① 아가는 웃으면서 들어오는 엄마에게 달려간다.
② 엄마는 아침에 귤과 토마토 두 개를 주었다.
③ 이 그림은 아버지가 그린 그림이다.
④ 그이는 나보다 축구를 더 좋아하는 거 같다.

(문제180) 정답 및 해설 (2013지방직9 A책형 문2)
① 아가는 웃으면서 들어오는 엄마에게 달려간다. (X)
◆ 이기기 웃는 것인지, 엄마가 웃는 것인지 의미가 모호하다.
② 엄마는 아침에 귤과 토마토 두 개를 주었다.
◆ 귤과 토마토 총 두 개인지, 귤 한 개와 토마토 두 개인지 의미가 모호하다.
③ 이 그림은 아버지**가** 그림이다. (O)
◆ '아버지**의** 그림'이라 한다면 **의미가 모호**하다. (아버지가 그린 것인지, 아버지를 그린 것인지, 아버지가 소장하고 있는 것이지 등 의미가 모호하다.)
● 하지만 주격조사 '**가**'를 써서 **의미가 정확**하다.
④ 그이는 나보다 축구를 더 좋아하는 거 같다. - ◆ 그이가 나를 더 좋아하는 것인지, 축구를 더 좋아하는 것인지 의미가 모호하다.

(문제180) 정답: ③

(문제 181) 밑줄 친 단어의 사용이 어법에 맞지 않는 것은? (2013지방직9 A책형 문3)

① 큰일을 <u>치루었더니</u> 몸살이 났다.
② 라면이 <u>불으면</u> 맛이 없다.
③ 솥에 쌀을 안치러 부엌으로 갔다.
④ 네가 여기에는 <u>웬일이니</u>?

(문제 182) 조음 기관이 좁혀진 사이로 공기가 마찰하여 나는 소리가 들어 있지 않은 것은? (2013지방직9 A책형 문4)

① 개나리   ② 하얗다   ③ 고사리   ④ 싸우다

(문제 183) 외래어 표기가 모두 맞는 것은? **(2013지방직9 A책형 문5)**

① coffee shop - 커피숍, barbecue - 바베큐, diskette - 디스켓
② jacket - 재킷, service - 서비스, battery - 밧데리
③ symbol - 심벌, sonata - 소나타, target - 타깃
④ flute - 플루트, message - 메세지, chocolate - 초콜릿

(문제 183) 정답 및 해설 (2013지방직9 A책형 문5)

① coffee shop - 커피숍, barbecue - 바베큐, diskette - 디스켓 (X) → 바비큐
   ☺**영보이 암기tip)**
   ◆ 영보이 커피숍에서 **밥**도 파니? < 커피숍 (ㅂ) - **밥** (ㅂ) > < 커피**숖** (X) >
   ◆ **바비** 킴은 PD의 **큐** 사인만 나면 환상적으로 노래한다. < **바비 - 큐** >
   ◆ 디스**켓**을 슈퍼마켓에서 샀다. < 디스**켓** - 슈퍼마켓 > < **수퍼마켓** (X) >
② jacket - 재킷, service - 서비스, battery - **밧데리** (X) → **배터리**
   ☺**영보이 암기tip)**
   ◆ **재**석이는 **밋밋**한 재킷을 입고 있다. < 재킷 (O) > < **자켓** (X) >
      < 재석이 - 재킷 / 밋밋한 (ㅅㅅ) - 재킷 (ㅅ) >
   ◆ 서울에 있는 술집은 손님들에게 **서비스**를 잘한다. < 서울 - 서비스 >
      < **써비스** (X) >
   ◆ 깡통로**봇**은 **배터**리를 **배터**지게 먹었다. < 배터리 - 배터지게 >
③ symbol - 심벌, sonata - 소나타, target - 타깃 (O)
   ◆ 우리 회사의 심**벌**은 여왕**벌**이다. < 심**벌** - 여왕**벌** >
   ◆ 얼룩소가 소나타를 졸졸 따라가고 있다. < 얼룩소 - 소나타 >
   ◆ **초**점이 흐려지고 있으니 옷**깃**을 타**깃**으로 잡아라. < 옷**깃** - 타**깃** >
④ flute - 플루트, message - 메**세**지, chocolate - 초콜릿 (X) → 메시지
   ◆ **플루트**를 불고 있는데 동생이 수학문제 중 **루트**를 물어보았다. < 플루트 - 루트 >
   ◆ 무슨 **시시콜콜**한 말까지 메시지로 보내니? < **시시콜콜** - 메시지 >
   ◆ **초**인종에 김이 빠진 **콜**라와 비**릿**한 냄새가 나는 **초콜릿**을 발랐다.
      < **쵸코렛** (X) >

(문제 183) 정답: ③

(문제 184) 빈칸에 들어갈 단어로 적절한 것은? (2013지방직9 A책형 문10)

어떡하든 그가 그의 이십 등, 삼십 등을 우습고 불쌍하다고 느끼지 말아야지, 느끼기만 하면 그는 당장 주저앉게 돼 있었다. 그는 지금 그가 괴롭고 고독하지만 위대하다는 걸 알아야 했다.
　나는 용감하게 인도에서 차도로 뛰어내리며, 그를 향해 열렬한 박수를 보내며 환성을 질렀다.
　나는 그가 주저앉는 걸 보면 안 되었다. 나는 그가 주저앉는 걸 봄으로써 내가 주저앉고 말 듯한 어떤 미신적인 (　)마저 느끼며 실로 열렬하고도 우렁찬 환영을 했다.
　내 고독한 환호에 딴 사람들도 합세를 해 주었다. 푸른 마라토너 뒤에도 또 그 뒤에도 주자는 잇따랐다. 꼴찌 주자까지를 그렇게 열렬하게 성원하고 나니 손바닥이 붉게 부풀어 올라 있었다.　　　　　　　　　　　　　　- 박완서, '꼴찌에게 보내는 갈채' 중에서 -

① 고립감　　　　② 연대감　　　　③ 절망감　　　　④ 사명감

(문제 185) 밑줄 친 말의 뜻은?　(2013지방직9 A책형 문11)

고슴도치도 제 새끼 털은 고와 보인다는 것처럼 이건 아이가 무슨 <u>저지레</u>를 치기라도 하면 그게 무슨 장한 일이나 되는 것처럼 끌어안았다.

① 일이나 물건에 문제가 생기게 하여 그르치는 일
② 일이나 물건에 문제가 자주 일어나는 일
③ 일이나 물건에 문제를 일으키는 것을 단속하는 일
④ 일이나 물건에 문제가 있을 때 잘 수습하는 일

(문제186) 밑줄 친 단어의 쓰임이 바르지 않은 것은? (2013지방직9 A책형 문12)

① 퀴즈의 답을 정확하게 <u>맞추면</u> 상품을 드립니다.
② 얼굴을 보니 <u>심술깨나</u> 부리겠더구나.
③ 정작 죄지은 놈들은 도망친 다음이라 <u>애먼</u> 사람들이 얻어맞았다.
④ 시력이 나빠져서 안경의 <u>도수</u>를 돋구었다.

(문제 186) 정답 및 해설 (2013지방직9 A책형 문12)

① 퀴즈의 답을 정확하게 맞**추**면 상품을 드립니다. (X) → 맞**히**면
 ☺**영보이 암기tip)** 옆 반이 아직 수업중이니 퀴즈의 답을 맞**히**면 크게 웃지 말고 작게
‘히히히’ 웃어라. < 맞**히**면 - **히히히** >
② 얼굴을 보니 심술**깨**나 부리겠더구나. (O)
 ◆ 깨나 - 어느 정도 이상의 뜻을 나타내는 보조사.
 ☺**영보이 암기tip)** 주근**깨**가 가득한 얼굴을 보니 심술**깨**나 부리겠구나.
 < 주근**깨** - 심술**깨**나 > < 심술**쾌**나 (X) >
③ 정작 죄지은 놈들은 도망친 다음이라 <u>애먼</u> 사람들이 얻어맞았다. (O)
 ◆ 애먼 - 일의 결과가 다른 데로 돌아가 억울하게 느껴지는 / 일의 결과가 다른 데로
돌아가 엉뚱하게 느껴지는
 ☺**영보이 암기tip)** 애인 있어요? 제 **애인**은 **먼** 곳에 있습니다. < **애인** - **먼** 곳 >
 < **엄한** (X) >
 ◆ 하지만 ‘**엄한**(嚴寒)’이 ‘매우 심한 추위’를 의미할 때는 옳다. < **엄**동설**한** >
 ◆ 또한 ‘성격이나 행동이 철저하고 까다로운’을 의미할 때는 옳다.
 ◆ 며느리에게 **엄한** 시어머니
 ◆ 사람이 매사에 너무 **엄하면** 사람들이 잘 따르지 않는 법이다.
④ 시력이 나빠져서 안경의 도수를 <u>돋구었다</u>. (O)
 ◆ 돋구다 - 안경의 도수 따위를 더 높게 하다.
 ☺**영보이 암기tip)** 안경의 도수를 더 높게 하는 것 이외에는 모두 ‘돋우다’를 쓴다.
 ◆ 돋구다: **안경의 도수** 따위를 더 높게 하다. (<u>안경 - 구</u>)
(문제 186) 정답: ①

(문제 187) 밑줄 친 말이 옳게 쓰인 것은? (2013지방직9 A책형 문15)

① 자네의 <u>선대인</u>께서는 올해 건강하신가?
② 옆집 선배와 나는 두 살 <u>터울</u>이다.
③ 오늘 아버지께 <u>걱정</u>을 들었다.
④ 면접하러 온 사람들은 현관 앞에서 복장을 <u>매무새</u>하였다.

(문제 187) 정답 및 해설 (2013지방직9 A책형 문15)

① 자네의 <u>선대인</u>께서는 올해 건강하신가? (X) → **춘부장**(椿府丈)
◆ **선대인**(先大人) - **돌아가신** 남의 아버지를 높여 이르는 말. ≒선고장(先考丈)·선장(先丈)
● **춘부장**(椿府丈) - **살아계신** 남의 아버지를 높여 이르는 말. ≒ 영존01(令尊)·춘당·춘부(椿府)·춘부대인·춘장(椿丈)
② 옆집 선배와 나는 두 살 **터울**이다. (X) → **차이**
◆ **터울** - 한 어머니의 먼저 낳은 아이와 다음에 낳은 아이와의 나이 차이
◆ 따라서 터울은 '형제자매'사이에서 쓰는 말이다.
③ 오늘 아버지께 **걱정**을 들었다. (O)
◆ 걱정 - 아랫사람의 잘못을 꾸짖음.
◆ 어른한테는 '걱정을 들었다.'로 쓰지 '**야단**을 맞았다.'로 **써서는 안 된다**.
④ 면접하러 온 사람들은 현관 앞에서 복장을 <u>매무새</u>하였다. (X) → 매무시
◆ 매무새 - 옷, 머리 따위를 수습하여 입거나 손질한 모양새.
◆ 양반 매무새 / 매무새가 흐트러지다 / 몸 매무새가 단정하다
◆ 의복 매무새가 추레하다 / 머리 매무새를 가다듬다
● 매무시 - 옷을 입을 때 매고 여미는 따위의 뒷단속. ≒ 옷매무시
● 매무시를 가다듬다 / 손을 씻고 나서 매무시를 다시 하였다.
● 끌고 온 군졸의 손에서 놓이자 매무시를 수습할 기력도 없는 듯 아무렇게나 쓰러졌고 제신은 외면을 하였다.

(문제 187) 정답: ③

(문제 188) 편지 용어에 대한 설명으로 옳지 않은 것은? (2013지방직9 A책형 문18)

① 친전(親展): 편지를 받을 사람이 직접 펴 보라고 편지 겉봉에 적는 말
② 좌하(座下): 편지를 받을 사람이 아랫사람일 때 붙이는 말
③ 귀중(貴中): 편지나 물품 따위를 받을 단체나 기관의 이름 아래에 쓰는 높임말
④ 본제입납(本第入納): 본가로 들어가는 편지라는 뜻으로, 자기 집으로 편지할 때에 편지 겉봉에 자기 이름을 쓰고 그 밑에 쓰는 말.

① 친전(親展): 편지를 받을 사람이 직접 펴 보라고 편지 겉봉에 적는 말 (O)
② 좌하(座下): 편지를 받을 사람이 **아랫사람**일 때 붙이는 말 (X) → 주로 편지글에서, 받는 사람을 **높여** 그의 이름이나 호칭 아래 붙여 쓰는 말.
◆ **좌하(座下)에서 下(아래 하)를 쓴다고 해서 헷갈리면 안 된다.**
③ 귀중(貴中): 편지나 물품 따위를 받을 단체나 기관의 이름 아래에 쓰는 높임말 (O)
④ 본제입납(本第入納): 본가로 들어가는 편지라는 뜻으로, 자기 집으로 편지할 때에 편지 겉봉에 자기 이름을 쓰고 그 밑에 쓰는 말 (O)

(문제 188) 정답: ②

(문제 189) 훈민정음 제자해에서 '象舌附上齶之形'에 해당하는 자모는? (2013지방직9 A책형 문19)

① ㄱ　　　② ㄴ　　　③ ㅅ　　　④ ㅇ

◆ 象**舌**附上齶之形(상**설**부상악지형) - 혀가 윗잇몸에 붙은 모양을 본뜨다 - 설음(舌音)
◆ 설음(舌音) - 혀끝과 잇몸의 사이에서 나는 소리. (= 혓소리, **舌: 혀 설**)
◆ 설음에는 'ㄴ', 'ㄷ', 'ㅌ' 따위가 있다.

대표 예	암기법	한자어	우리말	다른 예
ㄱ	강 (ㄱ)	아음(牙音)	어금닛소리	ㄱ / ㄲ / ㅇ / ㅋ
ㄴ	남 (ㄴ)	설음(舌音)	헛소리	ㄴ / ㄷ / ㅌ
ㅁ	미 (ㅁ)	순음(脣音)	입술소리	ㅁ / ㅂ / ㅃ / ㅍ
ㅅ	사 (ㅅ)	치음(齒音)	잇소리	ㅅ / ㅆ / ㄴ / ㄹ
ㅇ	일 (ㅇ)	후음(喉音)	목청소리	ㅎ

초성(初聲)의 제자 원리				
	기본자	가획자	이체자	제자 원리
아음(牙音)	ㄱ	ㅋ	ㆁ	어금닛소리
설음(舌音)	ㄴ	ㄷ, ㅌ	ㄹ	헛소리
순음(脣音)	ㅁ	ㅂ, ㅍ		입술소리
치음(齒音)	ㅅ	ㅈ, ㅊ	ㅿ	잇소리
후음(喉音)	ㅇ	ㆆ, ㅎ		목청소리

(문제 189) 정답: ②

(문제 190) ㉠~㉣에 들어갈 말로 맞는 것은? **(2013지방직9 A책형 문20)**

말하기의 중요한 목적 중에 하나가 설명이다. 설명은 청자가 모르는 사실을 알아듣기 쉽게 풀어서 말하는 것으로, 우리가 알아낸 정보를 전달하거나 지식 체계를 쉽게 이해시키고자 하는 경우에 사용된다. 설명의 방법에는 지정, 정의, (㉠)와/과 (㉡), (㉢)와/과 (㉣), 예시가 있다. 지정은 가장 단순한 설명의 방법으로 사물을 지적하듯이 말하기를 통하여 지적하는 방법이다. 정의는 어떤 용어나 단어의 뜻과 개념을 밝히는 것으로 충분한 지식을 가지고 있어야 정확한 정의를 내릴 수 있다. 어떠한 대상을 파악하고자 할 때 대상을 적절히 나누거나 묶어서 정리해야 하는데, 하위 개념을 상위 개념으로 묶어 가면서 설명하는 (㉠)의 방법과 상위 개념을 하위 개념으로 나누어 가면서 설명하는 (㉡)의 방법이 있다. 설명을 할 때에 서로 비슷비슷하여 구별이 어려운 개념에 대하여 그들 사이의 공통점이나 차이점을 지적하면 이해하기가 쉬운데, 둘 이상의 대상 사이의 유사점에 대하여 설명하는 일을 (㉢)(이)라 하고, 그 차이점에 대하여 설명하는 일을 (㉣)(이)라 한다.
이러한 방법을 통해서 말하게 되면 평이한 화제를 가지고도 개성 있는 말하기를 할 수 있게 된다. 예시는 어떤 개념이나 사물에 대한 이해를 돕기 위하여 이에 해당하는 예를 직접 보여 주거나 예를 들어 설명하는 것이다.

	㉠	㉡	㉢	㉣
①	대조	비교	구분	분류
②	비교	대조	분류	구분
③	분류	구분	비교	대조
④	구분	분류	대조	비교

(문제 190) 정답 및 해설 (2013지방직9 A책형 문20)

◆ 하위 개념을 **상위 개념으로** 묶어 가면서 설명하는 (㉠)의 방법 - **분류**
　☺영보이 암기tip) 하위 개념(小) → 상위 개념(大)
◆ 상위 개념을 **하위 개념으로** 나누어 가면서 설명하는 (㉡)의 방법 - **구분**
　☺영보이 암기tip) 하위 개념(大) → 상위 개념(小) : 대 → 소 = 구분
◆ 둘 이상의 대상 사이의 **유사점**에 대하여 설명하는 일을 (㉢) - **비교**
◆ **차이점**에 대하여 설명하는 일을 (㉣) - **대조**

(문제 190) 정답: ③ 분류　구분　비교　대조

(문제 191) 로마자 표기법이 바르지 않은 것은? **(2014사회복지직 A책형 문1)**

① 월곶 - Weolgot　　　　② 벚꽃 - beotkkot
③ 별내 - Byeollae　　　　④ 신창읍 - Sinchang-eup

(문제191) 정답 및 해설 (2014사회복지직 A책형 문1)

① 월곶 - Weolgot (X) → Wolgot - 'ㅝ'는 'wo'로 표기한다.
　　◆ [월곧] - 발음 받침 [ㄷ]은 't'로 표기한다.
② 벚꽃 - beotkkot (O) : [벋꼳] - 쌍기역은 'kk'로 'ㅓ'는 'eo'로 표기한다.
③ 별내 - Byeollae (O) : [별래] - 우리말로 쓸 때는 '별내'이지만 발음은 [별래]이므로 'll'
을 명심한다. 또한 'ㅕ'는 'yeo'이다.
④ 신창읍 - Sinchang-eup (O) - '도, 시, 군, 구, 읍, 면, 리, 동'의 행정구역 단위 앞에
는 붙임표(-)를 넣어 표기한다. 또한 'ㅡ'는 'eo'로 표기한다.

(문제 191) 정답: ①

(문제 192) 밑줄 친 말이 비유하는 사람으로 적절한 것은? **(2014사회복지직 A책형 문2)**

> 그는 서리 맞은 구렁이와 같다.

① 행동이 굼뜨고 힘이 없는 사람
② 타고난 성격이 독하고 모진 사람
③ 사람들에게서 신뢰를 받는 사람
④ 다가올 미래를 준비하는 사람

(문제 192) 정답 및 해설 (2014사회복지직 A책형 문2)

◆ **서리 맞은 구렁이** - 행동이 굼뜨고 힘이 없는 사람을 비유적으로 이르는 말. 세력이 다
하여 모든 희망이 좌절된 사람을 비유적으로 이르는 말.　　　　**(문제192) 정답: ①**

(문제 193) 밑줄 친 말의 쓰임이 옳지 않은 것은? (2014사회복지직 A책형 문3)

① 어머니는 밥을 <u>안치기</u> 시작하셨다.
② 이 원고를 인쇄에 <u>부치기</u>로 하였다.
③ 가게 주인이 상품을 <u>벌여</u> 놓기 시작했다.
④ 바람에 문이 절로 <u>닫치며</u> 큰 소리가 났다.

② 이 원고를 **인쇄**에 **부치기**로 하였다. (O) < **인쇄 - 부** >

    ◆ **'부치다, 붙이다'는 매우 헷갈리므로 예를 외우는 것이 효과적이다.**

    ◆ 임명 동의안을 **표결**에 **부칠** 예정이다.

    ◆ **안건**을 회의에 **부치다** / 임명 동의안을 **표결**에 **부치다**/인권 침해 책임자를 **재판**에 **부쳐** 처벌하였다. / 정부는 중요 정책을 국민 **투표**에 **부쳤다.**

    ☺**영보이 암기tip) 안건 - 부 / 표결 - 부 / 재판 - 부 / 투표 - 부**

    ◆ 그 식당은 **몸 부칠** 곳 없는 사람들을 모아서 대접한다.

    ◆ 삼촌 집에 **숙식**을 **부치다** / 당분간만 밥은 **주인집**에다 **부쳐** 먹기로 교섭했다. / 같이 오자던 사람의 집에 가서 **몸**을 **부치고** 있었네.

    ☺**영보이 암기tip) 숙식 - 부 / 주인집 - 부 / 몸 - 부**

    ◆ 회의 내용을 **극비**에 **부치다** / 여행 계획을 **비밀**에 **부치다** / 세상에 떠도는 얘기 같은 것 **불문**에 **부치겠다** 그러던가요?

    ☺**영보이 암기tip) 극비 - 부 / 비밀 - 부 / 불문 - 부**

③ 가게 주인이 상품을 **벌여** 놓기 시작했다. (O)

    ◆ 벌이다

      ◆ 잔치를 벌이다 / 사업을 벌이다 / 장기판을 벌이다 / 투전판을 벌이다.

      ◆ 책상 위에 책을 어지럽게 벌이 두고 공부를 한다.

      ◆ 읍내에 음식점을 벌이다 / 친구와 논쟁을 벌이다

      ◆ 벌여 놓은 굿판 - 이미 시작한 일이라 중간에 그만둘 수 없는 처지의 일을 이르는 말.

    ● 벌리다

      ● 줄 간격을 벌리다 / 가랑이를 벌리다 / 입을 벌리고 하품을 하다

      ● 생선의 배를 갈라 벌리다 / 밤송이를 벌리고 알밤을 꺼냈다.

      ● 자루를 벌리다 / 양팔을 옆으로 벌리다

      ● 아이는 두 손을 벌려 과자를 조심스레 받았다.

      ● 돈이 벌리다.

④ 바람에 문이 절로 <u>닫치며</u> 큰 소리가 났다. (X) → 닫히며

    ◆ 닫치다 - 열린 문짝, 뚜껑, 서랍 따위를 꼭꼭 또는 세게 닫다. 입을 굳게 다물다.

      ◆ 그는 화가 나서 문을 탁 닫치고 나갔다.

      ◆ 문득 급거히 대문을 닫친다.

      ◆ 병화는 더 캐어묻고 싶었으나 대답이 탐탁지가 않아서 입을 닫쳐 버렸다.

    ● 닫히다 - '닫다'의 피동사

      ● 성문이 닫혀 있다. / 열어 놓은 문이 바람에 닫혔다.

      ● 병뚜껑이 너무 꼭 닫혀서 열 수가 없다.

      ● 지금 시간이면 은행 문이 닫혔을 겁니다.

      ● 무언가 생각을 하는지 그의 입이 굳게 닫혔다.

(문제193) 정답: ④

(문제 194) 밑줄 친 단어가 다의어 관계인 것은? (2014사회복지직 A책형 문4)

① 이 방은 볕이 잘 <u>들어</u> 늘 따뜻하다. 형사는 목격자의 증언을 증거로 <u>들었다</u>.
② 난초의 향내가 거실에 가득 <u>차</u> 있었다. 그는 손목에 <u>찬</u> 시계를 자꾸 들여다보았다.
③ 운동을 하지 못해서 군살이 <u>올랐다</u>. 아이가 갑자기 열이 <u>올라</u> 해열제를 먹였다.
④ 그는 조그마한 수첩에 일기를 <u>써</u> 왔다. 대부분의 사람이 문서 작성에 컴퓨터를 <u>쓴다</u>.

(문제 194) 정답 및 해설 (2014사회복지직 A책형 문4)

◆ 다의어 – 두 가지 이상의 뜻을 가진 단어
◆ **다의어**는 사전에 **하나의 항목**으로 등재되어 있고 어느 정도 **연관성**이 있다. / 하지만 **동음이의어**(同音異議語)는 **연관성이 없고** 사전에 **다른 항목**으로 등재되어 있다.
① 이 방은 볕이 잘 <u>들어</u> 늘 따뜻하다. – 빛, 볕, 물 따위가 안으로 들어오다.
　형사는 목격자의 증언을 증거로 <u>들었다</u>. – 설명하거나 증명하기 위하여 사실을 가져다 대다.　◆ <u>두 단어는 사전에 다른 항목으로 등재되어 있고 연관성이 없는 **동음이의어**</u>이다.
② 난초의 향내가 거실에 가득 <u>차</u> 있었다. – 일정한 공간에 사람, 사물, 냄새 따위가 더 들어갈 수 없이 가득하게 되다.
　그는 손목에 <u>찬</u> 시계를 자꾸 들여다보았다. – 물건을 몸의 한 부분에 달아매거나 끼워서 지니다.
　◆ <u>두 단어는 사전에 다른 항목으로 등재되어 있고 연관성이 없는 **동음이의어**</u>이다.
③ 운동을 하지 못해서 군살이 <u>올랐다</u>. (O) – 몸 따위에 살이 많아지다.
　아이가 갑자기 열이 <u>올라</u> 해열제를 먹였다. (O) – 값이나 수치, 온도, 성적 따위가 이전보다 많아지거나 높아지다.
　◆ 두 단어는 사전에 **하나의 항목**에 담겨 있다. 또한 어떤 것이 많아진다는 **연관성**이 있어 **다의어**이다.
④ 그는 조그마한 수첩에 일기를 <u>써</u> 왔다. – 머릿속의 생각을 종이 혹은 이와 유사한 대상 따위에 글로 나타내다.
　대부분의 사람이 문서 작성에 컴퓨터를 <u>쓴다</u>. – 어떤 일을 하는 데에 재료나 도구, 수단을 이용하다.
　◆ <u>두 단어는 사전에 다른 항목으로 등재되어 있고 연관성이 없는 **동음이의어**</u>이다.

(문제 194) 정답: ③

(문제195) 밑줄 친 부분에 해당하는 표현으로 옳은 것은? (2014사회복지직 A책형 문5)

 청유문은 화자가 청자에게 같이 행동할 것을 요청하는 문장이다. 즉, 청유문은 청유형 어미 '-자', '-(으)ㅂ시다' 등이 붙는 서술어의 행동을 화자와 청자가 공동으로 하도록 유발하는 것이다. 그러나 간혹 청자만 행하기를 바라거나 <u>화자만 행하기를 바랄 때</u>에도 쓰인다.

① (반장이 떠드는 친구에게) 조용히 좀 하자.
② (식사를 먼저 마친 사람들이 귀찮게 말을 걸 때) 밥 좀 먹읍시다.
③ (회의에서 논의가 길어질 때) 이 문제는 나중에 다시 다루도록 합시다.
④ (같은 반 친구에게) 영화표가 두 장 생겼어. 오늘 나와 같이 보러 가자.

(문제 195) 정답 및 해설 (2014사회복지직 A책형 문5)

◆ 화자(話者)는 말하는 사람을 말한다. 따라서 말하는 사람만 행하기를 바랄 때를 고른다.
① (반장이 떠드는 친구에게) 조용히 좀 하자.
  ◆ 반장 - 화자 / 친구 - 청자 : 청자가 행하기를 바라고 있다.
② (식사를 먼저 마친 사람들이 귀찮게 말을 걸 때) 밥 좀 먹읍시다. (O)
  ● 식사를 먼저 마친 사람들 - 청자 / 나 -화자 : 화자인 내가 밥을 먹기를 바라고 있다. 따라서 정답이다.
③ (회의에서 논의가 길어질 때) 이 문제는 나중에 다시 다루도록 합시다.
  ◆ 회의에서 논의를 하고 있는 청자와 화자 공동으로 하기를 바라고 있다.
④ (같은 반 친구에게) 영화표가 두 장 생겼어. 오늘 나와 같이 보러 가자.
  ◆ 친구 -청자 / 나 -화자 : 화자와 청자가 공동으로 하기를 바라고 있다.

(문제 195) 정답: ②

(문제 196) ㉠, ㉡의 공통된 관점으로 적절한 것은? (2014사회복지직 A책형 문6)

㉠ "만약 신문을 갖지 않은 정부와 정부를 갖지 않은 신문 중의 어느 것을 선택해야 한다면 나는 주저 없이 후자를 택할 것이다." - 제퍼슨(미국 대통령)
㉡ "획일주의 국가에서 시민의 시계(視界)는 지극히 한정되기 때문에 자기 주위의 세계에 대하여 현명한 반응을 보일 수가 없다." - 더글러스(미국 판사)

① 표현 제약의 조건   ② 표현 제약의 필요성
③ 표현 자유의 조건   ④ 표현 자유의 필요성

(문제 196) 정답 및 해설 (2014사회복지직 A책형 문6)
㉠ " ~ 나는 주저 없이 후자(신문)를 택할 것이다. - '신문'은 <u>표현의 자유</u>를 의미한다.
㉡ " ~ 자기 주위의 세계에 대하여 현명한 반응 ~ " - 이 역시 <u>표현의 자유</u>를 의미한다.
◆ 따라서 이 글은 표현 자유의 필요성을 공통된 관점으로 한다.   (문제 196) 정답: ④

(문제 197) 사이시옷의 표기에 대한 이해로 적절하지 않은 것은? **(2014사회복지직 A책형 문7)**

제30항 사이시옷은 다음과 같은 경우에 받치어 적는다.
 1. 순 우리말로 된 합성어로서 앞말이 모음으로 끝난 경우
 (1) 뒷말의 첫소리가 된소리로 나는 것·····················㉠
 (2) 뒷말의 첫소리'ㄴ, ㅁ' 앞에서'ㄴ' 소리가 덧나는 것····㉡
 (3) 뒷말의 첫소리 모음앞에서 'ㄴㄴ' 소리가 덧나는 것
 2. 순 우리말과 한자어로 된 합성어로서 앞말이 모음으로 끝난 경우
 (1) 뒷말의 첫소리가 된소리로 나는 것·····················㉢
 (2) 뒷말의 첫소리'ㄴ, ㅁ' 앞에서'ㄴ' 소리가 덧나는 것
 (3) 뒷말의 첫소리 모음 앞에서 'ㄴㄴ' 소리가 덧나는 것·····㉣

① '모깃불'의 사이시옷은 ㉠에 의한 것이다.
② '뒷머리'의 사이시옷은 ㉡에 의한 것이다.
③ '선짓국'의 사이시옷은 ㉢에 의한 것이다.
④ '예삿일'의 사이시옷은 ㉣에 의한 것이다.

(문제 197) 정답 및 해설 (2014사회복지직 A책형 문7)

① '모깃불'의 사이시옷은 ㉠에 의한 것이다. [모:기뿔/모:긷뿔]
 ◆ 모깃불 - 모기를 쫓기 위하여 풀 따위를 태워 연기를 내는 불.
 ◆ 모기(**순 우리말**) + 불(**순 우리말** + 뒷말의 첫소리가 **된소리[뿔]**) - ㉠
② '뒷머리'의 사이시옷은 ㉡에 의한 것이다. [**뒨:머리**] - ㉡
 ◆ 뒤(**순 우리말** + 뒷말의 첫소리'ㄴ, ㅁ' 앞에서'ㄴ' **소리가 덧남**) + 머리(**순 우리말**)
③ '선짓국'의 사이시옷은 ㉢에 의한 것이다. (X) → ㉠ [선지꾹 / 선짇꾹]
 ◆ 선지(**순 우리말**) + 국(**순 우리말** + 뒷말의 첫소리가 **된소리[꾹]**) - ㉠
④ '예삿일'의 사이시옷은 ㉣에 의한 것이다. [예:산닐] - ㉣
 ◆ 예사(例事 - **한자어**) + 일(**순 우리말**) + **뒷말의 첫소리 모음 앞에서 'ㄴㄴ' 소리가**
덧나는 것
 ★ **보기③은 ㉢이 아니라 ㉠에 의한 것이다.**

(문제 197) 정답: ③

(문제 198) (   ) 안에 들어갈 말로 적절하게 묶인 것은? **(2014사회복지직 A책형 문8)**

> 거사(居士)가 거울을 한 개 가졌는데, 먼지가 끼어서 구름에 가린 달처럼 흐릿하였다. 아침저녁으로 들여다보면서 얼굴을 가다듬는 것 같이 하였다. 손[客]이 보고 묻기를, "거울이란 얼굴을 비추는 것이다. 그렇지 않으면 군자가 이것을 보고 그 맑은 것을 취한다. 지금 그대의 거울은 흐릿하고 안개가 낀 듯하여 얼굴을 비출 수도 없고 그 맑은 것을 취할 수도 없다. 그런데도 그대는 오히려 늘 비춰보고 있으니 이유가 있는가?" 하였다. 거사가 말하기를, "거울이 맑은 것을 잘생긴 사람은 좋아하지만 못생긴 사람은 싫어한다. 그러나 잘생긴 사람은 적고 못생긴 사람은 많기에 한 번 보면 반드시 깨뜨려 버리고야 말 것이니, 먼지에 흐려진 것만 못하다. 먼지로 흐려진 것은 비록 그 외면은 부식되었더라도 그 맑은 바탕은 없어지지 않으니, 만일 잘생긴 사람을 만난 다음에 갈고 닦아도 늦지 않다.
> 아아, 옛적에 거울을 보는 사람은 그 (㉠)을 취하기 위함이었지만, 내가 거울을 보는 것은 그 (㉡)을 취하기 위함이니, 그대는 무엇을 괴이하게 여기는가?" 하니, 손이 대답할 말이 없었.
>
> - 이규보, '경설(鏡說)' -

	㉠	㉡
①	흐린 것	맑은 것
②	맑은 것	흐린 것
③	흐린 것	더 흐린 것
④	맑은 것	더 맑은 것

(문제 198) 정답 및 해설 (2014사회복지직 A책형 문8)

◆ "~ 군자가 이것을 보고 그 맑은 것을 취한다. ~ 먼지에 흐려진 것만 못하다. 먼지로 흐려진 것은 비록 그 외면은 부식되었더라도 그 맑은 바탕은 없어지지 않으니, 만일 잘생긴 사람을 만난 다음에 갈고 닦아도 늦지 않다."로 보아 괄호 안에 알맞은 말을 넣어보면 다음과 같다.

"옛적에 거울을 보는 사람은 그 (㉠ 맑은 것)을 취하기 위함이었지만, 내가 거울을 보는 것은 그 (㉡ 흐린 것)을 취하기 위함이니, 그대는 무엇을 괴이하게 여기는가?"

(문제 198) 정답: ②

(문제 199) 다음에서 설명하고 있는 음운 변동의 예로 적절하지 않은 것은? (2014사회복지직 A 책형 문10)

음운 변동은 그 결과에 따라 한 음운이 다른 음운으로 바뀌는 교체(交替), 원래 있던 음운이 없어지는 탈락(脫落), 없던 음운이 추가되는 첨가(添加), 두 개의 음운이 합쳐져서 하나로 되는 축약(縮約) 등으로 분류할 수 있다.

① 교체 - 부엌[부억]
② 탈락 - 굳이[구지]
③ 첨가 - 솜이불[솜니불]
④ 축약 - 법학[버팍]

(문제 199) 정답 및 해설 (2014사회복지직 A책형 문10)

① 교체(交替) - 부엌[부억] (O)
 ◆ 교체(交替) - 한 음운이 다른 음운으로 바뀌는 현상.
 ◆ 부엌 → [부억] / ㅋ → [ㄱ] - 'ㅋ'에서 'ㄱ'으로 **교체**되었다.
② **탈락(脫落)** - 굳이[구지] (X) → 음운의 **동화** + 역행동화 + **구개음화**
 ◆ 굳이[구지]는 탈락이 아니라 동화에 속한다. 동화 중에서도 역행동화에 속하며 구개음화에 해당한다.
③ 첨가(添加) - 솜이불[솜니불] (O)
 ◆ 첨가(添加) - 없던 음운이 추가되는 현상.
 ◆ 솜이불[솜니불] : 이 → [니] - 'ㄴ'이 **첨가**되었다.
④ 축약(縮約) - 법학[버팍] (O)
 ◆ 축약(縮約) - 두 개의 음운이 합쳐져서 하나로 되는 축약(縮約)
 ◆ '법'의 'ㅂ'과 '학'의 'ㅎ'이 합쳐져서 'ㅍ'으로 **축약**되었다.

(문제 199) 정답: ②

(문제 200) 통사적 합성어의 유형과 그 예가 맞지 않는 것은? (2014사회복지직 A책형 문11)

① 명사와 명사가 결합된 경우 - 할미꽃
② 관형어와 체언이 결합된 경우 - 큰형
③ 주어와 서술어가 결합된 경우 - 빛나다
④ 용언의 연결형과 용언이 결합된 경우 - 날뛰다

(문제 200) 정답 및 해설 (2014사회복지직 A책형 문11)
① 명사와 명사가 결합된 경우 - 할미꽃
 ◆ 할미(명사) + 꽃(명사) = 통사적 합성어 (O)
② 관형어와 체언이 결합된 경우 - 큰형
 ◆ 큰(관형어) + 형(체언) = 통사적 합성어 (O)

(문제 201) ㉠~㉢의 밑줄 친 부분이 높이고 있는 인물은? **(2014사회복지직 A책형 문15)**

㉠ 할아버지께서는 아버지의 사업을 <u>도우신다</u>.

㉡ 형님이 선생님을 <u>모시고</u> 집으로 왔다.

㉢ 할머니, 아버지가 고모에게 전화하는 것을 <u>들었어요</u>.

	㉠	㉡	㉢
①	아버지	선생님	할머니
②	아버지	형님	아버지
③	할아버지	형님	아버지
④	할아버지	선생님	할머니

(문제 202) ㉠~㉣ 중 지시 대상이 같은 것끼리 묶인 것은? (2014사회복지직 A책형 문16)

철호: 지난번 빌려갔던 ㉠의 책은 별로 재미가 없어. ㉡그 책은 어때?
영희: 응. ㉢의 책은 꽤 재미있던데, 철호야 ㉣저 책 읽어봤니?
철호: 아니, 저 책은 안 봤는데.

① ㉠, ㉡   ② ㉠, ㉣   ③ ㉡, ㉢   ④ ㉡, ㉣

(문제 202) 정답 및 해설 (2014사회복지직 A책형 문16)

철호: 지난번 빌려갔던 ㉠ A책은 별로 재미가 없어. ㉡ B책은 어때?
영희: 응. ㉢ B책은 꽤 재미있던데, 철호야 ㉣ C 책 읽어봤니?
철호: 아니, 저 책은 안 봤는데.
◆ 지시 관형사를 파악하는 문제인데 A, B, C로 바꾸어 보았다. 종합해 보면 ㉡과 ㉢이 같은 대상인 점을 알 수 있다.

(문제 202) 정답: ③ ㉡, ㉢

(문제 203) 외래어 표기가 모두 맞는 것은? (2014지방직 1회 A책형 문2)

① 리포트, 서비스, 워크숍, 콤플렉스
② 색소폰, 쥬스, 텔레비전, 판타지
③ 심포지엄, 로케트, 앙케트, 타월
④ 난센스, 리더십, 싸인, 파일

(문제 203) 정답 및 해설 (2014지방직 1회 A책형 문2)

① 리포트, 서비스, 워크숍, 콤플렉스 (O)
  ☺영보이 암기tip)
    ◆ 리포트 - 리본을 리포트에 붙이다. < 리본 - 리포트 > < 레포트 (X) >
    ◆ 서비스 - 서울에 있는 술집은 손님들에게 서비스를 잘한다. < 서울 - 서비스 >
              < 써비스 (X) >
    ◆ 워크숍 - 워크숍에 가서 커피숍에서 커피나 마시자.< 워크숍 (ㅂ) - 커피숍 (ㅂ) >
    ◆ 콤플렉스 - 나는 코가 콤플렉스야. < 코 - 콤 > < 컴플렉스 (X) >
② 색소폰, 쥬스, 텔레비전, 판타지 (X) → 주스
  ☺영보이 암기tip)
    ◆ 색소폰 - 색깔이 아름답고 소중한 내 색소폰 < 섹스폰 (X) >
    ◆ 주스 - 내 주요 음료수는 주스이다. < 주요 - 주스 > < 쥬스 (X) >
    ◆ 텔레비전 - 텔레비전 드라마 중 전원일기가 제일 재미있다.
              < 텔레비전 - 전원일기 > < 텔레비젼 (X) >

(문제 204) 밑줄 친 부분의 의미와 가장 가까운 것은? (2014지방직 1회 A책형 문3)

농악에는 우리 민족의 정서가 <u>배어</u> 있다.

① 욕이 입에 <u>배어</u> 큰일이다.
② 그는 속이 너무 <u>배어</u> 큰 인물은 못 된다.
③ 갓난아이 몸에는 항상 젖내가 <u>배어</u> 있다.
④ 이 책에는 아이에 대한 부모의 고민과 애정이 <u>배어</u> 있다.

(문제 204) 정답 및 해설 (2014지방직 1회 A책형 문3)
◆ 농악에는 우리 민족의 **정서가 배어** 있다. - 느낌, 생각 따위가 깊이 느껴지거나 오래 남아 있다.
① 욕이 입에 배어 큰일이다. - 버릇이 되어 익숙해지다.
② 그는 속이 너무 배어 큰 인물은 못 된다. - 생각이나 안목이 매우 좁다.
③ 갓난아이 몸에는 항상 젖내가 배어 있다. - 냄새가 스며들어 오래도록 남아 있다.
④ 이 책에는 아이에 대한 부모의 **고민과 애정**이 **배어** 있다. - 느낌, 생각 따위가 깊이 느껴지거나 오래 남아 있다. (O)
★ 제시된 문장에서 '정서'와 보기④에서 '고민과 애정'이 같은 부류의 단어라는 것을 알 수 있다. 즉, <u>사람의 감정을 나타내는 낱말</u>이라 정답을 어렵지 않게 고를 수 있다.
(문제 204) 정답: ④

(문제 204) 밑줄 친 단어 중 명사를 모두 고른 것은? (2014지방직 1회 A책형 문4)

○ 십 년 만에 그 친구를 <u>만남</u>으로써 갈등이 다소 해결되었다.
○ 가능한 <u>한</u> 깨끗하게 청소하여라.
○ 그녀는 웃을 <u>뿐</u> 말이 없었다.
○ 나를 <u>보기</u> 위해 왔니?

① 만남, 한, 뿐   ② 한, 뿐   ③ 한, 뿐, 보기   ④ 만남, 보기

(문제 204) 정답 및 해설 (2014지방직 1회 A책형 문4)

○ 십 년 만에 그 친구를 <u>만남</u>으로써 갈등이 다소 해결되었다. (X) → **명사형 동사**
　◆ 형태가 명사형이라도 서술성이 있으면 '동사'인 경우가 있다. 이 경우 '그 친구를 만나다'는 서술성이 있으므로 **이 문장에서 '만남'은 동사이다**.
○ 가능한 <u>한</u> 깨끗하게 청소하여라. (O)
　◆ -**한** : 주로 '-는 한' 구성으로 쓰여 조건의 뜻을 나타내는 **명사**.
○ 그녀는 웃을 <u>뿐</u> 말이 없었다. (O)
　◆ -**뿐** : 어미 '-을' 뒤에 쓰여 다만 어떠하거나 어찌할 따름이라는 뜻을 나타내는 의존 명사
○ 나를 <u>보기</u> 위해 왔니? (X) → **명사형 동사**
　◆ 형태가 명사형이라도 서술성이 있으면 '동사'인 경우가 있다. 이 경우 '나를 보다'는 서술성이 있으므로 **이 문장에서 '보기'는 동사이다**.

(문제 204) 정답: ② 한, 뿐

(문제 205) 형태소의 개수가 가장 많은 것은? (2014지방직 1회 A책형 문6)

① 남겨진 적도 물리쳤겠네.
② 너를 위해서 땀을 흘렸어.
③ 훔쳐 갔을 수도 있겠군요.
④ 단팥죽이라도 가져와야지.

(문제 205) 정답 및 해설 (2014지방직 1회 A책형 문6)

◆ 형태소(形態素): 뜻을 가진 가장 작은 말의 단위. '이야기책'의 '이야기', '책' 따위이다.
① 남겨진 적도 물리쳤겠네. (12개 or 13개) (O)
　◆ 남 / 기 / 어 / 지 / ㄴ // 적 / 도 / 물리 / 치 / 었 // 겠 / 네 - 12개
　● 남 / 기 / 어 / 지 / ㄴ // 적 / 도 / 무르 / 이 / 치 // 었 / 겠 / 네 - 13개
② 너를 위해서 땀을 흘렸어.
　◆ 너 / 를 / 위 / 하 / 여서 // 땀 / 을 / 흐르 / 이 / 었 // 어 - 11개

③ 훔쳐 갔을 수도 있겠군요.

 ◆ 훔치 / 어 / 가 / 았 / 을 // 수 / 도 / 있 / 겠 / 군 // 요 -11개
④ 단팥죽이라도 가져와야지.
 ◆ 달 / ㄴ / 팥 / 죽 / 이라도 // 가지 / 어 / 오 / 아야지 - 9개
☺영보이 시험tip) 형태소 개수를 파악하는 문제는 많이 헷갈리고 시간도 많이 걸린다. 필자가 조언해 주고 싶은 점은 시간이 부족할 경우 이러한 문제는 제일 적게 나온 번호를 고르면 좋을 듯하다. 단, 확실히 맞힐 실력이 있으면 풀어도 좋다.

(문제 205) 정답: ①

(문제 206) 다음 문장과 관련된 속담으로 가장 적절한 것은? (2014지방직 1회 A채형 문11)

그 동네에 있는 레스토랑의 음식은 보기와는 달리 너무 맛이 없었어.

① 보기 좋은 떡이 먹기도 좋다.
② 볶은 콩에 싹이 날까?
③ 빛 좋은 개살구
④ 뚝배기보다 장맛이 좋다.

(문제 206) 정답 및 해설 (2014지방직 1회 A채형 문11)

◆ '보기와는 달리 너무 맛이 없었어.'로 보아 겉으로 보기에는 좋지만 실제로는 아니라는 답을 고르면 된다.
① 보기 좋은 떡이 먹기도 좋다. - 내용이 좋으면 겉모양도 반반함을 비유적으로 이르는 말. / 겉모양새를 잘 꾸미는 것도 필요함을 비유적으로 이르는 말.
② 볶은 콩에 싹이 날까? - 불에다 볶은 콩은 싹이 날 리가 없다는 뜻으로, 아주 가망이 없음을 비유적으로 이르는 말.
③ 빛 좋은 개살구 (O) - 겉보기에는 먹음직스러운 빛깔을 띠고 있지만 맛은 없는 개살구라는 뜻으로, 겉만 그럴듯하고 실속이 없는 경우를 비유적으로 이르는 말.
④ 뚝배기보다 장맛이 좋다. - 겉모양은 보잘것없으나 내용은 훨씬 훌륭함을 이르는 말.

(문제 206) 정답: ③

(문제 207) 사전 등재 순서에 맞게 배열된 것은? **(2014지방직 1회 A책형 문12)**

① 두다, 뒤켠, 뒤뜰, 따뜻하다
② 냠냠, 네모, 넘기다, 늴리리
③ 얇다, 앳되다, 여름, 에누리
④ 괴롭다, 교실, 구름, 귀엽다

(문제 207) 정답 및 해설 (2014지방직 1회 A책형 문12)

① 두다, 뒤켠, 뒤뜰, 따뜻하다 (X) → 두다, 뒤뜰 → 뒤켠, 따뜻하다
　◆ 뒤켠 (X) → 뒤편 : 뒤켠은 표준어가 아니므로 뒤편이 옳다.
② 냠냠, 네모, 넘기다, 늴리리 (X) → 냠냠, 넘기다 → 네모, 늴리리
③ 얇다, 앳되다, 여름, 에누리 (X) → 앳되다, 얇다, 에누리, 여름
④ 괴롭다, 교실, 구름, 귀엽다 (O)
◆ 순서: 자음의 순서 ⋯ 모음의 순서 ⋯ 겹자음의 순서
◆ **자음의 순서**: 자 음: ㄱ, ㄲ, ㄴ, ㄷ, ㄸ, ㄹ, ㅁ, ㅂ, ㅃ, ㅅ, ㅆ, ㅇ, ㅈ, ㅉ, ㅊ, ㅋ, ㅌ, ㅍ, ㅎ

> < ㄱ(기역), ㄴ(니은), ㄷ(디귿), ㄹ(리을), ㅁ(미음), ㅂ(비읍), ㅅ(시옷),
> ㅇ(이응), ㅈ(지읒), ㅊ(치읓), ㅋ(키읔), ㅌ(티읕), ㅍ(피읖), ㅎ(히읗) >

● **모음의 순서**: ㅏ, ㅐ, ㅑ, ㅒ, ㅓ, ㅔ, ㅕ, ㅖ, ㅗ, ㅘ, ㅙ, ㅚ, ㅛ, ㅜ, ㅝ, ㅞ, ㅟ, ㅠ, ㅡ, ㅢ, ㅣ

(문제 207) 정답: ④

(문제 208) 밑줄 친 단어의 쓰임이 적절하지 않은 것은? **(2014지방직 1회 A책형 문13)**

① 동아리 활성화를 위한 프로그램 <u>개발</u>이 필요하다.
② 사람들의 후원금이 방송국에 <u>답지</u>하고 있다.
③ 빙산이 바다 위를 <u>부상</u>하는 것은 온난화 때문이다.
④ 세입자에게 밀린 집세를 너무 자주 <u>채근</u>하지 마라.

(문제 208) 정답 및 해설 (2014지방직 1회 A책형 문13)

① 동아리 활성화를 위한 프로그램 <u>개발</u>이 필요하다.(O)
　1)개발(開發): 開(열 개) 發(필 발).
　　a)의미: 땅이나 천연자원 등을 개척(開拓)하여 유용하게 만드는 것을 의미하거나 지식이나 소질 따위를 더욱 더 나아지도록 함. 또는 산업이나 경제 등을 발전하게 함을 의미함.
　2)예: 택지 開發(개발), 신제품 開發(개발), 기술 開發(개발), 유전(油田)을 開發(개발).

3)영어사전: development(발달, 성장, 개발), exploit(이용하다, 개발하다), exploitation (착취(搾取), 개발),develop(발달시키다, 개발하다),

★헷갈리는 한자어
1)계발(啓發): 啓(열 계) 發(필 발). 발음: [계:발, 게:발](긴 소리).
  a)의미: 사상·재능·슬기 등을 일깨워서 발전하게 함을 의미.
  b)예: 창의성 啓發(계발), 소질 啓發(계발)
★啓發(계발)은 '啓(열 계)'를 쓴다. 또한 '啓(열 계)'는 '口(입 구)'가 들어있다.
☺영보이 암기tip) 계모임에서 엄마들은 계속해서 아이들의 창의(創意)성 啓發(계발)이 중요하다고 입(口: 입 구)을 모아 이야기하였다.

② 사람들의 후원금이 방송국에 답지하고 있다.(O)
 1)답지(遝至): 遝(뒤섞일 답) 至(이를 지).
  a)의미: 한군데로 몰려든다는 의미.
  b)영어사전: influx(밀려듦), rush in(난입하다, 몰려들다),

③ 빙산이 바다 위를 부상하는 것은 온난화 때문이다. (X)
 1)부상(浮上): 浮(뜰 부) 上(위 상)
  a)의미: 물 위로 떠오른다는 의미.
  b)영어사전: float(떠가다), emerge(나오다, 모습을 드러내다)
★'부상(浮上)'은 '물 위로 떠오르다.'는 의미인데 빙산이 온난화 때문에 녹는 것이지 부상(浮上), 즉 떠오르는 것은 아니다. 따라서 어색한 문장이다.

☺영보이 국어plus)
1)扶桑(부상): 扶(도울 부) 桑(뽕나무 상), 의미: 태양이 뜨는 동쪽 바다
2)咸池(함지): 咸(다 함) 池(못 지), 의미: 태양이 지는 서쪽의 큰 못.
cf) 부상(扶桑) - 함지(咸池): 扶桑(부상)과 咸池(함지)는 반대되는 의미의 한자어)

*동음이의 한자어
1)負傷(부상): 負(질 부) 傷(상처 상)
a)의미: 몸에 상처(傷處)를 입는다는 의미.
 b)영어사전: injury, wound
2)副賞(부상): 副(버금 부) 賞(상금 상)
a)의미: 상장 외에 덧붙여 주는 상금이나 상품을 의미함.
 b)영어사전: prize

④ 세입자에게 밀린 집세를 너무 자주 채근하지 마라.(O)
 1)채근(採根): 採(캘 채) 根(뿌리 근). 발음: [채:근](긴 소리).
 2)의미: 식물의 뿌리를 캐낸다는 의미로 쓰이거나 어떤 일을 따지고 독촉한다는 의미.

☺☺☺영보이point: 보기 ③번의 '부상(浮上)'은 물 위로 떠오른다는 의미인데 빙산은 바다에 잠겨있는 것이지 떠오르는 것은 아니다. 따라서 정답은 ③

(문제 208) 정답: ③

(문제 209) 밑줄 친 단어의 표기가 옳은 것은? (2014지방직 1회 A책형 문15)

① 어제 선생님을 <u>뵜습니다</u>.
② 오늘따라 피아노가 잘 안 <u>쳐져요</u>.
③ 삼촌이 그러는데요, 민희가 무척 <u>예뻐졌데요</u>.
④ 놀이터에서 놀고 있는 두 아이는 <u>쌍둥이에요</u>.

(문제 209) 정답 및 해설 (2014지방직 1회 A책형 문15)

① 어제 선생님을 <u>뵜</u>습니다. (X) → **뵈었**습니다 (O) / **뵀**습니다 (O)
② 오늘따라 피아노가 잘 안 <u>쳐져요</u>. (O) = '치어지어요'의 준말로 올바른 표기이다.
③ 삼촌이 그러는데요, 민희가 무척 예뻐졌<u>데</u>요. (X) → 예뻐졌**대**요 (O)
  ◆ 다른 사람이 말한 것을 간접적으로 전달할 때는 '대'를 쓴다.
④ 놀이터에서 놀고 있는 두 아이는 쌍둥이에요. (X)
  → 쌍둥**이이**에요 (O) / 쌍둥이**예**요 (O) / 쌍둥**이이**어요 (O) / 쌍둥이**여**요 (O)
  ◆ 명사 + 이에요 / 예요 / 이어요 / 여요
  ★ <u>헷갈리는 매우 중요한 단어</u> : 아니**예**요 (X) → <u>아니에요 (O)</u>

(문제 209) 정답: ②

(문제210) 다음을 바탕으로 '보다'를 뜻풀이할 때 가장 적절한 것은?(2014지방직 2회 B책형 문1)

○ 시계를 보다.
○ 현미경을 보다.
○ 거울을 보다.

① 대상의 내용이나 상태를 알기 위하여 살피다.
② 일정한 목적 아래 만나다.
③ 맡아서 보살피거나 지키다.
④ 상대편의 형편 따위를 헤아리다.

(문제210) 정답 및 해설 (2014지방직 2회 B책형 문1)

○ 시계를 **보다**.　○ 현미경을 **보다**.　○ 거울을 **보다**.
◆ 이 문장들에서 '**보다**'는 가장 일반적인 의미인 '**대상의 내용이나 상태를 알기 위하여 살피다**.'이다.
① 대상의 내용이나 상태를 알기 위하여 살피다. (O)
② 일정한 목적 아래 만나다. - 맞선을 **보다** / 나 좀 잠깐 **볼** 수 있을까?
③ 맡아서 보살피거나 지키다. - 그녀는 아이를 **봐** 줄 사람을 구하였다. / 소년은 집을 **보다**가 잠이 들었다.
④ 상대편의 형편 따위를 헤아리다. - 너를 **보아** 내가 참아야지. / 그의 사정을 **보니** 딱하게 되었다.

(문제210) 정답: ①

(문제 211) 이해하기 쉽게 풀어 쓴 것으로 바르지 않은 것은? **(2014지방직 2회 B책형 문2)**

① 극심한 고통 속에 헤매고 있고 → 몹시 고통을 겪고 있고
② 전답이 침수되지 않도록 만수위에서 방류 → 논밭이 물에 잠기지 않도록 물이 가득 차면 흘려보냄
③ 농경지는 척박해지고 → 농사짓는 땅의 크기는 줄어들고
④ 공도상 무단 적치물 엄금 → 길 위에 허락 없이 물건을 쌓아두지 마시오.

(문제 211) 정답 및 해설 (2014지방직 2회 B책형 문2)

① 극심한 고통 속에 헤매고 있고 → 몹시 고통을 겪고 있고 (O)
  ◆ 극심(極甚) - 매우 심함.
② 전답이 침수되지 않도록 만수위에서 방류 → 논밭이 물에 잠기지 않도록 물이 가득 차면 흘려보냄 (O)
  ◆ 침수(浸水) - 물에 잠김. '잠김'으로 순화.
  ◆ 만수위(滿水位) - 저수지, 하천, 물탱크 따위에 물이 가득 찼을 때의 수면의 높이. '꽉찬 물 높이'로 순화.
  ◆ 방류(放流) - 모아서 가두어 둔 물을 흘려보냄. / 물고기를 기르기 위하여, 어린 새끼 고기를 강물에 놓아 보냄. / 귀양을 보냄.
③ 농경지는 **척박**해지고 → 농사짓는 땅의 **크기는 줄어들고** (X)
  ⇒ 농사짓는 땅은 **기름지지 못하고 몹시 메마르고**
  ◆ **척박**(瘠薄) - 땅이 기름지지 못하고 몹시 메마름 ≒ 교박(磽薄)
④ 공도 상 무단 적치물 엄금 → 길 위에 허락 없이 물건을 쌓아두지 마시오. (O)
  ◆ 공도(公道) - 공중(公衆)이 교통수단을 이용하여 통행하도록 나라나 도(道), 시(市) 등에서 마련하여 관리하는 길.
  ◆ 무단(無斷) - 사전에 허락이 없음. 또는 아무 사유가 없음.
  ◆ 적치물(積置物) - 높이 겹쳐서 쌓은 물건.
  ◆ 엄금(嚴禁) - 엄하게 금지함.

(문제 211) 정답: ③

(문제 212) 띄어쓰기가 바르지 않은 것은? (2014지방직 2회 B책형 문3)

① 무엇을∨해야∨할∨지∨모르겠다.
② 내가∨너라도∨그렇게∨할∨수밖에∨없었을∨거야.
③ 차∨한∨대가∨쏜살같이∨지나가는∨것을∨봤습니다.
④ 교실∨안에는∨가방,∨체육복,∨신발∨들이∨어지럽게∨널려∨있었다.

(문제 212) 정답 및 해설 (2014지방직 2회 B책형 문3)

① 무엇을∨해야∨할V지∨모르겠다. (X) → **할지**
 ◆ '**지**'의 경우 **시간의 경과**를 의미할 경우에만 **띄어** 쓴다. 따라서 '할V지'가 아니라 '**할 지**'처럼 붙여 쓴다.
② 내가∨너라도∨그렇게∨할∨수밖에∨없었을∨거야.
③ 차∨한∨대가∨쏜살같이∨지나가는∨것을∨봤습니다.
④ 교실∨안에는∨가방,∨체육복,∨신발∨들이∨어지럽게∨널려∨있었다.

☺**영보이 암기tip) 띄어쓰기는 원고기로 공부하면 효과가 좋다.**

무	엇	을		해	야	V	할	지			내	가		**너**	**라**	**도**			
할	V	**수**	**밖**	**에**			없	었	을	V	거	야			차	V	한	V	대
쏜	**살**	**같**	**이**			교	실	V	안	에	는								
가	방	,	체	육	복	,	신	발	V	들	이			널	려	V	있	었	다	.

(문제 212) 정답: ①

(문제 213) 밑줄 친 부분이 한글 맞춤법에 맞게 표기된 것은? (2014지방직 2회 B책형 문4)

① 고무줄을 <u>늘렸다</u>.
② 임명 동의안을 표결에 <u>붙였다</u>.
③ 나는 집에 <u>갈께</u>.
④ 학교에서 <u>봬요</u>.

(문제 213) 정답 및 해설 (2014지방직 2회 B책형 문4)

① 고무줄을 <u>늘렸다</u>. (X) → 늘였다
 ◆ 늘이다: 본디보다 더 길게 하다.
 ● 늘리다: 물체의 넓이, 부피 따위를 본디보다 커지게 하다.

② 임명 동의안을 표결에 <u>붙였다</u>. (X) → **부쳤다**
- **'부치다, 붙이다'는 매우 헷갈리므로 예를 외우는 것이 효과적이다.**
- 임명 동의안을 **표결**에 **부칠** 예정이다. < **표결 - 부** >
- **안건**을 회의에 **부치다** / 임명 동의안을 **표결**에 **부치다**/인권 침해 책임자를 **재판**에 **부쳐** 처벌하였다. / 정부는 중요 정책을 국민 **투표**에 **부쳤다**.
  <u>☺영보이 암기tip) 안건 - 부 / 표결 - 부 / 재판 - 부 / 투표 - 부</u>
- 그 식당은 **몸 부칠** 곳 없는 사람들을 모아서 대접한다.
- 삼촌 집에 **숙식**을 **부치다** / 당분간만 밥은 **주인집**에다 **부쳐** 먹기로 교섭했다. / 같이 오자던 사람의 집에 가서 **몸**을 **부치고** 있었네.
  <u>☺영보이 암기tip) 숙식 - 부 / 주인집 - 부 / 몸 - 부</u>
- 회의 내용을 **극비**에 **부치다** / 여행 계획을 **비밀**에 **부치다** / 세상에 떠도는 얘기 같은 것 **불문**에 **부치겠다** 그러던가요?
  <u>☺영보이 암기tip) 극비 - 부 / 비밀 - 부 / 불문 - 부</u>

③ 나는 집에 <u>갈께</u>. (X) → 갈**게**
- **평서문 종결 어미**에 된소리를 표기하지 않는다.

④ 학교에서 <u>봬요</u>. (O) = 뵈어요 (O)

(문제 213) 정답: ④

(문제 214) 어법상 바른 문장은? (2014지방직 2회 B책형 문5)

① 연필 잡은 손가락에 군살이 박혔다.
② 이농 현상에 따라 도시 인구가 높아졌다.
③ 바로 그 점을 염두해 두어야 한다.
④ 마음을 졸이며 대문 앞으로 갔다.

(문제 214) 정답 및 해설 (2014지방직 2회 B책형 문5)

① 연필 잡은 손가락에 군살이 <u>박혔</u>다. (X) → 박**였**다
- 박이다 - 버릇, 생각, 태도 따위가 깊이 배다. / 손바닥, 발바닥 따위에 굳은살이 생기다.
  <u>☺영보이 암기tip)</u> 주말마다 등산하는 버릇이 몸에 박**여** 이제는 포기할 수 없다.
  선생 티가 박**인** 삼촌은 언제나 훈계조로 말한다.
  마디마디 못이 박**인** 어머니의 손
  나는 굳은살 박**인** 손을 바라보았다.

② 이농 현상에 따라 도시 인구가 <u>높아</u>졌다. (X) → **많아졌다**
- **인구**는 정도가 높거나 낮아지는 것이 아니라 **양**이 **많고 적어지는** 것이다.

③ 바로 그 점을 <u>염두해</u> 두어야 한다. (X) → 염두**에**
- 염두 - '마음속'이라는 의미로 다음과 같이 쓴다.
  - **염두** 밖의 일 / **염두에** 없다 / **염두에** 두다

- 157 -

④ 마음을 <u>졸이며</u> 대문 앞으로 갔다. (O)

☺영보이 암기tip)

◆ 졸이다 - 찌개를 졸이다 / 춘추로 장이나 젓국을 졸이다. **< 찌개 - 졸 / 젓국 - 졸>**

　　　　마음을 졸이다 / 가슴을 졸이다 / 바작바작 애를 졸이다.

　　　　　< 마음 - 졸 / 가슴 - 졸 / 애 - 졸 >

● 조리다 - 생선을 조리다 / 멸치와 고추를 간장에 조렸다.

　　　　< 생선 - 조리 / 멸치 - 조리 >

　　　　복숭아를 한 상자 사다가 설탕물에 조려 냉장고에 넣어 두었다.

　　　　< 복숭아 - 조리 >

(문제 214) 정답: ④

(문제 215) 밑줄 친 말과 가장 가까운 의미로 쓰인 것은? **(2014지방직 2회 B책형 문6)**

> 　그 한 해의 절반은 내가 석대의 유일한 적대자였기 때문에, 그리고 다른 절반은 내가 그의 한 팔처럼 되었기 때문에 속을 터놓고 지낼 친구들을 얻을 수가 없었고, 그래서 어디엔가 불의(不義)가 존재한다는 막연한 느낌뿐, 교실 구석에서 은밀하게 <u>벌어지는</u> 일들은 잘 알 수가 없었던 것이다.
>
> - 이문열, 우리들의 일그러진 영웅 중에서 -

① 그녀와 사이가 <u>벌어진</u> 지가 오래되었다.

② 그들 사이에 찬반 논쟁이 <u>벌어졌다</u>.

③ 갈수록 그와 실력 차이가 <u>벌어지고</u> 있다.

④ 그들은 떡 <u>벌어진</u> 술상을 차렸다.

(문제 215) 정답 및 해설 (2014지방직 2회 B책형 문6)

◆ 교실 구석에서 은밀하게 **벌어지는** 일들은 잘 알 수 없었던 것이다. - **어떤 일이 일어나거나 진행되다.**

① 그녀와 사이가 <u>벌어진</u> 지가 오래되었다. - 사람의 사이에 틈이 생기다.

② 그들 사이에 찬반 논쟁이 **벌어졌다**. (O) - **어떤 일이 일어나거나 진행되다.**

③ 갈수록 그와 실력 차이가 <u>벌어지고</u> 있다. - 차이가 커지다.

④ 그들은 떡 <u>벌어진</u> 술상을 차렸다. - '벌어진', '벌어지게' 꼴로 부사 '떡'과 함께 쓰여 음식 따위를 번듯하게 차리다.

(문제 215) 정답: ②

(문제 216) 밑줄 친 한자어가 바르지 않은 것은? **(2014지방직 2회 B책형 문11)**

① 이 친구와 나는 <u>막역한</u> 사이이다.

② 빚쟁이들이 무서워 <u>야반도주</u>하였다.

③ 그야말로 <u>절대절명</u>의 위기로, 어떤 방법으로도 해결할 수 없다.

④ <u>삼수갑산</u>에 가는 한이 있어도 그 사람만큼은 내 손으로 잡겠다.

① 이 친구와 나는 <u>막역한</u> 사이이다. (O)
② 빚쟁이들이 무서워 <u>야반도주</u>하였다. (O)
③ 그야말로 <u>절대</u>절명의 위기로, 어떤 방법으로도 해결할 수 없다. (X) → 절체절명
④ <u>삼수갑산</u>에 가는 한이 있어도 그 사람만큼은 내 손으로 잡겠다. (O)

① 이 친구와 나는 <u>막역한</u> 사이이다.(O)
 1)막역(莫逆): 莫(없을 막) 逆(거스를 역)
 a)의미: 허물이 없이 아주 친함.
 b)막역지우(莫逆之友): 서로 거스름이 없는 친구라는 뜻으로, 허물이 없이 아주 친한 친구를 이르는 말.
 c)영어사전: intimate(친밀한, 사적인), familiar(익숙한, 친숙한), close(가까운, 친밀한), (be familiar with = be well acquainted with(익히 알다)
☺영보이 암기tip) 교양과목인 역사 수업시간에 우연히 막역(莫逆)한 친구를 만났다.

> **☺영보이 국어plus**
> 1)막연(漠然): 漠(넓을 막/사막 막) 然(그럴 연/불탈 연)
> a)의미: 아득하여 분명(分明)하지 않은 모양(模樣)
> b)영어사전: vague(모호한), obscure(모호한), ambiguous(애매모호한), hazy(안개가 낀, 모호한), misty(안개가 낀, 흐릿한), dim(어둑한, 흐릿한), nebulous(흐릿한, 모호한).

② 빚쟁이들이 무서워 <u>야반도주</u>하였다.(O)
 1)야반도주(夜半逃走): 夜(밤 야) 半(반 반) 逃(도망할 도) 走(달릴 주)
 a)의미: 남의 눈을 피하여 한밤중에 도망함
 ☺영보이 암기tip) 야반(夜半)도주를 할 때는 반찬이라도 챙겨가라.

③ 그야말로 <u>절대</u>절명의 위기로, 어떤 방법으로도 해결할 수 없다.(X) → 절체절명(絶體絶命)
 1)절체절명(絶體絶命): 絶(끊을 절) 體(몸 체) 絶(끊을 절) 命(목숨 명)
 a)의미: 몸도 목숨도 다 되었다는 뜻으로, 어찌할 수 없는 절박한 경우를 비유적으로 이르는 말.
 ★절대절명이 아니라 절체절명(絶體絶命)이 맞고 '체'자는 體(몸 체)를 쓴다.
 ☺영보이 암기tip) 외계인 학교에서의 체육은 절체절명(絶體絶命)의 교과 과목이라고 한다. 누가 그래?

> **☺영보이 한국사plus)**
> 1)황현의 절명시(絶命詩): 1910년에 황현이 지은 한시로 한일병합조약의 분노를 참지 못하고 세상과 작별하였다.(한일병합조약(1910.8)으로 일제는 총독부 설치, 국권강탈(强奪)

④ 삼수갑산(三水甲山)에 가는 한이 있어도 그 사람만큼은 내 손으로 잡겠다.(O)
 1)삼수갑산(三水甲山): 함경도(咸鏡道)에 있는 우리나라에서 가장 험한 산골이라 이르던 삼수와 갑산. 조선 시대에 귀양지의 하나였다.
 ☺영보이 암기tip) 삼수갑산(三水甲山)에 가는 한이 있어도 수능 삼수는 하지 않겠다.

☺☺☺영보이point: 절대절명이 아니라 절체절명(絶體絶命)이라고 숙지하자.
(문제 216)정답: ③

(문제 217) 학교 문법을 기준으로 할 때 품사가 다른 것은? (2014지방직 2회 B책형 문12)

① 모든 권세를 버리고 산으로 들어갔다.
② 다른 생각은 하지 말고 공부나 해라.
③ 여러 나라가 올림픽에 참가했다.
④ 많은 사람이 우리 의견에 동조했다.

(문제 217) 정답 및 해설 (2014지방직 2회 B책형 문12)

① 모든 권세를 버리고 산으로 들어갔다. - 관형사
② 다른 생각은 하지 말고 공부나 해라. - 관형사
③ 여러 나라가 올림픽에 참가했다. - 관형사
④ 많은 사람이 우리 의견에 동조했다. - 형용사
◆ 모든, 다른, 여러 등은 관형사로 활용하지 않는다.
● 하지만 형용사인 '많다'는 활용한다. - 많다 / 많고 / 많지
(문제 217) 정답: ④

(문제 218) 가장 우리말다운 표현은? (2014지방직 2회 B책형 문13)

① 그 사람은 선각자에 다름 아니다.
② 그의 작품은 이러한 주목에 값한다.
③ 나에게 있어 낙선은 고배가 아니라 축배입니다.
④ 우리 서로 입장을 이해할 때가 되었습니다.

(문제 218) 정답 및 해설 (2014지방직 2회 B책형 문13)

① 그 사람은 선각자에 **다름 아니다**. (X) → 선각자**이다**.
② 그의 작품은 **이러한 주목에 값한다**. (X) → 그의 작품은 **주목할 만하다**.
③ 나에게 **있어** 낙선은 고배가 아니라 축배입니다. (X) → **나에게** 낙선은 ~ .
④ 우리 서로 입장을 이해할 때가 되었습니다. (O)

(문제 218) 정답: ④

(문제 219) 밑줄 친 부분에 해당하는 예로 적절한 것은? (2014지방직 2회 B책형 문16)

간접 높임이란 '할아버지께서는 돈이 많으시다.'처럼 높여야 할 대상의 신체 부분, 성품, 심리, 소유물과 같이 주어와 밀접한 관계를 맺고 있는 대상을 높이는 것을 말한다. 하지만 간접 높임을 지나치게 사용할 경우 언어생활의 오류를 범하게 된다.

① 과장님, 여쭈어볼 게 있어요.
② 나도 그 선생님께 선물을 드렸어.
③ 철수야, 선생님께서 너 지금 교무실로 오시래.
④ 손님, 사용 중에 불편한 점이 계시면 언제든 연락 주십시오.

(문제 219) 정답 및 해설 (2014지방직 2회 B책형 문16)
① 과장님, **여쭈어**볼 게 있어요. - '객체 높임법'으로 올바른 문장이다.
② 나도 그 선생님께 선물을 **드렸어**. - '객체 높임법'으로 올바른 문장이다.
③ 철수야, 선생님께서 너 지금 교무실로 **오시래**. - (X) → **오라고 하셔**(O)
　◆ 철수를 높이는 것이 아니라 **선생님의 말씀을 높이는 것**이므로 '**오라고 하셔**'가 옳다.
④ 손님, 사용 중에 불편한 점이 **계시면** 언제든 연락 주십시오. (X) → **있으시면**
　◆ 간접 높임법을 잘못 쓴 예로 주어가 '사람'이 아니라 '불편한 점'이라는 무정명사이므로 '계시면'이 아니라 '**있으시면**'이 올바르다.

(문제 219) 정답: ④

(문제 220) 밑줄 친 부분의 표준 발음으로 옳지 않은 것은? (2015지방직 사회복지직 A책형 문1)

① 길을 떠나기 전에 <u>뱃속</u>을 든든하게 채워 두자. - [배쏙]
② 시를 <u>읽다</u> 보면 마음이 편안해진다. - [일따]
③ 외래어를 표기할 때 받침에 'ㄷ'을 쓰지 않는다. - [디그슬]
④ 우리는 <u>금융</u> 위기를 슬기롭게 극복하였다. - [금늉]

(문제 220) 정답 및 해설 (2015지방직 사회복지직 A책형 문1)

① 길을 떠나기 전에 <u>뱃속</u>을 든든하게 채워 두자. - [배쏙] (O) / [뱁쏙] (O)
② 시를 <u>읽다</u> 보면 마음이 편안해진다. - [일따] (X) → [익따]
　◆ 겹받침 'ㄺ' 뒤에 'ㄱ'이 오면 'ㄺ'은 [ㄹ]로 발음되지만 그렇지 않으면 'ㄺ'은 [ㄱ]으로 발음된다. - 책을 읽고[일꼬] / 만화책은 읽지[익찌] 마라.
③ 외래어를 표기할 때 받침에 'ㄷ'을 쓰지 않는다. - [디그슬] (O)
④ 우리는 <u>금융</u> 위기를 슬기롭게 극복하였다. - [금늉] (O) / [그뮹] (O)

(문제 220) 정답: ②

(문제 221) 밑줄 친 부분의 표기가 바르지 않은 것은? (2015지방직 사회복지직 A책형 문2)

① 그는 우표 수집에 있어서는 <u>마니아</u> 수준이다.
② 어머니께서 <u>마늘쫑</u>으로 담그신 장아찌를 먹고 싶다.
③ 그녀는 <u>새침데기</u>처럼 나에게 한 마디 말도 하지 않았다.
④ 그 제품에 대한 <u>라이선스</u>를 획득한 일은 우리에겐 행운이었다.

(문제 221) 정답 및 해설 (2015지방직 사회복지직 A책형 문2)

① 그는 우표 수집에 있어서는 <u>마니아</u> 수준이다. (O)
　☺<u>영보이 암기tip)</u> 영보이는 산삼을 캐는 심마니처럼 마니아 수준이다. < 매니아 (X) >
　　　　　　　< 심마니 - 마니아 >
② 어머니께서 <u>마늘쫑</u>으로 담그신 장아찌를 먹고 싶다. (X) → 마늘종
　◆ 마늘종은 [마늘쫑]으로 발음되지만 쓸 때는 '마늘종'으로 쓴다.
　☺<u>영보이 암기tip)</u> 장아찌를 안 먹어 마늘종으로 종아리를 맞았다. < 마늘종 - 종아리 >
③ 그녀는 <u>새침데기</u>처럼 나에게 한 마디 말도 하지 않았다. (O)
　☺<u>영보이 암기tip)</u> 그녀는 새침데기이지만 웃긴 이야기에는 데굴데굴 바닥을 구르며 웃곤 한다. < 새침데기 - 데굴데굴 >
④ 그 제품에 대한 <u>라이선스</u>를 획득한 일은 우리에겐 행운이었다. (O)
　☺<u>영보이 암기tip)</u> 그 사람은 라이선스를 선점했다. < 라이선스 - 선점하다 >
　◆ 라이선스 - 행정상의 허가나 면허. 또는 그것을 증명하는 문서. '면허', '면허장'으로 순화.

(문제221) 정답: ③

(문제 222) 어법에 맞는 문장은? (2015지방직 사회복지직 A책형 문3)

① 그는 당대 최고의 피아니스트인 김 교수에게 피아노를 사사했다.
② 주민들은 정부 당국에게 건의 사항을 전달했다.
③ 인간은 현실을 지배하기도 하고 복종하기도 한다.
④ 여러분 가정에 행운이 가득하기를 기원하는 것으로 치사에 갈음합니다.

(문제222) 정답 및 해설 (2015지방직 사회복지직 A책형 문3)

① 그는 당대 최고의 피아니스트인 김 교수에게 **피아노를 사사했다.** (O)
  ◆ 사사(師事)하다 - 【…에게서 …을】('…에게서' 대신에 '…에게'가 쓰이기도 한다.)
          스승으로 섬기다. 또는 **스승으로 삼고 가르침을 받다**.
    ◆ 그는 전처만을 외경했을 뿐만 아니라 전처만을 **사사**했다.
    ◆ 그는 김 선생<u>에게서</u> 창을 **사사**하였다.
    ★ 사사**받다** (X) → 사사**하다** (O) : '사사'에는 '받다'는 의미가 포함되어 있다.
② 주민들은 정부 당국에**게** 건의 사항을 전달했다. (X) → 당국에
③ 인간은 현실을 지배하기도 하고 복종하기도 한다. (X) → **현실에** 복종하기도 한다.
  ◆ '현실을 복종하다'는 부적절하므로 '복종하기도' 앞에 '**현실에**'를 **삽입**한다.
④ 여러분 가정에 행운이 가득하기를 기원하는 것으로 치사**에** 갈음합니다. (X) → 치사**를**
  ◆ '갈음하다'는 목적어가 필요하므로 '치사에'가 아니라 '치사**를**'로 수정한다.
  ◆ 갈음 - 다른 것으로 바꾸어 대신하다.
    ◆ 여러분과 여러분 가정에 행운이 가득하기를 기원하는 것으로 치사**를** 갈음합니다.
                                              (문제 222) 정답: ①

(문제 223) 표준 언어 예절에 어긋난 것은? (2015지방직 사회복지직 A책형 문4)

① 직장 상사의 아내를 '여사님'이라고 부른다.
② 직장 상사의 남편을 해당 직장 상사에게 '사부님'이라고 지칭한다.
③ 직장 상사(과장)의 아내를 직장 동료에게 '과장님 부인'이라고 지칭한다.
④ 직장 상사(과장)의 남편을 직장 동료에게 '과장님 바깥어른'이라고 지칭한다.

(문제 223) 정답 및 해설 (2015지방직 사회복지직 A책형 문4)

① 직장 상사의 아내를 '여사님'이라고 부른다. (O)
② 직장 상사의 남편을 해당 직장 상사에게 '**사부님**'이라고 지칭한다. (X) → **바깥어른**
  ◆ 사부(師夫)님 - **스승의 남편**을 높여 부르거나 이르는 말.
③ 직장 상사(과장)의 아내를 직장 동료에게 '과장님 부인'이라고 지칭한다. (O)
④ 직장 상사(과장)의 남편을 직장 동료에게 '과장님 바깥어른'이라고 지칭한다. (O)
                                              (문제223) 정답: ②

(문제 224) 밑줄 친 부분을 잘못 고친 것은? (2015지방직 사회복지직 A책형 문5)

> 제목: 통일 교육 자료집 배부 알림
> 호국안보의 달을 맞이하여 각 학교의 통일 교육의 수월성에 <u>기여하고져</u>, 통일 교육 관련 자료집을 <u>학교 당</u> <u>1권 씩</u> 배부하오니 각 학교에서는 교육 자료로 활용하여 주시고, 교육 지원청에서는 이전 회의에서 <u>말씀드린바</u>와 같이 관내 학교로 배부하여 주시기 바랍니다.

① 기여하고져 → 기여하고저
② 학교 당 → 학교당
③ 1권 씩 → 1권씩
④ 말씀드린바 → 말씀드린 바

(문제 224) 정답 및 해설 (2015지방직 사회복지직 A책형 문5)

① 기여하고져 → 기여하고저 (X) ⇒ 기여하고자
  ☺영보이 암기tip) 너희 아버지 고자라지? - 김유정의 '동백꽃' < 기여하고자 - 고자 >
② 학교 당 → 학교당 (O)
 ◆ 당 - (수 또는 단위를 나타내는 대다수 명사 또는 명사구 뒤에 붙어) '마다'의 뜻을 더하는 **접미사. 접미사는 앞말과 붙여 쓴다.**
  ◆ 마리당 삼천 원 / 시간당 얼마 / 열 마리당 / 40명당
③ 1권 씩 → 1권씩 (O)
 ◆ 씩 - (수량을 나타내는 말 뒤에 붙어) '그 수량이나 크기로 나뉘거나 되풀이됨'의 뜻을 더하는 **접미사. 접미사는 앞말과 붙여 쓴다.**
  ◆ 조금씩 / 며칠씩 / 하나씩 / 두 사람씩 / 열 그릇씩 / 다섯 마리씩 /한 번씩 / 한 걸음씩 / 한 사람 앞에 수건을 하나씩 나누어 주었다.
④ 말씀드린바 → 말씀드린V바 (O)
 ◆ 바 - 앞에서 말한 내용 그 자체나 일 따위를 나타내는 **의존 명사**이다. **의존 명사는 앞말과 띄어 쓴다.**
  ◆ 평소에 느낀V바를 말해라. / 각자 맡은V바 책임을 다하라. / 나라의 발전에 공헌하는V바가 크다. / 내가 알던V바와는 다르다. / 그는 세계 대회에 여러 차례 출전한V바 있다. / 예절을 모른다면 새나 짐승과 하등 다를V바가 있겠느냐?
☺영보이 암기tip) 띄어쓰기는 원고지로 공부하면 효과가 좋다.

	학	교	당		마	리	당		시	간	당		열	마	리	당
	40	명	당		1	권	씩		조	금	씩			며	칠	씩
	하	나	씩		두		사	람	씩		열		그	릇	씩	
	다	섯		마	리	씩		한		번	씩		한		걸	음	씩
	하	나	씩		말	씀	드	린	V	바		느	낀	V	바	
	맡	은	V	바		공	헌	한	V	바		알	던	V	바	와	는
	출	천	한	V	바		다	를	V	바	가					

(문제 224) 정답: ①

(문제 225) 다음의 음운 규칙이 모두 나타나는 것은? (2015지방직 사회복지직 A책형 문8)

> ○ 음절의 끝소리 규칙: 우리말의 음절의 끝에서는 7개의 자음만이 발음됨.
> ○ 비음화: 끝소리가 파열음인 음절 뒤에 첫소리가 비음인 음절이 연결될 때, 앞 음절의 파열음이 비음으로 바뀌는 현상.

① 덮개[덥깨]
② 문고리[문꼬리]
③ 꽃망울[꼰망울]
④ 광한루[광할루]

(문제 225) 정답 및 해설 (2015지방직 사회복지직 A책형 문8)

◆ 음절의 끝소리 규칙: ㄱ / ㄴ / ㄷ / ㄹ / ㅁ / ㅂ / ㅇ
◆ 비음: 입 안의 통로를 막고 코로 공기를 내보내면서 내는 소리. 'ㄴ/ ㅁ /ㅇ'따위가 있다.
◆ 유음: 혀끝을 잇몸에 가볍게 대었다가 떼거나, 잇몸에 댄 채 공기를 그 양옆으로 흘려보내면서 내는 소리. 국어의 자음 'ㄹ'따위이다.
① 덮개[덥깨] - 'ㅍ'→'ㅂ': 음절의 끝소리 규칙
② 문고리[문꼬리] - 사잇소리 현상 / 된소리 현상
③ 꽃망울[꼰망울] - 'ㅊ'→'ㄴ': 음절의 끝소리 규칙(ㄴ) + 비음화(ㄴ)
④ 광한루[광할루] - 'ㄴ'→'ㄹ': 유음화 현상

(문제 225) 정답: ③

(문제 226) 밑줄 친 단어의 사용이 옳지 않은 것은? (2015지방직 사회복지직 A책형 문12)

① 이젠 집안을 아주 **결딴**을 내려고 하는군.
② 일이 꺼림칙하게 되어 가더니만 결국 **사달**이 났다.
③ 그 총각은 폭넓은 교양과 전문적인 지식을 갖춘 **재원**이다.
④ 교사는 학생의 잠재된 창의성이 **계발**되도록 충분한 기회를 주어야 한다.

(문제 226) 정답 및 해설 (2015지방직 사회복지직 A책형 문12)

① 이젠 집안을 아주 **결딴**을 내려고 하는군. (O)
  ◆ 결딴 - 살림이 망하여 거덜 난 상태.
② 일이 꺼림칙하게 되어 가더니만 결국 **사달**이 났다. (O)
  ◆ 사달 - 사고나 탈.
③ 그 총각은 폭넓은 교양과 전문적인 지식을 갖춘 **재원**이다. (X) → **인재**
  ◆ **재원**(才媛) - 재주가 뛰어난 젊은 **여자**. < 才(재주 재) 媛(**미인** 원) >
  ● **인재**(人材) - 어떤 일을 할 수 있는 학식이나 능력을 갖춘 사람.
④ 교사는 학생의 잠재된 창의성이 **계발**되도록 충분한 기회를 주어야 한다. (O)
  ◆ 계발(啓發): 啓(열 계) 發(필 발). 발음: [계:발, 게:발](긴 소리).
    ◆ 의미: 사상·재능·슬기 등을 일깨워서 발전하게 함을 의미.
    ◆ 예: 창의성 啓發(계발), 소질 啓發(계발)
  ★啓發(계발)은 '啓(열 계)'를 쓴다. 또한 '啓(열 계)'는 '口(입 구)'가 들어있다.
  ☺영보이 암기tip) 계모임에서 엄마들은 계속해서 아이들의 창의(創意)성 啓發(계발)이 중요하다고 입(口: 입 구)을 모아 이야기하였다.

  ● **헷갈리는 한자어**
    ● **개발**(開發): 開(열 개) 發(필 발).
    ● 의미: 땅이나 천연자원 등을 개척(開拓)하여 유용하게 만드는 것을 의미하거나 지식이나 소질 따위를 더욱 더 나아지도록 함. 또는 산업이나 경제 등을 발전하게 함을 의미함.
      ● 예: 택지 開發(개발), 신제품 開發(개발), 기술 開發(개발), 유전(油田)을 開發(개발).
        동아리 활성화를 위한 프로그램 개발(開發)이 필요하다
      ● 영어사전: exploit(이용하다, 개발하다), exploitation(착취(搾取), 개발), develop(발달시키다, 개발하다), development(발달, 성장, 개발)

(문제 226) 정답: ③

(문제 227) 밑줄 친 어휘의 쓰임이 옳은 것만을 모두 고른 것은? (2015지방직 사회복지직 A책형 문13)

ㄱ. 꼬마들에게는 주사를 <u>맞추기가</u> 힘들다.
ㄴ. 수수께끼에 대한 답을 정확하게 <u>맞추면</u> 상품을 드립니다.
ㄷ. 할아버지는 할머니를 소박을 <u>맞히고</u> 나서 두고두고 후회하셨다.
ㄹ. 여자 친구와 다음 주 일정을 <u>맞춰</u> 보았더니 목요일에만 만날 수 있을 것 같다.

① ㄱ, ㄴ
② ㄱ, ㄷ
③ ㄴ, ㄹ
④ ㄷ, ㄹ

(문제 227) 정답 및 해설 (2015지방직 사회복지직 A책형 문13)

ㄱ. 꼬마들에게는 주사를 맞<u>추기가</u> 힘들다. (X) → 맞<u>히</u>기가
◆ 맞히다 - '맞다'의 사동사
  ◆ 아이의 엉덩이에 <u>주사</u>를 맞<u>히</u>다 / 꼬마들에게는 <u>주사</u>를 맞<u>히</u>기가 힘들다.
  ◆ 겁이 많은 아이를 <u>침</u>을 맞<u>히</u>려면 어른이 모범을 보이는 것이 가장 효과적이다.
<u>☺영보이 암기tip) < 주사 - 히 / 침 - 히 ></u>
ㄴ. 수수께끼에 대한 답을 정확하게 맞<u>추</u>면 상품을 드립니다. (X) → 맞<u>히</u>면
◆ 문제의 <u>답</u>을 알아맞힐 때는 '맞히다'를 쓴다.
<u>☺영보이 암기tip)</u> 옆 반이 아직 수업중이니 <u>수수께끼</u>의 답을 맞<u>히</u>면 크게 웃지 말고
작게 '히<u>히</u>히' 웃어라.
ㄷ. 할아버지는 할머니를 소박을 맞<u>히</u>고 나서 두고두고 후회하셨다. (O)
◆ 맞히다 - '맞다'의 사동사
  ◆ 그렇게 착한 여자에게 바람을 맞<u>히</u>다니 용서할 수 없다.
  ◆ 할아버지는 할머니를 소박을 맞<u>히</u>고 나서 두고두고 후회하셨다.
<u>☺영보이 암기tip) < 바람 - 히 / 소박 - 히 ></u>
ㄹ. 여자 친구와 다음 주 일정을 맞<u>춰</u> 보았더니 목요일에만 만날 수 있을 것 같다. (O)
◆ 맞<u>추</u>다 - 둘 이상의 일정한 대상들을 나란히 놓고 비교하여 살피다.
  ◆ 맞<u>추</u>어 = 맞<u>춰</u>
  ◆ 나는 가장 친한 친구와 답을 맞<u>춰</u> 보았다.
  ◆ 여자 친구와 다음 주 일정을 맞<u>춰</u> 보았더니 목요일에만 만날 수 있을 것 같다.
  ◆ 시험이 끝나면 아이들은 서로 답을 맞<u>춰</u> 보느라고 정신이 없었다.
  ◆ 우리들은 다음 달 일정을 맞<u>춰</u> 보고 나서 여행 계획을 짜기로 했다.
  ◆ 그는 시험지를 정답과 맞<u>춰</u> 보고 나서 흐뭇한 표정을 지었다.

(문제 227) 정답: ④ ㄷ, ㄹ

(문제 228) 중의적인 문장이 아닌 것은? (2015지방직 사회복지직 A책형 문14)

① 아내들은 남편들보다 아이들을 더 사랑한다.
② 사랑하는 조국의 딸들이여!
③ 그는 자기가 맡은 과제를 다 처리하지 못했다.
④ 그것은 아무리 노력해도 소용없는 일이다.

(문제 228) 정답 및 해설 (2015지방직 사회복지직 A책형 문14)

① 아내들은 남편들보다 아이들을 더 사랑한다.
  ◆ 아내들이 남편들과 아이들 둘 중 아이들을 더 사랑하는 것인지
  ● 아니면 '아내들의 아이들 사랑' 정도보다 '남편들의 아이들 사랑' 정도가 더 높은지
의미가 모호하다.
② 사랑하는 조국의 딸들이여!
  ◆ 조국을 사랑하는 것인지
  ● 아니면 딸들을 사랑하는 것인지 의미가 모호하다.
③ 그는 자기가 맡은 과제를 다 처리하지 못했다.
  ◆ 과제를 하나도 처리하지 못 했다는 것인지
  ● 과제를 처리하기는 했으나 일부만 처리했다는 것인지 모호하다.
④ 그것은 아무리 노력해도 소용없는 일이다. (O)
  ◆ **주로 연결 어미 '-아도/어도'가 붙은 동사와 함께 쓰여 정도가 매우 심함을 나타내는
말로 의미가 정확하게 쓰였다.**

(문제 228) 정답: ④

(문제 229) 다음 <공고문>의 ㉠~㉣에 대한 수정 의견으로 적절하지 않은 것은? (2015지방직
사회복지직 A책형 문16)

<공고문>
 이곳은 ㉠개인이 소유하고 있는 사유지입니다. 따라서 외부인이 ㉡이곳을 마음대로 출입
하거나 쓰레기를 무단으로 투기하는 행위는 법에 ㉢접촉되오니 ㉣삼가주시기 바랍니다. 향
후 이와 같은 일이 발생할 경우 고발 조치를 할 것임을 엄중하게 경고하는 바입니다.
                              2015년 00월 00일 주인 백

① ㉠: 의미가 중복되므로 '개인이 소유하고 있는 토지'로 표현하는 게 좋겠어.
② ㉡: 문장 성분의 자연스러운 호응을 위해 '이곳을'을 '이곳에'로 수정하는 게 좋겠어.
③ ㉢: 맥락상 적절하지 못한 단어이므로 '저촉'으로 수정하는 게 좋겠어.
④ ㉣: 어법에 맞게 '삼가해 주시기'로 수정하는 게 좋겠어.

(문제 230) 밑줄 친 단어의 뜻풀이로 바르지 않은 것은? (2015 지방직9 A책형 문4)

① 나이도 먹을 만큼 먹었는데 어쩌면 저렇게 숫저울까?
  - 숫접다: 순박하고 진실하다.
② 그녀는 그가 떠날까 저어하였다.
  - 저어하다: 염려하거나 두려워하다.
③ 나는 곰살궂게 이모의 팔다리를 주물렀다.
  - 곰살궂다: 일이나 행동이 적당하다.
④ 아이들이 놀이방에서 새살거렸다.
  - 새살거리다: 샐샐 웃으면서 재미있게 자꾸 지껄이다.

(문제 231) 다음과 같은 뜻의 속담은? (2015 지방직9 A책형 문5)

> 임시변통은 될지 모르나 그 효력이 오래가지 못할 뿐만 아니라 결국에는 사태가 더 나빠진다는 것을 말한다.

① 빈대 잡으려다 초가삼간 태운다.
② 언 발에 오줌 누기
③ 여름 불도 쬐다 나면 서운하다.
④ 밑 빠진 독에 물 붓기

(문제 231) 정답 및 해설 (2015 지방직9 A책형 문5)

① 빈대 잡으려다 초가삼간 태운다. - 손해를 크게 볼 것을 생각지 아니하고 자기에게 마땅치 아니한 것을 없애려고 그저 덤비기만 하는 경우를 비유적으로 이르는 말. < = 빈대 미워 집에 불 놓는다. >
② 언 발에 오줌 누기 (O) - 언 발을 녹이려고 오줌을 누어 봤자 효력이 별로 없다는 뜻으로, 임시변통은 될지 모르나 그 효력이 오래가지 못할 뿐만 아니라 결국에는 사태가 더 나빠짐을 비유적으로 이르는 말.
③ 여름 불도 쬐다 나면 서운하다. - 당장에 쓸데없거나 대단치 않게 생각되던 것도 막상 없어진 뒤에는 아쉽게 생각된다는 말. < = 오뉴월 겻불도 쬐다 나면 서운하다[섭섭하다] >
④ 밑 빠진 독에 물 붓기 - 밑 빠진 독에 아무리 물을 부어도 독이 채워질 수 없다는 뜻으로, 아무리 힘이나 밑천을 들여도 보람 없이 헛된 일이 되는 상태를 비유적으로 이르는 말.

(문제 231) 정답: ②

(문제 232) 밑줄 친 부분의 표기가 잘못된 것은? (2015 지방직9 A책형 문6)

① 나는 그 일을 <u>시답지</u> 않게 생각한다.
② 그에게는 다섯 <u>살배기</u> 딸이 있다.
③ 밖에 있던 그가 <u>금세</u> 뛰어왔다.
④ 건물이 <u>부숴진</u> 지 오래되었다.

(문제 232) 정답 및 해설 (2015 지방직9 A책형 문6)

① 나는 그 일을 <u>시답지</u> 않게 생각한다. (O)
 ◆ 시답다 - ('시답지 않다', '시답지 못하다' 구성으로 쓰여) 마음에 차거나 들어서 만족스럽다.
 ◆ 시답지 **않다** / 시답**잖다** : 볼품이 없어 만족스럽지 **못하다**.
 ◆ 시**덥**지 않다 (X) / 시**덥**잖다 (X) → 시답지 않다 / 시답잖다
 ☺<u>영보이 암기tip) 그 문제의 정답은 시답지 않다.</u> < 정답 - 시답지 않다 >

② 그에게는 다섯 살배기 딸이 있다. (O)

- ◆ 친구들은 **살**이 많은 내 **배**를 **기억해** '**살배**'라고 부르곤 한다. < 다섯 살**박이** (X) >

③ 밖에 있던 그가 금세 뛰어왔다. (O)

☺**영보이 암기tip)** 세상은 금세 변한다. < 세상 - 금세 >

④ 건물이 부**쉬**진 지 오래되었다. (X) → 부서진

- ◆ 부**쉬**지다 (X) → 부서지다

☺**영보이 암기tip)** 지진으로 서울의 가옥들이 부서지다. < 서울 - 부서지다 >

★ **헷갈리는 단어**

- ● 부**시**다 - 그릇 따위를 씻어 깨끗하게 하다.
  - ● 솥을 부**시**다 / 그릇을 물로 부**시**다 / 밥 먹은 그릇은 깨끗이 부**셔** 놓아라.
- ▲ 부**수**다 - 단단한 물체를 여러 조각이 나게 두드려 깨뜨리다.
  - ▲ 돌을 잘게 부**수**다 / 유리창을 부**수**다
  - ▲ 사람의 이는 음식물을 잘게 부**쉬** 삼키기 좋게 하여 소화를 돕는 역할을 한다.

(문제232) 정답: ④

(문제 233) 묶음표의 쓰임이 잘못된 것은? (**2015 지방직9 A책형 문7**)

① 나는 3·1 운동(1919) 당시 중학생이었다.
② 그녀의 나이(年歲)가 60세일 때 그 일이 터졌다.
③ 젊음[희망(希望)의 다른 이름]은 가장 아름다운 꽃이다.

④국가의 성립 요소 { } 국토 국민 주권

★ '**국민 국민 주권**' 각 단어가 위 중괄호 안에 세로로 들어갑니다. 편집하는 방법을 아무리 해도 모르겠네요. 죄송합니다. 다행히 ④번이 잘못된 것은 아닙니다.

(문제 233) 정답 및 해설 (**2015 지방직9 A책형 문7**)

① 나는 3·1 운동(1919) 당시 중학생이었다. (O)

- ◆ 3·1 운동 (O) / 3.1 운동 (O) - 가운뎃점(·)도 맞고 마침표(.)도 맞다.
- ◆ 3·1 운동(1919) (O) / 3.1 운동(1919) (O) - 주석이나 보충적인 내용을 덧붙일 때 **소괄호** - ( ) -를 쓴다.

② 그녀의 나이(年歲)가 60세일 때 그 일이 터졌다. (X) → 나이[年歲]

- ◆ 고유어에 대응하는 한자어를 함께 보일 때 **대괄호** - [ ] -를 쓴다.

★ **주의해야 할 점**

- ◆ **대괄호** 안과 *음이 다르다*. - 나이[年歲]
- ● **소괄호** 안과 **음이 같다**. - 연세(年歲)

③ 젊음[희망(希望)의 다른 이름]은 가장 아름다운 꽃이다.

- ◆ **괄호 안에 또 괄호**를 쓸 때 바깥쪽의 괄호 대신 대괄호를 쓴다.

(문제 233) 정답: ②

(문제 234) 밑줄 친 용언의 활용이 잘못된 것은? (2015 지방직9 A책형 문11)

① 그는 <u>허구헌</u> 날 술만 마신다.
② 네가 시험에 합격했으니 동네 어른들과 잔치라도 <u>벌여야겠구나</u>.
③ 무슨 말을 해도 괜찮으니 내게 <u>서슴지</u> 말고 말해 보아라.
④ 담당자의 <u>서투른</u> 일 처리 때문에 창구에서 큰 혼란이 있었다.

(문제 234) 정답 및 해설 (2015 지방직9 A책형 문11)

① 그는 <u>허구헌</u> 날 술만 마신다. (X) → 허구한
　☺영보이 암기tip) 내 친구 '**허구한**'은 술 **한** 잔만 먹어도 취하지만 허구한 날 술만 마신다. < 술 **한** 잔 - 허구한 >
② 네가 시험에 합격했으니 동네 어른들과 잔치라도 <u>벌여야겠구나</u>. (O)
　◆ 벌이다
　　◆ 잔치를 벌이다 / 사업을 벌이다
　　◆ 장기판을 벌이다 / 투전판을 벌이다.
　　◆ 책상 위에 책을 어지럽게 벌이 두고 공부를 한다.
　　◆ 읍내에 음식점을 벌이다
　　◆ 친구와 논쟁을 벌이다
　　◆ 벌여 놓은 굿판 - 이미 시작한 일이라 중간에 그만둘 수 없는 처지의 일을 이르는 말.
　　● 벌리다
　　　● 줄 간격을 벌리다 / 가랑이를 벌리다 / 입을 벌리고 하품을 하다
　　　● 생선의 배를 갈라 벌리다 / 밤송이를 벌리고 알밤을 꺼냈다.
　　　● 자루를 벌리다 / 양팔을 옆으로 벌리다
　　　● 아이는 두 손을 벌려 과자를 조심스레 받았다.
　　　● 돈이 벌리다.
③ 무슨 말을 해도 괜찮으니 내게 <u>서슴지</u> 말고 말해 보아라. (O)
　☺영보이 암기tip) 두더지가 서슴지 않고 뱀 소굴로 들어갔다. < 두더지 - 서슴지 >
④ 담당자의 <u>서투른</u> 일 처리 때문에 창구에서 큰 혼란이 있었다. (O)
　◆ 서투르다 - 서투른 - 서투르니 / 서툴다 - 서툰 - 서투니

(문제234) 정답: ①

(문제 235) 밑줄 친 단어의 품사가 나머지 셋과 다른 것은? (2015 지방직9 A책형 문12)

① 비 온 뒤에 땅이 <u>굳는</u> 법이다.
② 성격이 <u>다른</u> 사람끼리는 함께 살기 어렵다.
③ 새해에는 으레 <u>새로운</u> 마음이 생기기 마련이다.
④ 몸이 <u>아픈</u> 사람은 교실에 남아 있었다.

(문제235) 정답 및 해설 (2015 지방직9 A책형 문12)

① 비 온 뒤에 땅이 <u>굳는</u> 법이다. - 동사
② 성격이 <u>다른(-ㄴ)</u> 사람끼리는 함께 살기 어렵다. - 형용사
③ 새해에는 으레 <u>새로운(-ㄴ)</u> 마음이 생기기 마련이다. - 형용사
④ 몸이 <u>아픈(-ㄴ)</u> 사람은 교실에 남아 있었다. - 형용사
★<u>동사의 활용은 '-는'이고 형용사의 활용은 '-ㄴ'임을 꼭 기억하자.</u>

(문제235) 정답: ①

(문제 236) 다음 중 고친 문장이 적절하지 않은 것은? (2015 지방직9 A책형 문13)

① 그는 창작 활동과 전시회를 열었다. → 그는 창작 활동을 하고 전시회를 열었다.
② 그는 천재로 불려졌다. → 그는 천재로 불렸다.
③ 그는 마음씨 좋은 할머니의 손자이다. → 그는 마음씨가 좋은 할머니의 손자이다.
④ 나는 오늘 아침 나무에게 물을 주었다. → 나는 오늘 아침 나무에 물을 주었다.

(문제 236) 정답 및 해설 (2015 지방직9 A책형 문13)

① 그는 창작 활동과 전시회를 열었다. → 그는 창작 활동을 하고 전시회를 열었다. (O)
  ◆ 창작 활동의 서술어가 없었는데 적절하게 고쳤다.
② 그는 천재로 불려졌다. → 그는 천재로 불렸다. (O)
  ◆ '불려졌다'는 이중피동이므로 '불렸다'가 알맞다.
③ 그는 마음씨 좋은 할머니의 손자이다. → 그는 마음씨가 좋은 할머니의 손자이다. (X)
  ◆ 고치기 전 문장도 의미가 중의적이고 고친 문장도 의미가 중의적이다.
  ⇨ 그는 마음씨 좋은, 할머니의 손자이다. : 쉼표를 써서 손자가 마음씨가 좋다는 의미
      < 쉼표는 '바로 다음 말과 직접적인 관계에 있지 않음'을 나타낼 때 사용한다. >
  ⇨ 그는 할머니의 마음씨가 좋은 손자이다.
④ 나는 오늘 아침 나무에게 물을 주었다. → 나는 오늘 아침 나무에 물을 주었다. (O)
  ◆ 무정명사는 '-에게'가 아니라 '-에'가 알맞다.

(문제 236) 정답: ③

(문제 237) 밑줄 친 부분을 고친 것 중 가장 적절한 것은? (2015 지방직9 A책형 문14)

> 사업자는 절전형 기기 보급 제도가 에너지를 합리적이고 효율적인 이용을 증진하여 에너
> 지를 소비로 인한 환경 피해를 줄임으로써 국민 경제의 건전한 발전과 국민 복지의 증진
> 에 이바지한다는 것에 동의한다.

① 사업자는 → 사업자의
② 에너지를 → 에너지의
③ 줄임으로써 → 줄임으로서
④ 발전과 → 발전보다

(문제 237) 정답 및 해설 (2015 지방직9 A책형 문14)

① 사업자는 → 사업자의 (X) ⇒ 사업자는 (O)
　◆ 주술의 관계가 '사업자는 ~ 동의한다.'이다. 따라서 '의'가 아니라 '는'이 알맞다.
② 에너지를 → 에너지의 (O)
　◆ '에너지를 합리적이고 효율적인 이용을 증진하여'를 보면 '를'과 '을'이 연속되어 문맥
이 매끄럽지 않다. 따라서 '이용'을 꾸며주는 것이 적절하므로 '에너지의'로 고친다.
③ 줄임으로써 → 줄임으로서 (X) ⇒ 줄임으로써 (O)
　◆ 으로써: 어떤 일의 수단이나 도구를 나타내는 격 조사.
　● 으로서: 지위나 신분 또는 자격을 나타내는 격 조사.
　★ '절전형 기기 보급 제도가 ~ 환경 피해를 줄임으로써'는 '어떤 일의 수단이나 도구'와
관계되므로 '줄임으로써'가 적절하다.
④ 발전과 → 발전보다 (X) ⇒ 발전과 (O)
　◆ 병렬구조이므로 비교를 하는게 아니라 연결어미가 필요하다.
　◆ 국민 경제의 건전한 발전과 국민 복지의 증진

(문제 237) 정답: ②

(문제 238) 다음 중 올바른 우리말 표현은? (2015 지방직9 A책형 문15)

① (초청장 문안에서) 귀하를 이번 행사에 꼭 모시고자 하오니 많이 참석해 주시기 바랍니다.
② (전화 통화에서) 과장님은 지금 자리에 안 계십니다. 뭐라고 전해 드릴까요?
③ (직원이 고객에게) 주문하신 상품은 현재 품절이십니다.
④ (방송에 출연해서) 저희나라가 이번에 우승한 것은 국민 여러분의 뜨거운 성원 덕택입니다.

(문제 238) 정답 및 해설 (2015 지방직9 A책형 문15)

① (초청장 문안에서) 귀하를 이번 행사에 꼭 모시고자 하오니 **많이** 참석해 주시기 바랍니다. (X) → 귀하를 이번 행사에 꼭 모시고자 하오니 참석해 주시기 바랍니다.
   ◆ '**귀하**'는 초청하고 싶은 **특정인 한 명**을 의미하는데 '**많이**'와 어울리지 않는다.
② (전화 통화에서) 과장님은 지금 자리에 안 계십니다. 뭐라고 전해 드릴까요? (O)
③ (직원이 고객에게) 주문하신 상품은 현재 품절이**십**니다. (X) → 품절**입니다**
   ◆ 무정명사인 상품을 높일 필요는 없다.
④ (방송에 출연해서) **저희**나라가 이번에 우승한 것은 국민 여러분의 뜨거운 성원 덕택입니다. (X) → **우리**나라
   ◆ 겨레와 나라는 낮추어 말하지 않는다.

(문제 238) 정답: ②

(문제 239) 로마자 표기법이 옳지 않은 것은? (2016 사회복지직 A책형 문3)

① 춘천 - Chuncheon
② 밀양 - Millyang
③ 청량리 - Cheongnyangni
④ 예산 - Yesan

(문제 239) 정답 및 해설 (2016 사회복지직 A책형 문3)

① 춘천 - Chuncheon (O)
   ◆ 'ㅓ' = 'eo'
② 밀양 - Millyang (X) → Miryang
   ◆ 밀양: [**미량**] - Miryang
③ 청량리 - Cheongnyangni (O)
   ◆ 청량리[**청냥니**] - [ㄴㄴ] - Cheongnyangni
④ 예산 - Yesan (O)
   ◆ 'ㅖ' = 'ye'

(문제 239) 정답: ②

(문제 240) 띄어쓰기가 옳지 않은 것은? (2016 사회복지직 A책형 문4)
① 나는 거기에 어떻게 갈지 결정하지 못했다.
② 이미 설명한바 그 자세한 내용은 생략하겠습니다.
③ 은연 중에 자신의 속뜻을 내비치고 있었다.
④ 그 빨간 캡슐이 머리 아픈 데 먹는 약입니다.

(문제 240) 정답 및 해설 (2016 사회복지직 A책형 문4)

① 나는 거기에 어떻게 **갈지** 결정하지 못했다. (O)
- ◆ '지'가 **시간의 경과**를 의미하는 것이 **아니므로** 앞말과 **붙여** 쓴다.

② 이미 **설명한바** 그 자세한 내용은 생략하겠습니다. (O)
- ◆ '-은바': ('ㄹ'을 제외한 받침 있는 동사 어간 뒤에 붙어) (문어체로) 뒤 절에서 어떤 사실을 말하기 위하여 <u>그 사실이 있게 된 것과 관련된 상황을 미리 제시</u>하는 데 쓰는 연결 어미. <u>앞 절의 상황이 이미 이루어졌음</u>을 나타낸다.
    - ◆ 진상을 **들은바**, 그것은 사실이 아님이 드러났다.
    - ◆ 한 권의 책을 수없이 **읽은바** 문리가 통하였다.

③ **은연 중에** 자신의 속뜻을 내비치고 있었다. (X) → **은연중에**
- ◆ **은연중**(隱然中): 흔히 '은연중에' 꼴로 쓰여 남이 모르는 가운데. 「명사」
- ◆ <u>**은연중**(隱然中)</u>은 **한 단어로 붙여** 쓴다.

④ 그 빨간 캡슐이 머리 아픈V데 먹는 약입니다. (O)
- ★<u>'데'의 경우 '곳, 장소, 일, 것, 경우' 등의 뜻으로 쓰인 경우는 의존 명사이므로 앞말과 띄어 쓴다.</u>
    - ◆ <u>'곳'이나 '장소'</u>의 뜻을 나타내는 말.
        - ◆ 의지할V데 없는 사람 / 예전에 가 본V데가 어디쯤인지 모르겠다.
        - ◆ 지금 가는V데가 어디인데? / 그가 사는V데는 여기서 멀다.
    - ● <u>'일'이나 '것'</u>의 뜻을 나타내는 말.
        - ● 그 책을 다 읽는V데 삼 일이 걸렸다.
        - ● 사람을 돕는V데에 애 어른이 어디 있겠습니까?
    - ■ <u>'경우'</u>의 뜻을 나타내는 말.
        - ■ 머리 아픈 데V먹는 약 / 이 그릇은 귀한 거라 손님을 대접하는V데나 쓴다.

☺<u>영보이 암기tip) 띄어쓰기는 원고지로 공부하면 효과가 좋다.</u>

어	떻	게		갈	지			이	미		설	명	한	바			
진	상	을		들	은	바		책	을		수	없	이		읽	은	바
은	연	중	에		머	리		아	픈	V	데		먹	는		약	
의	지	할	V	데		없	는		가		본	V	데	가			
지	금		가	는	V	데	가		그	가		사	는	V	데	가	
다		읽	는	V	데		삼		일	이		걸	렸	다	.		
사	람	을		돕	는	V	데	에		손	님	을		대	접	하	는	V	데	나

(문제 240) 정답: ③

(문제 241) 어법상 옳은 것은? (2016 사회복지직 A책형 문5)

① 입사 시험에 합격하신 것을 축하드립니다.
② 고객님, 주문하신 물건이 나오셨습니다.
③ 어른들이 묻자 안절부절하며 어쩔 줄 몰라 했다.
④ 이어서 회장님의 인사 말씀이 계시겠습니다.

(문제 241) 정답 및 해설 (2016 사회복지직 A책형 문5)

① 입사 시험에 합격하신 것을 축하드립니다. (O)
② 고객님, 주문하신 물건이 나오셨습니다. (X) → 나왔습니다
 ◆ 물건은 높임의 대상이 아니므로 '나왔습니다'가 옳다.
③ 어른들이 묻자 안절부절하며 어쩔 줄 몰라 했다. (X) → 안절부절못하며
 ◆ 안절부절못하다: 마음이 초조하고 불안하여 어찌할 바를 모르다.
 ● '안절부절하다'는 말은 없다.
④ 이어서 회장님의 인사 말씀이 계시겠습니다. (X) → 있으시겠습니다
 ◆ 계시다는 주체높임법이다. 회장님이 아니라 말씀을 높이는 것이므로 간접높임법을 쓴다. '있다'의 간접높임은 '있으시다'가 옳다.

(문제 241) 정답: ①

(문제 242) 밑줄 친 표현에서 주로 나타나는 언어적 기능은? (2016 사회복지직 A책형 문7)

 나흘 전 감자 쪼간만 하더라도, 나는 저에게 조금도 잘못한 것은 없다.
 계집애가 나물을 캐러 가면 갔지 남 울타리 엮는 데 쌩이질을 하는 것은 다 뭐냐. 그것도 발소리를 죽여 가지고 등 뒤로 살며시 와서
"얘! 너 혼자만 일하니?"
하고 긴치 않은 수작을 하는 것이었다.
어제까지도 저와 나는 이야기도 잘 않고 서로 만나도
본척만척하고 이렇게 점잖게 지내던 터이련만, 오늘로
갑작스레 대견해졌음은 웬일인가. 항차 망아지만한 계집애가
남 일하는 놈보구……
"그럼 혼자 하지 떼루 하디"
 - 김유정, 동백꽃 중에서 -

① 미학적 기능   ② 지령적 기능   ③ 친교적 기능   ④ 표현적 기능

(문제 242) 정답 및 해설 (2016 사회복지직 A책형 문7)
◆ "얘! 너 혼자만 일하니?" - 계집애가 질문을 한 것은 몰라서 묻는 게 아니다. 남자애와 친해지고 싶은 마음에 말을 건네는 장면이다. 이러한 언어의 기능은 '친교적 기능'이라 할 수 있다.
(문제 242) 정답: ③

(문제 243) 밑줄 친 단어의 쓰임이 옳은 것은? (2016 사회복지직 A책형 문11)

① 요즘 앞산에는 진달래가 <u>한참</u>이다.
② 과장님, 김 주사의 기획안을 <u>결제</u>해 주세요.
③ 민철이는 어릴 때 일찍 아버지를 <u>여위</u>었다.
④ '<u>가물</u>에 콩 나듯'이라더니 제대로 싹이 난 것이 없다.

(문제 243) 정답 및 해설 (2016 사회복지직 A책형 문11)

① 요즘 앞산에는 진달래가 <u>한참</u>이다. (X) → 한창

 ◆ 한참: 시간이 상당히 지나는 동안.

  ◆ 한참 뒤 / 한참 동안 기다리다 / 그들은 폐허가 된 집터를 한참이나 둘러보았다.

  ◆ 담장을 따라 한참을 걸어가니 기와집이 나왔다.

 ☺<u>영보이 암기tip)</u> 논에서 일하다가 새참을 먹기 위해 한참을 걸어갔다. <새참 - 한참>

 ● 한창: 어떤 일이 가장 활기 있고 왕성하게 일어나는 때. 또는 어떤 상태가 가장 무르익은 때.

  ● 공사가 한창인 아파트 / 요즘 앞산에는 진달래가 한창이다.

  ● 대학가엔 축제가 한창이다.

 ☺<u>영보이 암기tip)</u> 요즘 대학로에는 **창극** 공연이 한창이다. < **창극 - 한창** >

② 과장님, 김 주사의 기획안을 <u>결제</u>해 주세요. (X) → 결재

 ◆ 결제(決濟): 증권 또는 대금을 주고받아 매매 당사자 사이의 거래 관계를 끝맺는 일.

  ◆ 결제 자금 / 어음의 결제.

 ☺<u>영보이 암기tip)</u> 고객님, **제발 현금**으로 결제해 주세요. < **제발 현금 - 결제** >

 ● 결재(決裁): 결정할 권한이 있는 상관이 부하가 제출한 안건을 검토하여 허가하거나 승인함. '재가(裁可)'로 순화.

  ● 결재 서류 / 결재가 나다 / 결재를 받다 / 결재를 올리다.

 ☺<u>영보이 암기tip)</u> 자재과 부장님이 결재 서류를 검토하고 있다.< 자재과 부장- 결재 >

③ 민철이는 어릴 때 일찍 아버지를 <u>여위</u>었다. (X) → 여의었다

 ◆ 여위다: 몸의 살이 빠져 파리하게 되다.

  ◆ 여윈 손 / 오래 앓아서인지 얼굴은 홀쭉하게 여위고 두 눈만 퀭하였다.

 ☺<u>영보이 암기tip)</u> 가족을 **위**해서 열심히 일했더니 **위**궤양이 생기고 얼굴이 홀쭉하게 여위었다. < **위**해서 - **위**궤양 - 여**위**었다 >

 ● 여의다(세 가지의 의미를 설명하겠다.)

  ● 부모나 사랑하는 사람이 죽어서 이별하다. - 그는 일찍이 부모를 **여의**고 고아로 자랐다.

 ☺<u>영보이 암기tip)</u> 그는 **여의사**인 친구를 며칠 전에 여의었다.<여의사 - 여의었다>

  ● 딸을 시집보내다. - 막내딸을 **여의**다.

  ● 멀리 떠나보내다. - 일체의 번뇌를 **여의**다 / 나병 병력자들 중 병을 **여의**고 나서도 많은 사람들이 세상을 일찍 떠나는 이유는 이 약의 강한 독성 때문입니다.

④ '<u>가물</u>에 콩 나듯'이라더니 제대로 싹이 난 것이 없다. (O) = 가뭄 (O)

 ☺<u>영보이 암기tip)</u> 가뭄 / 가물 < 뭄 - 물 >   (문제 243) 정답: ④

(문제 244) 다음 중 표기가 옳게 짝지어진 것은? (2016 사회복지직 A책형 문12)

> ㄱ. 영희는 공부를 하느라 한숨도 못 자고 밤을 (세웠다, 새웠다).
> ㄴ. 네 동생은 우리가 (닥달해, 닦달해) 봐야 아무 소용이 없다.

	ㄱ	ㄴ
①	세웠다	닦달해
②	새웠다	닥달해
③	세웠다	닥달해
④	새웠다	닦달해

(문제 244) 정답 및 해설 (2016 사회복지직 A책형 문12)

ㄱ. 영희는 공부를 하느라 한숨도 못 자고 밤을 (세웠다, **새웠다**).

◆ **새**우다: (주로 '밤'을 목적어로 하여) 한숨도 자지 아니하고 밤을 지내다.

☺**영보이 암기tip)** 시험공부를 하다가 배가 고파서 **새우**를 한 자루 먹고 밤을 **새웠다**.

< 새우 - 새웠다 >

● **세**우다: '서다'의 사동사. - 머리를 꼿꼿이 **세**우다 / 몸을 바짝 **세**우다

무릎을 **세**우고 앉다 / 선생님은 졸고 있던 학생을 자리에서 일으켜 **세**웠다.

ㄴ. 네 동생은 우리가 (닥달해, **닦달해**) 봐야 아무 소용이 없다.

◆ **닦**달하다: 남을 단단히 을박질러서 혼을 내다.

☺**영보이 암기tip)** <u>**꼬**끼오 ~ **꼬**끼오 ~</u> . 아침에 닭들이 일찍 일어나라고 **닦**달하고 있다.

< 꼬끼오(ㄲ) - 닦달하다(ㄲ) >

(문제244) 정답: ④

(문제 245) 표준 발음에서 축약 현상이 나타나는 것은?(2016 사회복지직 A책형 문13)

① 놓치다
② 헛웃음
③ 똑같이
④ 닫히다

(문제 245) 정답 및 해설 (2016 사회복지직 A책형 문13)

① 놓치다: [녿치다] : ㅎ → [ㄷ] : 음절의 끝소리 규칙[ㄱ/ㄴ/**ㄷ**/ㄹ/ㅁ/ㅂ/ㅇ]

+ 음운의 **교체**

② 헛웃음: [허**두**슴] : ㅅ → [ㄷ] : 음절의 끝소리 규칙[ㄱ/ㄴ/**ㄷ**/ㄹ/ㅁ/ㅂ/ㅇ]

+ 음운의 **교체**

③ 똑같이: [똑까치] : ㄱ → [ㄲ] : 된소리 현상 / ㅌ → [ㅊ] : 구개음화 현상(역행동화, 음운의 **교체**)

④ 닫히다 (O): ㄷ + ㅎ = ㅌ : [다티다] : 음운의 **축약**

↓

ㅌ → ㅊ : [다**치**다] : 구개음화(역행동화) + 음운의 교체

(문제 245) 정답: ④

(문제 246) 다음 중 중의적으로 해석되지 않는 것은? (2016 사회복지직 A책형 문14)
① 정수가 흰 바지를 입고 있다.
② 미희가 보고 싶은 친구들이 많다.
③ 김 선생님이 간호사와 입원 환자를 둘러보았다.
④ 모든 소년들은 좋아하는 소녀가 한 명씩 있다.

(문제 246) 정답 및 해설 (2016 사회복지직 A책형 문14)

① 정수가 흰 바지를 입고 있다.
 ◆ 바지를 입고 있는 것이 현재 **진행**형인지, 아니면 입고 있는 **상태**인지 중의적이다.
② 미희가 보고 싶은 친구들이 많다.
 ◆ **미희 자신이** 보고 싶은 친구들이 많은 건지, 아니면 미희**를** 보고 싶어 하는 친구들이 많은 건지 의미가 중의적이다.
③ 김 선생님이 간호사와 입원 환자를 둘러보았다.
 ◆ **김 선생님 혼자서** 행동을 하는 것인지, 아니면 **김 선생님과 간호사 둘이서** 입원 환자를 둘러보는 것인지 의미가 중의적이다.
④ 모든 소년들은 좋아하는 소녀가 한 명씩 있다. (O) - 의미가 정확하고 올바른 문장

(문제 246) 정답: ④

(문제 247) 밑줄 친 단어와 품사가 같은 것은? (2016 사회복지직 A책형 문16)

쓰러져 가는 집에서 <u>늙은</u> 아버지가 홀로 기다리고 계셨다.

① 저 기차는 정말 번개처럼 <u>빠르네</u>.
② 박사는 이제 그를 조수로 <u>삼았네</u>.
③ 산나물은 바다의 미역과 <u>다르겠지</u>.
④ 겉모습보다 마음이 정말 <u>예뻐야지</u>.

(문제 247) 정답 및 해설 (2016 사회복지직 A책형 문16)

◆ 쓰러져 가는 집에서 <u>늙은</u> 아버지가 홀로 기다리고 계셨다. - **동사**
 ◆ '늙다'는 '-**는**'과 결합할 수 있으므로 **동사**이다.
 ★ '-**는**'과 결합할 수 있다면 **동사**라는 것을 기억하자.- < 늙는 인간 / 인간은 늙는다 >
① 저 기차는 정말 번개처럼 <u>빠르네</u>. 형용사 - 빠른다 (X) / 따라서 **형용사**
② 박사는 이제 그를 조수로 <u>삼았네</u>. 동사 - 삼는다 (O)
③ 산나물은 바다의 미역과 <u>다르겠지</u>. 다른다 (X) / 따라서 **형용사**
④ 겉모습보다 마음이 정말 <u>예뻐야지</u>. 예쁜다 (X) / 따라서 **형용사**

(문제 247) 정답: ②

(문제 248) '훈민정음'에 대한 설명으로 옳지 않은 것은? (2016 사회복지직 A책형 문17)

① '훈민정음(訓民正音)'이란 문자의 이름인 동시에 그 문자를 설명한 책의 이름이기도 하다.
② 문자로서의 '훈민정음'은 유네스코(UNESCO)에서 지정한 세계문화유산으로 등재되어 있다.
③ '훈민정음 해례본'은 한글의 음가와 제자 방법, 한글의 사용 방법 등을 한자로 적은 책이다.
④ 치두음(齒頭音)과 정치음(正齒音)에 대한 내용은 '훈민정음 해례본'에 포함되어 있지 않다.

(문제248) 정답 및 해설 (2016 사회복지직 A책형 문17)

① '훈민정음(訓民正音)'이란 **문자의 이름**인 동시에 **그 문자를 설명한 책의 이름**이기도 하다. (O)
② 문자로서의 '**훈민정음**'은 유네스코(UNESCO)에서 지정한 세계**문화**유산으로 등재되어 있다. (X) → 훈민정음 **해례본** / 세계기록유산
③ '훈민정음 해례본'은 한글의 음가와 제자 방법, 한글의 사용 방법 등을 **한자로 적은 책**이다.
④ 치두음(齒頭音)과 정치음(正齒音)에 대한 내용은 '훈민정음 해례본'에 포함되어 있지 않다. - **치두음(齒頭音)과 정치음**(正齒音)에 대한 내용은 '**훈민정음 언해본**'에 포함되어 있다.

(문제 248) 정답: ②

(문제 249) 비통사적 합성어로만 묶인 것은? (2016 지방직 A책형 문1)

① 열쇠, 새빨갛다　　② 덮밥, 짙푸르다
③ 감발, 돌아가다　　④ 젊은이, 가로막다

(문제 249) 정답 및 해설 (2016 지방직 A책형 문1)

① 열쇠: 통사적 합성어 / 새빨갛다: 파생어
　◆ 열쇠: 열 + ㄹ(**관형사형 어미**) + 쇠 = 열쇠 : **통사적 합**성어
　● 새빨갛다: 접두사 '**새**'가 붙어 **파생어**이다.
　☺**영보이 암기tip)** 잡다한 열쇠가 너무 많아 **열쇠를 통합**하다 < 열쇠 - 통합 >
　　　　　　세탁기에 들어간 **파**가 **새빨**간 옷 때문에 **파**래졌다. < 새빨간 - 파 >
② 덮밥, 짙푸르다 (O)
　◆ 덮은 + 밥 = 덮밥 : 관형사형 어미 '은'이 **생략**되어 **비통**사적 합성어이다.
　● 짙다 + 푸르다 → 짙고 + 푸르다 → 짙푸르다 : 연결어미가 생략되어 **비통**사적 합성어이다.
　☺**영보이 암기tip)** 덮밥을 못 먹어 비통하다 < 덮밥 - 비통 >
　　　　　　짙푸른 야경을 못 봐서 비통하다 < 짙푸른 - 비통 >

③ 감발, 돌아가다

 ◆ **감발**: 발감개. 발감개를 한 차림새. - 감다 + 발 = 감발 : 관형사형 어미가 생략되어 있으므로 **비통**사적 합성어이다.

 ● 돌다 + 가다 = 돌아가다 : 연결어미 '**아**'가 있으므로 **통사적 합**성어이다.

 ☺**영보이 암기tip) 감발**이 볼품이 없어 **비통**하다 < **감발 - 비통** >

　　　　　　일하고 **돌아가는** 사람 **통합**해서 집에 같이 가자 < **돌아가다 - 통합** >

④ 젊은이, 가로막다

 ◆ **젊은이**: 관형사형 어미 '**은**'을 생략하지 않았으므로 **통사적 합**성어이다.

 ● **가로막다**: 부사 '가로'가 동사 '막다'와 결합해 있으므로 **통사적 합**성어이다.

 ☺**영보이 암기tip)** 모일 때는 **젊은이**는 젊은이끼리 **통합**하자. < **젊은이 - 통합** >

　　　　　　적들이 너무 많으니 **통합**해서 **가로막다**. < **통합해서 - 가로막다** >

(문제 249) 정답: ②

(문제 250) 맞춤법에 맞는 것은? (2016 지방직 A책형 문2)

① 희생을 치뤄야 대가를 얻을 수 있다.
② 내로라하는 선수들이 뒤처진 이유가 있겠지.
③ 방과 후 삼촌 댁에 들른 후 저녁에 갈 거여요.
④ 가스 밸브를 안 잠궈 화를 입으리라고는 전혀 생각지 못했다.

(문제 250) 정답 및 해설 (2016 지방직 A책형 문2)

① 희생을 치**뤄**야 대가를 얻을 수 있다. (X) → 치**러**야

 ◆ 치르다 / 치러 / 치르니

 ◆ 치르다 - 치러 : 규칙 활용 중 '一'탈락

 ☺**영보이 암기tip)** 네가 희생을 **치러**야 매일매일 피아노를 **치러** 학원에 가지 않는다.

　　　　　< **치러야 - 피아노를 치러** >

 ◆ 치**루**다 (X) → 치**르**다 (O) / **댓**가 (X) → **대가**(代價) (O)

 ● 헷갈리는 단어: 이루다 / 이루어(이뤄) / 이루니

② 내로라하는 선수들이 뒤**쳐**진 이유가 있겠지. (X) → 뒤**처**진

 ◆ 뒤**처**지다: 어떤 수준이나 대열에 들지 못하고 뒤로 처지거나 남게 되다.

 ● 뒤**쳐**지다: 물건이 뒤집혀서 젖혀지다.

 ☺**영보이 암기tip)** 마라톤 선수인 우리 **처**제가 오늘 경기에서 많이 뒤**처**진 이유는 배가 고파서란다. < **처제 - 뒤처진** >

 ◆ 내**노**라하다 (X) → 내**로**라하다 (O)

③ 방과 후 삼촌 댁에 들**른** 후 저녁에 갈 거여요. (O)

 ◆ '들르다'와 '들리다'를 잘 구별해서 써야 한다.

 ● 들르다 - 지나는 길에 잠깐 들어가 머무르다.

 ■ 들리다 - 듣다(listen to)의 사동사

 ☺**영보이 암기tip)** 카페에서 파르페를 먹고 오락실에 들르다. < **파르페 - 들르다** >

④ 가스 밸브를 안 잠궈 화를 입으리라고는 전혀 생각지 못했다. (X) → 잠가
  ◆ 잠구다 (X) → 잠그다 / 잠궈 (X) → 잠가
  ☺영보이 암기tip) 레이디 가가는 집에 오면 수도꼭지를 잠가 두었다.
  < 레이디 가가 - 잠가 >

(문제 250) 정답: ③

(문제 251) 띄어쓰기가 바른 것은? (2016 지방직 A책형 문3)

① 지금으로부터 십여 년 전에 작은 소요가 있었다.
② 우리는 모임에서 정한대로 일정을 짤 수밖에 없다.
③ 수정 요청시 연관된 항목을 재조정 하여야 할 것이다.
④ 그것을 감당할 만한 능력뿐 아니라 추진력 마저 없는 사람이다.

(문제 251) 정답 및 해설 (2016 지방직 A책형 문3)

① 지금으로부터 십여 년 전에 작은 소요가 있었다. (O)
② 우리는 모임에서 정한대로 일정을 짤 수밖에 없다. (X) → 정한V대로
  ◆ 용언(동사ㆍ형용사)뒤에 오는 '대로'는 의존 명사이므로 앞말과 띄어 쓴다.
③ 수정 요청시 연관된 항목을 재조정 하여야 할 것이다. (X) → 요청V시
  ◆ '시'는 (일부 명사나 어미 '-을' 뒤에 쓰여)어떤 일이나 현상이 일어날 때나 경우에 쓰는 의존 명사로 앞말과 띄어 쓴다.
    ◆ 비행V시에는 휴대 전화를 사용하면 안 된다.
    ◆ 규칙을 어겼을V시에는 처벌을 받는다.
④ 그것을 감당할 만한 능력뿐 아니라 추진력V마저 없는 사람이다. (X) → 추진력마저
  ◆ '마저'는 조사로 체언 뒤에 붙어 이미 어떤 것이 포함되고 그 위에 더함의 뜻을 나타내는 보조사. 하나 남은 마지막임을 나타낸다. 조사는 앞말과 붙여 쓴다.
    ◆ 너마저 나를 떠나는구나. / 막내마저 출가를 시키니 허전하다.
    ◆ 노인과 어린이들마저 전쟁에 동원되고 있다.
☺영보이 암기tip) 띄어쓰기는 원고지로 공부하면 효과가 좋다.

지	금	으	로	부	터		십	여	V	년	V	전			정	한	V	대	로
수	정		요	청	V	시		비	행	V	시	에	는						
규	칙	을		어	겼	을	V	시	에	는		추	진	력	마	저			

(문제 251) 정답: ①

(문제 252) 다음 글을 고쳐 쓰기 위한 생각으로 적절하지 않은 것은? (2016 지방직 A책형 문4)

창의적 사고는 기존의 사고방식을 ㉠돌파하는 데서 출발한다. 기본적으로 기존의 이론과 법칙을 비판적으로 살펴보고 자신만의 독창적 아이디어를 만들어 내는 일이 중요하다. ㉡그러나 이러한 창의적 사고가 단순히 개인의 독특함에서만 비롯되는 것은 아니다. 더욱 중요한 것은 창의적 사고가 사회적·문화적 환경과 적절한 교육을 통해 ㉢길러진다. 따라서 ㉣자신의 창의성을 계발하기 위해 주변의 사물을 비판적이고 새로운 시각으로 보는 노력을 게을리해서는 안 된다.

① ㉠: 단어의 쓰임이 어색하므로 '탈피하는'으로 고친다.
② ㉡: 앞뒤 문장을 자연스럽게 잇지 못하므로 '또한'으로 고친다.
③ ㉢: 주술 호응이 되지 않으므로 '길러진다는 점이다'로 고친다.
④ ㉣: 주장을 포괄하지 못하므로 '환경과 교육의 중요성'을 강조하는 내용으로 고친다.

(문제 252) 정답 및 해설 (2016 지방직 A책형 문4)

① ㉠: 단어의 쓰임이 어색하므로 '탈피하는'으로 고친다.
 ◆ '기존의 사고방식을 **탈피하다**'가 적절하다.
② ㉡: 앞뒤 문장을 자연스럽게 잇지 못하므로 '**또한**'으로 고친다. (X) → 그러나
 ◆ **독창적** 아이디어를 만들어 내는 일이 **중요하다**.
   ↕ <u>앞뒤 문장이 대조적이므로 기존의 '그러나'가 적절하다.</u>
 ● 이러한 **창의적** 사고가 단순히 개인의 독특함에서만 비롯되는 것은 **아니다**.
③ ㉢: 주술 호응이 되지 않으므로 '길러진다는 점이다'로 고친다.
 ◆ '중요한 것은 ~ 점이다.'가 적절하다.
④ ㉣: 주장을 포괄하지 못하므로 '환경과 교육의 중요성'을 강조하는 내용으로 고친다.
 (O)   (문제 252) 정답: ②

(문제 253) 밑줄 친 부분의 예로 가장 적절한 것은? (2016 지방직 A책형 문6)

생각은 큰 그릇이고 말은 생각 속에 들어가는 작은 그릇이어서 생각에는 말 외에도 다른 것이 더 있다. 그러나 아무리 생각이 말보다 범위가 넓고 큰 것이라고 하여도 그것을 말로 바꾸어 놓지 않으면 그 생각의 위대함이나 오묘함이 다른 사람에게 전달되지 않는다. 그 때문에 생각이 형님이요, 말이 동생이라고 할지라도 생각은 동생의 신세를 지지 않을 수가 없게 되어 있다.

① '사과'는 언제부터 '사과'라고 부르기 시작했는지 알 수 없어.
② 동일한 사물을 두고 영국에서는 [tri:], 한국에서는 [namu]라 표현해.
③ 이 소설은 정말 감동적이야. 내가 받은 감동은 말로는 설명이 안 돼.
④ 시간의 흐름을 초, 분, 시간 단위로 나눠 사용해 온 것은 인간의 사회적 약속이야.

(문제253) 정답 및 해설 (2016 지방직 A책형 문6)

◆ 생각은 큰 그릇이고 말은 생각 속에 들어가는 작은 그릇이어서 생각에는 말 외에도 다른 것이 더 있다. - 의미: 생각 ⊃ 말[름] - **생각** 우위론적 관점. **사고** 우위론적 관점
① '사과'는 언제부터 '사과'라고 부르기 시작했는지 알 수 없어. < **지문과 무관함** >
② 동일한 사물을 두고 영국에서는 [tri:], 한국에서는 [namu]라 표현해. - 언어의 자의성
③ 이 소설은 정말 감동적이야. 내가 받은 감동은 말로는 설명이 안 돼. (O)
    ◆ 말로는 설명이 안 돼. - **사고** 우위론적 관점
④ 시간의 흐름을 초, 분, 시간 단위로 나눠 사용해 온 것은 인간의 사회적 약속이야.
    ◆ 시간의 흐름을 초, 분, 시간 단위로 나눠 사용해 - 언어의 **분절성**
    ● 인간의 사회적 약속 - 언어의 **사회성**

(문제253) 정답: ③

(문제254) 다음에 제시된 의미와 가장 가까운 속담은? (2016 지방직 A책형 문11)

가난한 사람이 남에게 업신여김을 당하기 싫어서 허세를 부리려는 심리를 비유적으로 이르는 말

① 가난한 집 신주 굶듯
② 가난한 집에 자식이 많다
③ 가난할수록 기와집 짓는다
④ 가난한 집 제사 돌아오듯

(문제 254) 정답 및 해설 (2016 지방직 A책형 문11)

① 가난한 집 신주 굶듯 - 가난한 집에서는 산 사람도 배를 곯는 형편이므로 신주까지도 제사 음식을 제대로 받아 보지 못하게 된다는 뜻으로, 줄곧 굶기만 한다는 말.
② 가난한 집에 자식이 많다 - 가난한 집에는 먹고 살아 나갈 걱정이 큰데 자식까지 많다는 뜻으로, 이래저래 부담되는 것이 많음을 이르는 말.
③ 가난할수록 기와집 짓는다. (O) - 당장 먹을 것이나 입을 것이 넉넉지 못한 가난한 살림일수록 기와집을 짓는다는 뜻으로, **실상은 가난한 사람이 남에게 업신여김을 당하기 싫어서 허세를 부리려는 심리**를 비유적으로 이르는 말.
④ 가난한 집 제사 돌아오듯 - 살아가기도 어려운 가난한 집에 제삿날이 자꾸 돌아와서 그것을 치르느라 매우 어려움을 겪는다는 뜻으로, 힘든 일이 자주 닥쳐옴을 비유적으로 이르는 말.

(문제 254) 정답: ③

(문제 255) 밑줄 친 말의 쓰임이 적절하지 않은 것은? (2016 지방직 A책형 문12)

① 이 숲에서 <u>자생</u>하던 희귀 식물들의 개체 수가 줄었다.
② 상황이 급박하게 돌아가서 이것저것 따질 <u>개재</u>가 아니다.
③ 이번 아이디어 상품의 출시 여부에 따라 사업의 <u>성패</u>가 결정된다.
④ 현대 사회에서는 <u>유례</u>를 찾아볼 수 없을 만큼 정보가 넘쳐 난다.

(문제 255) 정답 및 해설 (2016 지방직 A책형 문12)

① 이 숲에서 <u>자생</u>하던 희귀 식물들의 개체 수가 줄었다. (O)
 ◆ 자생(自生)하다: 저절로 나서 자라다.
② 상황이 급박하게 돌아가서 이것저것 따질 **개재**가 아니다. (X) → **계제**
 ◆ **개재**(介在): 어떤 것들 사이에 끼여 있음. '끼어듦', '끼여 있음'으로 순화.
  ◆ 사적 감정의 **개재**(介在)가 이 일의 변수이다.
 ● **계제**(階梯): 어떤 일을 할 수 있게 된 형편이나 기회.
  ● 변명할 **계제**가 <u>없었다</u>. / 이것저것 가릴 **계제**가 <u>아니다</u>.
  ● 그러나 내겐 장인님이 감히 큰소리할 **계제**가 <u>못 된다</u>.
 ☺**영보이 암기tip)** 계제는 보통 '**부정어**'와 '**함께**' 쓰인다는 점을 기억하자.
  <u>지금 제 상황은 **계**단이나 엘리베이터 등 이것저것 가릴 **계제**가 아닙니다.</u>
   < 제 상황은 **계**단이나 - **계제**가 아닙니다. >
③ 이번 아이디어 상품의 출시 여부에 따라 사업의 <u>성패</u>가 결정된다. (O)
 ◆ 성패(成敗): 성공과 실패를 아울러 이르는 말.
④ 현대 사회에서는 <u>유례</u>를 찾아볼 수 없을 만큼 정보가 넘쳐 난다. (O)
 ◆ 유례(類例): (주로 없거나 적다는 뜻의 서술어와 함께 쓰여) 같거나 비슷한 예.
  ◆ 그들의 잔혹한 통치 정책은 세계에서 유례를 찾기 힘든 것이다.
  ◆ 독재자 개인을 숭배하는 그들의 모습은 이 세상에서 그 유례를 찾아볼 수 없는 것이다.
 ● 유래(由來)
  ▲ <u>사물이나 일이 생겨나게 되다</u>. - 몽골어에서 유래된 말 / 면화는 중국에서 유래되었다.
  ■ <u>사물이나 일이 생겨나다</u>. - 유목 생활에서 유래한 신앙 / 이곳의 지명은 이곳에서 재배되던 작물에서 유래하였다. / 마라톤은 승리의 소식을 전하려고 쉬지 않고 달렸던 한 병사의 이야기에서 유래한 것이다. / 이 말은 고대 그리스 인들에게서 유래하였다고 한다.

(문제 255) 정답: ②

(문제 256) 명사의 개수가 가장 많은 것은? (2016 지방직 A책형 문13)

① 타율에 관한 한 독보적인 기록도 깨졌다.
② 상자에 이런 것이 깔끔하게 정돈되어 있었다.
③ 친구 외에는 다른 사람에게 항상 못되게 군다.
④ 저 모퉁이에서 얼굴이 하얀 이가 걸어오고 있다.

(문제 256) 정답 및 해설 (2016 지방직 A책형 문13)

① 타율에 관한 한 독보적인 기록도 깨졌다. (O) - 4개
  ◆ 독보적인 기록 - 조사와 결합하면 명사이다.
  ● 독보적 가치 / 독보적 지위 - 명사를 꾸며주면 관형사이다.
② 상자에 이런 것이 깔끔하게 정돈되어 있었다. - 2개
③ 친구 외에는 다른 사람에게 항상 못되게 군다. - 3개
④ 저 모퉁이에서 얼굴이 하얀 이가 걸어오고 있다. - 3개

(문제 256) 정답: ①

국가직 7급 문제와 정답 · 해설

< 2017년 추가된 표준어 완벽 반영 >

(문제 257) 다음 중 표준어로만 묶인 것은? (2007 국가직7 공채형 문1)

① 꼭둑각시, 우렁쉥이, 자두, 멋쟁이
② 꼭두각시, 우렁쉥이, 오얏, 멋쟁이
③ 애벌레, 주책없다, 매만지다, 부스러기
④ 어린벌레, 주책이다, 매만지다, 부스러기

(문제 257) 정답 및 해설 (2007 국가직7 공채형 문1)
① 꼭둑각시, 우렁쉥이, 자두, 멋쟁이 (X) → 꼭두각시
　☺영보이 암기tip)
　◆ 꼭두각시: 꼭두각시라도 두각을 나타낼 때가 있다. < 꼭두각시 - 두각을 나타내다 >
　◆ 우렁쉥이 (O) / 멍게 (O) = 복수 표준어
　◆ 오얏 (X) → 자두 (O)
　◆ 멋장이 (X) → 멋쟁이(O) : 쟁기를 든 모습이 멋쟁이처럼 보인다. < 쟁기 - 멋쟁이 >
② 꼭두각시, 우렁쉥이, 오얏, 멋쟁이 (X) → 자두
③ 애벌레, 주책없다, 매만지다, 부스러기 (O)
　◆ 우미다 (X) → 매만지다 (O): 잘 가다듬어 손질하다. 부드럽게 어루만시나.
④ 어린벌레, 주책이다, 매만지다, 부스러기 (X) → 애벌레
　★ 주책이다(O) - 새로 추가된 표준어(2017.01.01.)
　☺영보이 암기tip)
　◆ 어린벌레 (X) → 애벌레 (O) : 애벌레가 애벌갈이를 한다. < 애벌레 - 애벌갈이 >
　◆ 애벌갈이: 논이나 밭을 첫 번째 가는 일.
　◆ 부스럭지 (X) → 부스러기 (O) : 기러기에게 과자 부스러기를 주다.
　　　　　　< 기러기 - 부스러기 >　　　　　　(문제 257) 정답: ③

★ 2017.01.01. 새로 추가된 표준어 (기존 표준어 / 추가된 표준어)
　◆ 거방지다 / 걸판지다　　　　◆ 건울음 / 겉울음
　◆ 까다롭다 / 까탈스럽다　　　◆ 실몽당이 / 실뭉치
　◆ 에는 / 엘랑　　　　　　　　◆ 주책없다 / 주책이다

(문제 258) 밑줄 친 ㉠~㉣ 중 띄어쓰기가 바르게 된 것은? (2007 국가직7 공채형 문2)

천문학적인 돈을 기부한 빌 게이츠와 워렌 버핏의 선행이 세상의 주목을 받고 있다. 부자가 된 뒤 부를 사회에 내놓는 ㉠것 만도 대단한 일이다. 그러나 천문학적인 돈을 만지면서도 애초부터 그 돈이 "내 것이 아니다"라고 못 박았던 사람이 있었다. 부도 직위도 자신이 잠시 맡고 있다고 여기며 조금도 집착하지 않았던 유한양행의 설립자 유일한 선생(1894~1971)이었다.

서울시 동작구 대방동엔 유한킴벌리와 ㉡한국얀센등 작지만 큰 기업들의 모체가 된 붉은 벽돌의 옛 유한양행 사옥이 그대로 남아있다. 선생이 그 곳을 내려다보며 깊은 묵상에 잠겨 있다가 영면에 든 언덕 위의 집터에 지금의 신사옥이 들어섰다. 빌딩에 들어서니 ㉢무엇 보다도 먼저 유일한의 흉상이 반긴다.

유한양행 사장을 지낸 연만희 고문(77)은 1963년 이 회사에 입사해 총무부장 등으로 유일한을 가까이에서 보좌했다. 그는 69년 선생이 부사장으로 근무하던 외아들과 조카에게 회사를 ㉣그만두게 했을 때 '특별한 잘못이 없는데 그렇게까지 해야 하느냐'고 물었다. 그러자 유일한 선생은 "내가 죽고 나면 그들로 인해 파벌이 조성되고, 그렇게 되면 공정하게 회사가 운영되기 어려울 것"이라고 말했다 한다.

① ㉠   ② ㉡   ③ ㉢   ④ ㉣

(문제 258) 정답 및 해설 (2007 국가직7 공채형 문2)

◆ 부자가 된 뒤 부를 사회에 내놓는 ㉠것V만도 대단한 일이다. (X) → 것만도
　◆ '만'과 '도'는 조사이므로 앞말과 붙여 쓴다. 따라서 '것만도'가 옳다
◆ 유한킴벌리와 ㉡한국얀센등 작지만 (X) → 한국얀센V등
　◆ '등'은 그 밖에도 같은 종류의 것이 더 있음을 나타내는 말로 의존 명사이다. 의존 명사는 앞말과 띄어 쓴다.
◆ 빌딩에 들어서니 ㉢무엇V보다도 먼저 유일한의 흉상이 반긴다. (X) → 무엇보다도
　◆ '보다'는 ((체언 뒤에 붙어)) 서로 차이가 있는 것을 비교하는 경우, 비교의 대상이 되는 말에 붙어 '~에 비해서'의 뜻을 나타내는 격 조사로 조사는 앞말과 붙여 쓴다.
◆ 회사를 ㉣그만두게 했을 때 (O)
　◆ '그만두다'는 한 단어이므로 붙여 쓴다.
☺영보이 암기tip) 띄어쓰기는 원고지로 공부하면 효과가 좋다.

내	놓	는		것	만	도			무	엇	보	다	도			그	만	두	다
유	한	킴	벌	리	와		한	국	얀	센	V	등							

(문제 258) 정답: ④ ㉣

(문제 259) 아래 문장 중에서 밑줄 친 단어의 쓰임이 옳은 것은? (2007 국가직7 공책형 문3)

① 오랜만에 귀를 후비니 <u>귀청</u>이 많이 나오네.
② 나는 너와 <u>틀려</u>.
③ 오늘의 여당과 야당의 공조는 동상이몽에 지나지 <u>않은</u> 것이다.
④ 그는 이웃 사람들과 발길을 일절 끊고 산다.

(문제 259) 정답 및 해설 (2007 국가직7 공책형 문3)

① 오랜만에 귀를 후비니 <u>귀청</u>이 많이 나오네. (X) → 귀지
   ◆ 귀청: 고막
   ◆ 귀지: 귓구멍 속에 낀 때
② 나는 너와 <u>틀려</u>. (X) → 달라
   ◆ 다르다: 비교가 되는 두 대상이 서로 같지 아니하다.
   ● 틀리다: 셈이나 사실 따위가 그르게 되거나 어긋나다. 바라거나 하려는 일이 순조롭게 되지 못하다. 마음이나 행동 따위가 올바르지 못하고 비뚤어지다.
③ 오늘의 여당과 야당의 공조는 동상이몽에 지나지 <u>않은</u> 것이다. (X) → 않는
   ◆ '지나지 않는'에서 **본용언 '지나다'가 동사**이므로 보조 용언 '않다'도 동사이므로 동사의 관형사형 어미 '는'이 옳다. 따라서 '지나지 않은'이 아니라 '지나지 않는'이 옳다.
④ 그는 이웃 사람들과 발길을 <u>일절</u> 끊고 산다. (O)
   ◆ 일절(一切): 아주, 전혀, 절대로의 뜻으로, 흔히 행위를 그치게 하거나 어떤 일을 하지 않을 때에 쓰는 부사이다.
      ◆ 출입을 일절 금하다 / 일절 간섭하지 마시오.
      ◆ 그는 고향을 떠난 후로 <u>연락</u>을 일절 끊었다.
      ◆ 그는 자기 가족에 관한 <u>이야기</u>를 어느 누구에게도 일절 하지 않았다.
      ◆ 할아버지나 삼촌은 끝내 그 이상의 말을 일절 입 밖에 내지 않았다.
   ☺영보이 암기tip) < 절 - 출입 / 절 - 간섭 / 연락 - 절 / 절 - 이야기 / 말 - 절 >
   ● 일체(一切): 모든 것을 뜻하는 명사.
      ● 도난에 대한 일체의 책임을 지다 / 그는 재산 일체를 학교에 기부하였다.
      ● 이 가게는 음료 종류의 일체를 갖추고 있다.
      ● 거기에 따른 일체 비용은 회사가 부담한다.
   ☺영보이 암기tip) < 책임 - 체 / 재산 - 체 / 음료 - 체 / 체 - 비용 >

(문제 259) 정답: ④

(문제 260) '초·중등학교에서 한자 교육 어떻게 해야 하나'라는 주제에 대하여 사회자의 진행으로 각 전문가나 대표자들이 의견을 발표하고 공동의 결론을 이끌어내고자 할 경우에 가장 효과적인 회의 방식은? **(2007 국가직7 공책형 문6)**
① 토론　　② 심포지엄　　③ 패널 토의　　④ 원탁 토의

(문제 260) 정답 및 해설 (2007 국가직7 공책형 문6)
◆ 전문가나 대표자들이 의견을 발표하고 공도의 결론을 이끌어낸다고 했으므로 전문적인 문제를 해결하는 회의 방식인 **패널 토의**가 적절하다.
① 토론: 어떤 문제에 대하여 여러 사람이 각각 의견을 말하며 논의함.
② 심포지엄: 특정한 문제에 대하여 두 사람 이상의 전문가가 서로 다른 각도에서 의견을 발표하고 참석자의 질문에 답하는 형식의 토론회. '집단 토론 회의', '학술 토론 회의'로 순화.
③ 패널 토의(O): 패널 토의에 참여하는 구성원은 3~4명의 배심원과 여러 명의 일반 청중이다. 특징은 특정한 주제에 관해 상반되는 의견을 가진 사람들이 사회자의 진행에 따라 토의하는 형태라 할 수 있다.
④ 원탁 토의: 대략 열 명 정도의 사람들이 자유롭게 의견을 나누는 방식이다.
(문제 260) 정답: ③

(문제 261) <보기>에서 언급된 의문문에 해당하지 않는 것은? **(2007 국가직7 공책형 문7)**

<보 기>
　의문문 중에는 화자가 이미 알고 있거나 믿고 있으면서 그것을 청자의 동의를 구하여 확인하기 위한 의문문이나, 형태상으로는 의문문이지만 의미상으로는 긍정이나 부정을 단언(斷言)하는 의문문도 있다.

① 윤태가 나쁜 짓을 보고 가만히 있을 것 같아?
② 우리 여름에 유럽 여행 가서 정말로 재미있었지?
③ 아까 중국 음식점에 짬뽕하고 군만두 시키셨어요?
④ 아무리 그래도 그렇지, 아저씨가 널 안 도와주겠니?

(문제 261) 정답 및 해설 (2007 국가직7 공책형 문7)
◆ **반어 의문문**(反語疑問文): 문장의 형식은 물음을 나타내나 답변을 요구하지 아니하고 강한 긍정 진술을 내포하고 있는 의문문. 예를 들어 "철수한테 책 한 권 못 사 줄까?"의 '못 사 줄까'는 '사 줄 수 있다'는 뜻을 나타낸다. ≒ **수사 의문문**
① 윤태가 나쁜 짓을 보고 가만히 있을 것 같아? (O) = 윤태가 나쁜 짓을 보고 가만히 있을 것 같지 않지.
② 우리 여름에 유럽 여행 가서 정말로 재미있었지? (O)
③ 아까 중국 음식점에 짬뽕하고 군만두 시키셨어요? (X) - **판정 의문문**
④ 아무리 그래도 그렇지, 아저씨가 널 안 도와주겠니? (O) = 아저씨가 널 도와줄 거야.
(문제 261) 정답: ③

(문제 262) 다음 중 '본말'과 '준말'의 관계가 바르지 않은 것은? **(2007 국가직7 공채형 문8)**

① 적지 않은 : 적잖은
② 생각하다 못해 : 생각다 못해
③ 발을 잘못 디디어 : 발을 잘못 딛어
④ 깨끗하지 : 깨끗지

(문제 262) 정답 및 해설 **(2007 국가직7 공채형 문8)**

① 적지 않은 : 적**잖**은 (O)
　☺영보이 암기tip) 점**잖**은 사람들이 적**잖**은 사교성이 있다. < 점잖은 - 적잖은 >
② 생각하다 못해 : 생각**다** 못해 (O)
　☺영보이 암기tip) 생**각다** 못해 **각다**귀들까지 챙기는 모습이 뭉클하다.
　　◆ 각다귀: 남의 것을 뜯어먹고 사는 사람을 비유적으로 이르는 말.
③ 발을 잘못 디디어 : 발을 잘못 **딛어** (X) → **디뎌**
　　◆ 디디다 / 딛다 / 디디어 / 디뎌
④ 깨끗하지 : 깨끗**지** (O)
　☺영보이 암기tip) 낚시를 할 때 **지**렁이 미끼가 깨끗**지** 않으면 물고기의 입질이 많이 없니? < **지**렁이 - 깨끗**지** > < 깨끗**치** (X) >

(문제 262) 정답: ③

(문제263) 밑줄 친 ㉠~㉣의 문장 중 높임 표현이 바르게 쓰이지 못한 것은? **(2007 국가직7 공채형 문10)**

최민수 조교: 김 조교, ㉠이진숙 교수님께서 빨리 연구실로 오라고 하시더라.
김영임 조교: 그래, 알았어. 바로 가 볼게.
(이진숙 교수 연구실)
김영임 조교: 교수님, 안녕하세요.
이진숙 교수: 어서 오게, 김 조교. 점심 식사는 했는가?
김영임 조교: 네, 먹었습니다. ㉡최 조교가 그러시는데, 저를 무척 찾았다고 하던데요. 무슨 말을 하려고 그러세요?
이진숙 교수: ㉢내가 자네한테 학술진흥재단에 제출할 연구계획서 작성을 부탁하려고 하네.
김영임 조교: 예, 알겠습니다. 기꺼이 도와 드리죠.
이진숙 교수: 그래 고맙네. 일주일 안으로 좀 작성해 주게.
김영임 조교: ㉣네, 열심히 최선을 다하겠습니다. 교수님, 안녕히 계세요.

① ㉠　　② ㉡　　③ ㉢　　④ ㉣

(문제 264) 다음 중 밑줄 친 단어의 표기가 바르게 된 것은? (2007 국가직7 공책형 문11)

① 번번히 실패했다.
② 산 넘어 남촌에는
③ 편지를 붙인다.
④ 가든지 말든지 마음대로 하라.

(문제 265) 밑줄 친 말과 같은 의미로 쓰인 것은? (2007 국가직7 공책형 문16)

일상생활 속에서 우리는 심신이 지치고 육체가 피로해지는 경험을 자주 한다. 홀로 한가하게 자신을 돌보고 휴식을 취할 수 있는 방학은 일종의 보너스다. 이 한가한 틈을 <u>타서</u> 잠깐 동안이나마 일상에서 떠나 사람과 일을 잊고, 풀과 나무와 하늘과 바람과 더불어 호흡하고 느끼고 노래한다면 정신은 한층 풍요로워질 것이다.

① 그는 나무를 잘 <u>탄다</u>.
② 어둠을 <u>타고</u> 도망쳤다.
③ <u>타는</u> 듯한 색채를 그리다.
④ 비가 오지 않아 밀이 <u>탄다</u>.

(문제 265) 정답 및 해설 (2007 국가직7 공책형 문16)

◆ 한가한 틈을 <u>타서</u> - <u>어떤 조건이나 시간, 기회 등을 이용하다.</u>
  ◆ 아이들은 야밤을 **타** 닭서리를 했다. / 부동산 경기를 **타고** 건축 붐이 일었다.
  ◆ 황막한 중국 땅에 내려섰을 때 현은 틈을 **타서** 도주할 결심을 했다.
① 그는 나무를 잘 **탄다**. - <u>도로, 줄, 산, 나무, 바위 따위를 밟고 오르거나 그것을 따라 지나가다.</u>
  ● 원숭이는 나무를 잘 **탄다**.
  ● 바위를 **타는** 솜씨로 보아 저 사람은 암벽 등반가인가 보다.
  ● 이튿날 아침 우리 일행은 서쪽으로 뻗은 주 능선을 **타고** 산행을 계속했다.
② 어둠을 **타고** 도망쳤다. - <u>어떤 조건이나 시간, 기회 등을 이용하다.</u> (O)
  ◆ 아이들은 야밤을 **타** 닭서리를 했다. / 부동산 경기를 **타고** 건축 붐이 일었다.
  ◆ 황막한 중국 땅에 내려섰을 때 현은 틈을 **타서** 도주할 결심을 했다.
③ **타는** 듯한 색채를 그리다. - <u>불씨나 높은 열로 불이 붙어 번지거나 불꽃이 일어나다.</u>
  ▲ 담배가 **타다** / 벽난로에서 장작이 활활 **타고** 있었다.
④ 비가 오지 않아 밀이 **탄다**. - **물기가 없어 바싹 마르다.**
  ■ 긴장이 되어 입술이 바싹바싹 **탄다**.
  ■ 오랜 가뭄으로 농작물이 다 **타** 버렸다.

(문제 265) 정답: ②

(문제 266) 다음은 일상적인 언어생활에서 흔히 보게 되는 비유의 예이다. 이 가운데 비유의 방식이 다른 하나는? (2007 국가직7 공책형 문7)

① 내 마음은 호수요.
② 사랑은 여행이다.
③ 영화계에 새 얼굴이 나타났다.
④ 사장님은 지금 저기압이다.

(문제267) 다음 용례에서 '살천스럽다'의 뜻은? (2007 국가직7 공책형 문18)

 ㉠ 그렇게 <u>살천스러우니까</u> 주변에 사람이 없지.
 ㉡ 어둠 속에 눈을 뜬 강실이한테 무참히 끼쳐 든 것은 생전 처음 맞닥뜨린 낯섦의 <u>살천스러운</u> 기운이었다.   - 최명희, '혼불'에서 -
 ㉢ 김제댁은 <u>살천스럽기가</u> 웬만한 말에도 서릿발이 쳤으나...   - 송기숙, '녹두장군'에서 -

① 쌀쌀하고 매섭다.
② 미련스럽다.
③ 아둔하고 고집이 세다.
④ 의뭉스럽다.

(문제 268) 다음 중 더 쉽고 자연스러운 표현으로 바꾼 예라고 볼 수 없는 것은? (2008 국가직7 섬책형 문1)

① 일정한 기간 동안 취업이 정지된 자가 → 일정 기간 취업이 정지된 자가
② 혼인관계의 종료한 때로부터 6개월 내에는 → 혼인관계가 끝난 때부터 6개월 내에는
③ 감가상각을 필요로 하는 자산에 대하여는 → 감가상각이 필요한 자산에 대하여는
④ 적립금이 부족할 때에는 정부가 일반회계에서 이를 보전할 수 있다.
　　→ 적립금에 부족이 있는 때에는 정부가 일반회계에서 이를 보전할 수 있다.

(문제 268) 정답 및 해설 (2008 국가직7 섬책형 문1)

① 일정한 **기간 동안** 취업이 정지된 자가 (X) → 일정 **기간** 취업이 정지된 자가 (O)
　◆ '기간'과 '동안'이 의미가 중복된다.
② 혼인관계**의 종료한** 때로부터 6개월 내에는 (X)
　　→ 혼인관계**가 끝난** 때부터 6개월 내에는 (O)
　◆ 주어와 서술의의 호응이 알맞지 않다. ' ~이 종료하다'가 적절하다.
③ 감가상각**을 필요로 하는** 자산에 대하여는 (X)
　　→ 감가상각**이 필요한** 자산에 대하여는 (O)
　◆ ' ~ 을 필요로 하다.'는 영어식 어투로 우리말의 어법에 맞지 않는다. 따라서 ' ~ 이
필요하다.'로 고치는 것이 알맞다.
④ 적립금**이 부족할** 때에는 정부가 일반회계에서 이를 보전할 수 있다. (O)
　　→ 적립금**에** 부족**이 있는** 때에는 정부가 일반회계에서 이를 보전할 수 있다. (X)
　⇒ 적립금**이 부족할** 때에는 정부가 일반회계에서 이를 보전할 수 있다. (O)
　● '적립금에 부족이 있는'은 무정명사가 주어로 쓰여 어색할 뿐만 아니라 우리말의 업
법에 어긋난다. 우리말은 ' **~ 이 부족하다.**'가 적절하다. 따라서 원래의 문장인 '적립금이
부족할 **때에는** ~ .'이 올바르다.

(문제 268) 정답: ④

(문제 269) 다음 중 한글 맞춤법에 맞는 단어들로만 묶인 것은? **(2008 국가직7 섬책형 문2)**

① 머릿방 – 핏기 – 셋방 – 곳간
② 널따랗다 – 높따랗다 – 굵직하다 – 짤막하다
③ 넘어지다 – 허얘지다 – 흩어지다 – 버러지다
④ 합격율 – 규율 – 선율 – 실패율

(문제269) 정답 및 해설 (2008 국가직7 섬책형 문2)

① 머릿방 – 핏기 – 셋방 – 곳간 (O)
- ● 머릿방: 안방 뒤에 딸린 작은 방.
- ■ 머리방: 미용실
- ☺영보이 암기tip)
- ◆ 머릿방 - 어머니가 내방 옆인 머릿방에 비릿한 냄새가 나는 고등어를 놓았다.
  - < 머릿방 - 비릿한 고등어 >
- ◆ 머리방 - 농구 리바운드 왕 데니스 로드맨이 머리방에서 염색을 하고 있다.
  - < 머리방 - 리바운드 왕 >
- ◆ 핏기 - 핏기가 있는 사람이 삿대질을 하고 있다. < 핏기 (ㅅ) - 삿대질 (ㅅ) >
- ◆ 셋방 - 우리 집 셋방에는 아이들 셋이 지낸다. < 셋방 - 아이들 셋 >
- ◆ 곳간 - 곳간이란 장소가 어떤 곳이니? < 곳간 - 어떤 곳 >
- ★ 사이시옷을 쓰는 한자어: 곳간, 셋방, 숫자, 찻간, 툇간, 횟수

② 널따랗다 – 높따랗다 – 굵직하다 – 짤막하다 (X) → 높다랗다
- ☺영보이 암기tip)
- ◆ 널따랗다 - 널따랗고 탁 트인 마당에 있는 감아 ~ , 널(너를) 따먹겠다!
  - < 널따랗다 - 널 따먹겠다 >
- ◆ 높다랗다 - 태평양에서 잡힌 다랑어가 높다랗다. < 다랑어 - 높다랗다 >
- ◆ 굵직하다 - 직접 고른 단무지가 굵직하다. < 직접 - 굵직하다 >
- ◆ 짤막하다 - 행주를 짤 때 심심하니 짤막한 노래 좀 해볼래?
  - < 행주를 짤 때 - 짤막한 >

③ 넘어지다 – 허얘지다 – 흩어지다 – 버러지다 (X) → 허예지다 / 벌어지다
- ☺영보이 암기tip)
- ◆ 넘어지다 - 우리 딸 넘보면 길가다가 넘어진다. < 넘보면 - 넘어진다 >
- ◆ 허예지다 - 우리 딸 '허예지'는 놀이기구 '바이킹'만 타면 얼굴이 허예지는 모습을
  - 보인다. < 허예지 - 허예지다 >
  - ◆ 하얗다 (ㅑ)- 하얀 (ㅑ) / 허옇다 (ㅕ) - 허여니 (ㅕ) - 허예지다 (ㅕ+ㅣ =ㅖ)
- ◆ 흩어지다 - 흩날리는 머리카락을 가진 여인들이 흩어지다.
  - < 흩날리는 - 흩어지다 >
- ◆ 벌어지다 - 내 친구보다 돈을 훨씬 더 벌어 그와 사이가 많이 벌어졌다.
  - < 돈을 벌어 - 벌어지다 >

④ 합격율 - 규율 - 선율 - 실패율 (X) → 합격률

☺영보이 암기tip)

◆ 합격률 - 내 친구, 동률아! 고리던지기는 다른 학생들의 성공률이 높으면 합격률이 낮아지므로 10개 모두 성공해야 한다. < 동률이 - 성공률 - 합격률 >

◆ 규율 - 권율 장군의 훈련법은 규율이 엄격하다. < 권율 장군 - 규율 >

◆ 선율 - 율무차를 마시고 있는데 카페에서 감미로운 클래식의 선율이 흐르고 있었다.
< 율무차 - 클래식의 선율 >

◆ 실패율 - 뜨거운 율무차를 들고 줄넘기를 하면 실패율이 높다.
< 율무차 - 실패율 >

(문제 269) 정답: ①

(문제 270) 밑줄 친 단어가 파생어가 아닌 것은? (2008 국가직7 섬책형 문3)

① 사람들은 검붉은 노을을 바라보며 탄성을 질렀다.
② 그건 아이에게 젖을 먹이는 모습이야.
③ 김 선수는 힘이 빠졌는지 계속 헛손질을 했다.
④ 우선 그 도형의 넓이부터 계산해 보게.

(문제 270) 정답 및 해설 (2008 국가직7 섬책형 문3)

① 사람들은 검붉은 노을을 바라보며 탄성을 질렀다. (X) → 비동사석 합성어

◆ 검다 + 붉다 → 검고 붉다 ⇉ 검붉다 : 연결어미가 생략되어 비통사적 합성어이다.

② 그건 아이에게 젖을 먹이는 모습이야.

● '먹이다'의 '이'는 사동의 접미사이므로 파생어이다.

☺영보이 암기tip) 말을 안 듣는 사람에게 파를 먹이다. < 파를 - 먹이다 >

③ 김 선수는 힘이 빠졌는지 계속 헛손질을 했다.

● '헛손질'의 '헛'은 접두사이므로 파생어이다.

☺영보이 암기tip) 파를 들고 헛손질하다. < 헛손질 - 파 >

④ 우선 그 도형의 넓이부터 계산해 보게.

● '넓이'는 '넓다'가 명사형 접미사와 결합하여 파생어이다.

☺영보이 암기tip) 너희 집 파밭의 넓이는 얼마나 되니? < 파밭 - 넓이 >

(문제 270) 정답: ①

(문제 271) 다음 설명 중 옳지 않은 것은? (2008 국가직7 섬책형 문4)

① 일부 방언에서 '나무'를 '낭구'라고 하는 것은 역사적으로 '나+ㅁㄱ(종성)'으로도 쓰였기 때문이다.
② '암닭' 대신 '암탉'으로 쓰는 것은 '암탉'이 역사적으로 하나의 어근을 갖는 단일어였기 때문이다.
③ '조'와 '쌀'의 합성어인 '좁쌀'에 'ㅂ'이 첨가된 것은 '쌀'이 역사적으로 'ㅄ+.아래 아)+ㄹ(종성)'이었기 때문이다.
④ '잔디'에 구개음화 법칙을 적용하여 '잔지'로 발음하지 않는 것은 역사적으로 '잔듸'였기 때문이다.

(문제 271) 정답 및 해설 (2008 국가직7 섬책형 문4)

① 일부 방언에서 '나무'를 '낭구'라고 하는 것은 역사적으로 '나+ㅁㄱ(종성)'으로도 쓰였기 때문이다. (O)
② '암닭' 대신 '암탉'으로 쓰는 것은 '암탉'이 역사적으로 하나의 어근을 갖는 **단일어**였기 때문이다. (X) → '암탉'은 '암'과 '닭'이 결합하여 형성된 **합성어**이다. 또한 고어의 경우에는 '암-'이 'ㅎ' 곡용어의 한 부분이었고, 현대 국어로 오면서 'ㅎ'이 첨가되어 '암탉'이 된 것이다.
③ '조'와 '쌀'의 합성어인 '좁쌀'에 'ㅂ'이 첨가된 것은 '쌀'이 역사적으로 'ㅄ+.아래 아)+ㄹ(종성)'이었기 때문이다. (O)
④ '잔디'에 구개음화 법칙을 적용하여 '잔지'로 발음하지 않는 것은 역사적으로 '잔듸'였기 때문이다. (O)

(문제 271) 정답: ②

(문제 272) 다음 글의 앞에 나왔을 내용으로 가장 적절한 것은? (2008 국가직7 섬책형 문5)

가사가 처음부터 사대부층에 의하여 생성된 것은 아니었다. 고려 말 나옹화상의 서왕가를 효시 작품으로 인정할 때, 가사는 고려말 승려 계층에 의하여 형성되었다고 보아야 할 것이지만, 사대부 계층에 가사가 수용된 이후로 본격적인 창작이 이루어지고 가사가 널리 성행하게 되었다는 점에서 가사는 사대부층에 기반을 둔 조선 시대의 대표적인 문학양식이라 보아도 무방할 것이다.

① 가사의 장르적 특성
② 가사의 대표적인 창작 계층
③ 가사 창작 계층의 변동 양상
④ 조선 시대 사대부의 문학 활동

(문제 272) 정답 및 해설 (2008 국가직7 섬책형 문5)
◆ 이 글에서 '가사 처음부터 **사대부층**에 의하여 생성된 것은 아니었다.'에 보면 알 수 있듯이 **창작 계층**에 대한 이야기가 나온다. 따라서 정답은 '가사의 대표적인 **창작 계층**'이다.

(문제 272) 정답: ②

(문제 273) 다음 중 띄어쓰기가 옳은 것은? (2008 국가직7 섬책형 문6)

① 내가 좋아하는 사람은 엄마 뿐이다.
② 고국을 떠난지 삼 년이나 되었다.
③ 영호는 숙자를 사랑할만큼 좋아하지는 않는다.
④ 순이는 혼나기는커녕 오히려 칭찬을 받았다.

(문제 273) 정답 및 해설 (2008 국가직7 섬책형 문6)

① 내가 좋아하는 사람은 엄마**V**뿐이다. (X) → **엄마뿐이다**
  ◆ 명사 + '-뿐' : 이 경우 '-뿐'은 **조사**이므로 앞말과 **붙여** 쓴다. - 엄마뿐이다
  ● 용언(동사·형용사) + '-뿐' : 이 경우 '-뿐'은 **의존 명사**이므로 앞말과 **띄어** 쓴다.
    ● 좋아할**V**뿐 사랑하지는 않는다.
② 고국을 **떠난지** 삼 년이나 되었다. (X) → 떠난**V**지
  ◆ **시간의 경과**를 의미할 경우에는 앞말과 **띄어** 쓴다. - 떠난**V**지 삼 년이나 되었다.
  ● **시간의 경과**를 의미하지 **않을** 경우에는 앞말과 **붙여** 쓴다. - 살이 많아서 **그런지** 몸무게가 많이 나간다.
③ 영호는 숙자를 **사랑할만큼** 좋아하지는 않는다. (X) → 사랑할**V**만큼
  ◆ 용언(동사·형용사) + '-만큼' : 이 경우 '-뿐'은 **의존 명사**이므로 앞말과 **띄어** 쓴다.
    ◆ 사랑할**V**만큼
  ● 명사 + '-만큼' : 이 경우 '-만큼'은 **조사**이므로 앞말과 **붙여** 쓴다.
    ● **사과만큼** 맛있는 과일도 없다. **너만큼** 착한 아이가 있을까?
④ 순이는 **혼나기는커녕** 오히려 칭찬을 받았다. (O)
  ◆ '커녕'은 '말할 것도 없거니와 도리어'의 뜻을 나타내는 보조사로 **조사는 앞말과 붙여** 쓴다. **혼나기는커녕 / 상커녕** 벌을 받았다.
  ☺**영보이 암기tip) 띄어쓰기는 원고지로 공부하면 효과가 좋다.**

엄	마	뿐	이	다		좋	아	할	V	뿐		떠	난	V	지		3	년
	살	이		많	아	서		그	런	지		사	랑	할	V	만	큼	
사	과	만	큼			너	만	큼		혼	나	기	는	커	녕		상	커	녕

(문제273) 정답: ④

(문제 274) 다음 중 어법에 맞는 것은? (2008 국가직7 섬책형 문7)

① 정부는 일본 시네마 현의 '독도의 날' 선포에 대해 일본에게 강력히 항의하였다.
② 그 이론은 종래의 이론을 반박한 것이라 하여 크게 주목받았을 뿐 아니라 반대도 매우 컸다.
③ 공장의 폐수를 분리하도록 한 것은 환경 보호를 위한 조치를 강화시킨 대표적인 예로 들 수 있다.
④ 여기서 주의해야 할 점은 일제의 식민지 교육이 민족을 분열시키는 간교한 수단으로 활용되었다는 것이다.

> **(문제 274) 정답 및 해설 (2008 국가직7 섬책형 문7)**
>
> ① 정부는 일본 시네마 현의 '독도의 날' 선포에 대해 일본에게 강력히 항의하였다. (X)
> → 일본에 (유정 명사는 '에게'를 쓰지 않는다.)
> ② 그 이론은 종래의 이론을 반박한 것이라 하여 크게 **주목받았을 뿐 아니라 반대도 매우 컸다.** (X) → 주목을 받았을 뿐만 아니라 반대하는 의견도 매우 많았다.
> ③ 공장의 폐수를 분리하도록 한 것은 환경 보호를 위한 조치를 강화시킨 대표적인 예로 들 수 있다. (X) → 강화한
> ④ 여기서 주의해야 할 점은 일제의 식민지 교육이 민족을 분열시키는 간교한 수단으로 활용되었다는 것이다. (O)
> ◆ '~ 할 점은 ~ 다는 것이다' : 주어와 서술어의 호응이 알맞게 쓰였다.
> (문제 274) 정답: ④

(문제275) 다음 중 로마자 표기법에 맞는 것은? (2008 국가직7 섬책형 문8)

① 볶음밥 – Bokkeumbap
② 동래 – Dongrae
③ 벚꽃 – beotkkot
④ 식혜 – shikhye

> **(문제 275) 정답 및 해설 (2008 국가직7 섬책형 문8)**
> ① 볶음밥 – Bokkeumbap (X) → Bokkeum-bap (2014년 6월 변경됨 : 첫 글자를 대문자로 쓰고 붙임표(-)를 사용함) [보끔밥]
> ② 동래 – Dongrae (X) → Dongnae
> ◆ 동래의 발음은 [동내]이다. 따라서 [ㄴ]을 반영하여 'Dongnae'로 표기한다.
> ③ 벚꽃 – beotkkot (O)
> ◆ 벚꽃의 발음은 [벋꼳]으로 [ㄷ] - 't' / [ㄲ] - 'kk' 모두 알맞게 쓰였다.
> ④ 식혜 – shikhye (X) → sikhye
> ◆ 'ㅅ'은 'sh'가 아니라 's'로 표기한다. 또한 'ㄱ, ㄷ, ㅂ' 뒤에 'ㅎ'일 올 경우 'ㅎ'을 밝혀 적는다. 따라서 발음은 [시켸 / 시케]이지만 'ㅎ'을 밝혀 적어 'sikhye'이다.
> (문제 275) 정답: ③

(문제 276) 다음 중 발음이 옳지 않은 것은? (2008 국가직7 섭책형 문9)

① 잔디를 밟지[밥:찌] 마시오.
② 오늘은 하늘이 맑게[말께] 갰네요.
③ 시간이 나면 책을 읽지[일찌] 그러니.
④ 넓고[널꼬] 넓은 바다가 온통 기름으로 얼룩졌습니다.

(문제 277) 밑줄 친 단어의 쓰임이 옳은 것은? (2008 국가직7 섭책형 문10)

① 가발을 쓰니 실재 나이보다 훨씬 젊게 보였다.
② 회사를 부실하게 운용한 책임을 지고 사장이 물러났다.
③ 열심히 노력한 만큼 성적도 많이 향상됐으면 좋겠어요.
④ 인수위는 여의도에 사무실을 임대해서 사용하기로 했다.

② 회사를 부실하게 <u>운용</u>한 책임을 지고 사장이 물러났다. (X) → 운영
- ◆ 운용(運用): 무엇을 움직이게 하거나 부리어 씀.
  - ◆ 자본의 운용 / 법의 운용을 멋대로 하다.
- ● 운영(運營): 조직이나 기구, 사업체 따위를 운용하고 경영함.
  - ● 기업 운영 / 운영 개선 / 조직 운영에 대한 책임을 지다.
  - ☺<u>영보이 암기tip</u>) 영보이 출판사는 회사를 건전하게 운영하고 있다.
< 영보이 - 운영 >

③ 열심히 노력한 만큼 성적도 많이 <u>향상</u>됐으면 좋겠어요. (O)
- ◆ 향상(向上): 실력, 수준, 기술 따위가 나아짐. 또는 나아지게 함.

④ 인수위는 여의도에 사무실을 <u>임대</u>해서 사용하기로 했다. (X) → 임차
- ◆ 임대(賃貸)하다: 돈을 받고 자기의 물건을 남에게 빌려주다.
  - ◆ 국가에서 토지를 농가에 임대하다. / 건물주는 건물 전체를 은행에 임대하였다.
  - ◆ 그는 그가 소유한 모든 물건들을 임시로 그들에게 임대해 주고 있는 셈이었다.
  - ☺<u>영보이 암기tip</u>) 대한민국은 토지를 농가에 임대한다. < 대한민국 - 임대 >
- ● 임차(賃借): 돈을 내고 남의 물건을 빌려 쓰다.
  - ● 은행 돈을 빌려 사무실을 임차하였다.
  - ☺<u>영보이 암기tip</u>) 자동차를 임차하여 여행할 때 타고 다녔다. < 자동차 - 임차 >

(문제 277) 정답: ③

(문제 278) 다음 중 어법에 맞는 것은? (2008 국가직7 섬책형 문12)

① 나는 공무원이 되기 위해 남보다 두 배로 열심히 할 것이다.
② 친구 사이에 무엇보다 중요한 것은 신의를 지키는 일이다.
③ 그는 편지 배달뿐만 아니라, 편지 사연까지 읽어주었다.
④ 철수는 진실한 사랑의 표시로 준비했던 선물을 주었다.

(문제 278) 정답 및 해설 (2008 국가직7 섬책형 문12)

① 나는 공무원이 되기 위해 남보다 두 배로 (   ) 열심히 할 것이다. (X) → 공부를
- ◆ '열심히 하다'의 <u>목적어가</u> 필요하므로 '공부를'을 넣어야 한다.
② 친구 사이에 무엇보다 중요한 것은 신의를 지키는 일이다. (O)
- ◆ ' ~ 것은 ~ 일이다'를 보면 주어와 서술어의 호응이 적절하다.
③ 그는 편지 배달뿐만 아니라, 편지 사연까지 읽어주었다. (X) → 편지를 배달했을 뿐만
- ◆ 병렬구조가 맞지 않는다. 따라서 '편지 배달'의 서술어가 필요하다.
  - → 그는 편지를 배달했을 뿐만 아니라, 편지 사연까지 읽어주었다.
④ 철수는 (   ) 진실한 사랑의 표시로 준비했던 선물을 주었다. (X) → 철수는 고은이에게
- ◆ <u>누구에게</u> 주었는지 의미가 확실하지 않다. 따라서 <u>필수 부사어</u>를 넣어야 한다.

(문제 278) 정답: ②

(문제 279) 괄호 ㉠ ~ ㉣ 안에 각각 들어갈 말로 적절하지 않은 것은? **(2008 국가직7 섬책형 문 17)**

> "제천(堤川)인지로 (㉠)을 놓은 건 그 다음 날이었나?" "다음 장도막에는 벌써 온 집안이 사라진 뒤였네. 장판은 소문에 발끈 뒤집혀 고작해야 술집에 팔려 가기가 상수라고, 처녀의 (㉡)이 자자들 하단 말이야. 제천 장판을 몇 번이나 뒤졌겠나. 하나 처녀의 꼴은 (㉢) 자리야. 첫날밤이 마지막 밤이었지. 그 때부터 봉평이 마음에 든 것이 반평생을 두고 다니게 되었네. 평생인들 잊을 수 있겠나."
>
> "수 좋았지. 그렇게 신통한 일이란 쉽지 않아. 항용 못난 것 얻어 새끼 낳고 걱정 늘고, 생각만 해두 진저리가 나지…… 그러나 늘그막바지까지 (㉣)로 지내기도 힘드는 노릇 아닌가? 난 가을까지만 하구 이 생애와두 하직하려네. 대화쯤에 조그만 전방이나 하나 벌이구 식구들을 부르겠어. 사시장천 뚜벅뚜벅 걷기란 여간이래야지."
>
> — 이효석, '메밀꽃 필 무렵'에서 —

① ㉠ - 줄행랑
② ㉡ - 뒷공론
③ ㉢ - 물으나마나한
④ ㉣ - 장돌뱅이

(문제 279) 정답 및 해설 (2008 국가직7 섬책형 문17)

① ㉠ - "제천(堤川)인지로 (**줄행랑**)을 놓은 건 그 다음 날이었나?" (O)
　◆ 줄행랑: '도망(逃亡)'을 속되게 이르는 말. ≒ 줄걸음.
② ㉡ - 장판은 소문에 발끈 뒤집혀 고작해야 술집에 팔려 가기가 상수라고, 처녀의 (**뒷공론**)이 자자들 하단 말이야. (O)
　◆ 뒷공론: 일이 끝난 뒤에 쓸데없이 이러니저러니 다시 말함.
③ ㉢ - 제천 장판을 몇 번이나 뒤졌겠나. 하나 처녀의 꼴은 (**물으나마나한**) 자리야. (X)
　　→ **펑 구워먹은**
　◆ <u>제천 장판을 몇 번이나 뒤졌겠나.</u>'로 보아 흔적이 없음을 유추할 수 있다.
　◆ **펑 구워먹은 자리**: 어떠한 일의 흔적이 전혀 없음을 비유적으로 이르는 말.
④ ㉣ - 그러나 늘그막바지까지 (**장돌뱅이**)로 지내기도 힘드는 노릇 아닌가? (O)
　◆ 장돌뱅이: '장돌림'을 낮잡아 이르는 말. ≒ 장내기

(문제 279) 정답: ③

(문제 280) 문장에 쓰인 부호가 한글 맞춤법에 맞지 않는 것은? (2009 국가직7 봉책형 문1)

① 어머님께 말했다가-아니, 말씀드렸다가-꾸중만 들었다.
② 낱말(單語)은 띄어 쓰되, 토씨(助詞)는 그 앞말에 붙여 쓴다.
③ 시골 외삼촌댁에는 개.고양이, 오리.닭 등의 동물들이 많이 있었다.
④ 관련 법령이 국회를 통과함에 따라 2010. 2. 25.부터 새로운 제도가 시행됩니다.

(문제 280) 정답 및 해설 (2009 국가직7 봉책형 문1)

① 어머님께 말했다가-아니, 말씀드렸다가-꾸중만 들었다. (O)
② 낱말(單語)은 띄어 쓰되, 토씨(助詞)는 그 앞말에 붙여 쓴다. (X)
   → 낱말[單語] / 토씨[助詞]
 ◆ 소괄호 (   )는 주석이나 보충적인 내용을 덧붙일 때 쓰거나, 우리말 표기와 원어 표기를 아울러 보일 때, 생략할 수 있는 요소임을 나타낼 때, 희곡 등 대화를 적는 글에서 동작이나 분위기, 상태를 드러낼 때, 내용이 들어간 자리임을 나타낼 때, 항목의 순서나 종류를 나타내는 숫자나 문자 따위에 쓰인다.
  ● 여기서 중요한 점은 괄호 안과 밖의 음이 같아야 소괄호를 쓰고 음이 다르면 대괄호 [ ]를 쓴다.
  ★ '單語'는 '단어'라 발음되므로 '낱말'과 '단어'와 같이 다르다. 따라서 낱말[單語] / 토씨[助詞] 가 알맞다.
③ 시골 외삼촌댁에는 개·고양이, 오리·닭 등의 동물들이 많이 있었다. (O)
 ◆ 쉼표(,): 같은 자격의 어구를 연결할 때 쓰거나, 짝을 지어 구별할 때, 이웃하는 수를 개략적으로 나타낼 때, 열거의 순서를 나타낼 때 등에 쓴다.
  ● 가운뎃점(·): 열거할 어구들을 일정한 기준으로 묶어서 나타낼 때 쓰거나, 짝을 이루는 어구들 사이에, 공통 성분을 줄여서 하나의 어구로 묶을 때 쓴다.
④ 관련 법령이 국회를 통과함에 따라 2010. 2. 25.부터 새로운 제도가 시행됩니다. (O)
 ◆ 연월일을 표시할 때 아라비아 숫자 뒤에 마침표(.)를 쓰는데 중요한 점은 연월일 모두 써야 한다. 따라서 일 뒤에 마침표 쓰는 것을 잊지 말자.

(문제 280) 정답: ②

(문제 281) 밑줄 친 '손님의 77%'가 범한 오류와 유형이 가장 유사한 것은? **(2009 국가직7 봉책형 문5)**

> 손님이 별로 북적대지 않는 가게인데도 사람들은 북적댄다는 편견을 가질 수 있다. 작은 가게에 손님이 세 명뿐인 시간이 전체 영업시간의 75%, 손님이 열 명 있는 시간이 25%라고 하자. 그곳이 작은 가게여서 손님이 10명 있으면 붐빈다고 생각하고, 3명뿐이면 손님이 없다고 생각할 수 있다. 손님들을 대상으로 조사해 보면 비율로 보아 13명 가운데 10명꼴로 붐비는 시간에 가게에 있었으므로 **손님의 77%가** '이 가게는 붐빈다.'는 주장을 할 수가 있다.

① NaCl은 Na와 Cl이 결합한 것이다. NaCl은 맛이 짜다. 따라서 Na도 맛이 짜고, Cl도 맛이 짜다.

② 지은희 선수가 한국 골프 선수로는 네 번째로 US여자오픈 우승을 차지했다. 따라서 한국 여자는 모두 골프에 소질이 있다.

③ 화성에서 식물을 발견할 확률은 1/2이다. 동물을 발견할 확률도 1/2이다. 따라서 화성에서 동물이든 식물이든 어떤 생명체를 발견할 확률은 1/2 + 1/2 = 1이다.

④ 1750년까지 인간이 축적한 지식의 양은 예수가 태어났을 때 보다 두 배 많아졌다. 그것은 1900년에 다시 두 배, 1968년에 다시 두 배가 되었다. 지식의 양이 이렇게 빠른 속도로 늘어나고 있으므로 누구도 지식의 발전을 따라잡기 어렵다.

(문제 281) 정답 및 해설 (2009 국가직7 봉책형 문5)

◆ '작은 가게에 **손님이 세 명뿐인 시간이 전체 영업시간의 75%**, 손님이 열 명 있는 시간이 25%라고 하자. ~13명 가운데 10명꼴로 붐비는 시간에 가게에 있었으므로 **손님의 77%가** '이 가게는 붐빈다.'는 주장 - 손님의 일부로 붐비는 시간을 판단하고 있으므로 **성급한 일반화의 오류**라 할 수 있다.

① NaCl은 Na와 Cl이 결합한 것이다. NaCl은 맛이 짜다. 따라서 Na도 맛이 짜고, Cl도 맛이 짜다. - 분할의 오류 < NaCl - 분할 >

　◆ 분할의 오류: 전체가 참이면 그 안에 포함된 구성 요소도 참이라는 오류.

② 지은희 선수가 한국 골프 선수로는 네 번째로 US여자오픈 우승을 차지했다. 따라서 한국 여자는 **모두** 골프에 소질이 있다. - 한국 여자 골프 선수 4명을 갖고 한국 여자 골프 선수 모두에게 적용하고 있으므로 **성급한 일반화의 오류**를 범하고 있다.

③ 화성에서 식물을 발견할 확률은 1/2이다. 동물을 발견할 확률도 1/2이다. 따라서 화성에서 동물이든 식물이든 어떤 생명체를 발견할 확률은 1/2 + 1/2 = 1이다. - 결합의 오류

　◆ 결합의 오류: 부분이 참이면 전체도 참이라는 오류

(문제 281) 정답: ②

(문제 282) (   ) 안에 들어갈 속담으로 적절하지 않은 것은? **(2009 국가직7 봉책형 문6)**

(가) "그 댁이 잘 돼야지. 그 댁이 잘 돼 자손이 창성하구 형세가 늘어나구 해야 우리두 잘 되지. (㉠)구."
(나) 이런 일이란 떡 먹은 입 쓰다듬듯 하고 (㉡) 해도 잠간 사이에 소문이 파다해지게 마련인데 횡재를 한 당사자가 항아 장사 물건 자랑하듯 하니 아는 데는 똥파리요 귀가 초롱같이 밝은 서리청의 이속(吏屬)들이 단 하루를 모르고 지나칠 리가 없었다.
(다) (㉢)던가. 살리타(撒禮塔)가 죽었다는 소식은 곧장 강화 조정에 전해지고 며칠 후 처인성에는 일군의 병사들이 당도했다. 강화에서 보낸 병사들이었다. 김윤후는 병사들로부터 왕이 부른다는 전갈을 받았다.
(라) '(㉣)'는 인색하고 욕심 많은 사람을 빗댄 말이고, '산지기 눈치 보니, 도끼 빼앗기겠다.'는 눈치를 보아서 형편이 틀렸으면 일찌감치 정신을 차려야 한다는 것을 빗댄 말이다.

① ㉠수양산 그늘이 강동 팔십 리를 간다
② ㉡아닌 보살을 한다
③ ㉢말 꼬리에 붙은 파리가 천리를 간다
④ ㉣산지기가 도끼 밥을 남 주랴?

(문제 282) 정답 및 해설 **(2009 국가직7 봉책형 문6)**

① ㉠ 수양산 그늘이 강동 팔십 리를 간다. (O) - 수양산 그늘진 곳에 아름답기로 유명한 강동 땅 팔십 리가 펼쳐졌다는 뜻으로, 어떤 한 사람이 크게 되면 친척이나 친구들까지 그 덕을 입게 됨을 비유적으로 이르는 말.
　☺영보이 암기tip) 수양산 그늘 때문에 덕을 입는다.
② ㉡ 아닌 보살을 한다. (O) - 시치미를 떼고 모르는 척한다는 말.
　☺영보이 암기tip) 시치미를 떼는 - 보살
③ ㉢ 말 꼬리에 붙은 파리가 천리를 간다. (X) → **발 없는 말이 천리를 간다.**
　◆ 말 꼬리에 붙은 파리가 천리를 간다. - 남의 세력에 의지하여 기운을 편다는 말.
　　　　　　　　(≒ 천리마 꼬리에 쉬파리 따라가듯.)
　● **발 없는 말이 천리를 간다.** - 말은 비록 발이 없지만 천 리 밖까지도 순식간에 퍼진다는 뜻으로, 말을 삼가야 함을 비유적으로 이르는 말.
　★ (다) (㉢)던가. 살리타(撒禮塔)가 죽었다는 <u>소식은 곧장 강화 조정에 전해지고 며칠 후 처인성에는 일군의 병사들이 당도했다.</u> 강화에서 보낸 병사들이었다. 김윤후는 병사들로부터 왕이 부른다는 전갈을 받았다. - 말이 순식간에 퍼진다는 의미이므로 '**발 없는 말이 천리를 간다.**'가 적절하다.
　☺영보이 암기tip) 발 없는 말이 순식간에 퍼진다.
④ ㉣ 산지기가 도끼 밥을 남 주랴? (O)
　◆ 산지기가 도끼 밥을 남 주랴? - 몹시 인색해 보이니 그에게 무엇을 얻을까 바라지도 말라는 말.
　☺영보이 암기tip) 도끼 밥을 주지 않는 산지기는 인색하다.

(문제282) 정답: ③

(문제 283) 밑줄 친 부분이 어법에 맞는 것은? (2009 국가직7 봉책형 문7)

① 이런 <u>어처구니</u>를 당하고 보니 한숨만 나온다.
② 왜 불안하게 <u>안절부절못하는</u> 자세로 그러고 있어?
③ 그런 말을 <u>서슴없이</u> 하다니 아주머니도 참 주책이셔.
④ <u>알량하지 못한</u> 자존심 때문에 결국 내가 먼저 사과하지 못했다.

(문제 283) 정답 및 해설 (2009 국가직7 봉책형 문7)

① 이런 <u>어처구니</u>를 당하고 보니 한숨만 나온다. (X) → 어처구니없는
   ◆ 어처구니:「명사」(주로 '없다'의 앞에 쓰여) 엄청나게 큰 사람이나 사물.
   ● 어처구니없다:「형용사」일이 너무 뜻밖이어서 기가 막히는 듯하다. ≒ 어이없다.
② 왜 불안하게 <u>안절부절못하는</u> 자세로 그러고 있어? (O)
   ◆ 안절부절:「부사」마음이 초조하고 불안하여 어찌할 바를 모르는 모양.
   ● 안절부절못하다: 마음이 초조하고 불안하여 어찌할 바를 모르다.
   ★ '안절부절하다'란 말을 없다.
③ 그런 말을 서슴없이 하다니 아주머니도 참 <u>주책이셔</u>. (O) - < 2017.01.01.개정 >
   ◆ 주책없다:「형용사」일정한 줏대가 없이 이랬다저랬다 하여 몹시 실없다.
   ● 주책이다 (O) : < 2017.01.01.개정 >
④ <u>알량하지 못한</u> 자존심 때문에 결국 내가 먼저 사과하지 못했다. (X) → 알량한
   ◆ 알량한:「형용사」시시하고 보잘것없다. - 문맥을 보면 부정적 의미가 적절하므로 알량한 자존심이 옳다.
   = <u>시시하고 보잘것없는</u> 자존심 때문에 결국 내가 먼저 사과하지 못했다.

(문제 283) 정답: ②

(문제 284) 밑줄 친 단어의 뜻풀이가 옳지 않은 것은? (2009 국가직7 봉책형 문9)

① 고향 마을의 <u>고샅</u>은 비좁고 지저분했다.
   고샅 : 시골 마을의 좁은 골목길, 또는 골목 사이.
② 그들은 마을길을 잡지 않고 <u>에움길</u>로 갔다.
   에움길 : 멀리 돌지 않고 가깝게 질러 통하는 길.
③ <u>가풀막</u>을 내려올 때 나는 발을 헛디뎌 넘어질 뻔하였다.
   가풀막 : 몹시 가파르게 비탈진 곳.
④ <u>난달</u>이었던 별채 주변을 사랑채 담장과 잇달아 담을 쌓았다.
   난달 : 길이 여러 갈래로 통한 곳.

(문제 284) 정답 및 해설 (2009 국가직7 봉책형 문9)

① 고향 마을의 <u>고샅</u>은 비좁고 지저분했다.
   고샅: 시골 마을의 좁은 골목길, 또는 골목 사이. (O)
   ◆ 헷갈리는 단어 - 고샅: 초가지붕을 일 때 쓰는 새끼.

② 그들은 마을길을 잡지 않고 <u>에움길</u>로 갔다.

   에움길: 멀리 **돌지 않고 가깝게 질러** 통하는 길. (X)

   → **에움길**: 굽은 길. 또는 **에워서 돌아가는 길**.

③ <u>가풀막</u>을 내려올 때 나는 발을 헛디뎌 넘어질 뻔하였다.

   가풀막: 몹시 가파르게 비탈진 곳. (O)

④ <u>난달</u>이었던 별채 주변을 사랑채 담장과 잇달아 담을 쌓았다.

   난달: 길이 여러 갈래로 통한 곳. (O)

(문제 284) 정답: ②

(문제 285) ㉠~㉣에 들어갈 문법 용어로 옳은 것은? **(2009 국가직7 봉책형 문11)**

> '미친짓'은 틀린 표기이다. '미친 짓'으로 써야 맞다. '짓'은 일반적으로 부정적인 행위와 행동을 말하므로 '미친 짓'은 '우아한 부인'과 같이 (㉠)와 (㉡)의 자연스러운 통사적 결합이다. 따라서 '미친 짓'을 하나의 단어 즉, (㉢)로 인정하여 '미친짓'으로 붙여 쓸 이유가 없다. 다만, '짓'이 (㉣)에 연결되어 '눈짓'과 같이 쓰일 때에는 하나의 단어로 인정하여 붙여 쓴다.

	㉠	㉡	㉢	㉣
①	형용사	명사	합성어	명사
②	관형사	명사	파생어	대명사
③	형용사	대명사	합성어	명사
④	관형사	대명사	파생어	대명사

(문제 285) 정답 및 해설 (2009 국가직7 봉책형 문11)

'미친짓'은 틀린 표기이다. '미친 짓'으로 써야 맞다. '짓'은 일반적으로 부정적인 행위와 행동을 말하므로 '미친 짓'은 '우아한 부인'과 같이 (**형용사**)와 (**명사**)의 자연스러운 통사적 결합이다. 따라서 '미친 짓'을 하나의 단어 즉, (**합성어**)로 인정하여 '미친짓'으로 붙여 쓸 이유가 없다. 다만, '짓'이 (**명사**)에 연결되어 '눈짓'과 같이 쓰일 때에는 하나의 단어로 인정하여 붙여 쓴다.

☺영보이 암기tip) 파를 우걱우걱 씹어 먹으며 나에게 이상한 눈짓을 하는 노파가 있다.

< 파를 우걱우걱 - 눈짓 >

(문제 285) 정답 : ①

(문제 286) 단어의 의미에 대한 설명으로 옳지 않은 것은? (2009 국가직7 봉채형 문14)

① 미망인(未亡人) : 아직 따라 죽지 못한 사람이란 뜻으로, 남편이 죽고 홀로 남은 여자를 이르는 말.
② 불초(不肖) : 어버이의 덕망이나 유업을 이어받지 못함. 또는 그렇게 못나고 어리석은 사람.
③ 사숙(私淑) : 스승의 직접적인 가르침을 받아 학문이나 인격을 닦음.
④ 납량(納凉) : 여름철에 더위를 피하여 서늘한 기운을 느낌.

(문제 286) 정답 및 해설   (2009국가직7급 봉채형 문14)

① 미망인(未亡人): 아직 따라 죽지 못한 사람이란 뜻으로, 남편이 죽고 홀로 남은 여자를 이르는 말.
② 불초(不肖): 어버이의 덕망이나 유업을 이어받지 못함. 또는 그렇게 못나고 어리석은 사람.
③ 사숙(私淑): 스승의 직접적인 가르침을 받아 학문이나 인격을 닦음. (X)
④ 납량(納凉): 여름철에 더위를 피하여 서늘한 기운을 느낌.

① 미망인(未亡人) : 아직 따라 죽지 못한 사람이란 뜻으로, 남편이 죽고 홀로 남은 여자를 이르는 말.(O) 未(아닐 미) 亡(망할 망) 人(사람 인) 발음: [미:망-인](긴 소리)
　1)영어사전: widow(미망인)

② 불초(不肖) : 어버이의 덕망이나 유업을 이어받지 못함. 또는 그렇게 못나고 어리석은 사람.(O) 不(아니 불) 肖(닮을 초)

③ 사숙(私淑) : 스승의 직접적인 가르침을 받아 학문이나 인격을 닦음. (X)
　1)사숙(私淑): 私(사사 사) 淑(맑을 숙)
　a)의미: 가르침을 직접 받지는 않았으나 그 사람의 인격이나 학문을 본보기로 삼고 배운다는 의미.
　★사숙(私淑)이란 스승의 직접적인 가르침을 받은 것이 아니라 어떠한 사람의 가르침을 직접 받지는 않았으나 그 사람의 인격이나 학문을 본보기로 삼고 배운다는 의미이다.
　*헷갈리는 한자어
　1)師事(사사): 師(스승 사) 事(일 사).
　　a)의미: 스승으로 삼고 섬기거나 또는 스승으로 삼고 가르침을 받음을 의미.

④ 납량(納凉) : 여름철에 더위를 피하여 서늘한 기운을 느낌.(O)
　1) 納(들일 납) 凉(서늘할 량).
☺☺☺영보이point: 사숙(私淑)이란 스승의 직접적인 가르침을 받은 것이 아니라 어떠한 사람의 가르침을 직접 받지는 않았으나 그 사람의 인격이나 학문을 본보기로 삼고 배운다는 의미이다. 따라서 정답은 ③
　　　　　　　　　　　　　　　　　　　　　　　　　(문제286)정답: ③

(문제 287) 밑줄 친 부분의 발음이 표준 발음법에 맞는 것은? (2009 국가직7 봉책형 문19)

① 보리의 생장에는 겨울철 밟기[발끼]가 중요하다.
② 한글 자모 순서에서 'ㄴ' 다음에는 'ㄷ'이[디그디] 온다.
③ 당시 학계에는 일원론보다는 이원론[이:원논]이 우세하였다.
④ 오전에 맑다[말따]가 오후에 차차 흐려져 밤늦게 비가 오겠습니다.

(문제 288) 다음 설명 중 국어의 어문 규범에 맞지 않는 것은? (2009 국가직7 봉책형 문20)

① '회계'와 '연도'가 결합된 합성어는 '회계년도'로 표기해야 한다.
② '거시기'는 무엇을 꼭 집어서 말하기가 거북할 때 사용하는 표준어이다.
③ '종로 2가'는 국어의 로마자 표기법에 따라 'Jongno 2(i)-ga'가 된다.
④ 브라질의 도시 'Rio de Janeiro'를 외래어 표기법에 따라 표기하면 '리우데자네이루'가 된다.

① '회계'와 '연도'가 결합된 합성어는 '회계**년도**'로 표기해야 한다. (X) → 회계**연도**
  ◆ 두음법칙에 따라 '회계**연도**'라 표기해야 한다.
  ◆ 두음법칙(頭音法則): 일부 소리가 단어의 첫머리에 발음되는 것을 꺼려 다른 소리로 발음되는 일. ≒ 머리소리 법칙.
    ◆ 'ㅣ, ㅑ, ㅕ, ㅛ, ㅠ' 앞에서의 'ㄹ'과 'ㄴ'이 'ㅇ'이 되고, 'ㅏ, ㅓ, ㅗ, ㅜ, ㅡ, ㅐ, ㅔ, ㅚ' 앞의 'ㄹ'은 'ㄴ'으로 변하는 것 따위이다.
② '거시기'는 무엇을 꼭 집어서 말하기가 거북할 때 사용하는 표준어이다. (O)
③ '종로 2가'는 국어의 로마자 표기법에 따라 'Jongno 2(i)-ga'가 된다. (O)
④ 브라질의 도시 'Rio de Janeiro'를 외래어 표기법에 따라 표기하면 '리우데자네이루'가 된다. (O)

(문제 288) 정답: ①

(문제 289) 경어법이 바르게 사용된 것은? (2010 국가직7 고책형 문1)

① 주례 선생님의 말씀이 계시겠습니다.
② 들어가신 분은 여자 분이신데요.
③ 과장님, 부장님께서 오시랍니다.
④ 영희야, 할아버지께서 주는 걸 받아 오너라.

① 주례 선생님의 말씀이 **계**시겠습니다. (X) → **있**으시겠습니다.
  ◆ 간접 높임법을 잘못 사용하였다. 따라서 <u>주례 선생님은 예식장에 계시는 것이고</u>, 선생님의 말씀은 있으시다가 올바르다. 따라서 선생님의 **말씀**이 '**있**으시겠습니다.'로 수정한다.
② 들어가신 분은 여자 분이신데요. (O)
  ◆ 분:「접사」(사람을 나타내는 일부 명사 뒤에 붙어) 앞의 명사에 '높임'의 뜻을 더하는 접미사. 접미사로 쓰일 때는 앞말과 붙여 써야 한다. 친구분 / 남편분 / 환자분.
  ● 분:「의존 명사」사람을 높여서 이르는 말. 의존 명사로 쓰일 때는 앞말과 띄어 쓴다.
    ● 반대하시는 분 계십니까? / 어떤 분이 선생님을 찾아오셨습니다.
③ 과장님, 부장님께서 오**시랍**니다. (X) → 오**라고 하십**니다.
  ◆ 회사에서는 압존법이 적용되지 않으므로 이 문장에서 과장님과 부장님을 함께 높여야 한다. 따라서 '오**라고 하십**니다.'가 적절하다.
④ 영희야, 할아버지께서 **주는** 걸 받아 오너라. (X) → 주시는
  ◆ 할아버지를 높이는 주체 높임이 잘못되었다. 따라서 '주**시는**'로 수정한다.

★ <u>띄어쓰기까지 보면 보기②도 틀린 것이나 경어법을 묻는 문제이므로 보기②가 정답으로 처리되었다.</u>

(문제 289) 정답: ②

(문제 290) 밑줄 친 부분의 조사의 쓰임이 적절하지 않은 것은? (2010 국가직7 고책형 문2)

① 신도시 개발이 중단될 <u>위기에</u> 처했다.
② 그는 어제 <u>술이</u> 취해서 어떻게 집으로 갔는지 기억을 못한다고 했다.
③ 정부가 태아의 성감별 행위를 <u>법으로</u> 규제하는 것은 당연하다.
④ 그가 고향을 떠난 지도 <u>올해로써</u> 10년째이다.

(문제 291) 밑줄 친 단어의 쓰임이 맞는 것은? (2010 국가직7 고책형 문4)

① 은행잎이 <u>노라니</u> 가을이구나.
② 그는 짐 보따리를 리어카에 <u>실고</u> 떠났다.
③ 그 자동차는 아주 <u>커다랐습니다</u>.
④ 어머니는 밥통에서 밥을 <u>푸었다</u>.

① 은행잎이 <u>노라니</u> 가을이구나. (O)
 ◆ 노랗다[노:라타] / 노래[노:래] / 노라니[노:라니] / 노랗소[노:라쏘]
 ☺<u>영보이 암기tip)</u> 은행잎이 <u>노라니 고라니</u>가 좋아한다. < 노라니 - 고라니 >
② 그는 짐 보따리를 리어카에 <u>실고</u> 떠났다. (X) → **싣고**
 ◆ '싣'이 **자음**과 결합하면 '싣'- **싣다** / **싣는** / **싣고**
 ● '싣'이 <u>모음</u>과 결합하면 '실' - **실어** / **실으니**
③ 그 자동차는 아주 <u>커다**랐**</u>습니다. (X) → 커다랬습니다.
 ◆ 커다랗다 / 커다랗고 / 커다랗소 / 커다래, 커다라니,
④ 어머니는 밥통에서 밥을 <u>푸었다</u>. (X) → **펐**다.
 ◆ 푸다 / **퍼** / 푸니

(문제291) 정답: ①

(문제 292) 국어의 로마자 표기법에 맞지 않는 것은? (2010 국가직7 고책형 문5)

① 별내 - Byeollae
② 압구정 - Apgujeong
③ 집현전 - Jiphyeonjeon
④ 극락전 - Geuknakjeon

① 별내 - Byeollae (O) - [별래][ㄹㄹ] : 'll'
② 압구정 - Apgujeong (O) - 발음은 [압꾸정]이지만 된소리는 반영하지 않는다.
③ 집현전 - Ji**ph**yeonjeon (O) - 'ㄱ, ㄷ, ㅂ' 뒤에 'ㅎ'올 경우 'ㅎ'을 밝혀 적는다. - '**h**'
  (단, 체언일 경우에 그렇다)
④ 극락전 - Geu**k**nakjeon (X) → Geu**ng**nakjeon
 ◆ 발음이 [긍낙쩐]이므로 [긍]을 반영하여야 한다.

(문제 292) 정답: ④

(문제 293) 밑줄 친 단어의 표기가 옳은 것은? (2010 국가직7 고책형 문7)

① 식구가 아주 <u>단출하다</u>.
② 친구에게 <u>부줏돈</u>을 전달하였다.
③ 잠자리에서 <u>부시시</u> 일어났다.
④ <u>맨날</u> 컴퓨터만 보고 있으면 시력이 나빠진다.

(문제 293) 정답 및 해설 (2010 국가직7 고책형 문7)

① 식구가 아주 <u>단출하다</u>. (O)
 ◆ 단출하다: 식구나 구성원이 많지 않아서 홀가분하다. 일이나 차림차림이 간편하다.
 ☺영보이 암기tip) 이번 출장은 며칠 안 되기 때문에 세면도구만 들고 단출하게 떠나기로 했다. < 출장 - 단출하다 >
② 친구에게 <u>부줏돈</u>을 전달하였다. (X) → 부좃돈 = 부조금
 ☺영보이 암기tip) 부좃돈이 많이 들어오는 맛에 잔치를 한 번 더 할까? 정신 차려 이 친구야! < 부좃돈(ㅅ) - 맛(ㅅ) >
③ 잠자리에서 <u>부시시</u> 일어났다. (X) → 부스스
 ☺영보이 암기tip) 스스럼없는 친구가 먼저 잠자리에서 부스스 일어났다.
 < 스스럼없는 - 부스스 >
④ <u>맨날</u> 컴퓨터만 보고 있으면 시력이 나빠진다. (O) = 만날(O) / 맨날(O)
 ☺영보이 암기tip) 영보이는 맨날 누군가 만날 사람이 있나 보다. < 맨날 - 만날 >

(문제 293) 정답: ①, ④

(문제 294) 밑줄 친 부분의 발음 중 표준발음법에 맞지 않는 것은? (2010 국가직7 고책형 문9)

① 그는 작년에 <u>늑막염</u>[능마겸]을 앓았다.
② 신병들은 <u>3연대</u>[삼년대]에 배속되었다.
③ 그녀의 나이는 서른 <u>여섯</u>[서른녀섣]이다.
④ 우리는 <u>서울역</u>[서울력]에서 만났다.

(문제 294) 정답 및 해설 (2010 국가직7 고책형 문9)
① 그는 작년에 <u>늑막염</u>[능마겸]을 앓았다. (X) → [능망념]
 ◆ 늑막염[능망념][ㅇㄴ]: 자음동화 / 비음화 / 'ㄴ'첨가
 ◆ 비음: 입 안의 통로를 막고 코로 공기를 내보내면서 내는 소리. 'ㄴ/ ㅁ /ㅇ'따위가 있다.
 ☺영보이 암기tip) [망할 놈의 양념] - [망념]
② 신병들은 <u>3연대</u>[삼년대]에 배속되었다. (O)
③ 그녀의 나이는 서른 <u>여섯</u>[서른녀섣]이다. (O)
④ 우리는 <u>서울역</u>[서울력][ㄹㄹ]에서 만났다. (O)

(문제 294) 정답: ①

(문제 295) 밑줄 친 외래어의 표기가 바른 것은? (2010 국가직7 고책형 문11)

① 신나는 음악을 듣고 있으니 <u>엔돌핀</u>이 용솟음치는 듯하다.
② 축제 기간에 진행하는 행사들은 <u>팜플렛</u>을 통해 소개되었다.
③ 이번 여행에서 가장 기억에 남는 것은 야외에서의 <u>바베큐</u> 파티였다.
④ 자동차에 문제가 있는 것 같아 갓길에 정차하여 차의 <u>보닛</u>을 열어 보았다.

(문제 295) 정답 및 해설 (2010 국가직7 고책형 문11)

① 신나는 음악을 듣고 있으니 <u>엔**돌**핀</u>이 용솟음치는 듯하다. (X) → 엔도르핀
　☺<u>**영보이 암기tip**</u>) 나는 **도르래**를 돌리면 엔**도르**핀이 용솟음치는 듯하다.
　　　　　　　< **도르래 - 엔도르핀** >
② 축제 기간에 진행하는 행사들은 **<u>팜플렛</u>**을 통해 소개되었다. (X) → 팸플릿
　☺<u>**영보이 암기tip**</u>) **한 회사가 팸플릿과 함께 스팸을 사은품으로 나누어 주고 있다.**
　　　　　　　< **스팸 - 팸플릿** >
③ 이번 여행에서 가장 기억에 남는 것은 야외에서의 <u>바**베**큐</u> 파티였다. (X) → 바비큐
　☺<u>**영보이 임기tip**</u>)
　　◆ **바비** 킴은 PD의 **큐** 사인만 나면 환상적으로 노래한다. < **바비 - 큐** >
④ 자동차에 문제가 있는 것 같아 갓길에 정차하여 차의 <u>보닛</u>을 열어 보았다. (O)
　☺<u>**영보이 암기tip**</u>) **닛산** 자동차는 보닛이 매주 튼튼하다. < **닛산 - 보닛** >

(문제 295) 정답: ④

(문제 296) 밑줄 친 관용 표현의 쓰임이 적절하지 않은 것은? (2010 국가직7 고책형 문12)

① 저래 봬도 <u>속이 살아서</u> 그 사람은 곧잘 바른 소리를 한다.
② 그는 <u>속이 마른</u> 사람이니까 내가 사죄를 하면 용서해 줄 것이다.
③ 아무에게나 그렇게 <u>속을 주고</u> 다니다가 오히려 당하는 수가 있으니 조심해라.
④ 남들은 대학에 못 가서 <u>속이 달아</u> 있는데, 그는 대학에 붙고도 안 간다고 하니 어찌된 일인지 모르겠다.

(문제 297) 공문서의 표현을 쉽고 바르게 고쳐 쓴 것으로 옳지 않은 것은? (2010 국가직7 고책형 문13)

① 소정 기일 내에 → 정한 날짜 안에
② 익년도 → 다음 해
③ 재입찰에 부하고 → 재입찰에 붙이고
④ 국유재산의 관리.보관을 해태하거나 → 국유재산의 관리.보관을 게을리 하거나

(문제 298) 한글 맞춤법 및 표준어 규정에 맞게 쓴 것은? (2010 국가직7 고책형 문16)

① 철수가 문제의 답을 잘못 알아맞혔다.
② 작년에 이 학교는 취업율이 매우 높았다.
③ 교배를 시키려고 튼튼한 숫놈을 사 왔다.
④ 그건 막을래야 막을 수가 없는 재난이었다.

(문제 298) 정답 및 해설 (2010 국가직7 고책형 문16)

① 철수가 문제의 답을 잘못 알아맞혔다. (O) - 'ㅎ'
◆ 알아맞추다 (X) → 알아맞히다 (O)
☺영보이 암기tip) 옆 반이 아직 수업중이니 퀴즈의 답을 맞히면 크게 웃지 말고 작게 '히히히' 웃어라. < 맞히면 - 히히히 >
② 작년에 이 학교는 취업율이 매우 높았다. (X) → 취업률
☺영보이 암기tip) 내 친구 김동률은 취업률이 높은 대학을 지원하려 한다.
< 김동률 - 합격률 >
③ 교배를 시키려고 튼튼한 숫놈을 사 왔다. (X) → 수놈
◆ '숫-'을 쓰는 단어: 숫양 / 숫염소 / 숫쥐 < 양 - 염 - 쥐 >
☺영보이 암기tip) 수도꼭지 망가뜨린 놈 누구니? < 수도꼭지 망가뜨린 놈 - 수놈 >
④ 그건 막을래야 막을 수가 없는 재난이었다. (X) → 막으려야
☺영보이 암기tip) 김병지 선수가 공을 막으려하지만 그건 막으려야 막을 수가 없다.
< 막으려 - 막으려야 >

(문제 298) 정답: ①

(문제299) 문장 성분의 연결이 자연스러운 문장은? (2010 국가직7 고책형 문19)

① 행복은 명예와 부 등 외부적 조건에 있는 것이 아니라, 내적인 자세, 즉 꾸며 나가는 마음가짐을 가져야 한다.
② 언어를 갖지 못한 동물에게도 지적인 작용에 비길 만한 점이 많이 발견된다.
③ 해외여행이나 좋은 영화나 뮤지컬 등은 빼놓지 않고 관람하는 것이 이른바 '골드 미스'의 전형적인 생활양식이다.
④ 작업복이 튼튼하고, 입기에 편하며, 비싸지 않은 것으로 고쳐야 한다.

(문제 299) 정답 및 해설 (2010 국가직7 고책형 문19)

① 행복은 명예와 부 등 외부적 조건에 있는 것이 아니라, 내적인 자세, 즉 꾸며 나가는 마음가짐을 **가져야 한다**. (X) → 마음가짐에 있다.
  ◆ 앞과 뒤의 구조가 같아야 한다.
② 언어를 갖지 못한 동물에게도 지적인 작용에 비길 만한 점이 많이 발견된다. (O)
③ **해외여행**이나 좋은 영화나 뮤지컬 등은 빼놓지 않고 <u>관람하는 것</u>이 이른바 '골드 미스'의 전형적인 생활양식이다. (X) → 해외여행을 **하거나**
  ◆ 해외여행은 관람하는 것이 아니므로 알맞은 서술어를 추가해야 한다. 따라서 '해외여행을 **하거나**'로 수정한다.
④ 작업복이 튼튼하고, 입기에 편하며, 비싸지 않은 것으로 고쳐야 한다. (X)
  → 작업복을 튼튼하고 입기에 편하며 비싸지 않은 것으로 **바꿔야** 한다.

(문제 299) 정답: ②

(문제 300) 로마자 표기법이 잘못된 것은? (2011 국가직7 우책형 문1)

① 오죽헌 - Ojukheon
② 대관령 - Daegwalryeong
③ 경복궁 - Gyeongbokgung
④ 왕십리 - Wangsimni

(문제 300) 정답 및 해설 (2011 국가직7 우책형 문1)

① 오죽헌 - Oju**kh**eon (O)
  1)로마자 표기법 제3장 제1항: 체언에서 'ㄱ, ㄷ, ㅂ' 뒤에 'ㅎ'이 따를 때에는 <u>'ㅎ'을 밝혀 적는다.</u>
  2)발음은 [오주컨]이지만 '오죽헌'은 **체언**이므로 발음대로 표기하지 않고 <u>'ㅎ'을 밝혀 적는다.</u>
② 대관령 - Daegwal**r**yeong (X) → Daegwallyeong
  ◆ 대관령[대:**괄령**][ㄹㄹ] - 'll' - Daegwallyeong
③ 경복궁 - Gyeongbokgung (O)
  ◆ 경복**궁**[경:복꿍] - 발음은 [꿍]이지만 된소리는 반영하지 않으므로 'gung'이 옳다.
④ 왕십리 - Wangsim**n**i (O)
  ◆ 왕십리[왕심**니**][ㅁㄴ] - Wangsim**n**i

(문제 300) 정답: ②

(문제 301) 밑줄 친 외래어 가운데 표기법에 어긋나는 것은? (2011 국가직7 우책형 문2)

① 요즘 대학가에는 서점보다 커피샵이 훨씬 많다.
② 스펀지는 고무나 합성수지 따위로 만든다.
③ 시청에 가려면 로터리에서 좌회전하세요.
④ 땀으로 가득한 얼굴에 신나는 리듬의 몸동작, 이것이 재즈 댄스의 매력이다.

(문제 301) 정답 및 해설 (2011 국가직7 우책형 문2)

① 요즘 대학가에는 서점보다 커피**샵**이 훨씬 많다. (X) → 커피**숍**
  ☺**영보이 암기tip)** 커피**숍**에서 **밥**을 팔고 있다. < 숍(ㅂ) - 밥(ㅂ) >
② 스**펀**지는 고무나 합성수지 따위로 만든다. (O)
  ☺**영보이 암기tip)** 스**펀**지를 샌드백 삼아 **펀**치 연습을 한다. < 스펀지 - 펀치 >
③ 시청에 가려면 로**터**리에서 좌회전하세요. (O)
  ☺**영보이 암기tip)** 배**터**리 충전을 하고 로**터**리에서 좌회전하면 엉**터리** 고깃집이 나온다.
        < 배터리 - 로터리 - 엉터리 >
④ 땀으로 가득한 얼굴에 신나는 리듬의 몸동작, 이것이 **재즈** 댄스의 매력이다. (O)
  ☺**영보이 암기tip)** 박재범은 **재즈** 댄스 실력도 수준급이다. < 재범 - 재즈 >
(문제301) 정답: ①

(문제 302) 밑줄 친 부분의 띄어쓰기가 바르지 않은 것은? (2011 국가직7 우책형 문4)

① 막내 마저 출가를 시키니 허전하다.
② 여기는 비가 온 지 석 달이 지났다.
③ 영수는 제 나름대로 열심히 노력하는 데서 보람을 찾는다.
④ 시류를 검토한비 몇 가지 미비한 사항이 발견되었다.

(문제 302) 정답 및 해설 (2011 국가직7 우책형 문4)

① 막내**V**마저 출가를 시키니 허전하다. (X) → **막내마저**
  ◆ 마저:「부사」 남김없이 모두. 부사로 쓰일 때는 앞말과 띄어 쓴다.
    ◆ 컵에 물을 마저 따르다 / 식은 차를 마저 마시다
    ◆ 내 말을 마저 들어라. / 하던 일이나 마저 끝내라.
  ● 마저:「조사」 (체언 뒤에 붙어) 이미 어떤 것이 포함되고 그 위에 더함의 뜻을 나타내는 보조사. 하나 남은 마지막임을 나타낸다. **조사로 쓰일 때는 앞말과 붙여 쓴다.**
    ● 너마저 나를 떠나는구나. / 막내마저 출가를 시키니 허전하다.
    ● 노인과 어린이들마저 전쟁에 동원되고 있다.

② 여기는 비가 온V지 석 달이 지났다. (O)
  ◆ '지'가 시간의 경과를 의미할 경우에는 앞말과 띄어 쓴다.

③ 영수는 제 **나름대로** 열심히 노력하는V데서 보람을 찾는다. (O)
  ◆ '대로'가 체언과 결합할 경우 앞말과 붙여 쓴다. -
  ● '데'는 '일'이나 '것'의 뜻을 나타내는 경우 의존 명사이므로 앞말과 띄어 쓴다.
    ● 그 책을 다 읽는V데 삼 일이 걸렸다.
    ● 사람을 돕는V데에 애 어른이 어디 있겠습니까?

④ 서류를 **검토한바** 몇 가지 미비한 사항이 발견되었다. (O)
  ◆ '-은바':「어미」('ㄹ'을 제외한 받침 있는 동사 어간 뒤에 붙어)) (문어체로) 뒤 절에서 어떤 사실을 말하기 위하여 그 사실이 있게 된 것과 관련된 상황을 미리 제시하는 데 쓰는 연결 어미. 앞 절의 상황이 이미 이루어졌음을 나타낸다. **따라서 앞말과 붙여 쓴다.**
    ◆ 진상을 들은바, 그것은 사실이 아님이 드러났다.
    ◆ 한 권의 책을 수없이 읽은바 문리가 통하였다.
  ● '-은바': ('ㄹ'을 제외한 받침 있는 형용사 어간 또는 어미 '-으시-' 뒤에 붙어) (문어체로) 뒤 절에서 어떤 사실을 말하기 위하여 그 사실이 있게 된 것과 관련된 상황을 제시하는 데 쓰는 연결 어미.
    ● 어버이의 은혜가 하해와 같은바 갚을 길이 없다.
☺영보이 암기tip) 띄어쓰기는 원고지로 공부하면 효과가 좋다.

	너	마	저			막	내	마	저			어	린	이	들	마	저				
	비	가		온	V	지		석		달			나	름	대	로					
	노	력	하	는	V	데	서		보	람	을		검	토	한	바					
다	'	읽	는	V	데		삼		일			들	은	바			읽	은	바		
	사	람	을		돕	는	V	데	에		애	V	어	른	이			같	은	바	
	차	를	V	마	저			마	시	다		물	을	V	마	저		따	르	다	

(문제 302) 정답: ①

(문제 303) 다음의 단어를 사전에 수록된 순서대로 바르게 나열한 것은? **(2011 국가직7 우책형 문9)**

우엉   왜가리   위상   웬만하다

① 왜가리 - 우엉 - 웬만하다 - 위상
② 우엉 - 위상 - 왜가리 - 웬만하다
③ 우엉 - 왜가리 - 웬만하다 - 위상
④ 왜가리 - 우엉 - 위상 - 웬만하다

◆ <u>왜가리 - 우엉 - 웬만하다 - 위상</u>

◆ 순서: 자음의 순서 ⋯→ 모음의 순서 ⋯→ 겹자음의 순서
◆ **자음의 순서:** 자 음: ㄱ, ㄲ, ㄴ, ㄷ, ㄸ, ㄹ, ㅁ, ㅂ, ㅃ, ㅅ, ㅆ, ㅇ, ㅈ, ㅉ, ㅊ, ㅋ, ㅌ, ㅍ, ㅎ

> < ㄱ(기역), ㄴ(니은), ㄷ(디귿), ㄹ(리을), ㅁ(미음), ㅂ(비읍), ㅅ(시옷),
> ㅇ(이응), ㅈ(지읒), ㅊ(치읓), ㅋ(키옥), ㅌ(티읕), ㅍ(피읖), ㅎ(히읗) >

● **모음의 순서:** ㅏ, ㅐ, ㅑ, ㅒ, ㅓ, ㅔ, ㅕ, ㅖ, ㅗ, ㅘ, ㅙ, ㅚ, ㅛ, ㅜ, ㅝ, ㅞ, ㅟ, ㅠ, ㅡ, ㅢ, ㅣ

(문제 303) 정답: ①

(문제 304) 훈민정음에서 설명한 내용과 부합하지 않는 용례는? (2011 **국가직7 우책형 문15**)

> ㄱ. 乃냉終즁ㄱ 소리는 다시 첫소리를 쓰느니라
> ㄴ. 첫소리를 어울워 뿛디면 글방 쓰라
> ㄷ. ㅣ와 ㅏ와 ㅓ와 ㅑ와 ㅕ와란 올흔녀긔 브텨 쓰라
> ㄹ. 믈읫 字쯩ㅣ 모로매 어우러ᅀᅡ 소리 이느니

① ㄱ: 첫
② ㄴ: 방
③ ㄷ: 녀
④ ㄹ: 민

ㄱ. 乃냉終즁ㄱ 소리는 다시 첫소리를 쓰느니라
　　◆ 나중 소리(종성)는 첫소리(초성)를 다시 쓴다. - **종성부용초성**
　　◆ 종성부용초성: 훈민정음에서, 종성의 글자를 별도로 만들지 아니하고 초성으로 쓰는
글자를 다시 사용한다는 종성의 제자 원리.
ㄴ. 첫소리를 어울워 뿛디면 글방 쓰라 - **병서법(나란히쓰기)**
　　◆ 병서: 훈민정음에서, 초성자 두 글자 또는 세 글자를 가로로 나란히 붙여 쓰는 일. 각
자 병서 'ㄲ, ㄸ' 따위와 합용 병서 'ㄺ, ㅄ' 따위가 있다.
ㄷ. ㅣ와 ㅏ와 ㅓ와 ㅑ와 ㅕ와란 올흔녀긔 브텨 쓰라 - **부서법(붙여쓰기)**
　　◆ 부서: 훈민정음에서, 중성(中聲)인 모음은 초성(初聲)의 아래나 오른쪽에 붙여 쓰는
일.
ㄹ. 믈읫 字쯩ㅣ 모로매 어우러ᅀᅡ 소리 이느니 - **성음법(음절이루기)**

① ㄱ: 첫 - 종성부용초성
② 밝 - 병서법이 아니라 연서법(이어쓰기)이다.
　◆ 연서: 훈민정음에서, 순경음(脣輕音)을 표기하기 위하여 순음자(脣音字) 밑에 'ㅇ'을 이어 쓰는 일. 'ㅁ', 'ㅸ', 'ㆄ', 'ㅃ' 따위가 있다.
③ ㄷ: 녀 - 부서법(붙여쓰기)
④ ㄹ: 민 - 성음법(음절이루기)

(문제 304) 정답: ②

(문제 305) 속담의 뜻을 풀이한 것으로 옳지 않은 것은? (2011 국가직7 우책형 문17)

① 머리는 끝부터 가르고 말은 밑부터 한다. : 말을 하려면 처음부터 차근차근 해야 한다.
② 눈 먹는 토끼 얼음 먹는 토끼 따로 있다. : 사람이나 동물이나 살아 온 환경에 따라 능력이나 풍습이 다르다.
③ 인정은 바리로 싣고 진상은 꼬치로 꿴다. : 자기와 직접 관련이 있으면 한껏 베풀고 그렇지 않으면 인색하다.
④ 내가 부를 노래를 사돈집에서 부른다. : 내가 하려고 생각했던 일을 상대방이 함께하자고 한다.

(문제 305) 정답 및 해설 (2011 국가직7 우책형 문17)

① 머리는 끝부터 가르고 말은 밑부터 한다. : 말을 하려면 처음부터 차근차근 해야 한다.
② 눈 먹는 토끼 얼음 먹는 토끼 따로 있다. : 사람이나 동물이나 살아 온 환경에 따라 능력이나 풍습이 다르다.
③ 인정은 바리로 싣고 진상은 꼬치로 꿴다. : 자기와 직접 관련이 있으면 한껏 베풀고 그렇지 않으면 인색하다.
④ 내가 부를 노래를 사돈집에서 부른다. : 내가 하려고 생각했던 일을 상대방이 함께하자고 한다. (X) → 아가사창(我歌査唱): 자기가 할 말을 상대편에서 먼저 함을 이르는 말.

(문제 305) 정답: ④

(문제 306) 밑줄 친 말의 쓰임이 적절하지 않은 것은? **(2011 국가직7 우책형 문18)**

① 어머니는 아이가 <u>칠칠맞지 못하다</u>고 타박을 주었다.
② 너는 어떻게 일마다 <u>만날</u> 이 모양이냐
③ 화살의 머리를 시위에 끼도록 에어 낸 부분을 <u>오늬</u>라고 한다.
④ 실컷 먹을 수 있게 그릇에 <u>골막하게</u> 가득 담아라.

(문제307) 밑줄 친 부분의 띄어쓰기가 모두 바른 것은? **(2012국가직7 인책형 문1)**

① <u>꽃잎이 한잎∨두잎</u> 강물에 <u>떠내려가∨버렸다</u>.
② <u>이곳</u>에서 주문할 물품의 개수는 <u>스물내지∨서른</u> 정도입니다.
③ <u>부장∨겸∨대외협력실장</u>을 맡고 계신 <u>김부장님</u>을 모셨습니다.
④ <u>김∨동식∨박사</u>께서는 열심히 <u>노력하신∨만큼</u> 큰 상을 받게 되셨다.

② 이곳에서 주문할 물품의 개수는 <u>스물내지</u>∨서른 정도입니다. (X) → 스물∨내지∨서른
  ◆ '이곳'은 한 단어이므로 **붙여** 쓴다.
  ◆ '내지'는 **부사**이므로 앞말과 뒷말 모두 **띄어** 쓴다.
    ◆ 내지: 「부사」 (수량을 나타내는 말들 사이에 쓰여) '얼마에서 얼마까지'의 뜻을
      나타내는 말.
    ◆ 열 명∨내지∨스무 명 / 천 원∨내지∨이천 원 / 백 평∨내지∨이백 평
    ◆ 비가 올 확률은 50%∨내지∨60%이다. / 하루∨내지∨이틀만 기다려 보아라.
③ 부장∨겸∨대외협력실장을 맡고 계신 <u>김부장</u>님을 모셨습니다. (X) → 김∨부장님
  ◆ '겸'은 의존 명사로 앞뒤 모두 **띄어** 쓴다.
  ◆ **성과 이름**, **성과 호** 등은 **붙여** 쓴다. - **김동률** / **이충무공** / **김동식**
  ◆ **성과 호칭어**, **성과 관직명**이 결합할 경우 띄어 쓴다. - **김∨여사** / **김∨부장님**
④ <u>김∨동식</u>∨박사께서는 열심히 노력하신∨만큼 큰 상을 받게 되셨다. (X)
    → 김동식∨박사
  ◆ **성과 이름**, **성과 호** 등은 **붙여** 쓴다. - **김동식** / 김동률 / 이충무공
  ◆ **성과 호칭어**, **성과 관직명**이 결합할 경우 띄어 쓴다. - **김∨여사** / **김∨부장님**
  ● '만큼'이 **용언과 결합**할 경우 **의존 명사**이므로 앞말과 **띄어** 쓴다.
    ● 노력하신∨만큼 / 공부한∨만큼
  ● '만큼'이 **체언과 결합**할 경우 **조사**이므로 앞말과 **붙여** 쓴다.
    ● 너만큼 착한 아이 / 사과만큼 맛있는

한	V	잎	V	두	V	잎		한	잎	V	두	잎		이	곳		
떠	내	려	가	V	버	렸	다		스	물	V	내	지	V	서	른	
부	장	V	겸	V	대	외	협	력	실	장		김	V	부	장	님	
김	동	식	V	박	사		노	력	하	신	V	만	큼		김	V	여	사
공	부	한	V	만	큼		너	만	큼		사	과	만	큼			

(문제 307) 정답: ①

(문제 308) 밑줄 친 관용 표현 중 사용이 적절치 않은 것은? **(2012국가직7 인책형 문2)**

① <u>낙숫물이 댓돌을 뚫는다</u>는데, 계속 노력하면 꼭 좋은 성적을 받을 수 있을 거야.
② 아이고, 너같이 느려서야 뭘 하겠니? <u>갓 쓰고 나가자 파장하겠다</u>.
③ <u>구운 게도 다리를 떼고 먹으라</u>는데, 무슨 일이든 마음 놓지 말고 확실하게 하렴.
④ <u>설 쇤 무 같이</u> 야무지고 똑똑하기가 아주 비할 데가 없어.

(문제 308) 정답 및 해설 (2012국가직7 인책형 문2)

① 낙숫물이 댓돌을 뚫는다는데, 계속 노력하면 꼭 좋은 성적을 받을 수 있을 거야. (O)
  ◆ 낙숫물이 댓돌을 뚫는다. - 작은 힘이라도 꾸준히 계속하면 큰일을 이룰 수 있음을
비유적으로 이르는 말.

(문제 309) 다음 중 밑줄 친 부분의 의미가 다른 것은? **(2012국가직7 인책형 문3)**

① 겨울철에는 군고구마가 <u>간</u>식으로 제격이다.
② 너는 웬 <u>군</u>소리가 그렇게도 많니
③ 맛있는 음식 때문에 <u>군</u>침이 돈다.
④ 군불에 밥 짓기.

(문제 310) 다음 예문에 대한 설명으로 옳은 것은? (2012국가직7 인책형 문4)

> 너는 학생이므로 그 위험한 일에서 한발 비켜서야 한다.

① '너'와 '그'는 문장 성분은 다르지만 품사는 같다.
② 이 문장은 11개의 단어로 구성되어 있다.
③ '한발'은 '한∨발'로 띄어 쓰는 것이 맞다.
④ '위험한'과 같은 품사의 예로, '헌 물건'의 '헌'을 들 수 있다.

(문제 310) 정답 및 해설 (2012국가직7 인책형 문4)

◆ 너 는 학생 이 므로   그 위험한   일 에서 한발 비켜서야 한다.
  ↓ ↓ ↓ ↓ ↓   ↓   ↓   ↓ ↓   ↓   ↓   ↓
 대명사 조사 명사 조사 연결어미 관형사 형용사 명사 조사 부사   동사   동사

① '너'와 '그'는 문장 성분은 다르지만 품사는 **같다**. (X) → **다르다**
  ◆ 너 - 문장 성분(주어) / 품사(대명사)
  ● 그 - 문장 성분(관형어) / 품사(관형사)
② 이 문장은 11개의 단어로 구성되어 있다. (O)
  ◆ 너 / 는 / 학생 / 이므로 / 그 // 위험한 / 일 / 에서 / 한발 / 비켜서야 // 한다.
    = 총 11개
③ '한발'은 '한**V**발'로 띄어 쓰는 것이 맞다. (X) → **한발**
  ◆ 한발:「**부사**」 어떤 동작이나 행동이 다른 동작이나 행동보다 시간·위치상으로 약간
의 간격을 두고 일어남을 나타내는 말. - 한 단어의 부사이므로 **붙여** 쓴다.
④ '위험한'과 같은 품사의 예로, '헌 물건'의 '**헌**'을 들 수 있다. (X)
  ◆ **위험한 - 형용사**(품사) / 관형어(문장 성분)
  ● **헌 - 관형사**(품사) / 관형어(문장 성분) - 관형사는 활용하지 않는다.

(문제310) 정답: ②

(문제311) 다음 예문에서 밑줄 친 문장 성분을 잘못 파악한 것은? (2012국가직7 인책형 문5)

> ○ 그녀는 ㉠아름다운 꽃을 품에 ㉡가득 안고 왔다.
> ○ 하루 종일 ㉢비가 왔다. ㉣다행히도 마음만은 즐거웠다.

① ㉠: 관형어
② ㉡: 부사어
③ ㉢: 주어
④ ㉣: 독립어

(문제 311) 정답 및 해설 (2012국가직7 인책형 문5)

○ 그녀는 ㉠아름다운 꽃을 품에 ㉡가득 안고 왔다.
○ 하루 종일 ㉢비가 왔다. ㉣다행히도 마음만은 즐거웠다.

① ㉠아름다운: 관형어(문장 성분) / 형용사(품사)
② ㉡가득: 부사어(문장 성분) / 부사(부사)
③ ㉢비가: 주어 - 비(명사), 가(주격 조사)
④ ㉣다행히도: **독립어** (X) → **부사어**(문장 성분) / 부사(품사)

(문제 311) 정답: ④

(문제312) 예문의 밑줄 친 부분과 그 수사(修辭)적 유형이 같은 것은? (2012국가직7 인책형 문6)

내 마음은 호수요,
그대 노 저어 오오.
나는 그대의 흰 그림자를 안고,
옥같이 그대의 뱃전에 부서지리다.   - 김동명, '내 마음은' 중에서 -

① 아랫목에 모인
  아홉 마리의 강아지야,
  강아지 같은 것들아,
  굴욕(屈辱)과 굶주림과 추운 길을 걸어
  내가 왔다.
  아버지가 왔다.
② 님의 사랑은 뜨거워
  근심 산(山)을 태우고 한(恨) 바다를 말리는데
③ 가려다 오고 오려다 가는 것은 나에게 목숨을 빼앗고 죽음도
  주지 않는 것입니다.
④ 산산이 부서진 이름이여!
  허공중(虛空中)에 헤어진 이름이여!

(문제 312) 정답 및 해설 (2012국가직7 인책형 문6)
★내 마음은 호수요 - 'A는 B이다' - **은유법 (마음 = 호수)**
① 강아지 같은 것들아 - **직유법**(~ 같은 / 같이)
② 근심 산(山)을 태우고 한(恨) 바다를 말리는데 (O)
  ◆ 근심이 산이다 **(근심 = 산)** / 한이 바다다 **(한(恨) = 바다)** - **은유법**
③ 나에게 목숨을 빼앗고 죽음도 주지 않는 것입니다. - **역설법**
④ 산산이 부서진 이름이여! - **영탄법** - 감탄사나 감탄 조사 따위를 이용하여 기쁨·슬픔
·놀라움과 같은 감정을 강하게 나타내는 수사법. '아아!', '오!', '보았는고!' 따위이다.

(문제312) 정답: ②

(문제 313) 번역 투의 표현이 아닌 문장으로만 짝지은 것은? **(2012국가직7 인책형 문9)**

① ○ 나는 부모님에 의해 예의 바르고 친절한 아이로 자랐다.
   ○ 그에게 있어서 가정이란 자고 나가는 곳 외에 아무 의미가 없다.
② ○ 이번 방학에 제주도를 방문할 계획을 가지고 있다.
   ○ 학내 폭력 문제를 일으킨 학생들에게는 자숙하는 시간을 필요로 한다.
③ ○ 내 고향에는 아직도 많은 친척들이 살고 있다.
   ○ 이런 짓은 사회 질서를 깨뜨리는 일이므로 절대로 해서는 안 된다.
④ ○ 이런 사실은 아무리 강조해도 지나치지 않는다.
   ○ 오늘 조회 시간에는 학교 문제에 대한 교장 선생님의 솔직한 해명이 있었다.

(문제 313) 정답 및 해설 (2012국가직7 인책형 문9)

① ○ 나는 부모님**에 의해** 예의 바르고 친절한 아이로 자랐다. (번역 투)
  → 부모님**은 나를** 예의 바르고 친절한 아이로 **키워주셨다.**
  ○ **그에게 있어서** 가정이란 자고 나가는 곳 외에 아무 의미가 없다. (번역 투)
  → **그에게** 가정이란 자고 나가는 곳 외에 아무 의미가 없다.
② ○ 이번 방학에 제주도를 방문할 **계획을 가지고 있다.** (번역 투)
  → 이번 방학에 제주도를 방문할 계획이다.
  ○ 학내 폭력 문제를 일으킨 학생들에게는 자숙하는 시간을 **필요로 한다.** (번역 투)
  → 학내 폭력 문제를 일으킨 학생들은 자숙해야 한다.
③ ○ 내 고향에는 아직도 많은 친척들이 살고 있다. (O)
  ○ 이런 짓은 사회 질서를 깨뜨리는 일이므로 절대로 해서는 안 된다. (O)
④ ○ 이런 사실은 **아무리 강조해도 지나치지 않는다.** (번역 투)
  → 이런 사실은 아무리 강조해서 지나침이 없다.
  ○ 오늘 조회 시간에는 학교 문제에 대한 교장 선생님의 솔직한 **해명이 있었다.** (번역 투)
  → 오늘 조회 시간에는 교장 선생님께서 학교 문제에 대**해** 솔직**하게** 해명**하셨다.**

(문제 313) 정답: ③

(문제 314) 한글 맞춤법에 따라 바르게 표기된 것만 나열된 것은? **(2012국가직7 인책형 문10)**

① 웃니, 찻집, 두렛일
② 굵직하다, 넓직하다, 높다랗다
③ 그렇잖다, 만만찮다, 적잖다
④ 양심(良心), 유행(流行), 성공율(成功率)

(문제 314) 정답 및 해설 (2012국가직7 인책형 문10)

① 윗니, 찻집, 두렛일 (X) → 윗니
  ◆ 위와 아래의 상대어가 있으므로 윗니 / 아랫니
  ☺영보이 암기tip) 다윗은 윗니를 보이며 골리앗에게 돌을 던졌다. < 다윗 - 윗니 >
  ☺영보이 암기tip) 아버지는 지렛대를 들고 마을 사람들과 두렛일하여 논을 일구었다.
                            < 지렛대 - 두렛일 >
② 굵직하다, 넓직하다, 높다랗다 (X) → 널찍하다
  ☺영보이 암기tip) 굵직굵직한 직업을 구하고 싶어. < 굵직굵직한 - 직업 >
        ◆ 굵직굵직하다 [국찍꾹찌카다]
  ☺영보이 암기tip) 그는 미팅 장소에서 처음부터 널 찍었다. < 널찍하다 - 널 찍었다 >
  ☺영보이 암기tip) 태평양에서 잡힌 다랑어가 높다랗다. < 다랑어 - 높다랗다 >
③ 그렇잖다, 만만찮다, 적잖다 (O)
④ 양심(良心), 유행(流行), 성공율(成功率) (X) → 성공률
  ☺영보이 암기tip) 내 친구 김동률의 고리 던지기 성공률 < 김동률 - 성공률 >
                                        (문제314) 정답: ③

(문제315) 다음 예문의 내용을 고려할 때 우리말다운 표현으로 가장 알맞은 것은? (2012국가직7 인책형 문12)

> 글 속의 문장이 제대로 되었는가를 평가하는 과정에서 우선이 되는 것은 문장 내에서 서로 호응하는 성분 간의 관계가 적절한가를 확인하는 것이다.

① 철수는 지금 당장 유학을 가려고 했지만, 자신의 경제적 사정을 고려하지 않은 성급한 결정이었다.
② 문화 결손은 교육학에서, 어린이가 자라면서 어떤 문화적인 환경에 접하지 못한 데서 빚어지는 살못이나.
③ 2년 전 당산의 나무를 건드린 이 마을 사람 하나는 산사태로 목숨을 잃었고, 올해에는 교통사고를 당했다.
④ 보안과 관계된 사항에는 각종 비문뿐만 아니라 부대 위치 및 지휘관의 신상, 활동 등도 포함된다.

(문제 315) 정답 및 해설 (2012국가직7 인책형 문12)
◆ 문장 내에서 서로 호응하는 성분 간의 관계가 적절한가.
① 철수는 지금 당장 유학을 가려고 했지만, 자신의 경제적 사정을 고려하지 않은 성급한 결정이었다. (X) → 철수는 지금 당장 유학을 가려고 했지만, 그것은 자신의 경제적 사정을 고려하지 않은 성급한 결정이었다.
  ◆ '결정이었다'의 주어가 필요하다.

(문제316) 다음 중 차별적 언어표현이 나타나지 않은 것은? **(2012국가직7 인책형 문16)**

① 그것은 학교에서 학부형들에게 직접 설명해야 할 일인 것 같군요.
② 이 소설은 작가의 처녀작으로, 당시 문단의 호응이 매우 컸던 작품입니다.
③ 살구 색 옷은 잘못 입으면 착시 효과를 불러일으키므로, 주의해서 입어야 합니다.
④ 복지 정책이 날로 더 발전하고 있으니, 미망인의 문제도 곧 해결되리라 믿습니다.

(문제 317) 다음 예문에서 ( )에 들어갈 내용으로 가장 적절한 것은? **(2012국가직7 인책형 문17)**

> 고양이는 영리한 편이지만 지능적으로 기억을 관장하는 전두엽이 발달하지 않아 썩 머리가 좋다고 할 수는 없다. 그러나 개와 더불어 고양이가 오랫동안 인간의 친구가 될 수 있었던 것은 (   ) 때문이다. 주인이 슬퍼하면 고양이는 위로하듯이 응석을 부리고, 싸움이 나면 겁에 질려 걱정하고, 주인이 기뻐하면 함께 기뻐한다. 고양이는 인간의 말을 음성의 고저 등으로 이해한다. 말은 못하지만 고양이만큼 주인 마음에 민감한 동물도 없다. 어차피 동물이라 모를 거라고 무시했다가 큰코다칠 수 있다.

① 말귀를 잘 알아듣기
② 행동의 실천을 바로 하기
③ 감정의 이해가 아주 빠르기
④ 주인에게 충성하기

(문제 317) 정답 및 해설 (2012국가직7 인책형 문17)

① 말귀를 잘 알아듣기 (X) - 전두엽이 발달하지 않아 썩 머리가 좋다고 할 수는 없다.
② 행동의 실천을 바로 하기 - 이 글에서 알 수 없음.
③ 감정의 이해가 아주 빠르기 (O) - 주인이 **슬퍼하면** 고양이는 **위로하듯이** 응석을 부리고, **싸움이 나면** 겁에 질려 **걱정하고**, **주인이 기뻐하면** 함께 **기뻐**한다. 고양이는 인간의 말을 음성의 고저 등으로 이해한다. 말은 못하지만 고양이만큼 주인 **'마음'**에 민감한 동물도 없다.
④ 주인에게 충성하기 - 이 글에서 알 수 없음.

(문제 317) 정답: ③

(문제 318) 다음 단어들을 넣어 공문서를 작성할 경우 가장 자연스러운 문장은? **(2012국가직7 인책형 문20)**

> 쓰레기 분리 수거, 재활용 폐지(弊紙), 연간 3,000억 원, 외화 낭비, 환경 보호

① 우리 국민이 모두 쓰레기 분리 수거에 적극 참여하여 재활용 폐지, 연간 3,000억 원을 수입하지 않으면 외화 낭비와 환경 보호를 실천할 수 있다.
② 전 국민이 쓰레기 분리 수거에 적극 참여하여 재활용 폐지를 연간 3,000억 원 이상씩 수입하지 않고 외화 낭비를 줄일 수 있고 환경 보호를 할 수 있다.
③ 국민 모두가 쓰레기 분리 수거에 적극 참여한다면 연간 3,000억 원의 재활용 폐지 수입을 막아 외화 낭비를 줄일 수 있으며 이는 환경 보호의 실천으로 이어질 것이다.
④ 전 국민이 모두 쓰레기 분리 수거에 적극 참여한다면 연간 3,000억 원에 달하는 재활용 폐지의 수입을 막아 외화 낭비도 경감시키고 환경 보호가 된다.

(문제 318) 정답 및 해설 (2012국가직7 인책형 문20)

쓰레기 분리 수거, 재활용 폐지(弊紙), 연간 3,000억 원, 외화 낭비, 환경 보호

③ 국민 모두가 **쓰레기 분리 수거**에 적극 참여한다면 **연간 3,000억 원**의 **재활용 폐지** 수입을 막아 **외화 낭비**를 줄일 수 있으며 이는 **환경 보호**의 실천으로 이어질 것이다.
◆ 주어와 서술어의 호응이 알맞고 문장도 매끄럽게 쓰인 것은 보기③이다.

(문제 318) 정답: ③

(문제 319) 밑줄 친 단어 중 품사가 다른 것은? (2013국가직7 인책형 문1)

① 쌍둥이도 성격이 <u>다른</u> 경우가 많다.
② 그 사람은 <u>허튼</u> 말을 하고 다닐 사람이 아니다.
③ 그는 <u>갖은</u> 양념을 넣어 정성껏 음식을 만들었다.
④ 사람의 그림자조차 보이지 않는 <u>외딴</u> 집이 나타났다.

(문제 319) 정답 및 해설 (2013국가직7 인책형 문1)

① 쌍둥이도 성격이 <u>다른</u> 경우가 많다. - 형용사
  ◆ 형용사는 활용을 한다. - 다르다 / 다르고 / 다른 / 달라
  ◆ 또한 형용사는 서술성이 있다. - 성격이 다르다
② 그 사람은 <u>허튼</u> 말을 하고 다닐 사람이 아니다. - 관형사
③ 그는 <u>갖은</u> 양념을 넣어 정성껏 음식을 만들었다. - 관형사
④ 사람의 그림자조차 보이지 않는 <u>외딴</u> 집이 나타났다. - 관형사
  ◆ <u>관형사는 활용을 하지 않는다.</u>

(문제 319) 정답: ①

(문제 320) 밑줄 친 어휘의 뜻풀이로 바르지 못한 것은? (2013국가직7 인책형 문4)

① 그는 잠시 <u>궁싯거리다가</u> 면접관을 향해 꾸벅 인사를 했다.
  - 궁싯거리다:어찌할 바를 몰라 이리저리 머뭇거리다.
② 오랑캐꽃은 소복소복 무리를 지어 가며 <u>다문다문</u> 피었다.
  - 다문다문:공간적으로 배지 아니하고 사이가 좀 드문 모양.
③ 이 동네 사람들, 이 늙은이 주검 위에 <u>뗏장</u> 한 장씩은 덮어 주러 올 것이다.
  - 뗏장:장례 때 사용하는 삼베 조각.
④ 팔십 전을 손에 쥔 김 첨지의 마음은 <u>푼푼하였다</u>.
  - 푼푼하다:모자람이 없이 넉넉하다.

(문제 320) 정답 및 해설 (2013국가직7 인책형 문4)

① 그는 잠시 <u>궁싯거리다가</u> 면접관을 향해 꾸벅 인사를 했다.
  - 궁싯거리다: 어찌할 바를 몰라 이리저리 머뭇거리다.
② 오랑캐꽃은 소복소복 무리를 지어 가며 <u>다문다문</u> 피었다.
  ◆ 다문다문: 공간적으로 배지 아니하고 사이가 좀 드문 모양.
  ● 드문드문:「부사」시간적으로 잦지 않고 드문 모양 / 공간적으로 배지 않고 사이가 드문 모양.
③ 이 동네 사람들, 이 늙은이 주검 위에 **뗏장** 한 장씩은 덮어 주러 올 것이다.
  - **뗏장**: 장례 때 사용하는 삼베 조각. (X) → **흙이 붙어 있는 상태로 뿌리째 떠낸 잔디의 조각.**
④ 팔십 전을 손에 쥔 김 첨지의 마음은 <u>푼푼하였다</u>.
  - 푼푼하다: 모자람이 없이 넉넉하다.
  ◆ 푼푼-히 -「부사」모자람이 없이 넉넉하게. ≒ 푼히
  ● 푼푼-이 -「부사」한 푼씩 한 푼씩

(문제 320) 정답: ③

(문제 321) 로마자 표기법이 잘못된 것은? (2013국가직7 인책형 문5)

① 인왕리: Inwang-li
② 독립문: Dongnimmun
③ 같이: gachi
④ 하회탈: Hahoetal

(문제 321) 정답 및 해설 (2013국가직7 인책형 문5)

① 인왕리: Inwang-li (X) → Inwang-ri
  ◆ 행정구역을 나타내는 '리'는 'ri'로 쓴다.
② 독립문: Dongnimmun
  ◆ 독립문[동님문][ㅇㅁ] - Dongnimmun
③ 같이: gachi
  ◆ 같이[가치] - gachi
④ 하회탈: Hahoetal
  ◆ 하회탈[[하회탈 / 하훼탈] - 'ㅚ' : 'oe'

(문제 321) 정답: ①

(문제 322) 우리말 표현으로 옳은 것은? (2013국가직7 인책형 문7)

① (시청 간부가 외부 전문가에게) 저는 시청에 근무하는 전우치 과장입니다. 교수님께 하반기 경제 전망에 대해 자문을 구하고자 전화를 드렸습니다.
② (간호사가 환자에게) 환자분, 주사 맞게 침대에 누우실게요.
③ (며느리가 시어머니에게) 어머니, 아범은 아직 안 들어왔어요.
④ (한국인이 외국인에게) 저희나라 국민들은 독도 문제에 대해 매우 민감합니다.

(문제 323) 괄호 안에 들어갈 말로 가장 적절한 것은? (2013국가직7 인책형 문10)

조선 시대의 백자는 기교가 넘치는 고려 시대의 청자와는 달리 담백하여 (　) 멋이 있다.

① 곡진(曲盡)한
② 소박(素朴)한
③ 섬세(纖細)한
④ 진중(珍重)한

(문제 324) 밑줄 친 단어의 표기가 옳지 않은 것은? **(2013국가직7 인책형 문14)**

> 나는 오랜만에 자장면을 시켜 먹기 위해 중국집에 전화를 했다. 종업원이 전화를 받고는 내가 있는 곳이 ㉠언덕배기라서 한 그릇은 배달을 해 줄 수 없다고 했다. 나는 치밀어 오르는 화를 참으며 "그럼 ㉡곱빼기를 시키면 올 수 있느냐?"라고 물었다. 기분 같으면 그 놈의 ㉢대갈빼기를 휘갈겨 주고 싶었지만 음식이 올 때까지는 참을 수밖에 없었다. '차라리 어제처럼 단골 식당에서 ㉣뚝빼기를 시켰더라면 아무 문제가 없었을 텐데.'하고 후회를 했다.

① ㉠
② ㉡
③ ㉢
④ ㉣

(문제 324) 정답 및 해설 (2013국가직7 인책형 문14)

① ㉠ 언덕배기 (O)

 ☺영보이 암기tip) 내 친구 조덕배는 어디에 있니? 저 언덕배기에 있어요.

< 덕배 - 언덕배기 >

② ㉡ 곱빼기 (O)

 ☺영보이 암기tip) 하나빼기 게임을 해서 이기면 짬뽕 곱빼기 사줄게.

< 하나빼기 이기면 - 곱빼기 >

③ ㉢ 대갈빼기 (O) : '머리'를 속되게 이르는 말.

 ☺영보이 암기tip) 그래 하나빼기 게임 네가 이겼으니 곱빼기 사줄게. 그런데 대갈빼기 좀 들이대지 마. 짜증나잖아. < 하나빼기 - 곱빼기 - 대갈빼기 >

④ ㉣ 뚝빼기 (X) → 뚝배기

 ☺영보이 암기tip) 뚝배기를 보면 배가 튀어나와 있다. < 뚝배기의 배 >

(문제 324) 정답: ④

(문제 325) 밑줄 친 부분 중 비유법을 사용하지 않은 것은? (2013국가직7 인책형 문16)

> 붓질은 물기가 흥건하여 윤택하기 그지없다. 그런 호방한 붓질로 장승업은 정신이 번쩍 들게 때려 넣는가 하면 당겨 뽑고, 꺾어 냈는가 하더니 잔가지를 이리저리 삐쳐 댔다. ⓐ나무 이파리는 크고 작은 울림이 자진모리장단을 타고 달리는 듯하더니, 급기야 ⓑ독수리며 나무 이끼의 반복되는 점들에 이르자 갑자기 쏟아진 장대비인 양 후드득 두들겨 댔다. ⓒ그것은 형상이기 이전에 움직임이고, 보고 있는 동안 그대로 음악이다. 그러나 어쩐 일인가? 나무는 나무, 독수리는 독수리, 풀잎은 풀잎이다. 어느 하나 틀에 맞춰 그린 것이 없으니 과장과 왜곡은 분명하다. ⓓ그런데도 넘쳐 나는 이 생명력은 무엇인가?

① ⓐ　　② ⓑ　　③ ⓒ　　④ ⓓ

(문제 325) 정답 및 해설 (2013국가직7 인책형 문16)

ⓐ 나무 이파리는 크고 작은 울림이 자진모리장단을 타고 달리는 **듯하더니** - **직유법**
ⓑ 독수리며 나무 이끼의 반복되는 점들에 이르자 갑자기 쏟아진 **장대비인 양** 후드득 두들겨 댔다. - **직유법**
ⓒ 그것은 형상이기 이전에 움직임이고, 보고 있는 동안 그대로 음악이다.
　◆ '그것은 ~ **움직임이고, ~ 음악이다.**' - **은유법**
ⓓ 그런데도 넘쳐 나는 이 생명력은 무엇인가? - **비유법이 나타나지 않음**.

(문제325) 정답: ④ ⓓ

(문제 326) 밑줄 친 말이 문장의 의미에 어울리지 않는 것은? (2013국가직7 인책형 문17)

① 그는 <u>강소주</u>를 마시고 의식을 잃고 말았다.
② 호박잎과 함께 쌈밥을 먹을 때는 <u>강된장</u>이 제격이다.
③ <u>강밥</u>을 먹으면서 반찬을 많이 먹었더니 배가 너무 부르다.
④ 양념한 굴보다 <u>강굴</u>이 더 담백하고 맛있다.

(문제 326) 정답 및 해설 (2013국가직7 인책형 문17)

① 그는 <u>강소주</u>를 마시고 의식을 잃고 말았다.
　◆ 강소주: 안주 없이 먹는 소주.
② 호박잎과 함께 쌈밥을 먹을 때는 <u>강된장</u>이 제격이다.
　◆ 강된장: 쇠고기, 표고버섯 등의 건더기에 된장을 많이 넣고 육수를 자작하게 부어 되직하게 끓인 것.
③ <u>강밥</u>을 먹으면서 **반찬을 많이 먹었더니 배가 너무 부르다.** (X)
　◆ **강밥: 국이나 찬도 없이 맨밥으로 먹는 밥**.
　● **반찬을 많이 먹었다는 말과 강밥은 의미가 어울리지 않는다.**
④ 양념한 굴보다 <u>강굴</u>이 더 담백하고 맛있다.
　◆ 강굴: 물이나 그 밖의 다른 어떤 것도 섞지 아니한 굴의 살.

(문제326) 정답: ③

(문제 327) 밑줄 친 어휘의 사용이 바른 문장은? **(2013국가직7 인책형 문18)**

① 우리 농구 팀은 실력의 <u>월등한</u> 열세를 극복하지 못하고 상대 팀에 지고 말았다.
② 그의 성공은 불우한 가정환경에 굴하지 않고 성실히 노력한 <u>탓이다</u>.
③ 입사 시험 준비를 하느라 잠을 못 자서인지 체중이 많이 <u>줄었다</u>.
④ 우리 방범대원들은 주민의 안전을 <u>보호하기</u> 위해 애쓰고 있습니다.

(문제 327) 정답 및 해설 (2013국가직7 인책형 문18)

① 우리 농구 팀은 실력의 **월등한** 열세를 극복하지 못하고 상대 팀에 지고 말았다. (X)
 → 우리 농구 팀은 <u>**실력의 열세를**</u> 극복하지 못하고 상대 팀에 지고 말았다. (O)
 → 우리 농구 팀은 <u>**실력의 큰 차이를**</u> 극복하지 못하고 상대 팀에 지고 말았다. (O)
 ◆ 월등(越等)하다:「형용사」다른 것과 견주어서 수준이 정도 이상으로 **뛰어나다**.
 ● 열세(劣勢): 상대편보다 힘이나 세력이 **약함**. 또는 그 힘이나 세력.
 ★ '월등하다'와 열세는 의미가 대조적이므로 이 문장의 문맥은 어색하다. 따라서 월등한 '월등한'을 삭제하거나 '실력의 근 차이를'로 수정하면 좋을 듯하다.
② 그의 성공은 불우한 가정환경에 굴하지 않고 성실히 노력한 **탓**이다. (X)
 → 그의 성공은 불우한 가정환경에 굴하지 않고 성실히 노력한 **덕**이다. (O)
 → **그가** 성공**한 이유는** 불우한 가정환경에 굴하지 않고 성실히 노력**했기 때문이다**. (O)
 ★ '탓이다'는 부정적인 의미이므로 '덕'으로 수정한다. 또는 중립적인 의미인 '때문이다'를 사용하고 문맥을 수정하면 올바른 문장이 된다.
③ 입사 시험 준비를 하느라 잠을 못 자서인지 체중이 많이 <u>줄었다</u>. (O)
 ◆ 체중이 줄다 / 늘다 (O)
④ 우리 방범대원들은 주민의 **안전을** <u>보호하기</u> 위해 애쓰고 있습니다. (X)
 → 주민을 보호하기 위해
 ◆ 보호하다: 위험이나 곤란 따위가 미치지 아니하도록 잘 보살펴 돌보다.
 ★ 안전을 보호하는 것이 아니라 '<u>**주민을 보호하는**</u>' 것이 적절하다.

(문제 327) 정답: ③

(문제 328) 동일한 음운 변동 현상을 보여 주는 예들로 묶인 것은? (2014국가직7 A책형 문1)

① 늙는, 않고
② 맏형, 쇠붙이
③ 산동네, 보름달
④ 생일날, 추진력

(문제 329) 띄어쓰기가 옳은 것은? (2014국가직7 A책형 문2)

① 글쎄요, 아마 그 친구가 먼저 갔을 걸요.
② 이분이 우리 총무 팀의 팀장 겸 감사 부장이십니다.
③ 어머니는 이제야 아들을 겨우 알아 보시는 상황이 되었다.
④ 생각만 하지 말고 우리가 먼저 한 번 해 보아야 할 것이다.

(문제329) 정답 및 해설 (2014국가직7 A책형 문2)

① 글쎄요, 아마 그 친구가 먼저 갔을V걸요. (X) → 갔을걸요.
　★ '-을걸'은 종결 어미로 앞말과 붙여 쓴다.
　◆ -을걸: ('ㄹ'을 제외한 받침 있는 용언의 어간이나 어미 '-었-' 뒤에 붙어)(구어체로)
　　　　　해할 자리나 혼잣말처럼 쓰여, 화자의 추측이 상대편이 이미 알고 있는 바나
기대와는 다른 것임을 나타내는 종결 어미. 가벼운 반박이나 감탄의 뜻을 나타낸다.
　　　◆ 그 사람은 벌써 떠났을걸. / 아마 지금쯤 동생은 제 방에서 빵을 먹을걸.
　　　◆ 그렇게 서두르다가는 피라미 한 마리도 못 낚을걸.
　　　◆ 그 집은 마당이 너무 좁을걸. / 내년이면 늦을걸. / 생각만큼 쉽지 않을걸.
　● -을걸: ('ㄹ'을 제외한 받침 있는 동사 어간이나 어미 '-었-' 뒤에 붙어)(구어체로)
　　　　　혼잣말에 쓰여, 그렇게 했으면 좋았을 것이나 하지 아니한 어떤 일에 대하여
가벼운 뉘우침이나 아쉬움을 나타내는 종결 어미.
　　　● 밥을 먹으라고 할 때 먹을걸. / 하라고 할 때 그 일을 맡을걸.
　　　● 그들이 가까운 데에 살았으면 좀 더 잘해 줬을걸.
② 이분이 우리 총무 팀의 팀장V겸V감사V부장이십니다. (O)
　◆ 겸: 「의존 명사」 (둘 이상의 명사 사이에 쓰여) 그 명사들이 나타내는 의미를 아울러
지니고 있음을 나타내는 말. 의존 명사는 앞말과 띄어 쓴다.
　● 또한 직함은 앞말과 띄어 쓴다. - 감사V부장
③ 어머니는 이제야 아들을 겨우 알아V보시는 상황이 되었다. (X) → 알아보시는
　◆ '알아보다'는 합성어로 한 단어이므로 붙여 쓴다.
④ 생각만 하지 말고 우리가 먼저 한V번 해 보아야 할 것이다. (X) → 한번
　◆ 이 문장에서 '한번'은 순서 '한 번, 두 번'을 의미하는 것이 아니라 (주로 '-어 보다'
구성과 함께 쓰여)어떤 일을 시험 삼아 시도함을 나타내는 말의 부사이므로 붙여 쓴다.
　　◆ 한번 해 보다 / 한번 먹어 보다/제가 일단 한번 해 보겠습니다.
　　◆ 이 문제를 한번 잘 생각해 봐. / 이 가죽이 얼마나 질긴가 한번 시험해 보자.

먼	저		갔	을	걸	요	.		벌	써		떠	났	을	걸	.	
빵	을		먹	을	걸	.		한		마	리	도		못	V	낚	을	걸	.
너	무		늦	을	걸	.		내	년	이	면		늦	을	걸	.	
쉽	지		않	을	걸	.		그	때		먹	을	걸	.		
그		일	을		맡	을	걸	.		좀		더		잘	해		줬	을	걸	.
팀	장	V	겸	V	감	사	V	부	장			알	아	보	시	는	
한	번		해		보	다	.		한	번		먹	어		보	다	.	

(문제329) 정답: ②

(문제 330) 문장 부호의 사용이 옳지 않은 것은? **(2014국가직7 A책형 문3)**

① 콩 심으면 콩 나고, 팥 심으면 팥 난다.
② 지금 필요한 것은 '지식'이 아니라 '실천'이다.
③ 춘원[6·5 때 납북]은 우리나라의 소설가이다.
④ 어머님께 말했다가-아니, 말씀드렸다가-꾸중만 들었다.

(문제 330) 정답 및 해설 (2014국가직7 A책형 문3)

① 콩 심으면 콩 나고, 팥 심으면 팥 난다. (O)
 ◆ 문장의 연결 시 의미를 분명히 할 때에는 쉼표(,)를 쓴다.
② 지금 필요한 것은 '지식'이 아니라 '실천'이다. (O)
 ◆ **드러냄표**: 문장 내용 중에서 주의가 미쳐야 할 곳이나 중요한 부분을 특별히 드러낼 때 쓴다.
 ◆ **밑줄**: 문장 내용 중에서 주의가 미쳐야 할 곳이나 중요한 부분을 특별히 드러내 보일 때 쓴다.
 ★ <u>드러냄표나 밑줄 대신에 작은따옴표를 사용할 수 있다.</u>
③ 춘원[6·5 때 납북]은 우리나라의 소설가이다. (X) → 춘원(6·5 때 납북)
 ◆ 소괄호( ) - <u>주석이나 보충적인 내용을 덧붙일 때</u> 쓰거나, 우리말 표기와 원어 표기를 아울러 보일 때, 생략할 수 있는 요소임을 나타낼 때, 희곡 등 대화를 적는 글에서 동작이나 분위기, 상태를 드러낼 때, 내용이 들어간 자리임을 나타낼 때, 항목의 순서나 종류를 나타내는 숫자나 문자 따위에 쓰인다.
 ● 대괄호[ ] - 괄호 안에 또 괄호를 쓸 때 바깥쪽의 괄호 대신 쓰거나, 고유어에 대응하는 한자어를 함께 보일 때, 원문에 대한 이해를 돕기 위해 설명이나 논평 따위를 덧붙일 때 쓴다.
④ 어머님께 말했다가-아니, 말씀드렸다가-꾸중만 들었다.
 ◆ 줄표: 제목 다음에 표시하는 부제의 앞뒤에 쓴다. = 말바꿈표·풀이표·환언표.
 ● 말을 바꿀 때 줄표(—)를 쓴다.

(문제 330) 정답: ③

(문제 331) 문장 성분의 연결이 자연스러운 것은? **(2014국가직7 A책형 문4)**

① 이 도시의 바람직한 모습은 이 지방의 행정, 문화, 교육 분야의 중심 기능을 담당해야 한다.
② 노사 간에 지속적인 대화를 시도하고 있으나, 불필요한 공방으로 인하여 기약 없이 지연되고 있다.
③ 예전에 한국인은 양만 따진다는 말이 있었으나, 이제는 양뿐 아니라 질을 아울러 따질 수 있게 되었다.
④ 해외여행이나 좋은 영화나 뮤지컬 등은 빼놓지 않고 관람하는 것이 이른바 골드 미스의 전형적인 생활양식이다.

① 이 도시의 바람직한 모습은 이 지방의 행정, 문화, 교육 분야의 중심 기능을 담당해야 한다. (X) → 이 도시의 바람직한 모습은 이 지방의 행정, 문화, 교육 분야의 중심 기능이 **모두 포함되어야 한다.**
 ◆ 주어와 서술어의 호응이 적절하지 않다.
② 노사 간에 지속적인 대화를 시도하고 있으나, 불필요한 공방으로 인하여 기약 없이 지연되고 있다. (X) → 노사 간에 지속적인 대화를 시도하고 있으나, 불필요한 공방으로 인하여 **임금 협상은** 기약 없이 지연되고 있다.
 ◆ 주어가 없어 의미가 모호하다.
③ 예전에 한국인은 양만 따진다는 말이 있었으나, 이제는 양뿐 아니라 질을 아울러 따질 수 있게 되었다. (O)
④ 해외여행이나 좋은 영화나 뮤지컬 등은 빼놓지 않고 관람하는 것이 이른바 골드 미스의 전형적인 생활양식이다. (X) → 해외여행**을 하거나** 좋은 영화 ~ .
 ◆ 해외여행은 관람하는 것이 아니므로 적절한 서술어가 필요하다.

(문제 331) 정답: ③

(문제 332) 표준 언어 예절에 알맞은 표현은? (2014국가직7 A채형 문6)
① 자기의 본관을 소개할 때 "저는 ○○[본관] ○씨입니다."라고 한다.
② 남편의 친구에게 자신을 소개할 때 "저는 ○○○ 씨의 부인 입니다."라고 한다.
③ 텔레비전에서 사회자가 20대의 연예인을 소개할 때 "○○○ 씨를 모시겠습니다."라고 한다.
④ 어머니와 길을 가다 선생님을 만났을 때 "저의 어머니십니다." 라고 어머니를 선생님께 먼저 소개한다.

① 자기의 본관을 소개할 때 "저는 ○○[본관] ○**씨**입니다."라고 한다. (X)
 → 자기의 본관을 소개할 때 "저는 ○○[본관] ○**가**(哥)입니다."라고 한다.
 ◆ **남**의 본관을 말할 때는 **씨**(氏)를 쓴다.
② 남편의 친구에게 자신을 소개할 때 "저는 ○○○ 씨의 **부인** 입니다."라고 한다. (X)
 → 저는 ○○○ 씨의 **아내**입니다.
 ◆ **부인: 남의 아내를 높여 이르는 말.**
③ 텔레비전에서 사회자가 20대의 연예인을 소개할 때 "○○○ 씨를 모시겠습니다."라고 한다. (X) → "○○○ 씨를 **소개**하겠습니다.
 ◆ 시청자가 나이가 더 많을 수 있으므로 모신다는 말을 어울리지 않는다.
④ 어머니와 길을 가다 선생님을 만났을 때 "저의 어머니십니다." 라고 어머니를 선생님께 먼저 소개한다. (O)
 ◆ **어머니를 선생님에게 먼저 소개**하는 것이 표준 언어 예절에 알맞다.

(문제 332) 정답: ④

(문제 333) 어문 규범에 맞는 것으로만 묶인 것은? (2014국가직7 A책형 문11)

① 출산율, 자장면, 타슈켄트(Tashkent)
② 갯수, 숫양, 모차르트(Mozart)
③ 휴게소, 깊숙이, 컨셉트(concept)
④ 제삿날, 통틀어, 호치민(Ho Chi Minh)

(문제 334) 밑줄 친 어휘가 적절하게 쓰이지 않은 것은? **(2014국가직7 A채형 문12)**

① 싱그러운 봄나물이 입맛을 <u>돋우었다</u>.
② 불길이 <u>겉잡을</u> 수 없이 번져 나갔다.
③ 바닷가에서 새우를 불에 <u>그슬어서</u> 먹었다.
④ 나는 열 문제 중에서 겨우 세 개만 <u>맞혔다</u>.

(문제 335) 통사적 합성어로만 묶인 것은? (2015국가직7 ③책형 문1)

① 흔들바위, 곶감
② 새언니, 척척박사
③ 길짐승, 높푸르다
④ 어린이, 가져오다

(문제 335) 정답 및 해설 (2015국가직7 ③책형 문1)

① 흔들바위, 곶감
  ● 흔들(부사) + 바위(명사) - **비통**사적 합성어: 명사는 관형사나 형용사가 꾸며주는 것인데 부사와 결합하였으므로 비통사적 합성어이다.
  ☺**영보이 암기tip)** 흔들바위를 못 본 것이 매우 **비통**하다.<흔들바위 - 비통사적 합성어>
  ● 곶(동사) + 감(명사) - **비통**사적 합성어: 곶감은 '꽂다'의 옛 말인 '곶다'인데 '곶다'에서 관형사의 어미 '은'이 생략되어 비통사적 합성어이다.
  ☺**영보이 암기tip)** 내 마지막 **곶감**을 동생에게 빼앗겨 **비통**하다.
          < 곶감 - 비통사적 합성어>
② 새언니, 척척박사
  ◆ 새(관형사) + 언니(명사) - **통사적 합성어**
  ☺**영보이 암기tip)** 새언니가 너무 많으니 **통합**하자. < 새언니 - 통사적 합성어 >
  ● 척척(부사) + 박사(명사) - **비통**사적 합성어: 명사는 관형사나 형용사가 꾸며주는 것인데 부사와 결합하였으므로 비통사적 합성어이다.
  ☺**영보이 암기tip)** 척척박사들만 **통합**해서 팀을 만들었다. < 척척박사 - 통사적 합성어>
③ 길짐승, 높푸르다
  ◆ 길(명사) + 짐승(명사) - **통사적 합성어**: 명사와 명사의 결합이므로 통사적 합성어이다.
  ☺**영보이 암기tip)** 동물원에서 **길짐승**은 길짐승끼리 **통합**하다.
          < 길짐승 - 통사적 합성어>
  ● 높다 + 푸르다 → 높고 푸르다 → 높푸르다 : **연결어미 '고'가 생략**되어 **비통**사적 합성어이다.
  ☺**영보이 암기tip)** **높푸른** 나무들만 물을 주었더니 작은 나무들이 **비통**해 한다.
          < 높푸르다 - 비통사적 합성어 >
④ 어린이, 가져오다 (O)
  ◆ 어린이: 어리다의 어간 '어리' + 관형사형 어미 'ㄴ' + 의존 명사 '이' : 통사적 **합성어**
  ☺**영보이 암기tip)** 어린이는 **통합**해서 데려와라. < 어린이 - 통사적 **합성어** >
  ◆ 가지다: 가지 + **어(연결어미)** + 오다 - 연결어미를 생략하지 않아 **통사적 합성어**
  ☺**영보이 암기tip)** 지역의 모든 시험지를 **통합**해서 **가져오다**.
          < 가져오다 - 통사적 합성어 >

(문제 335) 정답: ④

(문제 336) 밑줄 친 단어 중 동사만을 모두 고른 것은? **(2015국가직7 ③책형 문2)**

ㄱ. 옥수수는 가만 두어도 잘 <u>큰다</u>.

ㄴ. 이 규칙을 중시하지 <u>않은</u> 사람은 아무도 없었다.

ㄷ. 그 연예인도 사람인지라 <u>늙는</u> 것은 어쩔 수 없구나.

① ㄱ, ㄴ

② ㄱ, ㄷ

③ ㄴ, ㄷ

④ ㄱ, ㄴ, ㄷ

(문제 336) 정답 및 해설 (2015국가직7 ③책형 문2)

ㄱ. 옥수수는 가만 두어도 잘 <u>큰다</u>. - **동사**

★ '크다'는 동사이기도 하고 형용사이기도 하다.

◆ **동사 '크다'**

　◆ 동식물이 몸의 길이가 자라다. - 키가 몰라보게 컸구나. / 날씨가 건조하면 나무가 크지 못한다.

　◆ 사람이 자라서 어른이 되다. - 너 커서 무엇이 되고 싶니? / 착하고 바르게 커 주어서 고맙구나.

　◆ 수준이나 지위 따위가 높은 상태가 되다. - 한창 크는 분야라서 지원자가 많다.

● 형용사 '크다'

　● 사람이나 사물의 외형적 길이, 넓이, 높이, 부피 따위가 보통 정도를 넘다.

　　● 키가 크다 / 눈이 크다 / 발이 크다

　● 신, 옷 따위가 맞아야 할 치수 이상으로 되어 있다. - 허리 치수가 커서 바지가 내려갈 것 같다. / 신발이 큰지 질질 끌고 다닌다.

　● 일의 규모, 범위, 정도, 힘 따위가 대단하거나 강하다. - 가치가 큰 일 / 책임이 크다 / 그녀는 씀씀이가 크다 / 올해 여름은 비가 많이 와 큰 난리를 겪었다. / 힘든 만큼 기쁨이 컸다./음주 운전 단속이 크게 강화되었다.

★ 동사는 현재시제 선어말 어미 '-ㄴ' / '-는'을 사용할 수 있고 현재시제 관형사형 어미 '-는'을 사용할 수 있다. 따라서 '-ㄴ' / '-는' 등을 사용하면 동사라 할 수 있다.

ㄴ. 이 규칙을 중시하지 <u>않은</u> 사람은 아무도 없었다. - **동사**

◆ 중요하지(본용언 - 동사) + 않은(보조 용언 + 동사) - 본용언에 따라 다르므로 이 문장에서 본용언 '중요하지'가 동사이므로 보조 용언

ㄷ. 그 연예인도 사람인지라 <u>늙는</u> 것은 어쩔 수 없구나. - **동사**

◆ '늙다'는 동사만으로 쓰인다.

(문제 336) 정답: ④ ㄱ, ㄴ, ㄷ

(문제 337) 가장 자연스러운 문장은? (2015국가직7 ③책형 문3)

① 그는 이 문제에 대해 가능한 충실히 논의해 왔다.
② 이 물건은 후보 공천 시점에 보낸 것인지도 모른다.
③ 디지털 텔레비전 시대에는 고화질의 화면은 물론 다양한 정보도 손쉽게 얻을 수 있다.
④ 지금까지는 문제를 회피하기만 했지만 이제는 이와 같은 관례를 깨뜨릴 때도 되었다는 생각이다.

(문제 338) 높임 표현으로 가장 적절한 것은? (2015국가직7 ③책형 문4)

① 할아버지께서 이제야 집에 가시는군요.
② 당신은 제 말씀에는 전혀 귀를 기울이지 않으시는군요.
③ 이것이 바로 생전에 당신께서 가장 아끼던 벼루입니다.
④ 우리 사장님께서 뵙기를 청한 이유는 고견을 듣기 위함입니다.

(문제 339) 밑줄 친 부분의 의미와 가장 가까운 것은? **(2015국가직7 ③책형 문5)**

회초리 맞은 <u>자리</u>에 멍이 들었다.

① 높은 <u>자리</u>에 있는 사람을 만났다.
② 금 간 <u>자리</u>를 흙으로 말끔히 메웠다.
③ 그는 적성에 맞는 <u>자리</u>를 구하고 있다.
④ 방이 좁아서 책상을 들여놓을 <u>자리</u>가 없다.

(문제 339) 정답 및 해설 (2015국가직7 ③책형 문5)

◆ 회초리 맞은 **자리**에 멍이 들었다. - **사람의 몸이나 물건이 어떤 변화를 겪고 난 후 남은 흔적.**
  ◆ 홍역을 앓은 **자리** / 개에게 물린 **자리**가 흉터로 남아 있다.
  ◆ 회초리 맞은 **자리**에 멍이 들었다. / 금 간 **자리**를 흙으로 메웠다.
① 높은 **자리**에 있는 사람을 만났다. - 일정한 조직체에서의 직위나 지위.
  ◆ 과장 **자리** / 높은 **자리**에 있는 사람을 만났다
② 금 간 **자리**를 흙으로 말끔히 메웠다. (O) - **사람의 몸이나 물건이 어떤 변화를 겪고 난 후 남은 흔적.**
③ 그는 적성에 맞는 **자리**를 구하고 있다. - 일정한 조건의 사람을 필요로 하는 곳. 흔히 일자리나 혼처를 이른다.
  ◆ 그는 적성에 맞는 **자리**를 구하고 있다. / 신랑감으로 이만한 **자리**를 찾아보기 어렵습니다.
④ 방이 좁아서 책상을 들여놓을 **자리**가 없다. - 사람이나 물체가 차지하고 있는 공간.
  ◆ 학교가 있던 **자리** / **자리**가 좁다 / 내가 서 있는 **자리**에 볕이 들었다.
  ◆ 방이 좁아서 책상을 들여놓을 **자리**가 없다.
  ◆ 그들은 불장난을 하다 들킨 사람처럼 황급히 **자리**를 떴다.

(문제 339) 정답: ②

(문제 340) 밑줄 친 부분의 뜻풀이로 바르지 않은 것은? **(2015 국가직7 ③책형 문6)**

> 나는 구두를 벗으면서 '죽었으면 나 안 가기로 장사 지낼 사람이 없어서 시험 보는 사람더러 나오라는 것인가?'라는 생각이 들어, 공연히 ㉠불뚝하는 심사가 일어나는 것이었다. 돈은 그달 학비까지 ㉡얼러서 백 원이나 보내왔다. 병인은 죽었든 살았든 하여간에 돈 백 원은 반가웠다. 시험 때는 당하여 오고 ㉢미구에 과세(過歲)를 하려면 돈 쓸 일은 한두 가지가 아닌데, 우환이 있는 집에다 대고 철없이 돈 청구만 할 수도 없어 걱정인 판에 마침 ㉣생광스럽다.
>
> — 염상섭, 만세전 중에서 —

① ㉠: 갑자기 화가 나는
② ㉡: 무턱대고 요구하여서
③ ㉢: 오래지 않아 설을 쇠려면
④ ㉣: 아쉬운 때 요긴하게 쓰게 되어 보람이 있다.

(문제 340) 정답 및 해설 (2015 국가직7 ③책형 문6)

㉠ 불뚝하는 심사가 일어나는: 갑자기 화가 나는 (O)
  ◆ 불뚝하다: 무뚝뚝한 성미로 갑자기 성을 내다.
㉡ 얼러서: **무턱대고 요구하여서 (X)**
  ◆ 어르다 - '어우르다'의 준말
  ◆ 어우르다: **여럿을 모아 한 덩어리나 한판이 크게 되게 하다.**
    ◆ 영의정 대감은 글을 읽으면 한꺼번에 열 줄씩 **얼러서** 죽죽 내리읽어 버린다는 재주꾼이다.
    ◆ 쓰던 칫솔과 치약이며 비누까지 **얼러** 싸 들고 안방으로 건너갔다.
    ◆ 여러 사람이 힘을 **어울러** 그 일을 하리라고는 전혀 예상하지 못했다.
    ◆ 깨진 조각들을 **어울러** 붙여서 온전한 항아리 모양을 재현했다.
    ◆ 이제 갓 복학한 학생들은 자주 모여서 술판을 **어우르곤** 했다.
    ◆ 온종일을 두고 보아야 모친과는 으레 그러려니 하더라도 건넌방 식구와는 잇새도 **어우르지**를 않고 영감 옆에 꼭 붙어 앉았다. ≪염상섭, 삼대≫
㉢ 미구에 과세(過歲)를 하려면: 오래지 않아 설을 쇠려면 (O)
  ◆ 미구(未久): (주로 '미구에' 꼴로 쓰여) 얼마 오래지 아니함.
  ◆ 과세(過歲): 설을 쇰.
㉣ 생광스럽다: 아쉬운 때 요긴하게 쓰게 되어 보람이 있다. (O)
  ◆ 생광(生光): 빛이 남 / 영광스러워 체면이 섬 / 아쉬운 때에 쓰게 되어 보람을 느낌.

(문제 340) 정답: ② ㉡

(문제 341) 맞춤법에 맞는 것은? (2015국가직7 ③책형 문12)

① 뒷뜰에 있는 옥수수나 따서 가져올게.
② 짐작건대, 그 사람은 야속다고 푸념만 한 것 같아.
③ 거름을 다 처내고 나서 어르신을 뵈러 길을 떠난대요.
④ 답을 얻기 위해 눈 덮힌 산야를 하염없이 헤매고 있을 거야.

(문제 341) 정답 및 해설 (2015국가직7 ③책형 문12)

① **뒷**뜰에 있는 옥수수나 따서 가져올게. (X) → **뒤**뜰
- ◆ 된소리나 거센소리 앞에는 사이시옷을 쓰지 않는다.
- ☺영보이 암기tip) **뒤**뜰을 샅샅이 **뒤**지다. < **뒤**뜰 - **뒤**지다 >

② 짐작**건대**, 그 사람은 야속**다고** 푸념만 한 것 같아. (O)
- ◆ 짐작하**건대** (O) - 짐작건대 (O) / 야속하**다고** (O) - 야속**다고** (O)
- ☺영보이 암기tip) 짐작**건대 건대**입구역이 7호선이었던가? 알려 주지 않겠다. 나를 너무 야속**다고**, 너무 한**다고** 생각하지 마라.

        < 짐작**건대** - **건대**입구역 > < 야속**다고** - 너무 한**다고** >

③ 거름을 다 **처**내고 나서 어르신을 뵈러 길을 떠난대요. (X) → **쳐**내고
- ◆ **처**내다: 깨끗하지 못한 것을 쓸어 모아서 일정한 곳으로 가져가다.
    - ◆ 닭똥을 **처**내다.
    - ◆ 돼지우리 속의 밀린 거름을 **처**내고 있던 두만이도 그 소리를 듣고 쫓아 나온다.
- ● **쳐**내다: 불길이나 연기 따위가 쏟아져 나오다.

④ 답을 얻기 위해 눈 덮**힌** 산야를 하염없이 헤매고 있을 거야. (X) → 덮**인**
- ◆ 덮**이**다: '덮다'의 피동사.
    - ◆ 앞에 보이는 산은 검은 구름에 완전히 덮**여**서 그 형체가 잘 보이지 않았다.
    - ◆ 들판이 온통 눈으로 덮**인** 광경이 장관이었다.
- ☺영보이 암기tip) 가**인**이는 눈 덮**인** 산야를 좋아한다. < 가**인**이 - 눈 덮**인** >

(문제 341) 정답: ②

(문제 342) 밑줄 친 부분의 문장 성분이 다른 것은? (2015국가직7 ③책형 문13)

① 어느 학교의 <u>동창회에서</u> 있었던 일이다.
② <u>손에</u> 익은 연장이라서 일이 빨리 끝나겠다.
③ <u>정부에서</u> 실시한 조사 결과가 드디어 발표되었다.
④ 그 고마운 <u>마음에</u> 보답하고자 편지를 드리려고 합니다.

(문제 343) 밑줄 친 말이 가장 자연스러운 것은? (2015국가직7 ③책형 문14)

① <u>닫혀진</u> 마음을 열 길이 없구나.
② 저쪽 복도에 <u>놓여진</u> 화분은 엄청 예쁘구나.
③ 그 토의에서 궁극적으로 <u>받아들여진</u> 것이 결국 뭐지
④ 장마로 인해 <u>끊겨진</u> 통신 선로가 드디어 복구되었군요.

(문제 344) 밑줄 친 부분 중 띄어쓰기에 맞지 않는 것은? **(2015국가직7 ③책형 문16)**

① 난점은 앞서 <u>말한 바</u>와 같다.
　그는 나와 <u>동창인바</u> 그를 잘 알고 있다.
② 사람은 항상 <u>배운 대로</u> 행동하기 마련이다.
　사회의 <u>규범대로</u> 움직여야 타인의 지탄을 받지 않는다.
③ 어른들이 다 떠나시니 나도 <u>떠날 밖에</u>.
　<u>그밖에</u> 더 논의할 사항은 두 가지 관점으로 요약될 수 있다.
④ 업무에 최선을 <u>다할 뿐만 아니라</u> 화합에도 각별히 신경을 쓴다.
　<u>젊은이들뿐만 아니라</u> 기성세대와도 소통할 수 있어야 한다.

(문제 344) 정답 및 해설 (2015국가직7 ③책형 문16)
① 난점은 앞서 <u>말한**V**바</u>와 같다. (O) – <u>의존 명사는 띄어 쓴다.</u>
　◆ 바 –「의존 명사」앞에서 말한 내용 그 자체나 일 따위를 나타내는 말.
　　◆ 평소에 느낀**V**바를 말해라. / 각자 맡은**V**바 책임을 다하라.
　　◆ 나라의 발전에 공헌하는**V**바가 크다. / 내가 알던**V**바와는 다르다.
　　◆ 그는 세계 대회에 여러 차례 출전한**V**바 있다.
　그는 나와 **동창인바** 그를 잘 알고 있다. (O) <u>어미는 붙여 쓴다.</u>
　● -ㄴ바: 뒤 절에서 어떤 사실을 말하기 위하여 그 사실이 있게 된 것과 관련된 상황을 제시하는 데 쓰는 연결 어미. '-ㄴ데', '-니' 따위에 가까운 뜻을 나타낸다.
　　● 그는 나와 **동창인바** 그를 잘 알고 있다.
　　● 너의 죄가 **큰바** 응당 벌을 받아야 한다.
② 사람은 항상 <u>배운**V**대로</u> 행동하기 마련이다. (O)
　◆ 용언 뒤에 '대로'가 오면 '대로'는 의존 명사이므로 앞말과 띄어 쓴다.
　　◆ 학교가 끝나는**V**대로 / 밥을 다 먹는**V**대로
　사회의 <u>규범대로</u> 움직여야 타인의 지탄을 받지 않는다. (O)
　● 체언 뒤에 '대로'가 오면 '대로'는 조사이므로 앞말과 붙여 쓴다.
　　● 엄마는 <u>엄마대로</u> 아빠는 <u>아빠대로</u> 할 일이 있다.
③ 어른들이 다 떠나시니 나도 <u>떠날 밖에</u>. (X) → **떠날밖에**
　◆ 밖에:「조사」(주로 체언이나 명사형 어미 뒤에 붙어) '그것 말고는', '그것 이외에는'의 뜻을 나타내는 말. 반드시 뒤에 부정을 나타내는 말이 따른다. <u>조사는 붙여 쓴다.</u>
　　◆ <u>공부밖에</u> 모르는 학생 / 하나밖에 남지 않았다.
　　◆ 나를 알아주는 사람은 <u>너밖에</u> 없다.
　　◆ 가지고 있는 돈이 천 <u>원밖에</u> 없었다.
　　◆ 떨어져 봤자 조금 <u>다치기밖에</u> 더하겠니?
　<u>그밖에</u> 더 논의할 사항은 두 가지 관점으로 요약될 수 있다. (X) → 그**V**밖에
　● 밖 – 일정한 한도나 범위에 들지 않는 나머지 다른 부분이나 일.
　　● 그녀는 기대**V**밖의 높은 점수를 얻었다.
　　● 합격자는 너**V**밖에도 여러 명이 있다. / 내 능력**V**밖의 일이다.
　　● 예상**V**밖으로 일이 복잡해졌다.

④ 업무에 최선을 <u>다할 뿐만 아니라</u> 화합에도 각별히 신경을 쓴다. (O)
  ◆ 용언 뒤에 '뿐'이 오면 '뿐'은 의존 명사이므로 앞말과 띄어 쓴다.
<u>젊은이들뿐만 아니라</u> 기성세대와도 소통할 수 있어야 한다. (O)
  ● 체언 뒤에 '뿐'이 오면 '뿐'은 조사이므로 앞말과 붙여 쓴다.
☺영보이 암기tip) 띄어쓰기는 원고지로 공부하면 효과가 좋다.

말	한	V	바	와		같	이			나	와		동	창	인	바			
배	운	V	대	로		**규**	**범**	**대**	**로**		나	도		**떠**	**날**	**밖**	**에**		
그		V	밖	에		더		**논**	**의**	**할**		**젊**	**은**	**이**	**들**	**뿐**	**만**	**아**	**니**	**라**
최	선	을		다	할	V	**뿐**	**만**		아	니	라							

(문제 344) 정답: ③

(문제 345) 밑줄 친 단어 중 한글 맞춤법에 맞는 것은? (2016국가직7 ②책형 문1)

① 대화는 열기를 <u>띄기</u> 시작했다.
② 여우도 제 굴이 있고 공중에 나는 새도 <u>깃들일</u> 곳이 있다.
③ 아침에 <u>찌은</u> 쌀이라서 밥맛이 정말 고소하군요.
④ 아침부터 오던 비가 <u>개이고</u>, 하늘에는 구름 한 점 없다.

(문제 345) 정답 및 해설 (2016국가직7 ②책형 문1)
① 대화는 열기를 <u>띄기</u> 시작했다. (X) → **띠**기
  ◆ 띠다: 감정이나 기운 따위를 나타내다.
    ◆ 노기를 <u>띤</u> 얼굴 / 얼굴에 미소를 <u>띠다</u> / 대화는 열기를 <u>띠기</u> 시작했다.
    ◆ 그의 얼굴은 살기를 <u>띠기</u>까지 했다.
☺영보이 암기tip) 머리**띠**를 매니 열기를 **띠**기 시작했다. < 머리**띠** - 열기를 **띠다** >
② 여우도 제 굴이 있고 공중에 나는 새도 <u>깃들일</u> 곳이 있다. (O)
  ◆ <u>깃들이다</u>: 주로 조류가 보금자리를 만들어 그 속에 들어 살다.
    ◆ 까마귀가 버드나무에 <u>깃들였다</u>. / 이 고장에는 새가 <u>깃들일</u> 나무가 없다.
  ● <u>깃들이다</u>: 사람이나 건물 따위가 어디에 살거나 그곳에 자리 잡다.
    ● 이 마을에는 김씨 성의 사람들만 몇 대째 <u>깃들여</u> 산다.
    ● 우리 명산에는 곳곳에 사찰이 <u>깃들여</u> 있다.
  ■ <u>깃들다</u>: 아늑하게 서려 들다.
    ■ 어둠이 <u>깃든</u> 방 안 / 거리에는 어느새 황혼이 <u>깃들었다</u>.
    ■ 꽃이 피어 화단에 봄기운이 <u>깃들어</u> 있었다.
    ■ 마을에 살며시 <u>깃드는</u> 달콤한 향기가 그리웠다.
  ▲ 깃들다: 감정, 생각, 노력 따위가 어리거나 스미다.
    ▲ 노여움이 <u>깃든</u> 얼굴 / 그의 얼굴에는 미소가 <u>깃들어</u> 있었다.
    ▲ 마음속에 추억이 <u>깃들어</u> 있다. / 건전한 정신은 건전한 육체에 <u>깃든다</u>.
    ▲ 올올이 짠 스웨터에는 어머니의 정성이 <u>깃들었다</u>.
    ▲ 문화유산에는 우리 겨레의 삶의 예지와 숨결이 <u>깃들어</u> 있다.

③ 아침에 <u>찌은</u> 쌀이라서 밥맛이 정말 고소하군요. (X) → **찧은**
- ◆ 찧다: 곡식 따위를 쓿거나 빻으려고 절구에 담고 공이로 내리치다.
  - ◆ 보리쌀을 **찧어**서 죽을 쑤다.
- ☺**영보이 암기tip)** 눈 위에 **쌓**았던 쌀을 **찧**은 것이라서 기분이 새롭다.
  < **쌓**았던(ㅎ) - **찧**은(ㅎ) >

④ 아침부터 오던 비가 <u>개이고</u>, 하늘에는 구름 한 점 없다. (X) → **개고**
- ◆ 개다: 흐리거나 궂은 날씨가 맑아지다.
  - ◆ 날이 개다 / 비가 개다 / 날씨가 활짝 개다
- ● 개다: 언짢거나 우울한 마음이 개운하고 홀가분해지다.
  - ● 기분이 개다 / 네가 그렇게 위로를 해 주니 내 마음이 좀 개는구나.
- ☺**영보이 암기tip)** 아침부터 오던 비가 **개고**, 저녁에 **개고기**를 먹으러 나갔다.
  < 비가 **개고** - **개고기** >

(문제 345) 정답: ②

(문제 346) 표준 발음법에 맞지 않는 것은? **(2016국가직7 ②책형 문2)**

① 솜이불[솜:니불]
② 직행열차[지캥열차]
③ 내복약[내:봉냑]
④ 막일[망닐]

(문제 346) 정답 및 해설 (2016국가직7 ②책형 문2)

① 솜이불[솜:**니**불] (O) - 'ㄴ'첨가
② 직행열차[지캥**열**차] (X) → [지캥**녈**차] - 'ㄴ'첨가
③ 내복약[내:**봉냑**] (O) - 'ㄴ'첨가
④ 막일[**망닐**] (O) - 'ㄴ'첨가

(문제 346) 정답: ②

(문제 347) 밑줄 친 단어의 쓰임이 어색한 문장은? **(2016국가직7 ②책형 문4)**

① 작가는 작품으로 말할 뿐, 그 밖의 것은 모두 <u>췌언(贅言)</u>에 불과하다.
② 한학의 <u>온축(蘊蓄)</u>을 문학작품의 창작으로 승화시켰다.
③ 습작 활동을 오래도록 한 일은 그의 치밀한 성격을 <u>야기(惹起)</u> 하였다.
④ 귀국한 동생으로 인해 우리 가족의 <u>단취(團聚)</u>가 실현되었다.

(문제 347) 정답 및 해설 (2016국가직7 ②책형 문4)

① 작가는 작품으로 말할 뿐, 그 밖의 것은 모두 <u>췌언(贅言)</u>에 불과하다. (O)
② 한학의 <u>온축(蘊蓄)</u>을 문학작품의 창작으로 승화시켰다. (O)
③ 습작 활동을 오래도록 한 일은 그의 치밀한 성격을 **야기**(惹起) <u>하였다.</u> (X)
　　→ **招來(초래)**
④ 귀국한 동생으로 인해 우리 가족의 <u>단취(團聚)</u>가 실현되었다. (O)

① 작가는 작품으로 말할 뿐, 그 밖의 것은 모두 <u>췌언(贅言)</u>에 불과하다. (O)
 1)췌언(贅言): 贅(혹 췌) 言(말씀 언). 발음: [췌:언](긴 소리).
 a)의미: 불필요하고 쓸데없는 군더더기 말을 가리킴.
 b)영어사전: redundant(불필요한), superfluous(불필요한).
***유의어**
 1)옥상가옥(屋上架屋): 屋(집 옥) 上(윗 상) 架(시렁 가) 屋(집 옥).
 a)의미: 지붕 위에 거듭해서 지붕을 얹는다는 의미로 물건이나 일 등을 쓸모없이 거듭한
다는 말.
 2)화사첨족(畫蛇添足): 畫(그림 화) 蛇(긴 뱀 사) 添(더할 첨) 足(발 족).
 a)의미: 뱀을 그릴 때 뱀에 없는 발까지 그려 넣었다는 의미로, 부질없는 군일을 하여
도리어 실패(失敗)함을 가리킴.
 3)상상안상(牀上安牀): 牀(평상 상) 上(윗 상) 安(편안 안) 牀(평상 상)
 a)의미: 마루 위에 마루를 올려놓는다는 의미로, 필요 이상으로 쓸데없는 일을 함.
② 한학의 <u>온축(蘊蓄)</u>을 문학작품의 창작으로 승화시켰다. (O)
1)온축(蘊蓄): 온축 발음: 蘊(쌓을 온) 蓄(모을 축). [온:축](긴 소리)
a)의미: 지식이나 학문을 깊이 쌓는다는 말 혹은 마음속에 깊이 쌓아 두는 경우를 말함.

③ 습작 활동을 오래도록 한 일은 그의 치밀한 성격을 <u>야기</u>(惹起)하였다. (X)
　　→ **초래(招來)**
 1)야기(惹起): 惹(이끌 야) 起(일어날 기). 발음: [야:기](긴 소리).
 a)의미: 어떠한 일이나 사건 등을 끌어 일으킨다는 의미임.
 b)영어사전: provoke(유발하다, 화나게 하다), bring about(~을 유발(誘發)하다),
arouse(불러일으키다), give rise/birth to(~이 생기게 하다)
 2)초래(招來): 招(부를 초) 來(올 래).
 a)의미: 어떠한 결과(結果)를 가져오게 한다는 의미.

★야기(惹起)는 일이나 사건 등에 쓰이는 한자어이므로 성격과 어울리지 않는다. 야기(惹起)와 초래(招來)는 비슷한 의미의 한자어이지만 이 문제에서 초래(招來)가 적절한 한자어라 할 수 있겠다.

④ 귀국한 동생으로 인해 우리 가족의 <u>단취(團聚)</u>가 실현되었다. (O)
 1)단취(團聚): 團(둥글 단) 聚(모을 취).
  a)의미: 집안 식구나 친한 사람들끼리 화목(和睦)하게 모인다는 의미임.

☺☺☺영보이point: 야기(惹起)는 일이나 사건 등과 함께 쓰이므로 초래(招來)로 바꾸면 좋을 듯하다. 따라서 정답은 ③

(문제 347) 정답: ③

(문제 348) 어법에 맞는 것은? (2016국가직7 ②책형 문5)

① 날씨가 내일부터 누그러져 주말에는 예년 기온을 되찾을 것으로 예상됩니다.
② 내가 유학을 떠날 때, 친구가 소개시켜 준 학교는 유명한 학교가 아니었다.
③ 1반 축구팀은 불안한 수비와 문전 처리가 미숙하여 2반 축구팀에 패배하였다.
④ 방송 장비를 휴대한 트럭이 현장에 대기하면서 실시간으로 상황을 중계합니다.

(문제 348) 정답 및 해설 (2016국가직7 ②책형 문5)

① 날씨가 내일부터 누그러져 주말에는 예년 기온을 <u>되찾을 것으로 예상됩니다.</u> (O)
② 내가 유학을 떠날 때, 친구가 **소개시켜** 준 학교는 유명한 학교가 아니었다. (X)
   → 내가 유학을 떠날 때, 친구가 <u>소개해</u> 준 준 학교는 유명한 학교가 아니었다.
③ 1반 축구팀은 **불안한 수비**와 문전 처리가 미숙하여 2반 축구팀에 패배하였다. (X)
   → 1반 축구팀은 <u>수비가 불안하고</u> 문전 처리가 미숙하여 2반 축구팀에 패배하였다.
 ◆ 병렬구조가 맞지 않으므로 '1반 축구팀은 <u>수비가 불안하고</u>'로 고친다.
④ 방송 장비를 **휴대한** 트럭이 현장에 대기하면서 실시간으로 상황을 중계합니다. (X)
   → 방송 장비를 **실은** 트럭이 현장에 대기하면서 실시간으로 상황을 중계합니다.
 ◆ 휴대(携帶)하다: **손**에 들거나 몸에 지니고 다니다.

(문제 348) 정답: ①

(문제 349) 우리말과 글에 대한 설명으로 옳지 않은 것은? (2016국가직7 ②책형 문9)

① '보라매'와 '수라'는 몽고어에서 유입된 말이다.
② 모음조화 현상은 현대 국어보다 중세국어에서 더 뚜렷하게 나타난다.
③ 15세기부터 주격 조사 형태'가'가 나타나서 활발하게 사용되었다.
④ 훈몽자회(訓蒙字會)에는 한글 자모의 명칭과 순서가 나타난다.

(문제 349) 정답 및 해설 (2016국가직7 ②책형 문9)

① '보라매'와 '수라'는 몽고어에서 유입된 말이다. (O)
② 모음조화 현상은 현대 국어보다 중세국어에서 더 뚜렷하게 나타난다. (O)
③ 15세기부터 주격 조사 형태 '가'가 나타나서 활발하게 사용되었다. (X)
 ◆ 15세기의 주격 조사는 '이'가 많이 쓰임.
 ● 17세기의 주격 조사는 '가'가 많이 쓰임.
④ 훈몽자회(訓蒙字會)에는 한글 자모의 명칭과 순서가 나타난다. (O)
 ◆ 최세진의 훈몽자회(訓蒙字會)를 통해 한글 자모의 명칭을 최초로 붙였다.

(문제 349) 정답: ③

(문제 350) 전화를 사용할 때, 표준 언어 예절로 바람직하지 않은 것은? (2016국가직7 ②책형 문11)

① 아닌데요, 전화 잘못 거셨습니다.
② 네, 잠깐 기다려 주십시오. 바꾸어 드리겠습니다.
③ 지금안 계십니다. 들어오시면 뭐라고 전해 드릴까요?
④ 잘 알겠습니다. 이만 끊겠습니다. 안녕히 계십시오.

(문제 350) 정답 및 해설 (2016국가직7 ②책형 문11)

① 아닌데요, 전화 잘못 거셨습니다. (X) → 전화 잘못 걸렸습니다.
 ◆ '전화 잘못 거셨습니다.'는 발신자가 전화도 한 번에 못 거는 우둔한 사람이라는 것을 지적하는 것을 의미하므로 예의가 아니다. 따라서 실수로 전화를 잘못 걸린 것처럼 '전화 잘못 걸렸습니다.'로 말하는 것이 올바르다.
② 네, 잠깐 기다려 주십시오. 바꾸어 드리겠습니다. (O)
③ 지금안 계십니다. 들어오시면 뭐라고 전해 드릴까요? (O)
④ 잘 알겠습니다. 이만 끊겠습니다. 안녕히 계십시오. (O)

(문제 350) 정답: ①

(문제 351) 다음 광고 문안에 포함된 담화의 기능이 아닌 것은? **(2016국가직7 ②책형 문12)**

> 이 선풍기는 바람을 차게 하는 장치가 부착되어 있습니다. 사람이 방 안에 없을 때에는 자동으로 멈춥니다. 그리고 물건이 와 닿으면 소리가 나서 어린이를 보호할 수가 있습니다. 일 년 이내에 고장이 나면 즉시 새 물건으로 교환해 드립니다.

① 호소 기능
② 정보제공 기능
③ 약속기능
④ 오락기능

(문제 351) 정답 및 해설 (2016국가직7 ②책형 문12)

① 호소 기능: 광고는 일반적으로 호소 기능이 있다. 선풍기를 사달라고 호소하고 있다.
② 정보제공 기능: 선풍기의 기능을 알려주는 정보제공 기능이 있다.
③ 약속기능: 일 년 이내에 고장이 나면 교환해 준다는 약속을 하고 있다.
④ 오락기능 (X): 오락기능은 찾아 볼 수 없다.

(문제 351) 정답: ④

(문제352) ㉠~㉢의 문장을 고쳐 쓰기 위한 방안으로 적절한 것은? **(2016국가직7 ②책형 문18)**

> 아이의 학교를 방문하는 날이었다. ㉠아침부터 흐린 게 비가 올런지 몰라 우산을 미리 챙겨나갔다. ㉡길을 나서자 갑자기 곧 해님이 모습을 드러냈다. ㉢시장 입구에는 앳된 소녀들이 우산을 들고 왁자지걸 이야기를 하며지나가고 있었다. ㉣소녀들의 모습에서 어렸을 때 어머니를 따라 시장에 갔던 기억이 두루뭉술하게 떠올랐다.

① ㉠의 '올런지'는 표기법에 맞게 '올른지'로 고친다.
② ㉡의 '해님'은 표기법에 맞게 '햇님'으로 고친다.
③ ㉢의 '앳된'은 표준어에 맞게 '앳띤'으로 고친다.
④ ㉣의 '두루뭉술하게'는 의미상 자연스럽게 '어렴풋이'로 고친다.

(문제 352) 정답 및 해설 (2016국가직7 ②책형 문18)
① ㉠의 '올**런**지'는 표기법에 맞게 '올**른**지'로 고친다. (X) → 올**는**지
☺**영보이 암기tip)** 아내**는** 언제 올**는**지 모르겠지만 계속 자지 않고 기다릴 것이다.
< 아내**는** - 올**는**지 >
② ㉡의 '해님'은 표기법에 맞게 '**햇**님'으로 고친다. (X) → **해**님
☺**영보이 암기tip)** 송**해 님**은 연예계의 **해님**과 같은 분이다. < 송**해 님** - **해님** >
③ ㉢의 '앳된'은 표준어에 맞게 '앳**띤**'으로 고친다. (X) → 앳**된**
☺**영보이 암기tip)** 앳**된** 아이가 된소리 발음을 잘한다. < 앳**된** 아이 - 된소리 >
④ ㉣의 '두루뭉술하게'는 의미상 자연스럽게 '어렴풋이'로 고친다. (O)

(문제352) 정답: ④

지방직 7급 문제와 정답·해설

< 2017년 추가된 표준어 완벽 반영 >

(문제 353) 밑줄 친 부분의 표기가 옳은 것은? (2008지방직7 제1회 A책형 문1)

① 지영은 수험생인 아들에게 한약 한 <u>재</u>를 먹였다.
② 어머니는 매일 <u>목욕재계</u> 후에 기도를 올렸다.
③ 우리는 그가 음모를 꾸민 사실에 <u>아연질색</u>하였다.
④ <u>삼오제</u>도 지났고, 상가에 왔었던 손님들도 다 떠났다.

(문제 353) 정답 및 해설 (2008지방직7 제1회 A책형 문1)

① 지영은 수험생인 아들에게 한약 한 <u>재</u>를 먹였다. (X) → 제(劑)
② 어머니는 매일 <u>목욕재계</u> 후에 기도를 올렸다. (O)
③ 우리는 그가 음모를 꾸민 사실에 <u>아연질</u>색하였다. (X) → 아연실색(啞然失色)
④ <u>삼오제</u>도 지났고, 상가에 왔었던 손님들도 다 떠났다. (X) → 삼우제(三虞祭)

① 지영은 수험생인 아들에게 한약 <u>재</u>를 먹였다. (X) → 제(劑)
 1)제(劑): 베다, 자르다, 약 짓다.
  a)한약 한 제(劑)는 탕약 스무 첩
 ☺영보이 암기tip) 어머니는 어제 한약 한 제(劑)를 지어 고시원으로 보내주셨다. 어머니를 생각하며 공부를 열심히 할 것이고 이제부터는 낮잠을 4시간이상 자지 않겠다.
            < 어제 - 한약 한 제 >
② 어머니는 매일 <u>목욕재계</u> 후에 기도를 올렸다. (O)
 1)목욕재계(沐浴齋戒): 沐(머리 감을 목) 浴(목욕할 욕) 齋(재계할 재) 戒(경계할 계).
  a)의미: 어떠한 일에 부정(不淨)이 타지 않도록 목욕(沐浴)하고 마음을 가다듬는 일을 말함.   ☺영보이 암기tip) 외계인들은 목욕재계를 좋아한디. < 외계인   목욕재계 >

③ 우리는 그가 음모를 꾸민 사실에 <u>아연질</u>색하였다. (X) → 아연실색(啞然失色)
 1)아연실색(啞然失色): 啞(벙어리 아) 然(그럴 연/불탈 연) 失(잃을 실) 色(빛 색).
  a)의미: 뜻밖의 일에 매우 놀라서 얼굴빛이 변한다는 의미.
 ☺영보이 암기tip) 너무 놀라 실수를 연발하며 아연실색(啞然失色)하였다.
④ <u>삼오제</u>도 지났고, 상가에 왔었던 손님들도 다 떠났다. (X) → 삼우제(三虞祭)
 1)삼우제(三虞祭): 三(석 삼) 虞(염려할 우) 祭(제사 제)
  a)의미: 장사를 지낸 후 세 번째 지내는 제사를 의미함.
 ☺영보이 암기tip) 우리는 어제 우리 할아버지의 삼우제(三虞祭)를 지냈다.
            < 우리 할아버지 - 삼우제 >

☺☺☺영보이point) 보기 ②번의 목욕재계(沐浴齋戒)만이 올바르게 쓰였다.

                                                    (문제 353) 정답: ②

(문제 354) 국어 로마자 표기법에 맞는 단어들로만 묶인 것은? (2008지방직7 제1회 A책형 문2)

① 서울 Seoul, 부산 Busan, 대전 Daejeon, 광주 Kwangju
② 해돋이 haedoji, 맞히다 machida, 놓다 nohta, 좋고 johko
③ 신라 Silla, 백제 Baekje, 고구려 Goguryeo, 조선 Joseon
④ 낙동강 Nakdonggang, 팔당 Palttang, 종로 Jongro, 옥천 Okcheon

(문제 355) 밑줄 친 부분이 맞춤법에 맞는 것은? (2008지방직7 제1회 A책형 문4)

① 정희하고 수철이는 약속 시간을 지켜서 <u>왔을껄</u>.
② 내가 어제 보니까 한수는 참 성실한 <u>학생이대</u>.
③ 유미가 우리 제안을 어떻게 <u>생각할는지</u> 모르겠어.
④ 그 말을 듣고 어찌 <u>좋았든지</u> 겅중겅중 뛰었어.

- **-을걸**: ('ㄹ'을 제외한 받침 있는 동사 어간이나 어미 '-었-' 뒤에 붙어)(구어체로)
  혼잣말에 쓰여, 그렇게 했으면 좋았을 것이나 하지 아니한 어떤 일에 대하여 가벼운 뉘우침이나 아쉬움을 나타내는 **종결 어미**.
    - 밥을 먹으라고 할 때 **먹을걸**. / 하라고 할 때 그 일을 **맡을걸**.
    - 그들이 가까운 데에 살았으면 좀 더 잘해 **줬을걸**.

② 내가 어제 보니까 한수는 참 성실한 <u>학생이대</u>. (X) → 학생이데.

- ◆ '-**데**': (('이다'의 어간, 용언의 어간 또는 어미 '-으시-', '-었-', '-겠-' 뒤에 붙어)) 해할 자리에 쓰여, 과거 어느 때에 직접 경험하여 알게 된 사실을 현재의 말하는 장면에 그대로 옮겨 와서 말함을 나타내는 종결 어미.
    - ◆ 그이가 말을 아주 잘하데. / 그 친구는 아들만 둘이데.
    - ◆ 고향은 하나도 변하지 않았데.

- '-**대**': '-다고 해'가 줄어든 말.
    - 사람이 아주 똑똑하대. / 철수도 오겠대?

- ◆ '-**대**': 해할 자리에 쓰여, 어떤 사실을 주어진 것으로 치고 그 사실에 대한 의문을 나타내는 종결 어미. 놀라거나 못마땅하게 여기는 뜻이 섞여 있다.
    - ◆ 왜 이렇게 일이 많대? / 신랑이 어쩜 이렇게 잘생겼대?
    - ◆ 입춘이 지났는데 왜 이렇게 춥대?

★'-**대**'는 직접 경험한 사실이 아니라 남이 말한 내용을 간접적으로 전달할 때 쓰이고, '-**데**'는 화자가 직접 경험한 사실을 나중에 보고하듯이 말할 때 쓰이는 말로 '-더라'와 같은 의미를 전달하는 데 쓰인다.

③ 유미가 우리 제안을 어떻게 <u>생각할는지</u> 모르겠어. (O)

☺**영보이 암기tip)** 아내<u>는</u> 어떻게 생각할는지 모르겠지만 계속 자지 않고 기다릴 것이다.
< 아내<u>는</u> - 생각할<u>는</u>지 >

④ 그 말을 듣고 어찌 <u>좋았든지</u> 겅중겅중 뛰었어. (X) → 좋았던지

- ◆ -**던지**: 막연한 의문이 있는 채로 그것을 뒤 절의 사실이나 판단과 관련시키는 데 쓰는 연결 어미.
    - ◆ 얼마나 춥던지 손이 곱아 펴지지 않았다. / 아이가 얼마나 밥을 많이 먹던지 배탈 날까 걱정이 되었다. / 동생도 놀이가 재미있었던지 더 이상 엄마를 찾지 않았다.

☺**영보이 암기tip)** 고리 던지기 게임을 해서 1등을 했던 때가 얼마나 좋았던지 모른다.
< 고리 던지기 - 좋았던지 >

- -**든지**: 어느 것이 선택되어도 차이가 없는 둘 이상의 일을 나열함을 나타내는 보조사. 늑 든가
    - 사과<u>든지</u> 배<u>든지</u> 다 좋다. / 함께<u>든지</u> 혼자서<u>든지</u> 잘 놀면 되었지.
    - 걸어서<u>든지</u> 달려서<u>든지</u> 제시간에만 오너라.
    - 공부를 잘한다<u>든지</u> 운동을 잘한다<u>든지</u> 무엇이든 하나는 잘해야 한다.

(문제 355) 정답: ③

(문제 356) 밑줄 친 말의 뜻풀이로 옳지 않은 것은? (2008지방직7 제1회 A책형 문10)

○ 민홍은 언제부턴지는 모르지만 <u>꼭뒤를 지르듯</u> 자신을 압박해 오는 벽시계의 초침 소리에 신경이 몹시 쓰이는 터였다.
○ 절간의 내막은 정순이의 입을 통해서 <u>다문다문</u> 흘러 나왔다.
○ 철원네의 <u>새청맞은</u> 목소리가 다시금 귓전을 때리는 것 같았다.
○ 산동네 집치고는 마당도 제법이고 길차게 자란 나무도 몇 그루 착실하게 갖춘 빨간 기와집의 차동철 씨가 이사를 가고 난 뒤 들어온 할머니는 <u>조쌀해 뵈는</u> 보살이었다.

① 꼭뒤를 지르듯: 앞이마를 때리듯
② 다문다문: 잦지 않고 동안이 좀 뜨게
③ 새청맞은: 목소리가 날카롭고 높은
④ 조쌀해 뵈는: 얼굴이 깨끗하고 조촐해 보이는

(문제 357) 훈민정음 이전에 우리말을 적은 차자표기(借字表記)에 대한 설명으로 옳은 것은?
(2008지방직7 제1회 A책형 문11)

① 차자표기의 원리는 훈민정음 창제의 이론적 바탕이 되었다.
② 차자표기는 고려 초기에 불교의 영향을 받아 시작되었다.
③ 향찰(鄕札)은 대체로 훈주음종(訓主音從)의 원리가 적용되었다.
④ 구결(口訣)은 주로 실용 문서를 작성하는 데 사용되었다.

(문제 357) 정답 및 해설 (2008지방직7 제1회 A책형 문11)

① 차자표기의 원리는 훈민정음 창제의 이론적 바탕이 되었다. (X)
   → 차자표기의 원리는 훈민정음 창제와 무관하다.
② 차자표기는 고려 초기에 불교의 영향을 받아 시작되었다. (X)
   → 차자표기는 삼국시대에도 쓰였다.
   ◆ 차자표기: 한자의 훈과 음을 빌려, 우리말을 기록하던 표기를 말한다. 예를 들어 향찰(鄕札), 이두(吏讀), 구결(口訣) 등을 통틀어 가리킨다. 따라서 삼국시대에도 사용되었으므로 고려 초기에 불교의 영향을 받아 시작되었다는 설명은 틀렸다.
③ 향찰(鄕札)은 대체로 훈주음종(訓主音從)의 원리가 적용되었다. (O)
   ◆ 향찰은 의미[훈(訓)]를 중점적으로 하고 음(音)은 종적으로 한다는 훈주음종(訓主音從)의 원리가 적용되었다.
④ **구결**(口訣)은 주로 실용 문서를 작성하는 데 사용되었다. (X)
   → **이두**가 실용 문서를 작성하는 데 사용되었다.
   ◆ 이두(吏讀/吏頭): 한자의 음과 뜻을 빌려 우리말을 적은 표기법. 신라 때에 발달한 것으로, 넓은 의미로는 향찰, 구결 및 삼국 시대의 고유 명사 표기 따위의 한자 차용 표기법들을 통틀어 이르는 말로 쓰나, 일반적으로는 한자를 국어의 문장 구성법에 따라 고치고 이에 토를 붙인 것을 이른다.
   ● 구결(口訣): 한문을 읽을 때 그 뜻이나 독송(讀誦)을 위하여 각 구절 아래에 달아 쓰던 문법적 요소를 통틀어 이르는 말. '隱(은, 는)', '伊(이)' 따위와 같이 한자를 쓰기도 하였지만, 'イ(伊의 한 부)', '厂(厓의 한 부)' 따위와 같이 한자의 일부를 떼어 쓰기도 하였다.

(문제357) 정답: ③

(문제 358) 어법에 맞는 문장은? (2008지방직7 제1회 A책형 문12)

① 그의 건강이 날로 악화된 계기는 과로를 피하라는 의사의 권고를 받았다고 생각했다.
② 개정된 세법 관련 도서는 반드시 해당 부서에 비치하고 이해관계인에게 열람한다.
③ 낙찰자는 다른 법령에 의한 요건 미비로 인한 불이익에 대하여 우리 구는 책임지지 않습니다.
④ 정부가 부동산 투기 소득에 대한 확실한 과세 대책을 내놓는 다면 집값은 저절로 안정될 것이다.

(문제 358) 정답 및 해설 (2008지방직7 제1회 A책형 문12)

① 그의 건강이 날로 악화된 계기는 과로를 피하라는 의사의 권고를 **받았다고 생각했다**.
　(X) → 그의 건강이 날로 악화된 계기는 과로를 피하라는 의사의 권고를 **받지 않았기 때문이다**.
　　◆ 주어와 서술어의 호응이 맞지 않는다.
　　◆ 계기(契機): 어떤 일이 일어나거나 변화하도록 만드는 결정적인 원인이나 기회
② 개정된 세법 관련 도서는 반드시 해당 부서에 비치하고 이해관계인에게 **열람한다**.
　(X) → 개정된 세법 관련 도서는 반드시 해당 부서에 비치하고 **그 도서를** 이해관계인에게 **열람하게 한다**.
③ 낙찰자는 다른 법령에 의한 요건 미비로 인한 불이익에 대하여 우리 구는 책임지지 않습니다. (X) → 낙찰자가 다른 법령에 의한 요건 미비로 인한 **불이익을 받을 경우** 우리 구는 책임지지 않습니다.
④ 정부가 부동산 투기 소득에 대한 확실한 과세 대책을 내놓는 다면 집값은 저절로 안정될 것이다. (O)

(문제 358) 정답: ④

(문제 359) 밑줄 친 단어의 용법이 옳지 않은 것은? (2008지방직7 제1회 A책형 문13)

① 방 안에서 옷의 먼지를 <u>떨지</u> 마라.
② 동학군은 하룻밤을 <u>새고</u> 새벽부터 공격을 감행했다.
③ 그는 내심 아들이 하나 더 있기를 <u>바랐다</u>.
④ 그 일 후로 막내의 행동이 눈에 <u>띄게</u> 달라졌다.

(문제 359) 정답 및 해설 (2008지방직7 제1회 A책형 문13)

① 방 안에서 옷의 먼지를 **떨지** 마라. (O)
 ☺**영보이 암기tip)** 다리를 **떨**어 바지의 먼지를 **떨**지 마라. 방 안에 먼지가 많이 생긴다.
< 다리를 **떨**어 - 먼지를 **떨**지 >
② 동학군은 하룻밤을 <u>새고</u> 새벽부터 공격을 감행했다. (X) → 새우고
 ◆ <u>새다</u> - 지붕에서 비가 샌다. / 창문에서 빛이 새지 않도록 커튼을 쳤다.
            아무래도 총무실에서 정보가 새는 것 같다. / 그는 모임에서 슬그머니 딴 데
로 샜다.
 ● <u>새우</u>다: (주로 '밤'을 목적어로 하여) 한숨도 자지 아니하고 밤을 지내다.
 ☺**영보이 암기tip) 시험공부를 하다가 배가 고파서 새우를 한 자루 먹고 밤을 새웠다.**
< 새우 - 새웠다 >
 ■ <u>세우</u>다: '서다'의 사동사. - 머리를 꼿꼿이 <u>세우</u>다 / 몸을 바짝 <u>세우</u>다
     무릎을 <u>세우</u>고 앉다 / 선생님은 졸고 있던 학생을 자리에서 일으켜 <u>세웠</u>다.
③ 그는 내심 아들이 하나 더 있기를 <u>바랐</u>다. (O)
 ◆ 바라다 (O) / 바랐다 (O / 바라 (O) - 바**랬**다 (X) / 바래 (X)
④ 그 일 후로 막내의 행동이 눈에 **띄**게 달라졌다. (O)
 ● **띄**다
   ● 원고에 가끔 오자가 눈에 **띄**다.
   ● 빨간 지붕이 눈에 **띄**는 집
   ● 요즘 들어 형의 행동이 눈에 **띄**게 달라졌다.
   ● 두 줄을 **띄**고 써라.
   ● 다음 문장을 맞춤법에 맞게 **띄**어 쓰시오.
   ● 우리는 일정한 간격으로 벽돌을 **띄**어서 세웠다.
 ◆ **띠**다
   ◆ 추천서를 **띠**고 회사를 찾아가라.
   ◆ 중대한 임무를 **띠**다
   ◆ 붉은빛을 **띠** 장미
   ◆ 농무국장은 파견관의 고무를 받아 얼굴에 홍조를 **띠**면서 역설했다.
   ◆ 노기를 **띠** 얼굴 / 얼굴에 미소를 **띠**다
   ◆ 대화는 열기를 **띠**기 시작했다.
   ◆ 그의 얼굴은 살기를 **띠**기까지 했다.
   ◆ 보수적 성격을 **띠**다 / 일에 전문성을 **띠**다.

(문제 359) 정답: ②

(문제 360) 제시한 단어를 어법에 맞게 사용한 것은? (2008지방직7 제1회 A책형 문14)

① 겉잡다: 식량 부족으로 일어난 폭동 사태는 악화되어 겉잡을 수 없게 되었다.
② 자문(諮問)하다: 그 일은 위원회에 자문해서 처리하는 것이 좋겠습니다.
③ 접수(接受)하다: 민원 신고서는 구청에 직접 접수하시기 바랍니다.
④ 가능(可能)하다: 이 일은 시급하므로 가능한 빨리 처리해 주세요.

(문제 361) 밑줄 친 호칭의 사용이 옳지 않은 것은? (2008지방직7 제1회 A책형 문15)

① 남자가 형의 아내에게: "아주머님, 여기 이것 좀 봐 주세요."
② 남자가 막내 동생의 아내에게: "계수씨, 집사람이 이걸 전해달랍니다."
③ 여자가 남동생의 아내에게: "올케, 어서 와서 식사해."
④ 여자가 남편의 결혼한 남동생에게: "아주버니, 과일 좀 드세요."

(문제 361) 정답 및 해설 (2008지방직7 제1회 A책형 문15)

① 남자가 형의 아내에게: "아주머님, 여기 이것 좀 봐 주세요."(O) = 아주머니 (O)
  ◆ 아주머님: 아주머니의 높임말.
  ● 아주머니: 형의 아내를 이르거나 부르는 말. / 손위 처남의 아내를 이르거나 부르는 말. / 남자가 같은 항렬의 형뻘이 되는 남자의 아내를 이르거나 부르는 말.
② 남자가 막내 동생의 아내에게: "계수씨, 집사람이 이걸 전해달랍니다."(O)
  ◆ 제수씨: 남자 형제 사이에서 동생의 아내를 대접하여 이르거나 부르는 말. 늑계수씨 / 남남의 남자끼리 동생뻘이 되는 남자의 아내를 대접하여 이르거나 부르는 말. 늑계수씨
③ 여자가 남동생의 아내에게: "올케, 어서 와서 식사해."
  ◆ 올케: 오빠의 아내를 이르는 말. / 남동생의 아내를 이르거나 부르는 말.
④ 여자가 남편의 결혼한 남동생에게: "아주버니, 과일 좀 드세요."(X) → **서방님**
  ◆ 남편의 남도생의 경우 미혼이면 '도련님' / **결혼을 한 경우**에는 '**서방님**'이라 호칭한다.

(문제 361) 정답: ④

(문제 362) 표준 발음법에 맞는 것으로만 묶인 것은? (2008지방직7 제1회 A책형 문16)

① 닳지[달치], 밟게[밥:께], 삯일[상닐]
② 떫다[떱:따], 젊다[점:따], 담요[담:뇨]
③ 밟소[밥:쏘], 흙과[흘꽈], 막일[마길]
④ 읊고[읍꼬], 여덟[여덥], 송별연[송:벼련]

(문제 362) 정답 및 해설 (2008지방직7 제1회 A책형 문16)

① 닳지[달**치**], 밟게[**밥**:께], 삯일[**상닐**] (O)
② 떫다[**떱**:따], 젊다[**점**:따], 담요[담:**뇨**] (X) → 떫다[**떨**:따]
③ 밟소[**밥**:쏘], 흙과[**흘**꽈], 막일[**마길**] (X) → 흙과[흑꽈], 막일[**망닐**]
④ 읊고[**읍**꼬], 여덟[여**덥**], 송별연[송:**벼련**] (X) → 여덟[여**덜**]

(문제 362) 정답: ①

(문제 363) 밑줄 친 부사어의 호응관계가 잘못된 것은? (2008지방직7 제1회 A책형 문19)

① <u>마치</u> 투기꾼들이 부동산 가격을 부추기려는 인상을 받았다.
② 우리 업소에서는 미성년자 고용을 일절(一切) 하지 않습니다.
③ 나는 이번 일을 <u>결코</u> 그냥 넘어가지 않을 것이다.
④ <u>차라리</u> 굶어 죽을지언정 네 앞에 무릎을 꿇지 않겠다.

(문제 363) 정답 및 해설 (2008지방직7 제1회 A책형 문19)

① <u>마치</u> 투기꾼들이 부동산 가격을 부추기려는 인상을 받았다. (X) → 미상불
 ◆ 마치: [부사] (흔히 '처럼', '듯', '듯이' 따위가 붙은 단어나 '같다', '양하다' 따위와 함께 쓰여) 거의 비슷하게.
 　　◆ 마치 선녀처럼 고운 얼굴
 　　◆ 반장은 <u>마치</u> 자기가 담임 선생님인 <u>듯이</u> 아이들에게 이래라저래라 했다.
 ● 미상불(未嘗不): 아닌 게 아니라 과연. ≒ 미상비
 　　● 대령 계급장을 달고서 장군이라는 말을 들으니 미상불 기분이 좋은 것 같았다.
 ★'마치'를 삭제해도 좋지만 굳이 부사어를 넣는다면 '미상불' 정도가 좋을 듯하다.
② 우리 업소에서는 미성년자 **고용**을 **일절**(一切) 하지 않습니다. (O) < **고용 - 절** >
 ◆ **일절**(一切): 아주, 전혀, 절대로의 뜻으로, 흔히 행위를 그치게 하거나 어떤 일을 하지 않을 때에 쓰는 부사이다.
 　　◆ <u>출입</u>을 일**절** 금하다 / 일**절** <u>간섭</u>하지 마시오.
 　　◆ 그는 고향을 떠난 후로 <u>연락</u>을 일**절** 끊었다.
 　　◆ 그는 자기 가족에 관한 <u>이야기</u>를 어느 누구에게도 일**절** 하지 않았다.
 　　◆ 할아버지나 삼촌은 끝내 그 이상의 말을 일**절** 입 밖에 내지 않았다.
 ☺<u>영보이 암기tip)</u> < **절 - 출입 / 절 - 간섭 / 연락 - 절 / 절 - 이야기 / 말 - 절** >
 ● 일**체**(一切): 모든 것을 뜻하는 명사.
 　● 도난에 대한 일**체**의 <u>책임</u>을 지다 / 그는 <u>재산</u> 일**체**를 학교에 기부하였다.
 　● 이 가게는 <u>음료</u> 종류의 일**체**를 갖추고 있다.
 　● 거기에 따른 일**체** <u>비용</u>은 회사가 부담한다.
 ☺<u>영보이 암기tip)</u> < **책임 - 체 / 재산 - 체 / 음료 - 체 / 체 - 비용** >
③ 나는 이번 일을 <u>결코</u> 그냥 넘어가지 않을 것이다. (O)
④ <u>차라리</u> 굶어 죽을지언정 네 앞에 무릎을 꿇지 않겠다. (O)

(문제 363) 정답: ①

(문제 364) 다음 중 외래어 표기법과 로마자 표기법에 맞는 것으로만 묶인 것은? (2008지방직 7 제2회 B책형 문1)

① 화운데이션, Dongdaemun-gu(동대문구)
② 부르주아, Seoraksan(설악산)
③ 재즈, Jeonlabuk-do(전라북도)
④ 쥬스, Miryang(밀양)

(문제 364) 정답 및 해설 (2008지방직7 제2회 B책형 문1)

① 화운데이션, Dongdaemun-gu(동대문구) (X) → 파운데이션
 ◆ 'f'는 'ㅍ'로 표기한다.
 ◆ 파운데이션: 화장품의 하나. 가루분을 기름에 섞어 액체 또는 고체 형태로 만든 것.
 ☺영보이 암기tip) 파를 먹으며 파운데이션을 발랐다. < 파를 먹으며 - 파운데이션 >
② 부르주아, Seoraksan(설악산) (O)
 ◆ 설악산[서락싼] - Seoraksan
 ☺영보이 암기tip) 우리 주인아저씨는 부르주아이다. < 주인아저씨 - 부르주아 >
③ 재즈, Jeonlabuk-do(전라북도) (X) → Jeollabuk-do
 ◆ 전라북도[절라북또] - Jeollabuk-do < 된소리는 반영하지 않는다. >
④ 쥬스, Miryang(밀양) (X) → 주스
 ◆ 밀양[미량] - Miryang
 ☺영보이 암기tip) 우리 주인아저씨는 부르주아라서 주스를 물처럼 마신다.
   < 주인아저씨 - 부르주아 - 주스 >

(문제 364) 정답: ②

(문제 365) 밑줄 친 부분의 맞춤법이 옳은 것은? (2008지방직7 제2회 B책형 문2)

① 여름이라 더워서 머리를 싹뚝 잘랐다.
② 어머니께서는 깍둑썰기를 참 잘하셨다.
③ 거리에는 사람들이 북쩍거렸다.
④ 잔치라 그 곳은 왁짜지껄하였다.

(문제 365) 정답 및 해설 (2008지방직7 제2회 B책형 문2)

① 여름이라 더워서 머리를 <u>싹뚝</u> 잘랐다. (X) → **싹둑** (O) / **삭둑** (O)
 ◆ **싹둑**:「부사」 어떤 물건을 도구나 기계 따위가 해결할 수 있을 만큼의 힘으로 단번에 자르거나 베는 소리. 또는 그 모양. '**삭둑**'보다 센 느낌을 준다.
 ☺<u>영보이 암기tip) 우리 집 강아지 바둑이의 털을 '싹둑 / 삭둑' 잘랐다.</u>
② 어머니께서는 <u>깍둑썰기</u>를 참 잘하셨다. (O)
 ☺<u>영보이 암기tip) 우리 집 강아지 바둑이는 깍둑썰기만 바둑알을 갖고 논다.</u>
< <u>바둑</u>이 - <u>깍둑</u>썰기 - <u>바둑</u>알 >
③ 거리에는 사람들이 북쩍거렸다. (X) → 북**적**거렸다
 ☺<u>영보이 암기tip) 부산 앞바다에 왜**적**들이 북**적**거렸다. < 왜**적**들 - 북**적**거렸다 ></u>
④ 잔치라 그 곳은 왁짜지껄하였다. (X) → 왁**자**지껄
 ☺<u>영보이 암기tip) 철수야 잠 좀 **자지**마. 이렇게 왁**자지**껄한데 어떻게 잠을 자니?</u>
< 잠 좀 **자지**마. - 왁**자지**껄 >

(문제365) 정답: ②

(문제 366) 다음 속담 중 의미가 다른 하나는? (2008지방직7 제2회 B책형 문3)

① 우물에 가서 숭늉 찾는다.
② 앞집 처녀 믿다가 장가 못 간다.
③ 싸전에 가서 밥 달라고 한다.
④ 콩밭에 가서 두부 찾는다.

(문제 366) 정답 및 해설 (2008지방직7 제2회 B책형 문3)

① 우물에 가서 숭늉 찾는다. - 모든 일에는 질서와 차례가 있는 법인데 일의 순서도 모르고 **성급**하게 덤빔을 비유적으로 이르는 말. ≒ 보리밭에 가 숭늉 찾는다. · 싸전에 가서 밥 달라고 한다. <u>영보이 암기tip) 성급한 우물-숭늉</u>
② **앞집 처녀 믿다가 장가 못 간다**. - 남은 생각지도 않는데 자기 혼자 지레짐작으로 믿고만 있다가 낭패를 보게 됨을 비유적으로 이르는 말. ≒ 동네 색시 믿고 장가 못 든다.
 <u>영보이 암기tip) 앞집 처녀 믿다가 - 낭패 본다.</u>
③ 싸전에 가서 밥 달라고 한다. - 모든 일에는 질서와 차례가 있는 법인데 일의 순서도 모르고 **성급**하게 덤빔을 비유적으로 이르는 말. <u>영보이 암기tip) 성급한 싸전-밥</u>
④ 콩밭에 가서 두부 찾는다. - 몹시 **성급**하게 행동함을 비유적으로 이르는 말. ≒콩밭에 간수 치겠다. <u>영보이 암기tip) 성급한 콩밭-두부</u>

(문제 366) 정답: ②

(문제 367) 밑줄 친 단어의 쓰임이 적절하지 않은 것은? (2008지방직7 제2회 B책형 문4)

① 올 여름에는 날씨가 <u>푹해서</u> 선풍기 수요가 급증하였다.
② 괜히 쓸데없는 짓을 해서 형에게 <u>애먼</u> 소리를 들었다.
③ 우리 반장은 생각이 <u>웅숭깊어서</u> 늘 믿음이 간다.
④ 나는 누가 뭐라고 해도 굽히지 않고 <u>산소리</u>를 잘하는 편이다.

(문제 368) 다음 중 문법적으로나 문체적으로 가장 자연스러운 문장은? (2008지방직7 제2회 B 책형 문6)

① 언어를 가지고 있지 않은 동물에게서도 인간의 지적인 작용이나 사고 작용에 비길 만한 것이 많이 발견된다.
② 사회의 계층화란 재화가 불평등하게 분배되고 이에 따라 개인과 집단을 서열화시키는 현상을 말한다.
③ 외국에서 살다가 십 년 만에 돌아온 그의 눈에는 조국의 발전상에 그만 압도되었던 것이다.
④ 상대적으로 느끼는 행복이 물질적 조건에서 오는 행복이라면 절대적으로 느끼는 행복은 정신적 조건이라 할 수 있다.

(문제 368) 정답 및 해설 (2008지방직7 제2회 B책형 문6)

① 언어를 가지고 있지 않은 동물에게서도 인간의 지적인 작용이나 사고 작용에 비길 만한 것이 많이 발견**된다**. (O)
② 사회의 계층화란 재화가 불평등하게 분배**되고** 이에 따라 개인과 집단을 서열화**시키는** 현상을 말한다. (X) → 서열화**되는**
  ◆ '~ 분배**되고** ~ 서열화**되는** 현상을 말한다.'- 병렬구조
③ 외국에서 살다가 십 년 만에 돌아온 **그의 눈에는** 조국의 발전상에 그만 압도되었**던 것이다**. (X) → 외국에서 살다가 십 년 만에 돌아온 **그는** 조국의 발전상에 그만 **압도되었다**.
  ◆ 주어와 서술어의 호응이 알맞지 않다.
④ 상대적으로 느끼는 행복이 물질적 조건에서 오는 행복이라면 절대적으로 느끼는 행복은 **정신적 조건이라 할 수 있다**. (X) → 상대적으로 느끼는 행복이 물질적 조건에서 오는 행복이라면 절대적으로 느끼는 행복은 정신적 조건**에서 오는 행복이라** 할 수 있다.
  ◆ 병렬구조가 어색하다.

(문제 368) 정답: ①

(문제 369) 다음 중 높임 표현이 바르게 사용된 것은? (2008지방직7 제2회 B책형 문7)

① 자네, 이 원고 교정 좀 봐 주겠소
② 할아버지는 평소에 자기 생각을 잘 말하세요.
③ 아버님, 방금 그이 들어오셨어요.
④ 영희야, 서울에 가면 김 선생님을 꼭 뵙고 와야 한다.

(문제 369) 정답 및 해설 (2008지방직7 제2회 B책형 문7)

① 자네, 이 원고 교정 좀 봐 주겠**소**? (X) → 주겠**나**?
② 할아버지는 평소에 **자기** 생각을 잘 **말**하세요. (X)
  → 할아버지**께서는** 평소에 당신**의** 생각을 잘 **말씀**하세요.
③ 아버님, 방금 그이 들어오**셨**어요. (X) → 들어왔어요.
④ 영희야, 서울에 가면 김 선생님을 꼭 **뵙고** 와야 한다. (O)

(문제 369) 정답: ④

(문제 370) 다음의 대화에서 가장 두드러지는 언어 기능은? (2008지방직7 제2회 B책형 문8)

철 수: 아저씨, 안녕하셔요? 어디 가셔요?
아저씨: 응, 철수로구나. 학교 갔다 오니?

① 정보적 기능   ② 시적 기능   ③ 명령적 기능   ④ 친교적 기능

(문제 370) 정답 및 해설 (2008지방직7 제2회 B책형 문8)

◆ 철수와 아저씨는 아는 사이로 평상적인 인사말을 건네고 있다. 따라서 정답은 '친교적 기능'이라 할 수 있다.

(문제 370) 정답: ④

(문제 371) <訓民正音> 制字에서 加劃에 해당되지 않는 것은? (2009지방직7 B책형 문1)
① ㄱ - ㅋ
② ㄴ - ㄷ
③ ㅁ - ㅂ
④ ㅇ - ㆁ

(문제 371) <훈민정음> 제자에서 가획에 해당되지 않는 것은? (2009지방직7 B책형 문1)

① ㄱ - ㅋ
② ㄴ - ㄷ
③ ㅁ - ㅂ
④ ㅇ - ㆁ (X) → ㅇ - ㆆ, ㅎ

◆ 'ㆁ'은 'ㄱ'의 이체자이다. / 'ㅇ'의 가획자는 'ㆆ, ㅎ'이다.

초성(初聲)의 제자 원리				
	기본자	가획자	이체자	제자 원리
아음(牙音)	ㄱ	ㅋ	ㆁ	어금닛소리
설음(舌音)	ㄴ	ㄷ, ㅌ	ㄹ	혓소리
순음(脣音)	ㅁ	ㅂ, ㅍ		입술소리
치음(齒音)	ㅅ	ㅈ, ㅊ	ㅿ	잇소리
후음(喉音)	ㅇ	ㆆ, ㅎ		목청소리

중성(初聲)의 제자 원리			
기본자	초출자	재출자	제자 원리
ㆍ	ㅗ, ㅏ	ㅛ, ㅑ	하늘의 모양
ㅡ	ㅜ, ㅓ	ㅠ, ㅕ	땅의 모양
ㅣ			서있는 사람의 모습

(문제 371) 정답: ④

(문제 372) 다음의 옛 글을 현대어 표기로 바꿀 때 일어나지 않는 음운현상은? (2009지방직7 B책형 문2)

무슐년 겨을히 쥬스를 거느리고 도적으로 더브러 남히 셤
바닫 가온대 가 크기 사화 이긔기를 타셔 므르조쳐 가느리롤
뜔오다가 슌신이 느는 텬환의 마즌 배 되어 죽기예 님흐여
좌우드려 닐러 굴오디

① 구개음화
② 움라우트
③ 'ㅎ' 종성의 탈락
④ 원순모음화

(문제 372) 정답 및 해설 (2009지방직7 B책형 문2)

① 구개음화 (O): **텬환 → 쳔환**
② 움라우트 (X): 움라우트는 'ㅣ'모음 역행동화를 말하는데 이 글에서는 나타나지 않는다.
 ◆ 움라우트: 단어 또는 어절에 있어서, 'ㅏ', 'ㅓ', 'ㅗ' 따위의 후설 모음이 다음 음절에 오는 'ㅣ'나 'ㅣ'계(系) 모음의 영향을 받아 전설 모음 'ㅐ', 'ㅔ', 'ㅚ' 따위로 변하는 현상. '잡히다'가 '잽히다'로, '먹히다'가 '멕히다'로, '녹이다'가 '뇍이다'로 발음되는 따위이다. ≒ 변모음·전모음화.
③ 'ㅎ' 종성의 탈락 (O) - 겨울**히** → 겨울**에**
④ 원순모음화 (O) - **므르**조쳐 → **물**러나 쫓겨 가는
 ◆ 원순모음: 입술을 둥글게 오므려 발음하는 모음. 'ㅗ', 'ㅜ', 'ㅚ', 'ㅟ' 따위가 있다.

(문제 372) 정답: ②

(문제 373) 밑줄 친 단어 중 품사가 다른 하나는? (2009지방직7 B책형 문3)

① 사람은 왜 자꾸 <u>늙느냐?</u>
② 어린애는 날마다 조금씩 키가 <u>큰다.</u>
③ <u>되지도</u> 않는 소리 하지 말고 일이나 해라.
④ 음식이 생각보다 맛이 <u>없느냐?</u>

(문제 373) 정답 및 해설 (2009지방직7 B책형 문3)

① 사람은 왜 자꾸 <u>늙느냐</u>? - **동사**
   ◆ '늙다'는 동사만으로 쓰인다.
② 어린애는 날마다 조금씩 키가 <u>큰다</u>. - **동사**
   ★ '크다'는 **동사**이기도 하고 **형용사**이기도 하다.
   ◆ **동사 '크다'**
      ◆ 동식물이 몸의 길이가 자라다. - 키가 몰라보게 컸구나. / 날씨가 건조하면 나무가 크지 못한다.
      ◆ 사람이 자라서 어른이 되다. - 너 커서 무엇이 되고 싶니? / 착하고 바르게 커 주어서 고맙구나.
      ◆ 수준이나 지위 따위가 높은 상태가 되다. - 한창 크는 분야라서 지원자가 많다.
   ● **형용사 '크다'**
      ● 사람이나 사물의 외형적 길이, 넓이, 높이, 부피 따위가 보통 정도를 넘다.
         ● 키가 크다 / 눈이 크다 / 발이 크다
      ● 신, 옷 따위가 맞아야 할 치수 이상으로 되어 있다. - 허리 치수가 커서 바지가 내려갈 것 같다. / 신발이 큰지 질질 끌고 다닌다.
      ● 일의 규모, 범위, 정도, 힘 따위가 대단하거나 강하다. - 가치가 큰 일 / 책임이 크다 / 그녀는 씀씀이가 크다 / 올해 여름은 비가 많이 와 큰 난리를 겪었다. / 힘든 만큼 기쁨이 컸다./음주 운전 단속이 크게 강화되었다.
★ **동사는 현재시제 선어말 어미 '-ㄴ' / '-는'을 사용할 수 있고 현재시제 관형사형 어미 '-는'을 사용할 수 있다. 따라서 '-ㄴ' / '-는' 등을 사용하면 동사라 할 수 있다.**
③ <u>되지도</u> 않는 소리 하지 말고 일이나 해라. - **동사**
   ★ '되다'는 '**동사**'로도 쓰이고 '**형용사**'로도 쓰이다.
   ● **형용사 '되다'**
      ● 반죽이나 밥 따위가 물기가 적어 빡빡하다. - 밥이 너무 되다. / 풀을 되게 쑤었나. / 반죽이 돼서 물을 너 넣었나.
      ● 줄 따위가 단단하고 팽팽하다. - 새끼줄로 되게 묶어라. / 허리를 졸라맨 줄이 된지 배가 아프다.
      ● 일이 힘에 벅차다. - 일이 되면 쉬어 가면서 해라. / 하루 종일 된 일을 하고 번 게 겨우 이것뿐인가?
      ● 몹시 심하거나 모질다. - 집안 어른한테 된 꾸중을 들었다. / 된 사람한테 걸려 혼이 났다.
      ● 농도가 매우 진하다. - 간장이 되다.
④ 음식이 생각보다 맛이 <u>없느냐</u>? - **형용사**
   ◆ 현재 '**없다**'는 **형용사**로만 나와 있다. < 표준국어대사전 >

(문제373) 정답: ④

(문제 374) 다음 글에 대한 설명으로 적절하지 않은 것은? (2009지방직7 B책형 문5)

16세기 철학자 이이는 사람이 내는 소리 가운데 뜻을 가지고, 글로 적히고, 쾌감을 주고, 도리에 합당한 것을 문학이라고 했다.

① 유학자 특유의 교훈주의적 사고방식이 드러난다.
② 구비문학을 문학에 포함시켰다.
③ 문학의 기본 요건으로 의미를 설정하였다.
④ 문학이 무엇인가를 간략하면서 명확하게 밝히고 있다.

(문제 374) 정답 및 해설 (2009지방직7 B책형 문5)

① 유학자 특유의 교훈주의적 사고방식이 드러난다. (O) - '**도리**에 합당한 것을'
② 구비문학을 문학에 포함시켰다. (X) → **구비문학을 문학에 포함시키지는 않음.**
③ 문학의 기본 요건으로 의미를 설정하였다. (O) - '사람이 내는 소리 가운데 **뜻**을 가지고'
④ 문학이 무엇인가를 간략하면서 명확하게 밝히고 있다. (O) - ' ~ 사람이 내는 소리 가운데 뜻을 가지고, 글로 적히고, 쾌감을 주고, 도리에 합당한 것을 **문학이라고 했다.**'

(문제 374) 정답: ②

(문제 375) (   )에 들어갈 말로 적절한 것은? (2009지방직7 B책형 문10)

사장: 에, 본인은 이 자리에서 '신경영'이라는 과제를 엄숙하게 선언하고자 합니다. 본인은 그동안 우리 회사의 임직원들이 어떻게 근무해 왔는가를 잘 알고 있습니다. 물론 대대수 선량한 직원들은 열심히 근무하고 있습니다마는, 일부 몇몇 임직원들의 나태한 근무 자세가 선량하게 일하는 대다수의 사원들에게 적지 않은 악영향을 미치고 있음을 아무도 부인할 수 없을 것입니다.
 30분 늦게 출근하고 나서는 교통이 막혀서 늦었다고 둘러대는 사람, 근무 시간에 사사로이 전화하는 사람, 회사 물건을 자기 것처럼 쓰는 사람, 30분 일찍 점심 먹으러 나가서는 퇴근 시간이 다 되어서 들어오는 사람, 윗사람에게 고분고분하고 아랫사람에게 쓸데없는 권위를 부리는 사람, 이러한 몇몇 사람들로 인하여 이 회사가 발전하지 못하고 있음을 본인은 잘 알고 있습니다.
 더 이상 우리는 이런 사람들과 함께는 냉엄한 생존 경쟁의 사회에서 이겨 나갈 수가 없습니다. 따라서 이러한 사람은 스스로 자신의 거취를 결정하여야겠습니다.
 본인은 '신경영'이라는 대과제에 거슬리는 사람은 철저히 도태시키겠습니다.
(박수 소리)
(잠시 후)
부장: 이봐, 박 대리, 우리 이러다가 큰일 나겠어. 이번은 심상치가 않은데. 내일 아침부터 우리 부원만이라도 "신경영 운동에 적극 참여하자."라는 리본을 달고 근무하자구.
박 대리: 아이구, 저런 이야기 한두 번 들어 봅니까. 얼마나 오래가나 두고 보자구요. 하지만 일단 (   )

① 천리 길도 한걸음부터라잖아요.
② 돌다리도 두들기며 건너라고 했잖아요.
③ 호랑이가 없는 곳에는 토끼가 왕이지요.
④ 소나기가 올 때는 피해 가는 것이 최고지요.

(문제 375) 정답 및 해설 (2009지방직7 B책형 문10)

① 천리 길도 한걸음부터라잖아요.
② 돌다리도 두들기며 건너라고 했잖아요.
③ 호랑이가 없는 곳에는 토끼가 왕이지요.
④ 소나기가 올 때는 피해 가는 것이 최고지요. (O)

◆ **이번은 심상치가 않은데**. 내일 아침부터 우리 부원만이라도 "신경영 운동에 적극 참여하자."라는 리본을 달고 근무하자구.
박 대리: 아이구, 저런 이야기 한두 번 들어 봅니까. **얼마나 오래가나 두고 보자구요. 하지만** 일단 (   )
◆ 이번은 심상치가 않다. → 아니다. 얼마나 오래가나 보겠다. → **하지만 적극적으로 대응하지 말자. - <u>소나기가 올 때는 피해 가는 것이 최고지요.</u>**

(문제 375) 정답: ④

(문제 376) 밑줄 친 표현 가운데 어법에 맞는 것은? (2009지방직7 B책형 문11)

① 다음 설명 중에서 틀린 것에는 동그라미표를 치고 맞는 것에는 <u>가새표</u>를 치시오.
② 이 공원은 위험한 놀이 기구가 많아서 어린아이들이 놀기에 <u>알맞는</u> 곳이 아니다.
③ 겁에 질린 철수는 선생님께 "<u>아니오</u>."라고 얼떨결에 대답해 버렸다.
④ 저기서 신문을 읽고 있는 사람은 김철수 씨의 <u>동생이예요</u>.

(문제 376) 정답 및 해설 (2009지방직7 B책형 문11)

① 다음 설명 중에서 틀린 것에는 동그라미표를 치고 맞는 것에는 <u>가새표</u>를 치시오. (O)
　◆ 가위표 (O) / 가새표 (O) < 위 - 새 >
　◆ 가새표: 'X'의 이름. 틀린 것을 나타내거나 문장에서 알면서도 고의로 드러내지 않음을 나타낸다. ≒ 가위표
② 이 공원은 위험한 놀이 기구가 많아서 어린아이들이 놀기에 <u>알맞는</u> 곳이 아니다. (X)
　→ '알맞다'는 **형용사**로 관형사형 어미 '은'이 붙어 '알맞은'으로 활용한다.
③ 겁에 질린 철수는 선생님께 "<u>아니오</u>."라고 얼떨결에 대답해 버렸다. (X) → 아니**요**
　◆ 질문에 대한 대답으로는 '예 / 아니**요**'이다. < 예 = 네 >
④ 저기서 신문을 읽고 있는 사람은 김철수 씨의 <u>동생이예요</u>. (X) → 동생이에요
　◆ 동생이예요 (X) / 동생예요 (X)

(문제 376) 정답: ①

(문제 377) 로마자 표기법에 맞지 않는 것은? (2009지방직7 B책형 문12)

① 북악 Bukak
② 알약 allyak
③ 별내 Byeollae
④ 팔당 Paldang

(문제 377) 정답 및 해설 (2009지방직7 B책형 문12)

① 북악 Bukak (X) → Bugak
  ◆ 북악[부각][ㄱ] : Bugak
② 알약 allyak (O) : [알략][ㄹㄹ] - 'll' - allyak
③ 별내 Byeollae (O) : [별래][ㄹㄹ] - 'll' - Byeollae
④ 팔당 Paldang (O) : [팔땅] - 된소리는 반영하지 않는다. - Paldang

(문제 377) 정답: ①

(문제 378) 띄어쓰기가 옳은 것은? (2009지방직7 B책형 문14)

① 수업중에 휴대전화를 받는 것은 예의에 어긋난다.
② 그가 구입한 물건이 얼마 어치인지 짐작하기 어려웠다.
③ 그 사람은 오직 졸업장을 따는데 목적이 있는 듯하다.
④ 그는 차를 살 만한 형편이 못 된다.

(문제 378) 정답 및 해설 (2009지방직7 B책형 문14)

① 수업중에 휴대전화를 받는 것은 예의에 어긋난다. (X) → 수업V중에
  ◆ 중:「의존 명사」여럿의 가운데 - 영웅V중의 영웅 / 유엔 가맹 국가V중 20개국 대표가 워싱턴에 모였다. / 너희V중에 누가 제일 키가 크냐?
  ● 중:「의존 명사」(일부 명사 뒤에 쓰여) ('-는/-던' 뒤에 쓰여) 무엇을 하는 동안.
    ● 근무V중 / 수업V중 / 회의V중 / 식사V중 / 그러던V중 / 여행하던V중에 만난 사람 / 그를 만나 여러 가지 얘기를 하는V중에 새로운 사실을 알게 되었다.
      < 의존 명사는 앞말과 띄어 쓴다. >
② 그가 구입한 물건이 얼마V어치인지 짐작하기 어려웠다. (X) → 얼마어치인지
  ◆ 어치: (금액을 나타내는 명사 또는 명사구 뒤에 붙어) '그 값에 해당하는 분량'의 뜻을 더하는 접미사. < 접미사는 앞말과 붙여 쓴다. >
    ◆ 한 푼어치 / 천 원어치 / 얼마어치
③ 그 사람은 오직 졸업장을 따는데 목적이 있는 듯하다. (X) → 졸업장을 따는V데
    ★'데'의 경우 '곳, 장소, 일, 것, 경우' 등의 뜻으로 쓰인 경우는 의존 명사이므로 앞말과 띄어 쓴다.

◆ '곳'이나 '장소'의 뜻을 나타내는 말.

　　◆ 의지할V데 없는 사람 / 예전에 가 본V데가 어디쯤인지 모르겠다.

　　◆ 지금 가는V데가 어디인데? / 그가 사는V데는 여기서 멀다.

● '일'이나 '것'의 뜻을 나타내는 말.

　　● 그 책을 다 읽는V데 삼 일이 걸렸다.

　　● 사람을 돕는V데에 애 어른이 어디 있겠습니까?

　　● 그 사람은 오직 졸업장을 따는V데 목적이 있는 듯 전공 공부에는 전혀 관심이 없다.

■ '경우'의 뜻을 나타내는 말.

　　■ 머리 아픈 데V먹는 약 / 이 그릇은 귀한 거라 손님을 대접하는V데나 쓴다.

④ 그는 차를 살 만한 형편이 못 된다. (O)

◆ 살V만한 [(O) 원칙)] / **살만한** [(O) 허용)]

◆ 만하다:「보조 형용사」앞말이 뜻하는 행동을 하는 것이 가능함을 나타내는 말로 띄어 쓰는 것이 원칙이나 붙여 쓰는 것도 허용한다.

　　◆ 그는 차를 살 만한 형편이 못 된다. / 내겐 그를 저지할 만한 힘이 없다.

　　◆ 그런 것쯤은 참을 만하다.

☺**영보이 암기tip) 띄어쓰기는 원고지로 공부하면 효과가 좋다.**

수	업	<u>V</u>	중	에		**얼**	**마**	**어**	**치**	**인**	**지**		너	희	<u>V</u>	중	에
졸	업	장	을		따	는	<u>V</u>	데		목	적	이		회	의	<u>V</u>	중
차	를		**살**	V	**만**	**한**			유	엔		가	맹	국	가	<u>V</u>	중
차	를		**살**	**만**	**한**				근	무	<u>V</u>	중		수	업	<u>V</u>	중
한		**푼**	**어**	**치**			천		**원**	**어**	**치**						
예	전	에		가		본	<u>V</u>	데	가			그	가		사	는	<u>V</u>	데	는

(문제 378) 정답: ④

(문제 379) 밑줄 친 단어의 표기가 옳은 것은? (2009지방직7 B책형 문15)

① 자녀는 아들과 딸을 <u>통털어</u> 이르는 말이다.

② <u>육계장</u>이 너무 매워 아직까지 입 안이 얼얼하다.

③ 그 말을 듣고 그는 얼굴이 <u>퍼레져서</u> 달려갔다.

④ 쓰러져도 <u>오뚜기같이</u> 또 일어나야지.

(문제 379) 정답 및 해설 (2009지방직7 B책형 문15)

① 자녀는 아들과 딸을 <u>통털어</u> 이르는 말이다. (X) → 통틀어
  ☺**영보이 암기tip)** 통아저씨 춤은 아주 재미있으니 텔레비전에서 그 분이 나오면 **틀어** 나한테 알려 줄래? < 통아저씨 - 틀어 >
② <u>육계장</u>이 너무 매워 아직까지 입 안이 얼얼하다. (X) → 육개장
  ☺**영보이 암기tip)** 진돗**개**들도 육**개**장을 잘 먹는다. < 진돗**개** - 육**개**장 >
③ 그 말을 듣고 그는 얼굴이 <u>퍼레져서</u> 달려갔다. (O)
  ◆ 퍼렇다(ㅓ) - 퍼런(ㅓ) - 퍼레(ㅔ = ㅓ + ㅣ)
  ☺**영보이 암기tip)** 카레가 왜 퍼레졌니? 카레는 누런 색 아니야? <u>< 카레 - 퍼레졌니 ></u>
④ 쓰러져도 <u>오**뚜기**</u>같이 또 일어나야지. (X) → 오뚝이
  ☺**영보이 암기tip)** 뚝섬유원지에서 5뚝2를 보았다. < 뚝섬유원지 - 5뚝2 >

(문제 379) 정답: ③

(문제 380) 다음의 <외래어 표기의 기본 원칙>에 맞지 않는 것은? (2009지방직7 B책형 문16)

<외래어 표기의 기본 원칙>
제1항: 외래어는 국어의 현용 24 자모만으로 적는다.
제2항: 외래어의 1 음운은 원칙적으로 1 기호로 적는다.
제3항: 받침에는 'ㄱ, ㄴ, ㄹ, ㅁ, ㅂ, ㅅ, ㅇ'만을 적는다.
제4항: 파열음 표기에는 된소리를 쓰지 않는 것을 원칙으로 한다.
제5항: 이미 굳어진 외래어는 관용을 존중하되, 그 범위와 용례는 따로 정한다.

① 외래어도 국어이므로 국어에 사용하지 않는 문자나 기호를 쓸 필요가 없다.
② 'graph'는 '그래프'로 적는다.
③ 받침 표기는 국어의 음절 말 자음 체계와 일치한다.
④ 'Paris'는 '파리'로 적는다.

(문제 380) 정답 및 해설 (2009지방직7 B책형 문16)

① 외래어도 국어이므로 국어에 사용하지 않는 문자나 기호를 쓸 필요가 없다. (O)
  ◆ 제1항: 외래어는 국어의 현용 24 자모만으로 적는다.
② 'graph'는 '그래프'로 적는다. (O)
③ 받침 표기는 국어의 음절 말 자음 체계와 **일치**한다. (X) → **일치하지 않는다.**
  ◆ 외래어 표기법 받침 -   ㄱ ㄴ ㄷ ㄹ ㅁ ㅂ ㅅ ㅇ
  ● 국어의 음절 말 자음 체계 - [ㄱ ㄴ ㄷ ㄹ ㅁ ㅂ __ ㅇ] <음절의 끝소리 법칙 >
④ 'Paris'는 '파리'로 적는다. (O)
  ◆ 제4항: 파열음 표기에는 <u>**된소리**</u>를 쓰지 않는 것을 원칙으로 한다.
    ◆ **빠**리 (X) → 파리 (O)

(문제380) 정답: ③

(문제 381) 밑줄 친 단어의 풀이로 옳은 것은? (2009지방직7 B책형 문20)

올해는 <u>고래실논</u>에도 호미모를 낼 정도로 가뭄이 극심하였다.

① 바닥이 깊고 물길이 좋아 기름진 논
② 널따랗고 평평한 논
③ 높다란 언덕 위에 있는 논
④ 빗물을 이용하여 경작하는 논

(문제 381) 정답 및 해설 (2009지방직7 B책형 문20)

◆ 고래실논: 바닥이 깊고 물길이 좋아 기름진 논. (=고래실)
● 호미모: 강모의 하나. 논에 물이 적어서 흙이 부드럽지 못할 때, 호미로 파서 심는 모를 이른다.   (문제 381) 정답: ①

(문제 382) 밑줄 친 부분을 자연스러운 한국어 어법에 맞게 고친 것으로 적절하지 않은 것은?
(2010지방직7 D책형 문2)

① 회사만 잘 된다면 더 바랄 것이 없다. → 더 이상
② 도로 공사를 하고 <u>있는 중이어서</u> 불편이 이만저만이 아니다. → 있어서
③ 후쿠자와 유키치<u>에게 있어</u> 서구란 전면적으로 배우고 베껴야 할 대상이다. → 에게
④ 한때는 가출도 <u>했었지만</u> 점차 마음을 잡았고 지금은 성실하게 살고 있다. → 했지만

(문제 382) 정답 및 해설 (2010지방직7 D책형 문2)

① 회사만 잘 된다면 더 바랄 것이 없다. → 더 **이상** (X) ⇒ **더** (O)
  ◆ 더:「부사」계속하여. 또는 그 위에 보태어. / 떤 기준보다 정도가 심하게. 또는 그 이상으로.
  ◆ '더'만으로 충분히 전달할 수 있는데 굳이 이상을 붙일 필요는 없다.
  ● 이상(以上): 수량이나 정도가 일정한 기준보다 더 많거나 나음. 기준이 수량으로 제시될 경우에는, 그 수량이 범위에 포함되면서 그 위인 경우를 가리킨다.
② 도로 공사를 하고 <u>있는 중이어서</u> 불편이 이만저만이 아니다. (X) → **있어서** (O)
  ◆ '하고 있는'과 '중이어서'는 의미가 중복된다.
③ 후쿠자와 유키치<u>에게 있어</u> 서구란 전면적으로 배우고 베껴야 할 대상이다. (X)
     → **에게** (O)
  ◆ '~ 에게 있어'는 외국어 번역 투이다. 따라서 '에게'가 적절하다.
④ 한때는 가출도 <u>했었지만</u> 점차 마음을 잡았고 지금은 성실하게 살고 있다. (X)
     → **했지만**(O)
  ◆ '했었지만'은 대과거이다. 주절이 현재이므로 종속절은 대과거가 아닌 과거가 적절하다.
  ● 주절 - 지금은 성실하게 살고 있다.
  ■ 종속절 - 한때는 가출도 <u>했었지만</u> → 한때는 가출도 했지만   (문제 382) 정답: ①

(문제 383) '그, 저, 거시기, 뭐야, 이제, 인자' 등과 같은 구어체 표현에서 사용 되는 어휘들에 대한 설명으로 옳지 않은 것은? **(2010지방직7 D책형 문4)**

① 지역이나 상황 또는 대화 상대에 따라 다양하게 변이된다.
② 이들은 상대방의 말뜻을 정확하게 파악하려는 의도로 다양하게 사용된다.
③ 대부분 이들은 단일한 음성으로 되어 있어, 그 자체에 실질적인 의미가 없는 경우가 많다.
④ 이들은 화자의 발화 상황에서 화자가 이야기 내용을 준비할 시간적 여유를 얻으려 할 때 사용된다.

(문제 383) 정답 및 해설 (2010지방직7 D책형 문4)

① 지역이나 상황 또는 대화 상대에 따라 <u>다양하게 변이</u>된다. (O)
② 이들은 상대방의 말뜻을 **정확하게 파악**하려는 의도로 다양하게 사용된다. (X)
　→ '그, 저, 거시기, 뭐야, 이제, 인자' 등은 상대방의 말뜻을 정확하게 파악하려는 의도가 아니라 <u>할 말이 얼른 생각나지 않아 바로 말하기 곤란할 때에 쓰인다.</u>
③ 대부분 이들은 단일한 음성으로 되어 있어, <u>그 자체에 실질적인 의미가 없는 경우가 많다.</u> (O)
④ 이들은 화자의 발화 상황에서 화자가 이야기 내용을 준비할 <u>시간적 여유를 얻으려</u> 할 때 사용된다. (O)

(문제 383) 정답: ②

(문제 384) 단어의 표기가 바르게 된 것끼리 묶은 것은? **(2010지방직7 D책형 문6)**

① 오뚝이, 우뢰, 사글세, 곰곰이
② 오랜만에, 웃어른, 삼가하다, 솔직히
③ 생각컨대, 육개장, 풍비박산, 끔찍이
④ 구레나룻, 장맛비, 곱빼기, 아지랑이

(문제384) 정답 및 해설 (2010지방직7 D책형 문6)

① 오뚝이, 우뢰, 사글세, 곰곰이 (X) → 우레
  ☺영보이 암기tip)
   ◆ 오뚝이 - 뚝섬유원지에서 5뚝2를 보았다. < 뚝섬유원지 - 5뚝2 >
   ◆ 우레 - 우레가 레몬처럼 짜릿할까? < 우레 - 레몬처럼 >
   ◆ 사글세 - 안중근 의사의 글이 세상에 공개되었다. < 안중근 의사 - 글 - 세상 >
   ◆ 곰곰이 - 곰 두[2] 마리가 곰곰이(2) 꿀을 생각하고 있다. < 곰 2마리 - 곰곰2 >
② 오랜만에, 웃어른, 삼가하다, 솔직히 (X) → 삼가다
  ☺영보이 암기tip)
   ◆ 오랜만에 - 오랜 친구를 오랜만에 보았다. < 오랜 친구 - 오랜만에 >
      ★ cf. 오랜동안 (X) → 오랫동안 (O)
   ◆ 웃어른 - 웃어른께 웃돈을 얹어 용돈을 두둑이 드렸다. < 웃어른께 - 웃돈을 >
   ◆ 삼가다 - 삼송역에 가다 - 삼가다
   ◆ 솔직히 - 솔직히 네가 히스테리 부릴 때 짜증나. < 솔직히 - 히스테리 부릴 때 >
③ 생각컨대, 육개장, 풍비박산, 끔찍이 (X) → 생각건대
  ☺영보이 암기tip)
   ◆ 생각건대 - 생각건대, 지하철 노선도에서 '건대입구' 옆에 '어린이대공원'이 있었던
것 같다.
   ◆ 육개장 - 진돗개들도 육개장을 잘 먹는다. < 진돗개 - 육개장 >
   ◆ 풍비박산 - 비가 많이 오는 날 집안이 풍비박산되었다.< 비가 오는 날 - 풍비박산 >
   ◆ 끔찍이 - 표준어은 아니지만 아이들은 찍찍이 신발을 끔찍이 아낀다.
           < 찍찍이 신발 - 끔찍이 >
      ◆ 찍찍이 → 벨크로(Velcro): (단추·지퍼 대용의) 나일론제(製) 접착천
④ 구레나룻, 장맛비, 곱빼기, 아지랑이 (O)
  ☺영보이 암기tip)
   ◆ 구레나룻 - 송파구 레몬 나룻배에 실어라. < 송파구 레몬 나룻배 >
   ◆ 장맛비 - 장맛비의 맛을 어떨까? < 장맛비의 - 맛 >
   ◆ 곱빼기 - 하나·둘·셋 '하나빼기' 게임해서 이기면 곱빼기 사줄게.
           < 곱빼기 - 하나빼기 >
   ◆ 아지랑이 - 강아지랑 이리 떼랑 같이 놀고 있다. < 강아지랑 이리 떼랑 >

(문제384) 정답: ④

(문제 385) 밑줄 친 부분의 어휘 선택이 가장 적절한 것은? (2010지방직7 D책형 문7)

① 여기는 겨울철에 교통사고가 매우 잦은 곳이다.
② 내일부터는 눈이 많이 내릴 것으로 보여집니다.
③ 토론을 할 때는 나와 틀린 의견도 존중해야 한다.
④ 어려운 일을 겪고 나서 후회하는 사람이 작지 않다.

(문제 385) 정답 및 해설 (2010지방직7 D책형 문7)

① 여기는 겨울철에 교통사고가 매우 **잦은** 곳이다. (O)
  ◆ 잦다:「형용사」여러 차례로 거듭되는 간격이 매우 짧다.
    ◆ 기침이 <u>잦다</u> / '부웅' '부웅' 하는 고동 소리가 <u>잦게</u> 들렸다.
  ● 잦다:「형용사」잇따라 자주 있다. - 외박이 <u>잦다</u> / 왕래가 <u>잦다</u>
② 내일부터는 눈이 많이 내릴 것으로 <u>보여집니다</u>. (X) → 보입니다
  ◆ '보여집니다'는 이중 피동이다.
③ 토론을 할 때는 나와 **틀린** 의견도 존중해야 한다. (X) → **다른**
  ◆ 다르다: 비교가 되는 두 대상이 서로 같지 아니하다. - 다른
  ● **틀리다**: 셈이나 **사실 따위가 그르게 되거나 어긋나다**. 바라거나 하려는 일이 순조롭게
되지 못하다. 마음이나 행동 따위가 올바르지 못하고 비뚤어지다. - 틀린
④ 어려운 일을 겪고 나서 후회하는 사람이 **작**지 않다. (X) → **적**지
  ◆ 작다 - 길이, 넓이, 부피 따위가 비교 대상이나 보통보다 덜하다.
  ● **적**다 - 수효나 분량, 정도가 일정한 기준에 미치지 못하다.

(문제 385) 정답: ①

(문제 386) 어휘의 구성이 나머지와 다른 것은? (2010지방직7 D책형 문8)

① 참숯
② 헌옷
③ 풋과일
④ 개살구

(문제 386) 정답 및 해설 (2010지방직7 D책형 문8)

① 참숯 - **파생어** : 참(접두사) + 숯(명사)
② 헌옷 - **합성어** : 헌(**관형사**) + 옷(명사) - **통사적 합**성어 < **헌옷 - 통합** >
③ 풋과일 - **파생어** : 풋(접두사) + 과일(명사)
④ 개살구 - **파생어** : 개(접두사) + 살구(명사)

(문제 386) 정답: ②

(문제 387) 어법에 맞고 자연스러운 표현으로 바꾼 예로 볼 수 없는 것은? (2010지방직7 D책형 문9)

① 알맞는 답을 고르시오. → 알맞은 답을 고르시오.
② 아직 학교에 도착하고 있지 않습니다. → 아직 학교에 도착하지 않았습니다.
③ 그 선생님은 영어를 교육하는 분입니다. → 그 선생님은 영어를 교육시키는 분입니다.
④ 오늘 날씨는 흐리면서 비가 조금 내리겠습니다. → 오늘 날씨는 흐리고 비가 조금 내리겠습니다.

(문제 387) 정답 및 해설 (2010지방직7 D책형 문9)

① 알맞는 답을 고르시오. → 알맞은 답을 고르시오. (O)
   ◆ 알맞는 (X) → 알맞은 (O)
   ◆ '알맞다'는 형용사로 관형사형 어미 '은'과 결합한다. '는'은 동사와 결합한다.
   ☺영보이 암기tip) 알맞은 답을 고르면 정은이를 만나게 해주겠다. < 알맞은 - 정은이 >
② 아직 학교에 도착하고 있지 않습니다. (X) → 아직 학교에 도착하지 않았습니다. (O)
   ◆ '도착하다'는 동작의 완료를 의미하므로 진행을 의미하는 ' ~ 하고 있다'는 어울리지 않다.
③ 그 선생님은 영어를 교육하는 분입니다.→그 선생님은 영어를 교육시키는 분입니다.(X)
   ⇒ 그 선생님은 영어를 교육하는 분입니다. (O)
   ◆ '교육시키다'는 불필요한 사동이다.
④ 오늘 날씨는 흐리면서 비가 조금 내리겠습니다. (X) → 오늘 날씨는 흐리고 비가 조금 내리겠습니다. (O)

(문제 387) 정답: ③

(문제388) 문장 부호의 쓰임이 바르지 못한 것은? (2010지방직7 D책형 문15)

① 빵, 빵이 인생의 전부이더냐?
② 예로부터 '민심은 천심이다.'라고 하였다.
③ 문장 부호: 마침표, 쉼표, 따옴표, 묶음표 등
④ 철수·영이, 영수·순이가 서로 짝이 되어 윷놀이를 하였다.

(문제 388) 정답 및 해설 (2010지방직7 D책형 문15)

① 빵, 빵이 인생의 전부이더냐? (O)
② 예로부터 '민심은 천심이다.'라고 하였다. (X)
   → 예로부터 "민심은 천심이다."라고 하였다. (O)
   ◆ 직접 인용할 때에는 큰따옴표(" ")를 쓴다.
   ● 작은따옴표(' ') - 인용한 말 안에 있는 인용한 말을 나타낼 때 쓰거나 마음속으로 한 말을 적을 때 쓴다.
③ 문장 부호: 마침표, 쉼표, 따옴표, 묶음표 등 (O)
④ 철수·영이, 영수·순이가 서로 짝이 되어 윷놀이를 하였다. (O)

(문제 388) 정답: ②

(문제 389) 한글 맞춤법에 어긋난 단어가 들어 있는 것은? **(2011지방직7 B책형 문1)**

① 이파리, 딱다구리, 삐죽이
② 애꾸눈이, 오뚝이, 싸라기
③ 절뚝발이, 날라리, 지푸라기
④ 부스러기, 절름발이, 두드러기

(문제 389) 정답 및 해설 (2011지방직7 B책형 문1)

① 이파리, 딱**다**구리, 삐죽이 (X) → 딱**따**구리
☺**영보이 암기tip)**
◆ **이파리** - 두[2] 마리의 파리 - 2파리
◆ 딱**따**구리 - **딱**지를 **따**서 너**구리**를 사고 싶다. < **딱**지 - **따**서 - 너**구리** >
◆ **삐죽이** - **삐삐**는 내가 **죽**을 **이제** 먹는다고 **삐죽**거렸다. < **삐삐** - **죽** - **이제** >
② 애꾸눈이, 오뚝이, 싸라기 (O)
☺**영보이 암기tip)**
◆ 애꾸눈**이** - 애꾸눈**2**는 눈이 **2**개 있는 사람을 부러워한다. < 애꾸눈2 - 눈이 2개 >
　　◆ 애꾸눈이 = 외눈박이
◆ 오뚝이 - **뚝**섬유원지에서 5**뚝**2를 보았다. < **뚝**섬유원지 - 5**뚝**2 >
◆ 싸라기 - 밤에 호루**라기**를 부니 동생이 싸**라기**를 던졌다. < 호루**라기** - 싸**라기** >
③ 절뚝발이, 날라리, 지푸라기 (O)
☺**영보이 암기tip)**
◆ 절뚝**발이** - 절뚝발이라도 엄연히 **발이** 두 개가 있다. < 절뚝**발이** - **발이** 두 개 >
◆ 날라리 - 그 **날라리**는 **날**계란을 **라**면에 넣고 **리**모컨을 찾으러 다녔다.
　　　　　　　<**날**계란 - **라**면 - **리**모컨>
◆ **지푸라기** - **지**는 해바**라기** 옆에 지푸라기를 쌓아 두었다.
　　　　　< **지**는 해바**라기** - **지푸라기** >
④ 부스러기, 절름발이, 두드러기 (O)
☺**영보이 암기tip)**
◆ 부스러기 - 기**러기**에게 과자 부스**러기**를 주다. < 기**러기** - 부스**러기** >
　　◆ 부스**럭지** (X) → 부스**러기** (O)
◆ 절름발이 - 절름발이가 **발이** 아프다고 울고 있다. < 절름**발이**가 - **발이** 아프다고 >
◆ 두드러기 - 기**러기**에게 과자 부스**러기**를 주었더니 두드**러기**가 났다.
　　　　< 기**러기** - 부스**러기** - 두드**러기** >

(문제 389) 정답: ①

(문제 390) 밑줄 친 외래어 가운데 표기법에 맞지 않는 것은? (2011지방직7 B책형 문2)

① 결혼식 피로연 장소는 ○○<u>뷔페</u> 2층입니다.
② 신혼여행은 지중해 근처의 <u>터어키</u>로 갈 예정이다.
③ 요즘은 남자들도 <u>파마</u>를 많이 하는 편이다.
④ 시원한 <u>밀크셰이크</u> 한 잔 마시고 싶다.

(문제 390) 정답 및 해설 (2011지방직7 B책형 문2)

① 결혼식 피로연 장소는 ○○**뷔페** 2층입니다. (O)
   → **부**페 (X) → **뷔**페
   ☺**영보이 암기tip)**
      ◆ 그 가수는 **뷔**페에서 데**뷔** 공연을 했다. < 뷔페 - 데뷔 >
② 신혼여행은 지중해 근처의 <u>터어키</u>로 갈 예정이다. (X) → **터키**
   ☺**영보이 암기tip)**
      ◆ **터키**에 가서 렌**터**카를 빌리면 **키**를 몇 개 주니? < 렌터카 - 키를 >
③ 요즘은 남자들도 **파마**를 많이 하는 편이다.(O)
   ☺**영보이 암기tip)** 북극곰이 **파마**를 하는데 배가 고파서 **파**와 **마**늘을 먹었다.
                  < 파마를 하는데 - 파와 마늘 >
④ 시원한 <u>밀크셰이크</u> 한 잔 마시고 싶다.(O)
   ☺**영보이 암기tip) 셰**익스피어도 시원한 밀크**셰**이크를 먹고 싶었다.
                  < 셰익스피어 - 밀크셰이크 >

(문제 390) 정답: ②

(문제 391) 문장의 구성이 가장 적절한 것은? (2011지방직7 B책형 문5)

① 하지만 돌이켜보니 지금의 내 모습을 형성하는 데 많은 영향을 미쳤다.
② 나는 노래를 못 불러서 과외를 받으러 다녔는데, 나에게 노래를 지도해 주신 분은 교회의 집사님이셨다.
③ 유족들의 이 같은 결정에는 추가 희생에 대한 우려가 컸습니다.
④ 홍길동 감독은 선수 시절 풍부한 경험과 함께 충실한 지도자 수업을 받았습니다.

① 하지만 돌이켜보니 지금의 내 모습을 형성하는 데 많은 영향을 미쳤다. (X)
  → 하지만 돌이켜보니 지금의 내 모습을 형성하는 데 **가정교육이** 많은 영향을 미쳤다.
  ◆ 무엇이 영향을 미쳤는지 빠져있다.
② 나는 노래를 못 불러서 과외를 받으러 다녔는데, 나에게 노래를 지도해 주신 분은 교회의 집사님이셨다. (O)
③ 유족들의 이 같은 결정에는 추가 희생에 대한 우려가 컸습니다. (X)
  → 유족들**의** 이 같은 결정**을 한 이유는** 추가 희생에 대한 우려 **때문입니다**.
  ◆ 주어와 서술어의 호응이 맞지 않는다.
④ 홍길동 감독은 선수 시절 풍부한 경험과 함께 충실한 지도자 수업을 받았습니다. (X)
  → 홍길동 감독은 선수 시절 풍부한 경험**을 바탕으로 지도자 수업도 충실히 받았습니다**.

(문제 391) 정답: ②

(문제 392) 표준 발음을 올바르게 표기한 것은? (2011지방직7 B책형 문6)

① 넓죽하다[널쭈카다]
② 얇지[얍ː찌]
③ 훑지[훈찌]
④ 맑고[말꼬]

① 넓죽하다[**널**쭈카다] (X) → [**넙**쭈카다]
  ◆ 겹받침 'ㄼ'은 일반적으로 [ㄹ]로 발음하지만 밟다[**밥**ː따]와 넓죽하다[**넙**쭈카다] 등은 [ㅂ]으로 발음한다.
② 얇지[**얍**ː찌] (X) → [**얄**ː찌]
  ◆ 겹받침 'ㄼ'은 일반적으로 [ㄹ]로 발음한다.
③ 훑지[**훈**찌] (X) → [**훌**찌]
  ◆ 겹받침 'ㄾ'은 어말 또는 자음 앞에서 [ㄹ]로 발음한다. 따라서 [**훌**찌]가 옳다.
④ 맑고[말꼬] (O)
  ◆ 겹받침 'ㄺ'은 일반적으로 [ㄱ]으로 발음하지만 'ㄺ' 뒤에 'ㄱ'이 오면 [ㄹ]로 발음한다. < ㄺ + ㄱ → [ㄹ] >

(문제 392) 정답: ④

(문제 393) 로마자 표기법에서 붙임표(-)의 사용에 대한 설명으로 옳지 않은 것은? **(2011지방직7 B책형 문8)**

① 발음상의 혼동의 우려가 있을 때에는 음절 사이에 붙임표(-)를 쓸 수 있다(예: Se-un).
② 사람 이름은 붙여 쓰는 것을 원칙으로 하되 음절 사이에 붙임표(-)를 쓰는 것을 허용한다(예: Yong-ha).
③ 자연 지물명, 문화재명, 인공 축조물명은 의미를 분명하게 알 수 있도록 붙임표(-)를 넣어 쓴다(예: Songni-san).
④ '도, 시, 군, 구, 읍, 면, 리, 동'의 행정구역 단위 앞에는 붙임표(-)를 넣지만(예: Yangju-gun) '시, 군, 읍'의 단위는 생략 할 수 있다(예: Yangju).

(문제 393) 정답 및 해설 (2011지방직7 B책형 문8)

① 발음상의 혼동의 우려가 있을 때에는 **음절 사이에 붙임표(-)를 쓸 수 있다**(예: Se-un).
② 사람 이름은 **붙여 쓰는 것을 원칙**으로 하되 음절 사이에 **붙임표(-)를 쓰는 것을 허용**한다(예: Yong-ha). 원칙: Kim Yongha / **허용**: Kim Yong-ha
③ 자연 지물명, 문화재명, 인공 축조물명은 의미를 분명하게 알 수 있도록 붙임표(-)를 넣어 쓴다(예: Songni-san). **(X)** → **Songnisan**
　　→ <u>자연 지물명, 문화재명, 인공 축조물명</u>은 붙임표(-)를 넣지 않고 **붙여 쓴다.**
④ '도, <u>시</u>, <u>군</u>, 구, <u>읍</u>, 면, 리, 동'의 행정구역 단위 앞에는 붙임표(-)를 넣지만(예: Yangju-gun) <u>**'시, 군, 읍'의 단위는 생략 할 수 있다**</u>(예: Yangju).

(문제 393) 정답:③

(문제 394) 다음 글에서 밑줄 친 단어가 나타내는 뜻은? **(2011지방직7 B책형 문10)**

> 모자가 강을 건너 <u>노루목</u>에 당도했을 때는 툭툭 쏘는 거울 햇살이 질칙하게 눈을 녹이기 시작할 무렵이었다.
>
> - 문순태, '타오르는 강' -

① 사방이 탁 트인 넓은 들판
② 오솔길을 통하여 들어가는 동네
③ 노루를 기르는 목장이 있는 동네
④ 넓은 들에서 다른 곳으로 이어지는 좁은 지역

(문제 394) 정답 및 해설 (2011지방직7 B책형 문10)

◆ 노루목: 노루가 자주 다니는 길목. / <u>넓은 들에서 다른 곳으로 이어지는 좁은 지역.</u>

(문제 394) 정답: ④

(문제 395) 가장 자연스러운 표현은? (2011지방직7 B책형 문12)

① 다음에 또 찾아뵙겠습니다.
② 저희들에게 축복과 격려하여 주신 데 감사드립니다.
③ 쓰레기는 인체에 유해할 뿐 아니라 환경에 미치는 심각성을 잘 이해하길 바랍니다.
④ 에너지 절약 및 근무 능률을 향상시키는 데 힘써주십시오.

(문제 395) 정답 및 해설 (2011지방직7 B책형 문12)

① 다음에 또 찾아**뵙**겠습니다. (O)
② 저희들에게 **축복과** 격려하여 주신 데 감사드립니다. (X)
  → 저희들에게 축복<u>하고 격려하여</u> 주신 데 감사드립니다.
  ◆ 병렬구조가 맞지 않았다.
③ 쓰레기는 인체에 유해할 뿐 아니라 **환경에 미치는 심각성을 잘 이해하길 바랍니다.**(X)
  → 쓰레기는 인체에 유해할 뿐 아니라 <u>**환경에도 미치는 영향이 매우 심각하다는 것을**</u> 잘 이해하길 바랍니다.
  ◆ 주어와 서술어의 호응이 맞지 않는다.
④ 에너지 **절약 및** 근무 능률을 향상시키는 데 힘써주십시오.(X)
  → 에너지<u>를 절약하고</u> 근무 능력을 향상시키는 데 힘써주십시오.
  ◆ 주어와 서술어의 호응이 맞지 않는다.

(문제 395) 정답: ①

(문제 396) 괄호 안에 해당되는 제목과 지은이가 바르게 연결된 것은? (2011지방직7 B책형 문13)

“그렇다면 나를 위하여 (㉠)를 지어주시오.” (㉡)는 이내 왕의 명을 받들어 노래를 지어 바치니 왕은 아름답게 여기고 그를 왕사(王師)로 봉하매 (㉡)는 두 번 절하고 굳이 사양하여 받지 않았다. (㉠)는 이러하다.

임금은 아버지요, 신하는 사랑스런 어머니시라.
백성을 어리석은 아이라 여기시니,
백성이 그 은혜를 알리.
꾸물거리면서 사는 물생(物生)들에게, 이를 먹여 다스리네.
이 땅을 버리고 어디로 가랴, 나라 안이 유지됨을 알리.
(후구)
임금답게 신하답게 백성답게 할지면,
나라는 태평하시리이다.

- ‘삼국유사’ 중에서 -

	㉠	㉡
①	안민가(安民歌)	충담사(忠談師)
②	찬기파랑가(讚耆婆郎歌)	충담사(忠談師)
③	제망매가(祭亡妹歌)	월명사(月明師)
④	안민가(安民歌)	월명사(月明師)

(문제 396) 정답 및 해설 (2011지방직7 B책형 문13)

◆ "그렇다면 나를 위하여 (**안민가**)를 지어주시오." (**충담사**)는 이내 왕의 명을 받들어 노래를 지어 바치니 왕은 아름답게 여기고 그를 왕사(王師)로 봉하매 (**충담사**)는 두 번 절하고 굳이 사양하여 받지 않았다. (**안민가**)는 이러하다.

◆ '<u>백성</u>을 어리석은 아이라 여기시니, <u>백성</u>이 그 은혜를 알리.'로 보아 '<u>백성을 편안하게</u> <u>하는 **안민가**(安民歌)</u>가 정답임을 알 수 있다. 안민가는 <u>**충담사**</u>가 경덕왕의 명을 받아 지은 것이다.

◆ < **충담사**의 '**안민가**' / **안** -**충** >

◆ < **충담사**의 '**찬기파랑가**' / **찬** - **충** >

◆ < **월명사**의 '**제망매가**' / **월명** - **제** >

(문제 396) 정답: ①

(문제 397) 어문 규범에 모두 맞게 표기된 문장은? **(2011지방직7 B책형 문14)**

① 여기 있는 딸기 통털어서 얼마에요?

② 너무 오래 기달렸으니 이젠 집에 갈께.

③ 그는 성대모사 하나로 내노라하는 인기인이 되었다.

④ 그렇게 글씨를 괴발개발 써 놓으면 어떻게 알아보겠어요?

(문제 397) 정답 및 해설 (2011지방직7 B책형 문14)

① 여기 있는 딸기 통**털**어서 얼마에요? (X) → 통틀어서

☺**영보이 암기tip)** 통아저씨 춤은 아주 재미있으니 텔레비전에서 그 분이 나오면 **틀어서** 나한테 알려 줄래? < 통아저씨 - **틀어서** >

② 너무 오래 기**달**렸으니 이젠 집에 갈께. (X) → 기**다**렸으니

☺**영보이 암기tip)** 모두 **다** 나를 기**다**렸으니 선물을 주겠다. <u>< 모두 **다** - 기**다**렸으니 ></u>

③ 그는 성대모사 하나로 내**노**라하는 인기인이 되었다. (X) → 내로라하는

◆ 내로라하다: 어떤 분야를 대표할 만하다.

☺**영보이 암기tip)** 내 아내 **로라**는 내**로라**하는 인기인이 되었다.

<u>< 내 아내 로라 - 내로라하는 ></u>

④ 그렇게 글씨를 **괴발개발** 써 놓으면 어떻게 알아보겠어요? (O)

◆ **괴발개발** (O) <u>< **괴** - **개** ></u> / **개발새발** (O) <u>< **개** - **새** ></u>

(문제 397) 정답: ④

(문제 398) 밑줄 친 부분을 잘못 순화한 것은? (2011지방직7 B책형 문15)

① 이번 호의 논문 심사결과표를 모든 이사분들께 우편물로 <u>송달했습니다</u>. (보냈습니다)
② 이번 국회의원 선거 과정에서 명예훼손으로 고소한 사건들은 선거가 끝나고 모두 <u>철회되었다</u>. (취하)
③ 아무래도 이번 조처는 부속기관들을 통폐합하려는 당국의 의사를 관철하기 위한 <u>수순</u>을 밟는 것으로 보인다. (순서를)
④ 이 건물 출입문에는 자동 <u>시건장치</u>가 설치되어야 한다. (잠금장치)

(문제 398) 정답 및 해설 (2011지방직7 B책형 문15)

① 이번 호의 논문 심사결과표를 모든 이사분들께 우편물로 <u>송달했습니다</u>. (보냈습니다)
　◆ 송달하다: 편지, 서류, 물품 따위를 보내어 주다. → 보내다 (O)
② 이번 국회의원 선거 과정에서 명예훼손으로 고소한 사건들은 선거가 끝나고 모두 <u>철회되었다</u>. **(취하) (X)** → **거두어들였다.**
　◆ **철회**(撤回): 이미 제출하였던 것이나 주장하였던 것을 다시 회수하거나 번복함. **'거두어들임'으로 순화**
　● **취하**(取下): 신청하였던 일이나 서류 따위를 취소함. **'무름'으로 순화.**
③ 아무래도 이번 조처는 부속기관들을 통폐합하려는 당국의 의사를 관철하기 위한 <u>수순</u>을 밟는 것으로 보인다. (순서를) (O)
　◆ 수순(手順) = 순서(順序): 정하여진 기준에서 말하는 전후, 좌우, 상하 따위의 차례 관계. ≒수순·애차(埃次)·윤서(倫序). / 무슨 일을 행하거나 무슨 일이 이루어지는 차례.
④ 이 건물 출입문에는 자동 <u>시건장치</u>가 설치되어야 한다. (잠금장치) (O)

(문제 398) 정답: ②

(문제 399) 밑줄 친 부분들 중 비유를 사용하지 않은 것은? (2011지방직7 B책형 문17)

> 우리 바로 뒷집에는 늙어 쪼글쪼글해진 할머니 한 분이 살고 있었다. 그 뒷집은 입구가 깎아지른 산 쪽으로 뚫려 있어서 하루 종일 햇볕 한 줌 들지 않았다. 그곳은 마치 토굴처럼 음습했고, 가까이 가면 곰팡이 냄새와 역한 오줌 지린내가 코를 찔렀다. 그 집에 혼자 살고 있는 ㉠할머니 역시 토굴처럼 음습했다. ㉡얼굴 주름살마다 검버섯이 피어있었고, ㉢이빨은 마치 듬성듬성 파먹은 옥수수처럼 엉성했다. ㉣하얀 머리카락은 늘 단정하게 쪽 지어 비녀까지 꽂았음에도 워낙 성기다 보니 털 빠진 모자를 쓴 것처럼 보였다.
>
> - 위기철, '아홉살 인생' 중에서 -

① ㉠
② ㉡
③ ㉢
④ ㉣

㉠ 할머니 역시 토굴**처럼** 음습했다. - **직유법**
㉡ 얼굴 주름살마다 검버섯이 피어있었고, - **비유가 없는 단순한 얼굴 묘사임.**
㉢ 이빨은 마치 듬성듬성 파먹은 옥수수**처럼** 엉성했다. - **직유법**
㉣ 하얀 머리카락은 늘 단정하게 쪽 지어 비녀까지 꽂았음에도 워낙 성기다 보니 털 빠진 모자를 쓴 것**처럼** 보였다. - **직유법**

(문제 399) 정답: ② ㉡

(문제 400) 괄호 안에 공통적으로 들어갈 단어로 가장 적합한 것은? (2011지방직7 B책형 문18)

그것은 성가대에서 부르는 합창일 수도 있고, 컴퓨터 프로그램을 짜는 일일 수도 있고, 춤이나 카드놀이, 독서일 수도 있다. 혹은 세상의 많은 사람들처럼 당신도 일을 좋아한다면 까다로운 외과 수술이나 피가 마르는 상담(商談)에 (   )하는 순간일 수도 있다. 또는 좋아하는 친구와 이야기를 나누거나 엄마가 아기와 놀 때처럼 사람과 사람이 어울리는 순간에 완전히 빠져드는 경험을 할 수도 있다. 이러한 순간의 공통점은 의식이 경험으로 꽉 차 있다는 것이다. 이때 각각의 경험은 서로 조화를 이룬다. 일상생활에서는 좀처럼 그런 경험을 맛보기가 어렵지만 그 순간에는 느끼는 것, 바라는 것, 생각하는 것이 하나로 어우러진다. 예외적으로 나타나는 이 순간을 나는 '(   ) 경험'이라고 부르고 싶다. '( )'은(는) 삶이 고조되는 순간에 물 흐르듯이 행동이 자연스럽게 이루어지는 느낌을 표현하는 말이다.

① 만족
② 무의식
③ 관조
④ 몰입

◆ '**완전히 빠져드는 경험**'으로 보아 정답은 '**몰입**'이라 할 수 있다.
◆ **몰입**(沒入): 깊이 파고들거나 빠짐.
● **관조**(觀照): 고요한 마음으로 사물이나 현상을 관찰하거나 비추어 봄.

(문제 400) 정답: ④

(문제 401) 조사가 바르게 사용된 문장은? (2011지방직7 B책형 문19)

① 세계에서 맛으로 유명한 우리나라 배만을 갈아 만듭니다.
② 신록의 계절에 귀하의 건승과 가정에 평안하심을 기원합니다.
③ ○○식품은 유기농 제품들로 작년 한 해 20여 개국에 수출하였습니다.
④ 콩이 폐경 전 여성에서 유방암 발병을 억제한다는 것은 이미 알려진 사실입니다.

(문제 401) 정답 및 해설 (2011지방직7 B책형 문19)

① 세계에서 맛으로 유명한 우리나라 배만을 갈아 만듭니다. (O)
② 신록의 계절에 귀하의 건승과 가정에 평안하심을 기원합니다. (X)
　　→ 신록의 계절에 귀하의 건승과 가정의 평안하심을 기원합니다.
　◆ 병렬구조가 맞지 않다.
③ ○○식품은 유기농 제품들로 작년 한 해 20여 개국에 수출하였습니다. (X)
　　→ ○○식품은 유기농 제품들을 작년 한 해 20여 개국에 수출하였습니다.
　◆ ○○식품은 ~ 제품들을 ~ 수출하였습니다.
　　　(주어)　　　(목적어)　　　　(서술어)
　◆ 목적어로 써주는 것이 적절하다.
④ 콩이 폐경 전 여성에서 유방암 발병을 억제한다는 것은 이미 알려진 사실입니다. (X)
　　→ 콩이 폐경 전 여성의 유방암 발병을 억제한다는 것은 이미 알려진 사실입니다.
　　　　(관형어) (명사)
　◆ 유방암을 꾸며주는 관형어가 적절하다.

(문제 401) 정답: ①

(문제 402) 밑줄 친 부분 중 표준어 사용이 잘못된 것은? (2012지방직7 B책형 문1)

① 아이가 여간 까탈스러운 게 아니야.
② 귀이개를 가져다 아버지께 드려라.
③ 어미는 아이만 보면 그 이야기를 되뇐다.
④ 그 잔치에는 내로라하는 연예인이 모두 왔다.

(문제 402) 정답 및 해설 (2012지방직7 B책형 문1)

① 아이가 여간 까탈스러운 게 아니야. (O) 2017.01.01. 개정
　　　　　　◆ 까탈스러운 (O) / 까다로운 (O) - 까탈스럽다 (O) / 까다롭다 (O)
　☺ 영보이 암기tip)　　　< 까탈 - 까다 >　　　　　　< 탈 - 다 >

★2017.01.01. 새로 추가된 표준어 (기존 표준어 / 추가된 표준어)

◆ 거방지다 / 걸판지다　　◆ 건울음 / 겉울음
◆ 까다롭다 / 까탈스럽다　　◆ 실몽당이 / 실뭉치
◆ 에는 / 엘랑　　◆ 주책없다 / 주책이다

② 귀이개를 가져다 아버지께 드려라. (O)

◆ / 귀후비개(X) → 귀이개(O)

☺영보이 암기tip) 누가 **귀이개**와 인형에 붙일 **귀** 가져갔어? 저 개가 가져갔어? 아니요. **귀이개**와 그 인형 **귀**는 **이 개**가 가져갔어요. 미안해, 내 친구 똘똘이야. ㅠㅠ

< **귀이개** - 인형 **귀**는 **이 개**가 가져가 >

③ 어미는 아이만 보면 그 이야기를 되뇐다. (O)

◆ 되뇌**이다** (X) → **되뇌다** (O) < '**되뇌다**'는 세 글자 / 3음절 >

④ 그 잔치에는 내로라하는 연예인이 모두 왔다. (O)

◆ 내**노**라하는 (X) → 내로라하다 (O)

☺영보이 암기tip) **내** 아내 **로라**는 내**로라**하는 인기인이 되었다.

< **내** 아내 **로라** - 내**로라**하는 >

(문제 402) 정답: 답 없음(모두 표준어임)

(문제 403) 중의성이 드러나지 않는 문장은? (2012지방직7 B책형 문2)

① 그들은 자신의 이익을 위해 이번 문제를 축소하고 은폐하려 하였다.
② 멀리서 온 영수와 친구들은 더위를 식히기 위해 계곡물에 발을 담갔다.
③ 이번 수사에서 불법적인 자금의 거래가 포착되었다.
④ 사람들이 많은 도시를 다녀보면 재미있는 일을 경험하게 됩니다.

(문제 403) 정답 및 해설 (2012지방직7 B책형 문2)

① 그들은 자신의 이익을 위해 이번 문제를 축소하고 은폐하려 하였다. (O)

◆ 중의성이 드러나지 않는 올바른 문장이다.

② 멀리서 온 영수**와** 친구들은 더위를 식히기 위해 계곡물에 발을 담갔다. (X)

◆ 영수가 멀리서 왔다는 의미인지 아니면 친구들이 멀리서 왔다는 의미인지 의미가 중의적이다.

→ 멀리서 온 영수**는** 친구들과 더위를 식히기 위해 계곡물에 발을 담갔다.

③ 이번 수사에서 불법적인 자금의 거래가 포착되었다. (X)

◆ 자금이 불법적인지 아니면 거래가 불법적인지 의미가 중의적이다.

→ 이번 수사에서 **자금의 불법적인 거래**가 포착되었다.

④ 사람들이 많은 도시를 다녀보면 재미있는 일을 경험하게 됩니다. (X)

◆ **사람들이 많이 모인** 도시를 의미하는지 아니면 그냥 단순히 **여러 도시**를 사람들이 다니는 것인지 의미가 중의적이다.

(문제 403) 정답: ①

(문제 404) 외래어의 표기가 잘못된 것은? (2012지방직7 B책형 문3)

① 오늘은 아버지 생신이라 나와 동생은 용돈을 아껴 고급 케이크를 사 가지고 왔다.
② 이 드라마는 마치 첩보영화를 방불케 하는 스릴 넘치는 장면이 많았다.
③ 로브스터 먹어 봤어? 난 바닷가재가 그런 맛인 줄 처음 알았다.
④ 우리들 모두 중국의 정치가 하면 마오저뚱을 먼저 떠올린다.

(문제 404) 정답 및 해설 (2012지방직7 B책형 문3)

① 오늘은 아버지 생신이라 나와 동생은 용돈을 아껴 고급 <u>케이크</u>를 사 가지고 왔다. (O)
  ◆ 케잌 (X) → 케이크
  ☺영보이 암기tip) 너희들 케이크 먹어봤어? 나는 케이크 매일 먹는다. 크크크 메롱~
            < 케이크 - 크크크 메롱 ~ >
② 이 드라마는 마치 첩보영화를 방불케 하는 <u>스릴</u> 넘치는 장면이 많았다. (O)
  ◆ 쓰릴 (X) → 스릴
  ☺영보이 암기tip) 스리랑카의 번지점프는 스릴이 있다. < 스리랑카 - 스릴 >
③ <u>로브스터</u> 먹어 봤어? 난 바닷가재가 그런 맛인 줄 처음 알았다. (O)
  ★ <u>로브스터 (O) - 랍스터 (O) / < 로브 - 랍 ></u>
④ 우리들 모두 중국의 정치가 하면 마오저뚱을 먼저 떠올린다. (X) → 마오쩌둥
  ☺영보이 암기tip) 마오쩌둥의 돛단배가 둥둥 떠 있다. < 마오쩌둥의 돛단배 - 둥둥 >

(문제 404) 정답: ④

(문제 405) 우리의 말과 글에 대한 설명으로 알맞은 것은? (2012지방직7 B책형 문4)

① 한글은 유네스코에서 세계기록문화유산으로 지정되었다.
② 한글은 개 짖는 소리, 학 우는 소리까지도 완벽하게 적을 수 있다.
③ 우리말을 로마자로 적을 때는 한글맞춤법의 규정에 따른다.
④ 현재 우리말에는 과거 몽골로부터 유입된 외래어도 포함되어 있다.

(문제 405) 정답 및 해설 (2012지방직7 B책형 문4)

① 한글은 유네스코에서 세계기록문화유산으로 지정되었다. (X) → 훈민정음 해례본
  ◆ 한글도 아니고 훈민정음도 아닌 '훈민정음 해례본'이 세계기록문화유산으로 지정되었다.
② 한글은 개 짖는 소리, 학 우는 소리까지도 완벽하게 적을 수 있다. (X) → 없다.
  ◆ 한글이 과학적이고 훌륭한 언어이긴 하지만 한글은 물론 개 짖는 소리, 학 우는 소리까지도 완벽하게 적을 수 있는 언어는 없다.
  <u>★영보이는 한글을 대단히 사랑하고 자랑스럽게 생각합니다. 바람이 있습니다. 표준어가 아닌 심한 줄임말은 사용하지 않았으면 좋겠습니다. < 예: 프사(프로필 사진) ㅇㅈ(인정) ></u>

③ 우리말을 로마자로 적을 때는 **한글맞춤법**의 규정에 따른다. (X) → **국어의 표준발음법**

◆ 제1장 제1항 - 국어의 로마자 표기는 **국어의 표준발음법**에 따라 적는 것을 원칙으로 한다.

④ 현재 우리말에는 과거 몽골로부터 유입된 외래어도 포함되어 있다. (O)

◆ 과거 몽골로부터 유입된 외래어: **가라말, 구렁말, 보라, 수라** 등

(문제 405) 정답: ④

(문제 406) 학교 문법을 기준으로 할 때 겹문장이 아닌 것은? (2012지방직7 B책형 문5)

① 한강의 다리는 그 당시 몇 개 되지 않았다.
② 그는 아는 것도 없이 학교를 떠났다.
③ 나는 학교에 가고 동생은 유치원에 갔다.
④ 나는 그림 그리기가 어릴 적부터 취미였다.

(문제 406) 정답 및 해설 (2012지방직7 B책형 문5)

◆ **겹문장**: 한 문장의 성분 속에 **두 개 이상의 절**이 종속적인 관계로 겹쳐진 문장. 한 개의 홑문장이 다른 문장 속에 한 성분으로 들어가 있는 '**안은문장**'과 홑문장이 서로 이어져 있는 '**이어진 문장**'이 있다.

① 한강의 다리는 그 당시 몇 개 되지 않았다. (X)
　(주어 부분)　　　　(보어) (서술어)　=　**홑문장**

● 홑문장: 주어와 서술어가 각각 하나씩 있어서 둘 사이의 관계가 한 번만 이루어지는 문장. "철수가 꽤 똑똑하지.", "그가 얼굴에 미소를 띠었다." 따위이다. ≒ 단순문·홑문장

② 그는 아는 것도 없이 학교를 떠났다. (O)
　　　(부사절)　　　　　　　=　부사절을 **안은문장** - **겹문장**

◆ **안은문장**: 주어와 서술어의 관계가 두 번 이상 이루어지며 성분 절을 가진 문장. '지구가 둥글다는 것은 오래전에 증명되었다.'에서 '지구가 둥글다는 것'은 안긴문장이고, 전체의 문장은 **안은문장**이다.

③ 나는 학교에 가고 동생은 유치원에 갔다. (O)
　(홑문장)　+　　(홑문장)　　　= 대등하게 **이어진 문장** = **겹문장**

◆ **이어진문장**: 둘 이상의 절(節)이 연결 어미에 의하여 결합된 문장. 종속절(從屬節)과 주절(主節)로 이루어지며, 대등하게 이어지는 것과 종속적으로 이어지는 것이 있다. 예를 들면, '꽃이 피고 새가 운다.', '여름이면 날이 덥다.' 따위이다.

④ 나는 그림 그리기가 어릴 적부터 취미였다. (O)
　(명사절)　　　　　　　　= 명사절을 **안은문장** = **겹문장**

(문제 406) 정답: ①

(문제 407) 밑줄 친 의존 명사가 나타내는 수량이 잘못 제시된 것은? (2012지방직7 B책형 문6)

① 김 1톳 - 100장
② 바늘 1쌈 - 24개
③ 마른오징어 1축 - 50마리
④ 한약 1제 - 20첩

(문제 407) 정답 및 해설 (2012지방직7 B책형 문6)

① 김 1톳 - 100장 (O)
　☺영보이 암기tip) 김을 세는 단위 '톳'은 1톳이 100장이다. < 김 - 100톳 >
② 바늘 1쌈 - 24개 (O)
　☺영보이 암기tip)바늘을 세는 단위 '쌈'은 1쌈이 24개이다.< 바늘 - 쌈 >< 24개의 쌈 >
③ 마른오징어 1축 - 50마리 (X) → 20마리
　◆ 오징어를 묶어 세는 단위인 축은 20마리이다. < 오징어 - 축 >
　☺영보이 암기tip) 축구를 하는데 골키퍼를 제외한 20명의 선수들이 오징어를 먹고 있다.
　◆ 축구경기 - 골키퍼 1명 + 선수 10명 - 우리 팀
　　　　　　　　　　　　　　+
　　　　　　 - 골키퍼 1명 + 선수 10명 - 상대팀

　　　　　　　　20명　　< 20명의 축구 선수들이 오징어를 >
④ 한약 1제 - 20첩 (O)

★ '20'과 관계된 단위 - 제, 축, 쾌		영보이 암기tip)
제	한약의 분량을 나타내는 단위. 한 제는 탕약(湯藥) 스무 첩	어제 - 한약
축	오징어를 묶어 세는 단위. 한 축은 오징어 스무 마리	오징어 - 축구
쾌	북어를 묶어 세는 단위. 한 쾌는 북어 스무 마리를 이른다.	상쾌한 - 북어

(문제 407) 정답: ③

(문제 408) 어휘의 쓰임이 정확한 문장은? (2012지방직7 B책형 문7)

① 이 자리를 빌어서 감사의 말씀을 드립니다.
② 배를 안으로 당기면 상대적으로 횡격막이 올라가게 된다.
③ 지갑을 잃어버려서 안절부절하고 있는데 마침 친구를 만났다.
④ 결정권자의 제가가 없는 문서는 구속력을 갖지 못한다.

(문제 408) 정답 및 해설 (2012지방직7 B책형 문7)

① 이 자리를 빌어서 감사의 말씀을 드립니다. (X) → 빌려서
  ◆ 빌리다 - 빌리어 - 빌려 - 빌리니
  ☺영보이 암기tip) 연기도 잘하고 예쁜 려원 좀 빌려서 영화를 만들자.
            < 려원 - 빌려서 영화를 >
② 배를 안으로 당기면 상대적으로 횡격막이 올라가게 된다. (O)
  ◆ 땅기다 (X) - 당기다 (O)
  ☺영보이 암기tip) 당신이 내 배를 안으로 당기면 당산역이 생각난다.
            < 당신이 - 당기면 - 당산역 >
  ● 땅기다: 몹시 단단하고 팽팽하게 되다.
      ● 얼굴이 땅기다 / 상처가 땅기다 / 한참을 웃었더니 수술한 자리가 땅겼다.
      ● 한나절 내내 걷기만 한 탓으로 종아리가 땅기고 허벅지도 뻐근했다
      ☺영보이 임기tip) < 얼굴이 - 땅 / 상처가 땅 / 수술한 자리기 - 땅 >
            < 종아리가 - 땅 >
③ 지갑을 잃어버려서 안절부절하고 있는데 마침 친구를 만났다.(X) → 안절부절못하고
  ◆ '안절부절하다'는 말은 없다. → 안절부절못하다
  ☺영보이 암기tip) 뾰족한 못이 많은 다리를 건너야 한다니 안절부절못하다.
            < 뾰족한 못 - 안절부절못하다. >
④ 결정권자의 제가가 없는 문서는 구속력을 갖지 못한다. (X) → 재가
  ◆ 재가(裁可): 안건을 결재하여 허가함.
      ◆ 재가를 얻다 / 그런 계획은 사장의 재가를 받기 어렵다.
      ◆ 나의 재가가 없는 한 어떠한 일도 해서는 안 된다.
  ☺영보이 암기tip) 자재과 부장님의 재가가 없는 문서는 재수 없다.
            < 자재과 - 부장님의 재가 - 재수 없다 >
  ● 제가(制可): 임금의 허가

(문제408) 정답: ②

(문제 409) 다음 시에 쓰인 단어들은 몇 가지 품사로 분류되는가? (단, 학교문법의 9품사를 기준으로 하되, 중복된 품사는 하나로 친다) **(2012지방직7 B책형 문9)**

> 겨울 바다에 가 보았지.
> 미지의 새,
> 보고 싶던 새들은 죽고 없었네.
> 그대 생각을 했건만도
> 매운 해풍에
> 그 진실마저 눈물져 얼어 버리고
> 허무의
> 불
> 물 이랑 위에 불 붙어 있었네.

① 5
② 6
③ 7
④ 8

(문제 409) 정답 및 해설 (2012지방직7 B책형 문9)

◆ **품사**(品詞): 단어를 기능, 형태, 의미에 따라 나눈 갈래. 현재 우리나라의 학교 문법에서는 **명사, 대명사**, 수사, **조사, 동사, 형용사, 관형사**, 부사, 감탄사의 **아홉 가지**로 분류한다.

> 겨울(**명사**) 바다(명사)에(**조사**) 가(본용언/**동사**) 보았지.(보조 용언/보조 동사)
> 미지(명사)의(조사) 새(명사),
> 보고(동사) 싶던(보조 형용사) 새(명사)들(접미사)은(조사) 죽고(동사) 없었네(형용사).
> 그대(**대명사**) 생각(명사)을(조사) 했건만도(동사 + 조사)
> 매운(**형용사**) 해풍(명사)에(조사)
> 그(**관형사**) 진실(명사)마저(조사) 눈물져(동사) 얼어(동사) 버리고(보조 용언/보조 동사)
> 허무(명사)의(조사)
> 불(명사)
> 물 이랑(명사) 위(명사)에(조사) 불 붙어(동사) 있었네(보조 용언/보조 동사).

(문제 409) 정답: ② 6

(문제 410) 띄어쓰기가 바르게 된 문장은? (2012지방직7 B책형 문10)

① 이 일은 세상사람 모두가 깜짝 놀랄 만큼 엄청난 결과를 낳을 듯 싶다.
② 내가 어렸을 때는 밖에 나가 노는 것 밖에는 해야 할 일이 아무 것도 없었다.
③ 이번 시험에서는 100점은커녕 50점 받기도 쉽지 않아 보인다.
④ 열 내지 열 한명 정도의 학생들이 교실 안에 남아 있는 듯하다.

(문제 410) 정답 및 해설 (2012지방직7 B책형 문10)

① 이 일은 세상사람 모두가 깜짝 놀랄 만큼 엄청난 결과를 낳을 듯V싶다. (X) → **듯싶다**
 ◆ 이 문장에서 '듯싶다'는 '듯하다'와 같은 뜻으로 보조 형용사이므로 붙여 쓴다.
② 내가 어렸을 때는 밖에 나가 노는 것V밖에는 해야 할 일이 아무 것도 없었다. (X)
 → **것밖에는**
 ◆ 밖에:「조사」(주로 체언이나 명사형 어미 뒤에 붙어) '그것 말고는', '그것 이외에는'
의 뜻을 나타내는 말. < 반드시 뒤에 부정을 나타내는 말이 따른다. >
 ◆ <u>조사</u>는 앞말과 **붙여** 쓴다.
③ 이번 시험에서는 **100짐은커녕** 50짐 빋기도 쉽지 않아 보인다. (O)
 ◆ **커녕**:「조사」(체언 뒤에 붙어) 」어떤 사실을 부정하는 것은 물론 그보다 덜하거나 못
한 것까지 부정하는 뜻을 나타내는 보조사. / '말할 것도 없거니와 도리어'의 뜻을 나타내
는 보조사.
 ◆ <u>조사</u>는 앞말과 **붙여** 쓴다.
④ 열 내지 열V한명 정도의 학생들이 교실 안에 남아 있는 듯하다. (X) → **열한V명**
 ◆ 수는 <u>만 단위</u>로 띄어 쓴다. < **열한** 명 >
 ◆ 이 문장에서 '명'은 단위를 나타내는 **의존 명사**로 앞말과 **띄어** 쓴다. < 열한V명 >
 ☺**영보이 암기tip) 띄어쓰기는 원고지로 공부하면 효과가 좋다.**

	낳	을		듯	싶	다	.		나	가		노	는		것	밖	에	는				
100	점	은	커	녕				열	V	내	지	V	열	한	V	명						

(문제 410) 정답: ③

(문제 411) 밑줄 친 단어의 발음이 옳지 않은 것은? (2012지방직7 B책형 문12)

① 집 안은 따뜻하니 겉옷[거돋]은 벗으려무나.
② 요즘 사람들은 예전보다 참 늙지[늑찌] 않는다.
③ 그 액체는 묽고[물꼬] 짙은 정도에 따라 농도를 따진다.
④ 나야 그 사람이 그렇게 하라니 그렇게 할밖에[할바께].

(문제412) 괄호 안에 들어갈 말로 가장 적당한 것은? (2012지방직7 B책형 문14)

 같은 시대를 살면서도 그 시대의 의미를 모두 똑같이 파악하고 있지 않은 경우도 있다. 자기가 살고 있는 현재의 시대를 파악하는 것은 더욱 어려운 일이겠지만, 지나간 시대의 역사적 의미를 파악하는 것도 그리 쉽지는 않다. 가령, 우리나라의 일제시대를 식민지 시대나 반봉건(半封建) 시대로 보는 사관이 있는가 하면, 근대화와 자본주의적 산업화가 이루어진 시대로 보는 사관도 있다. 심지어, 일본의 국수주의적 사가(史家)들은 일제의 점령기를 한국의 경제 발전과 교육 근대화에 크게 기여했던 시기로 긍정적으로 평가하려고까지 한다.
 여기서 우리는 같은 시대의 의미를 파악할 때도 민족주의자의 눈과 제국주의자의 눈은 서로 다른 평가를 내리고 있음을 본다. 따라서 오늘의 시대적 의미를 파악하는 것도 어떤 사람의 눈으로 파악하느냐에 따라 달라지기 때문에, 역사를 파악하는 데 있어서는 누가 보는 역사냐 하는 것이 중요한 문제가 된다. 이런 점에서 역사의식은 곧 (   )이라고 할 수 있다.

① 주체의식
② 저항의식
③ 근대의식
④ 시민의식

(문제 413) 다음 글은 어느 청중의 질문에 대한 답변의 일부이다. 질문의 내용으로 가장 적절한 것은? (2012지방직7 B책형 문17)

좋은 컴퓨터란 자신이 사용하고자 하는 목적에 맞는 컴퓨터입니다. 자신에게 적당한 컴퓨터를 선택하여 그 기능을 100% 활용하는 것이 사용자에게 좋은 일입니다. 돈이 있다고 해서 여러 가지 기능이 첨가된 비싼 컴퓨터를 들여 놓고 제대로 사용하지 못하고 있다면 그건 낭비일 뿐입니다. 시간이 지나면서 자신이 하나씩 배워서 새로운 기능들을 첨가하고 늘려 나가는 것이 좋습니다.

그러므로 좋은 컴퓨터를 구입하는 방법은 컴퓨터 매장에서 상담을 하거나 아니면 컴퓨터를 잘 아는 주위 사람에게 부탁을 할 때 자신이 어떤 목적으로 컴퓨터를 구입하는지 정확하게 설명하는 것이 좋습니다. 컴퓨터는 돈에 맞춰서 얼마든지 만들 수가 있기 때문입니다. 컴퓨터와 부품의 종류는 요지경 속이라서 신문 광고나 잡지 광고에 나오는 컴퓨터가 전부라고 생각하면 안 됩니다.

① 좋은 컴퓨터를 구입하는 시기는 언제가 가장 좋습니까?
② 좋은 컴퓨터를 구입하는 방법은 무엇입니까?
③ 좋은 컴퓨터를 싸게 구입하려면 어떻게 해야 합니까?
④ 좋은 컴퓨터를 구입하려면 어디에서 해야 합니까?

(문제 414) 밑줄 친 부분이 한글 맞춤법에 맞는 것은? (2013지방직7 B책형 문1)

① 약속을 <u>번번히</u> 어긴다.
② 그는 <u>의젓이</u> 행동한다.
③ <u>곰곰히</u> 생각에 잠기었다.
④ <u>딱이</u> 갈 만한 곳도 없다.

(문제414) 정답 및 해설 (2013지방직7 B책형 문1)

① 약속을 <u>번번히</u> 어긴다. (X) → 번번이
 ☺**영보이 암기tip)** 여의도 가려는데요, 버스 몇 **번이** 가니? 너는 번번이 물어보니?
< 몇 번이 - 번번이 >

② 그는 <u>의젓이</u> 행동한다. (O)
 ☺**영보이 암기tip)** 젓가락으로 젓갈을 영보이처럼 의젓이 먹어라.
< 젓가락 - 젓갈 - 영보이 - 의젓이 >

③ <u>곰곰히</u> 생각에 잠기었다. (X) → 곰곰이
 ☺**영보이 암기tip)** 곰곰이 - 곰 두[2] 마리가 곰곰이(2) 꿀을 생각하고 있다.
< 곰 2마리 - 곰곰2 >

 ★ 헷갈리는 단어: 꼼꼼히
  ☺**영보이 암기tip)** 꼼수를 쓰나 꼼꼼히 보았더니 그러한 사실을 알아내었다. 기분이 좋았다. 히히히 어디 나를 속이려 해? < 꼼꼼히 - 히히히 >

④ <u>딱이</u> 갈 만한 곳도 없다. (X) → 딱히
 ☺**영보이 암기tip)** 틀린 곳이 있는 지 꼼꼼히 살펴봐. 아니야, 딱히 꼼꼼히 볼 것도 없네
< 꼼꼼히 - 딱히 >

(문제414) 정답: ②

(문제415) 띄어쓰기가 옳은 것은? (2013지방직7 B책형 문2)

① 집밖에∨나가서∨놀지∨않을래?
② 길동이는∨잘난체∨하는∨것도∨밉지가∨않아.
③ 음식은∨각자∨먹을만큼만∨접시에∨담아∨가세요.
④ 자료를∨검토한바∨몇∨가지∨미비한∨사항이∨발견되었다.

(문제415) 정답 및 해설 (2013지방직7 B책형 문2)

① **집밖**에∨나가서∨놀지∨않을래? (X) → 집∨밖에
- ◆ 밖:「명사」 어떤 선이나 금을 넘어선 쪽
  - ◆ 밖을 내다보다 / 이 선∨밖으로 나가시오.
  - ◆ 어머니는 동구∨밖에까지 따라 나오며 우리를 배웅하셨다.
- ◆ <u>이 문장에서 '밖'은 **명사**로 앞말과 **띄어** 쓴다.</u>

② 길동이는∨**잘난체∨하는**∨것도∨밉지가∨않아. (X) → 잘난∨체하는
- ◆ 체하다:「보조 동사」(동사나 형용사 뒤에서 '-은 체하다', '-는 체하다' 구성으로 쓰여)   = 척하다
  - ◆ 잘난 <u>체하다</u> / 못 이기는 <u>체하고</u> 받다 / 알고도 모르는 <u>체하다</u>
  - ◆ 그녀는 모르면서 아는 <u>체하다가</u> 망신만 당했다.
- ◆ <u>'-체하다'는 보조 동사로 **앞말**과 **띄어** 쓰고 '**체하다**'는 **붙여** 쓴다.</u>

③ 음식은∨각자∨**먹을만큼**만∨접시에∨담아∨가세요. (X) → 먹을∨만큼
- ◆ 용언 뒤에 '만큼'이 오면 '만큼'은 **의존 명사**로 앞말과 **띄어** 쓴다. - 먹을∨만큼
- ● 체언 뒤에 '만큼'이 오면 '만큼'은 **조사**로 앞말과 **붙여** 쓴다. - <u>사과만큼 맛있는</u>

④ 자료를∨**검토한바**∨몇∨가지∨미비한∨사항이∨발견되었다. (O)
- ◆ '-은바': ('ㄹ'을 제외한 받침 있는 동사 어간 뒤에 붙어) (문어체로) 뒤 절에서 어떤 사실을 말하기 위하여 <u>그 사실이 있게 된 것과 관련된 상황을 미리 제시</u>하는 데 쓰는 연결 어미. <u>앞 절의 상황이 이미 이루어졌음</u>을 니디낸디.
  - ◆ 진상을 <u>들은바</u>, 그것은 사실이 아님이 드러났다.

(문제415) 정답: ④

☺**영보이 암기tip) 띄어쓰기는 원고지로 공부하면 효과가 좋다.**

집	V	밖	에		나	가	서		이		선	V	밖	으	로			
동	구	V	밖	에	까	지		잘	난		체	하	는			사	과	만	큼
먹	을	V	만	큼		자	료	를		검	토	한	바						
진	상	을		들	은	바		못		이	기	는		체	하	고		받	다
모	르	는		체	하	다		아	는		체	하	다						

(문제416) 국어의 로마자 표기법이 옳지 않은 것은? (2013지방직7 B책형 문3)

① 설악 Seolak
② 속리산 Songnisan
③ 양주시 Yangju-si
④ 독립문 Dongnimmun

(문제416) 정답 및 해설 (2013지방직7 B책형 문3)

① 설악 Seolak (X) → Seorak [서락]
 ◆ 'ㄹ'은 **모음** 앞에서는 'r' / 자음 앞이나 어말에서는 'l'로 표기한다.
② 속리산 Songnisan (O)
 ◆ 발음: [송니산] - Songnisan
③ 양주시 Yangju-si (O) = Yangju
 ◆ '도, 시, 군, 구, 읍, 면, 리, 동'의 행정구역 단위 앞에는 붙임표(-)를 넣지만(예: Yangju-gun) '시, 군, 읍'의 단위는 생략 할 수 있다. (예: Yangju).
④ 독립문 Dongnimmun (O)
 ◆ 독립문[동님문][ㅇㄴ] - Dongnimmun

(문제416) 정답: ①

(문제417) 밑줄 친 부분이 외래어 표기법에 맞는 것은? (2013지방직7 B책형 문4)

① 강좌를 알리는 플랭카드가 거리에 걸려 있다.
② 달콤한 초콜렛을 먹으니 기분이 조금 나아졌다.
③ 지도자에게는 강한 리더쉽이 필요하다.
④ 다양한 기능의 로봇이 등장하고 있다.

(문제417) 정답 및 해설 (2013지방직7 B책형 문4)

① 강좌를 알리는 플랭카드가 거리에 걸려 있다. (X) → 플래카드
 ☺영보이 암기tip) 그래서 플래카드를 만들 거야? < 그래서 - 플래카드 >
② 달콤한 초콜렛을 먹으니 기분이 조금 나아졌다. (X) → 초콜릿
 ☺영보이 암기tip) 간장게장이 너무 비릿하여 초콜릿을 먹다. < 비릿하여 - 초콜릿을 >
③ 지도자에게는 강한 리더쉽이 필요하다. (X) → 리더십
 ☺영보이 암기tip) 십자가를 들고 리더십을 발휘하는 목사님 < 십자가 - 리더십 >
     < 리더쉽 (X) >
④ 다양한 기능의 로봇이 등장하고 있다. (O)
 ☺영보이 암기tip) 깡통로봇은 배터리를 배터지게 먹고 봇물 터지듯 말을 하고 있다.
     < 로봇 - 봇물 터지듯 >

(문제417) 정답: ④

(문제418) 표준 발음이 아닌 것으로만 짝지어진 것은? (2013지방직7 B책형 문5)

① 끝을[끄츨], 피읖에[피으페], 닭 앞에[달가페]
② 헛웃음[허두슴], 휘발유[휘발뉴], 밭 아래[바다래]
③ 넓다[넙따], 넓죽하다[넙쭈카다], 넓둥글다[넙뚱글다]
④ 결단력[결딴녁], 상견례[상견녜], 서울역[서울녁]

---

① 끝을[끄**츨**](X) / 피읖에[피으**페**](X) / 닭 앞에[**달**가페](X)
  → 끝을[끄**틀**], 피읖에[피으**베**], 닭 앞에[**다**가페]
☺영보이 암기tip)
  ◆ 끝을[끄**틀**] - 창틀[창**틀**] / 피읖에[피으**베**] - **베**이스볼
  ◆ 닭 앞에 가다 : 닭 앞에[**다**가페] - 가다[가**다**]
          [**가**슴]   석류
② 헛웃음[허**두**슴], 휘발유[휘발**뉴**](X), 밭 아래[**바다**래]   → 휘발유[휘발**류**]
      [두**부**]   인천 앞**바다**

③ 넓다[**넙**따](X), 넓죽하다[**넙**쭉카다], 넓둥글다[**넙뚱**글다] → 넓다[**널**따]
          갈치**쭉**   갈치**뚱**   **빤**
                바   **이**   **지**
        저녁   달력
④ 결단력[결딴녁], 상견례[상견**녜**], 서울역[서울**녁**](X) → 서울역[서울**력**]

(문제418) 정답: ①

(문제419) 다음은 훈민정음 창제의 원리를 설명한 것이다. 괄호 안에 들어갈 말로 부적절한 것은? **(2013지방직7 B책형 문6)**

> 초성, 곧 (㉠)은 발음기관의 모양을 본떴음을 알 수 있으니, 이는 곧 (㉡)의 원리이다. 아음인 ㄱ은 혀뿌리가 목구멍을 막는 모양을, 설음인 ㄴ은 혀가 윗잇몸과 닿는 모양을 본떠서 만든 것이 그것이다. 이처럼 모양을 본떠서 만든 초성은 ㄱ, ㄴ, ㅁ, ㅅ, ㅇ의 다섯 글자이다. 이 다섯을 기본자로 삼고 기본자에 획을 더해 가는 방식을 취하였으니, 이는 곧 (㉢)의 원리이다. ㄱ에 획을 더하여 ㅋ을, ㄴ에 획을 더하여 ㄷ을, ㄷ에 획을 더하여 ㅌ을 만든 것이 그것 이다. 한편, 'ㆁ', 'ㅿ', 'ㄹ'은 (㉣)라고 한다.

① ㉠: 자음
② ㉡: 상형
③ ㉢: 병서
④ ㉣: 이체자

(문제419) 정답 및 해설 (2013지방직7 B책형 문6)

① ㉠: 자음
② ㉡: 상형
③ ㉢: **병서 (X) → 가획**
④ ㉣: 이체자

초성, 곧 (㉠ **자음**)은 발음기관의 모양을 본떴음을 알 수 있으니, 이는 곧 (㉡ **상형**)의 원리이다. 아음인 ㄱ은 혀뿌리가 목구멍을 막는 모양을, 설음인 ㄴ은 혀가 윗잇몸과 닿는 모양을 본떠서 만든 것이 그것이다. 이처럼 모양을 본떠서 만든 초성은 ㄱ, ㄴ, ㅁ, ㅅ, ㅇ의 다섯 글자이다. 이 다섯을 기본자로 삼고 기본자에 획을 더해 가는 방식을 취하였으니, 이는 곧 (㉢ **가획**)의 원리이다. **ㄱ에 획을 더하여 ㅋ을, ㄴ에 획을 더하여 ㄷ을, ㄷ에 획을 더하여 ㅌ을 만든 것이 그것이다.** 한편, 'ㆁ', 'ㅿ', 'ㄹ'은 (㉣ **이체자**)라고 한다.

초성(初聲)의 제자 원리			
	기본자	가획자	이체자	제자 원리
아음(牙音)	ㄱ	ㅋ	ㆁ	어금닛소리
설음(舌音)	ㄴ	ㄷ, ㅌ	ㄹ	혓소리
순음(脣音)	ㅁ	ㅂ, ㅍ		입술소리
치음(齒音)	ㅅ	ㅈ, ㅊ	ㅿ	잇소리
후음(喉音)	ㅇ	ㆆ, ㅎ		목청소리

중성(初聲)의 제자 원리			
기본자	초출자	재출자	제자 원리
ㆍ	ㅗ, ㅏ	ㅛ, ㅑ	하늘의 모양
ㅡ	ㅜ, ㅓ	ㅠ, ㅕ	땅의 모양
ㅣ			서있는 사람의 모습

(문제419) 정답: ③ ㉢

(문제420) 다음 문장이 들어갈 곳으로 가장 적절한 것은? **(2013지방직7 B책형 문8)**

> 그것은 내가 그리워해 온 선대인은 어머니나 아버지, 그리고 동기간들이 아니었다는 뜻이기도 하다.

(㉠) 시골을 다녀오되 성묘가 목적이기는 근년으로 드문 일이었다. 더욱이 양력 정초에 몸소 그런 예모(禮貌)를 찾고 스스로 치름은 낳고 첫 겪음이기도 했다. 물론 귀성열차를 끊어 앉고부터 "숭헌……. 뉘라 양력슬두 슬이라 이른다더냐, 상것들이나 왜놈 세력(歲曆)을 아는 벱여……." 세모가 되면 한두 군데서 들어오던 세찬을 놓고 으레껏 꾸중이시던 할아버지 말씀이 자주 되살아나 마음 한켠이 걸리지 않은 바도 아니었지만, 시절이 이러매 신정 연휴를 빌미할 수밖에 없음을 달리 어쩌랴 하며 견딘 거였다. 그러나 할아버지한테 결례(불효)를 저지르고 있다는 느낌을 나 자신에게까지 속일 수는 없었다. (㉡) 아주 어려서부터 이렇게 되기까지, 우리 가문을 지킨 모든 선인 조상들의 심상은 오로지 단 한 분, 할아버지 그분의 인상밖에는 없었기 때문이었다. (㉢) 고색창연한 이조인(李朝人)이었던 할아버지, 오직 그분 한 분만이 진실로 육친이요 조상의 얼이란 느낌을 지워 버릴 수 없는 거였고, 또 앞으로도 길래 그럴 것같이 여겨진다는 것이다. 받은 사랑이며 가는 정으로야 어찌 어머니 위에 다시 있다 감히 장담할 수 있을까마는, 그럼에도 삼가 할아버지 한 분만으로 조상의 넋을 가늠하되, 당신 생전에 받은 가르침이야말로 진실로 받들고 싶도록 값지게 여겨지는 터임에, 거듭 할아버지의 존재와 추억의 조각들을 모든 것의 으뜸으로 믿을 수밖에 없던 것이다. (㉣)

- 이문구, '관촌수필' 중에서 -

① ㉠

② ㉡

③ ㉢

④ ㉣

(문제420) 정답 및 해설 (2013지방직7 B책형 문8)

◆ '우리 가문을 지킨 모든 선인 조상들의 심상은 오로지 단 한 분, 할아버지 그분의 인상밖에는 없었기 때문이었다.'로 보아 이 문장 뒤에 들어가는 것이 적절하다.

> 우리 가문을 지킨 모든 선인 조상들의 심상은 오로지 단 한 분, 할아버지 그분의 인상밖에는 없었기 때문이었다. 그것은 내가 그리워해 온 선대인은 어머니나 아버지, 그리고 동기간들이 아니었다는 뜻이기도 하다.

★ 오로지 단 한 분, 할아버지 ≠ 어머니나 아버지, 그리고 동기간들

(문제420) 정답: ③ ㉢

(문제421) 다음 글에서 보여 주는 설명 방식을 사용하고 있는 것은? **(2013지방직7 B책형 문9)**

> 지금 지구 상공에는 수많은 인공위성이 돌고 있다. 인공위성은 크게 군사용 위성과 평화용 위성으로 나뉜다. 첩보위성, 위성 파괴 위성 등은 전자에 속하고, 통신 위성, 기상 관측 위성, 지구 자원 탐사 위성 등은 후자에 속한다.

① 동사는 주어의 동작이나 작용을 나타내는 반면, 형용사는 주어의 성질이나 상태를 나타낸다.
② 표준 발음법은 총칙, 자음과 모음, 음의 길이, 받침의 발음, 음의 동화, 경음화, 음의 첨가 등으로 이루어져 있다.
③ 여닫다, 우짖다, 검푸르다, 검붉다, 뛰놀다, 설익다, 부슬비 등은 일반적인 우리말의 통사적 구성 방법과 어긋나게 형성된 낱말의 예라 할 수 있다.
④ 자음은 조음 위치 및 조음 방법에 따라 다시 나뉜다. 양순음, 치조음, 경구개음, 연구개음, 후음 등은 조음 위치에 따라 자음을 하위 갈래로 나눈 것이고, 파열음, 파찰음, 마찰음, 비음, 유음 등은 조음 방법에 따라 자음을 하위 갈래로 나눈 것이다.

(문제421) 정답 및 해설 (2013지방직7 B책형 문9)

◆ 인공위성은 크게 군사용 위성과 평화용 위성으로 나뉜다. - **구분**
　◆ 구분(區分): 일정한 기준에 따라 전체를 몇 개로 갈라 나눔.
　★ 구분: 상위 개념(큰 개념)의 항목을 <u>하위 개념(작은 개념)의 항목으로</u> 나누는 것을 말한다.
　　☺영보이 암기tip) 대(大) → 소(小) = 구분(區分) < 대 → 소 = 9 >
● 첩보위성, 위성 파괴 위성 등은 전자에 속하고, 통신 위성, 기상 관측 위성, 지구 자원 탐사 위성 등은 후자에 속한다. - **분류**
　● 분류(分類): 하위 개념(작은 개념)의 항목을 <u>상위 개념(큰 개념)의 항목으로</u> 묶는 것을 말한다.
　　☺영보이 암기tip) 소(小) → 대(大) = 분류(分類)
　★ <u>영보이 종합 암기tip) 구분과 분류는 매우 헷갈리므로 하나만 확실히 기억한다.</u> < <u>대(大) → 소(小) = 구분(區分) < 대 → 소 = 9 ></u>

① 동사는 주어의 동작이나 작용을 나타내는 **반면**, 형용사는 주어의 성질이나 상태를 나타낸다. - **대조(對照)** - 동사와 형용사의 **차이점**을 설명함.
② 표준 발음법은 총칙, 자음과 모음, 음의 길이, 받침의 발음, 음의 동화, 경음화, 음의 첨가 등으로 **이루어져 있다.** - **분석(分析)** - 내용을 **구성 요소들로 자세히 나누어** 봄.
③ 여닫다, 우짖다, 검푸르다, 검붉다, 뛰놀다, 설익다, 부슬비 등은 일반적인 우리말의 통사적 구성 방법과 어긋나게 형성된 **낱말의 예**라 할 수 있다. - **예시**
④ 자음은 조음 위치 및 조음 방법에 따라 다시 **나뉜다.** - **구분**
　양순음, 치조음, 경구개음, 연구개음, 후음 등은 조음 위치에 따라 자음을 **하위 갈래로 나눈 것이고,** 파열음, 파찰음, 마찰음, 비음, 유음 등은 조음 방법에 따라 자음을 **하위 갈래로 나눈 것이다.** - **분류**

(문제421) 정답: ④

(문제422) 어법에 맞는 표현은? (2013지방직7 B책형 문10)

① (면접을 마친 후 면접관에게) 면접관님, 수고하십시오.
② (문상을 가서 상주에게) 삼가 조의를 표합니다.
③ (점원이 손님에게) 손님께서 찾으시는 물건은 품절이십니다.
④ (아내가 남편에게) 오빠, 외식하러 가요.

(문제422) 정답 및 해설 (2013지방직7 B책형 문10)

① (면접을 마친 후 면접관에게) 면접관님, **수고하십시오**. (X) → **고맙습니다**.
   ◆ 윗사람한테는 '수고'라는 말을 하지 않아야 한다.
② (문상을 가서 상주에게) 삼가 조의를 표합니다. (O)
   ◆ 문상을 가서 아무 말도 하지 않는 것이 예의이나 굳이 말을 건네고자 한다면 '삼가 조의를 표합니다.'라 한다.
③ (점원이 손님에게) 손님께서 찾으시는 물건은 품절**이십니다**. (X) → **품절입니다**.
   ◆ 이 문장에서 물건은 높일 필요가 없다.
④ (아내가 남편에게) **오빠**, 외식하러 가요. (X) → **여보**
   ◆ 연애할 때는 오빠라 할 수도 있겠지만 결혼을 한 후에는 '오빠' 적절하지 않다.

(문제422) 정답: ②

(문제423) 밑줄 친 부분이 문법에 맞지 않는 것은? (2013지방직7 B책형 문11)

① 이미 늦은 것 <u>아니오</u>
② <u>아니요</u>, 제가 안 그랬어요.
③ 다음 물음에 '예', '<u>아니오</u>'로 답하시오.
④ 어렸을 때부터 한집에서 살아온 우리는 진구가 <u>아니요</u>, 형제랍니다.

(문제423) 정답 및 해설 (2013지방직7 B책형 문11)

① 이미 늦은 것 <u>아니**오**</u>? (O) - 문장의 <u>종결어미</u>는 '**오**'이다.
② <u>아니**요**</u>, 제가 안 그랬어요. (O)
   ◆ 아니**요**: 「감탄사」 <u>윗사람이 묻는</u> 말에 부정하여 대답할 때 쓰는 말.
③ 다음 물음에 '예', '<u>아니**오**</u>'로 답하시오. (X) → 아니**요**
   ◆ <u>물음에 대한 대답</u>을 할 때는 '예', '아니요'가 맞다.
④ 어렸을 때부터 한집에서 살아온 우리는 친구가 <u>아니**요**</u>, 형제랍니다. (O)
   ◆ 문장의 <u>연결어미</u>는 '**요**'이다.

(문제423) 정답: ③

(문제424) 다음은 국어사전에 수록된 '막-'의 풀이이다. 밑줄 친 부분의 예시어로 적절한 것은? (2013지방직7 B책형 문12)

> 막 - 접사 (일부 명사 앞에 붙어)
> ① '거친', '품질이 낮은'의 뜻을 더하는 접두사.
> ② <u>'닥치는 대로 하는'의 뜻을 더하는 접두사.</u>
> ③ (일부 동사 앞에 붙어) '주저없이', '함부로'의 뜻을 더하는 접두사.

① 막벌이
② 막국수
③ 막담배
④ 막고무신

(문제424) 정답 및 해설 (2013지방직7 B책형 문12)
◆ 막 - 접사 (일부 명사 앞에 붙어)
① '거친', '품질이 낮은'의 뜻을 더하는 접두사.
   ◆ **막고무신** / 막과자 / **막국수** / **막담배** / 막소주
② <u>'닥치는 대로 하는'의 뜻을 더하는 접두사.</u> - 막노동 / 막말 / **막벌이** / 막일
③ (일부 동사 앞에 붙어) '주저없이', '함부로'의 뜻을 더하는 접두사.
   ◆ 막가다 / 막거르다 / 막벌다 / 막보다 / 막살다

① **막벌이 (O)**
② 막국수
③ 막담배
④ 막고무신

(문제424) 정답: ①

(문제425) 호칭어가 적절하지 않은 것은? (2013지방직7 B책형 문13)

① 아내의 여동생의 남편에게 - 자부
② 누나의 남편에게 - 매부
③ 남편의 남동생의 아내에게 - 동서
④ 며느리나 사위의 조부모에게 - 사장 어른

(문제425) 정답 및 해설 (2013지방직7 B책형 문13)

① 아내의 여동생의 남편에게 - 자부 (X) → 동서 / ㅇ 서방
  ◆ 아내의 여동생의 남편에게는 '동서'나 'ㅇ 서방'으로 호칭한다.
  ● 자부(子婦): 며느리
② 누나의 남편에게 - 매부 (O)
  ◆ 매부(妹夫)
    ◆ 손위 누이나 손아래 누이의 남편을 이르거나 부르는 말.
    ◆ 친정 언니의 남편을 이르는 말.
    ◆ 언니가 여동생의 남편을 이르거나 부르는 말.
③ 남편의 남동생의 아내에게 - 동서 (O)
  ◆ 동서(同壻): 시아주버니의 아내를 이르는 말. / 시동생의 아내를 이르거나 부르는 말.
    ◆ 처형이나 처제의 남편을 이르는 말.
④ 며느리나 사위의 조부모에게 - 사장 어른 (O)
  ◆ 사장 어른: 사돈집의 조부모나 동기(同氣) 배우자의 부모를 높여 이르거나 부르는 말.

(문제425) 정답: ①

(문제426) 논지 전개상 괄호 안에 들어갈 말로 가장 적절한 것은? (2013지방직7 B책형 문14)

 전통문화는 근대화의 과정에서 해체되는 것인가, 아니면 급격한 사회 변동의 과정에서도 유지될 수 있는 것인가? 전통문화의 연속성과 재창조는 왜 필요하며, 어떻게 이루어지는가? 외래문화의 토착화(土着化), 한국화(韓國化)는 사회 변동과 문화 변화의 과정에서 무엇을 의미하는가? 이상과 같은 의문들은 오늘날 한국 사회에서 논란의 대상이 되고 있으며, 입장에 따라 상당한 견해 차이도 드러내고 있다. 전통의 유지와 변화에 대한 견해 차이는 오늘날 한국 사회에서 단순하게 보수주의와 진보주의의 차이로 이해될 성질의 것이 아니다. 한국 사회의 근대화는 이미 한 세기의 역사를 가지고 있으며, 앞으로도 계속되어야 할 광범하고 심대(深大)한 사회 구조적 변동이다. 그렇기 때문에, 보수주의적 성향을 가진 사람들도 전통문화의 변질을 어느 정도 수긍하지 않을 수 없는가 하면, 사회변동의 강력한 추진 세력 또한 문화적 전통의 확립을 주장하지 않을 수 없다. 또, 한국 사회에서 전통문화의 변화에 관한 논의는 단순히 외래문화이냐 전통문화이냐의 양자택일적인 문제가 될 수 없다는 것도 명백하다. 근대화는 전통문화의 연속성과 변화를 다 같이 필요로 하며, 외래문화의 수용과 그 토착화 등을 다 같이 요구하는 것이기 때문이다. 그러므로 전통을 계승하고 외래문화를 수용할 때에 무엇을 취하고 무엇을 버릴 것이냐 하는 문제도 단순히 문화의 보편성(普遍性)과 특수성(特殊性)이라고 하는 기준에서만 다룰 수 없다. 근대화라고 하는 사회구조적 변동이 문화 변화를 결정지을 것이기 때문에, 전통문화의 변화 문제를 (   )에서 다루어 보는 분석이 매우 중요하리라고 생각한다.

① 보수주의의 시각   ② 진보주의의 시각
③ 사회 변동의 시각   ④ 보편성과 특수성의 시각

(문제426) 정답 및 해설 (2013지방직7 B책형 문14)

◆ **보수주의**와 **진보주의**의 차이로 이해될 성질의 것이 **아니다**.
◆ 단순히 문화의 **보편성(普遍性)과 특수성(特殊性)**이라고 하는 기준에서만 **다룰 수 없다**.
★ 따라서 정답은 ③ '**사회 변동의 시각**'이라 할 수 있다. 또한 '한국 사회의 근대화는 이미 한 세기의 역사를 가지고 있으며, **앞으로도 계속되어야 할** 광범하고 심대(深大)한 사회 구조적 **변동이다**. ~ 보수주의적 성향을 가진 사람들도 **전통문화의 변질을 어느 정도 수긍**하지 않을 수 없는가 하면, **사회변동의 강력한 추진** 세력 또한 문화적 전통의 확립을 주장하지 않을 수 없다.'로 보아 정답 ③이 더욱 뚜렷하다.

(문제426) 정답: ③

(문제427) 밑줄 친 부분이 의미상 문맥에 자연스럽지 않은 것은? (2013지방직7 B책형 문15)

① 새우젓은 <u>곰삭아야</u> 제 맛이 난다.
② 주인이 놀라는 척하며 <u>능갈치는</u> 소리가 들려 왔다.
③ 돈이 없어서 막걸리도 <u>푼푼이</u> 못 마신다.
④ 중요한 물건을 잃어버렸으니 꾸중을 들어도 <u>하릴없는</u> 일이다.

(문제427) 정답 및 해설 (2013지방직7 B책형 문15)

① 새우젓은 <u>곰삭아야</u> 제 맛이 난다.
◆ 곰삭다: 젓갈 따위가 오래되어서 푹 삭다.
② 주인이 놀라는 척하며 <u>능갈치는</u> 소리가 들려 왔다.
◆ 능갈치다:「동사」교묘하게 잘 둘러대다.
③ 돈이 없어서 막걸리도 <u>푼푼이</u> 못 마신다. (X) → 푼푼**히**
◆ 푼푼**히**:「부사」<u>모자람이 없이 넉넉하게</u>
　◆ 용돈을 푼푼**히** 주다
● 푼푼**이**:「부사」**한 푼씩 한 푼씩**
　● 푼푼**이** 번 돈
　● 그 돈은 체계나 돈놀이로 모은 돈이 아니요, 품삯 받아 푼푼**이** 모으고 악의악식하면서 모은 돈이었다.
④ 중요한 물건을 잃어버렸으니 꾸중을 들어도 <u>하릴없는</u> 일이다.
◆ 하릴없다:「형용사」달리 어떻게 할 도리가 없다. 조금도 틀림이 없다.
● 할일없다 (X) → 하릴없다

(문제427) 정답: ③

(문제428) 다음 국어사전 정보를 참고할 때, 밑줄 친 단어의 사용이 부적절한 것은? **(2013지 방직7 B책형 문19)**

◆ 받다 (동사) 【…에서/에게서 …을】('…에서/에게서' 대신에 '…으로부터'가 쓰이기도 한다) ①다른 사람이 주거나 보내오는 물건 따위를 가지다.
　　②다른 사람이 바치거나 내는 돈이나 물건을 책임 아래 맡아 두다.
　　③다른 사람이나 대상이 가하는 행동, 심리적인 작용 따위를 당하거나 입다.
　　④점수나 학위 따위를 따다.
　　⑤여러 사람에게 팔거나 대어 주기 위해 한꺼번에 많은 양의 물품을 사다.
● 받치다 (동사) 【…이】
　　①먹은 것이 잘 소화되지 않고 위로 치밀다.
　　②앉거나 누운 자리가 바닥이 딴딴하게 배기다.
　　　　　【…에】화 따위의 심리적 작용이 강하게 일어나다.
■ 받히다 (동사) 【…을 …에/에게】 '받다⑤'의 사동사.

① 그는 설움에 <u>받쳐</u> 울음을 터뜨렸다.
② 맨바닥에서 잠을 자려니 등이 <u>받쳐서</u> 잠이 오지 않는다.
③ 아침에 먹은 것이 자꾸 <u>받쳐서</u> 아무래도 점심은 굶어야겠다.
④ 고추가 워낙 값이 없어서 백 근을 시장 상인에게 <u>받쳐</u>도 변변한 옷 한 벌 사기가 힘들다.

(문제428) 정답 및 해설 (2013지방직7 B책형 문19)

① 그는 설움에 <u>받쳐</u> 울음을 터뜨렸다. (O) - 【…에】화 따위의 심리적 작용이 강하게 일어나다.　☺**영보이 암기tip)** 설움에 받치다. <u>< 설움 - 치 ></u>
② 맨바닥에서 잠을 자려니 등이 <u>받쳐서</u> 잠이 오지 않는다. (O)
　☺**영보이 암기tip)** 등이 받치다 < 등 -치 >
③ 아침에 먹은 것이 자꾸 <u>받쳐서</u> 아무래도 점심은 굶어야겠다. (O)
　☺**영보이 암기tip)** 먹은 것이 받치다. < 먹은 것 - 치 >
④ 고추가 워낙 값이 없어서 백 근을 시장 상인에게 <u>받쳐</u>도 변변한 옷 한 벌 사기가 힘들다. (X) → 시장 상인에게 받혀도
　◆ '받다'의 설명에서 ⑤의 사동사를 의미하므로 '받치다'가 아니라 '받히다'가 알맞다.
　☺영보이 암기tip) 백 근을 시장 상인에게 받혀도 <u>< 시장 상인 - 혀 ></u>

(문제428) 정답: ④

(문제429) 밑줄 친 문장의 상황에 부합하는 속담으로 가장 적절한 것은? (2013지방직7 B책형 문 20)

① 간에 붙었다 쓸개에 붙었다 하는군.
② 닭 쫓던 개 지붕 쳐다보는 꼴이야.
③ 이건 울며 겨자 먹는 꼴이지 뭐야.
④ 소 잃고 외양간 고치는 격이군.

(문제429) 정답 및 해설 (2013지방직7 B책형 문20)

① 간에 붙었다 쓸개에 붙었다 하는군. - 자기에게 조금이라도 이익이 되면 지조 없이 이편에 붙었다 저편에 붙었다 함을 비유적으로 이르는 말.
② 닭 쫓던 개 지붕 쳐다보는 꼴이야. - 개에게 쫓기던 닭이 지붕으로 올라가자 개가 쫓아 올라가지 못하고 지붕만 쳐다본다는 뜻으로, 애써 하던 일이 실패로 돌아가거나 남보다 뒤떨어져 어찌할 도리가 없이 됨을 비유적으로 이르는 말
③ 이건 **울며 겨자 먹는 꼴**이지 뭐야. (O) - 맵다고 울면서도 겨자를 먹는다는 뜻으로, **싫은 일을 억지로 마지못하여 함**을 비유적으로 이르는 말.

④ 소 잃고 외양간 고치는 격이군. -소를 도둑맞은 다음에서야 빈 외양간의 허물어진 데를 고치느라 수선을 떤다는 뜻으로, 일이 이미 잘못된 뒤에는 손을 써도 소용이 없음을 비꼬는 말.

◆ "<u>그래 그래, 인젠 안 그럴 테야.</u>"는 진심으로 하는 말이 아니고 그 상황을 잘 넘어가려는 겉치레하는 말이다. 따라서 '<u>울며 겨자 먹기</u>'가 어울린다.

(문제429) 정답: ③

(문제430) 밑줄 친 단어 중 표준어가 아닌 것은? **(2014지방직7 B책형 문1)**

① 담벼락에는 <u>개발새발</u> 아무렇게나 낙서가 되어 있었다.
② 어제 딴 <u>쪽밤</u>을 아이들이 몰래 까서 먹고 있다.
③ 창을 통해서 <u>뜨락</u>을 바라보니 완연한 가을이었다.
④ "상상의 <u>나래</u>를 펴는 중국어"는 듣기, 말하기 중심의 학습을 도와주는 교재이다.

(문제430) 정답 및 해설 (2014지방직7 B책형 문1)

① 담벼락에는 <u>개발새발</u> 아무렇게나 낙서가 되어 있었다. (O)

◆ **괴발개발** (O) < **괴 - 개** > / **개발새발** (O) < **개 - 새** >

② 어제 딴 <u>**쪽**밤</u>을 아이들이 몰래 까서 먹고 있다. (X) → **쌍동밤**

◆ **쌍동밤**: 한 껍데기 속에 두 쪽이 들어 있는 밤.

☺**영보이 암기tip)** **쌍**화차를 마시며 **동**화책을 읽는데 **밤**이 되자 어머니가 **쌍동밤**을 주셨다. < **쌍**화차 - **동**화책 - **밤**이 되자 - **쌍동밤** >

③ 창을 통해서 <u>뜨락</u>을 바라보니 완연한 가을이었다. (O)

◆ **뜨락** (O) - **뜰** (O)

◆ 뜨락: 집 안의 앞뒤나 좌우로 가까이 딸려 있는 빈터

☺**영보이 암기tip)** **뜨**락에서 **뜨**개질을 하는데 **락**스 냄새가 나서 **뜰**채를 살펴보았다. < **뜨**락 - **뜨**개질 - **락**스 냄새 - **뜰**채 >

④ "상상의 <u>나래</u>를 펴는 중국어"는 듣기, 말하기 중심의 학습을 도와주는 교재이다. (O)

◆ **나래** (O) - **날개** (O)

☺**영보이 암기tip)** 철수가 잡은 잠자리 **날개** 부러뜨린 사람이 누가 **나래**? < 잠자리 **날개** - 누가 **나래** >

(문제430) 정답: ②

(문제431) 다음 외래어 표기의 근거만을 바르게 제시한 것은? (2014지방직7 B책형 문2)

<표기> leadership - 리더십
<근거>
㉠ 모음 앞의 [ʃ]는 뒤따르는 모음에 따라 '샤', '섀', '셔', '셰', '쇼', '슈', '시'로 적는다.
㉡ 받침에는 'ㄱ, ㄴ, ㄹ, ㅁ, ㅂ, ㅅ, ㅇ'만을 적는다.
㉢ 이미 굳어진 외래어는 관용을 존중한다.
㉣ [l]이 어말 또는 자음 앞에 올 때는 'ㄹ'로 적는다.

① ㉠
② ㉠, ㉡
③ ㉠, ㉡, ㉢
④ ㉠, ㉡, ㉢, ㉣

(문제431) 정답 및 해설 (2014지방직7 B책형 문2)
◆ leadership - 리더십
㉠ 모음 앞의 [ʃ]는 뒤따르는 모음에 따라 '샤', '섀', '셔', '셰', '쇼', '슈', '시'로 적는다.
  ◆ leadership - 리더십 - '시'
㉡ 받침에는 'ㄱ, ㄴ, ㄹ, ㅁ, ㅂ, ㅅ, ㅇ'만을 적는다.
  ◆ leadership - 리더십 - 'ㅂ'
㉢ 이미 굳어진 외래어는 관용을 존중한다. (X)
  ◆ 'leadership' 관용을 존중하여 적는다면 '리더쉽'이지만 리더십이 표준어이다. 따라서
㉢은 정답이 아니다.
㉣ [l]이 어말 또는 자음 앞에 올 때는 'ㄹ'로 적는다. (X)
  ◆ 'leadership'의 'l'은 어말에 있지도 않고 자음 앞에 있지도 않다.
(문제431) 정답: ② ㉠, ㉡

(문제432) 밑줄 친 어휘의 뜻풀이로 바르지 않은 것은? (2014지방직7 B책형 문3)

① 영희는 하고 싶은 말을 편지 속에서 <u>자분자분</u> 풀어냈다.
  - 자분자분: 성질이나 태도가 부드럽고 조용하며 찬찬한 모양.
② 이번 강의를 통해 중용의 진정한 의미를 <u>깨단하였다</u>.
  - 깨단하다: 오랫동안 생각해 내지 못하던 일 따위를 어떠한 실마리로 말미암아 깨닫거나
분명히 알다.
③ 우리 어머니는 <u>곰바지런한</u> 며느리가 들어오길 바란다.
  - 곰바지런하다: 태도나 성질이 몹시 부드럽고 친절하다.
④ 여기저기 눈치를 살피는 모습이 도무지 <u>미쁘게</u> 보이지 않는다.
  - 미쁘다: 믿음성이 있다.

(문제432) 정답 및 해설 (2014지방직7 B책형 문3)

① 영희는 하고 싶은 말을 편지 속에서 <u>자분자분</u> 풀어냈다.
  - 자분자분: 성질이나 태도가 부드럽고 조용하며 찬찬한 모양. (O)
② 이번 강의를 통해 중용의 진정한 의미를 <u>깨단하였다</u>.
  - 깨단하다: 오랫동안 생각해 내지 못하던 일 따위를 어떠한 실마리로 말미암아 깨닫거나 분명히 알다. (O)
③ 우리 어머니는 <u>곰바지런한</u> 며느리가 들어오길 바란다.
  - 곰바지런하다: 태도나 성질이 몹시 부드럽고 친절하다. (X)
  ◆ 곰바지런하다:「형용사」일하는 것이 시원시원하지는 못하지만 **꼼꼼하고 바지런하다**.
④ 여기저기 눈치를 살피는 모습이 도무지 <u>미쁘게</u> 보이지 않는다.
  - 미쁘다: 믿음성이 있다. (O)

(문제432) 정답: ③

(문제433) 다음 물품의 총 개수는? (2014지방직7 B책형 문4)

○ 조기 두 두름
○ 북어 세 쾌
○ 마늘 두 접

① 170개
② 200개
③ 280개
④ 300개

(문제433) 정답 및 해설 (2014지방직7 B책형 문4)
○ 조기 <u>두</u> 두름 : 2 x 20 = **40**
  ◆ 두름: 조기 따위의 물고기를 짚으로 한 줄에 **열 마리씩 두 줄**로 엮은 것. (20마리)
○ 북어 <u>세</u> 쾌 - 3 x 20 = **60**
  ◆ 쾌: 북어를 묶어 세는 단위. 한 쾌는 북어 <u>스무 마리</u>를 이른다. (20마리)
○ 마늘 <u>두</u> 접 - 2 x 100 = **200**
  ◆ 접: 채소나 과일 따위를 묶어 세는 단위. 한 접은 채소나 과일 **백 개**를 이른다.(100)
  ★ 40 + 60 + 200 = **300개**

(문제433) 정답: ④ 300개

(문제434) 모두 파생어인 것은? (2014지방직7 B책형 문5)

① 톱질, 슬픔, 잡히다
② 접칼, 작은아버지, 치솟다
③ 헛고생, 김치찌개, 어른스럽다
④ 새해, 구경꾼, 돌보다

(문제434) 정답 및 해설 (2014지방직7 B책형 문5)

① 톱질, 슬픔, 잡히다 (O)
- 톱질: **접미사** '질'과 결합해 **파생어**이다.
- 슬픔: 명사형 **접미사** 'ㅁ'과 결합해 **파생어**이다.
- 잡히다: 피동 **접미사** '히'와 결합하여 **파생어**이다.
② 접칼, 작은아버지, 치솟다
- 접칼: 접은 칼 → 접칼 : 관형사형 어미가 생략되어 비통사적 합성어
- 작은아버지: 관형사 + 명사 : 통사적 합성어
- 치솟다: 치(**접두사**)+ 솟다(동사) : **파생어**
③ 헛고생, 김치찌개, 어른스럽다
- 헛고생: 헛(**접두사**) + 고생(명사) : **파생어**
- 김치찌개: 김치(명사) + 찌개(명사) : 통사적 합성어
- 어른스럽다: 명사(어른) + **접미사**(스럽다) : **파생어**
④ 새해, 구경꾼, 돌보다
- 새해: 새(관형사) + 해(명사) : 통사적 합성어
- 구경꾼: 구경(명사) + 꾼(접미사) : **파생어**
- 돌보다: 관심을 가지고 보살피다. = 돌아보다 : 합성어

(문제434) 정답: ①

(문제435) 밑줄 친 부분이 한글 맞춤법에 맞는 것은? (2014지방직7 B책형 문11)

① 그는 발을 헛디뎌 <u>하마트</u>면 넘어질 뻔했다.
② <u>생각컨대</u> 우두머리가 존재하지 않은 사회는 한 번도 없었다.
③ <u>아뭇튼</u> 아버지에 대한 직접적인 기억은 하나도 남아 있지 않다.
④ 언니는 식구 중에 제일 먼저 일어나 마당 청소를 할 정도로 <u>부지런타</u>.

(문제435) 정답 및 해설 (2014지방직7 B책형 문11)

① 그는 발을 헛디뎌 <u>하마트</u>면 넘어질 뻔했다. (X) → 하마터면
☺**영보이 암기tip)** 야, 조심해! 하마**터**면 풍선 **터**질 뻔 했잖아.
< 하마**터**면 - **터**질 뻔 >

② <u>생각**컨대**</u> 우두머리가 존재하지 않은 사회는 한 번도 없었다. (X) → 생각**건대**
　☺**영보이 암기tip)** 생각**건대**, 지하철 노선도에서 '**건대**입구' 옆에 '어린이대공원'이 있었
던 것 같다. < 생각**건대** - **건대**입구 >
③ <u>아**뭇**튼</u> 아버지에 대한 직접적인 기억은 하나도 남아 있지 않다. (X) → 아무튼
　☺**영보이 암기tip)** 아무튼 내 다리는 아무리 보아도 무다리야.
< 아무튼 - 아무리 - 무다리 >
④ 언니는 식구 중에 제일 먼저 일어나 마당 청소를 할 정도로 <u>부지런타</u>. (O)
　☺**영보이 암기tip)** 야구 **타**율이 높은 그 선수는 정말로 부지런**타**.
< 야구 **타**율 - 부지런**타** >

(문제435) 정답: ④

(문제436) 우리말 표현으로 옳지 않은 것은? **(2014지방직7 B책형 문12)**

① (같은 반 친구에게) 동건아, 선생님이 너 빨리 교실로 <u>오라셔</u>.
② (간호사가 환자에게) 이제 주사 <u>맞으실게요</u>.
③ (점원이 손님에게) 총금액이 65만원 <u>나왔습니다</u>.
④ (평사원이 전무에게) 과장님은 지금 외근 <u>나가셨습니다</u>.

(문제436) 정답 및 해설 (2014지방직7 B책형 문12)

① (같은 반 친구에게) 동건아, 선생님이 너 빨리 교실로 <u>오라셔</u>. (O)
　◆ 오라셔 (O) - 오라고 하셔 (O)
② (간호사가 환자에게) 이제 주사 <u>맞으실게요</u>. (X) → **맞으셔야 합니다.**
③ (점원이 손님에게) 총금액이 65만원 <u>나왔습니다</u>. (O)
④ (평사원이 전무에게) 과장님은 지금 외근 <u>나가셨습니다</u>. (O)
　◆ 회사에서는 압존법을 적용하지 않으므로 윗사람을 그보다 더 윗사람에게 지칭할 경우
에는 주체 높임 선어말어미 '시'를 넣어야 한다.

(문제436) 정답: ②

(문제437) 밑줄 친 말의 쓰임이 바르지 않은 것은? **(2014지방직7 B책형 문13)**

① 그것은 아무도 예측하지 못한 <u>파천황(破天荒)</u>의 사태였다.
② 그는 <u>단말마(斷末魔)</u>의 비명을 지르며 쓰러졌다.
③ 우리는 육이오라는 <u>미상불(未嘗不)</u>의 대전란을 겪었다.
④ 남들의 <u>*백안시(白眼視)*</u>로 그는 괴로워하고 기를 펴지 못했다.

① 그것은 아무도 예측하지 못한 <u>파천황</u>(破天荒)의 사태였다.
② 그는 <u>단말마</u>(斷末魔)의 비명을 지르며 쓰러졌다.
③ 우리는 육이오라는 **미상불**(未嘗不)의 대전란을 겪었다. (X) → **미증유**(未曾有)
④ 남들의 <u>백안시</u>(白眼視)로 그는 괴로워하고 기를 펴지 못했다.

① 그것은 아무도 예측하지 못한 <u>파천황</u>(破天荒)의 사태였다.(O)
 1)파천황(破天荒): 破(깨뜨릴 파) 天(하늘 천) 荒(거칠 황). 발음: [파:-천황](긴 소리).
  a)의미: 이전에 아무도 하지 못한 일을 처음으로 해냄을 이르는 말.
 ***유의어**
 1)未曾有(미증유): 未(아닐 미) 曾(일찍 증) 有(있을 유). 발음: [미:-증유](긴 소리).
  a)의미: 이전에 아무도 하지 못한 일을 해냄을 가리키는 말.
 2)前代未聞(전대미문): 前(앞 전) 代(대신할 대) 未(아닐 미) 聞(들을 문).
  a)의미: 지난 시대(時代)에는 들어 본 적이 없다는 뜻으로, 매우 놀랍거나 새로운 일을 이르는 말.
 3)前人未踏(전인미답): 前(앞 전) 人(사람 인) 未(아닐 미) 踏(밟을 답).
  a)의미: 이제까지 들은 적이 없음을 의미하는 말.
 4)稀代未聞(희대미문): 稀(드물 희) 代(대신할 대) 未(아닐 미) 聞(들을 문).
  a)의미: 매우 드물어 좀처럼 듣지 못함을 의미하는 말.
 5)曠古(광고): 曠(빌 광/밝을 광) 古(옛 고). 발음: [광:고](긴 소리).
  a)의미: 전례(前例)가 없음을 의미하는 말.
 ***동음이의 한자어**
 1)廣告(광고): 廣(넓을 광) 告(고할 고). 발음: [광:고](긴 소리).
  a)의미: 사람들에게 널리 알리거나 상품의 명칭이나 효능 따위를 널리 알리는 것.
  b)예: TV광고(廣告), 구인광고(求人廣告).

② 그는 <u>단말마</u>(斷末魔)의 비명을 지르며 쓰러졌다.(O)
 1)斷末魔(단말마): 斷(끊을 단) 末(끝 말) 魔(마귀 마). 발음: [단:-말마](긴 소리).
  a)의미: 숨이 끊어질 때의 극심한 고통을 의미하거나 죽을 때를 가리킴.

③ 우리는 육이오라는 **미상불**(未嘗不)의 대전란을 겪었다.(X) → **미증유**(未曾有)
 1)미상불(未嘗不): 未(아닐 미) 嘗(맛볼 상) 不(아닐 불, 아닐 부). 발음: [미:상불](긴소리)
  a)의미: 아닌 게 아니라 과연
 ★미상불(未嘗不)은 '아닌 게 아니라 과연'을 의미이므로 글의 문맥과 어울리지 않는다. 문맥과 어울리는 한자어는 미증유(未曾有)정도가 어울린다고 할 수 있겠다.

④ 남들의 <u>백안시</u>(白眼視)로 그는 괴로워하고 기를 펴지 못했다.(O)
 1)백안시(白眼視): 白(흰 백) 眼(눈 안) 視(볼 시).
  a)의미: 남을 업신여기거나 냉대(冷待)하여 흘겨본다는 의미.

(문제438) 다음 대화문에서 대명사 '우리'의 용법이 나머지와 다른 하나는? (2014지방직7 B책형 문14)

① A: 어제는 너한테 미안했어. 우리가 너무 심하게 한 것 같아.
   B: 아니야, 내가 잘못했어. 너희 잘못이 아니야.
② A: 어제는 정말 좋았어. 우리가 언제 또 그런 기회를 가질 수 있겠니?
   B: 그래, 나도 좋았어. 우리 다음에도 또 그런 자리 마련해 보자.
③ A: 우리는 점심에 스파게티를 자주 먹어.
   B: 그래? 우리는 촌스러워서 그런지 스파게티 같은 건 잘 못 먹어.
④ A: 정말 미안하지만 우리 입장도 좀 생각해 줘.
   B: 알겠어. 다음에 기회가 되면 도와주길 바랄게.

(문제438) 정답 및 해설 (2014지방직7 B책형 문14)

① A: 어제는 너한테 미안했어. **우리**가 너무 심하게 한 것 같아.
   B: 아니야, 내가 잘못했어. 너희 잘못이 아니야.
   ◆ 여기서 '우리'는 청자(B)를 포함하지 않는다.
② A: 어제는 정말 좋았어. **우리**가 언제 또 그런 기회를 가질 수 있겠니?
   B: 그래, 나도 좋았어. **우리** 다음에도 또 그런 자리 마련해 보자.
   ● 여기서 '우리'는 **A와 B 모두 포함**한다.
③ A: **우리**는 점심에 스파게티를 자주 먹어.
   B: 그래? **우리**는 촌스러워서 그런지 스파게티 같은 건 잘 못 먹어.
   ◆ 여기서 '우리'는 청자(A, B 서로)를 포함하지 않는다.
④ A: 정말 미안하지만 **우리** 입장도 좀 생각해 줘.
   B: 알겠어. 다음에 기회가 되면 도와주길 바랄게.
   ◆ 여기서 '우리'는 청자(B)를 포함하지 않는다.

(문제438) 정답: ②

(문제439) 어법상 가장 자연스러운 것은? (2014지방직7 B책형 문15)

① 내가 주장하고 싶은 점은 대중 스타를 맹목적으로 추종하는 것은 바람직하지 않다는 점을 강조하고 싶다.
② 실력 있는 강사진이 수강생 여러분을 직접 교육시켜 드립니다.
③ 이 제품을 사용하다가 궁금한 점이나 작동이 잘 안 될 때는 바로 연락을 주시기 바랍니다.
④ 성과란 것을 무조건 양적인 면만으로 따진다는 것도 문제가 없지는 않다.

(문제439) 정답 및 해설 (2014지방직7 B책형 문15)

① 내가 주장하고 싶은 점은 대중 스타를 맹목적으로 추종하는 **것은** 바람직하지 않다는 **점을 강조하고 싶다.** (X) → 내가 주장하고 싶은 점은 대중 스타를 맹목적으로 추종하는 **현상은** 바람직하지 않다는 **것이다.**
   ◆ 주어와 서술어의 호응이 맞지 않았다.
   ◆ 또한 서술어를 '것이다'로만 고치면 ' ~ 추종하는 **것은** 바람직하지 않다는 **것이다**'처럼 '것'이 반복되어 문맥이 매끄럽지 못하다. 따라서 '내가 주장하고 싶은 점은 대중 스타를 맹목적으로 추종하는 **현상은** 바람직하지 않다는 **것이다.**'로 고치면 좋을 듯하다.
② 실력 있는 강사진이 수강생 여러분을 직접 **교육시켜** 드립니다. (X)
   → 실력 있는 강사진이 수강생 여러분을 직접 교육해 드립니다.
   ◆ '시키다'는 사동의 형태가 과하다. 따라서 '교육해 드립니다.'로 고친다.
③ 이 제품을 사용하다가 **궁금한 점이나** 작동이 잘 안 될 때는 바로 연락을 주시기 바랍니다. (X) → 이 제품을 사용하다가 궁금한 점이 있거나 작동이 잘 안 될 때는 바로 연락을 주시기 바랍니다.
   ◆ 궁금한 점의 서술어가 없어 어색하다. 따라서 '궁금한 점이 있거나'로 고친다.
④ 성과란 것을 무조건 양적인 면만으로 따진다는 것도 문제가 없지는 않다. (O)
   ● **주어와 서술어의 호응도 알맞고 문맥도 매끄럽게 쓰였다.**

(문제439) 정답: ④

(문제440) 밑줄 친 부분 중 음운의 탈락 현상이 나타나지 않은 것은? (2015지방직7 B책형 문1)

① 지난해 새로 집을 <u>지었다</u>.
② 잘 <u>우는</u> 남자는 매력이 없다.
③ 그는 사과문을 <u>써서</u> 벽에 붙였다.
④ 국이 뜨겁고 <u>매워서</u> 먹지 못하겠다.

(문제440) 정답 및 해설 (2015지방직7 B책형 문1)

① 지난해 새로 집을 <u>지었</u>다.
  ◆ 짓다 - 지어, 지으니 : 'ㅅ'**탈락**
② 잘 <u>오는</u> 남자는 매력이 없다.
  ◆ 울다 - 우니 , 우오 : 'ㄹ'**탈락**
③ 그는 사과문을 <u>써서</u> 벽에 붙였다.
  ◆ 쓰다 - 써, 쓰니 : 'ㅡ'**탈락**
④ 국이 뜨겁고 <u>매워서</u> 먹지 못하겠다. (X)
  ◆ 맵다 - 매워, 매우니 - <u>불규칙 활용 중에서 'ㅂ'불규칙 용언이므로 'ㅂ'이 'ㅜ'로 바뀐</u>
<u>'교체'라 할 수 있다.</u>

(문제440) 정답: ④

(문제441) 다음 중 문장을 잘못 고친 것은? **(2015지방직7 B책형 문2)**

① 실내에서 담배를 피우지 맙시다. → 실내에서 담배를 피지 맙시다.
② 사용 후 반듯이 물을 내려 주십시오. → 사용 후 반드시 물을 내려 주십시오.
③ 화장실을 깨끗히 사용합시다. → 화장실을 깨끗이 사용합시다.
④ 지나친 흡연을 삼가합시다. → 지나친 흡연을 삼갑시다.

(문제441) 정답 및 해설 (2015지방직7 B책형 문2)

① 실내에서 담배를 **피우지** 맙시다. → 실내에서 담배를 **피지** 맙시다. (X) ⇒ **피우지**
  ◆ 피우다: 어떤 물질에 불을 붙여 연기를 빨아들이었다가 내보내다.
    ◆ 아편을 **피우다** / 담배 한 대 **피울** 시간조차 없다.
    ◆ 철모를 벗어서 모래 위에 엎어 놓고 깔고 앉아 담배를 **피웠다**
  ● 피다: 연탄이나 숯 따위에 불이 일어나 스스로 타다.
    ● 숯이 피다 / 공기가 습해 연탄불이 잘 피지를 않는다
② 사용 후 반<u>듯</u>이 물을 내려 주십시오. (X) → 사용 후 <u>반드시</u> 물을 내려 주십시오. (O)
  ◆ <u>반드시</u>: 틀림없이 꼭. 늘 기필코
  ● 반듯이: 작은 물체, 또는 생각이나 행동 따위가 비뚤어지거나 기울거나 굽지 아니하고
바르게. / 생김새가 아담하고 말끔하게
③ 화장실을 깨끗히 사용합시다. (X) → 화장실을 깨끗이 사용합시다. (O)
  ☺**영보이 암기tip)** 이를 닦을 때는 깨끗이 구석구석 닦아야 한다.
< 이를 닦을 때는 - 깨끗이 >
④ 지나친 흡연을 삼가합시다. (X) → 지나친 흡연을 삼갑시다. (O)
  ◆ '삼가하다'라는 말은 없다. → 삼가다 (O)
  ☺**영보이 암기tip)** 갑오징어 옆에서 흡연을 삼갑시다. < 갑오징어 - 삼갑시다 >

(문제441) 정답: ①

(문제442) 밑줄 친 단어의 품사가 나머지 셋과 다른 것은? **(2015지방직7 B책형 문3)**

① 금고 <u>가득히</u> 눈부신 금괴가 쌓여 있었다.
② 바람이 <u>가볍게</u> 부는 날씨에 기분 좋았다.
③ 소인은 <u>없이</u> 사는 것을 부끄럽게 여긴다.
④ 반죽이 <u>되게</u> 묽어 국수 만들기가 힘들다.

(문제442) 정답 및 해설 **(2015지방직7 B책형 문3)**

① 금고 <u>가득히</u> 눈부신 금괴가 쌓여 있었다. - **부사**
 ◆ 가득히: 분량이나 수효 따위가 어떤 범위나 한도에 꽉 찬 모양.
② 바람이 <u>가볍게</u> 부는 날씨에 기분 좋았다. - **형용사**
 ◆ **가볍다는 형용사로만 쓰인다.**
③ 소인은 <u>없이</u> 사는 것을 부끄럽게 여긴다. - **부사**
 ◆ 없이: 재물이 넉넉하지 못하여 가난하게
  ◆ <u>없이</u> 사는 설움은 겪어 보지 않으면 모른다.
④ 반죽이 <u>되게</u> 묽어 국수 만들기가 힘들다. - **부사**
 ◆ 되게: 아주 몹시
  ◆ 사람이 <u>되게</u> 좋다. / <u>되게</u> 잘난 척하네.
  ◆ 저 집은 <u>되게</u> 잘산다. / 몸살로 며칠간 <u>되게</u> 앓았다.

(문제442) 정답: ②

(문제443) 훈민정음 28자에 대한 설명으로 옳지 않은 것은? **(2015지방직7 B책형 문4)**

① 초성의 기본자는 발음기관을 상형한 'ㄱ, ㄴ, ㅁ, ㅅ, ㅇ'이다.
② 초성 17자에는 전탁자 'ㄲ, ㄸ, ㅃ, ㅉ, ㅆ, ㆅ'도 포함된다.
③ 중성의 기본자는 '天, 地, 人'을 상형한 'ㆍ, ㅡ, ㅣ'이다.
④ 중성 11자에는 재출자 'ㅑ, ㅕ, ㅛ, ㅠ'도 포함된다.

(문제443) 정답 및 해설 (2015지방직7 B책형 문4)

① 초성의 기본자는 발음기관을 상형한 'ㄱ, ㄴ, ㅁ, ㅅ, ㅇ'이다. (O)
  ☺영보이 암기tip) ㄱ, ㄴ, ㅁ, ㅅ, ㅇ < **강남미사일** >

초성(初聲)의 제자 원리			
	기본자	가획자	이체자	제자 원리
아음(牙音)	ㄱ	ㅋ	ㆁ	어금닛소리
설음(舌音)	ㄴ	ㄷ, ㅌ	ㄹ	혓소리
순음(脣音)	ㅁ	ㅂ, ㅍ		입술소리
치음(齒音)	ㅅ	ㅈ, ㅊ	ㅿ	잇소리
후음(喉音)	ㅇ	ㆆ, ㅎ		목청소리

중성(初聲)의 제자 원리			
기본자	초출자	재출자	제자 원리
ㆍ	ㅗ, ㅏ	ㅛ, ㅑ	하늘의 모양
ㅡ	ㅜ, ㅓ	ㅠ, ㅕ	땅의 모양
ㅣ			서있는 사람의 모습

② 초성 17자에는 전탁자 'ㄲ, ㄸ, ㅃ, ㅉ, ㅆ, ㆅ'도 포함된다. (X)
  → 초성 17자에는 전탁자 'ㄲ, ㄸ, ㅃ, ㅉ, ㅆ, ㆅ'은 포함되지 않는다.

◆ **초성 17자**

기본자	가획자	이체자	
ㄱ	ㅋ	ㆁ	
ㄴ	ㄷ, ㅌ	ㄹ	
ㅁ	ㅂ, ㅍ		
ㅅ	ㅈ, ㅊ	ㅿ	
ㅇ	ㆆ, ㅎ		
5개	9개	3개	**초성 17자**

③ 중성의 기본자는 '天, 地, 人'을 상형한 'ㆍ, ㅡ, ㅣ'이다. (O)

④ 중성 11자에는 **재출자** 'ㅑ, ㅕ, ㅛ, ㅠ'도 포함된다. (O)

◆ **중성 11자**

기본자	초출자	재출자
ㆍ	ㅗ, ㅏ	ㅛ, ㅑ
ㅡ	ㅜ, ㅓ	ㅠ, ㅕ
ㅣ		

(문제443) 정답: ②

(문제444) 밑줄 친 단어의 뜻풀이로 바르지 않은 것은? (2015지방직7 B책형 문5)

① 이 집 한 채나마 <u>깝살릴</u> 테냐?
　- 깝살리다: 재물이나 기회 따위를 흐지부지 다 없애다.
② 무릎을 꿇고 한참 입을 <u>달막거렸다</u>.
　- 달막거리다: 말할 듯이 입술이 자꾸 가볍게 열렸다 닫혔다
하다. 또는 그렇게 되게 하다.
③ 너 자꾸 <u>자부락거리지</u> 말고 할 일이나 해라.
　- 자부락거리다: 가만히 있는 사람을 실없이 자꾸 건드려
귀찮게 하다.
④ <u>데생긴</u> 감자들이 한곳에 모여 있었다.
　- 데생기다: 생김새나 됨됨이가 번듯하고 실하다.

(문제444) 정답 및 해설 (2015지방직7 B책형 문5)

① 이 집 한 채나마 <u>깝살릴</u> 테냐?
　- 깝살리다: 재물이나 기회 따위를 흐지부지 다 없애다. (O)
② 무릎을 꿇고 한참 입을 <u>달막거렸다</u>.
　- 달막거리다: 말할 듯이 입술이 자꾸 가볍게 열렸다 닫혔다. (O)
하다. 또는 그렇게 되게 하다.
③ 너 자꾸 <u>자부락거리지</u> 말고 할 일이나 해라.
　- 자부락거리다: 가만히 있는 사람을 실없이 자꾸 건드려 (O)
귀찮게 하다.
④ <u>데생긴</u> 감자들이 한곳에 모여 있었다.
　- 데생기다: 생김새나 됨됨이가 번듯하고 실하다. (X)
◆ 데생기다: <u>생김새나 됨됨이가 완전하게 이루어지지 못하여 못나게 생기다.</u>

(문제444) 정답: ④

(문제445) 다음 글에서 비유법이 사용되지 않은 문장은? (2015지방직7 B책형 문9)

㉠말은 생각을 담는 그릇으로 생각이 맑고 고요하면 말도 맑고 고요하게 나온다. ㉡청산유수처럼 거침없이 쏟아놓는 말에는 선뜻 믿음이 가지 않는다. ㉢우리는 말을 안 해서 후회하는 일보다 말을 쏟아 버렸기 때문에 후회하는 일이 더 많다. ㉣때론 말이 사람을 죽일 수도 있다는 것을 생각하면 말은 두려워해야 할 존재임이 틀림없다.

① ㉠
② ㉡
③ ㉢
④ ㉣

(문제445) 정답 및 해설 (2015지방직7 B책형 문9)

㉠ 말은 생각을 담는 그릇으로 생각이 맑고 고요하면 말도 맑고 고요하게 나온다.
   ◆ **말은 생각을 담는 그릇으로** - 은유법
㉡ 청산유수처럼 거침없이 쏟아놓는 말에는 선뜻 믿음이 가지 않는다.
   ◆ **청산유수처럼** - 직유법
㉢ 우리는 말을 안 해서 후회하는 일보다 말을 쏟아 버렸기 때문에 후회하는 일이 더 많다.
   ● **아무런 비유법이 사용되지 않았다.**
㉣ 때론 말이 사람을 죽일 수도 있다는 것을 생각하면 말은 두려워해야 할 존재임이 틀림없다. ◆ 무생물인 '말'을 사람을 죽일 수도 있는 두려워해야 할 존재로 생물인 것처럼 비유하였다.
     ◆ **활유법**(活喩法): 무생물을 생물인 것처럼, 감정이 없는 것을 감정이 있는 것처럼 표현하는 수사법.

(문제445) 정답: ③ ㉢

(문제446) 어법에 맞는 문장은? (2015지방직7 B책형 문11)

① 인간은 자연을 지배하기도 하고 복종하기도 한다.
② 북극의 빙하는 수십 년 내에 없어질 것으로 예측되어졌다.
③ 국가 경쟁력을 높이는 요소 중 하나는 인문학적 상상력이다.
④ 교육부는 새 교과서를 편찬함에 있어서 전인교육의 충실화에 두었다.

(문제446) 정답 및 해설 (2015지방직7 B책형 문11)

① 인간은 자연을 지배하기도 하고 (   ) 복종하기도 한다. (X)
   → 인간은 자연을 지배하기도 하고 **자연에** 복종하기도 한다.
   ◆ 필수 부사어를 넣어 주어야 한다.
② 북극의 빙하는 수십 년 내에 없어질 것으로 **예측되어졌다**. (X)
   → 북극의 빙하는 수십 년 내에 없어질 것으로 **예측되었다**.
   ◆ 이중피동으로 어법에 맞지 않다.
③ 국가 경쟁력을 높이는 요소 중 하나는 인문학적 상상력이다. (O)
   ● 주어와 서술어의 호응도 맞고 문맥도 매끄럽다.
④ 교육부는 새 교과서를 **편찬함에 있어서 전인교육의 충실화에 두었다**. (X)
   → 교육부는 새 교과서를 **편찬할 때 중점사항을 전인교육의 충실화에 두었다.**
   ◆ 필수 목적어가 필요하고 '편찬함에 있어서'보다는 '편찬할 때'가 우리말의 어법에 알맞다.

(문제446) 정답: ③

(문제447) 동일한 의미의 복수 표준어가 아닌 것은? (2015지방직7 B책형 문12)

① 짜장면 / 자장면
② 간지럽히다 / 간질이다
③ 복숭아뼈 / 복사뼈
④ 손주 / 손자

(문제447) 정답 및 해설 (2015지방직7 B책형 문12)

① 짜장면 (O) / 자장면 (O)
② 간지럽히다 (O) / 간질이다 (O)
③ 복숭아뼈 (O) / 복사뼈 (O)
④ 손주 / 손자
  ◆ 손주: 손자와 손녀를 아울러 이르는 말.
  ● 손자: 아들의 아들. 또는 딸의 아들. ≒ 남손·손아.

(문제447) 정답: ④

(문제448) 밑줄 친 ㉠~㉢ 중 어문 규정에 부합하는 것은? (2015지방직7 B책형 문15)

목적: 신도시 ㉠제2 단계 건설 사업의 교통 영향 평가 심의결과에 따라 지하 차도, 고가 차도 및 외곽 도로의 폭을 넓히고, 서해안 고속도로 진입로를 ㉡개설하므로써 사업 지역 주변의 교통 시설을 확충하여 도시 교통을 원활히 ㉢처리하는데 그 목적이 ㉣있슴.

① ㉠
② ㉡
③ ㉢
④ ㉣

(문제448) 정답 및 해설 (2015지방직7 B책형 문15)

㉠ 제2 단계 (O)
  ◆ 제(第): (대다수 한자어 수사 앞에 붙어) '그 숫자에 해당되는 차례'의 뜻을 더하는
    접두사.
    ◆ 제일 / 제이 / 제삼
    ◆ '제(第)'는 접두사이므로 뒷말과 붙여 쓴다.
  ● 단계는 이 문장에서 단위처럼 쓰이고 있으므로 앞말과 띄어 쓴다.
㉡ 개설하므로써 (X) → 개설함으로써
㉢ 처리하는데 (X) → 처리하는V데
  ◆ 데: '일'이나 '것'의 뜻을 나타내는 말. 의존 명사이므로 앞말과 띄어 쓴다.
㉣ 있슴. (X) → 있음

(문제448) 정답: ① ㉠

(문제449) 띄어쓰기가 잘못된 문장은? (2016지방직7 B책형 문1)

① 이제 봄이 옵니다그려.
② 집에서처럼 그렇게 해야겠지?
③ 사과하고 배하고는 과일입니다.
④ 나가면서 까지도 말썽을 피우고 있다.

(문제449) 정답 및 해설 (2016지방직7 B책형 문1)

① 이제 봄이 <u>옵니다그려</u>. (O)
  ◆ '-그려'도 조사이므로 앞말과 붙여 쓴다.
② <u>집에서처럼</u> 그렇게 해야겠지? (O)
  ◆ '에서'와 '처럼' 모두 조사이므로 앞말과 붙여 쓴다.
③ 사과하고 배하고는 과일입니다. (O)
  ◆ '하고'와 '는'은 모두 조사이므로 앞말과 붙여 쓴다.
④ 나가면서V까지도 말썽을 피우고 있다. (X) → <u>나가면서까지도</u>
  ◆ '까지'와 '도'는 조사이므로 앞말과 붙여 쓴다.
  ★ <u>조사는 여러 개가 잇달아 온다고 해고 모두 붙여 쓴다.</u>

(문제449) 정답: ④

(문제450) 밑줄 친 단어 가운데 품사를 바꾸어 주는 접사가 포함된 것은? (2016지방직7 B책형 문2)

① 그 남자가 미간을 <u>좁혔다</u>.
② 청년이 여자의 어깨를 <u>밀쳤다</u>.
③ 이 말에 그만 아버지의 울화가 <u>치솟았다</u>.
④ 나는 문틈 사이에 눈을 대고 바깥을 <u>엿보았다</u>.

(문제450) 정답 및 해설 (2016지방직7 B책형 문2)

① 그 남자가 미간을 <u>좁혔다</u>. (O)
  ◆ 좁다(**형용사**) + **히**(사동 접미사) → 좁히다(**동사**)
  ◆ '좁다'는 형용사인데 사동접사 '히'와 결합하여 동사, 좁히다가 된다.
  ◆ 사동 접미사: (-이-, -**히**-, -기-, -리-, -우-, -구-, -추- 등)
② 청년이 여자의 어깨를 <u>밀쳤다</u>.
  ◆ 밀다(**동사**) + 치(강세 접미사) → 밀치다(**동사**)
③ 이 말에 그만 아버지의 울화가 <u>치솟았다</u>.
  ◆ 치(접두사) + 솟다(**동사**) → 치솟다(**동사**)
④ 나는 문틈 사이에 눈을 대고 바깥을 <u>엿보았다</u>.
  ◆ 엿(접두사) + 보다(**동사**) → 엿보다(**동사**)

(문제450) 정답: ①

(문제451) 단어의 뜻풀이로 옳지 않은 것은? (2016지방직7 B책형 문3)

① 암팡지다 - 몸은 작아도 힘차고 다부지다.
② 음전하다 - 말이나 행동이 음흉한 데가 있다.
③ 객쩍다 - 말이나 하는 짓이 실없고 싱겁다.
④ 흰소리 - 터무니없이 자랑으로 떠벌리거나 거드럭거리며 허풍을 떠는 말

(문제451) 정답 및 해설 (2016지방직7 B책형 문3)

① 암팡지다 - 몸은 작아도 힘차고 다부지다.
  ☺ **영보이 암기tip)** 우리 집 강아지 **암팡이**는 **몸은 작아도 힘차고 다부지다**.
② 음전하다 - 말이나 행동이 음흉한 데가 있다. **(X)**
  ◆ 음전하다 -「형용사」말이나 행동이 곱고 우아하다. 또는 얌전하고 점잖다.
  ☺ **영보이 암기tip)** 전하가 부르면 내시들은 **'음 ~ 전하'** **얌전하고 점잖게** 말한다.
            < 내시들은 **'음 ~ 전하'** - **얌전하고 점잖게** >
③ 객쩍다 - 말이나 하는 짓이 실없고 싱겁다.
  ◆ '객쩍다'는 부정적인 의미라는 것을 기억하자.
  ☺ **영보이 암기tip)** **실없는** 녀석! **객쩍은 잡소리** 할 거면 발 닦고 잠이나 자라.
            < **실없는** 녀석! - **객쩍은 잡소리** >
④ 흰소리 - 터무니없이 자랑으로 떠벌리거나 거드럭거리며 허풍을 떠는 말
  ◆ 흰소리 - 터무니없이 자랑으로 떠벌리거나 거드럭거리며 **허풍(虛風)**을 떠는 말.
  ☺ **영보이 암기tip)** 내 친구 허풍이는 **허풍을 떠는 흰소리를** 자두 늘어놓는다.
            < **허풍이**는 - **허풍을 떠는 흰소리를** >

★ **헷갈리는 단어**
  ◆ 신소리: 상대편의 말을 슬쩍 받아 엉뚱한 말로 재치 있게 넘기는 말.

                                    (문제451) 정답: ②

(문제452) 밑줄 친 관용구가 적절하게 쓰인 것으로만 묶은 것은? (2016지방직7 B책형 문5)

ㄱ. 그는 복권에 당첨되어 요즘 배가 등에 붙었다.
ㄴ. 그 사람은 고지식해서 입에 발린 소리를 못한다.
ㄷ. 그녀는 군대에 간 아들이 눈에 밟혀 잠을 못 잔다.
ㄹ. 우리 엄마는 손이 떠서 일 처리가 빠르시다.

① ㄱ, ㄴ
② ㄱ, ㄷ
③ ㄴ, ㄷ
④ ㄴ, ㄹ

ㄱ. 그는 복권에 당첨되어 요즘 <u>배가 등에 붙었다</u>. (X) → **입이 가로 터졌다.**

◆ 배가 등에 붙다. - 먹은 것이 없어서 배가 홀쭉하고 몹시 허기지다.

● **입이 가로 터지다**. - 기쁘거나 즐거워 입이 크게 벌어지다. = 입이 귀밑까지 찢어지다[이르다]

ㄴ. 그 사람은 고지식해서 <u>입에 발린</u> 소리를 못한다. (O)

◆ 입에 발리다. - 남의 비위를 맞추기 위해 아부하다.

ㄷ. 그녀는 군대에 간 아들이 <u>눈에 밟혀</u> 잠을 못 잔다. (O)

◆ 눈에 밟히다. - 잊히지 않고 자꾸 눈에 떠오르다.

★ **헷갈리는 관용구**

● 눈에 선하다. - 잊히지 않고 눈앞에 생생하게 보이는 듯하다.

ㄹ. 우리 엄마는 손이 <u>떠서</u> 일 처리가 빠르시다. (X) → 손이 **싸서**

◆ 손이 뜨다 - 일하는 동작이 매우 굼뜨다.

★ **헷갈리는 관용구**

● 손이 **싸다** = 손이 빠르다: 일 처리가 <u>**빠르다**</u>.

(문제452) 정답: ③ ㄴ, ㄷ

(문제453) 다음 글에서 설명한 '정의'에 가장 적절한 것은? (2016지방직7 B책형 문6)

글에서 다루게 되는 대상을 명확하게 규정해 주는 방법을 정의라고 한다. 이때 정의하고자 하는 대상을 피정의항이라고 하고, 그 나머지 진술 부분을 정의항이라고 한다. 정의를 할 경우에는 다음 사항에 유의해야 한다. 첫째, 개념을 명확하게 드러낼 수 있도록 풀이해야 한다. 둘째, 정의하고자 하는 대상이나 개념이 정의항에서 되풀이되어서는 안 된다. 셋째, 정의항이 부정적인 진술로 나타나서는 안 된다. 넷째, 대상에 대한 묘사나 해석은 정의가 아니다.

① 책이란 지식만을 보존해 두는 것이 아니다.
② 입헌 정치란 헌법에 의하여 행해지는 정치이다.
③ 딸기는 빨갛고 씨가 박혀 있는 달콤한 과일이다.
④ 문학은 언어로 인간의 사상과 감정을 표현한 예술이다.

◆ 정의를 할 경우에는 다음 사항에 유의해야 한다.

◆ 첫째, <u>**개념을 명확하게**</u> 드러낼 수 있도록 **풀이**해야 한다.

◆ 둘째, 정의하고자 하는 대상이나 개념이 정의항에서 **되풀이되어서는 안 된다**.

◆ 셋째, 정의항이 **부정적인 진술**로 나타나서는 **안 된다**.

◆ 넷째, 대상에 대한 <u>**묘사나 해석은**</u> 정의가 <u>**아니다**</u>.

① 책이란 지식만을 보존해 두는 것이 **아니다**. (X)
- ◆ 셋째, 정의항이 **부정적인 진술**로 나타나서는 **안 된다**.
② **입헌 정치**란 헌법에 의하여 행해지는 **정치**이다. (X)
- ◆ 둘째, 정의하고자 하는 대상이나 개념이 정의항에서 **되풀이되어서는 안 된다**.
③ 딸기는 <u>빨갛고 씨가 박혀 있는 달콤한 과일</u>이다. (X)
- ◆ 넷째, 대상에 대한 **묘사나 해석은** 정의가 **아니다**.
④ 문학은 언어로 인간의 사상과 감정을 표현한 예술이다. (O)
- ◆ 개념도 명확하고 되풀이되는 말도 없으며 부정적인 진술도 없다. 또한 묘사나 해석도 나타나지 않으므로 지문에서 말한 '정의'에 모두 적절하게 적용되었다.

(문제453) 정답: ③

(문제454) 외래어 표기 규정에 모두 맞는 것은? (2016지방직7 B책형 문9)

① 브러쉬, 케익
② 카페트, 파리
③ 초콜릿, 셰퍼드
④ 슈퍼마켙, 서비스

(문제454) 정답 및 해설 (2016지방직7 B책형 문9)

① 브러**쉬**, 케**익** (X) → 브러시 / 케이크
☺**영보이 암기tip)**
- ◆ 브러시 - 시시때때로 브러시만 만지고 있다. < 브러시 - **시시때때로** >
- ◆ 케이크 - 너희들 케이크 먹어봤어? 나는 케이크 매일 먹는다. **크크크** 메롱~
  < 케이크 - **크크크** >
② 카**페트**, 파리 (X) → 카펫
☺**영보이 암기tip)**
- ◆ 카펫 - 슈퍼마**켓**에서 카**펫**을 사다. < 슈퍼마**켓**(ㅅ) - 카**펫**(ㅅ) >
- ◆ 파리 - **파리**에 갈 때는 **파리**채를 가져가라. < **파리**- **파리**채 >
③ 초콜릿, 셰퍼드 (O)
☺**영보이 암기tip)**
- ◆ 초콜릿 - 임신 **초기**에 **콜**택시 안에서 비**릿**한 **초콜릿**을 먹으면 택시기사가 싫어해.
  < 임신 **초기** - **콜**택시 - 비**릿**한 - **초콜릿** >
- ◆ 셰퍼드 - **셰**익스피어는 밀크셰이크를 **셰퍼드**에게 **드**렸다.
  < **셰**익스피어 - 밀크셰이크 - **셰퍼드**에게 - **드**렸다. >
④ 슈퍼마**켙**, 서비스 (X) → 슈퍼마켓
☺**영보이 암기tip)**
- ◆ 슈퍼마켓 - **슈**퍼마켓에서 **슈**크림과 카**펫**을 샀다.
  < **슈**퍼마켓(ㅅ) - **슈**크림과 - 카**펫**(ㅅ)을 >

◆ 서비스 - **서울**에 있는 술집은 손님들에게 **서비스**를 잘한다.
< **써**비스 (X) > → < 서울 - 서비스 >

(문제454) 정답: ③

(문제455) 다음 글의 논리적 오류와 같은 종류의 오류가 있는 것은? (2016지방직7 B책형 문13)

규칙적인 생활을 하고 운동을 열심히 하는 사람은 건강합니다. 왜냐하면, 건강한 사람은 규칙적인 생활을 하고 운동을 열심히 하기 때문입니다.

① 분열은 화합으로 극복할 수 있다. 화합한 사회에서는 분열이 일어나지 않는다.
② 미확인 비행 물체(UFO)가 없다는 주장이 입증되지 않았으므로 미확인 비행 물체는 존재한다.
③ 지금 서른 분 가운데 열 분이 손을 들어 반대하셨습니다. 손을 안 드신 분은 모두 제 의견에 찬성하는 것으로 알겠습니다.
④ A 지역에서 생산한 사과도 맛이 없고, B 지역에서 생산한 사과도 맛이 없습니다. 따라서 올해는 맛있는 사과를 맛볼 수 없을 것입니다.

(문제455) 정답 및 해설 (2016지방직7 B책형 문13)

◆ **규칙적인 생활**을 하고 **운동을 열심히 하는** 사람은 건강합니다. 왜냐하면, 건강한 사람은 **규칙적인 생활**을 하고 **운동을 열심히 하기** 때문입니다.

→ **말을 되풀이** 하는 **순환논증의 오류**이다.

① **분열**은 **화합**으로 극복할 수 있다. **화합**한 사회에서는 **분열**이 일어나지 않는다.
  ◆ **말을 되풀이** 하는 **순환논증의 오류**이다.
  ◆ 순환논증: 논증되어야 할 명제를 논증의 근거로 하는 잘못된 논증. 논점 절취의 허위의 하나로, 논증하여야 하는 결론을 잠재적·현재적으로 논증의 전제로 하는 논증 방법이다. 그러므로 결론의 진리와 전제의 진리가 서로 의존하여 논증의 형식을 가지고는 있으나 실제로 논증되지는 않는다. '그는 정직하다. 왜냐하면 그는 사람을 속이지 않기 때문이다.'와 같은 따위이다.
② 미확인 비행 물체(UFO)가 없다는 주장이 입증되지 않았으므로 미확인 비행 물체는 존재한다. ◆ **무지에 호소하는 오류**
③ 지금 서른 분 가운데 열 분이 손을 들어 반대하셨습니다. 손을 안 드신 분은 모두 제 의견에 찬성하는 것으로 알겠습니다. ◆ **흑백논리의 오류**
  ◆ 흑백논리: 모든 문제를 흑과 백, 선과 악, 득과 실의 양 극단으로만 구분하고 중립적인 것을 인정하지 아니하려는 편중된 사고방식이나 논리.
④ A 지역에서 생산한 사과도 맛이 없고, B 지역에서 생산한 사과도 맛이 없습니다. 따라서 올해는 맛있는 사과를 맛볼 수 없을 것입니다.
  ◆ **성급한 일반화의 오류**

(문제455) 정답: ①

(문제456) 주민들의 토의 주제로 가장 적절한 것은? (2016지방직7 B책형 문15)

① 마을의 소득 향상 방안
② 마을의 관광객 유치 방안
③ 어린이를 위한 교육 환경의 개선 방안
④ 젊은이들이 살기 좋은 마을 조성 방안

(문제456) 정답 및 해설 (2016지방직7 B책형 문15)
◆ 주민 1 :도시 사람들이 가끔씩 들러 전원생활을 맛보고 휴식을 취할 수 있는 농촌 체험 마을로 키워 마을의 소득원을 늘린다면 **젊은이들이 살기 좋은 마을이 될 것입니다.**
◆ 주민 2 :도시로 나갔던 **젊은이들이 다시 찾을 수 있는 마을**이 되기 위해서는 어린이들을 위한 교육 환경을 마련하는 일이 우선입니다. 요즘 젊은 부부들의 교육열이 얼마나 높습니까?
◆ 주민 3 :우리 마을은 **젊은 귀촌자들이 원주민들과 쉽게 어울리지 못해** 어려움을 겪는 일이 많습니다. 사람들이 우리 마을을 많이 찾는 방안을 마련하는 것도 중요하지만, 마을 사람들 모두가 서로 잘 교류하고 화목하게 지내는 것이 더 중요합니다.

④ 젊은이들이 살기 좋은 마을 조성 방안 (O)

(문제456) 정답: ④

(문제457) 밑줄 친 안긴문장의 종류로 옳지 않은 것은? (2016지방직7 B책형 문16)

① ㉠ 관형절 　　② ㉡ 인용절 　　③ ㉢ 서술절 　　④ ㉣ 부사절

(문제457) 정답 및 해설 (2016지방직7 B책형 문16)

㉠ 내가 평소에 관심이 많았던 중원 고구려비를 조사하였다. - 관형절 (O)

◆ '내가 평소에 관심이 많았던'이 '중원 고구려비'를 **수식하고 있다**. 따라서 관형절

㉡ 중원 고구려비는 장수왕이 남한강 유역의 여러 성을 공략하고 개척한 후에 세운 기념비**라고** 한다. - 인용절

◆ '~**라고**'를 사용하여 **간접 인용절**이다.

㉢ 중원 고구려비가 이제 나라의 **재산임을** - **서술절 (X)** → **명사절**

◆ 서술절이 아니라 **명사절**로 쓰였다.

● **서술절**로 쓰인 안긴문장

● 그 학교는 **교정이 넓다**. - **서술어**

● '교정이 넓다': **서술절**을 안은문장. 전체 문장의 **서술어** 역할을 한다.

㉣ 일반인들도 쉽게 알 수 있도록 보여주고 있다. - 부사절 (O)

◆ '일반인들도 쉽게 알 수 있도록'이 <u>동사 '보여주다'를 수식하는</u> **부사절**로 쓰였다.

(문제457) 정답: ③ ㉢

서울시 9급 문제와 정답 · 해설

< 2017년 추가된 표준어 완벽 반영 >

(문제 458) 다음 중 단어의 쓰임이 옳은 것은? **(2013서울9 A책형 문1)**

① 일이 이상하게 돌아가더니 결국 사달이 났다.
② 염치 불구하고 신세 좀 지겠습니다.
③ 이 반에는 주위가 산만한 학생들이 많다.
④ 내가 어릴 때 할머니는 정안수를 떠 놓고 손자들의 안녕을 빌곤 하셨다.
⑤ 조금 잘했다고 너무 추켜세우지 마라.

(문제 458) 정답 및 해설 (2013서울9 A책형 문1)

① 일이 이상하게 돌아가더니 결국 **사달**이 났다. (O)
 ◆ 사달: 사고나 탈. / 사달이 나다 (O)
② 염치 불**구**하고 신세 좀 지겠습니다. (X) → 염치 불고(不顧)하고
 ◆ 불고(不顧): 돌아보지 아니함. - 체면 불고 / 염치 불고
 ◆ 염치(廉恥): 체면을 차릴 줄 알며 부끄러움을 아는 마음. ≒ 염우(廉隅)
 ☺영보이 암기tip) 고스톱을 치는데 염치 불고(不顧)하고 계속 '고'를 하다.
< 고스톱 - 염치 불고하고 - 계속 '고'를 >
③ 이 반에는 주**위**가 산만한 학생들이 많다. (X) → 주의가 산만한
 ☺영보이 암기tip) 주의가 산만해도 민주주의를 끝까지 지향하자.
< 주의가 산만해도 - 민주주의 >
④ 내가 어릴 때 할머니는 정**안**수를 떠 놓고 손자들의 안녕을 빌곤 하셨다. (X) → 정화수
 ◆ 정화수(井華水): 이른 새벽에 길은 우물물. 조왕에게 가족들의 평안을 빌면서 정성을 들이거나 약을 달이는 데 쓴다.
 ☺영보이 암기tip) 화가 난다고 정화조에 정화수를 버리지 마라.
< 화가 난다고 - 정화조에 - 정화수를 >
⑤ 조금 잘했다고 너무 **추**켜세우지 마라. (X) › 치켜세우지
 ◆ 치켜세우다: 옷깃이나 눈썹 따위를 위쪽으로 올리다.
  ◆ 바람이 차가워지자 사람들은 모두 옷깃을 치켜세우고 있었다.
  ◆ 어른에게 눈초리를 치켜세우고 대들다니 버릇이 없구나.
 ☺영보이 암기tip) < 옷깃 - 치켜 / 눈썹 - 치켜 / 눈초리 - 치켜 >
 ● 치켜세우다: 【…을 …으로】【…을 -고】 정도 이상으로 크게 칭찬하다.
  ● 한때는 사람들이 그를 영웅으로 치켜세운 적도 있었다.
 ☺영보이 암기tip) < 칭찬 - 치켜 / 영웅 - 치켜 >
 ■ 추켜세우다: 위로 치올리어 세우다.
  ■ 눈썹을 추켜세우다.
  ■ 재섭이 얼른 몸을 추켜세우고는 딱하다는 듯이 혀를 찼다.
 ☺영보이 암기tip) < 눈썹 - 추켜 / 몸 - 추켜 >

(문제 458) 정답: ①

(문제 459) 다음 중 밑줄 친 명사가 나타내는 개수가 가장 많은 것은? (2013서울9 A책형 문2)

① 북어 한 쾌
② 마늘 한 접
③ 바늘 한 쌈
④ 굴비 한 <u>두름</u>
⑤ 고등어 한 손

① 북어 한 **쾌** - 북어를 묶어 세는 단위. 한 쾌는 북어 스무 마리 (20마리)
　☺<u>영보이 암기tip)</u> < 쾌 - 북어 / 20쾌 >
② 마늘 한 **접** - 채소나 과일 따위를 묶어 세는 단위. 한 접은 채소나 과일 백 개(100개)
　☺<u>영보이 암기tip)</u> < 접 - 마늘 / 100접 >
③ 바늘 한 **쌈** - 바늘을 묶어 세는 단위. 한 쌈은 바늘 스물네 개(24개)
　☺<u>영보이 암기tip)</u> < 쌈 - 바늘 / 쌈24 >
④ 굴비 한 <u>두름</u> - 조기 따위의 물고기를 짚으로 한 줄에 <u>열 마리</u>씩 두 줄로 엮은 것.
　　　　　　(20마리)
　☺<u>영보이 암기tip)</u> < 굴비 - 두름 / 조기 - 두름 / 두름20 >
⑤ 고등어 한 **손** - 한 손에 잡을 만한 분량을 세는 단위. 조기, 고등어, 배추 따위 한 손
은 큰 것 하나와 작은 것 하나를 합한 것을 이르고, 미나리나 파 따위 한 손은 한 줌 분량
　　　　　　(2마리)
　☺<u>영보이 암기tip)</u> < 고등어 - 손 / 손2 >

(문제 459) 정답: ②

(문제 460) 다음은 우리가 즐겨 먹는 음식이나 반찬들이다. 이들 중 표기가 옳은 것은?
(2013서울9 A책형 문3)

① 아구찜
② 이면수구이
③ 쭈꾸미볶음
④ 칼치구이
⑤ 창난젓

① 아구찜 (X) → 아귀찜
　☺<u>영보이 암기tip)</u> 아귀찜을 먹을 때 **귀**를 먼저 먹어라. 왜? 묻지 말고 그냥 **처**먹어!
　　　　　< 아귀찜 - 귀를 먼저 >

② 이면수구이 (X) → **임연수어구이**

　　☺**영보이 암기tip)** 연수야, 자니? 연수야~ **임연수!** 자냐고? <u>어</u>, 좋았어. **임연수가** 잠자니 얼른 **임연수어구이** 먹자. <u>< **임연수가** 자니, **어** 좋았어. - **임연수어구이** 먹자. ></u>

③ 쭈꾸미볶음 (X) → 주꾸미볶음

　　☺**영보이 암기tip)** 우리 집 **주인아저씨**는 주꾸미를 닮았다. 그래서 주꾸미를 먹을 때마다 주인아저씨를 먹는 것 같다. <u>< **주인아저씨** - 주꾸미 ></u>

④ 칼치구이 (X) → 갈치구이

　　　　☺**영보이 암기tip)** 노릇노릇하게 구운 **갈**색 **갈**치구이 <u>< **갈**색 - **갈**치구이 ></u>

⑤ 창난젓 (O)

　　◆ 창**란**젓 (X) → **창난**젓 / 명**난**젓 (X) → **명란**젓

　　☺**영보이 암기tip)** <u><김헌**창**의 **난** - **창난**젓 ></u> / 김헌창의 난[822년(헌덕왕 14)]

　　☺**영보이 암기tip)** 영**란**이는 명**란**젓을 좋아한다. <u>< 영**란**이는 - **명란**젓 ></u>

(문제 460) 정답: ⑤

(문제 461) 다음 중 외래어 표기법이 모두 옳은 것은? **(2013서울9 A책형 문4)**

① 북까페, 스넥 코너
② 가죽 재킷, 도넛 판매점
③ 헐리웃 영화, 앵콜 공연
④ 넌센스 퀴즈, 리더쉽 교육
⑤ 네비게이션 제조업체, 디지털 티비 판매량

(문제 461) **정답 및 해설 (2013서울9 A책형 문4)**

① 북**까**페, 스**넥** 코너 (X) → 북 카페, 스낵 코너

　　☺**영보이 암기tip)**

　　◆ 북 카페 - **카**센터에서 북 **카**페를 운영하고 있다. < **카**센터에서 - 북 **카**페 >

　　◆ 스낵 코너 - **내**일 스**낵** 코너에 꼭 들를 거야. <u>< 내(ㅐ)일 - 스낵(ㅐ) 코너 ></u>

② 가죽 **재킷**, 도넛 판매점 (O)

　　☺**영보이 암기tip)**

　　◆ 재킷 - **재**석이는 <u>밋밋</u>한 재**킷**을 입고 있다. < 재**킷** (O) > < **자켓** (X) >

　　　　<u>< **재**석이 - 재**킷** / <u>밋밋</u>한 (ㅅㅅ) - 재**킷** (ㅅ) ></u>

　　◆ 도너츠 (X) → 도넛 : 도둑이 도리어 도넛을 놓고 가 **멋**지군.

　　　　< 도넛(ㅅ)을 - **멋**(ㅅ)지군 >

③ **헐리웃** 영화, **앵콜** 공연 (X) → 할리우드 영화, 앙코르 공연

　　☺**영보이 암기tip)**

　　◆ 할리우드 - 로버트 **할리**는 터키의 대표적인 발현 악기 '우드'를 연주한다.

　　　　< 로버트 **할리**는 - 발현 악기 '우드'를 연주 >

　　◆ 앙코르 - **앙코르** 공연을 보러 왔는데 로비 중앙에서 **코르셋**을 팔고 있다.

　　　　< **앙코르** 공연 - 중앙에서 - **코르셋**을 >

- 343 -

(문제 462) 다음 중 밑줄 친 부분의 발음이 옳은 것만으로 묶인 것은? (2013서울9 A책형 문5)

가. 김밥만 먹었어요. [김:밤만]
나. 공권력 행사는 법과 절차에 따라 이루어져야 한다. [공꿘녁]
다. 넷에 넷을 더하면 여덟이 됩니다. [여더리]
라. 구두 굽이 한 쪽만 닳는 이유가 무엇일까요? [달른]
마. 머리말을 잘 읽어 보세요. [머린마를]

① 가, 나, 라
② 가, 나, 마
③ 가, 다, 마
④ 나, 다, 마
⑤ 나, 다, 라

(문제 462) 정답 및 해설 (2013서울9 A책형 문5)

가. 김밥만 먹었어요. [김:밤만] - [김:빱만] / 김밥[김:밥] - 김밥[김:빱]   = 모두 옳음.
저녁

나. 공권력 행사는 법과 절차에 따라 이루어져야 한다. [공꿘녁]
밥교
을통

다. 넷에 넷을 더하면 여덟이 됩니다. [여더리] (X) → [여덜비]
어른 다

라. 구두 굽이 한 쪽만 닳는 이유가 무엇일까요? [달른]
마. 머리말을 잘 읽어 보세요. [머린마를] (X) → [머리마를]
허리   허

◆ 머리말[머리말] / 머리말을[머리마를]
늘

(문제 462) 정답: ①

(문제 463) 다음 중 밑줄 친 부분이 어문 규정에 어긋나는 것은? (2013서울9 A책형 문6)

① <u>합격률</u>이 높아질 것 같아요.
② 좋지 않은 소문이 <u>금세</u> 퍼졌어요.
③ <u>위층</u>에 다과가 준비되어 있습니다.
④ 문제의 답을 <u>맞히면</u> 상품권을 드리겠습니다.
⑤ 주택 문제를 해결하기 위해서는 공급을 <u>늘여야</u> 합니다.

(문제 463) 정답 및 해설 (2013서울9 A책형 문6)

① <u>합격률</u>이 높아질 것 같아요. (O)
  ☺**영보이 암기tip)** 내 친구, 동**률**아! 고리던지기는 다른 학생들의 성공**률**이 높으면 합격**률**이 낮아지므로 10개 모두 성공해야 한다. < 동률이 - 성공률 - 합격률 >
② 좋지 않은 소문이 <u>금세</u> 퍼졌어요. (O)
  ☺**영보이 암기tip)** 세상은 금세 변한다. < 세상 - 금세 >
③ <u>위층</u>에 다과가 준비되어 있습니다. (O)
  ◆ 거센소리나 된소리 앞은 사이시옷을 쓰지 않는다.
  ◆ 위층(O) / 아래층(O), 위턱(O) / 아래턱(O)
  ☺**영보이 암기tip)** **위**층에 사는 사람이 층간소음 문제로 나를 **위**아래로 훑어보고 있다.
                    < 위층 - 위아래 >
④ 문제의 답을 <u>맞히면</u> 상품권을 드리겠습니다. (O)
  ☺**영보이 암기tip)** 옆 반이 아직 수업중이니 문제의 답을 맞**히**면 크게 웃지 말고 작게 '**히히히**' 웃어라. < 문제의 답을 맞**히**면 - 작게 '**히히히**' >
⑤ 주택 문제를 해결하기 위해서는 공급을 늘여야 합니다. (X) → 늘려야
  ◆ 늘이다: 본디보다 더 길게 하다.
  ● 늘리다: 물체의 넓이, 부피 따위를 본디보다 커지게 하다.

(문제 463) 정답: ⑤

(문제 464) 다음 중 복수 표준어가 아닌 것은? (2013서울9 A책형 문7)

① 자장면 - 짜장면
② 메우다 - 메꾸다
③ 날개 - 나래
④ 먹을거리 - 먹거리
⑤ 허섭쓰레기 - 허접쓰레기

(문제 464) 정답 및 해설 (2013서울9 A책형 문7)

① 자장면 - **짜**장면 (O) < **자** - **짜** >
② 메우다 - 메**꾸**다 (O) <u>< **우** - **꾸** ></u>
③ 날개 - 나래 (O)
   <u>☺**영보이 암기tip**)</u> 철수가 잡은 잠자리 **날개** 부러뜨린 사람이 누가 **나래**?
                < 잠자리 **날개** - 누가 **나래** >
④ 먹을거리 - 먹거리 (O) <u>< **먹을** - **먹** ></u>
⑤ 허**섭쓰**레기(X) - 허**접쓰**레기 → 허**섭스**레기 / 허**접쓰**레기
                   섭리   **칼지**
                   하랑   **마**
                   다카
   <u>☺**영보이 암기tip**)</u> <u>< **섭스** / **접쓰** ></u>

(문제 464) 정답: ⑤

(문제 465) 다음 중 밑줄 친 부분의 표기가 옳은 것은? (2013서울9 A책형 문8)

① 시장님의 축하 말씀이 <u>계시겠습니다</u>.
② 아이들이 잘 찾아갈 수 <u>있을런지</u> 걱정되는군요.
③ 아름다운 자연을 잘 보존해서 <u>후손에</u> 물려주어야 할 책임이 있습니다.
④ 저희 아버지는 다리가 <u>아프셔서</u> 안 나오셨습니다.
⑤ 아이가 얼마나 밥을 많이 <u>먹든지</u> 배탈 날까 걱정이 되었어요.

(문제 465) 정답 및 해설 (2013서울9 A책형 문8)
① 시장님의 축하 말씀이 <u>계시겠습니다</u>. (X) → **있으**시겠습니다.
  ◆ '있다'의 간접높임은 '**있으**시다'가 옳으므로 '**있으**시겠습니다'로 고친다.
② 아이들이 잘 찾아갈 수 있을**런**지 걱정되는군요. (X) → 있을**는**지
  <u>☺**영보이 암기tip**)</u> 너는 그렇게 공부를 안 하는데 합격을 할 수 있을**는**지 걱정된다.
             < 너**는** - 합격을 할 수 - 있을**는**지 >
③ 아름다운 자연을 잘 보존해서 <u>후손**에**</u> 물려주어야 할 책임이 있습니다. (X) → 후손**에게**
  ◆ 유정명사이므로 '~에게'가 올바르다.
④ 저희 아버지는 다리가 <u>아프셔서</u> 안 나오셨습니다. (O)
  ◆ 아버지의 신체 일부이므로 간접 높임의 대상이다. 따라서 '아프다'의 간접 높임법인 '아프시다'가 옳다.
⑤ 아이가 얼마나 밥을 많이 <u>먹**든**지</u> 배탈 날까 걱정이 되었어요. (X) → 먹**던**지
  ◆ '-**든**지': 나열된 동작이나 상태, 대상들 중에서 어느 것이든 선택될 수 있음을 나타내는 연결 어미. - 싫**든**지 좋**든**지 간에 따를 수밖에 없다
  ● '-**던**지': 막연한 의문이 있는 채로 그것을 뒤 절의 사실이나 판단과 관련시키는 데 쓰는 연결 어미 - 얼마나 춥**던**지 손이 곱아 펴지지 않았다

(문제 465) 정답: ④

(문제 466) <보기>의 밑줄 친 동사와 어미 활용의 양상이 같은 것은? **(2013서울9 A책형 문9)**

① 나는 그녀의 손목을 <u>잡고</u> 놓지를 않았다.
② 집에 가니 어머니는 저녁 반찬으로 생선을 <u>굽고</u> 계셨다.
③ 그녀가 배신자를 누구라고 <u>집지는</u> 않았지만 누구를 얘기하는지 모두 알고 있었다.
④ 삼촌은 종이를 <u>접어</u> 비행기를 만들어 주셨다.
⑤ 나이가 드니 허리가 <u>굽고</u> 근력이 떨어진다.

(문제 466) 정답 및 해설 (2013서울9 A책형 문9)

- 우리는 어머니를 <u>도와서</u> 집안을 청소했다.
  - **돕다: 도와 - 도우니 - 돕는 : < 불규칙 활용 중 'ㅂ'불규칙 용언 >**
  - **'ㅂ'불규칙 용언: 모음 앞에서 'ㅂ'이 '오'나 '우'로 바뀐다.**

① 나는 그녀의 손목을 <u>잡고</u> 놓지를 않았다. - 규칙 활용
  ◆ 잡다: 잡아 - 잡으니 - 잡는
② 집에 가니 어머니는 저녁 반찬으로 생선을 <u>굽고</u> 계셨다. (O)
  - **굽다: 구워, 구우니, 굽는 : <u>불에 익히다</u>.**
    - **모음 앞에서 'ㅂ'이 '오'나 '우'로 바뀌는 '<u>ㅂ</u>'불규칙 용언**
  ★ 굽다: 굽어, 굽으니, 굽는 : 한쪽으로 휘다. / 한쪽으로 휘어져 있다.
    ★ '굽은 나무'처럼 불에 익히다가 아닌 한쪽으로 휘어져 있다는 의미로 쓰일 경우에는 규칙 동사로 규칙 활용을 한다.
③ 그녀가 배신자를 누구라고 <u>집지는</u> 않았지만 누구를 얘기하는지 모두 알고 있었다.
    - 규칙 활용
  ◆ 집다: 집어 - 집으니 - 집는
④ 삼촌은 종이를 <u>접어</u> 비행기를 만들어 주셨다.- 규칙 활용
  ◆ 접다: 접어 - 접으니 - 접는
⑤ 나이가 드니 허리가 <u>굽고</u> 근력이 떨어진다. - 규칙 활용
  ◆ 굽다: <u>한쪽으로 휘다</u>. - 굽어, 굽으니, 굽는

(문제 466) 정답: ②

(문제 467) 다음 중 띄어쓰기가 옳은 것은? (2013서울9 A책형 문11)

① 그분을 뵌 지도 꽤 오래되었군요.
② 그러한 결과가 나올 수 밖에 없었겠어요.
③ 그 책을 다 읽는데 한 달이나 걸렸어요.
④ 믿을 수 있는 것은 실력 뿐입니다.
⑤ 외출시에는 문단속을 철저히 하세요.

(문제 467) 정답 및 해설 (2013서울9 A책형 문11)

① 그분을 뵌V지도 꽤 오래되었군요. (O)
   ◆ '그분'은 대명사로 한 단어이다. 또한 '오래되다'는 형용사로 한 단어이다.
   ◆ 한 단어는 붙여 쓴다.
   ◆ '지'가 시간의 경과를 의미할 경우 앞말과 띄어 쓴다.
② 그러한 결과가 나올 수V밖에 없었겠어요. (X) → 수밖에
   ◆ 이 문장에서 '밖에'는 「조사」로 (주로 체언이나 명사형 어미 뒤에 붙어) '그것 말고는', '그것 이외에는'의 뜻을 나타내는 말이다 < 조사는 앞말과 붙여 쓴다. >
③ 그 책을 다 읽는데 한 달이나 걸렸어요. (X) → 읽는V데
   ◆ 이 문장에서 '데'는 「의존 명사」로 「일'이나 '것'의 뜻을 나타내는 말이다.
   ◆ 의존 명사는 앞말과 띄어 쓴다.
④ 믿을 수 있는 것은 실력V뿐입니다. (X) → 실력뿐입니다
   ◆ 이 문장에서 '뿐'은 '그것만이고 더는 없음' 또는 '오직 그렇게 하거나 그러하다는 것'을 나타내는 보조사이다. < 조사는 앞말과 붙여 쓴다. >
   ● '뿐'이 다만 어떠하거나 어찌할 따름이라는 뜻을 나타내는 말로 쓰이면 의존 명사이므로 앞말과 띄어 쓴다.
      ● 소문으로만 들었을V뿐이네. / 그는 웃고만 있을V뿐이지 싫다 좋다 말이 없다
⑤ 외출시에는 문단속을 철저히 하세요. (X) → 외출V시에는
   ◆ 이 문장에서 '시' 어떤 일이나 현상이 일어날 때나 경우에 쓰여 의존 명사이다.
   ◆ 의존 명사는 앞말과 띄어 쓴다.
      ◆ 비행V시에는 휴대 전화를 사용하면 안 된다.
      ◆ 규칙을 어겼을V시에는 처벌을 받는다.

☺영보이 암기tip) 띄어쓰기는 원고지로 공부하면 효과가 좋다.

그	분	을		뷘	V	지	도		오	래	되	었	군	요	.		수	밖	에	
다		읽	는	V	데		한		달			실	력	뿐	이	다				
들	었	을	V	뿐	이	다			웃	고	만		있	을	V	뿐	이	다		
외	출	V	시	에	는			비	행	V	시	에	는							
규	칙	을		어	겼	을	V	시	에	는										

(문제 467) 정답: ①

(문제 468) 다음 작품 중 서울이 배경이 아닌 것은? **(2013서울9 A책형 문13)**

① 박태원: 소설가 구보 씨의 일일
② 윤흥길: 아홉 켤레의 구두로 남은 사내
③ 이상: 날개
④ 이범선: 오발탄
⑤ 박완서: 자전거 도둑

(문제 468) 정답 및 해설 (2013서울9 A책형 문13)

① 박태원: 소설가 구보 씨의 일일 - 1930년대 일제 식민지 시대의 경성(서울)
　☺영보이 암기tip) 소설가 구보는 서울을 좋아해. < 구보의 서울 >
② 윤흥길: 아홉 켤레의 구두로 남은 사내 - 경기도 성남
　◆ 1970년대 산업화 과정에서의 인간소외, 도시 빈민계층의 아픔.
　☺영보이 암기tip) 성남시장에서 구두 아홉 켤레를 샀다.<성남시장에서 구두 아홉 켤레>
③ 이상: 날개 - 1930년대 일제 식민지 시대의 경성(서울)
　☺영보이 암기tip) 서울에서 날개를 달고 훨훨 날고 싶다. < 서울의 날개 >
④ 이범선: 오발탄 - 1950년대 해방촌(서울시 용산구)
　☺영보이 암기tip) 서울에는 오발탄이 많다. < 오발탄의 서울 >
⑤ 박완서: 자전거 도둑 - 서울 청계천
　☺영보이 암기tip) 서울 청계천에 자전거 도둑들이 많았지. < 서울의 자전거 도둑 >

(문제 468) 정답: ②

(문제 469) 다음에 대한 설명 중 옳은 것은? **(2013서울9 A책형 문14)**

紅牡丹(홍모단) 白牡丹(빅모단) 丁紅牡丹(뎡홍모단)
紅芍藥(홍쟉약) 白芍藥(빅쟉약) 丁紅芍藥(뎡홍쟉약)
御柳玉梅(어류옥미) 黃紫薔薇(황ᄌ쟝미) 芷芝冬柏(지지동빅)
위 間發(간발)ㅅ 景(경) 긔 엇더ᄒ니잇고.
葉(엽) 合竹桃花(합듁도화) 고온 두 분 合竹桃花(합듁도화)
고온 두 분
위 相映(샹영)ㅅ 景(경) 긔 엇더ᄒ니잇고.

① 삼국 시대에 출현한 장르로서, 자연의 아름다움을 노래한 것이다.
② 고려 가요의 하나로, 유토피아적인 동경을 노래하였다.
③ 주로 사대부가 작가인 정형시로서, 조선 전기 이후 자취를 감추었다.
④ 조선 초기의 산문으로, 자연의 아름다움을 노래한 것이다.
⑤ 우리나라 고유의 정형시로서, 고려 초기부터 발달하여 왔다.

(문제 469) 정답 및 해설 (2013서울9 A책형 문14)

◆ '景(경) 긔 엇더ㅎ니잇고.'로 보아 '경기체가'임을 것을 알 수 있다. 따라서 작품의 이름을 몰라도 문제를 풀 수 있다.

① **삼국 시대에 출현**한 장르로서, 자연의 아름다움을 노래한 것이다. (X)
　◆ 경기체가는 <u>13세기 초(고려시대)에 발생</u>하여 조선 전기 이후 자취를 감추었다.
② **고려 가요**의 하나로, 유토피아적인 동경을 노래하였다. (X)
　◆ 이 작품은 고려 가요(속요)가 아닌 **경기체가**이다.
③ 주로 사대부가 작가인 정형시로서, 조선 전기 이후 자취를 감추었다. (O)
④ **조선 초기의 산문**으로, 자연의 아름다움을 노래한 것이다. (X)
　◆ 경기체가는 <u>13세기 초(고려시대)에 발생</u>하여 조선 전기 이후 자취를 감추었다.
　◆ 또한 경기체가는 산문이 아니라 **운문**이다.
⑤ 우리나라 고유의 정형시로서, **고려 초기부터** 발달하여 왔다. (X)
　◆ 경기체가는 <u>13세기 초(고려시대)에 발생</u>하였다.

◆ 이 작품은 경기체가인 '한림별곡'이다.

(문제 469) 정답: ③

(문제 470) 다음 중 70세를 가리키는 말로 옳은 것은? (2014서울9 A책형 문1)

① 이순(耳順)
② 종심(從心)
③ 지천명(知天命)
④ 불혹(不惑)
⑤ 이립(而立)

(문제 470) 정답 및 해설 (2014서울9 A책형 문1)

① 이순(耳順) - 60세 - 공자가 예순 살부터 생각하는 것이 원만하여 어떤 일을 들으면 곧 이해가 된다고 한 데서 나온 말이다.
② 종심(從心) (O) - **70세**
③ 지천명(知天命) - 50세 - 공자가 쉰 살에 하늘의 뜻을 알았다고 한 데서 나온 말이다.
④ 불혹(不惑) - 40세 - 공자가 마흔 살부터 세상일에 미혹되지 않았다고 한 데서 나온 말이다.
⑤ 이립(而立) - 30세 - 공자가 서른 살에 자립했다고 한 데서 나온 말이다.

(문제 470) 정답: ②

나 이	의 미
충년(沖年): 沖(화할 충) 年(해 년)	열 살 정도의 어린 나이.(10세)
지학(志學): 志(뜻 지) 學(배울 학)	15세 ,배움에 뜻을 둔다.(15세)
과년(瓜年): 瓜(오이 과) 年(해 년(연))	여자의 과기(瓜期)에 다다른 나이(16세)
약관(弱冠): 弱(약할 약) 冠(갓 관)	스무 살(남자나이 20세)
방년(芳年): 芳(꽃다울 방) 年(해 년)	여자나이 스무 살 정도의 꽃다운 나이(20세)
묘령(妙齡): 妙(묘할 묘) 齡(나이 령(영))	여자나이 스무 살 정도의 꽃다운 나이(20세)
묘년(妙年): 妙(묘할 묘) 年(해 년(연))	스무 살 정도의 꽃다운 나이(20세)
방령(芳齡): 芳(꽃다울 방) 齡(나이 령)	스무 살 정도의 꽃다운 나이(20세)
이립(而立): 而(말 이을 이) 立(설 립)	서른 살을 의미함.(30세)
이모(二毛): 二(둘 이) 毛(털 모)	서른두 살을 의미함.(32세)
이모지년(二毛之年)	두 번째 털이 나기 시작(始作)하는 나이라는 의미로, 서른두 살을 말함.(32세)
불혹(不惑): 不(아닐 불) 惑(미혹할 혹)	미혹(迷惑)하지 아니한다는 의미로 마흔 살을 이름.(40세)
상년(桑年): 桑(뽕나무 상) 年(해 년)	마흔 여덟 살.(48세)
지명(知命): 知(알 지) 命(목숨 명)	공자가 쉰 살이 되어서 천명(天命)을 알았다고 함.(50세)
지천명(知知命):知(알 지) 命(목숨 명)	쉰 살을 말함.(50세)
애년(艾年): 艾(쑥 애) 年(해 년)	쉰 살. 머리털이 하얘져 쑥과 비슷한 색깔임.(50세)
장가(杖家): 杖(지팡이 장) 家(집 가)	집에서 지팡이를 짚을 나이. 쉰 살을 의미함.(50세)
이순(耳順): 耳(귀 이) 順(순할 순)	예순 살을 의미. 공자가 60세에 귀로 듣는 대로 전부 이해(理解)하게 되어 귀가 순해졌다는 의미.(60세)

나이	의미
화갑(華甲): 華(꽃 화) 甲(갑옷 갑)	예순 한 살. 같은 말로 회갑(回甲) 또는 환갑(還甲)등이 있음.(61세)
회갑(回甲): 回(돌아올 회) 甲(갑옷 갑)	61세. 예순한 살(만 60세)
환력(還曆): 還(돌아올 환) 曆(책력 력)	61세. 예순한 살(만 60세)
망칠(望七): 望(바랄 망) 七(일곱 칠)	일흔을 바라본다는 의미. 예순 한 살을 말함(61세)
주갑(周甲): 周(두루 주) 甲(갑옷 갑)	61세. 예순한 살(만 60세)
진갑(進甲): 進(나아갈 진) 甲(갑옷 갑)	환갑(還甲)보다 한 해 더 나아간 다는 의미로, 예순 두 살을 일컬음.(62세)
종심(從心): 從(좇을 종) 心(마음 심)	공자가 일흔 살이 되어 마음대로 행하여도 도(道)에 지나치지 않았다고 함.(70세)
희년(稀年): 稀(드물 희) 年(해 년)	일흔 살 (70세)
희수(稀壽): 稀(드물 희) 壽(목숨 수)	일흔 살 (70세)
희수(喜壽): 喜(기쁠 희) 壽(목숨 수)	희(喜)자는 숫자 칠로도 사용하여 희수(喜壽)는 칠+칠 살, 즉 일흔일곱.(77세)
산수(傘壽): 傘(우산 산) 壽(목숨 수)	산(傘)자는 팔(八)과 십(十)을 팔십(八十)으로 보아 나이 여든 살을 의미함.(80세)
망구(望九): 望(바랄 망) 九(아홉 구)	아흔을 바라본다는 의미. 여든 한 살을 말함.(81세)
망구순(望九旬)	아흔을 바라본다는 의미. 여든 한 살을 말함.(81세)
미수(米壽): 米(쌀 미) 壽(목숨 수)	미(米)자를 살펴보면 팔십팔(八十八)이 됨. 여든 여덟 살.(88세)
구순(九旬): 九(아홉 구) 旬(열흘 순)	아흔 살. (90세)
구질(九秩): 九(아홉 구) 秩(차례 질)	아흔 살. (90세)
졸수(卒壽): 卒(마칠 졸) 壽(목숨 수)	아흔 살. (90세)
망백(望百): 望(바랄 망) 百(일백 백)	백을 바라본다는 의미. 아흔 한 살을 말함.(91세)
백수(白壽): 白(흰 백) 壽(목숨 수)	백(百)에서 하나[一]를 빼면 백(白). 아흔 아홉 살. (99세)
상수(上壽): 上(윗 상) 壽(목숨 수)	사람의 나이를 상·중·하로 나누어 그 중 가장 많은 나이를 상수(上壽)라 함. 백 세 이상을 말함. (100세)
기이(期頤): 期(기약할 기) 頤(턱 이)	사람 나이 백 살을 말함. (100세)
기이지수(期頤之壽): 期(기약할 기) 頤(턱 이) 之(갈 지) 壽(목숨 수)	사람 나이 백 살을 말함. (100세)

(문제 471) 문장의 호응이 어색한 것은? (2014서울9 A책형 문2)

① 절대로 이것은 사실이 아닙니다.
② 아직 학교에 도착하지 않았습니다.
③ 모름지기 교통법규를 지키는 일은 중요합니다.
④ 그다지 돈은 중요하지 않습니다.
⑤ 오직 모든 것을 하늘에 맡길 뿐입니다.

(문제 471) 정답 및 해설 (2014서울9 A책형 문2)

① 절대로 이것은 사실이 아닙니다. (O)
② 아직 학교에 **도착하지 않았습니다**. (O) - 완료형으로 적절하게 쓰였다.
  ◆ ~ **도착하고 있지** 않습니다. (X) → ~ **도착하지 않았습니다**.
  ◆ '도착하다'는 완료의 의미를 가지고 있으므로 진행의 의미로 쓰면 안 된다.
③ **모름지기** 교통법규를 지키는 일은 중요합니다. (X)
  → **모름지기** 우리 모두는 교통법규를 잘 **지켜야 한다**.
  ◆ 모름지기:「부사」 사리를 따져 보건대 마땅히. 또는 반드시.
    ◆ 모름지기 학생은 공부를 **열심히 해야 한다**.
    ◆ 청년은 모름지기 **진취적이어야 한다**.
    ◆ 자연 현상의 연구는 모름지기 **실험에 의하여야 한다**.
  ★ 위 예에서 알 수 있는 것처럼 '**모름지기**'는 ' **~ 해야 한다**'와 함께 다닌다.
④ 그다지 돈은 중요하지 않습니다. (O)
  ◆ 그다지:「부사」 (뒤에 오는 '않다, 못하다' 따위의 부정어와 호응하여)그러한 정도로는. 또는 그렇게까지는.
⑤ 오직 모든 것을 하늘에 맡길 뿐입니다. (O)
  ◆ 오직:「부사」 여러 가지 가운데서 다른 것은 있을 수 없고 다만.

(문제 471) 정답: ③

(문제 472) 국어의 어휘 의미 변화에 대한 다음의 진술 중 올바르지 못한 것은? (2014서울9 A책형 문3)

① '다리(脚)'가 사람이나 짐승의 다리만 가리켰으나 현대에는 책상에도 쓰인다.
② '짐승'은 '衆生'에서 온 말로 생물 전체를 가리켰으나 지금은 사람을 제외한 동물을 가리킨다.
③ '사랑하다'는 '생각하다'라는 의미가 있었으나 지금은 이 의미가 없다.
④ '어여쁘다'는 '조그맣다'라는 뜻이었으나 지금은 '아름답다'의 의미이다.
⑤ '어리다'는 '어리석다'의 뜻이었다가 지금은 '나이가 적다'의 의미로 쓰인다.

(문제 472) 정답 및 해설 (2014서울9 A책형 문3)

① '다리(脚)'가 사람이나 짐승의 다리만 가리켰으나 현대에는 책상에도 쓰인다.
  ◆ 다리: 의미의 확대.
☺**영보이 암기tip)** 개다리, 돌다리, 책상다리 등 **다리**가 **확대**되었다. < **다리**의 – **확대** >
② '짐승'은 '衆生'에서 온 말로 생물 전체를 가리켰으나 지금은 사람을 제외한 동물을 가리킨다. ◆ 짐승: 의미의 축소. ☺**영보이 암기tip)** **짐승**들이 – **축소**
③ '사랑하다'는 '생각하다'라는 의미가 있었으나 지금은 이 의미가 없다.
  ◆ 사랑하다: 의미의 이동.
 ☺**영보이 암기tip)** 사랑은 돌아오는 거야 ~ . 뭐라고? 뭔 헛소리야. **사랑**은 **이동**하는 거야. < **사랑**의 **이동** >
④ '어여쁘다'는 '조그맣다'라는 뜻이었으나 지금은 '아름답다'의 의미이다. (X)
  → '어여쁘다'는 '불쌍하다'라는 뜻이었으나 지금은 '아름답다'의 의미이다.\
  ◆ 어여쁘다: 의미의 이동.
 ☺**영보이 암기tip)** **어여쁜** 사람들은 이동한다. < **어여쁜** – **이동** >
⑤ '어리다'는 '어리석다'의 뜻이었다가 지금은 '나이가 적다'의 의미로 쓰인다.
  ◆ 어리다: 의미의 이동.
 ☺**영보이 암기tip)** **어리석은** 사람들은 옆방으로 **이동**해라. < **어리석은** – **이동** >

(문제 472) 정답: ④

(문제 473) 다음 예문의 밑줄 친 단어 가운데 품사가 다른 하나는? **(2014서울9 A책형 문4)**

봄·여름·가을·겨울, <u>두루</u> 사시(四時)를 두고 자연이 우리에게 내리는 혜택에는 제한이 없다. 그러나 그중에도 그 혜택을 <u>가장</u> <u>풍성히</u> <u>아낌없이</u> 내리는 시절은 봄과 여름이요, 그중에도 그 혜택이 가장 <u>아름답게</u> 나타나는 것은 봄, 봄 가운데도 만산(萬山)에 녹엽(綠葉)이 우거진 이때일 것이다.

- 이양하, <신록예찬> 중에서

① 두루
② 가장
③ 풍성히
④ 아낌없이
⑤ 아름답게

(문제 473) 정답 및 해설 (2014서울9 A책형 문4)

① 두루: 「부사」 빠짐없이 골고루.
② 가장: 「부사」 여럿 가운데 어느 것보다 정도가 높거나 세게.
③ 풍성히: 「부사」 넉넉하고 많이. ≒ 성풍히.
④ 아낌없이: 「부사」 주거나 쓰는 데 아까워하는 마음이 없이.

(문제 474) 다음 예문 중 문장 구조가 다른 하나는? (2014서울9 A책형 문5)

① 철수는 그 예쁜 소녀가 자꾸 생각났다.
② 농부들은 비가 오기를 고대했다.
③ 봄이 되니까 온 강산에 꽃이 가득 피었다.
④ 돌이는 지금이 중요한 때임을 직감했다.
⑤ 철수는 김 선생님이 돌아가셨다고 말했다.

(문제 475) 다음 단어들 모두에 공통적으로 적용되는 외래어 표기의 원칙은? (2014서울9 A책형 문6)

콩트, 더블, 게임, 피에로

① 파열음 표기에는 된소리를 쓰지 않는 것을 원칙으로 한다.
② 외래어를 표기할 때는 받침으로 ㄱ, ㄴ, ㄷ, ㄹ, ㅁ, ㅂ, ㅅ, ㅇ 만을 쓴다.
③ 외래어의 1 음운은 원음에 가깝도록 둘 이상의 기호로 적는 것을 원칙으로 한다.
④ 이미 굳어진 외래어도 발음에 가깝도록 바꾸는 것을 원칙으로 한다.
⑤ 원음에 더욱 가깝게 적기 위해 새로 문자나 기호를 만들 수 있다.

(문제 475) 정답 및 해설 (2014서울9 A책형 문6)

◆ 콩트, 더블, 게임, 피에로

① 파열음 표기에는 된소리를 쓰지 않는 것을 원칙으로 한다. (O)
 ◆ 꽁트 (X) → 콩트 : 된소리를 쓰지 않았음.
 ◆ 떠블 (X) → 더블 : 된소리를 쓰지 않았음.
 ◆ 께임 (X) → 게임 : 된소리를 쓰지 않았음.
 ◆ 삐에로 (X) → 피에로 : 된소리를 쓰지 않았음.
② 외래어를 표기할 때는 받침으로 ㄱ, ㄴ, ㄷ, ㄹ, ㅁ, ㅂ, ㅅ, ㅇ 만을 쓴다. (X)
 → 외래어를 표기할 때는 받침으로 ㄱ, ㄴ, ㄹ, ㅁ, ㅂ, ㅅ, ㅇ 만을 쓴다.
③ 외래어의 1 음운은 원음에 가깝도록 둘 이상의 기호로 적는 것을 원칙으로 한다. (X)
 → 외래어의 1음운은 원칙적으로 1기호로 적는다.
④ 이미 굳어진 외래어도 발음에 가깝도록 바꾸는 것을 원칙으로 한다. (X)
 → 이미 굳어진 외래어는 관용을 존중하되, 그 범위와 용례는 따로 정한다.
⑤ 원음에 더욱 가깝게 적기 위해 새로 문자나 기호를 만들 수 있다. (X)
 → 외래어는 국어의 현용 24 자모만으로 적는다.

(문제 475) 정답: ①

(문제 476) 다음 문장들은 두 가지 이상의 의미로 해석될 수 있는 모호한 문장들이다. 모호성의 이유가 나머지 넷과 다른 것은? **(2014서울9 A책형 문7)**

① 내가 지난번에 만난 친구의 동생이 오늘 결혼을 한다고 한다.
② 그 연속극은 가정에 충실한 주부와 남편에게 불쾌감을 주었다.
③ 나는 국어 선생님과 교장 선생님을 찾아뵈었다.
④ 아내는 남편보다 아들을 더 좋아했다.
⑤ 그 배는 보기가 아주 좋았다.

(문제 476) 정답 및 해설 (2014서울9 A책형 문7)

◆ 중의적 문장의 유형: **구조적** 중의성 문장 / **언어적** 중의성 문장 / 은유적 중의성 문장.

① 내가 지난번에 만난 친구의 동생이 오늘 결혼을 한다고 한다. - **구조적** 중의성 문장
 ◆ 지난번에 만난 사람이 <u>친구인지</u> <u>아니면 그 친구의 동생인지</u> 구조적 중의성을 띤다.
② 그 연속극은 가정에 충실한 주부와 남편에게 불쾌감을 주었다. - **구조적** 중의성 문장
 ◆ 가정에 충실한 사람이 <u>주부인지</u> <u>아니면 남편인지</u> 구조적으로 중의성을 띤다.
③ 나는 국어 선생님과 교장 선생님을 찾아뵈었다. - **구조적** 중의성 문장
 ◆ <u>나와 국어 선생님 둘이서</u> 교장선생님을 찾아뵈었다는 의미인지 <u>아니면 내가 혼자서</u> 국어 선생님과 교장 선생님 두 분을 찾아뵈었다는 의미인지 구조적 중의성을 띤다.
④ 아내는 남편보다 아들을 더 좋아했다. - **구조적** 중의성 문장
 ◆ 아내가 (술만 먹는) <u>남편은 덜 좋아하고</u> 아들을 더 좋아한다는 의미인지, 아니면 남편이 아들을 좋아하는 정도보다 <u>아내가 아들을 좋아하는 정도가 더 큰 것인지</u> 의미가 모호하여 구조적 중의성의 띤다.
⑤ 그 **배**는 보기가 아주 좋았다. - **언어적** 중의성 문장
 ◆ 배가 먹는 **배**인지 / 어린 아이의 통통한 **배**인지 / 바다에 떠 있는 돛단**배**인지 의미가 여러 가지이다. 이는 **언어적** 중의성에 속한다.

(문제 476) 정답: ⑤

(문제 477) 다음 문장에 쓰인 수사법과 같은 수사법이 쓰인 것은? **(2014서울9 A책형 문8)**

우리 옹기는 양은 그릇에 멱살을 잡히고 플라스틱류에 따귀를 얻어맞았다.

① 그는 30년 동안 입고 있던 유니폼을 벗고서 붓을 들기 시작했다.
② 지금껏 역사를 굽어본 강물은 말없이 흐른다.
③ 돈을 잃는 것은 적게 잃는 것이지만 명예를 잃는 것은 많이 잃는 것이고 건강을 잃는 것은 모든 것을 잃는 것이다.
④ 보고 싶어요, 붉은 산이, 그리고 흰 옷이.
⑤ 내 마음은 호수요 그대 노 저어 오오.

(문제 477) 정답 및 해설 (2014서울9 A책형 문8)

◆ 우리 옹기는 양은 그릇에 **멱살**을 잡히고 플라스틱류에 **따귀**를 얻어맞았다. - **의인법**
◆ 의인법(擬人法): <u>**사람이 아닌 것을 사람에 비겨 사람이 행동하는 것처럼**</u> 표현하는 수사법. 예를 들면 '꽃이 웃는다.', '강물은 말없이 흐른다.' 따위가 있다.

① 그는 30년 동안 입고 있던 유니폼을 벗고서 **붓**을 들기 시작했다. - 대유법 / 환유법
  ◆ 대유법(代喻法): 하나의 사물이나 관념을 나타내는 말이 경험적으로 그것과 밀접하게 연관된 다른 사물이나 관념을 나타내도록 표현하는 수사법. '흰옷'으로 우리 민족을, '백의(白衣)의 천사'로 간호사를, '요람에서 무덤까지'로 태어나서 죽을 때까지를 나타내는 것 따위이다.
  ● 환유법(換喻法): 어떤 사물을, 그것의 속성과 밀접한 관계가 있는 다른 낱말을 빌려서 표현하는 수사법. 숙녀를 '하이힐'로, 우리 민족을 '흰옷'으로 표현하는 것 따위이다.
② 지금껏 역사를 굽어본 강물은 말없이 흐른다. - **의인법**
  ◆ <u>**사람이 아닌 강물이 사람이 행동하는 것처럼 표현하였다.**</u>
③ 돈을 잃는 것은 **적게** 잃는 것이지만 명예를 잃는 것은 **많이** 잃는 것이고 건강을 잃는 것은 **모든** 것을 잃는 것이다. - 점층법(漸層法)
  ◆ 점층법(漸層法): 문장의 뜻을 점점 강하게 하거나, 크게 하거나, 높게 하여 마침내 절정에 이르도록 하는 수사법. < <u>적게 → 많이 → 모든 것을 잃는 것이다.</u> >
④ 보고 싶어요, 붉은 산이, 그리고 흰 옷이. - 도치법, 환유법
  ◆ 보고 싶어요, 붉은 산이 - 도치법
  ● 환유법: 붉은 산(우리 국토) / 흰 옷(우리 민족)
⑤ 내 마음은 호수요 그대 노 저어 오오. - 은유법

(문제 477) 정답: ②

(문제 478) 다음 예문에서 밑줄 친 부분이 맞춤법에 맞는 것은? **(2014서울9 A책형 문10)**

① 올해 신입생 <u>입학율</u>이 저조하다.
② 네 기사가 <u>어린이란</u>에 실렸다.
③ 알고도 모르는 <u>채하였다</u>.
④ 남술의 처는 또 한번 웃기 잘하는 그의 입술을 <u>방끗</u> 벌리었다.
⑤ <u>껍질채</u> 먹는 것이 몸에 좋다.

(문제 478) 정답 및 해설 (2014서울9 A책형 문10)

① 올해 신입생 <u>입학**율**</u>이 저조하다. (X) → 입학**률**
 ◆ 모음이나 'ㄴ'받침 뒤에 이어지는 '렬, 률'은 '열, 율'로 표기한다. 따라서 모음이나 'ㄴ'받침 뒤에 이어지는 상황이 아니므로 'ㄹ'로 표기한다.
 ☺**영보이 암기tip)** 입학**률**이 높은 대학이 성공**률**도 높니? 뭐? 그게 뭔 또라이같은 소리야? < 입학**률** - 성공**률**도 >
② 네 기사가 <u>어린이**란**</u>에 실렸다. (X) → 어린이**난**
 ☺**영보이 암기tip)** 아이들이 이자겸의 **난**에 대해 공부한 후 어린이**난**을 일으켰다면?
　　　　　　 < 이자겸의 **난** - 어린이**난** > < 이자겸의 난(1126) >
③ 알고도 모르는 **채**<u>하였다</u>. (X)　›모르는 **체**하였다.
 ◆ '**채**하다'라는 말은 없다. '**체**하다'가 옳은 표현이다.
④ 남술의 처는 또 한 번 웃기 잘하는 그의 입술을 **방끗** 벌리었다. (O)
 ◆ 방끗:「부사」입을 예쁘게 약간 벌리며 소리 없이 가볍게 한 번 웃는 모양. '방긋'보다 조금 센 느낌을 준다.
⑤ <u>껍질**채**</u> 먹는 것이 몸에 좋다. (X) → 껍질**째**
 ◆ 째: '그대로', 또는 '전부'의 뜻을 더하는 접미사. < 접미사이므로 앞말과 붙여 쓴다.>
　 ◆ 그릇**째** / 뿌리**째** / 껍질**째** / 통**째** / 밭**째**
 ● 채: ('-은/는 채로', '-은/는 채' 구성으로 쓰여) 이미 있는 상태 그대로 있다는 뜻을 나타내는 말. < 의존 명사이므로 앞말과 띄어 쓴다. >
　 ● 옷을 입은 **채**로 물에 들어간다.
　 ● 노루를 산 **채**로 잡았다.
　 ● 벽에 기대앉은 **채**로 잠이 들었다.

(문제 478) 정답: ④

(문제 479) 다음은 사이시옷을 받치어 적는 예들 중 일부이다. 아래 보기의 설명 가운데 이 예들을 통해서 알기 어려운 것은? **(2014서울9 A책형 문11)**

잇몸, 바닷가, 뒷일, 전셋집

① 순 우리말로 된 합성어로서 앞말이 모음으로 끝난 경우, 뒷말의 첫소리가 된소리로 날 때 사이시옷을 받치어 적는다.
② 순 우리말로 된 합성어로서 앞말이 모음으로 끝난 경우, 뒷말의 첫소리 ㄴ , ㅁ 앞에서 ㄴ 소리가 덧날 때 사이시옷을 받치어 적는다.
③ 순 우리말로 된 합성어로서 앞말이 모음으로 끝난 경우, 뒷말의 첫소리 모음 앞에서 ㄴㄴ 소리가 덧날 때 사이시옷을 받치어 적는다.
④ 순 우리말과 한자어로 된 합성어로서 앞말이 모음으로 끝난 경우, 뒷말의 첫소리가 된소리로 날 때 사이시옷을 받치어 적는다.
⑤ 순 우리말과 한자어로 된 합성어로서 앞말이 모음으로 끝난 경우, 뒷말의 첫소리 모음 앞에서 ㄴㄴ 소리가 덧날 때 사이시옷을 받치어 적는다.

(문제 479) 정답 및 해설 (2014서울9 A책형 문11)

◆ **잇몸**, **바닷가**, **뒷일**, **전셋집**

① 순 우리말로 된 합성어로서 앞말이 모음으로 끝난 경우, 뒷말의 첫소리가 된소리로 날 때 사이시옷을 받치이 적는디. - **바닷가** < 바다(순 우리말) + 가(순 우리말) + 앞말이 모음('가'의 'ㅏ') + [바다까 / 바닫까][ㄲ] >
② 순 우리말로 된 합성어로서 앞말이 모음으로 끝난 경우, 뒷말의 첫소리 ㄴ , ㅁ 앞에서 ㄴ 소리가 덧날 때 사이시옷을 받치어 적는다. -**잇몸** - < 이(순 우리말) + 몸(순 우리말) + 앞말이 모음(이) + [인몸][ㄴ] >
③ 순 우리말로 된 합성어로서 앞말이 모음으로 끝난 경우, 뒷말의 첫소리 모음 앞에서 ㄴㄴ 소리가 덧날 때 사이시옷을 받치어 적는다. - **뒷일** - < 뒤(순 우리말) + 일(순 우리말) + 앞말이 모음('뒤'의 'ㅟ') + [뒨:닐][ㄴㄴ] >
④ 순 우리말과 한자어로 된 합성어로서 앞말이 모음으로 끝난 경우, 뒷말의 첫소리가 된소리로 날 때 사이시옷을 받치어 적는다. - **전셋집** - < 전세(한자어) + 집(순 우리말) + 앞말이 모음('세'의 'ㅔ') + [전세찝 / 전섿찝][ㅉ] >   < cf. 전셋방(X) → 전세방(O) >
⑤ 순 우리말과 한자어로 된 합성어로서 앞말이 모음으로 끝난 경우, 뒷말의 첫소리 모음 앞에서 ㄴㄴ 소리가 덧날 때 사이시옷을 받치어 적는다. - < 예: **예삿일** > <2014사복직>
　　◆ 예삿일 - [예:**산닐**]
　　◆ 예사(例事 - **한자어**) + 일(**순 우리말**) + **뒷말의 첫소리 모음 앞에서 'ㄴㄴ' 소리가** 덧나는 것.[예:산닐[ㄴㄴ]

(문제 479) 정답: ⑤

(문제 480) 다음 중 띄어쓰기가 맞는 문장은? (∨ 는 띄어쓰기 부호) **(2014서울9 A책형 문12)**

① 옷∨한벌∨살∨돈이∨없다.
② 큰∨것은∨큰∨것∨대로∨따로∨모아∨둬라.
③ 강아지가∨집을∨나간∨지∨사흘∨만에∨돌아왔다.
④ 이∨나무는∨10∨미터가∨넘는다.
⑤ 합격했다는∨말에∨뛸듯이∨기뻐하였다.

(문제 480) 정답 및 해설 (2014서울9 A책형 문12)

① 옷∨**한벌**∨살∨돈이∨없다. **(X)** → 옷∨한∨벌
 ◆ '벌'은 옷을 세는 단위로 의존 명사이므로 띄어 쓴다.
② 큰∨것은∨큰∨것∨**대로**∨따로∨모아∨둬라. **(X)** → 큰 **것대로**
 ◆ '대로'와 명사가 결합할 경우 '대로'는 **조사**이므로 **붙여** 쓴다. - **엄마대로, 너대로**
 ● '대로'와 용언이 결합할 경우 '대로'는 **의존 명사**이므로 **띄어** 쓴다. - 끝나는∨대로
③ 강아지가∨집을∨나간∨지∨사흘∨만에∨**돌아왔다.** **(O)**
 ◆ '**지**'가 시간의 경과를 의미할 경우 의존 명사이므로 앞말과 띄어 쓴다.
 ◆ '돌아오다'는 하나의 단어이므로 붙여 쓴다.
④ 이∨나무는∨10∨미터가∨넘는다. **(O)**
 ◆ 10∨미터(원칙) / 10미터(허용)
⑤ 합격했다는∨말에∨**뛸듯이**∨기뻐하였다. **(X)** → 뛸∨듯이
 ◆ -듯이: 「의존 명사」 (어미 '-은', '-는', '-을' 뒤에 쓰여) 짐작이나 추측의 뜻을 나타내는 말. **이 문장에서는 의존 명사이므로 띄어 쓴다.**
  ◆ 뛸∨듯이 기뻐하다 / 아는∨듯이 말했다.
 ● -듯이: 뒤 절의 내용이 앞 절의 내용과 거의 같음을 나타내는 연결 어미. < 연결어미로 쓰일 경우에는 앞말과 붙여 쓴다. >
  ● 거대한 파도가 일듯이 사람들의 가슴에 분노가 일었다.
  ● 비 온 후에 죽순이 돋듯이 여기저기에서 회사를 창립하였다.
  ● 사람마다 생김새가 다르듯이 생각도 다르다.
  ● 사자의 무기가 이빨이듯이 소의 무기는 뿔이란다.

(문제 480) 정답: ③, ④

(문제 481) 제시된 단어의 뜻풀이가 바르지 않은 것은? **(2014서울9 A책형 문13)**

① 궁도련님: 부유한 집에서 자라나 세상의 어려운 일을 잘 모르는 사람
② 윤똑똑이: 사리에 어둡고, 아는 것이 없는 사람
③ 책상물림: 책상 앞에 앉아 글공부만 하여 세상일을 잘 모르는 사람
④ 두루치기: 한 사람이 여러 방면에 능통함. 또는 그런 사람
⑤ 대갈마치: 온갖 어려운 일을 겪어서 아주 야무진 사람

(문제 482) 다음은 같은 의미를 지닌 단어들을 묶은 것이다. 이들 가운데 표준어가 아닌 예가 들어 있는 것은? **(2014서울9 A책형 문14)**

① 눈대중 - 눈어림 - 눈짐작
② 보통내기 - 여간내기 - 예사내기
③ 멀찌감치 - 멀찌가니 - 멀찍이
④ 넝쿨 - 덩굴 - 덩쿨
⑤ 되우 - 된통 - 되게

③ 멀찌감치 - 멀찌가니 - 멀찍이 (O)
　☺**영보이 암기tip) < 감치 - 가니 - 찍이 / 감 - 가 - 찍이 >**
④ 넝쿨 - 덩굴 - 덩쿨 (X) → 넝쿨 - 덩굴
　☺**영보이 암기tip)**
　◆ 넝쿨[ㄴㅋ] / 덩굴[ㄷㄱ]
⑤ 되우 - 된통 - 되게 (O)
　☺**영보이 암기tip) < 되우 - 되게 - 된통 / 우 - 게 - 통 >**

(문제 482) 정답: ④

(문제 483) 다음 중 창작군담소설(일명 영웅소설)의 특징이 아닌 것은? **(2014서울9 A책형 문17)**

① '영웅의 일생'이라는 전형적 구조로 되어 있다.
② 대중 소설적 성격이 강하다.
③ 비현실적인 요소가 많다.
④ 시·공간적 배경은 16~17세기 조선인 경우가 대부분이다.
⑤ 조선 후기에 활발하게 창작되었다.

(문제 483) 정답 및 해설 (2014서울9 A책형 문17)

◆ 영웅소설: 우리나라 고전 소설 유형의 하나. 영웅의 일생이라는 서사 구조를 갖고 있는 작품을 이른다. <유충렬전>, <조웅전> 따위가 있다.
◆ 군담소설: 주인공의 군사적 활약상을 주요 내용으로 하는 소설을 통틀어 이르는 말. 우리나라 고대 소설의 한 유형으로, <임진록>과 같이 실재했던 전쟁을 소재로 한 역사 군담 소설과 <유충렬전>, <조웅전>과 같이 허구적 전쟁을 소재로 한 창작 군담 소설이 있다.

① '영웅의 일생'이라는 전형적 구조로 되어 있다. (O) - <유충렬전>, <조웅전>
② 대중 소설적 성격이 강하다. (O)
③ 비현실적인 요소가 많다. (O)
④ 시·공간적 배경은 16~17세기 조선인 경우가 대부분이다. (X)
　→ 시간적 배경은 확실하게 알 수 없지만 조선 후기에 활발하게 창작되었고 임진왜란이나 병자호란 등의 우리나라를 배경으로 한 작품도 있고 창작군담소설은 중국을 배경으로 한 작품이 많으므로 보기 ④의 '조선인 경우가 대부분'이란 말은 모순이다.
⑤ 조선 후기에 활발하게 창작되었다. (O)
★ '④시·공간적 배경은 16~17세기 조선인 경우가 대부분이다.'와 '⑤ 조선 후기에 활발하게 창작되었다.'의 설명이 모순이므로 둘 중에 하나가 답인 것을 알 수 있다.

(문제 483) 정답: ④

(문제 484) 1930년대 문단의 상황에 대한 다음 진술 중 잘못된 것은? **(2014서울9 A책형 문18)**

① 김동리, 김유정 등 동반자 작가들이 활동했다.
② 예술성을 강조하는 순수 문학이 크게 유행했다.
③ 모더니즘 문학이 도입되고 다양한 기법이 실험되었다.
④ 전원파, 청록파, 생명파 등이 등장했다.
⑤ 일제의 탄압으로 카프(KAPF)가 해체되었다.

(문제 484) 정답 및 해설 (2014서울9 A책형 문18)

① 김동리, 김유정 등 동반자 작가들이 활동했다. (X)
　→ **김동리와 김유정은 동반자 작가로 활동하지 않았다.**
　◆ 동반자 작가: 1930년대 전후에 프롤레타리아문학을 지향하는 작가들을 총칭하여 부르는 말. 이 동반자 작가는 카프(조선프롤레타리아예술가동맹)에 정식으로 가입한 회원은 아니지만 사상적으로 카프와 뜻을 같이하는 사람들을 말한다.
　◆ 동반자 작가: **유진**오, 이**효**석, **박**화성, **채**만식 < **유진 - 효 · 박 · 채** >
② 예술성을 강조하는 순수 문학이 크게 유행했다. (O) - 시문학파와 구인회 등의 활동이 활발하였다.
　◆ **시문학**(1930): 김영랑, 신석정, 박용철
　◆ **구인회**(1933): 1933년에 결성한 문학 동인회. 김기림, 이효석, 이종명(李鍾鳴), 김유영(金幽影), 유치진, 조용만(趙容萬), 이태준, 정지용, 이무영(李無影)의 아홉 사람이 모여 결성한 것으로, 경향 문학에 반발하여 순수 문학을 지향하였으나 큰 활약을 하지는 못하였다.
③ 모더니즘 문학이 도입되고 다양한 기법이 실험되었다. (O)
　◆ 모더니즘 작가: 김기림, 김광균, 이상, 박태원
　◆ 다양한 기법: 모더니즘, 전원파, 생명파, 청록파, 계몽주의, 문학의 예술성, 지식인의 고뇌.
④ 전원파, 청록파, 생명파 등이 등장했다. (O)
　◆ **전원파**: 신석정, 김상용, 김동명
　◆ **청록파**: 조지훈, 박목월, 박두진, 1939년에 '문장'을 통하여 문단에 등장한 세 사람이 1946년에 공동 시집인 '청록집'을 간행한 데서 붙여진 이름이다. 주로 동양적 자연관과 관조적 세계관을 표현하였다.
　◆ **생명파**: 서정주, 오장환, 김동리, 유치환을 통틀어 이르는 말. 1936년에 '시인 부락'과 '생리(生理)'를 통하여 생명 현상에 관한 시적 관심을 표현한 공통점에서 붙여진 이름이다.
⑤ 일제의 탄압으로 카프(KAPF)가 해체되었다. (O) - 1935년 카프 해체.
　◆ 카프(조선프롤레타리아예술가동맹): 1925년 8월에 박영희, 김기진, 이기영 등 주로 신경향파 작가가 중심이 되어 조직한 문학 단체. 프롤레타리아 문학인의 전위적 단체로, 정치성이 짙은 문학 운동을 조직적으로 전개하다가 일제의 탄압으로 1935년에 해산되었다.

(문제 484) 정답: ①

(문제 484-2) 다음 중 표준어로만 짝지어진 것은? (2015서울9 A책형 문1)

① 덩쿨 - 눈두덩이 - 놀이감
② 윗어른 - 호루라기 - 딴지
③ 계면쩍다 - 지리하다 - 삐지다
④ 주책 - 두루뭉술하다 - 허드레

(문제 484-2) 정답 및 해설 (2015서울9 A책형 문1)

① **덩쿨** - 눈두덩이 - 놀이감 (X) → 넝쿨[ㄴㅋ](O) / 덩굴[ㄷㄱ] / 놀잇감

◆ 넝쿨[ㄴㅋ](O) / 덩굴[ㄷㄱ]

◆ <u>눈두덩(O) / 눈두덩이(O)</u> : 눈두덩도 맞고 눈두덩2도 맞다.

◆ <u>놀잇감(O)</u>: 놀이 또는 아동 교육 현장 따위에서 활용되는 물건이나 재료.

② **윗**어른 - 호루라기 - 딴지 (X) → **웃**어른

◆ **웃**어른 - ☺**영보이 암기tip)** 웃어른을 보고 마구 웃지 마라. <u>< 웃어른 - 마구 웃지 ></u>

◆ 딴지(O) / 딴죽(O)

　◆ **딴지**: 일이 순순히 진행되지 못하도록 훼방을 놓거나 어기대는 것.

　◆ **딴죽**: 이미 동의하거나 약속한 일에 대하여 딴전을 부림을 비유적으로 이르는 말.

　　☺**영보이 암기tip)** <u>< 딴지(O) / 딴죽(O) - 딴지 - 죽 ></u>

◆ 호루라기 - ☺**영보이 암기tip)** 밤에 호루**라기**를 부니 동생이 싸**라기**를 던졌다.

<u>< 호루**라기** - 싸**라기** ></u>

③ 계면쩍다 - 지**리**하다 - 삐지다 (X) → 지루하다

◆ 지루하다 - ☺**영보이 암기tip)** 그 야구선수는 2루타만 치니 지루하다.

<u>< 2루타 - 지루하다 ></u>

◆ 계면**쩍**다 (O) / 겸연**쩍**다 (O)

　◆ **겸연쩍다**: 쑥스럽거나 미안하여 어색하다.

　☺**영보이 암기tip)** 지하철에서 한 남자가 다리를 **쩍** 벌리고 있다가 할머니에게 혼났

다. 그 남자는 **계**면쩍어 외**계**인이라도 만나고 싶었다.<u>< **쩍** 벌리고 - **계**면쩍어 - 외**계**인 ></u>

④ 주책 - 두루뭉술하다 - 허드레 (O)

◆ 주책없다(O) - <u>주책이다 (O)</u> 2017.01.01. 추가된 표준어

◆ 두**리**뭉**실**하다 (X) → 두루뭉술하다 (O) < **루** - **술** / ㅜ - ㅜ >

◆ 허드레 (O) / cf. 허드렛일

(문제 484) 정답: ④

(문제 485) 다음 중 <보기>의 설명에 해당되지 않는 단어는? **(2015서울9 A책형 문2)**

<보기>
접미사는 품사를 바꾸거나 자동사를 타동사로 바꾸는 기능을 한다.

① 보기
② 낯섦
③ 낮추다
④ 꽃답다

(문제 485) 정답 및 해설 (2015서울9 A책형 문2)

① 보기 (O) : 보다(동사) + 기(명사형을 만드는 접미사) → 보기(명사) : **품사가 바뀜**
  cf. 그 문제의 보기를 하루 종일 보기.
          (명사)   (동사)
② 낯섦 (X) - 명사형을 썼으나 품사가 바뀌지 않고 여전히 형용사이다.
  ◆ 낯설다:「형용사」전에 본 기억이 없어 익숙하지 아니하다. / 사물이 눈에 익지 아니
하다. ★ '낯설다'는 형용사로만 쓰인다.
③ 낮추다 (O) : 낮다(자동사) + 추(사동 접미사) → 낮추다(타동사) : **타동사로 바뀜**
  ◆ 낮다(자동사): 코가 낮다. / 눈이 낮다. 계단이 낮다. - 목적어가 필요 없는 자동사.
  ● 낮추다(타동사): 눈을 낮춰야 결혼할 수 있다. / 계단을 높이다. - **목적어가 필요한**
타동사.
④ 꽃답다 (O) : 꽃(명사) + 답다(형용사형 접미사) → 꽃답다(형용사) : **품사가 바뀜**
                                          (문제 485) 정답: ②

(문제 486) 국어의 음운 현상에는 아래의 네 가지 유형이 있다. <보기>의 (가)와 (나)에 해당
하는 음운 현상의 유형을 순서대로 고르면? **(2015서울9 A책형 문3)**

㉠ XAY → XBY (대치)
㉡ XAY → X∅Y (탈락)
㉢ X∅Y → XAY (첨가)
㉣ XABY → XCY (축약)

<보기>
솥+하고 → [솓하고] → [소타고]
        (가)   (나)

① ㉠, ㉡   ② ㉠, ㉣   ③ ㉡, ㉢   ④ ㉣, ㉡

(문제 486) 정답 및 해설 (2015서울9 A책형 문3)

(가) 솥+하고 → [솓하고] : ㅌ → [ㄷ] : **음절의 끝소리 법칙**
 ◆ 음절 끝소리: [ㄱ ㄴ ㄷ ㅁ ㄹ ㅂ ㅇ]
 ◆ 'ㅌ'은 [ㄷ]으로 되었으므로 음절의 끝소리 법칙은 '**대치**'나 '**교체**'라 할 수 있다.
 ◆ ㉠ XAY → XBY (대치)
(나) [솓하고] → [소타고] : ㄷ + ㅎ → [ㅌ] : **자음의 축약**
 ◆ ㉣ XABY → XCY (축약)
 ◆ 축약(縮約): 두 형태소가 서로 만날 때에 앞뒤 형태소의 두 음소나 음절이 한 음소나 음절로 되는 현상. '좋고'가 '조코'로, '국화'가 '구콰'로, '가리+어'가 '가려'로, '되+어'가 '돼'로 되는 것 따위이다.
 ★ 따라서 ㉠ XAY → XBY (대치) / ㉣ XABY → XCY (축약)

(문제 486) 정답: ② ㉠, ㉣

(문제 487) 다음 중 띄어쓰기가 옳은 것은? (2015서울9 A책형 문4)

① 차라리 얼어서 죽을망정 겻불은 아니 쬐겠다.
② 마음에 걱정이 있을 지라도 내색하지 마라.
③ 그녀는 얼굴이 예쁜대신 마음씨는 고약하다.
④ 그 사람이 친구들 말을 들을 지 모르겠다.

(문제 487) 정답 및 해설 (2015서울9 A책형 문4)

① 차라리 얼어서 **죽을망정** 겻불은 아니 쬐겠다. (O)
 ◆ 이 문장에서 '-ㄹ망정'은 연결 **어미**이므로 앞말과 **붙여** 쓴다.
 ◆ -ㄹ망정: ('이다'의 어간, 받침 없는 용언의 어간, 'ㄹ' 받침인 용언의 어간 또는 어미 '-으시-' 뒤에 붙어) 앞 절의 사실을 인정하고 뒤 절에 그와 대립되는 다른 사실을 이어 말할 때에 쓰는 연결 어미. 앞 절의 사실은 가상의 것일 수도 있다. '비록 그러하지만 그러나' 혹은 '비록 그러하다 하여도 그러나'에 가까운 뜻을 나타낸다.
 ● 망정: (주로 어미 '-기에', '-니', '-니까', '-어서' 뒤에 쓰여) ('망정이지'의 꼴로 쓰여) 괜찮거나 잘된 일이라는 뜻을 나타내는 말. < 의존 **명사**이므로 앞말과 **띄어** 쓴다. >
  ● 그 집은 마침 네 눈에 띄었기에V망정이다.
② 마음에 걱정이 있을V지라도 내색하지 마라. (X) → **있을지라도**
 ◆ '**-ㄹ지라도**'는 연결 **어미**이므로 앞말과 **붙여** 쓴다.
 ◆ -ㄹ지라도: ('이다'의 어간, 받침 없는 용언의 어간, 'ㄹ' 받침인 용언의 어간 또는 '-으시-' 뒤에 붙어) 앞 절의 사실을 인정하면서 그에 구애받지 않는 사실을 이어 말할 때에 쓰는 연결 **어미**. 어떤 미래의 일에 대하여 '그렇다고 가정하더라도'의 뜻을 나타낸다.

③ 그녀는 얼굴이 **예쁜대신** 마음씨는 고약하다. (X) → 예쁜V대신
  ◆ **'대신'은 명사로 하나의 단어이므로 앞말과 띄어 쓴다.**
  ◆ **대신**: (어미 '-은', '-는' 뒤에 쓰여) 앞말이 나타내는 행동이나 상태와 다르거나 그와 반대임을 나타내는 말.
    ◆ 너른 마당은 연탄재가 말끔히 치워진V대신 광주리 장수와 리어카 장수들이 진을 치고 있었다.
  ● **대신**: (명사, 대명사 뒤에 쓰여) 어떤 대상의 자리나 구실을 바꾸어서 새로 맡음. 또는 그렇게 새로 맡은 대상.
    ● 모유V대신에 우유를 먹이다. / 희망V대신 절망을 주다.
    ● 당분간 형이 아버지V대신이다.
④ 그 사람이 친구들 말을 들을V지 모르겠다. (X) → **들을지**
  ◆ '지'는 시간의 경우에는 띄어 쓰지만 이 문장에서는 **시간의 경과를 의미하지 않으므로 붙여 쓴다.**
  ☺영보이 암기tip) 띄어쓰기는 원고지로 공부하면 기억이 오래간다.

얼	어	서		**죽**	**을**	**망**	**정**			걱	정	이		**있**	**을**	**지**	**라**	**도**		
얼	굴	이		예	쁜	**V**	대	신		말	끔	이		치	워	진	**V**	대	신	
모	유	**V**	대	신	에			희	망	**V**	대	신		절	망	을				
형	이		아	버	지	**V**	대	신	이	다	.									
친	구	의		말	을		**들**	**을**	**지**												

(문제 487) 정답: ①

(문제 488) 다음 중 국어의 형태적 특징은? (2015서울9 A책형 문5)

① 수식어는 반드시 피수식어 앞에 온다.
② 동사와 형용사의 활용이 유사하다.
③ 문장 성분의 순서를 비교적 자유롭게 바꿀 수 있다.
④ 언어 유형 중 주어-목적어-동사 의 어순을 갖는 SOV형 언어이다.

(문제 488) 정답 및 해설 (2015서울9 A책형 문5)

① 수식어는 반드시 피수식어 앞에 온다. - 통사적(문장적) 특징
 ◆ <u>사랑스러운</u> <u>고은이</u>   / <u>믿을 수 있는</u> <u>영보이</u>   / <u>맛있는</u> <u>슈크림</u>
    (수식어) (피수식어)   (수식어) (피수식어)   (수식어) (피수식어)
② 동사와 형용사의 활용이 유사하다. (O) - **형태적** 특징
  ◆ 동사와 형용사는 용언이라 하는데 용언은 활용이 유사하다. < <u>일치하지는 않는다.</u> >
    ◆ 자다(동사) - **자는** 아이가 사랑스럽다. - **자는 : 동사**
    ● 맛있다(형용사) - 나는 **맛있는** 슈크림이 좋다. - **맛있는 - 형용사**

③ 문장 성분의 순서를 비교적 자유롭게 바꿀 수 있다. - 통사적(문장적) 특징
  ◆ 공유를 사람들이 좋아한다. 사람들이 공유를 좋아한다.
④ 언어 유형 중 주어-목적어-동사 의 어순을 갖는 SOV형 언어이다.-통사적(문장적) 특징
  ◆ <u>영보이는 김고은을 좋아한다.</u>
    (주어)   (목적어) (서술어)
    (Subject) (Object) (Verb)

(문제 488) 정답: ②

(문제 489) 다음 중 외래어 표기법에 따라 바르게 표기된 것으로만 묶인 것은? (2015서울9 A 책형 문6)

① 서비스 - 소시지 - 소파 - 싱크대 - 팜플렛
② 리더쉽 - 소세지 - 싱크대 - 서비스 - 스카우트
③ 쇼파 - 씽크대 - 바디로션 - 수퍼마켓 - 스카웃
④ 소파 - 소시지 - 슈퍼마켓 - 보디로션 - 팸플릿

(문제 489) 정답 및 해설 (2015서울9 A책형 문6)

① 서비스 - 소시지 - 소파 - 싱크대 - 팜플렛 (X) → 팸플릿
  ☺영보이 암기tip)
  ◆ 서비스 - 싱크대 서울의 서비스
  ◆ 소시지 - 소녀시대 소시지 < 소 · 시 - 소시지 >
  ◆ 소파 - 소가죽으로 된 소파 < 소가죽 - 소파 >
  ◆ 싱크대 - 싱싱한 싱크대
  ◆ 팸플릿 - 스피릿을 담아 팸플릿을 만드는 중에 스팸메일가 왔다.
            < 스피릿 - 팸플릿 - 스팸메일 >
② 리더쉽 - 소세지 - 싱크대 - 서비스 - 스카우트 (X) → 리더십 / 소시지
  ☺영보이 암기tip)
  ◆ 리더십 - 십자가를 들고 리더십을 발휘하는 목사님 < 십자가 - 리더십 >
            < 리더쉽 (X) >
  ◆ 스카우트 - 우리를 트집 잡는 스카우트 < 우리를 트집 - 스카우트 >
③ 쇼파 - 씽크대 - 바디로션 - 수퍼마켓 - 스카웃 (X)
  → 소파 / 싱크대 / 보디로션 / 슈퍼마켓 / 스카우트
  ☺영보이 암기tip)
  ◆ 보디로션 - 보디로션 바를 때 보지 마. < 보디로션 - 보지 마 >
  ◆ 슈퍼마켓- 슈퍼마켓에서 슈크림을 샀다. < 슈퍼마켓에서 - 슈크림을 >
④ 소파 - 소시지 - 슈퍼마켓 - 보디로션 - 팸플릿 (O)

(문제 489) 정답: ④

(문제 490) 다음 중 한글 맞춤법에 따라 바르게 표기된 것은? **(2015서울9 A책형 문7)**

① 철수는 우리 반에서 키가 열둘째이다.
② 요즘 재산을 떨어먹는 사람이 많다.
③ 나는 집에 사흘 동안 머무를 예정이다.
④ 숫병아리가 내게로 다가왔다.

(문제 490) 정답 및 해설 (2015서울9 A책형 문7)

① 철수는 우리 반에서 키가 **열둘째**이다. (X) → 열두째
- 열두째: 「수사·관형사」 순서가 **열두 번째**가 되는 차례. 또는 그런 차례의.
  - 이 줄 열두째에 앉은 애가 내 친구 순이야.
  - 그 쪽의 열두째 줄을 읽어 보아라.
  ☺**영보이 암기tip)** 우리 두목은 머리 크기가 열두째이다. < 우리 두목 - 열두째 >
- ◆ **열둘째**: 「명사」 맨 앞에서부터 세어 모두 **열두 개째**가 됨을 이르는 말.
  - ◆ 이 채점 답안지는 열둘째이다.
  - ◆ 아기공용 둘리는 도마뱀을 열둘째 먹었다. < **열두 개째** >
  ☺**영보이 암기tip)** < 둘리는 도마뱀을 - 열둘째 먹었다. >

② 요즘 재산을 **떨**어먹는 사람이 많다. (X) → 털어먹는
- 털어먹다: 재산이나 돈을 함부로 써서 몽땅 없애다.
  - 그는 도박으로 물려받은 재산을 몽땅 털어먹었다.
- ★ '떨어먹다'라는 말은 없다.

> ★ 헷갈리는 단어
> - ◆ **떨**다: 달려 있거나 붙어 있는 것을 쳐서 떼어 내다.
>   - ◆ 옷의 먼지를 **떨**다 / 밤나무의 밤을 **떨**다 / 담뱃재를 **떨**다
>   - ◆ 그는 현관에서 모자 위에 쌓인 눈을 **떨**고 있었다.

③ 나는 집에 사흘 동안 머무를 예정이다. (O)
- ◆ 머무르다 - 머물러 - 머무르니 - 머무를 - 머물
☺**영보이 암기tip)** < 물 - 무르 >

④ **숫병**아리가 내게로 다가왔다. (X) → 수평아리
- ◆ 일반적으로 된소리나 **거센소리(ㅍ)** 앞은 사이시옷을 쓰지 않는다.
☺**영보이 암기tip)** 우리 집 수평아리가 **평균**대에서 수평을 잘 유지했다.
< 수평아리 - 수평을 유지 >

(문제 490) 정답: ③

(문제 491) 다음 중 <보기>와 같은 서술 방식이 쓰인 문장은? **(2015서울9 A책형 문9)**

<보기>
포장한 지 너무 오래되어 길에는 흙먼지가 일고 돌이 여기저기 굴러 있었다. 길 양쪽에 다 쓰러져가는 집들, 날품팔이 일꾼들이 찾아가는 장국밥집, 녹슨 함석지붕이 찌그러져 있었고, 흙먼지가 쌓인 책방, 조선기와를 올린 비틀어진 이층집, 복덕방 포장이 찢기어 너풀거린다.

① 탈피 후 조금 쉬었다가 두 번째 먹이를 먹고 자리를 떠났다.
② 잎은 어긋나게 붙고 위로 올라갈수록 작아지면서 윗줄기를 감싼다.
③ 사람을 접대하는 것은 글을 잘 짓는 것과 같다.
④ 성장이 둔화되어 일자리가 늘지 않았기 때문이다.

(문제 491) 정답 및 해설 (2015서울9 A책형 문9)

◆ 포장한 지 너무 오래되어 길에는 <u>흙먼지가 일고 돌이 여기저기 굴러 있었다</u>. 길 양쪽에 다 쓰러져가는 집들, 날품팔이 일꾼들이 찾아가는 장국밥집, 녹슨 함석지붕이 찌그러져 있었고, 흙먼지가 쌓인 책방, 조선기와를 올린 <u>비틀어진 이층집, 복덕방 포장이 찢기어 너풀거린다.</u> : <u>**묘사의 서술 방식**</u>을 사용하였다.

① 탈피 후 조금 쉬었다가 두 번째 먹이를 먹고 자리를 떠났다. - 곤충의 성장 **과정**
② 잎은 어긋나게 붙고 위로 올라갈수록 작아지면서 윗줄기를 감싼다. (O)
  ◆ 어떤 잎인지는 알 수 없지만 <u>**잎의 모습을 묘사**</u>하였다.
③ 사람을 접대하는 것은 글을 잘 짓는 <u>것과 같다</u>. - <u>**유추**</u>
  ◆ 글을 잘 짓는 것을 사람을 접대하는 것, 즉 다른 속성에 빗대어 추론하고 있다.
  ◆ **유추(類推)**: 두 개의 사물이 여러 면에서 비슷하다는 것을 근거로 다른 속성도 유사할 것이라고 추론하는 일. 서로 비슷한 점을 비교하여 하나의 사물에서 다른 사물로 추리한다.
④ 성장이 둔화되어 일자리가 늘지 않았기 때문이다. - **인과(因果)**: 원인과 결과
  ◆ 원인: 성장이 둔화되었다.
  ● 결과: 일자리가 늘지 않았다.

(문제 491) 정답: ②

(문제 492) 다음 중 서울을 주요 배경으로 한 소설이 아닌 것은? (2015서울9 A책형 문12

① 박태원의 『천변 풍경』
② 염상섭의 『두 파산』
③ 박완서의 『엄마의 말뚝』
④ 이청준의 『당신들의 천국』

(문제 493) 다음에서 설명하는 훈민정음 제자 원리에 해당하는 것은? (2015서울9 A책형 문15)

ㄱ, ㄷ, ㅂ, ㅅ, ㅈ, ㅎ 등을 가로로 나란히 써서 ㄲ, ㄸ, ㅃ, ㅆ, ㅉ, ㆅ 을 만드는 것인데, 필요한 경우에는 ㅺ, ㅼ, ㅽ, ㅳ, ㅄ, ㅷ, ㅵ, ㅶ 등도 만들어 썼다.

① 象形　　　② 加畫　　　③ 竝書　　　④ 連書

초성(初聲)의 제자 원리				
	기본자	가획자	이체자	제자 원리
아음(牙音)	ㄱ	ㅋ	ㆁ	어금닛소리
설음(舌音)	ㄴ	ㄷ, ㅌ	ㄹ	혓소리
순음(脣音)	ㅁ	ㅂ, ㅍ		입술소리
치음(齒音)	ㅅ	ㅈ, ㅊ	ㅿ	잇소리
후음(喉音)	ㅇ	ㆆ, ㅎ		목청소리

③ **병서(竝書)**: 훈민정음에서, 초성자 두 글자 또는 세 글자를 가로로 나란히 붙여 쓰는 일. **각자 병서** 'ㄲ, ㄸ' 따위와 **합용 병서** 'ㄼ, ㅄ' 따위가 있다. (**나란히 쓰기**)
④ 連書(연서): 훈민정음에서, 순경음(脣輕音)을 표기하기 위하여 순음자(脣音字) 밑에 'ㅇ'을 이어 쓰는 일. 'ㅁㅇ', 'ㅂㅇ', 'ㅍㅇ', 'ㅃㅇ' 따위가 있다. (이어쓰기)

(문제 493) 정답: ③

(문제 494) 다음의 밑줄 친 부분이 <보기>의 ㉠과 가장 유사한 의미로 쓰인 것은? (2015서울9 A책형 문16)

<보기>
그는 집에 갈 때 자동차를 ㉠ 타지 않고 걸어서 간다.

① 그는 남들과는 다른 비범한 재능을 타고 태어났다.
② 그는 가야금을 발가락으로 탈 줄 아는 재주가 있다.
③ 그는 어릴 적부터 남들 앞에 서면 부끄럼을 잘 탔다.
④ 그는 감시가 소홀한 야밤을 타서 먼 곳으로 갔다.

(문제 494) 정답 및 해설 (2015서울9 A책형 문16)

◆ 그는 집에 갈 때 자동차를 ㉠ 타지 않고 걸어서 간다. - 탈것이나 짐승의 등 따위에 몸을 얹다. - '타다'의 **다의어**

◆ 다의어와 동음이의어를 구별하는 문제이다.
◆ **다의어**: 다의어는 동음이의어와 다르게 **의미의 유사성이 있다**. 또한 다의어는 사전에 같은 항목에 있다.
● **동음이의어**: 동음이의어는 의미의 유사성이 전혀 없고 음만 같을 뿐이다.
< 먹는 배(pear) / 바다에 있는 배(ship) >

① 그는 남들과는 다른 비범한 재능을 타고 태어났다. - 복이나 재주, 운명 따위를 선천적으로 지니다. - '타다'의 **동음이의어**
② 그는 가야금을 발가락으로 탈 줄 아는 재주가 있다. - 악기의 줄을 퉁기거나 건반을 눌러 소리를 내다. '타다'의 **동음이의어**

③ 그는 어릴 적부터 남들 앞에 서면 부끄럼을 잘 탔다. - 부끄럼이나 노여움 따위의 감정이나 간지럼 따위의 육체적 느낌을 쉽게 느끼다. '타다'의 **동음이의어**
④ 그는 감시가 소홀한 야밤을 타서 먼 곳으로 갔다. (O) - 어떤 조건이나 시간, 기회 등을 이용하다. '타다'의 **다의어**

> ★자동차를 타다는 이용하다의 의미가 있다. / ★야밤을 타다는 이용하다의 의미가 있다. ★ 따라서 이 두 가지는 다의어이다.

(문제 494) 정답: ④

(문제 495) 다음 중 <보기>의 뜻으로 옳은 것은? **(2015서울9 A책형 문19)**

> <보기> 털을 뽑아 신을 삼는다.

① 힘든 일을 억지로 함
② 자신의 온 정성을 다하여 은혜를 꼭 갚음
③ 모든 물건은 순리대로 가꾸고 다루어야 함
④ 사리를 돌보지 아니하고 남의 것을 통으로 먹으려 함

(문제 495) 정답 및 해설 (2015서울9 A책형 문19)

◆ 털을 뽑아 신을 삼는다. - 자신의 온 정성을 다하여 은혜를 꼭 갚겠다는 말.
☺**영보이 암기tip) 털을 뽑아 털신을 만들어 은혜를 갚는다.**

(문제 495) 정답: ②

(문제 496) 다음 제시된 단어 중 뜻풀이가 옳지 않은 것은? **(2015서울9 A책형 문20)**

① 여봐란듯이: 우쭐대고 자랑하듯이
② 가뭇없이: 보이던 것이 전혀 보이지 않아 찾을 곳이 감감하게
③ 오롯이: 모자람이 없이 온전하게
④ 대수로이: 그다지 훌륭하지 아니하게

(문제 496) 정답 및 해설 (2015서울9 A책형 문20)

① 여봐란듯이: 우쭐대고 자랑하듯이
② 가뭇없이: 보이던 것이 전혀 보이지 않아 찾을 곳이 감감하게
③ 오롯이: 모자람이 없이 온전하게
④ 대수로이: 그다지 훌륭하지 아니하게 (X)
  → 대수로이: 「부사」 중요하게 여길 만한 정도로. < '대수로이'는 긍정적인 의미의 단어이다. '대수로이 여기지 않다'로 많이 쓰이는데 부정어가 있는지 없는지 잘 살펴보자. >

(문제 496) 정답: ④

(문제 497) 다음 중 표준어로만 묶인 것은? (2016서울9 A책형 문1)

① 끄나풀 - 새벽녘 - 삵쾡이 - 떨어먹다
② 뜯게질 - 세째 - 수평아리 - 애닯다
③ 치켜세우다 - 사글세 - 설거지 - 수캉아지
④ 보조개 - 숫양 - 광우리 - 강낭콩

(문제 497) 정답 및 해설 (2016서울9 A책형 문1)

① 끄나풀 - 새벽녘 - **삵**쾡이 - **떨**어먹다 (X) → 살쾡이 / 털어먹다
  ☺**영보이 암기tip)**
  ◆ 끄나풀 - 풀에 화재가 발생하면 누가 **끄나**? < 풀에 화재 - 누가 **끄나**? - **끄나풀** >
  ◆ 새벽녘 - 새벽녘(ㅋ)에 부엌(ㅋ)에서 라면을 끓여 먹었다.
        < 새벽녘(ㅋ)에 - 부엌(ㅋ)에서 라면을 > < 새벽**녘**(X) >
  ◆ **삵**쾡이(X) → 삵(O) / 살쾡이(O) - 살코기를 좋아하는 살쾡이
        < 살코기 - 살쾡이 >
  ◆ **털**어먹다: 재산이나 돈을 함부로 써서 몽땅 없애다. < '**떨**어먹다'라는 단어는 없다. >
    ☺머리**털**까지 팔아서 살아가고 있는데 재산까지 **털**어먹니? < 머리털 - 털어먹다 >
② 뜯게질 - **세**째 - 수평아리 - 애**닯**다 (X) → **셋**째 / 애**달프**다
  ☺**영보이 암기tip)**
  ◆ **뜯게**질: 해지고 낡아서 입지 못하게 된 옷이나 빨래할 옷의 솔기를 뜯어내는 일.
    ☺영덕**게**의 잔털까지 **뜯**어야 하는지 선생님께 **질문**하다.
        < 영덕게 - 뜯어 - 질문 / 뜯게질 >
  ● **뜨개**질: 옷이나 장갑 따위를 실이나 털실로 떠서 만드는 일. / 남의 마음속을 떠보는
일.
  ◆ '**셋째**'란 단어는 없다. → **셋**째
    ☺우리 **셋**째 딸은 코르**셋**을 보고 놀란 눈치였다. < 우리 **셋**째 딸 - 코르**셋** >
  ◆ 수평아리 - **수평**아리는 평균대에서 **수평**을 잘 유지했다.
        < **수평**아리는 - **수평**을 잘 유지 >
  ◆ 애**달프**다 - 반지의 제왕 마법사 간**달프**는 오늘 많이 애**달프**다.
        < 간**달프**는 - 애**달프**다 >
③ 치켜세우다 - 사글세 - 설거지 - 수캉아지 (O)
  ☺**영보이 암기tip)**
  ◆ **치켜세우다**: **옷깃**이나 **눈썹** 따위를 위쪽으로 올리다.
    ◆ 조금 잘했다고 너무 **치켜세우**지 마라.
    ◆ 바람이 차가워지자 사람들은 모두 **옷깃**을 **치켜세우**고 있었다.
    ◆ 어른에게 **눈초리**를 **치켜세우**고 대들다니 버릇이 없구나.
  ☺**영보이 암기tip)** < 옷깃 - 치켜 / 눈썹 - 치켜 / 눈초리 - 치켜 >

● 치켜세우다: 【…을 …으로】【…을 -고】 정도 이상으로 크게 **칭찬**하다.
  ● 한때는 사람들이 그를 **영웅**으로 **치켜**세운 적도 있었다.
☺영보이 암기tip) < 칭찬 - 치켜 / 영웅 - 치켜 >
■ **추켜**세우다: 위로 치올리어 세우다.
  ■ **눈썹**을 **추켜**세우다.
  ■ 재섭이 얼른 **몸**을 **추켜**세우고는 딱하다는 듯이 혀를 찼다.
☺영보이 암기tip) < 눈썹 - 추켜 / 몸 - 추켜 >
◆ **삭월**세 (X) → 사글세
  ☺ **사글**세 - 안중근 의사의 **글**이 **세상**에 공개되었다. <u>< 안중근 의사 - 글 - 세상 ></u>
◆ **설겄**이 (X) → 설거지
  ☺ **거지**같이 설**거지**하지 마라. <u>< 거지같이 - 설거지 ></u>
◆ **숫강**아지 (X) → 수캉아지 < 된소리나 **거센소리(ㅋ)** 앞에서 사이시옷을 쓰지 않는다. >
  ☺ **수지**의 **캉캉춤**을 **수캉**아지가 보고 있다. <u>< 수지의 캉캉춤을 - 수캉아지 ></u>
④ 보조개 - 숫양 - 광우리 - 강낭콩 (X) → 광주리
☺영보이 암기tip)
◆ 보조개 (O) / 볼우물 (O)
◆ **숫양** - **숫**기가 없는 양이 부끄러워 숨어 버렸다. < **숫**기가 없는 **양** - **숫양** >
  ● '**숫**-'을 쓰는 단어: **숫양** / **숫**염소 / **숫**쥐 < 양 - 염 - 쥐 >
◆ **광주리** - **광주**에서는 **주리**론이 유행했었니? < **광주**에서는 **주리**론 - **광주리** >
        < 광우리 (X) >
◆ 강낭콩 - **낭**떠러지에 **강낭콩**이 떨어졌다. <u>< 낭떠러지에 - 강낭콩이 ></u>
        < 강남콩 (X) >

(문제 497) 정답: ③

(문제 498) 다음 중 음운변동의 성격이 나머지 셋과 가장 다른 것은? **(2016서울9 A책형 문3)**

① '옳다'는 [올타]로, '옳지'는 [올치]로 발음된다.
② '주다'와 어미 '-어라'가 만나 '줘라'가 되었다.
③ '막혀'는 [마켜]로, 맞힌은 [마친]으로 발음된다.
④ '가다'와 어미 '-아서'가 만나 '가서'가 되었다.

(문제 498) 정답 및 해설 (2016서울9 A책형 문3)

① '옳다'는 [올타]로, '옳지'는 [올치]로 발음된다. - **축약**
　◆ 옳다 - 옳[올]의 'ㄹ' + ㄷ → [ㅌ] : 자음의 축약
　◆ 옳지 - 옳[올]의 'ㄹ' + ㅈ → [ㅊ] : 자음의 축약
　◆ **축약**(縮約): 두 형태소가 서로 만날 때에 앞뒤 형태소의 두 음소나 음절이 한 음소나 음절로 되는 현상. '좋고'가 '조코'로, '국화'가 '구콰'로, '가리+어'가 '가려'로, '되+어'가 '돼'로 되는 것 따위이다.
② '주다'와 어미 '-어라'가 만나 '줘라'가 되었다. - **축약**
　◆ 주 + 어라 → 주어라 → 줘라 : 모음의 축약
③ '막혀'는 [마켜]로, 맞힌은 [마친]으로 발음된다. - **축약**
　◆ 막혀 - ㄱ + ㅎ → [ㅋ] : 자음의 축약
　◆ 맞힌 - ㅈ + ㅎ → [ㅊ] : 자음의 축약
④ '가다'와 어미 '-아서'가 만나 '가서'가 되었다. - **탈락**
　◆ <u>가의 'ㅏ'와 '-아서'의 'ㅏ'가 중복되어 탈락한다. - 모음의 동음 탈락</u>

(문제 498) 정답: ④

(문제 499) 다음 중 밑줄 친 부분의 품사가 다른 하나는? (2016서울9 A책형 문4)

① 그 가방에 소설책 <u>한</u> 권이 들어 있었다.
② 넓은 들판에는 농부가 <u>한둘</u> 눈에 띌 뿐 한적했다.
③ <u>두</u> 사람은 서로 다투다가 화해했다.
④ 보따리에서 석류가 <u>두세</u> 개 굴러 나왔다.

(문제 499) 정답 및 해설 (2016서울9 A책형 문4)

① 그 가방에 소설책 <u>한</u> 권이 들어 있었다. - **관형사**
　◆ 책을 세는 단위이자 의존 명사인 '권'을 수식하므로 이 문장에서 '한'은 관형사이다.
② 넓은 들판에는 농부가 **한둘** 눈에 띌 뿐 한적했다. - **수사**
　◆ 한둘:「수사」하나나 둘쯤 되는 수.
　★ 수사는 단독으로 쓸 수 있다. - 넓은 들판에는 농부가 **한둘** 눈에 띌 뿐 한적했다.
　★ 수사는 **조사**를 붙일 수 있다. - 세상에는 또라이가 **한둘**이 아니다.
　　　< '또라이' 라는 단어는 없는 말이나 예를 들기 위해 사용하였음. 한번 웃어요.^^ >
③ <u>두</u> 사람은 서로 다투다가 화해했다. - **관형사**
　◆ '두'가 사람을 꾸미고 있으므로 '두'는 관형사이다.
④ 보따리에서 석류가 <u>두세</u> 개 굴러 나왔다. - **관형사**
　◆ '두세'가 의존 명사 '개'을 꾸미고 있으므로 '두세'는 관형사이다.

(문제 499) 정답: ②

(문제 500) 다음 중 고유어의 뜻풀이가 옳지 않은 것은? (2016서울9 A책형 문5)

① 노느매기: 물건을 여러 몫으로 나누는 일
② 비나리치다: 갑자기 내린 비를 피하려고 허둥대다.
③ 가리사니: 사물을 판단할 수 있는 지각이나 실마리
④ 던적스럽다: 하는 짓이 보기에 매우 치사하고 더러운 데가 있다.

(문제 501) 다음 중 외래어 표기가 모두 옳은 것은? (2016서울9 A책형 문6)

① 벌브(bulb), 옐로우(yellow), 플래시(flash), 워크숍(workshop)
② 알콜(alcohol), 로봇(robot), 보트(boat), 써클(circle)
③ 밸런스(balance), 도너츠(doughnut), 스위치(switch), 리더십(leadership)
④ 배지(badge), 앙코르(encore), 콘테스트(contest), 난센스(nonsense)

(문제 501) 정답 및 해설 (2016서울9 A책형 문6)

① 벌브(bulb), 옐로우, 플래시(flash), 워크숍(workshop) (X) → 옐로
☺**영보이 암기tip)**
◆ 벌브 - 사진기 셔터 눈금의 하나. 기호는 B
　☺ 브라질 사진기 벌브는 눈금이 몇 개야? < 브라질 - 벌브 >
◆ 옐로 - 첼로를 어떤 색으로 색칠할까? 블루? 옐로? < 첼로 - 옐로 >
◆ 플래시 - 밤에 시장을 갈 때는 어두우므로 플래시를 가져가라. < 시장 - 플래시 >
◆ 워크숍 - 워크숍에 가서 커피숍에서 커피나 마시자. < 워크숍 (ㅂ) - 커피숍 (ㅂ) >
② 알콜(alcohol), 로봇(robot), 보트(boat), 써클(circle) (X) → 알코올 / 서클
☺**영보이 암기tip)**
◆ 알코올 - 알코올을 맛본 코가 빨개진 올빼미 < 알코올 - 코가 빨개진 올빼미 >
◆ 로봇 - 깡통로봇은 배터리를 배터지게 먹고 봇물 터지듯 말을 하고 있다.
　　　　　　< 로봇 - 봇물 터지듯 >
◆ 보트 - 보트를 타고 이집트 갈 수 있니? < 보트 - 이집트 >
◆ 서클 - 서울대 학생들도 클럽을 간다니? < 서울대 - 클럽 / 서클 >
③ 밸런스(balance), 도너츠(doughnut), 스위치(switch), 리더십(leadership) (X) → 도넛
☺**영보이 암기tip)**
◆ 밸런스 - 가스레인지 밸브도 밸런스가 맞아야 가스가 안 샌다.
　　　　< 가스레인지 밸브 - 밸런스가 >　< 발란스 (X) >
◆ 도넛 - 도넛 : 도둑이 도리어 도넛을 놓고 가 멋지군. < 도넛(ㅅ)을 - 멋(ㅅ)지군 >
◆ 스위치 - 캄캄해서 스위치 위치가 어디인지 모르겠다.< 스위치 - 위치가 어디인지 >
◆ 리더십 - 십자가를 들고 리더십을 발휘하는 목사님 < 십자가 - 리더십 >
④ 배지(badge), 앙코르(encore), 콘테스트(contest), 난센스(nonsense) (O)
☺**영보이 암기tip)**
◆ 배지 - 국회의원 배지 옆에 있는 배가 나주배지?
　　　　< 국회의원 배지 옆에 - 나주배지? >
◆ 앙코르 - 앙코르 공연을 보러 왔는데 로비 중앙에서 코르셋을 팔고 있다.
　　　　< 앙코르 공연 - 중앙에서 - 코르셋을 >
◆ 콘테스트 - 잘생긴 코를 가진 사람을 선발하는 콘테스트가 열릴 예정이다.
　　　　< 잘생긴 코 - 콘테스트 / 코 - 콘 >
◆ 난센스 - 집알이를 올 때 난초를 선물하는 센스를 보여줘. < 난초 - 난센스 >
　　< 넌센스 (X) >　　　　　　　　　　　　　　　(문제 501) 정답: ④

(문제 502) 다음 중 단어의 발음이 옳은 것끼리 묶인 것은? (2016서울9 A책형 문8)

① 디귿이[디그시], 홑이불[혼니불]
② 뚫는[뚤는], 밝히다[발키다]
③ 핥다[할따], 넓죽하다[넙쭉카다]
④ 흙만[흑만], 동원령[동:원녕]

(문제 503) 다음 중 단어의 짜임이 <보기>와 같은 것은? **(2016서울9 A책형 문9)**

<보기>
놀리- + -ㅁ
　　　↓(파생)
손 + 놀림
　↓(합성)
　손놀림

① 책꽂이
② 헛소리
③ 가리개
④ 흔들림

(문제 503) 정답 및 해설 (2016서울9 A책형 문9)

◆ 파생어가 합성어로 바뀌는 것을 찾는 문제이다.
◆ 놀리다(동사) + ㅁ(명사형 접미사) → 놀림(**파생어**)
　　　　　　　　　　　　　　　　↓
　　　　　　　손(명사) + 놀림(파생어)
　　　　　　　　　　↓
　　　　　　　손놀림(**합성어**)

① 책꽂이 (O)
　◆ 꽂다(동사) + '이'(명사형 접미사) → 꽂이(**파생어**)
　　　　　　　　　　　　　　　　↓
　　　　　　　책(명사) + 꽂이(파생어)
　　　　　　　　　　↓
　　　　　　　책꽂이(**합성어**)
② 헛소리 : 헛(접두사) + 소리(명사) → 헛소리(파생어)
③ 가리개 : 가리다(동사) + 개(명사형 접미사) → 가리개(파생어)
④ 흔들림
　◆ 흔들다(동사) + 리(피동 접미사) → 흔들리다(**파생어**)
　　　　　　　　　　　　　　　　↓
　　　　　　흔들리다(**파생어**) + ㅁ(명사형 접미사)
　　　　　　　　　　↓
　　　　　　　흔들림(**파생어**)

☺영보이 암기tip)
　◆ < 책꽂이 - 합 >
　● < 파 - 헛소리 / 파 - 가리개 / 파 - 흔들림 >

(문제 503) 정답: ①

(문제 504) 다음 중 괄호 안의 한자가 옳은 것은? (2016서울9 A책형 문10)

① 정직함이 유능함보다 중요(仲要)하다.
② 대중(對衆) 앞에서 연설하는 것은 쉬운 일이 아니다.
③ 부동산 중개사(重介士) 시험을 보는 사람들이 점점 늘어나고 있다.
④ 집중력(集中力)이 떨어지지 않도록 숙면을 취해야 한다.

(문제 504) 정답 및 해설 (2016서울9 A책형 문10)
① 정직함이 유능함보다 중요(仲要)하다. (X) → 重要(중요)
② 대중(對衆) 앞에서 연설하는 것은 쉬운 일이 아니다. (X) → 大衆(대중)
③ 부동산 중개사(重介士) 시험을 보는 사람들이 점점 늘어나고 있다. (X)
   → 仲介士(중개사)
④ 집중력(集中力)이 떨어지지 않도록 숙면을 취해야 한다. (O)

① 정직함이 유능함보다 중요(仲要)하다. (X) → 重要(중요)
 1)重要(중요): 重(무거울 중) 要(요긴할 요). 발음: [중:요](긴 소리).
   a)의미: 귀중하고 요긴함을 의미함.
   b)영어사전: important(중요한), vital(필수적인, 극히 중요한), significant(중요한),
crucial(중요한, 결정적인), momentous(중대한), weighty(중대한, 무거운), critical(비판적
인, 대단히 중요한)
 ★매우 귀중(貴重)하고 요긴함을 의미하는 重要(중요)는 仲(버금 중)이 아니라 '重(무거울
중)'을 쓴다.
 ☺영보이 암기tip) 역도는 무거운(重: 무거울 중) 바벨을 균형 있게 드는 것이 重要(중요)
하다.

②대중(對衆) 앞에서 연설하는 것은 쉬운 일이 아니다. (X) → 大衆(대중)
 1)大衆(대중): 大(큰 대) 衆(무리 중). 발음: [대:중](긴 소리).
  a)의미: 수많은 사람의 무리를 의미하는 말.
 ★大衆(대중)은 對(대답할 대)가 아니라 大(큰 대)를 쓴다.
 ☺영보이 암기tip) 그룹 비틀즈는 아직도 大衆(대중)의 큰(大: 큰 대) 인기를 얻고 있다.

③부동산 중개사(重介士) 시험을 보는 사람들이 점점 늘어나고 있다. (X) → 仲介士(중개
사)
 1)仲介士(중개사): 仲(버금 중) 介(끼일 개) 士(선비 사).
   a)의미: 다른 사람의 의뢰를 받고 상행위의 대리 또는 매개를 하여 이에 대한 수수료를
받는 상인을 가리킴.
 ★중개사(仲介士)는 中(가운데 중)도 아니고 重(무거울 중)도 아닌, '仲(버금 중)'을 쓴다.
 ☺영보이 암기tip) OO 원시부족은 동물 가죽 仲介士(중개사)가 추장(酋長)에 버금가는(仲:
버금 중) 역할(役割)을 한다고 한다.

(문제 505) 다음 중 <보기>와 작품 속 시대적 배경이 같은 것은? (2016서울9 A책형 문11)

<보기>
오호, 여기 줄지어 누웠는 넋들은
눈도 감지 못하였겠구나.

어제까지 너희의 목숨을 겨눠
방아쇠를 당기던 우리의 그 손으로
썩어 문드러진 살덩이와 뼈를 추려
그래도 양지 바른 두메를 골라
고이 파묻어 떼마저 입혔거니
죽음은 이렇듯 미움보다도 사랑보다도
더욱 너그러운 것이로다.

① 김주영의 「객주」   ② 이범선의 「오발탄」   ③ 박경리의 「토지」   ④ 황석영의 「장길산」

(문제 506) 다음 중 <보기>에 대한 이해로 적절하지 않은 것은? (2016서울9 A책형 문12)

```
        <보기>
㉠ 아이가 밥을 먹었다. - 주동문
              ↓
㉡ 어머니가 아이에게 밥을 먹게 하였다. - 사동문
----------------------------------------------------------------
㉢ 마당이 넓다. - 주동문
              ↓
㉣ 인부들이 마당을 넓혔다. - 사동문
```

① ㉡, ㉣을 보니, 사동문에는 두 가지 유형이 있군.
② ㉡, ㉣을 보니, 주동문의 주어는 사동문에서 다른 문장성분으로 나타날 수 있군.
③ <보기>를 보니, 동사만 사동화될 수 있군.
④ <보기>를 보니, 주동문을 사동문으로 바꾸면 서술어의 자릿수가 변화할 수 있군.

(문제 506) 정답 및 해설 (2016서울9 A책형 문12)

① ㉡, ㉣을 보니, 사동문에는 두 가지 유형이 있군. (O)
  ㉡ 어머니가 아이에게 밥을 먹게 하였다. - 통사적 사동문
    ◆ '~게 하다' - 통사적 사동문
  ㉣ 인부들이 마당을 넓혔다. - 파생적 사동문
    ◆ 넓다 + 히(사동 접미사) - 넓히다 : 파생적 사동
② ㉡, ㉣을 보니, 주동문의 주어는 사동문에서 다른 문장성분으로 나타날 수 있군. (O)

```
㉠ 아이가 밥을 먹었다. - 주동문   < 서술어 자릿수 : 2자리 >
↓ (주어)
㉡ 어머니가 아이에게 밥을 먹게 하였다.-사동문 < 서술어 자릿수 : 3자리 >
            (부사어)
----------------------------------------------------------------
㉢ 마당이 넓다. - 주동문 - < 서술어 자릿수 : 1자리 >
↓ (주어)
㉣ 인부들이 마당을 넓혔다. - 사동문 - < 서술어 자릿수 : 2자리 >
            (목적어)
```

③ <보기>를 보니, 동사만 사동화될 수 있군. (X)
  ◆ 먹다(동사) + ~게 하다 → 먹게 하다(사동화)
  ● 넓다(형용사) + 히(사동 접미사) → 넓히다(사동화)
④ <보기>를 보니, 주동문을 사동문으로 바꾸면 서술어의 자릿수가 변화할 수 있군.
  ◆ 위 박스 참조

(문제 506) 정답: ③

(문제 507) 다음 설명 중 옳지 않은 것은? **(2016서울9 A책형 문13)**

① 하늘, 바람, 심지어, 어차피, 주전자와 같은 단어들은 한자로 적을 수 없는 고유어이다.
② 학교, 공장, 도로, 자전거, 자동차와 같은 단어들은 모두 한자로도 적을 수 있는 한자어이다.
③ 고무, 담배, 가방, 빵, 냄비와 같은 단어들은 외국에서 들어온 말이지만 우리말처럼 되어 버린 귀화어이다.
④ 눈깔, 아가리, 주둥아리, 모가지, 대가리와 같이 사람의 신체 부위를 점잖지 못하게 낮추어 부르는 단어들은 비어(卑語)에 속한다.

(문제 507) 정답 및 해설 (2016서울9 A책형 문13)

① 하늘, 바람, **심지어, 어차피, 주전자**와 같은 단어들은 한자로 적을 수 없는 고유어이다.
　(X) → **고유어는 하늘과 바람뿐이다.**
　◆ 심지어(甚至於) / 어차피(於此彼) / 주전자(酒煎子)
　● 고유어와 한자어를 같이 외우는 것은 많이 어려우니 고유어를 먼저 외운다. **고유어 앞에 '우리'를 붙여 공부하면 기억이 오래간다.**
　　　● 힘든데 우리 하늘이나 보자. < **우리 - 하늘** >
　　　● 머리가 복잡하니 우리 바람이나 쐬러 가자. < **우리 - 바람** >
　★ **한자어를 파악하는 문제는 그 단어의 한자 한 글자 정도를 알아두는 것도 좋다.**
　　　　< 심지**어**(於) / **어**(於)차피 / 주전**자**(子) >
② 학교, 공장, 도로, 자전거, 자동차와 같은 단어들은 모두 한자로도 적을 수 있는 한자어이다.(O) - 학교(學校), 공장(工場), 도로(道路), 자전거(自轉車), 자동차(自動車)
③ 고무, 담배, 가방, 빵, 냄비와 같은 단어들은 외국에서 들어온 말이지만 우리말처럼 되어 버린 귀화어이다. (O)
　◆ 고무(프랑스), 담배(포르투갈), 가방(네덜란드), 빵(포르투갈), 냄비(일본)
④ 눈깔, 아가리, 주둥아리, 모가지, 대가리와 같이 사람의 신체 부위를 점잖지 못하게 낮추어 부르는 단어들은 비어(卑語)에 속한다.
　◆ 비어(卑語): 점잖지 못하고 천한 말　　　　　　　　　　　**(문제 507) 정답: ①**

(문제 508) 다음 중 밑줄 친 부분에 대한 설명이 옳은 것은? **(2016서울9 A책형 문14)**

> ㉠ <u>철수 밥</u> 먹는다.
> ㉡ <u>그 사람이</u> <u>그런 심한 말을</u> 하다니.
> ㉢ <u>오늘 내가 본</u> 영화는 세계 10대 명화에 속한다고 한다.
> ㉣ <u>민한경 씨가 익명의 독지가였음이</u> 밝혀졌다.

① ㉠에서 철수 , 밥 은 단어이자 어절로서 각각 주어, 부사어의 문법적 기능을 수행한다.
② ㉡에서 그 사람이 , 그런 심한 말을 은 각각 주어, 목적어 성분이 절로 실현된 것이다.
③ ㉢에서 오늘 내가 본 은 관형어 기능을 하며 절로 실현되어 있다.
④ ㉣에서 민한경 씨가 익명의 독지가였음이 는 목적어 성분으로서 명사절로 실현되어 있다.

(문제 508) 정답 및 해설 (2016서울9 A책형 문14)

① ㉠에서 '철수', '밥'은 단어이자 어절로서 각각 주어, **부사어**의 문법적 기능을 수행한다. (X) → 철수는 주어가 맞지만, **밥**은 **목적어**이다. < 철수는 **밥을** 먹었다. >
② ㉡에서 '그 사람이', '그런 심한 말을'은 각각 주어, 목적어 성분이 절로 실현된 것이다. (X) → 절은 주어와 서술어가 있어야 한다. <u>**'그 사람이'는 서술어가 없어 절이 아니다**</u>. 그리고 '그런 심한 말을'은 관형절을 내포하고 있다.
③ ㉢에서 '오늘 내가 본'은 관형어 기능을 하며 절로 실현되어 있다. (O)
　　◆ '오늘 내가 본'은 관형어 기능으로 영화를 꾸미고 있는 관형절이다.
④ ㉣에서 '민한경 씨가 익명의 독지가였음이'는 **목적어** 성분으로서 명사절로 실현되어 있다. (X) → 목적어가 아니라 **주어**이다. '밝혀지다'는 목적어가 필요하지 않다. 그리고 '민한경 씨가 익명의 독지가였음'으로 보아 명사절은 맞다.　　　　**(문제 508) 정답: ③**

(문제 509) <보기>의 문학사적 사실들을 발생 순서대로 배열한 것은? (2016서울9 A책형 문16)

<보기>
㉠ 「삼대」, 「흙」, 「태평천하」 등 다양한 장편소설들이 발표되었다.
㉡ 이광수의 「무정」이 『매일신보』에 연재되어 세간의 화제를 불러 일으켰다.
㉢ 『창조』, 『백조』, 『폐허』 등의 동인지가 등장하고 『조선일보』, 『동아일보』와 같은 민간 신문들이 발행되었다.
㉣ 『인문평론』, 『문장』 등 유수한 문학잡지들과 한글 신문 등의 발행이 어려워지게 되었다.
㉤ 이인직의 「혈의 누」, 이해조의 「자유종」과 같은 소설들이 발표되었다.

① ㉡ - ㉤ - ㉠ - ㉢ - ㉣
② ㉡ - ㉤ - ㉢ - ㉣ - ㉠
③ ㉤ - ㉡ - ㉢ - ㉠ - ㉣
④ ㉤ - ㉢ - ㉠ - ㉡ - ㉣

(문제 509) 정답 및 해설 (2016서울9 A책형 문16)

㉤ 이인직의 「혈의 누」, 이해조의 「자유종」과 같은 소설들이 발표되었다.------(1900년대)
　◆ 이인직의 「혈의 누」(1906), 이해조의 「자유종」(1910)
㉡ 이광수의 「무정」이 『매일신보』에 연재되어 세간의 화제를 불러 일으켰다.---(1910년대)
　◆ 이광수의 「무정」(1917) - 우린나라 최초의 근대 소설
㉢ 『창조』, 『백조』, 『폐허』 등의 동인지가 등장하고 『조선일보』, 『동아일보』와 같은 민간 신문들이 발행되었다.---(1920년대)
　◆ 『창조』(1919), 『조선일보』(1920), 『동아일보』(1920), 『백조』(1922), 『폐허』(1920)
㉠ 「삼대」, 「흙」, 「태평천하」 등 다양한 장편소설들이 발표되었다.-----------(1930년대)
　◆ 「삼대」(1931), 「흙」(1932~1933), 「태평천하」(1938)
㉣ 『인문평론』, 『문장』 등 유수한 문학잡지들과 한글 신문 등의 발행이 어려워지게 되었다.---(1940년대)
　◆ 『인문평론』(1939~1941), 『문장』(1939~1941) - 둘 다 1941년에 폐간.

(문제 509) 정답: ③ ㉤ - ㉡ - ㉢ - ㉠ - ㉣

(문제 510) <보기>는 비치다 에 대한 사전의 뜻풀이이다. 다음 중 각 뜻에 대한 예문으로 적절한 것은? **(2016서울9 A책형 문17)**

<보기>
1【…에】
❶빛이 나서 환하게 되다.
❷빛을 받아 모양이 나타나 보이다.
❸물체의 그림자나 영상이 나타나 보이다.
❹뜻이나 마음이 밖으로 드러나 보이다.
❺투명하거나 얇은 것을 통하여 드러나 보이다.
2【…에/에게 …으로】 무엇으로 보이거나 인식되다.
3【…에/에게 …을】
❶얼굴이나 눈치 따위를 잠시 또는 약간 나타내다.
❷의향을 떠보려고 슬쩍 말을 꺼내거나 의사를 넌지시 깨우쳐주다.

① 1❶: 창문을 종이로 가렸지만 그래도 안이 <u>비친다</u>.
② 1❸: 만년설이 쌓인 산이 호수에 <u>비쳤다</u>.
③ 옥: 동생에게 결혼 문제를 <u>비쳤더니</u> 그 자리에서 펄쩍 뛰었다.
④ 룩❶: 글씨를 흘려서 쓰면 성의 없는 사람으로 <u>비치기</u> 쉽다.

(문제 510) 정답 및 해설 (2016서울9 A책형 문17)

① 1❶: 창문을 종이로 가렸지만 그래도 안이 <u>비친다</u>. (X) → 1❺
 ◆ 1❺ - 투명하거나 얇은 것을 통하여 드러나 보이다.
② 1❸: 만년설이 쌓인 산이 호수에 <u>비쳤다</u>. (O) : 물체의 그림자나 영상이 나타나 보이다.
③ 2: 동생에게 결혼 문제를 <u>비쳤더니</u> 그 자리에서 펄쩍 뛰었다. (X) → 3❷
 ◆ 3❷ - 의향을 떠보려고 슬쩍 말을 꺼내거나 의사를 넌지시 깨우쳐주다.
④ 3❶: 글씨를 흘려서 쓰면 성의 없는 사람으로 <u>비치기</u> 쉽다. (X) → 2
 ◆ 2 - 무엇으로 보이거나 인식되다.

(문제 510) 정답: ②

(문제 511) 훈민정음 해례본에 나오는 한글의 제자 원리로 가장 옳은 것은? **(2016서울9 A책형 문18)**

① 초성은 발음기관을 본떠 만들었는데 'ㄱ'은 혀가 윗잇몸에 닿는 모양을 본뜬 것이다.
② ㄱ, ㄴ, ㅁ, ㅅ, ㅇ 5개의 기본 문자에 가획의 원리로 'ㅋ, ㄷ, ㅌ, ㄹ, ㅂ, ㅈ, ㅊ, ㅎ' 총 8개의 문자를 만들었다.
③ 문자의 수는 초성 10자, 중성 10자, 종성 8자로 모두 28자이다.
④ 연서(連書)는 'ㅇ'을 이용한 것으로서 예로는 'ㅸ'이 있다.
④ 연서(連書)는 'ㅇ'을 이용한 것으로서 예로는 'ㅸ'이 있다.

(문제 511) 정답 및 해설 (2016서울9 A책형 문18)

① 초성은 발음기관을 본떠 만들었는데 'ㄱ' 은 혀가 윗잇몸에 닿는 모양을 본뜬 것이다.
(X) → ◆ 'ㄱ'은 아음(牙音)으로 '어금닛소리'이다. **'ㄱ'은 혀뿌리가 목구멍을 막는 모양을 본떠** 만들었다.

● **혀가 윗잇몸에 닿는 모양을 본뜬 것은 'ㄴ'이다**. 'ㄴ'은 설음(舌音)으로 혓소리이다.

② 'ㄱ, ㄴ, ㅁ, ㅅ, ㅇ' 5개의 기본 문자에 가획의 원리로 'ㅋ, ㄷ, ㅌ, ㄹ, ㅂ, ㅈ, ㅊ, ㅎ' 총 8개의 문자를 만들었다. (X) → 'ㅋ, ㄷ, ㅌ, ㄹ, ㅂ / ㅈ, ㅊ, ㆆ, ㅎ' ⇉ 9개

③ 문자의 수는 초성 10자, 중성 10자, 종성 8자로 모두 28자이다. (X)
→ 문자의 수는 초성 17자, 중성 11자 모두 28자이다. 종성은 '종성부용초성'의 원리에 따라 초성17자를 다시 사용하였다.

④ 연서(連書)는 'ㅇ' 을 이용한 것으로서 예로는 'ㅸ' 이 있다. (O)
◆ 연서(連書): (이어쓰기) - 훈민정음에서, 순경음(脣輕音)을 표기하기 위하여 순음자(脣音字) 밑에 'ㅇ'을 이어 쓰는 일. 'ㅱ', 'ㅸ', 'ㆄ', 'ㅹ' 따위가 있다. **(문제 511) 정답: ④**

(문제 511) 정답 및 해설 (2016서울9 A책형 문18)

☺영보이 암기tip) ㄱㅏ(ㅇ), ㄴㅏ(ㅁ), ㅁㅣ, ㅅㅏ, ㅇㅣ(ㄹ) < 강남미사일 >

초성(初聲)의 제자 원리				
	기본자	가획자	이체자	제자 원리
아음(牙音)	ㄱ	ㅋ	ㆁ	어금닛소리
설음(舌音)	ㄴ	ㄷ, ㅌ	ㄹ	혓소리
순음(脣音)	ㅁ	ㅂ, ㅍ		입술소리
치음(齒音)	ㅅ	ㅈ, ㅊ	ㅿ	잇소리
후음(喉音)	ㅇ	ㆆ, ㅎ		목청소리

중성(初聲)의 제자 원리			
기본자	초출자	재출자	제자 원리
ㆍ	ㅗ, ㅏ	ㅛ, ㅑ	하늘의 모양
ㅡ	ㅜ, ㅓ	ㅠ, ㅕ	땅의 모양
ㅣ			서있는 사람의 모습

◆ 초성 17자

기본자	가획자	이체자	
ㄱ	ㅋ	ㆁ	
ㄴ	ㄷ, ㅌ	ㄹ	
ㅁ	ㅂ, ㅍ		
ㅅ	ㅈ, ㅊ	ㅿ	
ㅇ	ㆆ, ㅎ		
5개	9개	3개	초성 17자

◆ 중성 11자

기본자	초출자	재출자
`	ㅗ, ㅏ	ㅛ, ㅑ
─	ㅜ, ㅓ	ㅠ, ㅕ
ㅣ		

(문제 511) 정답: ④

(문제 512) 다음 중 띄어쓰기가 옳은 것은? (2016서울9 A책형 문19)

① 대화를∨하면∨할수록∨타협점은∨커녕∨점점∨갈등만∨커지게∨되었다.
② 창문∨밖에∨소리가∨나서∨봤더니∨바람∨소리∨밖에∨들리지∨않았다.
③ 그∨만큼∨샀으면∨충분하니∨가져갈∨수∨있을만큼만∨상자에∨담으렴.
④ 나는∨나대로∨갈∨데가∨있으니∨너는∨네가∨가고∨싶은∨데로∨가거라.

(문제 512) 정답 및 해설 (2016서울9 A책형 문19)

① 대화를∨하면∨할수록∨타협점은**V**커녕∨점점∨갈등만∨커지게∨되었다. (X)
→ **타협점은커녕** : 커녕 – 어떤 사실을 부정하는 것은 물론 그보다 덜하거나 못한 것까지 부정하는 뜻을 나타내는 보조사. **< 조사이므로 앞말과 붙여 쓴다. >**
② 창문∨밖에∨소리가∨나서∨봤더니∨바람∨소리**V**밖에∨들리지∨않았다. (X)
→ **소리밖에** : 밖에 – 「조사」 (주로 체언이나 명사형 어미 뒤에 붙어) '그것 말고는', '그것 이외에는'의 뜻을 나타내는 말. 반드시 뒤에 부정을 나타내는 말이 따른다.
< 이 문장에서 '밖에'는 조사이므로 앞말과 붙여 쓴다. >
③ 그**V**만큼∨샀으면∨충분하니∨가져갈∨수∨있을만큼만∨상자에∨담으렴. (X)
→ **그만큼** / 있을**V**만큼만
◆ 그만큼 – 「부사」 그만한 정도로. ≒ 그만치 **< 그만큼은 부사로 한 단어이다. >**
◆ 그만큼 공부하면 틀림없이 성공할 것이다. / 그만큼 했으면 이제 좀 쉬어라.
● 있을**V**만큼만 – **용언과 '만큼'이 결합한 경우 '만큼'은 의존 명사이므로 띄어 쓴다.**
④ 나는∨**나대로**∨갈**V**데가∨있으니∨너는∨네가∨가고∨싶은**V**데로∨가거라. (O)
◆ **나대로** – '대로'가 체언과 결합할 경우 조사이므로 앞말과 붙여 쓴다.
◆ **갈V데가** – '데'는 '곳'이나 '장소'의 뜻을 나타내는 말로 의존 명사이므로 앞말과 띄어 쓴다.
◆ **싶은V데로** – '데'는 '곳'이나 '장소'의 뜻을 나타내는 말로 의존 명사이므로 앞말과 띄어 쓴다.

☺영보이 암기tip) 띄어쓰기는 원고지로 공부하면 기억이 오래간다.

타	협	점	은	커	녕		바	람		소	리	밖	에		나	대	로	
가	져	갈		수		있	을	V	만	큼	만			갈	V	데	가	있	다
가	고	V	싶	은	V	데	로		가	라	.							

(문제 512) 정답: ④

서울시 7급 문제와 정답 · 해설

< 2017년 추가된 표준어 완벽 반영 >

(문제 513) 외국어에서 차용된 어휘가 아닌 것은? **(2013서울7 A책형 문1)**

① 빵
② 구두
③ 붓
④ 미르
⑤ 고무

(문제 514) 다음 중 표준 발음으로 옳은 것은? **(2013서울7 A책형 문2)**

① 다쳐[다쳐]
② 많소[만쏘]
③ 혜택[해:택]
④ 없애다[업쌔다]
⑤ 개폐[개폐]

(문제 515) 다음의 밑줄 친 부분에 대한 표준 발음으로 옳은 것은? **(2013서울7 A책형 문3)**

① 그녀의 얼굴에는 더 이상 애써 짓는 <u>헛웃음[허수슴]</u>은 보이지 않았다.
② 그 소년의 미소가 <u>밝고[발꼬]</u> 귀여웠다.
③ <u>밭을[바츨]</u> 가는 황소의 몸이 무거워 보였다.
④ 30분 동안 앉아 있었더니 <u>무릎이[무르비]</u> 저리다.
⑤ 연변에 살던 분들은 한글 자모 '<u>지읒을</u>'[지으즐] 서울사람과는 달리 발음한다.

(문제 515) 정답 및 해설 (2013서울7 A책형 문3)

가
① 그녀의 얼굴에는 더 이상 애써 짓는 <u>헛웃음[허**수**슴]</u>은 보이지 않았다. (X) → [허**두**슴]
부

② 그 소년의 미소가 <u>밝고[**발꼬**]</u> 귀여웠다. (O)

냄시
새다

◆ <u>겹받침 'ㄺ'은 일반적으로 [ㄱ]으로 발음</u>하지만 'ㄺ' 뒤에 'ㄱ'오면 [ㄹ]로 발음한<u>다.</u>
◆ 밝 + 고 → [발]
   ↓   ↓   ↓
 <u>ㄺ + ㄱ → [ㄹ]</u>
창
③ <u>밭을[바**츨**]</u> 가는 황소의 몸이 무거워 보였다. (X) → [바**틀**]
④ 30분 동안 앉아 있었더니 <u>무릎이[무르비]</u> 저리다. (X) → [무르**피**]
조
개

⑤ 연변에 살던 분들은 한글 자모 '<u>지읒을</u>'[지으**즐**] 서울사람과는 달리 발음한다. (X)
  → [지으슬]
러
시

(문제 515) 정답: ②

(문제 516) 다음 중 문장의 구성이 다른 하나는? (2013서울7 A책형 문4)

① 철수가 합격했음을 알려야지.
② 눈이 빠지도록 기다렸다.
③ 황금을 보기를 돌같이 하라.
④ 기온이 내려가는 겨울이 시작되었다.
⑤ 열심히 했는데도 학점이 잘 안 나온다.

(문제 516) 정답 및 해설 (2013서울7 A책형 문4)

◆ **겹문장**: 한 문장의 성분 속에 **두 개 이상의 절**이 종속적인 관계로 겹쳐진 문장. 한 개의 홑문장이 다른 문장 속에 한 성분으로 들어가 있는 '**안은문장**'과 홑문장이 서로 이어져 있는 '**이어진 문장**'이 있다.

① 철수가 합격했음을 알려야지. - **안은문장** 중 명사절을 안은문장.
  ◆ 철수가 **합격했음** - 명사절
② 눈이 빠지도록 기다렸다. - **안은문장** 중 부사절을 안은문장.
  ◆ **눈이 빠지도록** - 부사절
③ 황금을 보기를 돌같이 하라. - **안은문장** 중 명사절을 안은문장.
  ◆ **황금을 보기** - 명사절
④ 기온이 내려가는 겨울이 시작되었다. - **안은문장** 중 관형절을 안은문장.
  ◆ '**기온이 내려가는**'이 겨울을 꾸미고 있다. - 관형절
⑤ 열심히 했는데도 학점이 잘 안 나온다. - **이어진 문장** 중 종속적으로 이어진 문장.
  (종속절)   **(주절)**   **(문제 516) 정답: ⑤**

(문제 517) 다음 중 순화해야 할 일본어로 볼 수 없는 것은? (2013서울7 A책형 문5)

① 돈가스
② 뗑깡
③ 뗑뗑이
④ 노다지
⑤ 아나고

(문제 517) 정답 및 해설 (2013서울7 A책형 문5)

① 돈가스 (X) → 돼지고기 튀김
② 뗑깡 (X) → 생떼
③ 뗑뗑이 (X) → 물방울무늬
④ 노다지 (O) : 캐내려 하는 광물이 많이 묻혀 있는 광맥. / 손쉽게 많은 이익을 얻을 수 있는 일감을 비유적으로 이르는 말.
⑤ 아나고 (X) → 붕장어   **(문제 517) 정답: ④**

(문제 518) 다음 문장에서 형태소의 개수가 다른 것은? (2013서울7 A책형 문6)

① 먹이를 나눠 줘라.
② 달님에게 물어 봐.
③ 마음에도 안 찼니?
④ 우리들 눈에 보였다.
⑤ 서울에 가셨겠지.

(문제 518) 정답 및 해설 (2013서울7 A책형 문6)

① 먹이를 나눠 줘라. - 먹 + 이 + 를 + 나누 + 어 / 주 + 어라 = <u>7개</u>
  ◆ 먹(동사의 어근) + 이(명사형 접미사) + 를(조사) + 나누(동사의 어간) + 어(연결 어미) / 주(동사의 어간) + 어라(종결 어미)
② 달님에게 물어 봐. - 달 + 님 + 에게 + 묻 + 어 / 보 + 아 = <u>7개</u>
  ◆ 달(명사) + 님(접미사) + 에게(조사) + 묻(동사의 어간) + 어(연결 어미) / 보(동사의 어간) + 아(종결 어미)
③ 마음에도 안 찼니? - 마음 + 에 + 도 + 안 + 차 / 았 + 니 = <u>7개</u>
  ◆ 마음(명사) + 에(조사) + 도(조사) + 안(부사) + 차(동사의 어간) / 았(선어말어미) + 니(종결 어미)
④ 우리들 눈에 보였다. - 우리 + 들 + 눈 + 에 + 보 / 이 + 었 + 다 = 8개
  ◆ 우리(대명사) + 들(접미사) + 눈(명사) + 에(조사) + 보(동사의 어간) / 이(피동접미사) + 었(선어말어미) + 다(종결 어미) = 8개
⑤ 서울에 가셨겠지. - 서울 + 에 + 가 + 시 + 었 / 겠 + 지 = <u>7개</u>
  ◆ 서울(명사) + 에(조사) + 가(동사의 어간) + 시(높임 선어말어미) + 었(선어말어미) / 겠(선어말어미) + 지(종결어미)

(문제 518) 정답: ④

(문제 519) 다음 <보기>의 밑줄 친 부분에 해당하는 예시로만 이루어진 것은? (2013서울7 A책형 문7)

<보기>
 어근과 어근의 형식적 결합 방식에 따라 합성어를 나누어 볼 수 있다. 형식적 결합 방식이란 어근과 어근의 배열 방식이 국어의 정상적인 단어 배열 방식, 즉 통사적 구성과 같고 다름을 고려한 것이다. 여기에는 합성어의 각 구성 성분들이 가지는 배열 방식이 국어의 정상적인 단어 배열법과 같은 '통사적 합성어'와 정상적인 배열 방식에서 어긋나는 '<u>비통사적 합성어</u>' 가 있다.

① 새해, 작은형, 힘들다
② 굳세다, 굶주리다, 밤낮
③ 가로막다, 용쓰다, 그러모으다
④ 맞나다, 기차다, 게을러빠지다
⑤ 접칼, 오르내리다, 부슬비

(문제 519) 정답 및 해설 (2013서울7 A책형 문7)

① 새해, 작은형, 힘들다
　◆ 새해 - 새(관형사) + 해(명사) : 통사적 합성어 - 관형사는 명사를 수식할 수 있으므로 통사적 합성어.
　◆ 작은형 - 작은(용언의 어간) + 형(명사) : 통사적 합성어 - 용언은 명사를 수식할 수 있으므로 통사적 합성어
　◆ 힘들다 - 힘(명사) + **이(조사)** + 들다(동사) : 통사적 합성어 - **조사가 생략된 경우에는 통사적 합성어**

② 굳세다, 굶주리다, 밤낮
　◆ 굳세다 - 굳 + **고(연결 어미)** + 세다(동사) : **비통**사적 합성어 - **연결 어미가 생략된 경우 비통사적 합성어**
　◆ 굶주리다 - 굶 + 고(연결 어미) + 주리다(동사) : **비통**사적 합성어 - **연결 어미가 생략된 경우 비통사적 합성어**
　◆ 밤낮 - 밤(명사) + 낮(명사) : 통사적 합성어 : 명사와 명사의 결합이므로 통사적 합성어.

③ 가로막다, 용쓰다, 그러모으다
　◆ 가로막다 - 가로(부사) + 막다(동사) : 통사적 합성어 - 부사는 동사를 수식할 수 있으므로 통사적 합성어.
　◆ 용쓰다 - 용 +을(조사) + 쓰다(동사) : 통사적 합성어 - **조사가 생략된 경우에는 통사적 합성어.**
　◆ 그러모으다 - 글 + 어(연결 어미) + 모으다(동사) : 통사적 합성어 - 연결어미가 있으므로 통사적 합성어

④ 맛나다, 기차다, 게을러빠지다
　◆ 맛나다 - 맛(명사) + 이(조사) + 나다(동사) : 통사적 합성어 - **조사가 생략된 경우에는 통사적 합성어.**
　◆ 기차다 - 기(명사) + 가(조사) + 차다(동사) : 통사적 합성어 - **조사가 생략된 경우에는 통사적 합성어.**
　◆ 게을러빠지다 - 게으르(용언의 어간) + 으(연결 어미) + 빠지다(보조 용언) : 통사적 합성어 - 연결어미가 있으므로 통사적 합성어

⑤ 접칼, 오르내리다, 부슬비 (O)
　◆ 접칼 - 접(용언의 어간) + 은(연결 어미) + 칼(명사) : **비통**사적 합성어 - **연결 어미가 생략된 경우 비통사적 합성어**
　◆ 오르내리다 - 오르(용언의 어간) + 고(연결 어미) + 내리다(동사) : **비통**사적 합성어 - **연결 어미가 생략된 경우 비통사적 합성어**
　◆ 부슬비 - 부슬(부사) + 비(명사) : **비통**사적 합성어 - **부사가 명사를 수식하는 것은 우리말의 어법에 맞지 않으므로 비통사적 합성어**

(문제 519) 정답: ⑤

(문제 520) 다음 중에서 띄어쓰기가 잘못된 곳이 들어 있는 문장은? **(2013서울7 A책형 문8)**

① 부모님에게만큼은 잘해 드리고 싶었는데….
② 견우와 직녀는 일 년에 한 번밖에 못 만난단다.
③ 우리 회사는 일 년 동안 괄목할만한 성장을 이루었다.
④ 아무래도 그 두 남녀가 놀아 나고 있는 것 같다.
⑤ 고위 공무원인 박 모 씨가 뇌물을 받은 혐의로 검찰의 조사를 받고 있다.

(문제 520) 정답 및 해설 (2013서울7 A책형 문8)

① 부모님에게만큼은 잘해V드리고 싶었는데…. (O)
- ◆ 부모님(명사) + 에게(조사) + 만큼(조사) + 은(조사) → 부모님에게만큼은
- ◆ **조사는 잇달아 오더라도 모두 붙여 쓴다.**
- ◆ **잘해V드리다 (O) / 잘해드리다(O) : 본용언(잘해)은 보조 용언(드리다)과 띄어 쓰는 것과 붙여 쓰는 것 모두 옳다.**

② 견우와 직녀는 일 년에 한 번밖에 못 만난단다. (O)
- ◆ '밖에'는 조사로 '그것 말고는', '그것 이외에는'의 뜻을 나타내는 말. 반드시 뒤에 부정을 나타내는 말이 따른다. **< 조사는 앞말과 붙여 쓴다. >**

③ 우리 회사는 일 년 동안 괄목할만한 성장을 이루었다. (O)
- ◆ 괄목할V만한 (O) / 괄목할만한(O) - **본용언(괄목할)은 보조 용언(만한)과 띄어 쓰는 것과 붙여 쓰는 것 모두 옳다.**

④ 아무래도 그 두 남녀가 놀아V나고 있는 것 같다. (X) → 놀아나다
- ◆ **'놀아나다'는 하나의 단어이므로 붙여 쓴다.**

⑤ 고위 공무원인 박V모V씨가 뇌물을 받은 혐의로 검찰의 조사를 받고 있다. (O)
- ◆ 모: 「대명사」 (주로 성(姓) 뒤에 쓰여) '아무개'의 뜻을 나타내는 말. 누구인지 확실하지 않거나 굳이 밝히려고 하지 않을 때 쓴다. **< 성과 띄어 쓴다. >**
  - ◆ 김V모가 이 일에 관련되어 있다는 말이 있다.
- ◆ **이 문장에서 '씨'는 호칭이므로 호칭 앞에서 띄어 쓴다.**

부	모	님	에	게	만	큼	은		김	V	모	가		이		일	에
한		번	밖	에			괄	목	할	V	만	한		괄	목	할	만	한
놀	아	나	다		박	V	모	V	씨	가		뇌	물	을			
잘	해	V	드	리	고		잘	해	드	리	고						

(문제 520) 정답: ④

(문제 521) 밑줄 친 단어의 쓰임이 다른 것은? (2013서울7 A책형 문10)

① 영이야, 이번에는 <u>우리</u>끼리 다녀올게.
② <u>우리</u> 회사는 우리 손으로 지켜야 합니다.
③ 부장님, <u>우리</u> 야유회는 안 가나요?
④ 철수야, <u>우리</u>끼리 영화 보러 갈까
⑤ <u>우리</u> 모두 힘을 합칩시다.

(문제 521) 정답 및 해설 (2013서울7 A책형 문10)

① 영이야, 이번에는 <u>우리</u>끼리 다녀올게. - **청자**(영희)를 **제외함**.
② 우리 회사는 <u>우리</u> 손으로 지켜야 합니다. - 화자와 청자 둘 다 포함함.
③ 부장님, <u>우리</u> 야유회는 안 가나요? - 화자와 청자 둘 다 포함함.
④ 철수야, <u>우리</u>끼리 영화 보러 갈까? - 화자와 청자(철수) 둘 다 포함함.
⑤ <u>우리</u> 모두 힘을 합칩시다. - 화자와 청자 둘 다 포함함.

(문제 521) 정답: ①

(문제 522) 다음 중 한자음 표기가 잘못된 것은? (2013서울7 A책형 문11)

① 요소(尿素)
② 유대(紐帶)
③ 은익(隱匿)
④ 이토(泥土)
⑤ 익명(匿名)

(문제 522) 정답 및 해설 (2013서울7 A책형 문11)

① 요소(尿素)
② 유대(紐帶)
③ 은**익**(隱匿) (X) → 은**닉**(隱匿)
④ 이토(泥土)
⑤ 익명(匿名)

① 요소(尿素) (O): 尿(오줌 요(뇨)) 素(본디 소/힐 소).
 1)의미: 카보닐기에 두 개의 아미노기가 결합된 화합물. 무색의 고체로 체내에서는 단백질이 분해하여 생성되고, 공업적으로는 암모니아와 이산화탄소에서 합성된다.
 ＊동음이의 한자어
 1)요소(要素): 要(요긴할 요) 素(본디 소/힐 소).　a)의미: 중요한 장소나 지점.
　b)영어사전: element(요소, 성분), requisite(필수의, 필수품, 요소, 여건), constituent(구성하는, 성분이 되는), factor(요인, 요소, 원인)

② 유대(紐帶) (O): 紐(맺을 유(뉴)) 帶(띠 대).
  1)의미: 끈과 띠라는 뜻으로, 둘 이상을 서로 연결하거나 결합하게 하는 것.

③ 은익(隱匿) (X) →은닉(隱匿): 隱(숨을 은) 匿(숨길 닉(익)).
  1)의미: 남의 물건이나 범죄인을 감춤.
  2)영어사전: concealment(숨김, 은폐), conceal(감추다, 숨기다), hide(감추다, 숨기다),
stash(숨기다).
  ★은닉(隱匿)은 두음법칙에 따라 '닉'이라 적는다.

④ 이토(泥土) (O): 泥(진흙 이(니)) 土(흙 토).
  1)의미: 진흙.

⑤ 익명(匿名) (O): 匿(숨길 익(닉)) 名(이름 명).
  1)의미: 이름을 숨김. 또는 숨긴 이름이나 그 대신 쓰는 이름.
  2)영어사전: anonymity(익명), anonymous(익명의), alias(가명(假名)), pseudonym(필
명).
  ☺☺☺영보이point: 한자음 '녀, 뇨, 뉴, 니'가 단어 첫 글자에 올 때는 두음법칙이 적용되
어 '여, 요, 유, 이'로 적는다. 그러나 두 번째 글자부터 오면 본음대로 '녀, 뇨, 뉴, 니'로
적는다. 따라서 은닉(隱匿)은 'ㄴ'인 '닉'으로 적는다.
(문제 522)정답: ③

(문제 523) 다음 중 관용어의 뜻풀이가 적절하지 않은 것은? (2013서울7 A책형 문12)

① 가락이 나다 - 일의 능률이 오르다.
② 개 콧구멍으로 알다 - 시시한 것으로 알아 대수롭지 않게 여기다.
③ 개발에 편자 - 가진 물건이나 입은 옷 등이 제격에 맞지 않음
④ 개천에 든 소 - 먹을 것이 많아 유복한 처지에 든 사람
⑤ 개가를 올리다 - 대표로 하다.

(문제 523) 정답 및 해설 (2013서울7 A책형 문12)

① 가락이 나다 - 일의 능률이 오르다.
  ☺영보이 암기tip) 젓가락으로 두드리며 일의 능률을 오르다
② 개 콧구멍으로 알다 - 시시한 것으로 알아 대수롭지 않게 여기다.
  ☺영보이 암기tip) 개 콧구멍처럼 시시하게 여기다.
③ 개발에 편자 - 가진 물건이나 입은 옷 등이 제격에 맞지 않음.
  ☺영보이 암기tip) 개발에 편자가 말이 되니? 진짜 어울리지 않네.
    ◆ 편자: 말굽에 대어 붙이는 'U' 자 모양의 쇳조각.

④ 개천에 든 소 - 먹을 것이 많아 유복한 처지에 든 사람.
  ◆ ☺영보이 암기tip) 개천에 물고기가 많지. 개천에 든 소가 아주 유복하겠어.
⑤ 개가를 올리다 - **대표로 하다**. (X) → **큰 성과를 거두다**.
  ☺영보이 암기tip) 내 성적이 오르는 큰 성과도 올리고 개가를 올리고, 아~ 기분 좋다.
  ◆ 탐사 1년 만에 **개가를 올리고** 돌아온 대원들.
  ◆ 凱歌(개가): 이기거나 큰 성과가 있을 때의 환성. ≒ 개선가
    ◆ 이순신은 오랑캐를 묶은 채 군사들을 휘동하여 개가(凱歌)를 높이 부르면서 북병사가 있는 병영으로 들어갔다

(문제 523) 정답: ⑤

(문제 524) 다음 중 4편은 같은 역사적 사건을 다룬 소설들이다. 그 4편과는 다른 역사적 사건을 다루고 있는 나머지 1편의 소설은? **(2013서울7 A책형 문13)**

① 「하얀 전쟁」(안정효)
② 「인간의 새벽」(박영한)
③ 「영웅시대」(이문열)
④ 「황색인」(이상문)
⑤ 「무기의 그늘」(황석영)

(문제 524) 정답 및 해설 (2013서울7 A책형 문13)

① 「하얀 전쟁」(1983)(안정효) - '베트남 전쟁'이 역사적 사건.
  ☺**영보이 암기tip) 하얀 - 베트남 전쟁**
② 「인간의 새벽」(1980)(박영한) - '베트남 전쟁'이 역사적 사건.
  ☺**영보이 암기tip) 인간이 새벽에 베트남 전쟁을 일으켰다니?**
③ 「영웅시대」(1982~1984)(이문열)
  ◆ 시대적 배경(1950~1954) / **한국전쟁(6·25)**이 역사적 사건.
  ☺**영보이 암기tip) 한국전쟁의 영웅시대**
④ 「황색인」(1987)(이상문) - '베트남 전쟁'이 역사적 사건.
  ☺**영보이 암기tip) 베트남 전쟁의 황색인**
⑤ 「무기의 그늘」(1985)(황석영) - '베트남 전쟁'이 역사적 사건.
  ☺**영보이 암기tip) 베트남 무기의 그늘**

(문제 524) 정답: ③

(문제 525) 다음 작품과 관련된 설명으로 잘못된 것은? **(2013서울7 A책형 문16)**

> 용왕의 의사 있기 날같이 총명하고 / 나의 구변 없기 용왕같이 미련하면 / 아까운 아내 목숨 수중 원혼 되겠구나. / …하물며 만경창파 네 등으로 왕래하니 / 사지동고(死地同苦)하였기에 목숨 살려 보내주니 / 그리 알고 돌아가되 / 좋은 약 보내기로 네 왕에게 허락하니 / 점잖은 내 도리에 어찌 식언을 하겠느냐 / 나의 똥이 장히 좋아 청열(淸熱)을 한다 하고 / 사람들이 주워다가 질아(疾兒)들을 먹이나니 / 네 왕의 두 눈망울 열기가 과하더라. / 갖다가 먹였으면 병이 곧 나으리라.

① 부패하고 무능한 지배 체제를 우화적으로 풍자하였다.
② 신재효가 정리한 판소리 여섯 마당에 속하는 작품이다.
③ 근원설화인 '구토(龜兎)설화'는 『삼국유사』에 실려 전한다.
④ 개화기 때 이해조가 「토의 간」이라는 작품으로 개작하였다.
⑤ 표면적으로는 중세적 이념인 자라의 충(忠)이 하나의 주제를 이룬다.

(문제 525) 정답 및 해설 (2013서울7 A책형 문16)

◆ '용왕의 의사 있기 날같이 총명하고 ~ 나의 똥이 장히 좋아 청열(淸熱)을 한다 하고 ~ .'로 보아 '수궁가'임을 알 수 있다. 토끼가 자라를 속이고 있는 장면이다.

① 부패하고 무능한 지배 체제를 우화적으로 풍자하였다.
  ◆ 구토[(龜兎) - 거북이와 토끼]를 의인화하여 부패하고 무능한 지배 체제를 우화적으로 풍자하였다.

② 신재효가 정리한 판소리 여섯 마당에 속하는 작품이다.

> ◆ **신재효**: 조선 고종 때의 판소리 작가(1812~1884). 자는 백원(百源). 호는 동리(桐里). 종래 계통 없이 불러오던 광대 소리를 통일하여 <**춘**향가>, <**심**청가>, <박타령 - **흥**보가>, <**토**끼 타령 - 수궁가>, <가루지기타령 - **변**강쇠타령>, <**적**벽가>의 여섯 마당으로 판소리 사설을 정리하였고, 판소리 이론의 정립에도 힘썼다.
>   ☺**영보이 암기tip)** 춘·심·흥·토·변·적

③ 근원설화인 '구토(龜兎)설화'는 『삼국**유사**』에 실려 전한다. **(X)** → '삼국사기'
  ◆ '구토(龜兎)설화'는 <u>삼국사기</u> '열전 김유신 상(上)'에 전한다.
  ☺**영보이 암기tip)** <u>사기</u>를 치면 **구토**한다. < **구토설화 - 삼국사기** >

④ 개화기 때 이해조가 「토의 간」이라는 작품으로 개작하였다.
  ◆ 판소리 '수궁가' → 판소리계 소설 '별주부전' → 이해조의 '토의 간'

⑤ 표면적으로는 중세적 이념인 자라의 충(忠)이 하나의 주제를 이룬다. (O)
  ◆ 자라는 용왕을 위해 **충성**을 다해 토끼의 간을 구하려 한다.

(문제 525) 정답: ③

(문제 526) 다음 중 향가에 대한 설명으로 잘못된 것은? (2013서울7 A책형 문18)

① 현전하는 향가 중 <혜성가(彗星歌)>는 최초의 작품으로 8구체 형식을 취하고 있다.
② 충담사는 10구체 향가인 <안민가(安民歌)>와 <찬기파랑가(讚耆婆郞歌)>를 남겼다.
③ 각간 위홍과 대구 화상이 역대의 향가를 모은 <삼대목(三代目)>이 있었다는 것은 <삼국사기>의 기록을 통해 수 있다.
④ <균여전(均如傳)>에서는 향가가 '삼구육명(三句六名)' 형식으로 짜여 있다고 한다.
⑤ <원왕생가(願往生歌)>와 <천수대비가(千手大悲歌)>는 불교신앙의 향가이다.

(문제 526) 정답 및 해설 (2013서울7 A책형 문18)

① 현전하는 향가 중 <혜성가(彗星歌)>는 최초의 작품으로 8구체 형식을 취하고 있다. (X)
 → 혜성가(彗星歌)는 현전하는 최초의 10구체 형식의 향가이다.
 ◆ 현전하는 최초의 향가는 '서동요'이다. [4구체 형식 / 백제 무왕이 지음(6세기)]
 ■ 4구체 형식의 향가 - 서동요 / 풍요 / 도솔가 / 헌화가 < 서 - 풍 - 도 - 헌 >
 ● 8구체 형식의 향가
  ● 득오의 '모죽지랑가(慕竹旨郞歌)' - 죽지랑을 추도하는 노래. < 모 - 8구체 >
  ● 처용의 '처용가(處容歌)' - 처용이 역신을 물리치기 위해 만든 노래. <처 - 8구체>
  ☺영보이 암기tip) < 모 - 8 / 처 - 8 >
② 충담사는 10구체 향가인 <안민가(安民歌)>와 <찬기파랑가(讚耆婆郞歌)>를 남겼다. (O)
  ☺영보이 암기tip) < 안 - 충 / 찬 - 충 >
③ 각간 위홍과 대구 화상이 역대의 향가를 모은 <삼대목(三代目)>이 있었다는 것은 <삼국사기>의 기록을 통해 수 있다. (O)
 ◆ 삼대목(三代目): 신라 진성 여왕 2년(888)에 왕명에 따라 위홍과 대구 화상이 향가를 수집하여 엮은 우리나라 최초의 향가집. 오늘날은 전하지 않고 ≪삼국사기≫의 <신라 본기(新羅本紀)>에 책 이름만 전한다.
④ <균여전(均如傳)>에서는 향가가 '삼구육명(三句六名)' 형식으로 짜여 있다고 한다. (O)
 ◆ 균여전(均如傳): 고려 시대에 혁련정이 엮은 균여 대사의 전기. 균여가 지은 향가 <보현십원가> 11수가 실려 있어 ≪삼국유사≫의 향가와 더불어 향가 연구에 매우 귀중한 자료이다. 문종 29년(1075)에 간행되었다.
⑤ <원왕생가(願往生歌)>와 <천수대비가(千手大悲歌)>는 불교신앙의 향가이다. (O)
 ◆ 원왕생가(願往生歌): 신라 문무왕 때 광덕(廣德)이 지은 향가. 달을 서방 정토의 사자(使者)에 비유하여 그곳에 귀의하고자 하는 불심(佛心)을 노래한 것으로, 10구체이며 ≪삼국유사≫에 실려 있다.
  ● 천수대비가(千手大悲歌) = 도천수관음가 = 도천수대비가
  ● 신라 경덕왕 때, 희명이 지은 10구체 향가. 분황사 천수관음 앞에서 이 노래를 불러 눈먼 아들의 눈을 뜨게 하였다는 이야기가 전한다.

(문제 526) 정답: ①

(문제 527) (   ) 안에 들어갈 표현으로 가장 적절한 것은? **(2013서울7 A책형 문19)**

 서양인들은 동양인들에 비해 세상을 '덜 복잡한 곳'으로 파악하기 때문에 적은 수의 요인들만으로도 세상을 이해할 수 있다고 믿는다. 연구팀은 미국과 한국의 대학생들에게 어떤 사건을 간단히 요약하여 기술하고, 총 100여 개에 달하는 요인들을 제시해 준 다음 각 요인이 그 사건과 관련이 있는지 없는지 선택하게 했다. 그 결과, 한국 대학생들은 약 37%의 요인들만 그 사건과 관계없는 요인으로 판단했으나, 미국 대학생들은 55%에 이르는 요인들이 그 사건과 관계없다고 판단했다. 동양계 미국인 참가자들은 한국인과 미국인의 중간 정도에 해당하는 반응을 보였다. 연구팀은 '어떤 요인이 어떤 사건과 관계없다고 판단 내리기를 꺼리는 경향', 다시 말해 '(   )'이 종합주의적 사고와 관련이 있음을 발견했다.

① 무수히 많은 요인들이 어떤 사건에 관련되어 있다고 믿는 경향
② 인과론적으로 사건을 파악하려고 하는 경향
③ 세상을 덜 복잡한 곳으로 파악하고 관계를 판단하는 경향
④ 발생한 결과를 요인들로 미리 예측할 수 없다고 믿는 경향
⑤ 맥락이 중시되는 상황에서 맥락을 무시하려는 경향

(문제 527) 정답 및 해설 (2013서울7 A책형 문19)

◆ ' ~ 한국 대학생들은 약 37%의 요인들만 그 사건과 관계없는 요인으로 판단했으나, 미국 대학생들은 55%에 이르는 요인들이 그 사건과 관계없다고 판단했다.'로 보아 동양인들은 관련이 있다고 믿는 경향이 높았다. 따라서 괄호 안에는 '무수히 많은 요인들이 어떤 사건에 관련되어 있다고 믿는 경향'이 들어가야 한다.

① 무수히 많은 요인들이 어떤 사건에 관련되어 있다고 믿는 경향 (O)
② 인과론적으로 사건을 파악하려고 하는 경향 (X) → 인과관계에 대한 내용이 아니다.
③ 세상을 덜 복잡한 곳으로 파악하고 관계를 판단하는 경향 (X) → 괄호 안은 동양인에 대한 내용이 들어가야 한다. 따라서 서양인들은 동양인들에 비해 세상을 '덜 복잡한 곳'으로 파악하기 때문에 틀린 답이다.
④ 발생한 결과를 요인들로 미리 예측할 수 없다고 믿는 경향 (X) → 요인들을 이용하여 미리 예측하는 내용이 아니다.
⑤ 맥락이 중시되는 상황에서 맥락을 무시하려는 경향 (X) → 맥락에 대한 내용이 아니다.

(문제 527) 정답: ①

(문제 528) 다음 밑줄 친 단어 중 품사가 다른 하나는 무엇인가? (2014서울7 A책형 문1)

① 순철이는 학교에서 주최한 일년 동안 책 많이 <u>읽기</u> 시합에서 일등을 했다.
② 순영이는 바닷가에서 살아서 물 속에서 숨 안 쉬고 오래 <u>참기</u>를 잘 한다.
③ 지난 주말에는 온 가족이 봄맞이 함께 <u>걷기</u> 대회에 참석했다.
④ 우리말에서 정확한 <u>띄어쓰기</u>는 참 어렵다.
⑤ 사람이라면 치타보다 빨리 <u>달리기</u>가 쉽지 않다.

(문제 528) 정답 및 해설 (2014서울7 A책형 문1)

① 순철이는 학교에서 주최한 일년 동안 책 많이 <u>읽기</u> 시합에서 일등을 했다. - **동사**
　◆ 읽다 : 읽(동사의 어간) + 기(명사형 전성어미) → 읽기 : **명사형 동사**
　◆ **명사형 동사는 서술성이 있다. < 책 많이 읽기 - '책을 읽는다.'는 서술성 >**
② 순영이는 바닷가에서 살아서 물 속에서 숨 안 쉬고 오래 <u>참기</u>를 잘 한다. - **동사**
　◆ 참다 : 참(동사의 어간) + 기(명사형 전성어미) → 참기 : 명사형 동사
　◆ **명사형 동사는 서술성이 있다. < 숨을 ~ 참기 - '숨을 참는다.'는 서술성 >**
③ 지난 주말에는 온 가족이 봄맞이 함께 <u>걷기</u> 대회에 참석했다. - **동사**
　◆ 걷다 : 걷(동사의 어간) + 기(명사형 전성어미) → 걷기 : 명사형 동사
　◆ **명사형 동사는 서술성이 있다. < 함께 걷기 - '함께 걷는다.'는 서술성 >**
④ 우리말에서 정확한 <u>띄어쓰기</u>는 참 어렵다. - **명사**
　◆ 띄어쓰기: 띄어쓰기는 하나의 단어로 글을 쓸 때, 어문 규범에 따라 어떤 말을 앞말과 띄어 쓰는 일. < 하나의 단어이므로 '띄어쓰기'는 붙여 쓴다. >
　◆ 이 문장에서 '띄어쓰기'는 서술성이 없는 파생명사이다. 또한 형용사 '정확한'이 '띄어쓰기'를 꾸미고 있어 '띄어쓰기'는 파생**명사**이다.
⑤ 사람이라면 치타보다 빨리 <u>달리기</u>가 쉽지 않다. - **동사**
　◆ 달리다: 달리(동사의 어간) + 기(명사형 전성어미) → 달리기 : 명사형 동사
　◆ **명사형 동사는 서술성이 있다. < 빨리 달리기 - '빨리 달리다.'는 서술성 >**

(문제 528) 정답: ④

(문제 529) 국어학자 주시경의 업적에 대한 설명으로 잘못된 것은? (2014서울7 A책형 문2)

① 국문 전용을 주장한 어문 민족주의자로서 현대 국어 문법의 틀을 마련하였다.
② 최초의 국문법 연구서인 『국문정리』를 지었다.
③ 1896년 국문동식회 를 독립신문사 내에 결성하였다.
④ 임경재, 최두선, 이규방, 장지영 등 여러 제자를 육성하여 그의 사후 조선어 연구회 창설에 간접적으로 기여하였다.
⑤ 국어 운동가로서 표의주의로의 체자(體字) 개혁을 주장하였다.

(문제 529) 정답 및 해설 (2014서울7 A책형 문2)

◆ 주시경: 국어학자(1876~1914). 호는 한힌샘. 초명은 상호(相鎬). 국문 동식회(國文同式會)를 조직하여 한글 기사체의 통일과 연구에 힘썼고, 국문 연구소의 연구 위원이 되어 국어학을 중흥하는 데 선구적 역할을 하였다. 저서에 '국어문법', '국어문전음학', '말의 소리' 따위가 있다.

① 국문 전용을 주장한 어문 민족주의자로서 현대 국어 문법의 틀을 마련하였다. (O)
  ◆ **주시경의 '국어문전음학'(1908)**: 대한 제국 융희 2년(1908)에 **주시경**이 하기(夏期) 국어 강습소에서 강의한 내용 가운데 음학(音學) 부분만을 뽑아 편찬한 책. ≪훈민정음≫의 서문과 본문을 해설한 뒤 자신의 이론에 입각하여 국어 음운을 고찰한 것으로 제자들이 펴냈다. 1권 1책.
  ◆ **주시경의 '국어문법'(1910)**: 대한 제국 융희 4년(1910)에 **주시경**이 지은 국어 문법서. 품사를 임·엇·움·겻·잇·언·억·놀·끗의 아홉 개로 나누고, 순우리말로 된 문법 용어를 사용한 것이 특징이며, 후에 '한글 맞춤법 통일안'의 기본 이론이 되었다. 1911년 12월에 내용을 고쳐서 ≪조선어 문법≫으로 간행하였다.
② 최초의 국문법 연구서인 『국문정리』를 지었다. (X) → 이봉운의 '국문정리'
  ◆ **이봉운의 '국문정리'**(1897): 광무 원년(1897)에 이봉운(李鳳雲)이 지은 문법책. 순 국문으로 된 우리나라 최초의 문법책이며, 띄어쓰기, 장단음(長短音), 된소리, 시제 따위를 내용으로 하고 있다.
③ 1896년 국문동식회를 독립신문사 내에 결성하였다. (O)
  ◆ 국문동식회(1896.4.7.): 1896년 4월 7일 독립신문 창간 후 5월 독립신문사 내에 주시경이 만든 철자법 연구 모임.
④ 임경재, 최두선, 이규방, 장지영 등 여러 제자를 육성하여 그의 사후 조선어 연구회 창설에 간접적으로 기여하였다. (O)
  ◆ 주시경(1876~1914) ⟶ **조선어 연구회(1921)**
  ◆ **조선어 연구회(1921)**: 1921년에 최두선, 임경재(任璟宰), 권덕규, 장지영 등이 서울의 휘문 의숙에 모여 조직한 학술 단체. 우리말의 연구·발전을 목적으로 한 단체로, <u>1931년에 조선어 학회로 이름을 고쳤다.</u>
⑤ 국어 운동가로서 표의주의로의 체자(體字) 개혁을 주장하였다. (O)
  ◆ 표의(表意): 문자나 부호로 뜻을 나타내는 일
  ● 표음주의: 맞춤법에서, 단어를 소리 나는 대로 적어야 한다는 주장. 같은 단어라도 다르게 발음되면 소리 나는 대로 적는다.

(문제 529) 정답: ②

(문제 530) 다음 중 훈민정음 표기법에 대한 설명으로 바르지 않은 것은? **(2014서울7 A책형 문 3)**

① 음소문자로 만들어진 것임에도 실제로 표기할 때는 음절문자처럼 사용되었다.
② 실사와 허사를 분리하여 적지 않고 이어 적는 연철식 표기법을 택하였다.
③ 홑글자들을 병서 또는 연서하는 방식으로 많은 글자들을 만들어 사용하였다.
④ 훈민정음 체계 속에는 성조를 표기하기 위한 방점이 포함되어 있다.
⑤ 훈민정음 창제 시부터 문장 내에서 띄어쓰기를 하였다.

(문제 530) 정답 및 해설 (2014서울7 A책형 문3)

① 음소문자로 만들어진 것임에도 실제로 표기할 때는 음절문자처럼 사용되었다. (O)
 ◆ 한글은 음소문자이지만 실제로 표기할 때는 초성·중성·종성을 결합한다.
 ◆ 음소문자: 표음 문자 가운데 음소 단위의 음을 표기하는 문자. 한글, 로마자 따위가 있다. < 음소: 더 이상 작게 나눌 수 없는 음운론상의 최소 단위. 하나 이상의 음소가 모여서 음절을 이룬다. >
 ● 음절문자: 표음 문자 가운데 한 글자가 한 음절을 나타내는 문자. 일본의 가나 따위가 있다.
② 실사와 허사를 분리하여 적지 않고 이어 적는 연철식 표기법을 택하였다. (O)
 ◆ 연철: 한 음절의 종성을 다음 자의 초성으로 내려서 씀. 또는 그런 방법. < '말씀이'를 '말쓰미'로 쓰는 것 따위이다. >
③ 홑글자들을 **병서** 또는 **연서**하는 방식으로 많은 글자들을 만들어 사용하였다. (O)

> ◆ **병서**(나란히쓰기): 훈민정음에서, 초성자 두 글자 또는 세 글자를 가로로 나란히 붙여 쓰는 일. 각자 병서 'ㄲ, ㄸ' 따위와 합용 병서 'ㄺ, ㅄ' 따위가 있다.
> ● **연서**(붙여쓰기): 훈민정음에서, 순경음(脣輕音)을 표기하기 위하여 순음자(脣音字) 밑에 'ㅇ'을 이어 쓰는 일. 'ㅱ', 'ㅸ', 'ㆄ', 'ㅹ' 따위가 있다.

④ 훈민정음 체계 속에는 성조를 표기하기 위한 방점이 포함되어 있다. (O)
 ◆ 방점: 중세 국어 각 음절의 성조를 표시하기 위한 ≪훈민정음≫의 표기법. **평성(平聲)은 점이 없고, 거성(去聲)은 한 점, 상성(上聲)은 두 점을 글자의 '왼편'에 찍었다.**
⑤ 훈민정음 창제 시부터 문장 내에서 띄어쓰기를 하였다. (X)
 → **훈민정음 창제 시에는 띄어쓰기가 지켜지지 않았다. 띄어쓰기는 '독립신문 창간사'에서 언급되어 그 이후 점차 행해지기 시작하였다.**

(문제 530) 정답: ⑤

(문제 531) 다음 밑줄 친 단어나 구의 사용이 적절한 것은? (2014서울7 A책형 문5)

① 이것으로 인사를 <u>가름</u>합니다.
② 그는 이제 담배를 <u>일체</u> 피우지 않습니다.
③ 선생님의 이론을 <u>좇아서</u> 연구를 진행하였다.
④ 양지바른 곳에 앉아 <u>햇빛</u>을 쬐면서 이야기를 나누었다.
⑤ <u>가능한 빨리</u> 해 주시기를 부탁드립니다.

(문제 531) 정답 및 해설 (2014서울7 A책형 문5)

① 이것으로 인사를 <u>**가름**</u>합니다. (X) → **갈음**합니다.

◆ **갈음** - 다른 것으로 바꾸어 대신함. < 여러분과 여러분 가정에 행운이 가득하기를 기원하는 것으로 치사를 **갈음**합니다. >
 ☺**영보이 암기tip)** 색종이가 검은 색이 없으니 **갈색**으로 **갈음**하자.
 ● **가늠** - 목표나 기준에 맞고 안 맞음을 헤아려 봄. < 매사가 다 그렇듯이 떡 반죽도 **가늠**을 알맞게 해야 송편을 빚기가 좋다. >
 　　　 - 사물을 어림잡아 헤아림. < 그 건물의 높이가 **가늠**이 안 된다. / 막연한 **가늠**으로 사업을 하다가는 실패하기 쉽다. >
 ■ **가름** - 쪼개거나 나누어 따로따로 되게 하는 일. < 차림새만 봐서는 여자인지 남자인지 **가름**이 되지 않는다. >
 　　　 - 승부나 등수 따위를 정하는 일. < 이기고 지는 것은 대개 외발 싸움에서 **가름**이 났다. >

② 그는 이제 담배를 <u>일**체**</u> 피우지 않습니다. (X) → 일**절**

◆ 일**절**(一切): 아주, 전혀, 절대로의 뜻으로, 흔히 행위를 그치게 하거나 어떤 일을 하지 않을 때에 쓰는 부사이다.
 ◆ 출입을 일**절** 금하다 / 일**절** 간섭하지 마시오.
 ◆ 그는 고향을 떠난 후로 <u>연락</u>을 일**절** 끊었다.
 ◆ 그는 자기 가족에 관한 <u>이야기</u>를 어느 누구에게도 일**절** 하지 않았다.
 ◆ 할아버지나 삼촌은 끝내 그 이상의 <u>말</u>을 일**절** 입 밖에 내지 않았다.
 ☺**영보이 암기tip)** < 절 - 출입 / 절 - 간섭 / 연락 - 절 / 절 - 이야기 / 말 - 절 >
 ● 일**체**(一切): 모든 것을 뜻하는 명사.
 ● 도난에 대한 일**체**의 <u>책임</u>을 지다 / 그는 <u>재산</u> 일**체**를 학교에 기부하였다.
 ● 이 가게는 <u>음료</u> 종류의 일**체**를 갖추고 있다.
 ● 거기에 따른 일**체** <u>비용</u>은 회사가 부담한다.
 ☺**영보이 암기tip)** < 책임 - 체 / 재산 - 체 / 음료 - 체 / 체 - 비용 >

③ 선생님의 이론을 <u>좇</u>아서 연구를 진행하였다. (O)

◆ 좇다: 남의 이론 따위를 따르다.

◆ 공자의 이론을 좇다. / 스승의 학설을 좇다.

☺영보이 암기tip) 나는 조지훈의 '지조론'을 좇아서 변절하지 않겠다. 뭐를? 몰라!

< 지조(ㅈ) - 좇(ㅈ)아 >

● 쫓다: 어떤 대상을 잡거나 만나기 위하여 뒤를 급히 따르다.

● 쫓고 쫓기는 숨 막히는 추격전을 벌이다.

● 어머니는 아들을 쫓아 방에 들어갔다

☺영보이 암기tip) 짬뽕을 먹고 도망가는 사람을 쫓다. < 짬뽕(ㅉ) - 쫓다(ㅉ) >

④ 양지바른 곳에 앉아 <u>햇빛</u>을 쬐면서 이야기를 나누었다. (X) → 햇볕

◆ 햇볕: 해가 내리쬐는 기운. ≒ 볕 < 햇볕은 '따뜻함' 관계가 있다. >

◆ 따사로운 햇볕 / 햇볕이 들다 / 햇볕에 그을리다

◆ 햇볕을 받다 / 햇볕을 쬐다 / 햇볕이 쨍쨍 내리쬔다.

● 햇빛: 해의 빛. ≒ 일광(日光) < 햇빛은 '밝음'과 관계가 있다. >

● 햇빛이 비치다/햇빛을 가리다.

● 풀잎마다 맺힌 이슬방울이 햇빛에 반사되어 반짝이고 있었다.

⑤ <u>가능한</u> 빨리 해 주시기를 부탁드립니다. (X) → **가능한 한**

◆ -한 : 주로 '-는 한' 구성으로 쓰여 조건의 뜻을 나타내는 **명사**.

(문제 531) 정답: ③

(문제 532) 다음 중 밑줄 친 부분이 어문 규범에 맞는 것은? **(2014서울7 A책형 문7)**

① 사용 후에는 반드시 중간 밸브 손잡이를 호스와 직각 방향으로 돌려 <u>잠그어</u> 주세요.

② 불이 붙은 상태에서 취침 또는 외출을 <u>삼가해</u> 주십시오.

③ 각 스위치는 뒤쪽을 누르면 <u>윈도</u>가 열리고, 앞쪽을 누르면 닫히게 됩니다.

④ <u>후레쉬</u> 촬영 시 눈이 빨갛게 되는 현상을 방지합니다.

⑤ 물을 직접 뿌리거나 벤젠이나 <u>알콜</u> 등으로 닦지 마세요.

(문제 532) 정답 및 해설 **(2014서울7 A책형 문7)**

① 사용 후에는 반드시 중간 밸브 손잡이를 호스와 직각 방향으로 돌려 <u>잠그어</u> 주세요.
(X) → 잠가

☺영보이 암기tip) 레이디 <u>가가</u>는 집에 오면 밸브를 <u>잠가</u> 두었다.

< 레이디 가가는 - 잠가 >

② 불이 붙은 상태에서 취침 또는 외출을 <u>삼가해</u> 주십시오. (X) → 삼가

◆ 삼가다 - 몸가짐이나 언행을 조심하다. / 꺼리는 마음으로 양(量)이나 횟수가 지나치지 아니하도록 하다. ★ '삼가하다'는 말은 없다.

☺영보이 암기tip) 떠들지 말고 **삼계탕** 먹으러 **가**! < 삼계탕 먹으러 - 가 >

③ 각 스위치는 뒤쪽을 누르면 윈도가 열리고, 앞쪽을 누르면 닫히게 됩니다. (O)
☺영보이 암기tip) 막내 돼지야 도둑이 들어오지 못하게 윈도를 닫아라. < 도둑 - 윈도>
< 윈도우 (X) → 윈도 (O) >

④ 후레쉬 촬영 시 눈이 빨갛게 되는 현상을 방지합니다. (X) → 플래시
☺영보이 암기tip) 플라나리아는 꼬리가 오래 응시한다.
< 플라나리아 - 오래 응시 / 플래시 >

⑤ 물을 직접 뿌리거나 벤젠이나 알콜 등으로 닦지 마세요. (X) → 알코올
☺영보이 암기tip) 알코올 - 알코올을 맛본 코가 빨개진 올빼미
< 알코올 - 코가 빨개진 올빼미 >

(문제 532) 정답: ③

(문제 533) 아래의 문장에서 밑줄 친 단어의 의미로 가장 적당한 것은? (2014서울7 A책형 문8)

다음 날 반찬이 열다섯 가지쯤 되는 여관의 아침상을 받자 두 번째 받는 상인데도 허구한 날 약비나게 그것만 먹었던 것처럼 울컥 비위에 거슬려 왔다.

① 너무 지나쳐서 진저리가 날 만큼 싫증이 나게
② 마음에 아무 느낌이 없이 예사스럽게
③ 몹시 먹고 싶었던 듯하게
④ 늘상 먹어 왔던 듯하게
⑤ 정신 없게

(문제 533) 정답 및 해설 (2014서울7 A책형 문8)

◆ 이 글에서 '허구한 날 약비나게 그것만 먹었던 것처럼 울컥 비위에 거슬려 왔다.'로 보아 부정적인 말인 것을 알 수 있다. 또한 '허구한 날 약비나게 그것만 먹었던 것처럼'으로 의미를 더욱 가깝게 알 수 있다. < 허구한 날 싫증나게 그것만 먹었던 것처럼 >
◆ 약비나다:「동사」정도가 너무 지나쳐서 진저리가 날 만큼 싫증이 나다.
☺영보이 암기tip) 나는 비가 좋다. 강한 비는 더욱 좋다. 따라서 요즈음 같이 약한 비는 싫증이 난다. < 약한 비는 - 싫증이 난다. >

(문제 533) 정답: ①

(문제 534) 다음 중 띄어쓰기가 올바른 문장은? (2014서울7 A책형 문9)

① 그는 음식이 나오는대로 먹어 버렸다.
② 그녀는 처음 부터 나에게 호감을 보였다.
③ 우리는 선후배 사이 이기에 허심탄회하게 지내자.
④ 여러분은 올해부터 힘찬 도약의 나래를 펼것입니다.
⑤ 선생님의 따뜻한 말 한마디가 나에게 큰 힘이 되었다.

(문제 534) 정답 및 해설 (2014서울7 A책형 문9)

① 그는 음식이 나오는대로 먹어 버렸다. (X) → 나오는V대로

   ◆ 용언과 '대로'가 결합할 경우 **'대로'는 의존 명사이므로 앞말과 띄어 쓴다.**

      ◆ 수업이 끝나는V대로 / 밥을 다 먹는V대로 / 아침에 일어나는V대로

   ● 체언과 '대로'가 결합할 경우 '대로'는 조사이므로 앞말과 붙여 쓴다.

      ● 법대로 해라. / 너는 너대로 나는 나대로 서로 상관 말고 살자.

  ★'먹어V버렸다 (O) / 먹어버렸다' (O) - 본용언(먹어)과 보조 용언(버리다)으로 이루어진 말은 일반적으로 띄어 씀을 원칙으로 하되 붙여 씀도 허용한다.

② 그녀는 처음V부터 나에게 호감을 보였다. (X) → **처음부터**

   ◆ '부터'는 조사이므로 앞말과 붙여 쓴다.

      ◆ 1시부터 5시까지 / 그는 처음부터 끝까지 말썽이다. / 너부터 먼저 먹어라.

      ◆ 그 약을 먹고부터는 몸이 좋아졌다. / 그는 어려서부터 공부를 잘했다

③ 우리는 선후배 사이V이기에 허심탄회하게 지내자. (X) → 선후배 **사이이기에**

   ◆ 이 문장에서 '사이'는 명사로 서로 맺은 관계. 또는 사귀는 정분이란 뜻이다.

     < 명사이고 하나의 단어이므로 다른 명사와 띄어 쓴다. >

      ◆ 선후배V사이/시어머니와 며느리V사이 / 친구V사이 / 서로 좋아하는V사이

      ◆ 결혼을 약속한V사이 / 흉허물 없는V사이

   ● '이기에'에서 '이'는 조사이므로 앞말과 붙여 쓴다. 또한 '기에'는 원인이나 근거를 나타내는 연결 어미이므로 앞말과 붙여 쓴다.

      ● 반가운 손님이 오셨기에 버선발로 달려 나갔다.

      ● 한데 어제는 어디를 가셨기에 왜 그렇게 뵐 수가 없었어요?

④ 여러분은 올해부터 힘찬 도약의 나래를 **펼것**입니다. (X) → 펼V것입니다.

   ◆ 이 문장에서 '것'은 의존 명사로 말하는 이의 전망이나 추측, 또는 주관적 소신 따위를 나타내는 말이다. 따라서 **의존 명사이므로 앞말과 띄어 쓴다.**

   ◆ 저 얘기는 아마 열 번도 더 했을V것이다. / 올해도 어김없이 봄은 올V것이다.

   ◆ 그렇게 놀다간 성적이 떨어질V것이다. / 이 제품은 틀림없이 인기를 끌V것이다.

   ◆ 내일은 날씨가 좋을V것이다.

⑤ 선생님의 따뜻한 말 **한마디**가 나에게 큰 힘이 되었다. (O)

   ◆ 이 문장에서 '한마디'는 하나의 의미가 아니라 '짧은 말. 또는 간단한 말'이다.

나	오	는	V	대	로		처	음	부	터		끝	나	는	V	대	로
선	후	배	V	사	이	이	기	에		나	래	를		펼	V	것	입	니	다	.
따	뜻	한		말	V	한	마	디			일	어	나	는	V	대	로
법	대	로			너	대	로		약	을		먹	고	부	터	는
어	려	서	부	터		친	구	V	사	이		좋	아	하	는	V	사	이
먹	어		버	렸	다		먹	어	버	렸	다		약	속	한	V	사	이
손	님	이		오	셨	기	에		어	디	를		가	셨	기	에
봄	은		올	V	것	이	다	.		좋	을	V	것	이	다	.

(문제 534) 정답: ⑤

(문제 535) 다음 단어를 [ ]와 같이 발음했다면 발음의 원인이 다른 하나는 무엇인가? (2014
서울7 A책형 문11)

① 굳이[구지]
② 담력[담녁]
③ 신라[실라]
④ 콧물[콘물]
⑤ 치과[치꽈]

(문제 535) 정답 및 해설 (2014서울7 A책형 문11)

① 굳이[구지] - **동화** / 구개음화 / 역행동화
 ◆ 구개음화: 끝소리가 'ㄷ', 'ㅌ'인 형태소가 모음 'ㅣ'나 반모음 'ㅣ[j]'로 시작되는 형식
형태소와 만나면 그것이 구개음 'ㅈ', 'ㅊ'이 되거나, 'ㄷ' 뒤에 형식 형태소 '히'가 올 때
'ㅎ'과 결합하여 이루어진 'ㅌ'이 'ㅊ'이 되는 현상. '굳이'가 [구지]로, '굳히다'가 [구치다]
로 되는 것 따위이다. < 구개음: 혓바닥과 경구개 사이에서 나는 소리. 'ㅈ', 'ㅉ', 'ㅊ' >
② 담력[담녁] - **동화** / 비음화
 ◆ 비음화: 어떤 음의 조음(調音)에 비강의 공명이 수반되는 현상. '십만'이 [심만], '먹는
다'가 [멍는다]가 되는 것 따위이다. ≒ 콧소리되기. < 비음: 입 안의 통로를 막고 코로 공
기를 내보내면서 내는 소리. 'ㄴ', 'ㅁ', 'ㅇ' >
③ 신라[실라] - **동화** / 유음화
 ◆ 유음화: 'ㄴ'이 'ㄹ'의 앞이나 뒤에서 'ㄹ'로 변하는 현상. '한라'가 [할라], '실눈'이
[실룬]이 되는 것 따위이다. < 유음: 혀끝을 잇몸에 가볍게 대었다가 떼거나, 잇몸에 댄 채
공기를 그 양옆으로 흘려 보내면서 내는 소리. 국어의 자음 'ㄹ' >
④ 콧물[콘물] - **동화** / 비음화[ㄴ] / 음절의 끝소리 규칙[ㄱ ㄴ ㄷ ㄹ ㅁ ㅂ ㅇ]
⑤ 치과[치꽈] - **사잇소리 현상** 중 **된소리**되기
 ◆ 사잇소리 현상: 합성 명사에서, 앞말의 끝소리가 울림소리이고 뒷말의 첫소리가 안울
림 예사소리이면 뒤의 예사소리가 **된소리**로 변하는 현상. 또는 앞말이 모음으로 끝나는데
뒷말이 'ㅁ, ㄴ'으로 시작되면 앞말의 끝소리에 'ㄴ' 소리가 하나 덧나고, 모음 'ㅣ'나 반모
음 'ㅣ'로 시작되면 앞말의 끝소리와 뒷말의 첫소리에 'ㄴ'이 둘 덧나는 현상을 이르는 말.
'냇가', '산골', '훗날', '예삿일' 따위를 발음할 때 일어난다.　　　　(문제 535) 정답: ⑤

(문제 536) 아래 문장의 밑줄 친 관형절 중 피수식어와의 관계에서 그 성격이 나머지와 다른 것은 무엇인가? (2014서울7 A책형 문12)

① 길 가는 친구를 붙잡았다.
② 고기를 주식으로 먹는 사람들은 건강이 썩 좋지 않다.
③ 순희는 어제 고향에 살고 있는 가족들에게 편지를 보냈다.
④ 그 사람이 결국 실패했다는 사실을 나만 안다.
⑤ 여기서 팔리는 물건은 모두 질이 좋다.

(문제 536) 정답 및 해설 (2014서울7 A책형 문12)

① 길 가는 친구를 붙잡았다. - **관계** 관형절
  ◆ '길 가는'이 '친구'를 꾸미는 관계 관형절
② 고기를 주식으로 먹는 사람들은 건강이 썩 좋지 않다. -**관계** 관형절
  ◆ '고기를 주식으로 먹는'이 '사람들'을 꾸미는 관계 관형절
③ 순희는 어제 고향에 살고 있는 가족들에게 편지를 보냈다. -**관계** 관형절
  ◆ '고향에 살고 있는'이 '가족들'을 꾸미는 관계 관형절
④ 그 사람이 결국 실패**했다는 사실**을 나만 안다. - **동격** 관형절
  ★ '그 사람이 결국 실패했다'와 '사실'은 동격이다.
  ★ '~ 했다는 사실, 소식, ~ 라는 사실, 생각'등이 오면 **동격**이라는 것을 알자.
⑤ 여기서 팔리는 물건은 모두 질이 좋다. -**관계** 관형절
  ◆ '여기서 팔리는'이 '물건'을 꾸미는 관계 관형절

(문제 536) 정답: ④

(문제 537) 법률 용어를 순화한 것 중 옳지 못한 것은? (2014서울7 A책형 문14)

① 蒙利者: 이익에 어두운 자
② 隱秘: 숨김 또는 몰래 감춤
③ 懈怠하다: 게을리하다
④ 溝渠: 도랑 또는 개골창
⑤ 委棄하다: 내버려두다

(문제 537) 정답 및 해설 (2014서울7 A책형 문14)

① 蒙利者(몽리자): **이익에 어두운** 자 (X) → 이익을 얻는 자
  1)蒙利者(몽리자): 蒙(어두울 몽) 利(이로울 리(이)) 者(놈 자).
② 隱秘(은비): 숨김 또는 몰래 감춤. (O) < 隱(숨을 은) 秘(숨길 비) >
③ 懈怠(해태)하다: 게을리 하다. (O) 懈(게으를 해) 怠(게으를 태). 발음: [해:태](긴 소리)
  1)영어사전: lazy(게으른), remiss(태만한), negligent(태만한, 부주의한), neglectful(태만한, 등한한)

④ 溝渠(구거): 도랑 또는 개골창 (O). < 溝(도랑 구) 渠(개천 거) >

⑤ 委棄(위기)하다: 내버려두다. (O) 委(맡길 위) 棄(버릴 기). 의미: 버리고 돌보지 않음.

★'버리고 돌보지 않는다.'는 의미인 委棄(위기)는 委(맡길 위)를 쓴다. 또한 委(맡길 위)에는 '女(여자 여)'가 들어간다.

☺영보이 암기tip) 어떤 여자(女: 여자 여)들은 아이를 내버려 두면 안 된다. 절대 委棄(위기)하면 안 된다.

*동음이의 한자어

1)危機(위기): 危(위태할 위) 機(틀 기).   a)의미: 위험한 고비나 시기

(문제 537) 정답: ①

☺영보이 국어plus #1   기타 법률용어의 醇化(순화)

1.汚瀆(오독) → '더럽히다'로 순화.

2.재산을 出捐(출연)하다. → 재산(財産)을 내놓다.

3.상계(相計) → 엇셈, 맞계산

4.기명날인(記名捺印) → 이름을 적고 도장을 찍다.

5.최고(催告) → 재촉하는 통지를 함.

6.교사자(敎唆者) → 부추긴 사람.

7.방조자(傍助者) → 옆에서 도운 사람.

8.상당(相當)하다 → 합당하다.

9.자력(資力) → 자금 능력

10.균분(均分) → 고르게 나누다.

☺영보이 국어plus #2   기타 법률용어의 醇化(순화)

*동음이의 한자어

1)순화(馴化): 馴(길들일 순) 化(될 화).

 a)의미: 기후가 다른 지역에 옮겨진 생물이 점차로 그 환경에 적응하는 체질로 변하는 일.

2)순화(純化): 純(생사 순) 化(될 화).

 a)의미: 불순한 것을 제거하여 순수하게 함. 복잡한 것을 단순하게 함.

3)출연(出演): 出(날 출) 演(멀리 흐를 연).

 a)의미: 연기, 공연, 연설 따위를 하기 위하여 무대나 연단에 나감.

4)최고(最高): 最(가장 최) 高(높을 고).

 a)의미: 가장 높음. 으뜸인 것. 또는 으뜸이 될 만한 것.

5)최고(最古): 最(가장 최) 古(옛 고).

 a)의미: 가장 오래됨.

(문제 538) 다음 수필에서 말하고자 하는 바가 가장 잘 드러난 시조는? (2014서울7 A채형 문 16)

① 오백년 도읍지를 필마로 도라 드니/ 산천은 의구ᄒ되 인걸은 간듸 업다/ 어즈버 태평연월이 꿈이런가 ᄒ노라

② 이고 진 뎌 늘그니 짐 프러 나를 주오/ 나는 졈엇써니 돌히라 무거울가/ 늘거도 설웨라커든 짐을 조차 지실가

③ 이화에 월백ᄒ고 은한이 삼경인지/ 일지춘심을 자규야 알냐마는/ 다정도 병인 양ᄒ야 좀 못 일워 ᄒ노라

④ 추강에 밤이드니 물결이 ᄎ노미라/ 낙시 드리치니 고기 아니 무노미라/ 무심ᄒ 둘빗만 싯고 븬비 저어오노라

⑤ 동지ㅅ둘 기나긴 밤을 한 허리를 버혀내여/ 춘풍 니불아레 서리서리 너헛다가/ 어론님 오신날 밤이여든 구뷔구뷔 펴리라

① 오백년 도읍지를 필마로 도라 드니/ 산천은 의구ᄒ되 인걸은 간듸 업다/ 어즈버 태평연월이 꿈이런가 ᄒ노라 - <u>길재의 시조로 고려왕조의 멸망을 안타까워 함.[(맥수지탄(麥秀之嘆)</u> , 인생무상(人生無常)]

② 이고 진 뎌 늘그니 짐 프러 나를 주오/ 나는 졈엇써니 돌히라 무거울가/ 늘거도 설웨라커든 짐을 조차 지실가 - <u>정철의 '훈민가'로 경로사상이 담겨있다. < 나는 젊었으니 짐을 내가 들겠습니다. ></u>

③ 이화에 월백ᄒ고 은한이 삼경인지/ 일지춘심을 자규야 알냐마ᄂ/ 다정도 병인 양ᄒ야 줌못 일워 ᄒ노라 - <u>이조년의</u> 다정가로 '봄밤의 애상적 정서'를 나타낸다.
④ 추강에 밤이드니 물결이 ᄎ노미라/ 낙시 드리치니 고기 아니 무노미라/ 무심ᄒ 들빗만 싯고 빈비 저어오노라 (O) - <u>월산대군의 시조로 낚시를 하는데 고기가 안 물어도 마음이 편안하다는 정서를 나타낸다.</u>
⑤ 동지ㅅ둘 기나긴 밤을 한 허리를 버혀내여/ 춘풍 니불아레 서리서리 너헛다가/ 어론님 오신날 밤이여든 구뷔구뷔 펴리라 - <u>황진이의 시조로 임을 그리워하는 마음이 담겨있다.</u>

(문제 538) 정답: ④

(문제 539) 아래 시는 농가월령가의 일부이다. 아래에 나온 내용은? **(2014서울7 A책형 문18)**

음력 몇 월을 노래한 것인가
인가(人家)의 요긴한 일 장 담는 정사로다.
소금을 미리 받아 법대로 담그리라.
고추장 두부장도 맛맛으로 갖추하소.
전산에 비가 개니 살진 향채 캐오리라.
삽주 두릅 고사리며 고비 도랏 어아리를
일분은 엮어 달고 이분은 묻혀 먹세.
낙화를 쓸고 앉아 병술로 즐길 적에
산처의 준비함이 가효가 이뿐이라.

① 2월
② 3월
③ 4월
④ 5월
⑤ 6월

(문제 539) 정답 및 해설 **(2014서울7 A책형 문18)**

◆ 고추장 두부장도 맛맛으로 갖추하소. 살진 **향채 캐오리라.**
◆ 삽주 두릅 **고사리**며 고비 도랏 어아리를 일분은 엮어 달고 이분은 묻혀 먹세.
★ <u>고추장 두부장 등 장 담그는 것과 나물을 캐서 먹는 것을 보면 봄인 것을 알 수 있다. 따라서 3월이 정답이다.</u>

(문제 539) 정답: ② 3월

(문제 540) 다음 중 외래어 표기가 올바른 것은? **(2014서울7 A책형 문19)**

① 빽(bag)
② 숖(shop)
③ 가스(gas)
④ 쥬스(juice)
⑤ 파일(file)

(문제 540) 정답 및 해설 **(2014서울7 A책형 문19)**

① 빽(bag) (X) → 백 : 된소리를 쓰지 않는다.
 ☺영보이 암기tip) 이 백은 이백만 원이 넘는다. < 백은 - 백 만원 >
② 숖(shop) (X) → 숍 : 받침은 'ㄱ ㄴ ㄹ ㅁ ㅂ ㅅ ㅇ'만 쓴다.
 ☺영보이 암기tip) 워크숍에 가니 커피숍, 헤어숍 등 숍이 많이 있었다.
 < 워크숍 - 커피숍 - 헤어숍 등 - 숍이 많이 >
③ 가스(gas) (O) : 까스가 아니라 가스가 맞다.
 ☺영보이 암기tip) 내 가발이 가스레인지 불에 타지 않도록 조심해라. < 가발 - 가스 >
④ 쥬스(juice) (X) → 주스 : 이중모음(ㅠ)을 쓰지 않고 단모음(ㅜ)을 쓴다.
 ☺영보이 암기tip) 우리 주인아저씨는 부르주아라서 주스를 물처럼 마신다.
 < 주인아저씨 - 부르주아 - 주스 >
⑤ 화일(file) (X) → 파일 : 'f'는 'ㅍ'로 표기한다.
 ☺영보이 암기tip) 이게 뭔 냄새야? 뭐야, 내 파일에 쪽파 꺼냈어? 이 자식이 ~ 머리 박
아! < 쪽파 - 파일 > < 화일 (X) >

(문제 540) 정답: ③

(문제 541) 다음 중 한글로 전해지지 않는 시는? (2014서울7 A책형 문20)

① 사미인곡
② 정읍사
③ 풍요
④ 누항사
⑤ 청산별곡

(문제 541) 정답 및 해설 (2014서울7 A책형 문20)

① 사미인곡 - 송강 정철의 가사. / 한글 + 한자

◆ 조선 선조 18년(1585)에 정철이 지은 가사. 작가가 관직에서 밀려나 4년 동안 전라남도 창평에서 지내면서 임금에 대한 그리운 정을 간곡하게 읊은 작품으로 모두 126구로 되어 있으며, ≪송강가사≫에 실려 전한다.

② 정읍사 - 현전 유일한 백제의 가요. / 한글로 전하는 가장 오래된 작품이다.

◆ 백제 때의 가요. 행상을 나가 늦도록 돌아오지 않는 남편을 걱정하는 아내의 심정을 노래한 것으로, 가사가 전하는 유일한 백제 가요이며, 한글로 기록되어 전하는 가요 가운데 가장 오래된 것이다. ≪악학궤범≫에 실려 있다.

③ 풍요 - 향찰로 기록되어 있음.(4구제)

◆ 신라 선덕 여왕 때의 향가. 영묘사 장륙불상을 만들 때 흙을 나르던 아낙네들이 함께 불렀다는 노동요로, 4구체로 되어 있으며 ≪삼국유사≫에 실려 있다. 작가는 분명하지 않다.

④ 누항사 - 박인로의 가사.

◆ 조선 광해군 3년(1611)에 박인로가 지은 가사. 경기도 용진에 은거하고 있을 때 이덕형이 찾아와 사는 형편을 묻자 작가가 이에 화답하는 뜻으로 지은 가사로, 자연을 벗 삼아 안빈낙도하는 심정을 드러내고 있다. ≪노계집≫에 실려 전한다.

⑤ 청산별곡 - 한글로 쓴 고려속요.

◆ 고려 시대의 속요. 현실 도피의 비애를 노래한 것으로, 모두 8연으로 되어 있다. ≪악장가사≫에 실려 있다.

★ 다른 작품을 모르더라도 풍요는 향가이므로 향찰로 표기한 점을 알 수 있다.

(문제 541) 정답: ③

(문제 542) 다음 중 문장 부호와 그에 대한 설명이 옳지 않은 것은? **(2015서울7 A책형 문1)**

① 가운뎃점(·)은 열거된 여러 단위가 대등하거나 밀접한 관계임을 나타낸다.
② 쌍점(;)은 마침표의 일종으로 작은 제목 뒤에 간단한 설명을 붙일 때 쓰인다.
③ 줄표(—)는 이미 말한 내용을 다른 말로 부연하거나 보충할 때 쓰인다.
④ 대괄호([ ])는 묶음표 안의 말이 바깥 말과 음이 다를 때 쓰인다.

(문제 542) 정답 및 해설 (2015서울7 A책형 문1)

① 가운뎃점(·)은 열거된 여러 단위가 대등하거나 밀접한 관계임을 나타낸다. (O)
 ◆ 가운뎃점: 문장 부호의 하나. ' · '의 이름이다. 열거할 어구들을 일정한 기준으로 묶어서 나타낼 때 쓰거나, 짝을 이루는 어구들 사이에, 공통 성분을 줄여서 하나의 어구로 묶을 때 쓴다.
② 쌍점(;)은 **마침표의 일종**으로 작은 제목 뒤에 간단한 설명을 붙일 때 쓰인다. (X)
 → 쌍점(:)은 마침표의 일종이 아니다. < 또한 ' ; '은 쌍점이 아니라 반쌍점이다. >
 ◆ 쌍점: 표제어 다음에 해당 항목을 들거나 설명을 붙일 때 쓰거나, 희곡 따위에서 대화 내용을 제시할 때, 시(時)와 분(分), 장(章)과 절(節) 따위를 구별할 때, 의존 명사 대(對)가 쓰일 자리에 쓰인다. ≒ 그침표 · 쌍모점 · 이중점(二重點) · 콜론(colon) · 포갤점.
 ● 쌍반점(;): 가로쓰기에 쓰는 쉼표 ';'의 이름. 문장을 일단 끊었다가 이어서 설명을 더 계속할 경우에 쓴다. 주로 예를 들어 설명하거나 설명을 추가하여 덧붙이는 경우에 쓴다. ≒ 반구절점 · 세미콜론
③ 줄표(—)는 이미 말한 내용을 다른 말로 부연하거나 보충할 때 쓰인다. (O)
 ◆ 줄표: 문장 부호의 하나. ' — '의 이름이다. 제목 다음에 표시하는 부제의 앞뒤에 쓴다.
  ≒ 대시(dash) · 말바꿈표 · 풀이표 · 환언표
④ 대괄호([ ])는 묶음표 안의 말이 바깥 말과 음이 다를 때 쓰인다. (O)
 ◆ 대괄호: 문장 부호의 하나. ' [ ]'의 이름이다. 괄호 안에 또 괄호를 쓸 때 바깥쪽의 괄호 대신 쓰거나, 고유어에 대응하는 한자어를 함께 보일 때, 원문에 대한 이해를 돕기 위해 설명이나 논평 따위를 덧붙일 때 쓴다.

(문제 542) 정답: ②

(문제 543) 다음 중 밑줄 친 단어의 품사가 나머지 셋과 다른 하나는? **(2015서울7 A책형 문2)**

① 오늘은 비가 올 <u>듯하다</u>.
② 당신 좋을 <u>대로</u> 하십시오.
③ 아기는 아버지를 <u>빼다</u> 박은 듯 닮았다.
④ 자기가 아는 <u>만큼</u> 보인다.

(문제 543) 정답 및 해설 (2015서울7 A책형 문2)

① 오늘은 비가 올 <u>듯하다</u>. - **보조 형용사**
  ◆ 듯하다: (동사나 형용사, 또는 '이다'의 관형사형 뒤에 쓰여) 앞말이 뜻하는 사건이나 상태 따위를 짐작하거나 추측함을 나타내는 말. ≒ 듯싶다.
    ◆ 비가 온 <u>듯하다</u>.
    ◆ 지금 이 나라는 겉보기에는 발전하는 <u>듯하지만</u> 실상은 그렇지 않다.
    ◆ 기차가 연착할 <u>듯하다</u>. / 예전에는 여기가 황량했던 <u>듯하다</u>.
② 당신 좋을 <u>대로</u> 하십시오. - **의존 명사**
  ◆ 용언 뒤에 '대로'가 오면 '대로'는 의존 명시이므로 앞말괴 띄어 쓴다. <u>< 좋을 대로 ></u>
    ◆ 용언: 문장에서 서술어의 기능을 하는 동사, 형용사를 통틀어 이르는 말
  ● 체언 뒤에 '대로'가 오면 '대로'는 조사이므로 앞말과 붙여 쓴다. < 너는 너대로 >
    ● 체언: 문장에서 주어 따위의 기능을 하는 명사, 대명사, 수사를 통틀어 이르는 말.
③ 아기는 아버지를 <u>빼다</u> 박은 듯 닮았다. - **의존 명사**
  ◆ 듯: 「의존 명사」 '듯이'의 준말. < 의존 명사이므로 앞말과 띄어 쓴다. >
    ◆ 아기는 아버지를 <u>빼다</u> 박은 듯 닮았다.
    ◆ 꼬마는 잘 모르겠다는 듯 눈만 껌벅이고 있었다.
    ◆ 마치 구름을 걷는 듯 도무지 생시가 아닌 것만 같았다.
④ 자기가 아는 <u>만큼</u> 보인다. - **의존 명사**
  ● 용언 뒤에 '만큼'이 오면 '만큼'은 의존 명사이므로 앞말과 띄어 쓴다. < **아는 만큼** >
  ● 체언 뒤에 '만큼'이 오면 '만큼'은 조사이므로 앞말과 붙여 쓴다. < 사과만큼 >

(문제 543) 정답: ①

(문제 544) 다음 <보기> 가운데 우리말의 관형어에 대한 설명으로 옳은 것을 모두 고르면? **(2015서울7 A책형 문3)**

<보기>
㉠ 관형어는 명사, 대명사, 수사와 같은 체언류를 꾸미는 문장성분이다.
㉡ 명사는 그대로 관형어가 될 수 있다.
㉢ 동사나 형용사도 관형어가 될 수 있다.
㉣ 조사 '의'는 관형어를 만드는 중요한 격조사이다.

① ㉠, ㉡, ㉢, ㉣   ② ㉠, ㉢, ㉣   ③ ㉡, ㉢   ④ ㉡, ㉣

(문제 544) 정답 및 해설 (2015서울7 A책형 문3)

㉠ 관형어는 명사, 대명사, 수사와 같은 체언류를 꾸미는 문장성분이다. (O)
　◆ 관형어: 체언 앞에서 체언의 뜻을 꾸며 주는 구실을 하는 문장 성분. 관형사, 체언, 체언에 관형격 조사 '의'가 붙은 말, 동사와 형용사의 관형사형, 동사와 형용사의 명사형에 관형격 조사 '의'가 붙은 말 따위가 있다. ≒ 매김말
㉡ 명사는 그대로 관형어가 될 수 있다. (O)
　◆ 시장(명사) 상인 / 신발(명사) 끈 / 박스(명사) 테이프
㉢ 동사나 형용사도 관형어가 될 수 있다. (O)
　◆ 너무 늙은(동사) 호박 / 사랑스러운(형용사) 아이
㉣ 조사 '의'는 관형어를 만드는 중요한 격조사이다. (O)
　◆ 신의 영역 / 사랑의 학교

(문제 544) 정답: ① ㉠, ㉡, ㉢, ㉣

(문제 545) 국어의 음운 현상에는 대치, 탈락, 첨가, 축약, 도치가 있다. 다음에 제시된 단어들 중 동일한 음운 현상이 나타나는 것끼리 묶인 것은? **(2015서울7 A책형 문4)**

㉠ 굳이
㉡ 끊더라
㉢ 뒷일
㉣ 무릎
㉤ 배꼽(<빗복)
㉥ 싫어도
㉦ 있지
㉧ 잡히다

① ㉠, ㉢, ㉤   ② ㉠, ㉣, ㉦
③ ㉡, ㉥, ㉧   ④ ㉢, ㉤, ㉧

(문제 545) 정답 및 해설 (2015서울7 A책형 문4)

◆ 대치, 탈락, 첨가, 축약, 도치

㉠ 굳이 - [굳이] → [구지] : [ㄷ]이 [ㅈ]으로 - **대치** / 구개음화

  ◆ 구개음화: 끝소리가 'ㄷ', 'ㅌ'인 형태소가 모음 'ㅣ'나 반모음 'ㅣ[j]'로 시작되는 형식 형태소와 만나면 그것이 구개음 'ㅈ', 'ㅊ'이 되거나, 'ㄷ' 뒤에 형식 형태소 '히'가 올 때 'ㅎ'과 결합하여 이루어진 'ㅌ'이 'ㅊ'이 되는 현상. '굳이'가 '구지'로, '굳히다'가 '구치다'로 되는 것 따위이다

㉡ 끊더라 - [끈터라] / ㅎ + ㄷ → [ㅌ] : [끈터라] - 'ㅎ'과 'ㄷ'이 결합하여 [ㅌ]으로 **축약**

㉢ 뒷일 - [뒨:닐] / 사이시옷 현상 / 'ㄴ'음의 **첨가**

㉣ 무릎 - [무릅] / 'ㅍ'이 [ㅂ]으로 **대치** / 음절의 끝소리 법칙[ㄱ ㄴ ㄷ ㄹ ㅁ ㅂ ㅇ]

㉤ 배꼽(<빗복) - '복'이 '곱'으로 바뀜. - **도치**

㉥ 싫어도 - [시러도] / 'ㅎ'의 **탈락**

㉦ 있지 - [읻찌] / 'ㅆ'이 [ㄷ]으로 **대치** + 음절의 끝소리 법칙 / 'ㅈ'이 [ㅉ]으로 **대치**

㉧ 잡히다 - [자피다] / 'ㅂ'과 'ㅎ'이 결합하여 [ㅍ]으로 **축약**

(문제 545) 정답: ② ㉠, ㉣, ㉦

(문제 546) 다음 중 파생어끼리 짝지어진 것은? (2015서울7 A책형 문5)

① 동화책 - 책상
② 맨손 - 울보
③ 시동생 - 어깨동무
④ 크다 - 복스럽다

(문제 546) 정답 및 해설 (2015서울7 A책형 문5)

① 동화책 - 책상
  ◆ 동화책 - 동화(명사) + 책(명사) - 명사와 명사의 결합이므로 **합성어**
  ◆ 책상 - 책(명사) + 상(명사) - **합성어**
② **맨손 - 울보 (O)**
  ● 맨손 - 맨(접두사) + 손(명사) - 접두사가 결합하여 **파생어**이다.
  ● 울보 - '울다'의 울(용언의 어근) + 보(접미사) - 접미사가 결합하여 **파생어**이다.
③ 시동생 - 어깨동무
  ◆ 시동생 - 시(접두사) + 동생(명사) - 접두사가 결합하여 **파생어**이다.
  ◆ 어깨동무 - 어깨(명사) + 동무(명사) - 명사와 명사의 결합이므로 **합성어**
④ 크다 - 복스럽다
  ◆ 크다 - 크다는 동사와 형용사로 쓰이고 단일어이다.
  ◆ 복스럽다 - 복(명사) + 스럽다(접미사) - 접미사가 결합하여 **파생어**이다.

(문제 546) 정답: ②

(문제 547) 다음 중 <보기>에서 보이는 오류의 유형과 같은 오류가 있는 것은? (2015서울7 A 책형 문6)

<보기>
"그 놈은 나쁜 놈이니 사형을 당해야 해. 사형을 당하는 걸 보면 나쁜 놈이야."

① 분열은 화합으로 극복할 수 있다. 그러므로 우리는 분열을 치유하기 위해 모두가 하나되는 사회를 만들어야 한다.
② 국민의 67%가 사형 제도에 찬성했다. 그러므로 사형 제도는 정당하다.
③ 하나를 보면 열을 안다고, 국어 성적이 좋은 걸 보니 혜림이는 공부를 잘하는 학생이구나.
④ 이번 학생 회장 선거에서 나를 뽑지 않은 것으로 보아 너는 나를 아주 싫어하는구나.

(문제 547) 정답 및 해설 (2015서울7 A책형 문6)

◆ "그 놈은 나쁜 놈이니 사형을 당해야 해. 사형을 당하는 걸 보면 나쁜 놈이야."
 → 사형을 당해야 하는 이유를 명확히 밝히지 않고 같은 말만 되풀이 하고 있다. 이러한 오류의 유형은 '**순환 논증의 오류**'라 한다.
 ◆ **순환 논증**: 논증되어야 할 명제를 논증의 근거로 하는 잘못된 논증. 논점 절취의 허위의 하나로, 논증하여야 하는 결론을 잠재적·현재적으로 논증의 전제로 하는 논증 방법이다. 그러므로 결론의 진리와 전제의 진리가 서로 의존하여 논증의 형식을 가지고는 있으나 실제로 논증되지는 않는다. '그는 정직하다. 왜냐하면 그는 사람을 속이지 않기 때문이다.'와 같은 따위이다.
① 분열은 화합으로 극복할 수 있다. 그러므로 우리는 분열을 치유하기 위해 모두가 하나되는 사회를 만들어야 한다. (O) - 분열이 화합으로 극복할 수 있는 설명을 명확히 하지 않고 같은 말만 되풀이 하고 있다. - **순환 논증의 오류**
② 국민의 67%가 사형 제도에 찬성했다. 그러므로 사형 제도는 정당하다.- <u>성급한 일반화</u>
 ◆ 국민 전부가 아닌 국민의 67%가 사형 제도에 찬성했지만 마치 국민 모두가 찬성한 것처럼 사형제도가 정당하다고 하여 성급한 일반화의 오류를 범하고 있다.
③ 하나를 보면 열을 안다고, 국어 성적이 좋은 걸 보니 혜림이는 공부를 잘하는 학생이구나. - <u>성급한 일반화의 오류</u>
 ◆ 열을 다 보아야 정확히 알 수 있는데 국어 성적 하나만 보고 혜림이가 공부를 잘하는 학생이라고 성급하게 결론을 내리는 성급한 일반화의 오류를 범하고 있다.
④ 이번 학생 회장 선거에서 나를 뽑지 않은 것으로 보아 너는 나를 아주 싫어하는구나.
 - <u>흑백논리의 오류</u>
 ◆ 나를 뽑으면 좋아하는 것이고 뽑지 않으면 싫어한다는 흑백 논리의 오류를 범하고 있다. < 흑백 논리: 모든 문제를 흑과 백, 선과 악, 득과 실의 양 극단으로만 구분하고 중립적인 것을 인정하지 아니하려는 편중된 사고방식이나 논리. >

(문제 547) 정답: ①

(문제 548) 다음의 밑줄 친 ㉠, ㉡을 현대어로 옳게 바꾼 것은? (2015서울7 A책형 문9)

太子를 하늘히 ㉠ 굴히샤 몃ㄱ 쁘디 ㉡ 일어시눌 聖孫을 내시니이다   -「용비어천가」-

① ㉠ 가리시어   ㉡ 이루어지시거늘
② ㉠ 가리시어   ㉡ 일어나시거늘
③ ㉠ 말씀하시어   ㉡ 이르시거늘
④ ㉠ 말씀하시어   ㉡ 일어나시거늘

(문제 548) 정답 및 해설 (2015서울7 A책형 문9)

◆ 太子를 하늘히 ㉠ 굴히샤 몃ㄱ 쁘디 ㉡ 일어시눌 聖孫을 내시니이다
 (현대어 풀이) 태자를 하늘이 **가리시어** 그 형의 뜻이 **이루어지시거늘** 성손을 태어나게 하셨습니다.
◆ 용비어천가: 조선 세종 27년(1445)에 정인지, 안지, 권제 등이 지어 세종 29년(1447)에 간행한 악장의 하나. 훈민정음으로 쓴 최초의 작품으로, 조선을 세우기까지 목조·익조·도조·환조·태조·태종의 사적(事跡)을 중국 고사(古事)에 비유하여 그 공덕을 기리어 지은 노래이다. 각 사적의 기술에 앞서 우리말 노래를 먼저 싣고 그에 대한 한역시를 뒤에 붙였다. 125장. 10권 5책.

(문제 548) 정답: ①

(문제 549) 다음 중 신라의 향가가 아닌 것은? (2015서울7 A책형 문10)

① 천수대비가
② 헌화가
③ 처용가
④ 숙세가

(문제 549) 정답 및 해설 (2015서울7 A책형 문10)

① 천수대비가 (O) = 도천수관음가 = 도천수대비가
 ◆ 신라 경덕왕 때, 희명이 지은 10구체 향가. 분황사 천수관음 앞에서 이 노래를 불러 눈먼 아들의 눈을 뜨게 하였다는 이야기가 전한다.
② 헌화가 (O) - 신라 성덕왕 때의 향가. 소를 몰고 지나가던 노인이 수로 부인에게 꽃을 꺾어 바칠 때 부른 노래로, 4구체이며 ≪삼국유사≫에 실려 있다.
③ 처용가 (O) - 1) 신라 헌강왕 때 처용이 지은 향가(鄕歌). 아내와 동침하던 역신을 물리친 노래로, 8구체로 되어 있으며 ≪삼국유사≫에 실려 있다.
            2)고려 가요의 하나. 신라 때의 '「처용가」'을 계승한 것으로, 처용이 역신을 쫓아내는 내용이다. 처용무를 추면서 함께 불렀다.
④ 숙세가 (X) → 백제시대의 노래(7세기 초반)

(문제 549) 정답: ④

(문제 550) 다음 글에서 말하는 '이 작품'은? (2015서울7 A책형 문11)

> 　그가 창씨개명계를 제출한 것은 <u>이 작품</u>을 쓴 지 닷새 만이다. 일본 유학을 결정하고 그 걸 위해선 자신의 손으로 창씨개명계를 제출하는 것이 불가피하다고 각오했을 때, 그 뼈아 픈 욕됨으로 인해 쓰여진 것이 곧 <u>이 작품</u>이라는 주장이다. 이 시는 오랫동안 역사의식이 내포된 자기 성찰의 시라는 정도의 일반적인 평가를 받아왔다. 그러나 그의 시 중에서 가 장 구체적인 현실에 의거하고 있는 강력한 저항시가 바로 이 시이다.

① 스물세 해 동안 나를 키운 건 팔할이 바람이다. / 세상은 가도가도 부끄럽기만 하더라. / 어떤 이는 내 눈에서 죄인을 읽고 가고 / 어떤 이는 내 입에서 천치를 읽고 가나 / 나는 아무것도 뉘우치진 않을란다.

② 매운 계절의 채찍에 갈겨 / 마침내 북방으로 휩쓸려오다. // 하늘도 그만 지쳐 끝난 고원 / 서릿발 칼날진 그 위에 서다. // 어디다 무릎을 꿇어야 하나 / 한 발 재겨 디딜 곳 조차 없다.

③ 풀이 눕는다. / 비를 몰아오는 동풍에 나부껴 / 풀은 눕고 / 드디어 울었다. / 날이 흐려서 더 울다가 / 다시 누웠다. // 풀이 눕는다. / 바람보다도 더 빨리 눕는다. / 바람보다도 더 빨리 울고 / 바람보다도 먼저 일어난다.

④ 파란 녹이 낀 구리 거울 속에 / 내 얼굴이 남아 있는 것은 / 어느 왕조의 유물이기에 이다지도 욕될까. // 나는 나의 참회의 글을 한 줄에 줄이자. / -만 이십사 년 일 개월을 무슨 기쁨을 바라 살아왔던가.

(문제 550) 정답 및 해설 (2015서울7 A책형 문11)

◆ 이 글에서 말하는 작품은 윤동주의 '참회록'이다.(1942년 발표)/ 창씨개명제 공포(1939)
◆ 윤동주 **일본 유학** - 도시샤대학교 영어영문학(1942), 릿쿄대학교 영어영문학(1942)
① 스물세 해 동안 나를 키운 건 팔할이 바람이다. / 세상은 가도가도 부끄럽기만 하더라. / 어떤 이는 내 눈에서 죄인을 읽고 가고 / 어떤 이는 내 입에서 천치를 읽고 가나 / 나는 아무것도 뉘우치진 않을란다. - <u>서정주의 '자화상「화사집」</u>(1941)
② 매운 계절의 채찍에 갈겨 / 마침내 북방으로 휩쓸려오다. // 하늘도 그만 지쳐 끝난 고원 / 서릿발 칼날진 그 위에 서다. // 어디다 무릎을 꿇어야 하나 / 한 발 재겨 디딜 곳 조차 없다. 이육사의 '절정'(1940)
③ 풀이 눕는다. / 비를 몰아오는 동풍에 나부껴 / 풀은 눕고 / 드디어 울었다. / 날이 흐려서 더 울다가 / 다시 누웠다. // 풀이 눕는다. / 바람보다도 더 빨리 눕는다. / 바람보다도 - 김수영의 '풀'(1968)
더 빨리 울고 / 바람보다도 먼저 일어난다.
④ 파란 녹이 낀 구리 거울 속에 / 내 얼굴이 남아 있는 것은 / 어느 왕조의 유물이기에 이다지도 욕될까. // 나는 나의 참회의 글을 한 줄에 줄이자. / -만 이십사 년 일 개월을 무슨 기쁨을 바라 살아왔던가. **윤동주의 '참회록'**(1942년 발표)

(문제 550) 정답: ④

(문제 551) 다음 고전시가에 대한 설명으로 가장 옳은 것은? (2015서울7 A책형 문12)

내 님믈 그리ᄉᆞ와 우니다니
산(山) 졉동새 난 이슷ᄒᆞ요이다.
아니시며 거츠르신ᄃᆞᆯ 아으
잔월효성(殘月曉星)이 아ᄅᆞ시리이다.
넉시라도 님은 ᄒᆞᆫᄃᆡ 녀져라 아으
벼기더시니 뉘러시니잇가
과(過)도 허믈도 천만(千萬) 업소이다. 믈힛마리신뎌 슬읏븐뎌 아으
니미 나를 ᄒᆞ마 니ᄌᆞ시니잇가.
아소 님하, 도람 드르샤 괴오쇼셔.

- 정서, '정과정' -

① 현재 자신의 처지에서 벗어나고 싶은 심정을 담고 있다.
② 이상과 현실의 괴리에 대한 담담한 마음을 담고 있다.
③ 다가올 미래에 대한 비관적인 심경을 담고 있다.
④ 일상적인 소재를 통해서 삶의 교훈을 담고 있다.

(문제 551) 정답 및 해설 (2015서울7 A책형 문12)

◆ 정서의 '정과정': 고려 의종 때 정서(鄭敍)가 지은 가요. 유배지 동래(東萊)에서 자신의 외로운 심정을 산 두견이에 비유하여 임금을 사모하는 정을 노래한 것으로, 10구체 향가의 잔영을 보여 주는 작품이며, ≪악학궤범≫에 실려 있다. ≒ 정과정곡
◆ 정서: 고려 시대의 문인(?~?). 호는 과정(瓜亭). 문재(文才)가 뛰어났으며 묵죽화(墨竹畫)에도 능하였다. 임금을 그리워하는 정을 읊은 고려 가요 <정과정>으로 유명하다. 저서에 ≪과정잡서(瓜亭雜書)≫가 있다.

① 현재 자신의 처지에서 벗어나고 싶은 심정을 담고 있다. (O)
  ◆ 임(의종)을 그리워하면서도 현재 유배생활을 하는 자신의 처지에서 벗어나고 싶은 심정을 담고 있다.

(문제 551) 정답: ①

(문제 552) 다음 밑줄 친 단어 중 맞춤법이 옳지 않은 것은? (2015서울7 A책형 문13)

① 그는 밥을 몇 <u>숟가락</u> 뜨다가 밥상을 물렸다.
② 이번 수해로 우리 마을은 <u>적잖은</u> 피해를 봤다.
③ 집은 허름하지만 아까 본 집보다 가격이 <u>만만잖다</u>.
④ 그는 끝까지 그 일을 <u>말끔케</u> 처리하였다.

(문제 552) 정답 및 해설 (2015서울7 A책형 문13)

① 그는 밥을 몇 <u>숟가락</u> 뜨다가 밥상을 물렸다. (O)
　☺영보이 암기tip) 화가 나서 숟가락을 'ㄷ'자로 구부렸다. < 숟가락을 - 'ㄷ'자로 >
② 이번 수해로 우리 마을은 <u>적잖은</u> 피해를 봤다. (O)
　☺영보이 암기tip) 점잖은 사람들이 적잖은 사교성이 있다. < 점잖은 - 적잖은 >
③ 집은 허름하지만 아까 본 집보다 가격이 <u>만만잖다</u>. (X) → 만만찮다
　☺영보이 암기tip) 하찮은 문제라도 자세히 보면 만만찮다. < 하찮은 - 만만찮다 >
④ 그는 끝까지 그 일을 <u>말끔케</u> 처리하였다. (O)
　☺영보이 암기tip) 옷에 묻은 케첩을 말끔케 처리하였다. < 케첩 - 말끔케 >

(문제 552) 정답: ③

(문제 553) 다음 중 밑줄 친 단어의 사용이 옳지 않은 것은? (2015서울7 A책형 문14)

① 선을 <u>반듯이</u> 그어라.
② 눈을 감고 분노를 <u>삭였다</u>.
③ 너 왜 그렇게 내 속을 <u>썩히느냐</u>?
④ 사우나에서 눈을 <u>지그시</u> 감고 앉아 있었다.

(문제 553) 정답 및 해설 (2015서울7 A책형 문14)

① 선을 <u>반듯이</u> 그어라. (O)
　◆ 반듯이: 작은 물체, 또는 생각이나 행동 따위가 비뚤어지거나 기울거나 굽지 아니하고 바르게.
　● 반드시: 틀림없이 꼭. ≒ 기필코·필위(必爲).
② 눈을 감고 분노를 <u>삭였다</u>. (O)
　◆ 삭이다: < '삭다'의 사동사 > 긴장이나 화가 풀려 마음이 가라앉다.
　　◆ 분을 삭이다. / 분이 삭다.
　　◆ 흥선의 집을 찾았던 병기는, 거기서 나올 때는 그 불쾌한 기분을 다 삭였다.
　☺영보이 암기tip) 내가 좋아하는 숫자 이(2)를 그리며 분을 삭2다.(삭였다)
< 2 - 삭이다 >

③ 너 왜 그렇게 내 속을 썩히느냐? (X) → 썩이느냐

◆ 썩이다: '썩다'의 사동사. <걱정이나 근심 따위로 마음이 몹시 괴로운 상태가 되다.>

  ◆ 이제 부모 **속** 좀 작작 썩**여**라. < **속 - 여** >

  ◆ 여태껏 부모 **속**을 썩**이**거나 말을 거역한 적이 없었다. < **속 - 이** >

● 썩**히**다: '썩다'의 사동사 < 물건이나 사람 또는 사람의 재능 따위가 쓰여야 할 곳에 제대로 쓰이지 못하고 내버려진 상태에 있다. >

  ● 그는 시골구석에서 **재능**을 썩**히**고 있다. < **재능 - 히** >

  ● 기술자가 없어서 고가의 **장비**를 썩**히**고 있다. < **장비 - 히** >

④ 사우나에서 **눈**을 지그시 감고 앉아 있었다. (O)- *슬며시 힘을 주는 모양 < **눈 - 그** >

  ◆ 지그시: 1) 슬며시 힘을 주는 모양 - 지그시 밟다 / 지그시 누르다

                                *눈을 지그시 감다 / 입술을 지그시 깨물다

         2) 조용히 참고 견디는 모양. - 아픔을 지그시 참다 < 아픔 - 그>

                    고통을 지그시 견디다. < 고통 - 그 >

  ● 지긋이: 1) 나이가 비교적 많아 듬직하게. - 그는 **나이**가 지긋이 들어 보인다.

          2) 참을성 있게 끈지게. - 아이는 나이답지 않게 어른들 옆에 지긋이 **앉아**서 이야기가 끝나길 기다렸다. < **나이 - 긋 / 긋 - 앉아서** >

(문제 553) 정답: ③

(문제 554) 다음 중 띄어쓰기가 옳은 것은? **(2015서울7 A책형 문15)**

① 먹을 만큼 덜어서 집에 갈거야.
② 이게 얼마만인가?
③ 저 도서관만큼 크게 지으시오.
④ 제 27대 국회의원

(문제 554) 정답 및 해설 **(2015서울7 A책형 문15)**

① 먹을 만큼 덜어서 집에 갈거야. (X) → 갈V거야.
② 이게 얼마만인가? (X) → 얼마V만인가?

◆ 만: (흔히 '만에', '만이다' 꼴로 쓰여) 동안이 얼마간 계속되었음을 나타내는 말로 의존 명사이다. < 의존 명사는 앞말과 띄어 쓴다.>

  ◆ 십 년V만의 귀국/친구가 도착한 지 두 시간V만에 떠났다.

  ◆ 그때 이후 삼 년V만이다. / 도대체 이게 얼마V만인가.

③ 저 **도서관만큼** 크게 지으시오. (O)

  ◆ 체언과 '만큼'이 결합할 경우 '만큼'은 조사이므로 앞말과 붙여 쓴다.- **도서관만큼**

  ● 용언과 '만큼'이 결합할 경우 '만큼'은 의존 명사이므로 앞말과 띄어 쓴다.

    ● 노력한V만큼 대가를 얻다 / 주는V만큼 받아 오다

    ● 방 안은 숨소리가 들릴V만큼 조용했다

④ 제V27대 국회의원 (X) → 제27V대(O/원칙), **제27대**(O, 허용)

  ◆ (대다수 한자어 수사 앞에 붙어) '그 숫자에 해당되는 차례'의 뜻을 더하는 접두사.

  ◆ 제일 / 제이 / 제삼

(문제 554) 정답: ③

(문제 555) 다음 중 문장의 짜임이 나머지 셋과 다른 것은? (2015서울7 A책형 문16)

① 그 일은 하기가 쉽지 않다.
② 봄이 오면 꽃이 핀다.
③ 철수는 발에 땀이 나도록 뛰었다.
④ 우리는 인간이 존귀하다고 믿는다.

(문제 556) 서울에 있는 대표적인 문학관이나 작가의 유적과 그 소재지가 잘못 짝지어진 것은? (2015서울7 A책형 문19)

① 종로구의 윤동주 문학관
② 용산구의 황순원 문학관
③ 성북구의 만해 한용운 심우장
④ 도봉구의 김수영 문학관

(문제 557) 다음의 밑줄 친 부분은 두 개의 낱말로 구성되어 있다. 각각의 낱말이 가지고 있는 본래의 의미 이상을 지녔다고 볼 수 없는 것은? **(2015서울7 A책형 문20)**

① 남이 말하는데 <u>곁다리 들지</u> 마!
② <u>길눈이 밝아서</u> 어디든 잘 찾아 간다.
③ 그간의 노력으로 회사의 <u>틀을 잡아</u> 놓았다고 볼 수 있다.
④ 청년의 입에 거품이 일고 네 <u>활개가 뒤틀리고</u> 있었다.

(문제 557) 정답 및 해설 (2015서울7 A책형 문20)

◆ 각각의 낱말이 가지고 있는 본래의 의미 이상을 지녔다 - <u>**관용구를 찾으라는 문제**</u>
◆ **관용구**: 두 개 이상의 단어로 이루어져 있으면서 그 단어들의 의미만으로는 전체의 의미를 알 수 없는, <u>**특수한 의미를 나타내는 어구**</u>(語句). '발이 넓다'는 '사교적이어서 아는 사람이 많다.'를 뜻하는 것 따위이다. ≒ 관용어

① 남이 말하는데 <u>곁다리 들지</u> 마!
 ◆ 곁다리 들다: 당사자가 아닌 사람이 참견하여 말하다.
 ☺**영보이 암기tip) 곁다리 들며 참견하다.**
② <u>길눈이 밝아서</u> 어디든 잘 찾아 간다.
 ◆ 길눈이 밝다: 한두 번 가 본 길을 잊지 않고 찾아갈 만큼 길을 잘 기억하다
③ 그간의 노력으로 회사의 <u>틀을 잡아</u> 놓았다고 볼 수 있다.
 ◆ 틀을 잡다: 일정한 형태나 구성을 갖추다
④ 청년의 입에 거품이 일고 네 <u>활개가 뒤틀리고</u> 있었다. (X)
 → <u>**'활개가 뒤틀리다'는 관용구는 없다.**</u>
 ◆ 활개: 사람의 어깨에서 팔까지 또는 궁둥이에서 다리까지의 양쪽 부분. / 새의 활짝 편 두 날개.
 ◆ 활개를 <u>치다</u>: 1) 의기양양하게 행동하다. 또는 제 세상인 듯 함부로 거들먹거리며 행동하다. - 그는 그 동네에서는 제법 활개 <u>치며</u> 산다. / 폭력배가 활개 <u>치는</u> 세상에서는 마음 놓고 살 수 없다.
　　　　　2) 부정적인 것이 크게 성행하다. - 음란 비디오가 활개 <u>치다</u>.

(문제 557) 정답: ④

(문제 558) 다음 중 외래어 표기가 모두 옳은 것은? **(2016서울7 A책형 문1)**

① 롭스터(lobster), 시그널(signal), 지그재그(zigzag)
② 재즈(jazz), 마니아(mania), 브리지(bridge)
③ 보트(boat), 스윗치(switch), 인디안(Indian)
④ 유니온(union), 톱 크래스(top class), 휘슬(whistle)

(문제 558) 정답 및 해설 (2016서울7 A책형 문1)

① 롭스터(lobster), 시그널(signal), 지그재그(zigzag) (X) → 로브스터(O) / 랍스터(O)
☺영보이 암기tip)

◆ 로브스터 - 랍스터 < 로브 - 랍 >
☺ 아랍의 왕자는 랍스터를 매일매일 먹는다. < 아랍 - 랍스터 >
★ 랍스터도 옳지만 '로브스터'도 옳다는 것을 잊지 말자. ★
◆ 시그널 - 널 그리며 시그널을 보내다. < 널 그리며 - 시그널 >
◆ 지그재그 - 널 그리며 시그널을 지그재그 < 널 그리며 시그널을 - 지그재그 >

② 재즈(jazz), 마니아(mania), 브리지(bridge) (O)
☺영보이 암기tip)

◆ 재즈 - 박재범은 재즈 댄스 실력도 수준급이다. < 재범 - 재즈 >
◆ 마니아 - 나는 엄마보다 마늘을 더 좋아하는 마늘 마니아이다.
< 엄마보다 마늘을 - 마늘 마니아 >
◆ 브리지 - 런던 브리지가 미스터리이다. < 미스터리 - 브리지 >

③ 보트(boat), 스윗치(switch), 인디안(Indian) (X) → 스위치 / 인디언
☺영보이 암기tip)

◆ 보트 - 보트를 타고 이집트 갈 수 있니? < 보트 - 이집트 >
◆ 스위치 - 캄캄해서 스위치 위치가 어디인지 모르겠다.< 스위치 - 위치가 어디인지 >
◆ 인디언 - 인디언이 언제까지 살았니? < 인디언이 - 언제까지 >

④ 유니온(union), 톱 크래스(top class), 휘슬(whistle) (X) → 유니언 / 톱 클래스
☺영보이 암기tip)

◆ 유니언 - 인디언이 언제까지 살았니? < 인디언이 - 언제까지 >
◆ 톱 클래스 - 미국 버클리 대학교에 전기톱 클래스 < 버클리 - 전기톱 클래스 >
◆ 휘슬 - 발라드의 왕자 휘성이 휘파람으로 휘슬을 부른다.
< 휘성이 휘파람으로 휘슬 >

(문제 558) 정답: ②

(문제 559) 다음 중 비표준어가 포함된 것은? **(2016서울7 A책형 문3)**

① 마을 - 마실
② 예쁘다 - 이쁘다
③ 새초롬하다 - 새치름하다
④ 부스스하다 - 부시시하다

(문제 559) 정답 및 해설 (2016서울7 A책형 문3)

① 마을 - 마실 (O) < 마을 · 실 >
　☺**영보이 암기tip)** 마을회관에서 **마실** 사이다 좀 사. 농약 사이다는 절대 안 돼!
　　　　　　< **마을**회관에서 - **마실** 사이다 / 마을 - 마실 >
　◆ 마을: 이웃에 놀러 다니는 일. (= 마실)
② 예쁘다 - 이쁘다 (O)
　☺**영보이 암기tip)** 내 딸 이예지는 이쁘고 예쁘다.
③ 새초롬하다 - 새치름하다 (O) < 초롬 - 치름 >
④ 부스스하다 - 부시시하다 (X) → 부스스하다
　☺**영보이 암기tip)** 스스럼없는 친구가 먼저 잠자리에서 부스스 일어났다.
　　　　　　　< 스스럼없는 - 부스스 >

(문제 559) 정답: ④

(문제 560) 다음 설명 중 가장 옳지 않은 것은? (2016서울7 A책형 문4)

① 평음, 경음, 유기음과 같은 삼중 체계를 보이는 것은 파열음과 마찰음이다.
② 한국어의 단모음에는 ㅔ, ㅐ, ㅟ, ㅚ 도 포함된다.
③ ㅈ, ㅊ, ㅉ 을 발음할 때에는 파열음의 특성도 확인된다.
④ ㅑ 와 ㅝ 에서 확인되는 반모음은 각각 [j](혹은 [y]), [w]이다.

(문제 560) 정답 및 해설 (2016서울7 A책형 문4)

① 평음, 경음, 유기음과 같은 삼중 체계를 보이는 것은 파열음과 **마찰음**이다. (X)
  → 평음, 경음, 유기음과 같은 삼중 체계를 보이는 것 **파열**음과 **파찰**음이다.

> ★ 파열음: 폐에서 나오는 공기를 일단 막았다가 그 막은 자리를 터뜨리면서 내는 소리. 'ㅂ', 'ㅃ', 'ㅍ', 'ㄷ', 'ㄸ', 'ㅌ', 'ㄱ', 'ㄲ', 'ㅋ' 따위가 있다. ≒ 닫음소리·정지음·터짐소리·폐색음·폐쇄음.
> ■ 파찰음: **파**열음과 **마**찰음의 두 가지 성질을 다 가지는 소리. 'ㅈ', 'ㅉ', 'ㅊ' 따위가 있다. ≒ 붙갈이소리.
> ◆ 마찰음은 평음과 된소리만 나타난다.
> ◆ **마찰음**: 입 안이나 목청 따위의 조음 기관이 좁혀진 사이로 공기가 비집고 나오면서 마찰하여 나는 소리. 'ㅅ', 'ㅆ', 'ㅎ' 따위가 있다. ≒ 갈이소리.
> ● 평음(예사소리) / 경음(된소리) / 유기음(거센소리)

② 한국어의 단모음에는 ㅔ, ㅐ, ㅟ, ㅚ 도 포함된다. (O)
  ◆ 단모음: 소리를 내는 도중에 입술 모양이나 혀의 위치가 달라지지 않는 모음. 국어의 단모음은 'ㅏ', 'ㅐ', 'ㅓ', 'ㅔ', 'ㅗ', 'ㅚ', 'ㅜ', 'ㅟ', 'ㅡ', 'ㅣ'이며, 이 중 'ㅚ, ㅟ'는 이중모음으로 발음할 수도 있다. ≒ 홑홀소리.

> ◆ **15세기** 국어의 모음 'ㅐ, ㅔ, ㅚ, ㅟ' - **이중모음**
> ● **현대** 국어의 모음 'ㅐ, ㅔ, ㅚ, ㅟ' - **단모음**

③ ㅈ, ㅊ, ㅉ 을 발음할 때에는 파열음의 특성도 확인된다. (O)
  ◆ **파찰음**: **파열음과 마찰음의 두 가지 성질**을 다 가지는 소리. 'ㅈ', 'ㅉ', 'ㅊ' 따위가 있다.
  ● 파열음: 폐에서 나오는 공기를 일단 막았다가 그 막은 자리를 터뜨리면서 내는 소리.
④ ㅑ 와 ㅝ 에서 확인되는 반모음은 각각 [j](혹은 [y]), [w]이다. (O)
  ◆ 반모음: 모음과 같이 발음하지만 음절을 이루지 못하는 아주 짧은 모음. 'ㅑ', 'ㅐ', 'ㅕ', 'ㅖ', 'ㅘ', 'ㅙ', 'ㅛ', 'ㅝ', 'ㅞ', 'ㅠ', 'ㅢ' 따위의 이중 모음에서 나는 'j', 'w' 따위이다. ≒ 반홀소리.

(문제 560) 정답: ①

(문제 561) <보기>는 「한글맞춤법」 제30항 사이시옷 표기의 일부이다. ㉠, ㉡, ㉢에 들어갈 단어가 바르게 연결된 것은? (2016서울7 A책형 문5)

<보기>
제30항 사이시옷은 다음과 같은 경우에 받치어 적는다.
1. 순 우리말로 된 합성어로서 앞말이 모음으로 끝난 경우
(1) 뒷말의 첫소리가 된소리로 나는 것
고랫재 귓밥 ㉠__________
(2) 뒷말의 첫소리 ㄴ, ㅁ 앞에서 ㄴ 소리가 덧나는 것
뒷머리 아랫마을 ㉡__________
(3) 뒷말의 첫소리 모음 앞에서 ㄴㄴ 소리가 덧나는 것
도리깻열 뒷윷 ㉢__________

	㉠	㉡	㉢
①	못자리	멧나물	두렛일
②	쳇바퀴	잇몸	훗일
③	잇자국	툇마루	나뭇잎
④	사잣밥	곗날	예삿일

(문제 561) 정답 및 해설 (2016서울7 A책형 문5)

제30항 사이시옷은 다음과 같은 경우에 받치어 적는다.
1. 순 우리말로 된 합성어로서 앞말이 모음으로 끝난 경우
(1) 뒷말의 첫소리가 된소리로 나는 것 - A
고랫재 귓밥 ㉠__________
(2) 뒷말의 첫소리 ㄴ, ㅁ 앞에서 ㄴ 소리가 덧나는 것 - B
뒷머리 아랫마을 ㉡__________
(3) 뒷말의 첫소리 모음 앞에서 ㄴㄴ 소리가 덧나는 것 - C
도리깻열 뒷윷 ㉢__________

① 못자리 - [모짜리/몯짜리] - 뒷말의 첫소리가 된소리[짜]로 나는 것 - A
   멧나물 - [멘나물] - 뒷말의 첫소리 ㄴ, ㅁ 앞에서 ㄴ 소리[멘]가 덧나는 것 - B
   두렛일 - [두렌닐] - 뒷말의 첫소리 모음 앞에서 ㄴㄴ 소리[렌닐]가 덧나는 것 - C

② 쳇바퀴 - [체빠퀴/첻빠퀴] - 뒷말의 첫소리가 된소리[빠]로 나는 것 - A
   잇몸 - [인몸] - 뒷말의 첫소리 ㄴ, ㅁ 앞에서 ㄴ 소리[인]가 덧나는 것 - B
   훗일 - [훈닐] - 후(後/한자어) + 일(순 우리말) < 순 우리말과 한자어로 된 합성어로서 앞말이 모음으로 끝난 경우 중 뒷말의 첫소리 모음 앞에서 'ㄴㄴ' 소리가 덧나는 것> - E

③ 잇자국 - [이짜국/읻짜국] - 뒷말의 첫소리가 된소리[짜]로 나는 것 - A

 톳마루 - [퇸마루] - 퇴(退/한자어) + 마루(순 우리말) < 순 우리말과 한자어로 된 합성어로서 앞말이 모음으로 끝난 경우 중 뒷말의 첫소리 'ㄴ, ㅁ' 앞에서 'ㄴ' 소리가 덧나는 것. > - D

 나뭇잎 - [나문닙] - 뒷말의 첫소리 모음 앞에서 ㄴㄴ 소리[문닙]가 덧나는 것 - C

---

④ 사잣밥 - [사:자빱/사:잗빱] - 뒷말의 첫소리가 된소리[빱]로 나는 것 - A

 곗날 - [곈:날/겐:날] - 계(契/한자어) + 날(순 우리말) < 순 우리말과 한자어로 된 합성어로서 앞말이 모음으로 끝난 경우 중 뒷말의 첫소리 'ㄴ, ㅁ' 앞에서 'ㄴ' 소리가 덧나는 것. > - D

 예삿일 - [예:산닐] - 예사(例事/한자어) + 일(순 우리말) < 순 우리말과 한자어로 된 합성어로서 앞말이 모음으로 끝난 경우 중 뒷말의 첫소리 모음 앞에서 'ㄴㄴ' 소리가 덧나는 것> - E

◆ 사잣밥: 초상난 집에서 죽은 사람의 넋을 부를 때 저승사자에게 대접하는 밥. 밥 세 그릇, 술 석 잔, 벽지 한 권, 명태 세 마리, 짚신 세 켤레, 동전 몇 닢 따위를 차려 담 옆이나 지붕 모퉁이에 놓았다가 발인할 때 치운다.

(문제 561) 정답: ①

제30항 사이시옷은 다음과 같은 경우에 받치어 적는다.

1. 순 우리말로 된 합성어로서 앞말이 모음으로 끝난 경우

 (1) 뒷말의 첫소리가 된소리로 나는 것 - A

 (2) 뒷말의 첫소리 'ㄴ, ㅁ' 앞에서 'ㄴ' 소리가 덧나는 것 - B

 (3) 뒷말의 첫소리 모음 앞에서 'ㄴㄴ' 소리가 덧나는 것 - C

2. 순 우리말과 한자어로 된 합성어로서 앞말이 모음으로 끝난 경우

 (1) 뒷말의 첫소리가 된소리로 나는 것

 (2) 뒷말의 첫소리 'ㄴ, ㅁ' 앞에서 'ㄴ' 소리가 덧나는 것 - D

 (3) 뒷말의 첫소리 모음 앞에서 'ㄴㄴ' 소리가 덧나는 것 - E

(문제 562) 다음 중 「한글맞춤법」에 맞는 문장은? **(2016서울7 A책형 문6)**

① 인삿말을 쓰느라 밤을 새웠다.
② 담뱃값 인상으로 흡연률이 줄고 있다.
③ 생각치도 않은 반응 때문에 적잖이 놀랐다.
④ 무슨 일을 하든지 최선을 다해야 한다.

(문제 562) 정답 및 해설 (2016서울7 A책형 문6)

① 인**삿**말을 쓰느라 밤을 새웠다. (X) → 인사말
 ☺**영보이 암기tip)** 숫자를 넣어서 외우면 기억이 오래간다. < 인4말 >
② 담뱃값 인상으로 흡연**률**이 줄고 있다. (X) → 흡연율
 ◆ 'ㄴ' 받침 뒤에 이어지는 '렬, 률'은 '열, 율'로 적는다.
 ☺**영보이 암기tip)** 흡연율을 줄이기 위해 율무차를 나누어 준다.
<u>< 흡연율을 줄이기 위해 - 율무차를 ></u>
③ 생각**치**도 않은 반응 때문에 적잖이 놀랐다. (X) → 생각지ㄷ
 ☺**영보이 암기tip)** 생각지도 못했는데 김정호가 생각하는 지도를 만들었다.
<u>< 생각하는 지도 - 생각지도 ></u>
④ 무슨 일을 하든지 최선을 다해야 한다. (O)
 ☺**영보이 암기tip)** 개천에 든 소가 밥을 먹든지 말든지 상관없다.
<u>< 개천에 든 소가 밥을 - 먹든지 말든지 ></u>
 ◆ -든지: 나열된 동작이나 상태, 대상들 중에서 어느 것이든 선택될 수 있음을 나타내는 연결 어미 - 집에 가든지 학교에 가든지 해라. / 계속 가든지 여기서 있다가 굶어 죽든지 네가 결정해라.
 ● -던지: 막연한 의문이 있는 채로 그것을 뒤 절의 사실이나 판단과 관련시키는 데 쓰는 연결 어미. - 얼마나 춥던지 손이 곱아 펴지지 않았다. / 아이가 얼마나 밥을 많이 먹던지 배탈 날까 걱정이 되었다.

(문제 562) 정답: ④

(문제 563) 다음 중 피동과 사동에 대한 설명으로 가장 옳지 않은 것은? **(2016서울7 A책형 문 7)**

① 동사에 따라서는 사동사와 피동사의 형태가 같은 경우도 있다.
② 사동 접사는 타동사뿐 아니라 자동사나 형용사와도 결합할 수 있다.
③ 사동문과 피동문 각각에 대응하는 주동문과 능동문이 없는 경우도 있다.
④ 일반적으로 단형 사동은 사동주의 직접 행위는 물론 간접 행위도 나타내는데, 장형 사동은 사동주의 직접 행위를 나타낸다.

(문제 563) 정답 및 해설 (2016서울7 A책형 문7)

① 동사에 따라서는 사동사와 피동사의 형태가 같은 경우도 있다. (O)
 ★ '보이다, 잡히다, 업히다'등은 사동사와 피동사의 형태가 같다.
 ◆ 보이다(**피**동사) - 산이 보이다 / 멀리 건물 사이로 하늘이 보인다.
 ● 보이다(**사동사**) - 그는 나에게 사진첩을 보였다. / 친구에게 영화를 보이다.
 ◆ 잡히다(**피**동사) - 일단 경찰의 포위망에 잡히면 도망치기 어렵다.
 ● 잡히다(**사동사**) - 아이에게 겨우 연필을 잡혔지만 아이는 아무것도 쓰지 않았다.
 ◆ 업히다(**피**동사) - 아이가 엄마 등에 업혀 잠이 들었다.
 ● 업히다(**사동사**) - 할머니에게 아이를 업혀 보냈다.

② 사동 접사는 타동사뿐 아니라 자동사나 형용사와도 결합할 수 있다. (O)
 ★ 사동 접미사: (-**이**-, -**히**-, -기-, -리-, -**우**-, -구-, -추- 등)
 ◆ 먹다(타동사) - 아기에게 밥을 먹**이**다. / 친구에게 술을 먹**이**다.
 ● 피다(자동사) - 꽃을 피**우**다. / 웃음꽃을 피**우**다. / 불을 피**우**다.
 ■ 밝다(형용사) - 어둠을 밝**히**다. / 조명탄이 사방을 밝**히**다.

③ 사동문과 피동문 각각에 대응하는 주동문과 능동문이 없는 경우도 있다. (O)
 ◆ 오뉴월에 개가 감기에 걸리다. - 이 문장에서 '걸리다'는 '걸다'의 피동사 형태와 같지만 '병이 들다'는 의미이다. 따라서 능동문으로 고칠 수 없다.
 ◆ 개가 감기를 걸다. (X) - < 능동문으로 고칠 수 없다. >
 ● 돼지를 먹이다. / 그는 시골에서 다섯 마리의 소를 먹이고 있었다.
 ● 이 문장에서 '먹이다'는 '먹다'의 사동사 형태와 같지만 '가축 따위를 기르다'의 의미이다. 따라서 주동문으로 고칠 수 없다.
 ● 그는 시골에서 다섯 마리의 소를 먹고 있었다. (X) - < 의미가 매우 이상한 문장으로 주동문으로 고치는 것은 상당히 무리가 있다. >

④ 일반적으로 단형 사동은 사동주의 직접 행위는 물론 간접 행위도 나타내는데, 장형 사동은 사동주의 **직접 행위**를 나타낸다.(**X**)→장형 사동은 사동주의 **간접 행위**만을 나타낸다.
- ◆ 단형 사동 = 파생적 사동 < -이-, -**히**-, -기-, -리-, -우-, -구-, -추- 등 >
  - ◆ 어머니가 다 큰 아들에게 내복을 입**히**다. - 단형 사동(파생적 사동)
    1) 아들이 몸살이 나서 움직일 수가 없으므로 어머니가 아들에게 직접 내복을 입히다. < 어머니의 **직접** 행위 >
    2) 날씨가 매우 추우니 아들에게 내복을 입으라고 하다.< 어머니의 **간접** 행위 >
  - ● 장형 사동 = 통사적 사동 < -**게 하다** >
    - ● 어머니가 다 큰 아들에게 내복을 입**게 하였다**. - 아들에게 내복을 직접 입으라는 어머니의 **간접** 행위만을 나타낸다. < 어머니의 **간접** 행위 >

(문제 563) 정답: ④

(문제 564) 다음 중 밑줄 친 부분의 품사가 다른 하나는? (2016서울7 A채형 문8)

① 잠이 <u>모자라서</u> 늘 피곤하다.
② 사업을 하기에 자금이 턱없이 <u>부족하다</u>.
③ 어느새 새벽이 지나고 날이 <u>밝는다</u>.
④ 한 마리였던 돼지가 지금은 열 마리로 <u>늘었다</u>.

(문제 564) 정답 및 해설 (2016서울7 A채형 문8)

① 잠이 <u>모자라서</u> 늘 피곤하다. - **동사**
- ◆ **모자라다**: 기준이 되는 양이나 정도에 미치지 못하다. (동사)

② 사업을 하기에 자금이 덕없이 <u>부족하다</u>. - **형용사**
- ◆ 부족하다: 필요한 양이나 기준에 미치지 못해 충분하지 아니하다.(형용사)

③ 어느새 새벽이 지나고 날이 <u>밝는다</u>. - **동사<'는다'가 결합하여 말이 통하면 동사이다.>**
- ◆ 밝다(**동사**): 밤이 지나고 환해지며 새날이 오다. - 벌써 새벽이 밝아 온다.
- ● 밝다(**형용사**)
  - ● 불빛 따위가 환하다. - 밝은 조명 / 햇살이 밝다. / 횃불이 밝게 타오르다.
  - ● 생각이나 태도가 분명하고 바르다. - 사리가 밝다. / 인사성과 예의가 밝다.
  - ● 예측되는 미래 상황이 긍정적이고 좋다. - 전망이 밝다. / 장래성이 밝다.

④ 한 마리였던 돼지가 지금은 열 마리로 <u>늘었다</u>. - **동사**
- ◆ 늘다: 수나 분량, 시간 따위가 본디보다 많아지다. (동사)
  - ◆ 학생 수가 늘다 / 몸무게가 늘다 / 개인 시간이 늘다 / 평균 수명이 늘다

(문제 564) 정답: ②

(문제 565) 다음 중 중세 국어에 대한 설명으로 가장 옳지 않은 것은? (2016서울7 A책형 문9)

① ㅿ은 ㅸ보다는 오래 쓰였지만 16세기 후반에 가서는 거의 사라졌다.
② 대략 10세기부터 16세기 말까지의 국어를 말한다.
③ 중세국어 전기에 새로운 주격 조사 가 가 사용 폭을 넓혀 갔다.
④ 중세국어의 전기에는 원나라의 영향으로 몽골어가 많이 유입되었다.

(문제 565) 정답 및 해설 (2016서울7 A책형 문9)

① ㅿ은 ㅸ보다는 오래 쓰였지만 16세기 후반에 가서는 거의 사라졌다. (O)
 ◆ 'ㅸ(순경음)'은 세조 이후 소멸하였고, 'ㅿ'은 임진왜란 전후에 없어졌다.
② 대략 10세기부터 16세기 말까지의 국어를 말한다. (O)
 ◆ 중세 국어: 고려가 건립된 10세기 초부터 임진왜란이 발생한 16세기 말까지의 국어. 이 시기의 국어는 성조가 있었고, 어두 자음군이 존재하였으며, 동사 어간끼리의 결합이 비교적 자유로웠다.
③ 중세 국어 전기에 새로운 주격 조사 '가'가 사용 폭을 넓혀 갔다. (X) → 후기
 ◆ 중세 국어에는 주격 조사 '이'가 쓰였고 중세 국어 후기(임진왜란 이후)에 이르러서야 주격 조사 '가'가 사용되었다.
④ 중세 국어의 전기에는 원나라의 영향으로 몽골어가 많이 유입되었다. (O)
 ◆ 고려시대에는 원과의 교류가 빈번했으므로 몽골어가 많이 유입되었다.
 ◆ 원(元): 1271년에 몽고 제국의 제5대 황제 쿠빌라이가 대도(大都)에 도읍하고 세운 나라. 1279년에 남송을 멸망시키고, 중국 본토를 중심으로 몽고, 티베트를 영유하여 몽고 지상주의 입장에서 민족적 신분제를 세웠으나 1368년에 주원장을 중심으로 한 한족의 봉기로 망하였다. ≒ 원나라.

(문제 565) 정답: ③

(문제 566) 다음 중 국어의 문장성분에 관한 설명이 옳은 것끼리 묶인 것은? (2016서울7 A책형 문10)

㉠ 주어는 성격에 따라 필요로 하는 문장 성분의 숫자가 다르다.
㉡ 주어, 서술어, 목적어, 부사어는 주성분에 속한다.
㉢ 물이 얼음으로 되었다. 의 문장성분은 주어, 부사어, 서술어이다.
㉣ 부사어는 관형어나 다른 부사어를 수식하기도 한다.
㉤ 체언에 호격조사가 결합된 형태는 독립어에 해당된다.
㉥ 문장에서 주어는 생략될 수 있지만 목적어는 생략될 수 없다.

① ㉠, ㉡, ㉢
② ㉡, ㉢, ㉣
③ ㉢, ㉣, ㉤
④ ㉣, ㉤, ㉥

(문제 566) 정답 및 해설 (2016서울7 A책형 문10)

㉠ **주어**는 성격에 따라 필요로 하는 문장 성분의 숫자가 다르다. (X) → **서술어**의 성격
㉡ 주어, 서술어, 목적어, **부사어**는 주성분에 속한다. (X) → 주어, 목적어, **보어**, 서술어
㉢ '물이 얼음으로 되었다.'의 문장성분은 주어, 부사어, 서술어이다. (O)
　　(주어)　(부사어)　(서술어)
㉣ 부사어는 관형어나 다른 부사어를 수식하기도 한다. (O)
　◆ 부사어: 부사어는 서술어, 관형어, 부사어, 문장 전체를 수식할 수 있다.
㉤ 체언에 호격조사가 결합된 형태는 독립어에 해당된다. (O)
　◆ 소년들아, 야망을 가져라.
　　(독립어)
　◆ **호격 조사**: 문장 안에서, 체언이나 체언 구실을 하는 말 뒤에 붙어 독립어 자격을 가지게 하는 격 조사. '영숙아'의 '아', '철수야'의 '야' 따위가 있다. ≒ 부름자리토씨
　◆ **독립어**: 문장의 다른 성분과 밀접한 관계없이 독립적으로 쓰는 말. 감탄사, 호격 조사가 붙은 명사, 제시어, 대답하는 말, 문장 접속 부사 따위가 이에 속한다. '아, 달이 밝다.', '주한아, 산에 가자.', '청춘, 이것은 듣기만 해도 가슴이 설레는 말이다.', '예, 맞습니다.', '날씨가 흐리다. 그러나 비는 오지 않는다.'에서 '아', '주한아', '청춘', '예', '그러나' 따위이다.
㉥ 문장에서 주어는 생략될 수 있지만 목적어는 생략될 수 **없다**. (X) → 목적어 **생략 가능**
　◆ 영보이는 볼링을 좋아하지만 고은이는 (볼링을) 좋아하지 않는다.
　　　(목적어)　　　　　　　　　　　(목적어)

(문제 566) 정답: ③ ㉡, ㉣, ㉤

(문제 567) 다음 중 형태소의 개수가 가장 많은 것은? (2016서울7 A책형 문11)
① 떠나갔던 배가 돌아왔다.
② 머리를 숙여 청하오니.
③ 잇따라 불러들였다.
④ 아껴 쓰는 사람이 되자.

(문제 567) 정답 및 해설 (2016서울7 A책형 문11)

◆ 형태소: 뜻을 가진 가장 작은 말의 단위.
① 떠나갔던 배가 돌아왔다. (O) = 12개
　◆ 떠나 + 가 + 았(ㅆ) + 더 + (ㄴ) / 배 + 가 + 돌 + 아 + 오 / 았 + 다 = 12개
② 머리를 숙여 청하오니.
　◆ 머리 + 를 + 숙 + 이 + 어 / 청 + 하 + 오니 = 8개
③ 잇따라 불러들였다.
　◆ 잇 + 따르 + 아 + 부르 + 어 / 들 + 이 + 었 + 다 = 9개
④ 아껴 쓰는 사람이 되자.
　◆ 아끼 + 어 + 쓰 + 는 + 사람 / 이 + 되 + 자 = 8개

(문제 567) 정답: ①

(문제 568) 다음 중 서술어의 자릿수를 잘못 제시한 것은? **(2016서울7 A책형 문12)**

① 우정은 마치 보석과도 같단다. → 두 자리 서술어
② 나 엊저녁에 시험 공부로 녹초가 됐어. → 두 자리 서술어
③ 철수의 생각은 나와는 아주 달라. → 세 자리 서술어
④ 원영이가 길가 우체통에 편지를 넣었어. → 세 자리 서술어

(문제 568) 정답 및 해설 (2016서울7 A책형 문12)

① <u>우정은</u> 마치 <u>보석과도</u> **같단다**. → 두 자리 서술어
　　(주어)　　　　(부사어)

② <u>나</u> 엊저녁에 시험 공부로 <u>녹초가</u> **됐어**. → 두 자리 서술어
　　(주어)　　　　　　　　　(보어)

③ <u>철수의 생각은</u> <u>나와는</u> 아주 **달라**. → **세** 자리 서술어 ⇨ **두** 자리 서술어
　　　　(주어)　　　(부사어)

④ <u>원영이가</u> <u>길가 우체통에</u> <u>편지를</u> **넣었어**. → 세 자리 서술어
　　(주어)　　　　(부사어)　(목적어)

(문제 568) 정답: ③

(문제 569) 다음 중 밑줄 친 부분과 비슷한 의미를 지닌 단어는? **(2016서울7 A책형 문13)**

> 철수와 영수는 고등학교 친구다. 그러나 졸업 후 함께 사업을 하면서 <u>서로 마음이 맞지 않아 사이가 서먹하게 되었다</u>. 지금도 동네에서 오며 가며 얼굴은 보지만 서로 모르는 척 지나간다.

① 징건하다
② 버름하다
③ 투미하다
④ 쇄락하다

(문제 569) 정답 및 해설 (2016서울7 A책형 문13)

① **징건하다**: 「형용사」 먹은 것이 잘 소화되지 아니하여 더부룩하고 그득한 느낌이 있다.
② **버름하다**: 「형용사」 물건의 틈이 꼭 맞지 않고 조금 벌어져 있다. / <u>마음이 서로 맞지 않아 사이가 뜨다.</u>
③ **투미하다**: 어리석고 둔하다.
④ **쇄락하다**: 「형용사」 기분이나 몸이 상쾌하고 깨끗하다. ≒ 쇄연하다.

(문제 569) 정답: ②

(문제 570) 다음 중 비통사적 합성어끼리 묶인 것은? (2016서울7 A책형 문16)

① 소나무, 빛나다, 살코기, 나가다
② 접칼, 굶주리다, 부슬비, 검붉다
③ 감발, 묵밭, 오가다, 새해
④ 큰집, 늦더위, 안팎, 촐랑새

(문제 570) 정답 및 해설 (2016서울7 A책형 문16)

① 소나무, 빛나다, 살코기, 나가다
 ◆ 소나무 - 소(명사) + 나무(명사) : 통사적 합성어(명사와 명사의 결합이므로)
 ◆ 빛나다 - 빛(명사) + 이(조사) + 나다(동사) : 통사적 합성어(조사의 생략이므로)
 ◆ 살코기 - 살ㅎ(명사) + 고기(명사) = 통사적 합성어(명사와 명사의 결합이므로)
 ◆ 나가다 - 나(용언의 어간) + 아(연결 어미) + 가다(동사) = **비통**사적 합성어
　　　　　　　　　　　　　　　　　　　　　　(연결어미의 생략이므로)

② 접칼, 굶주리다, 부슬비, 검붉다 (O)
 ◆ 접칼 - 접(용언의 어간) + 은(연결 어미) + 칼(명사) : **비통**사적 합성어 - **연결 어미가 생략된 경우 비통사적 합성어**
 ◆ 굶주리다 - 굶 + 고(연결 어미) + 주리다(동사) : **비통**사적 합성어 - **연결 어미가 생략된 경우 비통사적 합성어**
 ◆ 부슬비 - 부슬(부사) + 비(명사) : **비통**사적 합성어 - **부사가 명사를 수식하는 것은 우리말의 어법에 맞지 않으므로 비통사적 합성어**
 ◆ 검다 + 붉다 → 검고 붉다 ⇒ 검붉다 : **연결어미가 생략**되어 **비통사적 합성어**이다.

③ 감발, 묵밭, 오가다, 새해
 ◆ **감발**: 발감개. 발감개를 한 차림새. - 감다 + 발 = 감발 : 관형사형 어미가 생략되어 있으므로 **비통**사적 합성어이다.
 ◆ 묵밭 - 묵(용언의 어간) + 은(관형사형 전성어미) + 밭(명사) : **비통**사적 합성어 - 관형사형 전성어미가 생략된 경우 비통사적 합성어
 ◆ 오가다 - 오(용언의 어간) + 고(연결어미) + 가다(동사) : **비통**사적 합성어 - 연결 어미가 생략된 경우 비통사적 합성어
 ◆ 새해 - 새(관형사) + 해(명사) : 통사적 합성어 - 관형사는 명사를 수식할 수 있으므로 통사적 합성어.

④ 큰집, 늦더위, 안팎, 촐랑새
 ◆ 큰집 - 크(용언의 어간) + ㄴ(관형사형 전성어미) + 집(명사) : 통사적 합성어 - 관형사형 전성어미기 있으므로 통사적 합성어
 ◆ 늦더위 - 늦(용언의 어간) + 은(관형사형 전성어미) + 더위(명사) : **비통**사적 합성어 - 관형사형 전성어미가 생략된 경우 비통사적 합성어 **< 표준국어대사전: 늦더위 -파생어 >**
 ◆ 안팎 - 안(명사) + 밖(명사) : 통사적 합성어(명사와 명사의 결합이므로)
 ◆ 촐랑새 - 촐랑(부사+ 새(명사) : 부사가 명사를 수식하는 것은 우리말의 어법에 맞지 않으므로 **비통사적 합성어**

　　　　　　　　　　　　　　　　　　　　　(문제 570) 정답: ②

(문제 571) 다음 중 「표준어 규정」에 맞게 발음한 문장은? (2016서울7 A책형 문17)

① 불법[불법]으로 고가[고까]의 보석을 훔친 도둑들이 고가[고가]도로로 도망치고 있다.
② 부정한 사건이 묻히지[무치지] 않도록 낱낱이[낟나치] 밝혀 부패가 끝이[끄치] 나도록 해야 한다.
③ 꽃 위[꼬 뒤]에 있는[인는] 나비를 잡기 위해 나비 날개의 끝을[끄츨] 잡으려고 했다.
④ 부자[부:자]간에 공동 운영하는 가게에 모자[모자]가 들러 서로 모자[모:자]를 선물했다.

(문제 571) 정답 및 해설 (2016서울7 A책형 문17)

> ① 불법[불법]으로 고가[고까]의 보석을 훔친 도둑들이 고가[고가]도로로 도망치고 있다.
> (O)   칙   투   방
> 리
>
> ◆ 고가(高價)[고까]: 비싼 가격. 또는 값이 비싼 것. ≒ 귀가(貴價)
>   ◆ 고가[고까]의 물품 / 고가[고까]이니까 깨지지 않도록 조심해서 다루세요.
> ● 고가(古家)[고:가] - 지은 지 오래된 집
>   ● 이 마을에는 지은 지 100년이 넘는 고가(古家)[고:가]가 몇 채 있다.
> ■ 고가(高架)[고가] - 높이 건너질러 가설하는 것.
>   ■ 고가[고가] 사다리

                   망
② 부정한 사건이 묻히지[무치지] 않도록 낱낱이[낟나치] 밝혀 부패가 끝이[끄치] 나도록 해야 한다. (X) → 낱낱이[난:나치]   질

          앞   방방질
③ 꽃 위[꼬 뒤]에 있는[인는] 나비를 잡기 위해 나비 날개의 끝을[끄츨] 잡으려고 했다.
    마   정개   ↓   창
                                   (X) → 끝을[끄틀]

> ④ 부자[부:자]간에 공동 운영하는 가게에 모자[모자]가 들러 서로 모자[모:자]를 선물했다. (X) → 부자[부자]간 / 모자[부자]를 사다 / 모자[모:자]간
> ◆ 부자(富者): 재물이 많아 살림이 넉넉한 사람. [부:자]
> ● 부자(父子): 아버지와 아들을 아울러 이르는 말. [부자]
> **☺영보이 암기tip) 둘 다 외우면 많이 헷갈리므로 긴소리를 먼저 외우는 것이 좋다.**
>   ☺ 빌 게이츠, 워런 버핏, 만수르 등 **부:자**들이 **길게** 늘어서 있다.
> ◆ 모자(母子): 어머니와 아들을 아울러 이르는 말. [모:자]
>   ☺ **모:자**간에 끈끈한 정이 **길고** 두텁다.
> ● 모자(帽子):머리에 쓰는 물건의 하나. 예의를 차리거나 추위, 더위, 먼지 따위를 막기 위한 것이다. [모자]

(문제 571) 정답: ①

(문제 572) 다음 중 혼종어로만 나열된 것은? **(2016서울7 A책형 문18)**

> 혼종-어(混種語)[혼:--] 「명사」 『언어』 서로 다른 언어에서 유래한 요소의 결합으로 이루어
> 진 단어

① 각각, 무진장, 유야무야
② 과연, 급기야, 막무가내
③ 의자, 도대체, 언감생심
④ 양파, 고자질, 가지각색

(문제 572) 정답 및 해설 (2016서울7 A책형 문18)

① 각각, 무진장, 유야무야 - 한자로만 이루어진 단어
 ◆ 각각(各各), 무진장(無盡藏), 유야무야(有耶無耶)
  ◆ 무진장(無盡藏): 다함이 없이 굉장히 많음.
  ◆ 유야무야(有耶無耶): 있는 듯 없는 듯 흐지부지함.
② 과연, 급기야, 막무가내 - 한자로만 이루어진 단어
 ◆ 과연(果然), 급기야(及其也), 막무가내(莫無可奈)
 ◆ 급기야(及其也): 「부사」 마지막에 가서는
③ 의자, 도대체, 언감생심 - 한자로만 이루어진 단어
 ◆ 의자(椅子), 도대체(都大體), 언감생심(焉敢生心)
 ◆ 언감생심(焉敢生心): 어찌 감히 그런 마음을 품을 수 있겠냐는 뜻으로, 전혀 그런 마
음이 없었음을 이르는 말.
④ 양파, 고자질, 가지각색 (O)
 ◆ 양파: 양(洋) + 파(고유어) - **한자와 고유어의 결합**
 ◆ 고자질: 고자(告者) + 질(고유어) - **한자어와 고유어의 결합**
  ◆ 고자(告者): 남의 잘못이나 비밀을 일러바치는 사람.
 ◆ 가지각색: 가지(고유어) + 각색(各色) - **고유어와 한자어의 결합**

(문제 572) 정답: ④

(문제 573) 다음 중 밑줄 친 부분의 현대어 풀이가 옳지 않은 것은? **(2016서울7 A책형 문20)**

주식이 能히 밥 먹거든 <u>ᄀᄅ츄디</u> 올흔손으로써 ᄒ게 ᄒ며 能히 말ᄒ거든 ᄉ나히ᄂ 샐리 디답ᄒ고 겨집은 <u>느즈기</u> 디답게 ᄒ며 ᄉ나히 ᄭ는 <u>갓ᄎ로</u> ᄒ고 겨집의 ᄭ는 실로 <u>홀디니라</u>

① ᄀᄅ츄디: 가르치되
② 느즈기: 천천히
③ 갓ᄎ로: 가장자리로
④ 홀디니라: 할 것이니라

(문제 573) 정답 및 해설 (2016서울7 A책형 문20)

◆ 현대어 풀이: 자식이 능히 밥 먹을 때가 되면 **가르치되** 오른손으로 먹게 하며, 능히 말을 할 때가 되면 사나이는 빨리 대답하고 여자는 **천천히** 대답하게 하며, 사나이 띠는 **가죽으로** 하고 여자의 띠는 실로 **할 것이니라**.

① ᄀᄅ츄디: 가르치되
② 느즈기: 천천히
③ 갓ᄎ로: 가장자리로 (X) → **가죽**으로
④ 홀디니라: 할 것이니라

(문제 573) 정답: ③

< memo >

한두 문제 차이로 합격의 문턱에서
좌절을 겪은 수험생들에게
행복과 긍정의 에너지가
팡팡팡 샘솟으시기를 기원드립니다!

권선복

(도서출판 행복에너지 대표이사, 한국정책학회 운영이사)

현재 공무원 시험을 준비 중인 수험생이 삼십만 명에 이른다고 합니다. 사상 최대에 다다른 청년 실업 문제의 한 단면을 보는 것 같아 씁쓸한 마음이 듭니다. 1, 2점 차이로 불합격의 고배를 마시는 청년들 또한 적지 않다고 합니다. 그 작은 차이가 앞으로의 인생길을 완전히 뒤바꾸어 놓는 것입니다. 이를 극복할 만한 의지와 열정 그리고 행운도 필요하지만 가장 중요한 것은 역시 합격을 위한 수험 스킬입니다.

책 『영보이 공무원 국어 핵심 기출문제집』은 공무원 시험을 무려 아홉 차례 우수한 성적으로 합격한 '영보이' 저자의, 모든 합격 노하우를 담고 있습니다. 대다수의 수험생들이 힘겨워하는 국어 과목의 핵심 내용을 기출 문제 중심으로 풀어나가며, 단번에 점수를 끌어올릴 만한 비책을 세세히 소개합니다. 저자는 수도권 지역에서 당당히 수석과 차석을 거머쥐며 아홉 차례 합격한 공무원 시험의 최고 전문가입니다. 이미 인터넷을 통해 자신만의 수험 스킬을 공유해 왔으며, 출간을 계기로 전문성과 신뢰성을 더욱 공고히 하였습니다. 늘 1, 2점 때문에 1년을 더 좁은 수험실과 독서실에서 청춘을 허비하는 많은 청년들을 위해, 아낌없이 자신의 열정을 책에 쏟은 저자에게 큰 응원의 박수를 보냅니다.

소위 공무원 시험 전성시대입니다. 그만큼 경쟁 또한 치열합니다. 합격 불합격의 여부를 가르는 1, 2점의 차이는 얼마든지 자신의 의지로 극복할 수 있습니다. 지금도 밤잠을 줄여가며 책상 위에서 책과 씨름하는 많은 청년들이, 이 책을 통해 합격의 기쁨을 맘껏 누리시기를 바라오며, 모든 독자들의 삶에 행복과 긍정의 에너지가 팡팡팡 샘솟으시기를 기원드립니다.

영보이

공무원 국어 '핵심' 기출문제집

초판 1쇄 발행 2017년 2월 2일

지 은 이	영보이
발 행 인	권선복
마 케 팅	권보송
전 자 책	천훈민
발 행 처	도서출판 행복에너지
출판등록	제315-2011-000035호
주 소	(07679) 서울특별시 강서구 화곡로 232
전 화	0505-613-6133
팩 스	0303-0799-1560
홈페이지	www.happybook.or.kr
이 메 일	ksbdata@daum.net

값 28,000원
ISBN 979-11-5602-464-4 13710

도서출판 행복에너지는 독자 여러분의 아이디어와 원고 투고를 기다립니다. 책으로 만들기를 원하는 콘텐츠가 있으신 분은 이메일이나 홈페이지를 통해 간단한 기획서와 기획의도, 연락처 등을 보내주십시오. 행복에너지의 문은 언제나 활짝 열려 있습니다.